D1734415

Finanz-
dienstleistungen

Von
Universitätsprofessor
Dr. Michael Bitz
Professor für Betriebswirtschaftslehre
insbesondere Bank- und Finanzwirtschaft

7., unwesentlich veränderte Auflage

R. Oldenbourg Verlag München Wien

Bibliografische Information Der Deutschen Bibliothek

Die Deutsche Bibliothek verzeichnet diese Publikation in der Deutschen
Nationalbibliografie; detaillierte bibliografische Daten sind im Internet
über <http://dnb.ddb.de> abrufbar.

© 2005 Oldenbourg Wissenschaftsverlag GmbH
Rosenheimer Straße 145, D-81671 München
Telefon: (089) 45051-0
www.oldenbourg-verlag.de

Gedruckt auf säure- und chlorfreiem Papier
Druck: Hofmann Medien Druck und Verlag GmbH, Dachau
Bindung: R. Oldenbourg Graphische Betriebe Binderei GmbH

ISBN 3-486-57688-7

W 298/2005/1 2Ex

Inhaltsverzeichnis

Vorwort zur 5. Auflage

Die vierte Auflage der "Finanzdienstleistungen" hat nicht nur bei den Käufern, sondern auch bei den Rezensenten eine freundliche Aufnahme gefunden. Da auch die vierte Auflage bereits nach einem Jahr verkauft werden konnte, bin ich gerne der Aufforderung des Oldenbourg-Verlages gefolgt, eine fünfte Auflage vorzulegen.

Verschiedene Änderungen institutioneller Rahmendaten haben es notwendig gemacht, einige Kapitel grundlegend zu überarbeiten, ohne jedoch von dem bereits erprobten Aufbau des Buches Abstand zu nehmen. Die Ausführungen zur Vermögensverteilung im Konkursverfahren wurden durch die seit dem 01.01.1999 geltenden Regelungen der Insolvenzordnung ersetzt. Die seit Jahren beobachtbare fortschreitende Segmentierung von Wertpapierbörsen erfährt durch Beiträge zum Neuen Markt und SMAX eine wesentliche Erweiterung der bisherigen Ausführungen. Die Verfahren zur Emission von Wertpapieren wird durch das Bookbuilding Verfahren ergänzt. Nicht unerwähnt bleibt das permanente Aktualisieren statistischer Angaben, die Anpassung an rechtlichen Rahmendaten und die Verbesserung der didaktischen Aufbereitung des Textes.

Bei der Erstellung der fünften Auflage bin ich von mehreren Mitarbeitern meines Lehrstuhls tatkräftig unterstützt worden. Frau Marlis Klewer und Frau Heidi Schnettler danke ich für die schreibtechnische Umsetzung, Herrn Rombach für die vielfältige Unterstützung bei der inhaltlichen Aufbereitung des Textes.

Michael Bitz

Vorwort zur 1. Auflage

Mit dem vorliegenden Lehrbuch verfolge ich das Ziel, einen systematischen Überblick über die grundlegenden Funktionen der auf Finanzmärkten agierenden Anbieter sowie die Eigenarten und Einsatzmöglichkeiten der von ihnen angebotenen Finanzdienstleistungen zu vermitteln. Das Spektrum der behandelten Gegenstände reicht von der Finanzierung und der Vermögensanlage bei Banken und Versicherungen über die verschiedenen Formen von Wertpapier- und Wertpapiertermingeschäften bis hin zum Abschluß von Versicherungsverträgen und ähnlichen Maßnahmen zur Risikoverlagerung. Im Unterschied zu der im einschlägigen finanzierungstheoretischen, bankbetrieblichen und versicherungswirtschaftlichen Schrifttum ansonsten üblichen Betrachtungsweise erfolgt die Darstellung in diesem Buch primär aus der Sicht der die verschiedenen Finanzdienstleistungen nachfragenden Haushalte und Unternehmen.

Mittelbar ist diese Sichtweise allerdings auch für die marktgerechte Ausgestaltung des Angebotes von Finanzdienstleistungen bedeutsam.

Unbeschadet der unverzichtbaren theoretischen Fundierung sind die folgenden Ausführungen ganz überwiegend so gehalten, daß sie sich auch dem interessierten Laien erschließen. Dementsprechend breit ist der Adressatenkreis dieses Buches. In erster Linie wendet es sich an Studierende wirtschaftswissenschaftlicher Studiengänge an Universitäten und Fachhochschulen; aber auch für Studenten an Berufs- und Wirtschaftsakademien und vergleichbaren Bildungseinrichtungen, insbesondere im versicherungs- und bankwirtschaftlichen Bereich, kann das vorliegende Lehrbuch von Nutzen sein. Darüber hinaus kommen Praktiker aus den verschiedensten Bereichen ebenfalls als Adressaten dieses Buches in Betracht: Hier ist zum ersten an Mitarbeiter von Banken, Versicherungen und anderen Anbietern von Finanzdienstleistungen zu denken; zum zweiten an Angestellte, die in ihren Unternehmen für Finanzierung, Vermögensanlage oder Risikomanagement zuständig sind; zum dritten aber auch an Steuerberater, Wirtschaftsprüfer, Rechtsanwälte und die Angehörigen anderer Berufsgruppen, die im Zuge ihrer Beratungstätigkeit auch immer wieder mit verschiedenen Arten von Finanzdienstleistungen konfrontiert werden. Schließlich kann das vorliegende Buch auch privaten Nachfragern nach Finanzdienstleistungen von Nutzen sein, die sich persönlich über Möglichkeiten und Ausgestaltungsformen der Finanzierung, der Vermögensanlage oder des Abschlusses von Versicherungsverträgen orientieren wollen.

Bei der Konzipierung und Erstellung dieses Buches bin ich von mehreren Mitarbeitern meines Lehrstuhls tatkräftig unterstützt worden. Mein Dank dafür gilt insbesondere Frau Dipl.-Kfm. Marion Keseling, Herrn Dipl.-Volksw. Dirk Kaiser, Herrn Dipl.-Oec. Dirk Matzke, Herrn Dipl.-Oec. Heinz Rittich, Herrn Dipl.-Kfm. Reinhard Schulte, Herrn Dipl.-Kfm. Ralf Strauß und Frau Dipl.-Kfm. Sabine Weidekind. Für die schreibtechnische Umsetzung danke ich außerdem Frau Marlis Klewer und insbesondere Frau Brigitte Kamrath. Trotz dieser vielfältigen Unterstützung gehen alle Fehler, die in dem vorliegenden Text vermutlich immer noch verblieben sind, natürlich allein zu meinen Lasten.

Michael Bitz

Abbildungsverzeichnis

Tabellenverzeichnis

Abkürzungsverzeichnis

µ (müh)	Erwartungswert
σ (sigma)	Standardabweichung

A

A (Kapitel 4)	Anzahl der Aktien
A (Kapitel 5)	vorgesehener Anlagebetrag
A_A	Auszahlungen für Ausschüttungen
A_B	Auszahlungen für Betriebsmittel
Abb.	Abbildung
Abs.	Absatz
A_F	festverzinslich anzulegender Betrag
a.F.	alte Fassung
AG	Aktiengesellschaft
AGB	Allgemeine Geschäftsbedingungen
AktG	Aktiengesetz
A_L	Auszahlung für Löhne
A_O	in Optionen anzulegender Betrag
A_S	Auszahlungen für Steuern
A_T	Auszahlungen für Tilgungen
Aufl.	Auflage
AusInvestG	Auslands-Investment-Gesetz
A_W	Auszahlungen für Ware, Material, Energie etc.
A_Z	Auszahlungen für Zinsen

B

b	Bezugsverhältnis
B	Wert des Bezugsrechts
b (als Kurszusatz)	Bewertungskennzahl
B (als Kurszusatz)	Brief
b (in Kapitel 4.4.2.1)	bezahlt
b (in Kapitel 6)	Bewertungskennzahl
BA	Berichtigungsaktien
BB	Betriebsberater
BGB	Bürgerliches Gesetzbuch
BörsG	Börsengesetz

BörsZulV	Börsenzulassungsverordnung
BR	Bezugsrecht
bspw.	beispielsweise
BStBl.	Bundessteuerblatt
bzw.	beziehungsweise

C

C	Kurs des Basiswertes
C_A	Börsenkurs einer Aktie
C_{Aex}	Kurs einer Aktie "ex right"
C_{An}	Aktienkurs nach Ausgabe junger Aktien
C_B	Kurs des Basiswertes
C_{BI}	Bilanzkurs
CD	Certificate of Deports
C_E	Auszahlungskurs, Emissionskurs
CW	Covered Warrants

D

D (in Kapitel 4.2.1.2)	Dividende
D (in Kapitel 6)	Deckungssumme
d.h.	das heißt
DAX	Deutscher Aktienindex
DCM	Direkt Clearing Mitglied
DG-Bank	Deutsche Genossenschaftsbank
dies.	dieselbe
DM-CP	DM-Commercial-Paper
DS	Dividendensatz der Stammaktien
DSGV	Deutscher Sparkassen- und Giroverband
DSL-Bank	Deutsche Siedlungs- und Landesrentenbank
DTB	Deutsche Terminbörse
DV	Dividendensatz der Vorzugsaktien

E

ECU	European Currency Unit
E_E	Einzahlungen aus Aufnahme von Eigenkapital
E_F	Einzahlungen aus Aufnahme von Fremdkapital
eG	eingetragene Genossenschaft

EK	Eigenkapital
erw.	erweiterte
EURIBOR	European Inter Bank Offered Rate
Euro	Europäische Währungseinheit der Teilnehmer der Währungsunion
E_U	Einzahlungen aus Umsatztätigkeit

F

f.	folgende
FAZ	Frankfurter Allgemeine Zeitung
ff.	fortfolgende
FIBOR	Frankfurt Inter Bank Offered Rate
FLF	Finanzierung, Leasing, Factoring

G

G	Gewinn
G (als Kurszusatz)	Geld
GCM	General Clearing Mitglied
gem.	gemäß
ggf.	gegebenenfalls
GK	Grundkapital
GmbH	Gesellschaft mit beschränkter Haftung
GmbHG	GmbH-Gesetz

H

H	gemeindespezifischer Gewerbesteuerhebesatz
HGB	Handelsgesetzbuch
Hrsg.	Herausgeber
HypBankG	Hypothekenbankgesetz

I

i (Kapitel 6)	Intensität des Versicherungsschutzes
i (Kapitel 2)	Nominalzins
i.d.R.	in der Regel
i.e.S.	im engeren Sinne
InsO	Insolvenzordnung
i.S.v.	im Sinne von

K

KAGG	Kapitalanlagegesellschaften-Gesetz
Kap.	Kapitel
KfW	Kreditanstalt für Wiederaufbau
KG	Kommanditgesellschaft
KO	Konkursordnung
KWG	Kreditwesengesetz

L

L_0	Anfangsbestand an Liquiditätsreserven
lfd.	laufender/e/es
LIBOR	London Inter Bank Offered Rate
L_t	Endbestand an Liquiditätsreserven

M

Mio.	Millionen
Mrd.	Milliarden

N

N	Anzahl der jungen Aktien
n (Kapitel 2)	Laufzeit in Jahren
n (Kapitel 6)	Zahl der an einer Gefahrengemeinschaft beteiligten Personen
NCM	Nicht Clearing Mitglied
NW	Nennwert

O

o.ä.	oder ähnliches
o.S.	ohne Seitenangabe
OHG	Offene Handelsgesellschaft

P

P	Prämie des Optionsgeschäftes
P,p (Kapitel 6)	Wahrscheinlichkeit
p.a.	per anno (pro Jahr)

PRAUF	Prämienaufkommen
PublG	Publizitätsgesetzt

Q

q	Versicherungsquote bei einerprozentualen Selbstbeteiligung

R

r	effektiver Zins
rat	rationiert
RechKredV	Verordnung über die Rechnungslegung der Kreditinstitute

S

S (Kapitel 6)	Schaden
S (Kapitel 2)	Steuersatz
S.	Seite
s.	siehe
s.o.	siehe oben
s.u.	siehe unten
sog.	sogenannte/er/es
StA	Stammaktien

T

T	"mittlere" Kreditlaufzeit: Durchschnitt aus der gesamten Laufzeit und der Laufzeit bis zur ersten Tilgungsrate
Tab.	Tabelle
TDM	Tausend DM
TEuro	Tausend Europäische Währungseinheiten

U

u.U.	unter Umständen
überarb.	überarbeitete

V

v	prozentualer Dividendenvorzug
V	Verlust
v.	von
VA	Vorzugsaktien
VAG	Versicherungsaufsichtsgesetz
vgl.	vergleiche
VS	Versicherungssumme
VVG	Versicherungsvertragsgesetz
VW	Versicherungswert

W

WG	Wechselgesetz
WiSt	Wirtschaftswissenschaftliches Studium

Z

Z (Kapitel 5)	Zahl der zu erwerbenden Optionen
Z	Zinsbetrag
z.B.	zum Beispiel
z.T.	zum Teil
ZfB	Zeitschrift für Betriebswirtschaft
ZPO	Zivilprozeßordnung

1 Anbieter von Finanzdienstleistungen als Finanzintermediäre

1.1 Finanzwirtschaftliche Grundbegriffe

1.1.1 Finanz- und Anlagebedarf

Für arbeitsteilig organisierte Geldwirtschaften ist es typisch, daß bestimmte Wirtschaftssubjekte in einzelnen Perioden beabsichtigen, für private oder betriebliche Zwecke mehr Auszahlungen zu leisten, als ihnen aus ihren Einkommensquellen an Einzahlungen zufließen. Wir wollen diese Wirtschaftseinheiten im folgenden als **Geldnehmer** bezeichnen. Um diesen **Finanzbedarf** zu decken, sind sie darauf angewiesen, daß andere Wirtschaftssubjekte beabsichtigen, weniger Auszahlungen zu leisten, als sie Einzahlungen erzielen, und bereit sind, die entsprechenden Überschüsse den potentiellen Geldnehmern im Wege gesonderter Finanztransaktionen zu überlassen. Wir wollen diese zweite Gruppe von Wirtschaftseinheiten als **Geldgeber** bezeichnen. Dem Finanzbedarf der Geldnehmer steht der Anlagebedarf gegenüber.

Neben dem Ausland und den Unternehmen des finanziellen Sektors wie z.B. Banken und Versicherungen sind insbesondere folgende drei Gruppen von Wirtschaftssubjekten zu unterscheiden:

–   Die öffentliche Hand (wie z.B. Gemeinden, Länder, Bund),

–   die Unternehmen außerhalb des finanziellen Bereichs (also z.B. Industrie- und Handelsunternehmen) sowie

–   die privaten Haushalte.

Dabei sind die öffentliche Hand und die Gesamtheit der Unternehmen des nichtfinanziellen Sektors derzeit in der Geldnehmerrolle, d.h. diese beiden Gruppen haben in den letzten Jahrzehnten jeweils *insgesamt* mehr Gelder aufgenommen als angelegt, was natürlich nicht ausschließt, daß *einzelne* Gebietskörperschaften oder Unternehmen weniger Schulden als Geldforderungen haben. Die Gruppe der privaten Haushalte tritt demgegenüber *insgesamt* ständig als Geldgeber auf, was natürlich ebenfalls nicht ausschließt, daß *einzelne* Haushalte mehr Schulden als Geldvermögen haben. Tabelle 1.01 verdeutlicht die angesprochenen Zusammenhänge an Hand der Daten der gesamtwirtschaftlichen Finanzierungsrechnung der Deutschen Bundesbank.

Geldvermögen und Verpflichtungen im Jahre 1997

Stand am Jahresende in Mrd. DM

Sektor	Haushalte	Unternehmen	Öffentliche Haushalte	Finanzsektor	Übrige Welt
Position	1	2	3	4	5
Geldvermögen					
Geldanlagen im Finanzsektor	3.327,8	1.017,8	310,1	683,5	1.035,2
Geldanlagen in Wertpapieren	1.671,9	1.038,4	116,9	3.454,3	1.337,7
Auslandsposition der Dt. Bundesbank	–	–	–	116,8	15,4
Kredite und Darl. d. Finanzsektors	–	–	–	6.238,9	–
Sonstige Forderungen	344,1	743,1	190,1	26,3	580,6
Summe (22.248,6)	5.343,8	2.799,2	617,1	10.519,6	2.968,9
Verpflichtung und Aktienumlauf					
Geldanlagen im Finanzsektor	–	–	–	6.374,4	–
Verpflichtungen aus Wertpapieren	–	1.571,1	1.356,5	3.636,2	1.055,2
Auslandspos. der Dt. Bundesbank	–	–	–	15,4	116,8
Kredite u. Darl. d. Finanzsektors	387,9	3.876,8	889,0	62,8	1022,2
Sonstige Verpflichtungen	6,9	904,6	57,6	40,6	874,3
Summe (22.248,6)	394,8	6.352,5	2.303,2	10.129,5	3.068,5
Nettoforderungen bzw. Verpflichtungen	4.948,9	−3.553,3	−1.686,1	390,1	−99,7

Vermögensbildung und ihre Finanzierung im Jahre 1997
Stand am Jahresende in Mrd. DM

Sektor	Haushalte	Unternehmen	Öffentliche Haushalte	Finanzsektor	Übrige Welt
Position	1	2	3	4	5
Geldvermögensbildung					
Geldanlagen im Finanzsektor	151,77	51,39	4,64	64,04	209,04
Geldanlagen in Wertpapieren	71,36	-5,41	-10,43	394,27	152,30
Auslandsposition der Dt. Bundesbank	–	–	–	-7,14	-0,64
Kredite und Darl. d. Finanzsektors	–	–	–	434,96	–
Sonstige Forderungen	14,06	33,07	2,39	-0,86	24,62
Summe (1589,41)	243,19	79,05	-3,4	885,27	385,32
Kreditaufnahme und Aktienemissionen					
Geldanlagen im Finanzsektor	–	–	–	480,87	–
Verpflichtungen aus Wertpapieren	–	4,56	71,89	352,19	179,43
Auslandspos. der Dt. Bundesbank	–	–	–	-0,64	-7,14
Kredite u. Darl. d. Finanzsektors	12,97	206,59	49,78	9,75	155,88
Sonstige Verpflichtungen	0,08	48,59	-23,22	1,80	46,02
Summe (1589,41)	13,06	259,76	98,45	843,96	374,19

Tab. 1.01:   Geldvermögen und Verpflichtungen 1997 sowie Vermögensbildung und Finanzie-rung 1997 (Bei der Addition der Werte ergeben sich durch Rundung Ungenauigkeiten bei den Nachkommastellen.) (Quelle: DEUTSCHE BUNDEBANK (1998a), S. 44-45, 48-49)

An Hand der Tabelle 1.01 erkennt man deutlich, daß die Unternehmen unter den nichtfinanziellen Sektoren insgesamt den größten Finanzbedarf aufweisen; mit den entsprechenden Instrumenten zur Deckung dieses Bedarfs (Finanzierungs-instrumenten) werden wir uns demnach in diesem Kurs besonders ausgiebig zu beschäftigen haben.

Aufgabe 1.01:

Beschaffen Sie sich den Monatsbericht 5/98 der Deutschen Bundesbank und stellen Sie fest, aus welchen der dort aufgeführten Tabellen die Tabelle 1.01 abgeleitet wurde![*]

1.1.2   Das Unternehmen als System von Zahlungsströmen

Als Grundlage für die folgenden Betrachtungen ist es zweckmäßig, ein Unternehmen in der durch Abb. 1.01 verdeutlichten – vereinfachenden – Weise als ein System von Zahlungsströmen zu betrachten.

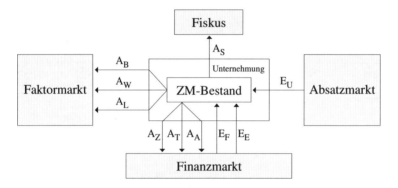

Abb. 1.01:   Das Unternehmen als System von Zahlungsströmen

Pfeile, die von dem das Unternehmen symbolisierenden Rechteck weg weisen, kennzeichnen Auszahlungen, die das Unternehmen für Löhne (A_L), Waren, Material, Energie etc. (A_W), Betriebsmittel (A_B), Tilgungen (A_T), Ausschüttungen (A_A), Zinsen (A_Z) und Steuern (A_S) zu leisten hat. Auf das Rechteck zuweisende Pfeile verdeutlichen demgegenüber Einzahlungen, die dem Unternehmen aus der Umsatztätigkeit (E_U), der Aufnahme von Eigenkapital (E_E) und der Aufnahme von Fremdkapital (E_F) zufließen.

Um Mißverständnissen vorzubeugen, ist nachdrücklich zu betonen, daß wir ausschließlich **Zahlungsströme** betrachten, also

---

[*]   Zur Lösung der folgenden Aufgaben können Sie ebenfalls auf diesen Monatsbericht zurückgreifen.

– **Einzahlungen**, d.h. Erhöhungen des Bargeldbestandes oder Gutschriften auf Girokonten (z.B. als Folge von Überweisungen oder Scheckeinreichungen) und

– **Auszahlungen**, d.h. Verminderungen des Bargeldbestandes oder Belastungen von Girokonten.

Davon zu unterscheiden sind **Erträge** und **Aufwendungen**, d.h. Erhöhungen oder Verringerungen des buchmäßig ausgewiesenen Reinvermögens eines Unternehmens, soweit sie aus der laufenden Geschäftstätigkeit des Unternehmens resultieren.

Zwischen Einzahlungen und Erträgen können folgende drei, durch Abb. 1.02 verdeutlichten Beziehungen bestehen:

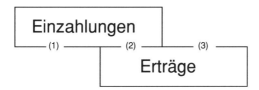

Abb. 1.02:   Einzahlungen und Erträge

(1) **Einzahlung, kein Ertrag** (ertrags*un*wirksame Einzahlung)

Beispiel: Zahlungseingang

– aus einer Forderung an einen Lieferanten,

– bei einem Warenverkauf zum Buchwert gegen bar.

– aus dem Erhalt eines Darlehens.

In allen drei Fällen nimmt der Zahlungsmittelbestand zu. Zugleich nehmen jedoch andere Vermögensgegenstände in entsprechendem Umfang ab (Forderungen, Waren), oder die Verbindlichkeiten nehmen zu. Mithin bleibt das Reinvermögen unverändert; es liegt also kein Ertrag vor.

(2) **Einzahlung und Ertrag** (ertragswirksame Einzahlung oder zahlungswirksamer Ertrag)

Beispiel: Zahlungseingang aus fälligen Mieten, Zinsen, Provisionen etc.

Der Zahlungsmittelbestand steigt, alle übrigen Vermögens- und Schuldpositionen bleiben unverändert, also schlägt der Zahlungsmittelzugang auf die Reinvermögensebene durch.

(3)   **Ertrag, keine Einzahlung** (zahlungs*un*wirksamer Ertrag)

     Beispiel: Zuschreibung zu einem zuvor abgeschriebenen Wertpapier oder Grundstück; Umsatz auf Ziel. In beiden Fällen erhöhen sich bestimmte Vermögenspositionen (Wertpapiere, Grundstücke, Forderungen); der Zahlungsmittelbestand bleibt jedoch unberührt.

Aufgabe 1.02:

a)   Erläutern Sie an Hand eines Abb. 1.02 entsprechenden Schemas die möglichen Beziehungen zwischen Auszahlungen und Aufwendungen und geben Sie jeweils Beispiele an!

b)   Geben Sie an, in welchen der in Abb. 1.01 symbolisierten Zahlungsgrößen (A_L, A_W ... etc.) sich folgende Vorgänge niederschlagen:

     (1) Eingang einer Warenlieferung auf Ziel (= Beanspruchung eines Lieferantenkredits).

     (2) Eingang einer Zahlung eines Abnehmers auf dem Girokonto.

     (3) Abbuchung der Stromrechnung vom Girokonto.

     (4) Gutschrift auf dem Girokonto aus Ausgabe neuer Aktien.

     (5) Zahlung einer Dividende an die Aktionäre.

     (6) Bezahlung der Rechnung gem. (1) durch Überweisung.

     (7) Vornahme planmäßiger Abschreibungen auf das Anlagevermögen bei der Vorbereitung des Jahresabschlusses.

1.1.3   Innen- und Außenfinanzierung

Wie Sie wissen, ist die Bewahrung der **Zahlungsfähigkeit** eine unabdingbare Voraussetzung für jede Unternehmenstätigkeit. D.h. die Minimalanforderung an das Finanzmanagement eines Unternehmens besteht darin, die gesamten Zahlungsströme, wie sie in Abb. 1.01 durch die verschiedenen Pfeile verdeutlicht werden, so zu koordinieren, daß die *fälligen Auszahlungen* jederzeit auch tatsächlich geleistet werden können. Darüber hinaus ist es die Aufgabe des Finanzmanagements, auch noch dafür Sorge zu tragen, daß

–   weitere Auszahlungen geleistet oder Auszahlungsverpflichtungen eingegangen werden können, die für die Fortsetzung der Unternehmenstätigkeit erforderlich sind und

–   in angemessenem Umfang Liquiditätsreserven für unvorhergesehene Auszahlungsanforderungen, z.B. in Form kurzfristiger Bankguthaben, verfügbar sind.

Bezeichnet man die am Anfang einer Teilperiode verfügbaren Liquiditätsreserven mit L_0 und den Endbestand mit L_t, so gilt für jede beliebige Teilperiode folgende Finanzierungsgleichung:

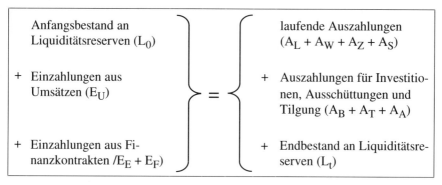

Anfangsbestand an Liquiditätsreserven (L_0)		laufende Auszahlungen ($A_L + A_W + A_Z + A_S$)
+ Einzahlungen aus Umsätzen (E_U)	=	+ Auszahlungen für Investitionen, Ausschüttungen und Tilgung ($A_B + A_T + A_A$)
+ Einzahlungen aus Finanzkontrakten /$E_E + E_F$)		+ Endbestand an Liquiditätsreserven (L_t)

Tab. 1.02:   Finanzierungsgleichung (Grundform)

Bei der Analyse der Unternehmensfinanzierung verwendet man die Finanzierungsgleichung allerdings häufig nicht in dieser Grundform. Vielmehr stellt man den

–   Einzahlungen aus Umsätzen (E_U)

–   die zur Umsatzerzielung laufend anfallenden Auszahlungen ($A_L + A_W + A_Z + A_S$)

unmittelbar gegenüber und betrachtet nur noch den entsprechenden Überschuß ($E_U./.A_L./.A_W./.A_Z./.A_S$). Die Finanzierungsgleichung kann dementsprechend auch wie folgt dargestellt werden:

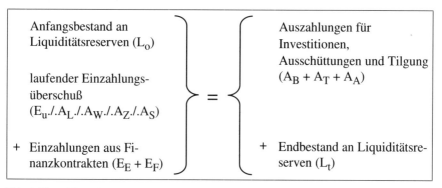

Anfangsbestand an Liquiditätsreserven (L_o) laufender Einzahlungsüberschuß ($E_u./.A_L./.A_W./.A_Z./.A_S$)		Auszahlungen für Investitionen, Ausschüttungen und Tilgung ($A_B + A_T + A_A$)
+ Einzahlungen aus Finanzkontrakten ($E_E + E_F$)	=	+ Endbestand an Liquiditätsreserven (L_t)

Tab. 1.03:   Finanzierungsgleichung (Modifikation I)

Dabei ist es üblich geworden,

–   den laufenden Einzahlungsüberschuß gem. Tab. 1.03 als **Innenfinanzierung**,

–   die Einzahlungen aus Finanzkontrakten als **Außenfinanzierung** und

–   die Auszahlungen für Investitionen, Ausschüttungen und Tilgung als **Mittelverwendung**

zu bezeichnen. Beachtet man nun weiter, daß

–   eine Erhöhung der Liquiditätsreserven ($L_t > L_0$) als Mittelverwendung, eine Verminderung ($L_0 > L_t$) hingegen als Mittelherkunft zu interpretieren ist und

–   der als „Innen*finanzierung*" bezeichnete Saldo im Einzelfall auch negativ sein kann und das entsprechende „Innendefizit" aus anderen Finanzierungsquellen abgedeckt werden muß,

können die betrachteten Zahlungsströme schließlich in der durch Tab. 1.04 verdeutlichten Weise zusammengefaßt werden.

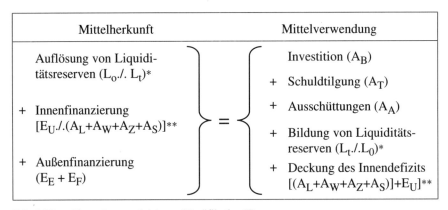

Tab. 1.04:   Finanzierungsgleichung (Modifikation II)

Dabei wird die Veränderung der Liquiditätsreserven (*) natürlich im konkreten Einzelfall immer nur auf *einer* Seite dieses Rechnungsschemas erfaßt.

Aufgabe 1.03:

a) Umrahmen Sie in dem Pfeilschema von Abb. 1.01 jeweils

  – grün die zur Außenfinanzierung,

  – rot die zur Innenfinanzierung und

  – blau die zur Mittelverwendung

zählenden Zahlungen.

b) Was erscheint Ihnen eventuell problematisch daran, die Differenz $(E_U./.A_L./.A_W./.A_Z./.A_S)$ uneingeschränkt als Innen*finanzierung* zu bezeichnen?

Die vorgenommene Unterscheidung zwischen Innen- und Außenfinanzierung kann dabei durch folgende Merkmale noch präzisiert werden:

(1) Bei beiden Finanzierungsarten erfolgt der Zustrom der Zahlungsmittel natürlich aus Quellen außerhalb der Unternehmung,

  – bei der Innenfinanzierung jedoch *innerhalb* des betrieblichen Leistungs- und Umsatzprozesses,

  – bei der Außenfinanzierung hingegen *außerhalb* des betrieblichen Leistungs- und Umsatzprozesses durch *gesonderte Finanztransaktionen.*

(2) Dementsprechend besteht die Gegenleistung für den jeweiligen Zahlungsmittelzufluß

  – bei der Innenfinanzierung in der Lieferung von *Gütern* oder *Dienstleistungen,*

  – bei der Außenfinanzierung hingegen in der *Zahlung* von Zinsen, Tilgungen, Dividenden etc., also ebenfalls in Zahlungsmitteln.

(3) Dabei erfolgt diese Gegenleistung

  – bei der Innenfinanzierung i.d.R. *vor* oder *gleichzeitig mit der Einzahlung* und nur selten danach (Kundenanzahlung),

  – bei der Außenfinanzierung hingegen *zwingend nach der Einzahlung.*

1.1.4   Eigen- und Fremdfinanzierung

Den Bereich der Außenfinanzierung teilt man häufig weiter in die beiden Gruppen der Eigen- und Fremdfinanzierung ein, so wie wir das in der Abb. 1.01 mit der Unterscheidung von E_E und E_F auch schon beiläufig getan haben. Entsprechende Finanzkontrakte bezeichnet man dementsprechend auch als Maßnahmen der **Eigenfinanzierung** bzw. der **Fremdfinanzierung**.

Zur Verdeutlichung dieser Unterscheidung vergleichen wir zunächst zwei idealtypische Positionen, nämlich

–   als Musterfall der Eigenfinanzierung die Rechtsposition eines in seinem Unternehmen tätigen OHG-Gesellschafters und

–   als Musterfall der Fremdfinanzierung die Rechtsposition eines Darlehensgebers, dem ein fester Zins zugesagt ist und für dessen Ansprüche erstklassige Sicherheiten bestellt worden sind.

Folgende Tabelle verdeutlicht die wesentlichen Unterschiede dieser beiden Rechtspositionen:

	Merkmal	**Eigenfinanzierung**	**Fremdfinanzierung**
I	laufende Erträge	erfolgsabhängige Gewinnbeteiligung	erfolgsunabhängiger fester Zins
II	Rückzahlungsbetrag	erfolgsabhängiger Liquidationserlös bei Auflösung der Gesellschaft	erfolgsunabhängiger fester Betrag
III	Mitwirkungs- und Kontrollrechte	volle Geschäftsführungskompetenz	keine
IV	Rechtsstellung im Insolvenzverfahren	keine Ansprüche; Haftung mit dem Privatvermögen	Insolvenzgläubiger mit bevorzugten Ansprüchen (Absonderungsrechte)

Tab. 1.05:   Idealtypische Abgrenzung von Eigen- und Fremdfinanzierung

Die in der realen Welt anzutreffenden Finanzkontrakte entsprechen allerdings nur zu einem Teil einem dieser beiden Idealtypen. Vielmehr finden wir zahlreiche Finanzierungsinstrumente, die in einigen Merkmalen eher Eigenfinanzierungs-, in anderen eher Fremdfinanzierungscharakter aufweisen. Schon die Rechtsstellung des geschäftsführenden GmbH-Gesellschafters weicht in einem Punkt spürbar von dem Idealtypus gem. Tab. 1.05 ab: Im Insolvenzverfahren stehen zwar auch ihm keine Ansprüche zu, aber eine persönliche Haftung mit seinem Privatvermögen ist

– von Ausnahmefällen abgesehen – nicht gegeben. Als weitere Beispiele für Mischformen seien etwa die Finanzierung durch

– die Ausgabe stimmrechtsloser Vorzugsaktien,

– die Aufnahme eines stillen Gesellschafters,

– die Ausgabe von Genußscheinen oder

– die Aufnahme eines Darlehens mit gewinnabhängiger Verzinsung

genannt.

Wenn man trotzdem dem allgemeinen Sprachgebrauch folgt und die gesamte Vielzahl unterschiedlich ausgestalteter Finanzierungsinstrumente vollständig in die zwei Obergruppen der Eigen- und der Fremdfinanzierung unterteilt, so bedarf es dafür *eines eindeutigen* und praktikablen Abgrenzungskriteriums, das auch eine zweifelsfreie Zuordnung von Mischformen der genannten Art erlaubt. Als dieses Kriterium wollen wir im folgenden die **Rechtsstellung im Insolvenzverfahren** des Unternehmens verwenden. Demnach werden

– alle Finanzierungsinstrumente, bei denen der Geldgeber im Insolvenzverfahren des Unternehmens die Rechtsstellung eines Gläubigers einnimmt, der Fremdfinanzierung zugerechnet und

– alle Finanzierungsinstrumente, bei denen der Geldgeber im Insolvenzverfahren *nicht* als Gläubiger auftreten kann, zur Eigenfinanzierung gezählt.

Aufgabe 1.04:
Versuchen Sie die *sieben* in diesem Abschnitt (1.1.4) genannten Finanzierungsinstrumente nach dem zuletzt genannten Kriterium der Eigen- oder Fremdfinanzierung zuzuordnen!

Zum Abschluß dieses Abschnitts gilt es, auf ein mögliches Mißverständnis hinzuweisen: Gelegentlich ist zu lesen, bei der Eigenfinanzierung handele es sich um die Aufnahme von „haftendem Kapital", bei der Fremdfinanzierung hingegen um die Beschaffung „nicht haftenden Kapitals". Diese Terminologie kann sehr leicht zu Gedankenfehlern führen. Denn bei der **Haftung** geht es letztlich immer um die Frage, auf welche Vermögenswerte die Gläubiger eines Unternehmens (oder ein für diese agierender Insolvenzverwalter) auch gegen den Willen des Eigentümers zugreifen können, um aus der Verwertung dieser Gegenstände ihre Ansprüche zu erfüllen.

Zu der in diesem Sinne „haftenden Vermögensmasse" zählt auf jeden Fall das *gesamte* Unternehmensvermögen, und zwar unabhängig davon, wie die einzelnen Vermögensgegenstände bei ihrer Anschaffung finanziert worden sind. Somit erhöht etwa auch die Aufnahme eines Darlehens die haftende Vermögensmasse einer Aktiengesellschaft genau so wie die Ausgabe junger Aktien. Der Unterschied zwischen diesen beiden Finanzierungsinstrumenten besteht also

– *nicht* darin, daß sie sich in unterschiedlicher Weise auf die Höhe der Haftungsmasse (= Gesamtvermögen) auswirken,

– sondern darin, daß im ersten Fall auch die auf die Haftungsmasse gerichteten Ansprüche im gleichen Umfang mitwachsen, im zweiten Fall hingegen konstant bleiben.

Beschränken wir unsere Betrachtung – unserem Beispiel entsprechend – auf Kapitalgesellschaften, so ist Fremdfinanzierung also dadurch gekennzeichnet, daß zwar die haftende Masse zunimmt, der *Überschuß* der haftenden Masse über die Schulden jedoch unverändert bleibt; bei der Eigenfinanzierung hingegen nehmen beide Größen in gleichem Umfang zu.

Im Hinblick auf Ausmaß und Abgrenzung der haftenden Vermögensmasse können grundsätzlich folgende drei Haftungsformen unterschieden werden:

(1)   Reine Gesellschaftshaftung

Die Haftung ist ausschließlich auf das Gesellschaftsvermögen beschränkt; das Privatvermögen der Gesellschafter hingegen steht dem Zugriff der Gläubiger *nicht* offen. Dies ist etwa bei der AG und der GmbH der Fall, sofern die Gesellschafter die gezeichneten Einlagen auch voll erbracht haben. Das gleiche gilt für Genossenschaften, deren Satzung für den Insolvenzfall *keine* Nachschußpflicht der Genossen vorsieht.

(2)   Volle Gesellschafterhaftung

Die Haftung erstreckt sich auf das Gesellschaftsvermögen und darüber hinaus *uneingeschränkt* auch auf das sonstige Vermögen aller Gesellschafter. Dies ist etwa bei der OHG der Fall. Für den Insolvenzfall gilt dies außerdem auch für Genossenschaften, deren Satzung eine *unbegrenzte* Nachschußpflicht der Genossen vorsieht. Es wird allerdings bezweifelt, ob diese *mögliche* Rechtskonstruktion derzeit überhaupt noch anzutreffen ist.

(3)   Limitierte Gesellschafterhaftung

Die Haftung erstreckt sich auf das Gesellschaftsvermögen[1] und darüber hinaus *in begrenztem Umfang* auch auf das sonstige Vermögen der Gesell-

---

1 Dabei wollen wir die Ansprüche, die der Gesellschaft möglicherweise deshalb noch zustehen können, weil die Gesellschafter ihre Einlagen noch nicht vollständig in der vereinbarten Höhe erbracht haben, im Sinne dieser Betrachtung *nicht* dem Unternehmensvermögen zurechnen.

schafter. Dies ist etwa bei der AG und der GmbH der Fall, wenn die Gesellschafter ihre Einlagen noch nicht voll erbracht haben; bis zum Betrag der noch ausstehenden Einlagen haften diese im Insolvenzfall mit ihrem sonstigen Vermögen. In ähnlicher Weise müssen die Mitglieder einer Genossenschaft, deren Satzung eine *begrenzte* Nachschußpflicht vorsieht, im Insolvenzverfahren bis zu dem jeweiligen Nachschußbetrag mit ihrem Privatvermögen haften.

Bei einer KG liegt eine Verknüpfung der Konstellationen (2) und (1) bzw. (2) und (3) vor: Während die Komplementäre uneingeschränkt auch mit ihrem Privatvermögen haften, ist die Haftung des Kommanditisten auf den Betrag der noch nicht erbrachten Einlage begrenzt, entfällt bei vollständiger Einzahlung der vorgesehenen Einlage also ganz.

Folgende Abbildung verdeutlicht die Haftungssituation bei der OHG, KG, GmbH und AG (falls zutreffend jeweils im Falle voll erbrachter Einlagen) noch einmal in einer graphischen Übersicht.

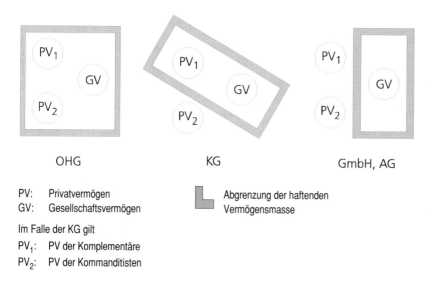

OHG   KG   GmbH, AG

PV: Privatvermögen   ⌐ Abgrenzung der haftenden
GV: Gesellschaftsvermögen   └ Vermögensmasse

Im Falle der KG gilt
PV$_1$: PV der Komplementäre
PV$_2$: PV der Kommanditisten

Abb. 1.03:   Haftungssituation bei OHG, KG, GmbH und AG

Bei einer Personengesellschaft mit unbeschränkter Haftung der Gesellschafter gelten die oben zur Differenzierung von Eigen- und Fremdfinanzierung vorgetragenen Aussagen somit nur für den *Teil* der Haftungsmasse, der aus dem der Gesellschaft unmittelbar zur Verfügung stehenden Unternehmensvermögen besteht. Im Hinblick auf die aus Unternehmens- und Privatvermögen bestehende *Gesamthaftungs*masse bedarf es hingegen weitergehender Modifikationen, auf die hier allerdings nicht näher eingegangen werden kann.

Aufgabe 1.05:

Nehmen Sie zu folgenden Aussagen kurz Stellung!

(1) „Die Gesellschaft mit *beschränkter* Haftung haftet *unbeschränkt* mit ihrem ganzen Vermögen."

(2) „Im Gegensatz zur OHG haftet die Aktiengesellschaft nur mit dem Eigenkapital."

(3) „Die Gesellschafter einer GmbH haften den Gläubigern mit den ausstehenden Einlagen."

(4) „Die GmbH haftet nur mit den Einlagen der Gesellschafter."

(5) „Wenn ein GmbH-Gesellschafter, der seine Einlage in vollem Umfang geleistet hat, seiner Gesellschaft zusätzlich zu der vereinbarten Einlagen ein Darlehen gewährt, erhöht sich damit die Haftungsmasse der GmbH genau so wie das auch bei der Darlehensgewährung eines OHG-Gesellschafters an seine OHG der Fall ist."

1.2   Begriff und Erscheinungsformen von Finanzintermediären

1.2.1   Finanzintermediäre im engeren Sinne

Wie wir gesehen haben, decken die Unternehmen des nicht-finanziellen Sektors ihren Außenfinanzierungsbedarf durch Geldaufnahme bei anderen Wirtschaftssubjekten. In gleicher Weise finanzieren die öffentlichen Haushalte den Auszahlungsbedarf, den sie nicht aus dem Steueraufkommen und sonstigen Quellen abdecken können. Die privaten Haushalte treten demgegenüber per Saldo in großem Umfang als Geldgeber auf.

Im folgenden wollen wir nun der Frage nachgehen, in welcher Weise der auf der einen Seite bestehende Finanzbedarf und der andererseits gegebene Anlagebedarf zum Ausgleich gebracht werden. Dazu bestehen grundsätzlich die beiden durch Abbildung 1.04 schematisch zum Ausdruck gebrachten Möglichkeiten.

Abb. 1.04:   Ausgleich von Finanz- und Anlagebedarf

Zum einen ist es denkbar, daß Geldgeber und Geldnehmer unmittelbar miteinander in Berührung treten und jeweils individuelle Finanzkontrakte abschließen. Zum zweiten ist es aber auch vorstellbar, daß sich am Finanzmarkt „Spezialisten" herausbilden, die in der Weise zum Ausgleich von Anlage- und Finanzbedarf beitragen, daß sie sich bereithalten

–   einerseits Zahlungsmittel von den originären Geldgebern gegen das Versprechen späterer Rückzahlung entgegenzunehmen (Anlageleistung) und

–   andererseits den originären Geldnehmern die benötigten Zahlungsmittel ebenfalls gegen das Versprechen späterer Rückzahlung zur Verfügung zu stellen (Finanzierungsleistung).

Unternehmen, die sich auf diese Aufgabe spezialisiert haben, sollen im folgenden als **Finanzintermediäre im engeren Sinne** (oder auch nur kurz „Finanzintermediäre") bezeichnet werden. Durch ihre Tätigkeit wird das ansonsten zustandekommende *unmittelbare* Anspruchs- und Verpflichtungsverhältnis zwischen eigentlichen Geldgebern und -nehmern durch zwei eigenständige Vertragsverhältnisse ersetzt, in denen der Finanzintermediär gegenüber den eigentlichen Geldgebern die Rolle des Geldnehmers und damit des Rückzahlungsverpflichteten übernimmt, gegenüber den eigentlichen Geldnehmern hingegen als Geldgeber auftritt und damit zugleich als Anspruchsberechtigter.

Agieren in einer Wirtschaft mehrere Finanzintermediäre, so ist es möglich, daß neben den genannten Vertragsverhältnissen zwischen Finanzintermediär und den eigentlichen Geldgebern und -nehmern auch noch finanzielle Beziehungen zwischen verschiedenen Finanzintermediären entstehen. Der Ausgleich zwischen originärem Anlage- und Finanzbedarf wird dann nicht durch einen einzigen Finanzintermediär herbeigeführt, sondern durch ein ganzes System vielfältig untereinander verflochtener Intermediäre. In der Bundesrepublik Deutschland umfaßt dieses System insbesondere

-   **Kreditinstitute** einschließlich **Teilzahlungsbanken** und **Realkreditinstituten,**

-   **Bausparkassen,**

-   **Kapitalanlagegesellschaften,**

-   **Leasing-** und **Factoringunternehmen,**

-   **Kapitalbeteiligungsgesellschaften** einschließlich Wagnisfinanzierungsgesellschaften, Venture-Fonds etc. sowie

-   Anbieter von **Kapital-Lebensversicherungen.**

Darüber hinaus ist es zweckmäßig, auch sonstige **Versicherungsunternehmen** zu den Finanzintermediären im engeren Sinne zu zählen, soweit deren primäre Tätigkeit dadurch gekennzeichnet ist, daß sie sich verpflichten, ihren Vertragspartnern bestimmte möglicherweise entstehende Zahlungsverpflichtungen und sonstige finanzielle Beanspruchungen abzunehmen oder eventuell auftretende Vermögensminderungen durch entsprechende Zahlungen auszugleichen. Derartige Leistungen stehen zunächst in keinem Zusammenhang mit dem für die Tätigkeit von Finanzintermediären bislang als konstitutiv angesehenen Ausgleich von Anlage- und Finanzbedarf. Zwei Aspekte sprechen dennoch dafür, Versicherungsunternehmen in Übereinstimmung mit großen Teilen des Schrifttums den Finanzintermediären im engeren Sinne zuzurechnen:

-   Zum einen kann die Motivation originärer Geldgeber, in bestimmten Perioden Gelder anzulegen und dadurch zukünftige Zahlungsansprüche zu erwerben, in dem Wunsch nach Vorsorge für mögliche Zukunftsrisiken bestehen. Genau dieser Wunsch kann aber auch den Anlaß zum Abschluß eines Versicherungsvertrages darstellen. Aus der Sicht des Geldanlegers bzw. Versicherungsnehmers können Geldanlage und Versicherungsabschluß also durchaus funktional ähnliche, substitutionale Handlungsmöglichkeiten bilden.

-   Zum zweiten kommt es bei den Anbietern von Versicherungsleistungen häufig dazu, daß die Einzahlungen, die ihnen von der Gesamtheit ihrer Versicherungsnehmer zufließen, die an diese zu leistenden Auszahlungen übersteigen, so daß ein vorübergehender Anlagebedarf besteht, der die Versicherungsunternehmen zugleich auch als Geldgeber auftreten läßt.

Somit ist die gesamte Tätigkeit von Versicherungsunternehmen in aller Regel dadurch gekennzeichnet, daß sie

-   einerseits Zahlungsmittel gegen die bedingte Verpflichtung zukünftiger Zahlungen entgegennehmen und

-   andererseits Zahlungsmittel gegen den Erwerb unbedingter künftiger Rückzahlungsansprüche an andere Geldnehmer weiterleiten, was den für die zuvor genannten Finanzintermediäre im engeren Sinne kennzeichnenden Merkmalen sehr nahe kommt.

Tabelle 1.06 vermittelt einen Überblick über die Entwicklung der Anzahl verschiedener Finanzintermediäre während der zurückliegenden 40 Jahre.

		1957	1967	1977	1987	1991[7]	1997
(1)	**Universalbanken**[1] darunter	13063	10529	5708	4319	4239	3414
	(1.1) Kreditbanken	364	322	257	247	342	322
		(2281)	(4339)	(5814)	(6145)	(7017)	(7403)
	(1.2) Sparkassen u.	885	876	634	598	746	610
	Girozentralen	(9268)	(14625)	(17369)	(18136)	(20631)	(19790)
	(1.3) Genossensch.	11814	9331	4817	3474	3151	2424
	u. Gen. Zentralb.	(14208)	(17309)	(19455)	(19416)	(21243)	(19226)
(2)	**Realkreditinstitute**	44	47	40	38	35	35
(3)	**Teilzahlungsbanken**	194	195	129	72	-[6]	-[6]
(4)	**Bausparkassen**	20	19	19	20	25	34
(5)	**Kapitalanlagegesell-**	5	10	33	38	60	68
	schaften[2]	(-)[4]	(26)	(106)	(162)	(357)	(732)
(6)	**Factoringinstitute**	-	(-)[4]	16	34	32	13[10]
(7)	**Leasinggesellschaften**	-	30	297	923	1448	1815[9]
(8)	**Versicherungsunter-** **nehmen**[3] darunter	907	890	737	771[1]	734[8]	661[9]
	(8.1) Lebensversicherung	96	110	108	111	107	126
	(8.2) Krankenversicherung	108	88	53	54	56	52
	(8.3) Schadens- und Unfall-versicherung	330	319	302	339	324	264
	(8.4) Rückversicherung	35	39	32	36	29	37

Zahl der in den jeweiligen Statistiken ausgewiesenen rechtlich selbständigen Institute; [1] Kreditbanken, Girozentralen u. Sparkassen, Kreditgenossenschaften und genossenschaftliche Zentralinstitute; Klammerangaben zu (1.1) bis (1.3): Zahl der inländischen Bankstellen insgesamt (= Institute + Zweigstellen); [2] Klammerangaben: Zahl der aufgelegten Publikumsfonds; [3] nur Versicherungsunternehmen unter Bundesaufsicht; [4] keine Angaben verfügbar; [5] Zahlenangaben von 1986; [6] Die frühere Gruppe der Teilzahlungsbanken wird seit 1986 anderen Bankengruppen zugeordnet; [7] Zahlen ab 1991 mit Beitrittsgebieten; [8] Zahlenangaben von 1990;[9] Zahlenangaben von 1994. [10] Anzahl der im Deutschen Factoring-Verband zusammengeschlossenen führenden Institute, deren Anteil am Gesamtumsatz der Branche 1995 bei 95% lag.

Quellen: DEUTSCHE BUNDESBANK (1969), Tabellenanhang III 20 b, S. 35; DEUTSCHE BUNDESBANK (1978a), Tabellenanhang III 24b, S. 41; DEUTSCHE BUNDESBANK (1988a), Tabellenanhang III 26b, S. 45; DEUTSCHE BUNDESBANK (1992a), Tabellenanhang III 26b, S. 45; DEUTSCHE BUNDESBANK (1994a), Tabellenanhang IV 23, S. 55; DEUTSCHE BUNDESBANK (1978b), Tab. 19; DEUTSCHE BUNDESBANK (1988b), Tab. 20; DEUTSCHE BUNDESBANK (1992b), Tab. 21; DEUTSCHE BUNDESBANK (1994b), Tab. VI 1; DEUTSCHE BUNDESBANK (1998a), Tab. IV 4 u. IV 7; DEUTSCHE BUNDESBANK (1998b) Tab. IV 1; DEUTSCHE BUNDESBANK (1998c) Tab. VI 1; STÄDTLER (1987), S. 16-21; STÄDTLER (1992), S. 10-15; STÄDTLER (1998), S. 1-9; WASSERMANN (1987), S. 186-201; WASSERMANN (1988), S. 143-147; WASSERMANN (1990), S. 143-147; WASSERMANN (1994), S. 44-56; WASSERMANN (1995), S. 83; WASSERMANN (1998), S. 89; BRINK (1994), S. 102-103; BUNDESAUFSICHTSAMT FÜR DAS VERSICHERUNGSWESEN (1957), Tabellenanhang, Tab. B 1; BUNDESAUFSICHTSAMT FÜR DAS VERSICHERUNGSWESEN (1964), Tabellenanhang, Tab. A 1; BUNDESAUFSICHTSAMT FÜR DAS VERSICHERUNGSWESEN (1977), Tabellenanhang, Tab. 010; BUNDESAUFSICHTSAMT FÜR DAS VERSICHERUNGSWESEN (1986), Tabellenanhang, Tab. 010; BUNDESAUFSICHTSAMT FÜR DAS VERSICHERUNGSWESEN (1990), Tabellenanhang, Tab. 020; BUNDESAUFSICHTSAMT FÜR DAS VERSICHERUNGSWESEN (1993), Tabellenanhang, BUNDESAUFSICHTSAMT FÜR DAS VERSICHERUNGSWESEN (1994), S. 6.

Tab. 1.06:   Anzahl und Verbreitung ausgewählter Finanzintermediäre

---

Aufgabe 1.06:

Ermitteln Sie aus dem Monatsbericht 5/98 (Tabellenanhang zu dem Aufsatz „Die gesamtwirtschaftlichen Finanzierungsströme in Deutschland im Jahre 1997") der Deutschen Bundesbank für die Gruppen der Banken, der Bausparkassen, der Versicherungen und der Investmentfonds jeweils die zum Ende des Jahres 1997 bestehenden Geldforderungen und Geldverpflichtungen gegenüber den übrigen inländischen Sektoren und dem Ausland und vergleichen Sie Ihre Ergebnisse mit der Aufstellung in Tab. 1.01!

Wie Sie aus Tab. 1.06 und der Lösung zu Aufgabe 1.06 erkennen, stellen die Bankengruppen sowohl im Hinblick auf die Anzahl von Instituten als auch im Hinblick auf das Geschäftsvolumen die weitaus größte Intermediärgruppe dar. Wir wollen daher im folgenden die Struktur dieser Gruppe zumindest überblickartig etwas näher verdeutlichen.

1.2.2 Die Struktur des bundesdeutschen Bankwesens

1.2.2.1 Allgemeiner Überblick

Die Gruppe der Banken in der Bundesrepublik läßt sich zunächst in die Geschäftsbanken und die Deutsche Bundesbank untergliedern. In diesem Kurs interessieren uns nur die Geschäftsbanken. In Anlehnung an die Einteilung in der Statistik der Deutschen Bundesbank können diese in der durch Abb. 1.04 verdeutlichten Weise in mehrere Gruppen untergliedert werden. In den Klammern ist jeweils die Anzahl entsprechender Institute zum Anfang des Jahres 1998 angegeben.

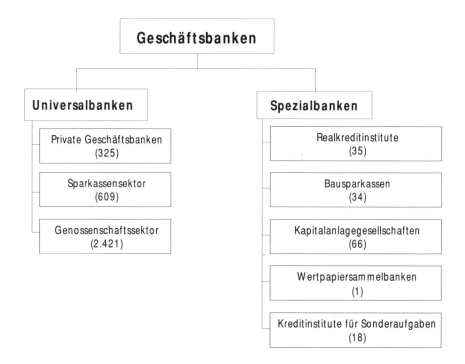

Abb. 1.05:   Struktur des Geschäftsbankensystems in der Bundesrepublik Deutschland (Quelle: DEUTSCHE BUNDESBANK (1998b), S. 104)

Im folgenden soll zunächst ein kurzer Überblick über die verschiedenen Spezialbanken vermittelt werden. Anschließend gehen wir auf die Universalbanken etwas näher ein.

1.2.2.2 Die Spezialbanken

Spezialbanken sind dadurch gekennzeichnet, daß sie sich auf einen eingeschränkten Kreis von Bankgeschäften spezialisiert haben und diese ausschließlich oder zumindest ganz überwiegend betreiben. Im folgenden wird diese spezielle Geschäftstätigkeit jeweils stichwortartig verdeutlicht:

Realkreditinstitute vergeben

– langfristige, grundpfandrechtlich gesicherte Kredite (Hypothekarkredite) und

– Darlehen an öffentliche Stellen (Kommunaldarlehen).

Die Mittelbeschaffung erfolgt durch breit gestreute Ausgabe von Schuldverschreibungen in Form von

– privaten Pfandbriefen und

– öffentlichen Pfandbriefen.

Schuldner der letztgenannten Schuldverschreibungen sind die Realkreditinstitute. Die aus der Darlehensvergabe resultierenden Ansprüche an Grundeigentümer und Kommunen bilden jedoch eine gesonderte Deckungsmasse für diese Schuldverschreibungen, so daß diese indirekt letztlich durch „Grund und Boden" bzw. die „Steuerkraft der Kommunen" gesichert ist.

Bausparkassen nehmen auf der Basis langfristig abgeschlossener Bausparverträge Spareinlagen entgegen. Nach Erreichen einer bestimmten Sparsumme (und ggf. weiterer Voraussetzungen) werden die Guthaben ausgezahlt und zusätzliche Bauspardarlehen zur langfristigen Finanzierung des Baus, des Erwerbs, der Renovierung oder der Entschuldung von Wohneigentum gewährt. Diese Darlehen werden i.d.R. durch nachrangige Grundpfandrechte gesichert.

Kapitalanlagegesellschaften finanzieren ein oder mehrere Sondervermögen (sog. Fonds) durch die Ausgabe klein gestückelter Investmentzertifikate. Diese verbriefen Anteile an Wertpapier-, Beteiligungs- oder Immobilienfonds, die von den Gesellschaften i.d.R. nach dem Prinzip der Risikostreuung zusammengestellt werden. I.d.R. legt eine Gesellschaft mehrere Fonds auf, deren Zertifikate jeweils gesondert vertrieben werden.

Wertpapiersammelbanken übernahmen in der Vergangenheit für die übrigen Banken und deren Kunden die Verwahrung und Verwaltung von börsengängigen Wertpapieren wie z.B. börsennotierten Schuldverschreibungen oder Aktien. Nach dem Ende 1989 erfolgten Zusammenschluß der vormals sieben Wertpapiersammelbanken (auch Kassenvereine genannt) zu der Deutschen Kassenverein AG gab es in der Bundesrepublik Deutschland nur noch ein Institut dieser Art mit 6 Zweigniederlassungen. Daneben existierte als 100%-iges Tochterinstitut der Deutsche Auslandskassenverein zur Verwahrung von Wertpapieren ausländischer Emittenten. Die Deutsche Kassenverein AG wurde nach ihrer Verschmelzung mit der Deutschen Auslandskassenverein AG (1996) im Jahre 1997 in Deutsche Börse Clearing AG umfirmiert. Sie ist Abwicklungspartner für alle Geschäfte in Xetra, dem elektronischen Handelssystem der Börse, und Zentralverwahrer für deutsche Wertpapiere. Auf internationaler Ebene ist sie in der Funktion Verwahrung und Geschäftsabwicklung mit Lagerstätten in knapp 50 Ländern präsent.

Kreditinstitute für Sonderaufgaben stellen eine recht heterogene Gruppe von Banken dar, die überwiegend historisch bedingte Sonderaufgaben wahrzunehmen haben, die von anderen Instituten nicht hinlänglich erfüllt werden (können). Die vier nach der Bilanzsumme größten Institute dieser Gruppe sind:

–   Kreditanstalt für Wiederaufbau (KfW)

Ursprüngliche Aufgabe: Vergabe von Darlehen zum „Wiederaufbau" der deutschen Wirtschaft nach dem 2. Weltkrieg im Rahmen des sog. Marshall-Plans; heutige Aufgabe: Kreditvergabe im Rahmen spezifischer Zielsetzungen wie z.B. sektoraler Strukturwandel, Umweltschutz, Förderung von Klein- und Mittelunternehmen, Exportfinanzierung sowie Förderung von Investitionsvorhaben in Entwicklungsländern.

–   Landwirtschaftliche Rentenbank

Aufgabe: Finanzierungsleistungen im Bereich der Land- und Forstwirtschaft

–   Deutsche Siedlungs- und Landesrentenbank (DSL-Bank)

Aufgabe: Finanzierung ländlicher Strukturinvestitionen

–   Industriekreditbank AG – Deutsche Industriebank

Aufgabe: Vergabe von lang- und mittelfristigen Investitionskrediten unter besonderer Berücksichtigung der Bedürfnisse von Klein- und Mittelunternehmen

Im Zuge der deutschen Wiedervereinigung fallen einem anderen Kreditinstitut mit Sonderaufgaben, der Deutschen Ausgleichsbank AG, erhebliche Aufgaben im Bereich der Existenzgründungshilfe im gewerblichen und freiberuflichen Mittelstand zu. Im Auftrag des Bundeswirtschaftsministeriums werden extrem günstige Kredite (z.B. in Form sogen. Eigenkapitalhilfen) an Unternehmensgründer vergeben, die selbst nur über unzureichende Vermögenswerte verfügen.

1.2.2.3 Die Universalbanken

Im Gegensatz zu den Spezialbanken nehmen die Universalbanken grundsätzlich das gesamte Spektrum bankbetrieblicher Leistungen wahr, was gewisse Schwerpunktbildungen in dem einen oder anderen Fall nicht ausschließt. Im einzelnen umfassen die Universalbanken drei große Bankengruppen, nämlich

– die privaten Geschäftsbanken (in der Bundesbankstatistik mißverständlich als „Kreditbanken" bezeichnet),

– die Institute des Sparkassensektors und

– die Banken des Genossenschaftssektors,

die im folgenden jeweils kurz charakterisiert werden.

Die privaten Geschäftsbanken

Diese Bankengruppe wird nach der Statistik der Deutschen Bundesbank weiter untergliedert in die

– drei Großbanken (Deutsche, Dresdner und Commerzbank);

– 187 Regionalbanken und sonstige Kreditbanken (wie z.b. die Berliner Bank oder die Bank für Gemeinwirtschaft);

– 77 Zweigstellen ausländischer Banken (wie z.b. The Fuji Bank oder Morgan Guaranty Trust Comp. of New York);

– rd. 58 Privatbankiers, d.h. Banken in der Rechtsform des Einzelkaufmanns oder einer Personengesellschaft (wie z.B. Merck, Finck & Co. oder Bankhaus Lampe KG).

Zur Vertretung gemeinsamer Interessen haben sich die privaten Geschäftsbanken im Bundesverband deutscher Banken e.V. zusammengeschlossen. Im Bereich dieses Verbandes ist ein **Einlagensicherungsfonds** (sog. Feuerwehrfonds) gebildet worden. Aus diesem Fonds sollen die Einleger von Kreditinstituten, die ihren Rückzahlungsverpflichtungen nicht mehr nachkommen können, die entsprechenden Leistungen erhalten. Die maximale Sicherungsleistung für den einzelnen Einleger ist allerdings auf einen Betrag in Höhe von 30% des Eigenkapitals des jeweiligen Instituts begrenzt.

Die Banken dieser Gruppe werden ausschließlich in Rechtsformen des privaten Rechts betrieben, wobei die Kapitalgesellschaften deutlich überwiegen. Die Neuzulassung von Banken in der Rechtsform des Einzelkaufmanns ist seit der KWG-Novelle 1976 nicht mehr möglich.

Etliche dieser Institute, insbesondere die drei Großbanken unterhalten oftmals 100%-ige-Beteiligungen an verschiedenen Spezialbanken, insbesondere an Realkreditinstituten, Bausparkassen und Kapitalanlagegesellschaften.

Der Sparkassensektor

Diese Bankengruppe besteht aus

– rd. 596 Sparkassen, deren Geschäftstätigkeit grundsätzlich auf ihr Geschäftsgebiet (Gemeinde, Kreis) beschränkt ist,

– zwölf Girozentralen (z.T. „Landesbanken" genannt), die in bestimmten Regionen als Spitzeninstitut des dortigen Sparkassenbereichs fungieren sowie

– der Deutschen Girozentrale – Deutschen Kommunalbank als Zentralinstitut des gesamten Sparkassensektors.

Der Wahrnehmung gemeinsamer Aufgaben dienen mehrere regionale Sparkassen- und Giroverbände sowie als übergeordnete Verbandsorganisation der Deutsche Sparkassen- und Giroverband (DSGV). Im Bereich der Regionalverbände sind regionale **Sparkassenstützungsfonds** gebildet worden, die in wirtschaftliche Probleme geratenen Sparkassen Unterstützung gewähren. Die regionalen Stützungsfonds stehen in einem überregionalen Haftungsverbund, der sich auch auf die Girozentralen erstreckt.

Abgesehen von wenigen sog. „freien" Sparkassen werden die Sparkassen als Anstalten des öffentlichen Rechts überwiegend von Gemeinden oder Kreisen getragen, die auch für die Verbindlichkeiten ihrer Sparkassen haften (Gewährträgerhaftung). Die Girozentralen und die Deutsche Girozentrale – Deutsche Kommunalbank sind ebenfalls juristische Personen des öffentlichen Rechts; ihre Träger sind in jeweils unterschiedlicher Zusammensetzung die regionalen Sparkassen- und Giroverbände, die zugehörigen lokalen Sparkassen und verschiedene öffentliche Gebietskörperschaften bzw. die zwölf Girozentralen und der DSGV. Dem Sparkassensektor angegliedert oder nahestehend sind außerdem verschiedene Spezialbanken, insbesondere Bausparkassen und Kapitalanlagegesellschaften.

Der Genossenschaftssektor

Diese Bankengruppe umfaßt

– rd. 2.400 i.d.R. nur lokal tätige Kreditgenossenschaften, die häufig als „Volksbanken" oder „Raiffeisenbanken" firmieren,

– 3 regionale genossenschaftliche Zentralbanken und

– die Deutsche Genossenschaftsbank (DG-Bank) als Spitzeninstitut des gesamten Genossenschaftsbereichs.

Auf regionaler Ebene sind regionale Genossenschaftsverbände tätig, die gemeinsam mit den übergeordneten Instituten dem Bundesverband der Deutschen Volksbanken und Raiffeisenbanken e.V. angehören. Im Rahmen dieses Zentralverbandes ist auch ein zentraler **Garantiefonds** gebildet worden, dessen Aufgabe es ist, die Mitgliedsbanken zu unterstützen, wenn deren Existenz bedroht ist.

Die Kreditgenossenschaften werden ganz überwiegend in der Rechtsform der eingetragenen Genossenschaft (eG) geführt, wobei der Typ der beschränkten Nachschußpflicht (vgl. Abschnitt 1.1.4, letzter Abschnitt) überwiegt. Die regionalen Zentralbanken und die **DG-Bank** als Spitzeninstitut werden als *Aktiengesellschaften* oder *Genossenschaften* betrieben. Über unterschiedliche Beteiligungsformen bestehen außerdem enge Beziehungen zu verschiedenen Spezialbanken, insbesondere Realkreditinstituten, Bausparkassen und Kapitalanlagegesellschaften.

Folgende Tabelle vermittelt einen ersten groben Überblick über die Größe der drei Gruppen von Universalbanken.

Banken- gruppe	Geschäfts- volumen		Kredite an Nichtbanken		Einlagen von Nichtbanken	
private Geschäftsbanken	2.370	33%	1.462	34%	801	26%
– darunter Großbanken	(964	14%)	(588	14%)	(379	13%)
Sparkassensektor	3.369	48%	2.022	48%	1.480	49%
Genossenschaftssektor	1.314	19%	763	18%	744	25%
Universalbanken insges.	7.053	100%	4.247	100%	3.025	100%

Tab. 1.07:   Marktanteile der drei Universalbankgruppen im März 1998 (Absolute Zahlenangaben in Mrd. DM) Quelle: Deutsche Bundesbank (1998a), S. 20* f.

Aufgabe 1.07:

Ermitteln Sie aus einem Monatsbericht der Deutschen Bundesbank jeweils, wie sich Geschäftsvolumina, Kredite an Nichtbanken und Einlagen von Nichtbanken für den Sparkassen- und den Genossenschaftssektor prozentual auf die Sparkassen und Kreditgenossenschaften einerseits und die Girozentralen bzw. genossenschaftlichen Zentralbanken andererseits aufteilen und kommentieren Sie Ihr Ergebnis kurz!

1.2.3 Finanzintermediäre im weiteren Sinne

Es erscheint zweckmäßig, verschiedenen Ansätzen in der einschlägigen Literatur zu folgen und neben den Finanzintermediären im engeren Sinne, die als Geldgeber und -nehmer zugleich auftreten, über den eigentlichen semantischen Gehalt des Terminus „Intermediär" hinaus auch solche Institutionen im weiteren Sinne zu den Finanzintermediären zu rechnen, deren Geschäftstätigkeit darauf gerichtet ist, den unmittelbaren Abschluß von Finanzkontrakten zwischen originären und/oder intermediären Geldgebern und -nehmern einfacher und kostengünstiger herbeizuführen oder überhaupt erst zu ermöglichen, ohne dabei jedoch selbst als Partner eines solchen Vertrages aufzutreten. Hier sind insbesondere folgende drei Kategorien von Leistungen zu nennen:

–   Vermittlung des Abschlusses von Finanzkontrakten zwischen Geldnehmern und -gebern (**Vermittlungsleistungen**),

–   Information potentieller Geldgeber über die Existenz und/oder verschiedene Qualitätsaspekte möglicher Geldnehmer oder Anlageformen (**Informationsleistungen**) sowie

–   Übernahme bestimmter, vertraglich genau spezifizierter Risiken, denen die aus der Geldanlage resultierenden Ansprüche unterliegen (**Risikoübernahme**).

Vermittlungsleistungen

Leistungen der ersten Kategorie, also Vermittlungtätigkeiten, wie sie auch in anderen Wirtschaftsbereichen von Maklern wahrgenommen werden, können im finanziellen Sektor im einzelnen noch danach differenziert werden, ob sie sich auf die

–   Herbeiführung eines unmittelbaren Vertrages zwischen Geldnehmern und -gebern oder die

–   Übertragung bereits existierender Ansprüche oder Verpflichtungen von dem bisherigen Geldgeber (Geldnehmer) auf einen neuen Geldgeber (Geldnehmer)

beziehen.

Vermittlungsleistungen der ersten Art werden zum Teil auch von Finanzintermediären im engeren Sinne erbracht (z.B. im Emissionsgeschäft der Kreditinstitute oder bei der Plazierung von Euronotes), daneben aber auch von **Finanzmaklern** und **Kreditvermittlern**. Während erstere typischerweise – etwa im Schuldscheindarlehensgeschäft der Versicherungen – zur Deckung des Finanzbedarfs von Unternehmen durch intermediäre z.T. auch eigentliche Geldgeber beitragen, vermitteln letztere insbesondere zwischen nicht gewerblichen, privaten Geldnehmern und Kreditinstituten als intermediären Geldgebern. Weiterhin gehören zu dieser Gruppe vermittelnd tätiger Finanzintermediäre im weiteren Sinne die **Versicherungsvertreter** und **Versicherungsmakler**.

Versicherungsvertreter sind selbständige Handelsvertreter, die auf der Basis sog. Agenturverträge für ein oder mehrere Versicherungsunternehmen vermittelnd tätig werden und dafür Vermittlungs-, Inkasso- und Abschlußprovisionen erhalten. Versicherungsmakler hingegen sind selbständige Vermittler, die in keinem Vertragsverhältnis zu einem Versicherungsunternehmen stehen, für ihre Vermittlungstätigkeit allerdings nichtsdestoweniger einen Anspruch auf Provision oder Courtage haben. Während Versicherungsvertreter sowohl Unternehmen als auch private Haushalte betreuen, sind Versicherungsmakler überwiegend – wenn auch nicht ausschließlich – für gewerbliche Kunden tätig.

Vermittlungsleistungen der zweiten Art werden gelegentlich auch von Finanzmaklern erbracht, insbesondere bei der revolvierenden Vermittlung von Schuldscheindarlehen; sie sind in der Bundesrepublik Deutschland aber typisch für **Wertpapiermakler**, die Kauf- und Verkaufsaufträge in börsengehandelten Wertpapieren zum Ausgleich bringen. Allerdings nehmen sie ihre Vermittlungsaufträge nur von einer kleinen Anzahl von Börsenhändlern entgegen, bei denen es sich in aller Regel um Beauftragte von Kreditinstituten handelt, die ihrerseits neben Eigengeschäften zugleich Aufträge für ein breiteres Anlegerpublikum ausführen und somit noch einmal eine der eigentlichen Maklertätigkeit vorgeschaltete Vermittlungsfunktion übernehmen. Unabhängig von derartigen Details wird den originären Geldgebern für die Abwicklung von Wertpapiergeschäften auf jeden Fall ein mehrstufiges Vermittlungssystem zur Verfügung gestellt, bei dem es in aller Regel völlig unerheblich, oftmals sogar überhaupt nicht feststellbar ist, zwischen welchem bisherigen Geldgeber und welchem neuen Geldgeber sich die konkrete Übertragung der entsprechenden Wertpapiere vollzieht.

Für die Effizienz der Vermittlungstätigkeit ist nicht nur die Leistungsfähigkeit der Wertpapiermakler und der vorgeschalteten Kreditinstitute allein relevant, sondern darüber hinaus die Ausgestaltung des gesamten institutionellen Rahmens, innerhalb dessen sich der Wertpapierhandel abspielt. Unter diesem Aspekt werden auch die **Wertpapierbörsen** insgesamt als Finanzintermediäre im weiteren Sinne angesehen. Denn ihre Einrichtungen tragen wesentlich dazu bei, die Kosten für die Herbeiführung eines Vertragsabschlusses zu senken.

Unter den gleichen Aspekten sind schließlich auch **Rückversicherungsbörsen** (z.B. Lloyd's in London) einschließlich der dort tätigen Makler, aber auch die für Deutschland typischen, nicht börsenmäßig agierenden **Rückversicherungsmakler** den Finanzintermediären im weiteren Sinne zuzurechnen. Die genannten Einrichtungen dienen alle dazu, bereits existierende Verpflichtungen eines Erstversicherers an einen Rückversicherer weiterzuleiten, sie vermitteln also ausschließlich zwischen verschiedenen Finanzintermediären im engeren Sinne.

Informationsleistungen

Leistungen der zweiten Kategorie, also die Bereitstellung von Informationen über Existenz und Qualität potentieller Geldnehmer sowie verschiedener Anlagemöglichkeiten, insbesondere börsengehandelter Wertpapiere, werden ebenfalls von vielen Finanzintermediären im engeren Sinne mit erbracht (z.b. bei der Anlageberatung durch Kreditinstitute), darüber hinaus aber auch von weitgehend auf diese Tätigkeiten spezialisierten Institutionen, wie z.b.

– **Börsendiensten**, die ihre Leser regelmäßig mit speziell aufbereiteten Informationen über die Entwicklung bestimmter Börsensegmente – bis hin zu Anlageempfehlungen – versorgen,

– **Rating-Agenturen**, die die Wertpapieremittenten ständig auf ihre Bonität untersuchen und die dabei gewonnene Einschätzung durch die Einordnung der von den Unternehmen emittierten Wertpapiere in verschiedene Bonitätsklassen publizieren, oder

– **Evidenz-Zentrale**, die Informationen über relevante Verhaltensweisen von Geldnehmern sammeln und sie an bestimmte Geldgeber weiterleiten.

Risikoübernahme

Auch Leistungen der dritten Kategorie, also die Übernahme bestimmter Anlagerisiken, werden z.t. von Finanzintermediären im engeren Sinne in Ergänzung ihrer sonstigen Transaktionen mit erbracht, z.b. im Rahmen des Aval- oder Akzeptkreditgeschäfts von Kreditinstituten. Daneben existieren aber mit den **Kreditversicherern** und ganz überwiegend auf das Garantie- und Bürgschaftsgeschäft oder die Vergabe von Akzeptkrediten konzentrierten Spezialkreditinstituten noch Institutionen, deren primärer Geschäftszweck in der Übernahme derartiger Risiken besteht.

Kreditversicherer übernehmen – gegen Zahlung einer entsprechenden Prämie – das Risiko des Ausfalls von Kreditforderungen. Je nach dem für die Entstehung der Forderung maßgeblichen Geschäft unterscheidet man verschiedene Versicherungsarten wie z.b. Warenkredit-, Finanzkredit-, Teilzahlungskredit- oder Ausfuhrkreditversicherung.

Bürgschaftsbanken haben sich – i.d.R. als Selbsthilfeeinrichtungen bestimmter Berufsgruppen – darauf spezialisiert, Bürgschaften oder Garantien im Hinblick auf Zahlungs- oder Leistungsverpflichtungen ihrer Mitglieder zu geben. Wichtigste Beispiele dafür sind etwa Zahlungsverpflichtungen aus aufgenommenen Darlehen (Kreditbürgschaft), abgeschlossenen Leasingverträgen (Leasingbürgschaft), gestundeten öffentlichen Abgaben (Zoll- oder Bahnfrachtbürgschaft) oder Gewährleistungszusagen (Gewährleistungsgarantie).

Aufgabe 1.08:

a) Stellen Sie fest, wie viele Wertpapierbörsen es in der Bundesrepublik Deutschland gibt und wo sie ihren Sitz haben!

b) Suchen Sie Angaben über die Zahl der in der Bundesrepublik tätigen Versicherungsvermittler und Versicherungsmakler!

1.3 Funktionen von Finanzintermediären

1.3.1 Grundprobleme intermediärloser Finanzmärkte

In welcher Weise Finanzintermediäre dazu beitragen, den Ausgleich zwischen Anlage- und Finanzbedarf effizient zu gestalten, erkennt man am besten, wenn man sich vorstellt, welche Probleme von den originären Geldgebern und -nehmern zu bewältigen wären, wenn keinerlei Finanzintermediäre existierten. Im einzelnen sind folgende vier Problemgruppen zu unterscheiden:

Informationsprobleme

Geldgeber und -nehmer müssen zunächst einmal von der Existenz geeigneter Marktpartner Kenntnis erlangen. Da Finanzkontrakte konstitutiv dadurch gekennzeichnet sind, daß Leistung und Gegenleistung zeitlich divergieren, müssen sich Geldgeber zudem über die Verläßlichkeit des erhaltenen Rückzahlungsversprechens informieren und u.U. auch die weitere wirtschaftliche Entwicklung ihres Vertragspartners überwachen.

Betragsprobleme

Anlage- und Finanzbedarf von zwei miteinander in Verbindung getretenen Marktpartnern müssen dem Betrage nach nicht übereinstimmen. Ein Vertrag kommt in einer solchen Situation nur zustande, wenn zumindest ein Partner bereit ist, sich der anderen Seite anzupassen, indem er entweder seine Zahlungspläne ändert oder weitere Marktpartner zur Abdeckung des noch offenen Anlage- oder Finanzbedarfs sucht.

Fristenprobleme

Selbst bei betragsmäßiger Übereinstimmung von Anlage- und Finanzbedarf ist es möglich, daß die Vorstellungen der beiden Parteien über die Dauer des beabsichtigten Finanzkontraktes divergieren. Wiederum kommt ein Vertrag nur dann zustande, wenn zumindest eine Seite bereit ist, von ihren ursprünglichen Fristenvorstellungen abzuweichen.

Risikoprobleme

Ob der Geldgeber die bei Vertragsabschluß fest vereinbarten oder in sonstiger Weise in Aussicht gestellten Rückzahlungen später auch wirklich erhält, hängt von der weiteren wirtschaftlichen Entwicklung und der zukünftigen Verhaltensweise des Geldnehmers ab, ist bei Abschluß des Finanzkontraktes also noch ungewiß. Ein Vertrag kommt somit nur zustande, wenn der Geldgeber bereit ist, die daraus resultierenden Risiken in einem bestimmten Umfang mitzutragen.

1.3.2 Transformationsleistungen von Finanzintermediären

Durch die Existenz von Finanzintermediären können Probleme aller vier Kategorien reduziert werden. Man bezeichnet diesen von Finanzintermediären ausgehenden Effekt allgemein als **Transformationsfunktion** und kann im einzelnen zwischen Informationsbedarfs-, Betrags-, Fristen- und Risikentransformation unterscheiden.

Informationsbedarfstransformation

Finanzintermediäre, die mit einer Vielzahl von Geldgebern und -nehmern Geschäfte abschließen oder zwischen ihnen vermitteln, ersparen beiden Seiten die individuelle Suche nach geeigneten Marktpartnern. Der Informationsbedarf der eigentlichen Geldgeber und -nehmer reduziert sich auf die Kenntnis eines geeigneten Finanzintermediärs.

Da Finanzintermediäre im engeren Sinne den eigentlichen Geldnehmern gegenüber als Anspruchsberechtigte auftreten, übernehmen sie zugleich deren Bonitätsprüfung. Der primäre Informationsbedarf der eigentlichen Geldgeber reduziert sich damit zugleich auf die Abschätzung der Bonität des Finanzintermediärs. In vergleichbarer Weise reduzieren Finanzintermediäre im weiteren Sinne, die überwiegend über die Qualität von Anlagemöglichkeiten informieren, den Informationsbedarf der Geldgeber: Diese müssen sich nicht mehr über jeden potentiellen Geldnehmer unmittelbar ein Urteil bilden, sondern nur noch über die Verläßlichkeit ihres Informanten und Beraters. Dieses Urteil wird dadurch erleichtert, daß zahlreiche Finanzintermediäre, wie z.B. Banken und Versicherungen, insbesondere hinsichtlich ihrer Geschäftspolitik aufsichtsrechtlichen Regelungen unterworfen werden mit dem Ziel, die Vermögensposition von originären Geldgebern zu schützen.

Betragstransformation

Indem sich Finanzintermediäre im engeren Sinne bereit halten, innerhalb bestimmter Grenzen beliebige Zahlungsmittelbeträge entgegenzunehmen und bereitzustellen, nehmen sie den originären Geldgebern und -nehmern zumindest einen großen Teil der Betragsprobleme ab. Dabei erledigt sich das Gros dieser Probleme angesichts der Vielzahl von Geschäften auf beiden Seiten weitgehend von selbst. Ein funktionsfähiges System zum Ausgleich bei einzelnen Finanzintermediären verbleibender „Spitzen", wie z.b. der **Geldmarkt**, erhöht zudem die Transformationseffizienz.

Fristentransformation

Soweit Finanzintermediäre sich bereit halten, Beträge von den Geldgebern für andere Fristen entgegenzunehmen, als sie diese den Geldnehmern überlassen, tragen sie zugleich auch zum Abbau der Fristenprobleme bei. Die – etwa für Universalbanken – typische Transformation kürzerer Einlagefristen in längere Kreditfristen wird durch folgende vier einander überlagernden Phänomene ermöglicht:

–   **Prolongation:** Oftmals belassen Einleger ihre Gelder länger bei einer Bank als zunächst vereinbart oder legen frei werdende Beträge erneut an.

–   **Substitution:** Selbst wenn einzelne Einleger ihre Gelder bei Fälligkeit abziehen, kann der Zahlungsmittelfluß häufig durch neu zufließende Einlagen ausgeglichen werden.

–   **Aktive Geldaufnahme:** Weiterhin ist es Banken möglich, sich am Geldmarkt aktiv um die Aufnahme kurz- und mittelfristiger Gelder bei anderen Banken zu bemühen.

–   **Vorfällige Abtretung:** Schließlich ist es in bestimmtem Umfang auch möglich, noch längere Zeit laufende Zahlungsansprüche bereits vor Fälligkeit an andere Marktpartner abzutreten. Dies ist insbesondere dann recht einfach möglich, wenn die Ansprüche in börsengehandelten Wertpapieren verbrieft sind oder von einem potenten Marktpartner standardmäßig angekauft werden, wie z.B. bestimmte Wechsel durch die Deutsche Bundesbank.

Fähigkeit und Bereitschaft von Finanzintermediären zur Fristentransformation werden allerdings durch die damit verbundenen Risiken begrenzt. So besteht zunächst das sog. **Geldanschlußrisiko,** d.h. die elementare Gefahr, daß die genannten vier Effekte und Gestaltungsmöglichkeiten in ihrer Gesamtheit nicht ausreichen, die benötigten Zahlungsmittel bereitzustellen.

Und selbst wenn es gelingt, den Geldanschluß durch Prolongation bisheriger und Attrahierung neuer Einlagen oder die vorfällige Abtretung von Aktiven zu gewährleisten, verbleiben **Zins- und Kursänderungsrisiken**. Das heißt, es besteht die Gefahr, daß Geldanschluß oder vorfällige Abtretung nur zu höheren Zinsen bzw. gesunkenen Kursen möglich sind. Soweit Finanzintermediäre die Verträge mit ihren Geldgebern und -nehmern mit Zinsgleitklauseln oder ähnlichen Vereinbarungen ausstatten, wälzen sie allerdings einen Teil der aus der Fristentransformation resultierenden Risiken letztlich doch wieder auf diese ab.

Auf der anderen Seite tragen Finanzintermediäre auch in solchen Fällen zur Fristentransformation bei, in denen sie einem originären Geldnehmer, ohne zunächst selbst als Geldgeber aufzutreten, jederzeit die Wiederplazierung eines von diesem ausgegebenen Schuldtitels unterhalb eines festgelegten Maximalzinses garantieren. Der Vertragspartner solcher sog. „Euronotes-Fazilitäten" erhält längerfristige Verfügungsmöglichkeiten über Zahlungsmittel; die durch den Finanzintermediär revolvierend vermittelten Geldgeber ihrerseits stellen die Zahlungsmittel jedoch nur jeweils kurzfristig bereit. Das Geldanschlußrisiko und von einem gewissen Grad an auch das *Zinsänderungsrisiko* trägt dabei der Finanzintermediär.

Aufgabe 1.09:

a) Fassen Sie die Monatsbericht 5/98 in der Tabelle IV.3 ausgewiesenen Aktiv- und Passivpositionen der Großbanken im März 1998 nach ihrer Fristigkeit jeweils in zwei große Gruppen zusammen und zeigen Sie, daß diese Institute Fristentransformation betreiben! Unterstellen Sie dabei zur Vereinfachung folgendes:

   1. Innerhalb eines Jahres fällige Aktiva sind
   - Kassenbestand und Bundesbankguthaben,
   - Kredite an Kreditinstitute, außer den darunter ausgewiesenen Wertpapieren,
   - Wechseldiskontkredite und Kredite an Nichtbanken bis 1 Jahr.

   2. Alle anderen Aktivpositionen sind erst später als in einem Jahr fällig.

   3. Innerhalb eines Jahres fällige Passiva sind
   - Einlagen von Kreditinstituten,
   - Sicht- und Termineinlagen bis unter 3 Monate,
   - 50% der Termingelder von 3 Monate bis unter 4 Jahre,
   - 50% der Spareinlagen.

   4. Alle anderen Passivpositionen sind erst später als in einem Jahr fällig.

Kommentieren Sie kurz das Ergebnis Ihrer Aufstellung!

b) Nennen Sie einige Gründe, warum es den Banken im allgemeinen trotz der betriebenen Fristentransformation möglich ist, alle auf sie zukommenden Auszahlungsanforderungen zu erfüllen!

Risikotransformation

Durch den Eintritt eines Finanzintermediärs zwischen originäre Geldgeber und -nehmer kann schließlich auch das Ausfallrisiko, dem die Geldgeber hinsichtlich der vorgesehenen Rückzahlungsbeträge ausgesetzt sind, verändert werden. Dafür sind insbesondere die folgenden drei Teileffekte maßgeblich:

Intermediärhaftung: Selbst wenn ein Finanzintermediär von einer gegebenen Anzahl von Geldgebern Einzahlungen entgegennimmt und fristenkongruent an einen einzigen Geldnehmer weiterleitet, wird die Risikoposition der Geldgeber insgesamt im Vergleich zum Abschluß einer entsprechenden Anzahl unmittelbarer Kontrakte mit dem originären Geldnehmer genau in dem Umfang verbessert, wie dem Finanzintermediär als

– Leistung seiner Eigenkapitalgeber oder als Ergebnis früher erwirtschafteter Gewinne über den Rückzahlungsanspruch an den Geldnehmer hinaus weiteres **Vermögen** zur Verfügung steht oder

– **externe Haftungsträger** für die Verbindlichkeiten des Finanzintermediärs einstehen.

In diesem Zusammenhang sei noch einmal an die Ausführungen zur Haftung allgemein (Abschnitt 1.1.4) sowie zur Haftungs- und Sicherungssituation im Bereich der Universalbanken (Abschnitt 1.2.2.3) erinnert.

Risikodiversifikation: Selbst wenn ein Finanzintermediär ohne jegliches Eigenkapital agieren sollte, jedoch Zahlungsmittel an eine Vielzahl voneinander mehr oder weniger unabhängiger Geldnehmer weiterleitet, kann das Risiko der originären Geldgeber im Vergleich zum Abschluß einer entsprechenden Menge unmittelbarer Kontrakte mit den originären Geldnehmern in dem Ausmaß verringert werden, wie die Gefahr, daß die Rückzahlungsbeträge hinter dem vorgesehenen Umfang zurückbleiben, bei den einzelnen Geldnehmern **unterschiedlichen Eintrittsursachen** unterliegt. Auch wenn die Möglichkeit des völligen Ausfalls bei jedem einzelnen Engagement ein spürbares Ausmaß aufweisen sollte, wird die Gefahr des gleichzeitigen Ausfalls aller Engagements mit steigender Zahl von Einzelengagements, die unterschiedlichen Risikoeinflüssen unterliegen, immer kleiner. Wir werden auf das Problem der Risikodiversifikation im Rahmen dieses Kursprogramms später noch ausführlicher eingehen.

Risikoselektion und -gestaltung: Die aus Intermediärhaftung und Risikodiversifikation resultierenden Transformationseffekte würden selbst dann eintreten, wenn der Finanzintermediär die Finanzierungswünsche der originären Geldnehmer genau in dem gleichen Ausmaß und unter den gleichen Bedingungen erfüllen würde, wie dies bei unmittelbaren Vertragsabschlüssen durch die originären Geldgeber selbst der Fall wäre. Diese Übereinstimmung ist jedoch nicht zwingend. Vielmehr kann angenommen werden, daß Finanzintermediäre als Folge ihrer **Spezialisierung** auf Finanzgeschäfte besser in der Lage sind, die mit einem potentiellen Engagement verbundenen Risiken zu erkennen.

Dies ermöglicht Finanzintermediären im engeren Sinne, diese Risiken als unmittelbarer Geldgeber durch geeignete **Sicherungs- und Kontrollmaßnahmen** zu begrenzen oder aber auf als besonders riskant identifizierte Engagements zu verzichten. Beides bewirkt über den Diversifikationseffekt hinaus eine weitere Begrenzung des Gesamtrisikos für den Finanzintermediär und damit auch für seine Geldgeber. Andererseits ist es angesichts des Diversifikationseffektes auch möglich, daß es für den Finanzintermediär vorteilhaft sein kann, sich auf ein Engagement einzulassen, das isoliert betrachtet als zu riskant eingestuft worden wäre.

Der skizzierte Diversifikationseffekt ermöglicht es Finanzintermediären schließlich auch, die Bedingungsstruktur der übernommenen Zahlungsverpflichtungen systematisch anders zu gestalten als die der eigenen Zahlungsansprüche gegenüber den Geldnehmern. Diese Art der Risikotransformation kann am Beispiel der Versicherungen am einfachsten verdeutlicht werden.

Diese erwerben mit den ihnen zufließenden Geldern überwiegend **unbedingte Zahlungsansprüche**; die Geldnehmer sind im einfachsten Fall verpflichtet, den ihnen überlassenen Betrag zuzüglich der vereinbarten Zinsen unabhängig davon an die Versicherung zurückzuzahlen, wie sich die eigene wirtschaftliche Situation entwickelt. Auf der anderen Seite geben die Versicherungsunternehmen ihren eigenen Geldgebern jedoch in der Weise **bedingte Zahlungsversprechen**, daß die Höhe des Geldgeberanspruchs davon abhängig gemacht wird, wie sich bestimmte, im Zeitpunkt des Vertragsabschlusses noch unsichere Größen zukünftig entwickeln werden. Bei Versicherungsverträgen handelt es sich bei den Bedingungen für den Eintritt einer Zahlungspflicht regelmäßig um Ereignisse, durch die der Versicherte einen materiellen oder immateriellen Schaden erleidet.

Daneben finden sich auch Beispiele für die Übernahme in anderer Weise bedingter Rückzahlungsverpflichtungen von Finanzintermediären. Dies ist etwa der Fall, wenn Finanzintermediäre den eigentlichen Geldgebern gegenüber als Garanten und Bürgen auftreten oder auch als Stillhalter bei Wertpapieroptionsgeschäften. Wir werden darauf später noch näher eingehen.

1.3.3   Klassifikation von Finanzintermediären nach Adressaten und Ausmaß der erbrachten Transformationsleistungen

Um zu verdeutlichen, in welcher Weise die verschiedenen Finanzintermediäre zum Ausgleich von originärem Anlage- und Finanzbedarf beitragen, kann man diese nach zwei einander überlagernden Kriterien einteilen, nämlich

–   ob sie ihre Leistungen überwiegend unmittelbar originären Geldgebern oder -nehmern anbieten oder schwerpunktmäßig nur innerhalb des Intermediärsystems tätig sind, oder

–   welche der genannten Transformationsleistungen für ihr spezifisches Profil in erster Linie kennzeichnend sind.

Man erhält so folgende Einteilung:

(1)   Originäre Geldgeber und -nehmer als überwiegende Adressaten

Universalbanken, Realkreditinstitute, Bausparkassen und **Versicherungen** wenden sich sowohl bei der Geldbeschaffung als auch bei der Geldanlage in großem Umfang an originäre Geldgeber und -nehmer. Sie nehmen im allgemeinen alle vier Arten von Transformationsleistungen wahr.

Dabei ergibt sich das spezifische Leistungsprofil der Versicherungen insbesondere durch das Prinzip der Risikotransformation mittels bedingter Verpflichtungsstrukturen. Die Besonderheit von Realkreditinstituten wird demgegenüber durch Risikotransformation mittels Risikodiversifikation und -selektion bestimmt, während der Aspekt der Fristentransformation für diese Institute im Vergleich zu anderen Kreditinstituten eher nachrangige Bedeutung hat. Das Spezifikum der Bausparkassen schließlich besteht darin, daß sich deren aktuelle Geldnehmer ganz überwiegend aus früheren Geldgebern rekrutieren.

Die Tab. 1.08 und 1.09 vermitteln einen gewissen Überblick über das Ausmaß, in dem Kreditinstitute, Versicherungen und Bausparkassen gegenüber verschiedenen Gruppen originärer Geldgeber und -nehmer Transformationsleistungen erbringen.

Geldanlagen (in Mrd. DM)	**Jahr**	**1957**	**1967**	**1977**	**1987**	**1991**	**1997**
von privaten Haushalten bei							
Banken		46,0	188,7	619,8	1.154,1	1.360,6	1.990,9
Bausparkassen		4,7	2,7	6,5	117,1	128,8	173,9
Versicherungen		14,1	55,7	177,7	496,1	693,2	1.163,0
von Unternehmen des nicht-finanziellen Sektors bei							
Banken		26,0	71,7	224,5	440,8	594,7	908,5
Bausparkassen		0,1	0,4	1,3	1,6	2,3	3,1
Versicherungen		2,2	8,1	26,0	49,9	46,0	106,2
von öffentlichen Haushalten bei							
Banken		36,5	95,0	156,9	239,5	294,0	305,0
Versicherungen		0,1	0,3	1,1	1,9	2,3	3,8

Bestände zum 31.12. der jeweiligen Jahre; Quellen: siehe Tab. 1.09.

Tab. 1.08:   Geldanlage originärer Geldgeber bei ausgewählten Finanzintermediären

Kredite (in Mrd. DM)	**Jahr**	**1957**	**1967**	**1977**	**1987**	**1991**	**1997**
von privaten Haushalten bei							
Banken		2,6	15,8	84,0	194,2	272,5	368,2
Versicherungen		0,3	1,1	4,2	14,2	20,3	19,7
von Unternehmen des nicht-finanziellen Sektors bei							
Banken		78,1	288,1	759,0	1.495,5	1.979,3	3.449,8
Bausparkassen		3,3	21,2	81,0	138,0	135,6	189,3
Versicherungen		6,8	27,8	69,2	126,6	166,0	237,7
von öffentlichen Haushalten bei							
Banken		26,2	64,3	219,9	435,0	502,0	851,8
Versicherungen		5,3	9,2	17,5	43,4	35,2	34,3

Bestände zum 31.12. der jeweiligen Jahre; Quellen: DEUTSCHE BUNDESBANK (1983) S. 54; DEUTSCHE BUNDESBANK (1988c), o. S.; DEUTSCHE BUNDESBANK (1988d), S. 128; DEUTSCHE BUNDESBANK (1990a), S. 54, 55; DEUTSCHE BUNDESBANK (1994c), S. 42, 43; DEUTSCHE BUNDESBANK (1998a), S. 48f.

Tab. 1.09:   Kreditaufnahme originärer Geldnehmer bei ausgewählten Finanzintermediären

Bei der Interpretation von Tabelle 1.09 ist zu beachten, daß private Haushalte, soweit sie Darlehen im Zusammenhang mit Maßnahmen zum Bau oder Erwerb von Wohnungseigentum aufnehmen, statistisch dem Sektor „Unternehmen" zugerechnet werden. Dementsprechend dürfte etwa der größte Teil der Bauspardarlehen de facto an private Haushalte gewährt worden sein.

(2)   Originäre Geldnehmer und intermediäre Geldgeber als überwiegende Adressaten

Leasing- und **Factoringunternehmen** wenden sich ebenso wie **Teilzahlungsbanken** (zumindest traditioneller Prägung) und **Kapitalbeteiligungsgesellschaften** typischerweise nur hinsichtlich der Mittelverwendung an originäre Geldnehmer, während sie ihren eigenen Finanzbedarf überwiegend bei anderen Finanzintermediären decken. In analoger Weise ist auch die Tätigkeit von **Kreditvermittlern** ganz überwiegend auf die Vermittlung zwischen originären Geldnehmern und intermediären Geldgebern ausgerichtet, wobei die Transformation des Informationsbedarfs den wichtigsten Leistungsschwerpunkt darstellt.

Das Spezifische der durch die vier zuerst genannten Typen von Finanzintermediären im engeren Sinne erbrachten Transformationsleistungen besteht demgegenüber in erster Linie in der jeweils besonderen Form der Geldvergabe. Dabei steht bei den Kapitalbeteiligungsgesellschaften, insbesondere in ihrer Erscheinungsform als Wagnisfinanzierungsgesellschaften, eindeutig der Aspekt der Risikotransformation im Vordergrund und zwar in der Weise, daß Unternehmen Finanzierungsmöglichkeiten geboten werden, die von originären Geldgebern angesichts der erheblichen Rückzahlungsrisiken gar nicht oder nur in deutlich geringerem Ausmaß bereitgestellt würden.

Für Factoringinstitute ist demgegenüber die Finanzierung von Unternehmen durch den vorfälligen Aufkauf von Forderungen typisch, während Leasinggesellschaften Unternehmen und zunehmend auch privaten Haushalten in der Weise indirekte Finanzierungsleistungen anbieten, daß sie von ihren Kunden benötigte Investitionen oder (langlebige) Konsumgüter selbst erwerben und diesen gegen die laufende Zahlung von Leasingraten zur Nutzung überlassen. Tabelle 1.10 vermittelt einen Überblick über das Volumen der in den jeweiligen Jahren von Factoringinstituten aufgekauften Forderungen und die im Wege des Leasing finanzierten Investitionen. Verläßliche Angaben über das Finanzierungsvolumen von Kapitalbeteiligungsgesellschaften hingegen liegen nicht vor.

Leistungen (in Mrd. DM)	Jahr	1957	1967	1977	1987	1991	1997
Umsatz der Factoringinstitute		–	0,8	4,0	11,5	16,7	34,9
durch Leasing finanzierte Investitionen		–	0,2	7,2	28,4	52,2	69,1

Quellen: STÄDTLER (1987), S. 16-21; STÄDTLER (1989), S. 10-13; STÄDTLER (1991), S. 3-8; WASSERMANN (1978), S. 6-9; WASSERMANN (1988), S. 143-147; WASSERMANN (1990), S. 143-147; WASSERMANN (1998), S. 89; STÄDTLER (1992), S. 10-15; o. V. (1992), S. 80-82; STÄDTLER (1994), S. 27-31; STÄDTLER (1998), S. 2; o. V. (1994), S. 101.

Tab. 1.10:   Finanzierungsleistungen von Factoring- und Leasinggesellschaften

(3)   Originäre Geldgeber und intermediäre Geldnehmer als überwiegende Adressaten

Kapitalanlagegesellschaften, Versicherungsvertreter und -makler, Wertpapiermakler und **-börsen** sowie **Börsendienste** und **Ratingagenturen** wenden sich mit ihrem Leistungsangebot primär an originäre (und auch intermediäre) Geldgeber, kaum jedoch an originäre Geldnehmer.

Für Kapitalanlagegesellschaften ist das Prinzip der Risikodiversifikation das konstitutive Merkmal: Mit der Ausgabe von Investmentzertifikaten bieten sie Geldgebern diversifizierte Anlagemöglichkeiten, die diese allein schon aus Stückelungsgründen oftmals gar nicht hätten realisieren können. Damit transformieren sie zugleich Informationsbedarf und Betrag. Fristentransformation betreiben sie hingegen nur insoweit, wie sie sich zur jederzeitigen Rücknahme der ausgegebenen Zertifikate bereithalten; da der Rücknahmepreis jedoch auf der Basis der jeweiligen Kurswerte des Fondsvermögens berechnet wird, verbleiben die Risiken der Fristentransformation letztlich doch beim Geldgeber.

Versicherungsvertreter und Makler vermitteln praktisch ausschließlich Leistungen intermediärer Geldnehmer, eben der Versicherungen, und wenden sich dabei überwiegend an originäre Geldgeber und vermindern deren Informationsbedarf. Auch Wertpapierbörsen und die dort tätigen Makler reduzieren in erster Linie den Informationsbedarf der Anleger hinsichtlich möglicher Handelspartner. Zugleich tragen sie mit der Zusammenführung unterschiedlich dimensionierter Kauf- und Verkaufsaufträge auch zur Betragstransformation bei. Indirekt erleichtern sie damit natürlich den Emittenten börsengehandelter Wertpapiere, also bestimmten originären und intermediären Geldnehmern, den Vorgang der Mittelbeschaffung. Diesen indirekten Effekt entfalten schließlich auch Börsendienste und Ratingagenturen, deren primäre Leistung in der Verminderung des Informationsbedarfs der Geldgeber über die Qualität bestimmter Anlageformen besteht.

Tab. 1.11 vermittelt einen Überblick über die Entwicklung der von Kapitalanlagegesellschaften und Wertpapierbörsen erbrachten Transformationsleistungen während der letzten 40 Jahre.

Zahlungen (in Mrd. DM)	**Jahr**	**1957**	**1967**	**1977**	**1987**	**1991**	**1997**
Mittelaufkommen inländischer Wertpapierfonds		0,2	0,5	7,3	11,7	11,6	30,0
Börsenumsätze im Kassahandel							
inländischer Aktien		2,1	7,6	27,6	294,7[1]	1259	3.415
inländischer Renten		0,7	4,5	35,5	237,6[1]	1886	4.877

[1] Zahlen von 1986, da Börsenumsätze ab 1987 neu definiert wurden; Quellen: DEUTSCHE BUNDESBANK (O.J.), S. 307-308; DEUTSCHE BUNDESBANK (1988b), Tab. 18a und Tab. 19; DEUTSCHE BUNDESBANK (1990b), Tab. 18a und Tab. 19, DEUTSCHE BUNDESBANK (1992c), Tab. 18 u. 20; DEUTSCHE BUNDESBANK (1994b), Tab. V 1 und VI 1; DEUTSCHE BUNDESBANK (1998c) Tab. V 1 und VI 1.

Tab. 1.11:   Mittelanlage bei Wertpapierfonds und Börsenumsätze

(4)   Finanzintermediäre als überwiegende Adressaten

Schließlich gibt es Finanzintermediäre, die sich mit ihrem Leistungsangebot ganz überwiegend weder an originäre Geldgeber noch an originäre Geldnehmer wenden, sondern in erster Linie an andere Finanzintermediäre. Das trifft auf einige Spezialbanken zu, die sich weitgehend auf das Interbankgeschäft beschränken sowie auf Rückversicherungsmakler. Auch Evidenzzentralen, wie z.B. die Schufa in Deutschland oder das Institute of International Finance im internationalen Kreditgeschäft, bieten ihre Leistungen ganz überwiegend nur anderen Finanzintermediären an.

2 Das Angebot von Finanzierungsleistungen

2.1 Grundbegriffe

2.1.1 Vorbemerkung

Wie wir gesehen haben, bieten die Finanzintermediäre den übrigen Wirtschaftssektoren einerseits Finanzierungs- und andererseits Anlageleistungen an. Diese beiden Angebotsarten sollen im folgenden etwas näher dargestellt werden, wobei wir in diesem Kapitel zunächst das Angebot von Finanzierungsleistungen betrachten. Grundsätzlich können Finanzintermediäre solche Leistungen in zweifacher Weise anbieten, nämlich

– zum einen, indem sie selbst unmittelbar als Geldgeber auftreten (Eigenleistung),

– zum anderen, indem sie Geldgeber vermitteln (Vermittlungsleistung).

Den eindeutigen Schwerpunkt des Leistungsangebots der Finanzintermediäre im engeren Sinne bilden dabei die Eigenleistungen, die wir im folgenden in den Abschnitten 2.2 bis 2.5 näher darstellen werden.

Daneben treten insbesondere Banken, aber gelegentlich auch andere Unternehmen, nur vermittelnd auf. Dies ist insbesondere bei der sog. *Emissionsfinanzierung* der Fall, bei der sich Unternehmen (oder auch die öffentliche Hand) in der Weise Zahlungsmittel beschaffen, daß sie einem breiten Anlegerpublikum Wertpapiere in kleiner Stückelung zum Kauf anbieten. Bei der „Plazierung" dieser Wertpapiere, in denen Gläubiger- oder Teilhaberrechte verbrieft sein können, übernehmen in der Regel sog. Emissionskonsortien von Banken eine vermittelnde Funktion. Wir werden darauf im Abschnitt 2.6 näher eingehen.

Bei den von Finanzintermediären i.e.S. selbst erbrachten Finanzierungsleistungen stehen Maßnahmen der *Fremdfinanzierung* in dem im Abschnitt 1.1.4 präzisierten Sinne im Vordergrund. Für die nachfolgende Darstellung der entsprechenden Finanzierungsinstrumente erweist es sich als zweckmäßig, einige allgemeine Grundbegriffe vorab zu erläutern. Dies geschieht in den folgenden Abschnitten 2.1.2 bis 2.1.6.

2.1.2 Zur allgemeinen Systematisierung von Instrumenten der Fremdfinanzierung

Instrumente der Fremdfinanzierung können nach unterschiedlichen Gesichtspunkten systematisiert werden. Einige der gängigsten Systematisierungskriterien sind die folgenden:

Fristigkeit des Finanzkontraktes

Dieses Kriterium bezieht sich

–   bei Finanzkontrakten, die auf unbestimmte Dauer abgeschlossen werden, auf die vereinbarte Kündigungsfrist, Laufzeit

–   ansonsten auf den Zeitraum bis zur Beendigung des Kontraktes, i.d.R. durch vollständige Rückzahlung des überlassenen Betrages.

Die daran anknüpfende Einteilung in kurz-, mittel- und langfristige Finanzierung ist allerdings insofern etwas problematisch, als keine natürlichen oder allgemein definierten Abgrenzungen zwischen diesen Fristigkeitsstufen bestehen. Folgende Tabelle verdeutlicht dies an Hand der in

–   den Monatsberichten der Deutschen Bundesbank und

–   den Vorschriften für die Bilanzierung von Verbindlichkeiten bei Kapitalgesellschaften gem. §§ 268 Abs. 5, 285 Nr. 1a HGB

anzutreffenden Abgrenzungen.

Fristigkeit	Deutsche Bundesbank	HGB
kurzfristig	bis zu einem Jahr	bis zu einem Jahr
mittelfristig	über ein Jahr, bis unter vier Jahren	über ein Jahr, bis zu fünf Jahren
langfristig	vier Jahre und darüber	mehr als fünf Jahre

Tab. 2.01:   Verschiedene Fristeneinteilungen

Auf die teils gesetzlich, teils in den Allgemeinen Geschäftsbedingungen von Kreditgebern geregelten Kündigungsmöglichkeiten werden wir im Abschnitt 2.1.5 noch näher eingehen.

Person des Gläubigers

Nach diesem Kriterium ist speziell bei der Finanzierung von Unternehmen zunächst zu unterscheiden, ob der Gläubiger dem Leistungsbereich oder dem Finanzbereich des Schuldnerunternehmens zuzurechnen ist. Dem Leistungsbereich zuzurechnen sind vor allem Anzahlungen von Kunden und Kredite von Lieferanten; auf derartige Finanzierungsinstrumente werden wir hier nicht weiter eingehen. Im Finanzbereich können entsprechend den verschiedenen Wirtschaftssubjekten folgende Gläubiger unterschieden werden:

– Privatpersonen, insbesondere Gesellschafter des Schuldnerunternehmens (Gesellschafterdarlehen),

– Unternehmen, vor allem Kreditinstitute (Bankkredite) und Versicherungen (Versicherungsdarlehen) sowie

– Öffentliche Hand (Staatskredite, häufig mit Subventionscharakter).

Zweck des Finanzkontraktes

Im Hinblick auf dieses Kriterium findet man zunächst die grundlegende Unterscheidung zwischen

– Investitionsfinanzierung (z.B. Investitionskredit, Investitionsgüterleasing etc.) und

– Konsumfinanzierung im weiteren Sinne (z.B. Anschaffungsdarlehen, Konsumgüterleasing etc.).

Als weitere nach dem Zweck benannte Kredite findet man z.B. den Saisonkredit, den Überbrückungskredit, den Importkredit, den Baukredit, den Effektenkredit etc.

Geld- oder Kreditleihe

Die *Geldleihe* besteht in der zeitweiligen Überlassung von Zahlungsmitteln. Der Gläubiger verpflichtet sich also, Zahlungsmittel sofort an den Schuldner zu übertragen, der seinerseits die Verpflichtung eingeht, Zahlungsmittel in der ihm überlassenen Höhe zuzüglich der vereinbarten Zinsen später an seinen Geldgeber zurückzuzahlen.

Bei der *Kreditleihe* werden dem Schuldner demgegenüber gar keine Zahlungsmittel übertragen; der Gläubiger verpflichtet sich vielmehr lediglich für den Fall zur Zahlung, daß der Schuldner seinen Verpflichtungen Dritten gegenüber nicht nachkommen kann. Dadurch, daß der Gläubiger sich zur Abdeckung gewisser Verbindlichkeiten des Schuldners verpflichtet, werden für letzteren immer dann die Möglichkeiten der eigenen Kreditaufnahme verbessert, wenn die Bonität des (Kreditleihe-) Gläubigers in den Augen sonstiger Kreditgeber besser erscheint als seine eigene. Formen der Kreditleihe sind insbesondere der Akzept- und der Avalkredit, auf die wir im Abschnitt 2.2 noch näher eingehen werden.

Übertragbarkeit der Ansprüche

Neben den bislang erörterten Elementen eines Finanzkontraktes kann es für den Geldgeber auch von Interesse sein, welche Möglichkeiten bestehen, seine Ansprüche – z.b. aus Gründen der eigenen Liquiditätssicherung – schon vor Fälligkeit an einen Dritten zu übertragen. Unter diesem Aspekt sind zwei Fälle zu unterscheiden:

–   Der Finanzkontrakt ist durch eine Urkunde verbrieft, die als **Wertpapier** zu qualifizieren ist. In diesem Fall setzt die Geltendmachung des verbrieften Rechts die Vorlage der Urkunde voraus.

–   Der Finanzkontrakt ist nicht durch eine Wertpapierurkunde verbrieft. Dies ist z.b. der Fall, wenn ein Gläubiger eine **Buchforderung** gegenüber dem Schuldner hat, wie z.b. beim Kontokorrentkredit oder beim offenen, d.h. nicht durch Wechsel verbrieften Lieferantenkredit. Dies ist auch beim sog. **Schuldscheindarlehen** der Fall, da der in diesem Fall ausgestellte Schuldschein nicht den Charakter eines Wertpapiers hat. Die zugrundeliegende Forderung kann also auch ohne Vorlage des Schuldscheins geltend gemacht werden: dessen Vorlage erleichtert allerdings im Streitfall den Nachweis, daß der Anspruch zu recht geltend gemacht wird.

In diesem Zusammenhang können mit der Übertragungsmöglichkeit folgende Wertpapierarten unterschieden werden:

–   **Inhaberpapiere** lauten auf den Inhaber. Das verbriefte Recht wird durch die Übereignung der Urkunde übertragen. Normale Stammaktien oder Inhaberschuldverschreibungen oder auch der übliche (Inhaber)Scheck sind Beispiele für derartige Wertpapiere.

–   **Orderpapiere** lauten auf den Namen einer bestimmten Person oder an deren Order. Das verbriefte Recht wird durch Indossierung der Urkunde und Übergabe der indossierten Urkunde übertragen. Als Indossament bezeichnet man den Übertragungsvermerk auf der Rückseite der Urkunde. Zu den Orderpapieren zählen z.b. Wechsel oder Namensaktien.

–   **Namenspapiere** (Rektapapiere) lauten auf den Namen einer bestimmten Person. Das verbriefte Recht wird im Gegensatz zu den Inhaber- und Orderpapieren nicht durch Übereignung der Urkunde übertragen, sondern durch Abtretung des Rechts (Zession). Der Eigentumsübergang an der Urkunde folgt dem Übergang des in der Urkunde verbrieften Rechts. Als Beispiel sei die Briefhypothek genannt, die nach § 1154 BGB durch schriftliche Abtretung der Forderung und Übergabe des Hypothekenbriefes vollzogen werden kann.

Nicht in der Form von Wertpapieren ausgestaltete Forderungen können durch Vertrag auf einen Dritten übertragen werden (Zession). Der **Abtretungsvertrag** wird zwischen dem Gläubiger der Forderung und dem Dritten ohne Mitwirkung des Schuldners geschlossen. Der Schuldner braucht von der Abtretung nicht benachrichtigt zu werden. Mit Abschluß des Abtretungsvertrages tritt der neue Gläubiger an die Stelle des bisherigen Gläubigers.

Grundsätzlich sind alle Forderungen abtretbar. Nicht übertragbar sind z.b. Unterhaltsansprüche, Lohn- und Gehaltsforderungen innerhalb der Pfändungsfreigrenzen und Forderungen, deren Abtretbarkeit vertraglich zwischen Gläubiger und Schuldner ausgeschlossen wurde (für Kaufleute sind allerdings die einschränkenden Bestimmungen des §354a HGB zu beachten).

Neben den bisher skizzierten Kriterien werden Instrumente der Fremdfinanzierung durch

– die Auszahlungs- und Tilgungsmodalitäten,

– die Zinsmodalitäten,

– die Kündigungsmodalitäten und

– die Besicherungsmodalitäten

näher charakterisiert. Auf diese Aspekte gehen wir in den folgenden vier Abschnitten gesondert ein.

2.1.3 Auszahlungs- und Tilgungsmodalitäten

Bei der Festlegung der Höhe des Fremdkapitalbetrages sind folgende drei Größen zu unterscheiden:

– Der **Nennbetrag** ist eine rein rechnerische Größe, die Bemessungsgrundlage für verschiedene Rechnungen ist, z.B. für die Berechnung der Höhe von Zinszahlungen.

– Der **Auszahlungsbetrag** ist der Betrag, der tatsächlich ausgezahlt wird, d.h. der effektive Mittelzufluß beim Schuldner. Der Auszahlungsbetrag wird häufig in Prozent des Nennbetrages ausgedrückt und als „Auszahlungs- oder Emissionskurs" bezeichnet, z.B. Ausgabe von Bundesanleihen zu 98% oder Auszahlung von Hypothekendarlehen zu 95%. Ist der Auszahlungsbetrag höher als der Nennbetrag, so bezeichnet man die Differenz als (Emissions-) Agio, im umgekehrten Falle als (Emissions-)Disagio oder Damnum. Neben der Höhe des Nominalzinses beeinflußt die Gestaltung des Auszahlungskurses die Verzinsung. Während die Zinshöhe der Grobeinstellung dient, wird ein Agio bzw. Disagio häufig zur Feineinstellung der Verzinsung vereinbart (vgl. im einzelnen Abschnitt 2.1.4).

–   Der **Rückzahlungsbetrag** ist der Betrag, der insgesamt an den Gläubiger zurückzuzahlen ist. Der Rückzahlungsbetrag ist damit die Summe der vereinbarten Tilgungsleistungen. Er stimmt in der Bundesrepublik in der Regel mit dem Nennwert überein.

Bezüglich der *Tilgungsmodalitäten* sind im Grunde beliebige Gestaltungsformen denkbar. Generell können jedoch folgende beiden Varianten von Tilgungsformen unterschieden werden:

–   Bei *vertraglich nicht festgelegtem Tilgungsverlauf*, wie dies z.b. beim Kontokorrentkredit der Fall ist, kann der Schuldner die Verbindlichkeit nach eigenem Ermessen zurückzahlen, z.b. je nach eigenem Zahlungseingang. Die Konstruktion, daß nicht der Schuldner, sondern der Gläubiger den Tilgungsverlauf in nennenswertem Umfang nach eigenem Ermessen bestimmen kann, ist demgegenüber seltener anzutreffen.

–   Bei *vertraglich festgelegtem Tilgungsverlauf* sind drei wichtige Grundtypen zu unterscheiden:

    Bei der gesamtfälligen Tilgung erfolgt die Tilgung in *einem* Betrag entweder nach Zeitablauf oder nach Kündigung. Typisch ist diese Tilgungsform etwa für die sog. Zero-Bonds. Sie bedeutet für den Schuldner eine außerordentlich hohe Liquiditätsbelastung zum Tilgungszeitpunkt.

    Bei der Ratentilgung erfolgt die Tilgung in jährlich gleichhohen Tilgungsbeträgen bis zum Ende der Laufzeit. Dieser Tilgungsverlauf wird z.B. bei Schuldverschreibungen angewandt. Der Tilgungsbeginn wird häufig um einige „Freijahre" hinausgeschoben, um den Zeitraum, in dem z.B. eine finanzierte Investition noch in der Anlaufphase ist, liquiditätsmäßig nicht zu stark zu belasten. Die Tilgungsraten werden oft in Prozent des Nennbetrages festgelegt, z.B. 20% bei fünfjähriger Tilgungsdauer.

    Bei der Annuitätentilgung bleibt der pro Jahr zu leistende Gesamtbetrag aus Tilgung und Zinsen (Kapitaldienst) während der vereinbarten Laufzeit konstant. Da sich der Zinsanteil jeweils nach der Höhe der verbleibenden Restschuld richtet, die natürlich im Laufe der Zeit sinkt, erhöht sich der Tilgungsanteil im Zeitablauf. Dieser Tilgungsverlauf ist häufig bei Hypothekarkrediten anzutreffen.

Bei den beiden letztgenannten Tilgungsformen ist außerdem noch festzulegen, ob die jährlichen Tilgungszahlungen

– einmal pro Jahr oder in mehreren unterjährlichen Teilleistungen (z.B. monatlich oder quartalsweise) zu erbringen sind, und

– ob die Zahlungen jeweils am Ende der Zahlungsperiode (nachschüssig), an deren Anfang (vorschüssig) oder zu einem Zwischentermin fällig sind.

Wir werden auf diesen Aspekt im Zusammenhang mit den Zinsmodalitäten noch einmal zurückkommen.

2.1.4 Verzinsungsmodalitäten

Bezüglich der Verzinsungsmodalitäten sind insbesondere *Höhe* und *Bezugsgröße* des Nominalzinses sowie die *Termine* für Zinsbelastung und Zinszahlung zu beachten. Gemeinsam mit den Auszahlungs- und Tilgungsmodalitäten bestimmen diese Größen zugleich auch die effektiven Kreditkosten, den sog. Effektivzinssatz.

Der *Nominalzins* bezeichnet den vertraglich vereinbarten Zinssatz, der bei der in ihren Varianten im folgenden noch näher darzustellenden Berechnung der jeweiligen Zinsschuld anzusetzen ist. Bezüglich der Festlegung seiner *Höhe* bestehen im wesentlichen folgende vier Möglichkeiten:

– Der Zinssatz wird für die gesamte Laufzeit des Kreditvertrages starr festgelegt.

– Der Zinssatz wird für einen Teilabschnitt des Kreditvertrages starr festgelegt. Am Ende der entsprechenden **Zinsbindungsfrist** ist im Rahmen des ansonsten unverändert fortbestehenden Kreditverhältnisses eine neue Zinsvereinbarung zu treffen. Häufig wird dem Kreditnehmer zu diesen Zeitpunkten allerdings zusätzlich ein Kündigungsrecht zugestanden.

– Der Zinssatz wird an eine andere Größe gekoppelt, z.B. an einen Marktzinssatz. Eine entsprechende Zinsgleitklausel könnte etwa vorsehen, daß der jeweils anzurechnende Zinssatz um 3 Prozentpunkte über dem jeweiligen Satz für kurzfristige Refinanzierungsgeschäfte der Europäischen Zentralbank liegt. Eine andere verwendete Bezugsgröße stellt der sog. EURIBOR dar, d.h. der Zinssatz, zu denen Banken in der Europäischen Währungsunion bereit sind, anderen Banken kurzfristig, z.B. für 3 Monate, Geld zu leihen.

– Der Kreditgeber kann den anzusetzenden Zinssatz entsprechend einer vereinbarten Zinsgleitklausel jeweils an die „allgemeine Zinsentwicklung" anpassen (sog. variable Verzinsung).

Bei der *Bezugsgröße* interessiert die Frage, auf welche Größe der in Prozent ausgedrückte Nominalzinssatz zur Berechnung der jeweiligen Zinsbelastung bezogen
wird. Hier sind zunächst zwei Grundformen zu unterscheiden:

–   Als Bezugsgröße für die Zinsberechnung dient die verbleibende Restschuld.
    Dies ist der insgesamt zu tilgende Betrag abzüglich der bereits erfolgten
    Tilgungen, jedoch zuzüglich der belasteten, aber noch nicht bezahlten Zin-
    sen (Zinseszinseffekt).

–   Alternativ kann der Gesamtbetrag ohne Rücksicht auf bereits erfolgte Til-
    gungsleistungen Bezugsgröße für die Zinsberechnung sein.

–   Eine dritte Variante besteht darin, daß grundsätzlich zwar die Restschuld die
    Bezugsgröße für den Zins bildet, unterjährliche Tilgungsleistungen jedoch
    nur mit einer bestimmten Verzögerung zinswirksam erfaßt werden.

Bezüglich der Zins*termine* schließlich ist zu unterscheiden zwischen

–   den Zeitpunkten der buchmäßigen Zinsbelastung, d.h. der Erhöhung der
    jeweils bestehenden Restschuld um anteilige Zinsbeträge und

–   den Zeitpunkten für die Leistung der Zinszahlungen durch den Schuldner.

Bezüglich der Zinsbelastung, also der Zurechnung der Zinsbeträge zu der Restschuld, ist zum einen die **Abrechnungsperiode** festzulegen, also zu fixieren, ob
die Belastung z.B. monatlich, quartalsweise oder jährlich vorgenommen wird.
Zum anderen ist zu bestimmen, zu welchen Terminen innerhalb der Abrechnungsperiode die Belastung erfolgt, also etwa vorschüssig (d.h. zu Periodenbe-
ginn), nachschüssig (d.h. zu Periodenende) oder zu einem Zwischentermin.

Analog sind für die effektiv zu erbringenden Zins*zahlungen* zum einen die **Zah-
lungsperioden** und zum anderen die **Zahlungstermine** innerhalb dieser Perioden
festzulegen. Dabei *können* Abrechnungs- und Zahlungstermine übereinstimmen,
müssen es jedoch keineswegs. Einen besonderen Extremfall bildet die **Zinskumulation**, bei der die Zahlung von Zins und Zinseszins erst für das Ende des Finanzkontraktes vorgesehen ist, wie es beispielsweise bei den sog. Zero-Bonds der
Fall ist.

Aufgabe 2.01:

Der Vertrag über ein Darlehen weist u.a. folgende Klauseln auf:

1. Der Zinssatz beträgt 7% pro Jahr und ist bis zum 31.12.1999 unveränderlich. Spätestens 4
    Wochen vor Ablauf der Zinsbindungsfrist kann jede Partei verlangen, daß über die Bedingun-
    gen für die Darlehensgewährung neu zu verhandeln ist.

2. Die Auszahlung des Darlehens erfolgt zu 100%.

3. Die Zinsen werden aus dem „jeweils valutierten Kapital" berechnet und jeweils zum Ende des laufenden Kalenderhalbjahres belastet; Tilgungsbeträge werden jeweils zum Ende des laufenden Kalenderhalbjahres vom Kapital schuldmindernd abgeschrieben.

4. Die Zinsen sind in vierteljährlichen Teilbeträgen jeweils am Ende des zweiten Quartalsmonats zu zahlen.

5. Die Tilgung erfolgt mit 1% des ursprünglichen Darlehensbetrages zuzüglich der durch die Rückzahlung ersparten Zinsen.

6. Die jährliche Leistungsrate (Zinsen und Tilgung) ist vierteljährlich zu den Zinsterminen gem. 4 zu zahlen.

    a) Beschreiben Sie unter Rückgriff auf die Ausführungen in den Abschnitten 2.1.3 und 2.1.4 in der dort verwendeten Terminologie möglichst präzise die vereinbarten Zins- und Tilgungsmodalitäten!

    b) Angenommen, das Darlehen sei zum 1.1.1993 im Betrage von 100.000 Euro ausgezahlt worden. Versuchen Sie, die Kontoabrechnung für das erste Jahr und die am 31.12.1993 verbliebene Restschuld zu bestimmen.

Angesichts der zahlreichen, preisbeeinflussenden Faktoren, wie z.B. eines Disagios, verschiedener Zins- und Tilgungstermine, eventueller Bearbeitungsgebühren etc., besitzt der Nominalzins nur eine begrenzte Aussagekraft. Man versucht daher durch den sog. **Effektivzins** in einer einzigen Kennzahl auszudrücken, welche durchschnittliche jährliche prozentuale Belastung sämtliche Zahlungen für Zins und Tilgung sowie sonstige preisbestimmende Bestandteile darstellen, wenn man sie auf den effektiven Auszahlungsbetrag bezieht und unter Berücksichtigung von Zins und Zinseszins auf die gesamte Laufzeit umrechnet. In der Praxis werden dabei oftmals *Näherungsformeln* verwendet, die von den finanzmathematisch exakten Werten mehr oder weniger stark abweichen.

Beispiel:

Berechnet werden soll der effektive Zinssatz eines Kredites über nominal 100.000 Euro, Auszahlung zu 95%. Nominalzins i = 10%, Laufzeit n = 4 Jahre. Tilgung in 4 gleichen Jahresraten jeweils am Ende der Periode (Ratentilgung), Zinsbelastung (bezogen auf die jeweilige Restschuld am Jahresanfang) und Zinszahlung jeweils zum Jahresende.

Zur Ermittlung der effektiven Zinsbelastung r kann dann beispielsweise folgende Näherungsformel verwendet werden:

$$r = \frac{i + \dfrac{100 - C_E}{T}}{C_E} \times 100$$

i   =   Nominalzins

C_E =   Auszahlungskurs = 100 ./. Disagio

T   =   „mittlere" Kreditlaufzeit, definiert als Durchschnitt aus der gesamten Kreditlaufzeit (4 Jahre) und der Laufzeit bis zur ersten Tilgungsrate (1 Jahr).

Für die Daten unseres Beispiels gilt also i = 10%, C_E = 95% und T = 2,5. Mithin errechnet sich als Näherungswert für die Effektivverzinsung:

$$r = \frac{10 + \dfrac{5}{2,5}}{95} \times 100 = 12,63\%$$

Der finanzmathematisch exakte Wert beträgt demgegenüber 12,51%, liegt im vorliegenden Fall also etwas unter dem Näherungswert. Allgemein ist dieser Fehler umso größer,

– je länger die Laufzeit des Kredites (T) und

– je größer das Disagio (100 – C_E) ist.

Weitere Divergenzen treten bei der Berücksichtigung unterjährlicher Zahlungen auf.

Mit der in dem Beispiel verwendeten Näherungsformel lassen sich sehr einfach weitere preisbestimmende Faktoren berücksichtigen:

– Zusätzliche *einmalige* Kreditkosten, wie z.b. Bearbeitungsgebühren, Provisionen etc., können bei Umwandlung in Prozent des Kreditbetrages durch entsprechende Erhöhung des Disagios berücksichtigt werden.

– Zusätzliche laufende Kreditkosten, die jährlich in gleicher Höhe anfallen, lassen sich als entsprechende Erhöhung des Nominalzinssatzes einbeziehen.

Aufgabe 2.02:

Gehen Sie von dem vorstehenden Beispiel aus und stellen Sie fest, wie sich die näherungsweise bestimmte Effektivverzinsung verändert, wenn bei jeweils ansonsten unveränderten Daten

a) eine einmalige Bearbeitungsgebühr von 200 Euro bei der Auszahlung bzw.

b) eine jährliche Bearbeitungsgebühr von 50 Euro zusätzlich in Rechnung gestellt würde!

Der Vorteil einer derartigen Kennzahl, in der alle preisbestimmenden Faktoren vereint sind, wird darin gesehen, daß einem potentiellen Kreditnehmer der Vergleich zwischen verschiedenen Kreditangeboten erleichtert wird, diesem also zur Entscheidungsfindung dient.

Diese Ansicht hat sich auch der Gesetzgeber zu eigen gemacht und in der *Preisangabenverordnung* von 1985 (zuletzt geändert durch die „Erste Verordnung zur Änderung der PAngV" v. 22.07.1997) vorgeschrieben, bei der Werbung mit konkreten Kreditkonditionen sowie bei der Unterbreitung von Finanzierungsangeboten den sog. **effektiven Jahreszins** anzugeben. Zusammen mit den zugehörigen „Grundsätzen zur Berechnung" soll durch diese Vorschrift eine möglichst hohe Preistransparenz bei Krediten gewährleistet werden. Der effektive Jahreszins nach der Preisangabenverordnung stellt unter Berücksichtigung unterjährlicher Zahlungen einen finanzmathematisch exakten Wert dar: die Anwendung verschiedener in der Praxis bislang weit verbreiteter Näherungsformeln ist demnach für Preisangaben im Sinne der Preisangabenverordnung nicht mehr zulässig.

2.1.5 Kündigungsmodalitäten

Die Festlegung der Voraussetzungen, unter denen ein Kreditbetrag gekündigt werden kann, und der dabei einzuhaltenden Fristen ist grundsätzlich Sache der beiden vertragschließenden Parteien. Der Gesetzgeber regelt zunächst nur ganz allgemein in § 609 BGB, daß Darlehen, die auf unbestimmte Zeit gewährt worden sind, von beiden Seiten mit einer Frist von 3 Monaten – bei Bagatellbeträgen von 1 Monat – gekündigt werden können. Diese Vorschrift kommt allerdings überhaupt nur dann zur Anwendung, wenn im Kreditvertrag nichts anderes vereinbart worden ist. Dies ist allerdings der Ausnahmefall, da bei der Vergabe eines Kredits in aller Regel die Kündigungsrechte der Parteien explizit geregelt werden. Dabei sind die Vertragspartner jedoch nicht völlig frei; vielmehr haben sie die Vorschriften des zum 1.1.1987 in Kraft getretenen § 609a BGB über das **gesetzliche Kündigungsrecht des Kreditnehmers** zu beachten.

Mit dieser Regelung räumt der Gesetzgeber Kreditnehmern unter bestimmten Voraussetzungen Kündigungsrechte ein, die auch durch eine ausdrückliche Vereinbarung der Parteien nicht wirksam ausgeschlossen werden können. D.h. selbst wenn ein Kreditnehmer einen Vertrag unterzeichnet, der den Ausschluß eines in § 609a BGB vorgesehenen Kündigungsrechts enthält, ist er an diesen Teil des Vertrages *nicht* gebunden und kann von dem entsprechenden Kündigungsrecht dennoch wirksam Gebrauch machen. Andererseits ist die Vereinbarung weitergehender Kündigungsmöglichkeiten als den in § 609a BGB vorgesehenen rechtswirksam.

Die Regelung des § 609a BGB selbst ist relativ komplex und differenziert Art und Ausmaß des Kündigungsrechts nach der Person des Kreditnehmers, dem Verwendungszweck des Kredits, der Art der gestellten Sicherheiten, der Laufzeit des Kredits und der Art der getroffenen Zinsvereinbarung. Im einzelnen ergeben sich folgende Festlegungen:

(1)   Kredite an private Haushalte und Unternehmen mit variabler Verzinsung

Der Kreditnehmer kann *jederzeit* unter Einhaltung einer Kündigungsfrist von 3 Monaten kündigen.

(2)   Kredite an private Haushalte, soweit sie grundpfandrechtlich gesichert sind oder überwiegend für berufliche oder gewerbliche Zwecke bestimmt sind, und Unternehmen

a)   Kredite mit festem Zins für die gesamte Laufzeit

Der Kreditnehmer kann den Kredit nach 10 Jahren unter Wahrung einer Kündigungsfrist von 6 Monaten kündigen. Daraus folgt, daß den Kreditnehmern bei Festzinskrediten mit einer Laufzeit von weniger als zehn Jahren ein gesetzliches Kündigungsrecht *nicht* zusteht, was natürlich die Vereinbarung eines vertraglichen Kündigungsrechts nicht ausschließt.

b)   Kredite mit einer Zinsbindungsfrist von weniger als 10 Jahren für einen Teil der Laufzeit

Solange vor oder bei Ablauf der Zinsbindungsfrist nicht schon wieder eine neue Vereinbarung für den nachfolgenden Finanzierungsabschnitt getroffen worden ist, kann der Kreditnehmer den Vertrag unter Wahrung einer Kündigungsfrist von 1 Monat frühestens zum Ablauf der Zinsbindungsfrist kündigen.

c)   Kredite mit einer Zinsbindungsfrist von mehr als 10 Jahren für einen Teil der Laufzeit

Dem Kreditnehmer stehen die Kündigungsmöglichkeiten gem. a) und b) wahlweise offen, wobei sich die Zehnjahresfrist allerdings nur während der ersten Zinsbindungsphase vom Auszahlungszeitpunkt an berechnet; später tritt der Beginn der laufenden Zinsbindungsfrist an dessen Stelle. Der Schuldner eines Darlehens, das bei einer Laufzeit von 25 Jahren zunächst mit einer 15-jährigen Zinsbindung ausgestattet war, kann also beispielsweise im 15-ten Jahr jederzeit mit einer 6-monatigen Kündigungsfrist oder zum Ende der Zinsbindungsfrist mit einer 1-monatigen Kündigungsfrist kündigen.

(3) **Kredite an private Haushalte, soweit sie weder grundpfandrechtlich gesichert sind noch überwiegend für berufliche oder gewerbliche Zwecke bestimmt sind, mit festem Zins für einen Teil oder die gesamte Laufzeit**

Unabhängig von Laufzeit und Zinsbindungsfrist kann der Kreditnehmer nach Ablauf von 6 Monaten *jederzeit* unter Einhaltung einer Kündigungsfrist von 3 Monaten kündigen. Außerdem kann er in den unter (2) dargestellten Fällen auch jeweils frühestens zum Ende der Zinsbindungsfristen unter Wahrung einer Kündigungsfrist von nur einem Monat kündigen.

(4) **Kredite an öffentliche Haushalte**

Ohne gesonderte vertragliche Vereinbarung gelten die Regelungen gem. (1) und (2). Gegenüber dieser Kreditnehmergruppe ist ein vertraglicher Ausschluß des gesetzlichen Kündigungsrechtes jedoch zulässig.

Die dargestellten Regelungen gelten nicht für Schuldverhältnisse, die durch die Emission von Schuldverschreibungen (vgl. dazu Abschnitt 2.6) begründet werden. Dem Emittenten einer Industrieanleihe oder eines Pfandbriefes stehen die gesetzlichen Kündigungsrechte gem. § 609a BGB also nicht zu.

Analoge Vorschriften über ein gesetzliches Kündigungsrecht des Kreditgebers bestehen nicht. Hier sind der Gestaltungsfreiheit der Parteien keine speziellen Schranken gesetzt. Dabei ist zwischen dem ordentlichen und dem außerordentlichen Kündigungsrecht des Kreditgebers zu unterscheiden. Mit dem **außerordentlichen Kündigungsrecht** sichern sich Kreditgeber die Möglichkeit, einen Kredit unabhängig von der Laufzeit und allen sonstigen Kündigungsklauseln jederzeit fristlos zu kündigen und die sofortige Rückzahlung zu verlangen, sofern bestimmte, näher spezifizierte Voraussetzungen vorliegen. Zu diesen Voraussetzungen zählen etwa üblicherweise ein Verzug des Schuldners mit den fälligen Zins- und Tilgungsleistungen um mehr als 14 Tage oder eine deutliche Verschlechterung seiner wirtschaftlichen Lage.

Aufgabe 2.03:

Geben Sie für folgende Situationen jeweils an, zu welchem Termin der Kreditnehmer frühestens kündigen kann!

a) Investitionskredit an eine GmbH über 20 Jahre

    (1) mit festem Zins für die gesamte Laufzeit,

    (2) mit variablem Zins.

b) Wie a), jedoch ist der Zins jeweils für Teilabschnitte festglegt worden, zuletzt mit Ab-
    lauf des 8. Kreditjahres für die nächsten 8 Jahre. Welche Kündigungsmöglichkeiten hat
    die GmbH

    (1) acht Monate,

    (2) einen Monat

    vor Ablauf der augenblicklichen Zinsbindungsperiode zum Ende des 16. Jahres?

c) Wie ändert sich die Antwort zu b), wenn die am Ende des 16. Jahres auslaufende Zins-
    bindungsperiode mit einer Vereinbarung zu Beginn des 6. Jahres begonnen hat?

2.1.6   Besicherungsmodalitäten

2.1.6.1 Kategorien von Gläubigerrisiken

Gläubiger gewähren Kredite im Vertrauen darauf, daß die vereinbarten Zins- und
Tilgungsleistungen vom Schuldner vertragskonform erbracht werden. Allerdings
unterliegen die Ansprüche der Gläubiger verschiedenen Risiken, auf die im folgenden einzugehen sein wird. Dabei bietet es sich an, die Gläubigerrisiken nach
den einzelnen Phasen zu systematisieren, die im Ablauf einer Gläubiger-
Schuldner-Beziehung unterschieden werden können. Es sind dies folgende drei
Phasen:

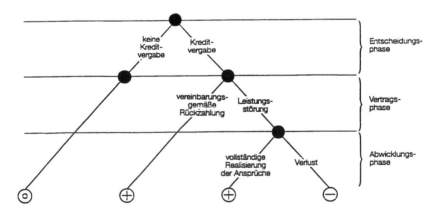

O :   Neutraler Ausgang des Gläubiger Schuldner-Kontaktes

+ :   Positiver Ausgang des Gläubiger Schuldner-Kontaktes

‐ :   Negativer Ausgang des Gläubiger Schuldner-Kontaktes

Abb. 2.01:   Phasen der Gläubiger-Schuldner-Beziehung

Entscheidungsphase

In dieser Phase entscheidet der Gläubiger über die Vergabe, Kündigung oder Prolongation eines Kredits. Soweit die zur Fundierung der Kreditvergabeentscheidung benötigten Informationen vom Schuldner selbst gegeben werden, ist der Gläubiger der Gefahr ausgesetzt, daß der Schuldner die Vermögenssituation und Ertragsaussichten günstiger darstellt, als es in Wirklichkeit der Fall ist, und der Gläubiger sich aufgrund unvollständiger oder verfälschter Informationen für die Vergabe oder Prolongation des Kredits entscheidet, obwohl er bei besserem Informationsstand den Kreditantrag des Schuldners abgelehnt hätte. Diese Risikokategorie soll im folgenden als **Informationsrisiko** bezeichnet werden. Auf die Möglichkeiten, dieses Risiko durch verschiedene Maßnahmen der Kreditwürdigkeits- und insbesondere der Jahresabschlußanalyse zu begrenzen, werden wir im Rahmen dieses Kursprogramms später noch ausführlicher eingehen.

Vertragsphase

Ist die Kreditbeziehung zustande gekommen oder fortgesetzt worden, so besteht die Gefahr, daß sich die wirtschaftliche Lage des Schuldners soweit verschlechtert, daß die pflichtgemäße Erfüllung seiner finanziellen Verpflichtungen allgemein nicht mehr gewährleistet ist und über das Vermögen des Schuldners das Insolvenzverfahren eröffnet wird. Wir wollen diese Gefahr als **Insolvenzrisiko** bezeichnen.

Die Eröffnung des Insolvenzverfahrens bedeutet insbesondere, daß

– die bisherigen Eigentümer oder die von ihnen beauftragten Geschäftsführer die Verfügungskompetenz über das Unternehmen verlieren, und stattdessen

– ein Insolvenzverwalter mit dem Ziel eingesetzt wird, das verbliebene Vermögen im Interesse der Gläubiger zu verwerten und den Verwertungserlös unter diesen zu verteilen.

Das Insolvenzrisiko kann zum einen durch unternehmensexterne Entwicklungen sowie unternehmerische Entscheidungen im Rahmen der ursprünglichen Investitionspolitik beeinflußt werden. Zum anderen kann auch eine Änderung der bei Vertragsabschluß vereinbarten Investitions- oder Finanzierungspolitik c.p. zu einer Erhöhung des Insolvenzrisikos führen. Unter **Investitionsrisiko** versteht man demnach die Gefahr, daß der Kreditnehmer nach Vertragsabschluß eine andere, für den Kreditgeber riskantere als die vereinbarte Investitionspolitik betreibt. Das **Finanzierungsrisiko** hingegen resultiert aus einer möglichen Erhöhung des Verschuldungsgrades des Kreditnehmers. Sowohl die Anwendung einer riskanteren Investitionspolitik als auch ein höheres Verschuldungsgrad erhöhen i.d.R. die Insolvenzwahrscheinlichkeit des Kreditnehmers.

Abwicklungsphase

Im Zuge des Insolvenzverfahrens schließlich ist der einzelne Gläubiger der Gefahr ausgesetzt, daß auch seine Ansprüche nur zum Teil oder im Extremfall gar nicht erfüllt werden können. Wir wollen diese Gefahr als **Verlustrisiko** bezeichnen.

2.1.6.2 Vermögensverteilung im Insolvenzverfahren

Für die vorausschauende Analyse des Verlustrisikos ist es von ausschlaggebender Bedeutung, daß das bei Insolvenzeintritt verbliebene Vermögen keineswegs gleichmäßig auf die Gläubiger aufgeteilt wird; vielmehr ergeben sich verschiedene Rangklassen von Gläubigern, wie folgendes Schema verdeutlicht, das wir anschließend schrittweise erläutern werden[1].

	Bruttovermögen des Unternehmens
./.	**Aussonderungen** (§§ 47-48 InsO)
=	Insolvenzmasse i.s.v. §§ 35-36 InsO
./.	**Absonderungen** (§§ 49-51 InsO)
=	„Freie Aktiva"
./.	**Kosten des Insolvenzverfahrens** (§§ 53-54 InsO)
./.	**Masseverbindlichkeiten** (§§ 53 u. 55 InsO)
=	„Teilungsmasse"
./.	**Ansprüche „einfacher" (unbesicherter, nicht nachrangiger) Insolvenzgläubiger** (§ 38 InsO)
=	Masse zur Befriedigung nachrangiger Insolvenzgläubiger (§ 39 InsO)

Tab. 2.02:   Vermögensverteilung im Insolvenzverfahren

---

1   Wir werden uns im folgenden auf eine knappe Darstellung der ab dem 01.01.1999 geltenden Regelungen der Insolvenzordnung beschränken. Dabei werden wir weitgehend auf die Darstellung von Detailregelungen verzichten und lediglich bei aus unserer Sicht bedeutenden Abweichungen zur bis zum 31.12.1998 geltenden Insolvenzordnung auf diese kurz hinweisen.

Aussonderungen

Aussonderungsrechte stehen insbesondere solchen Personen zu, die Eigentümer von Gegenständen sind, die sich bei Verfahrenseröffnung im Besitz des Schuldners befanden. Das trifft etwa auf einen Mietwagen, einen nur zu Demonstrationszwecken bereitgestellten PC oder auch auf Vorräte zu, die unter einfachem Eigentumsvorbehalt geliefert und noch nicht bezahlt worden sind. Sollte der Insolvenzverwalter ebenfalls nicht zur Zahlung aus der Insolvenzmasse bereit sein, können die Eigentümer verlangen, daß der Insolvenzverwalter die entsprechenden Gegenstände aus dem übernommenen Vermögen „aussondert" und ihnen zurückgibt. Eine Abweichung von dem Prinzip, daß dem juristischen Eigentümer ein Aussonderungsrecht zusteht, besteht lediglich in den Fällen, in denen zur Sicherung eines Anspruchs gegen das Unternehmen ein Vermögensgegenstand formal übereignet oder eine Forderung des Unternehmens – etwa gegenüber einem eigenen Abnehmer – abgetreten worden ist (Sicherungsübereignung bzw. Sicherungszession). Trotz der formaljuristischen Position als Eigentümer steht dem Anspruchsberechtigten hier nur ein Absonderungsrecht (s.u.) zu. Das nach der Aussonderung verbleibende Vermögen, also zum einen das Vermögen, das dem Schuldnerunternehmen zur Zeit der Eröffung des Verfahrens gehört, zum anderen das Vermögen, welches das Schuldnerunternehmen während des Verfahrens noch erlangt, wird als **Insolvenzmasse** bezeichnet (§ 35 InsO).

Absonderungen

Insbesondere im Zusammenhang mit der Gewährung von Krediten und Darlehen werden häufig zusätzliche Vereinbarungen getroffen, durch die bestimmte Vermögensgegenstände in der Weise für einen bestimmten Gläubiger „reserviert" werden, daß diesem ein exklusives Zugriffsrecht auf diese Gegenstände zusteht, um seine Forderungen zu befriedigen. Im Insolvenzverfahren werden diese „Sicherungsgüter" zu Gunsten des Gläubigers „abgesondert" verwertet, z.B. durch Verkauf oder Versteigerung. In Abweichung zu der bis 1998 gültigen Insolvenzordnung wird der Erlös aus der Verwertung *beweglicher* Gegenstände und Forderungen, die dem Verwertungsrecht des Insolvenzverwalters unterliegen, vor der Befriedigung des absonderungsberechtigten Gläubigers um einen Kostenbeitrag gekürzt (§ 170 InsO). Mit diesem Kostenbeitrag, dessen Höhe sich aus § 171 InsO ergibt, sollen die mit Absonderungsrechten verbundenen Bearbeitungskosten, insbesondere die Kosten der Feststellung und der Verwertung des Sicherungsgegenstandes, abgedeckt werden. Erlöse aus der Verwertung als Sicherung bereitgestellter Grundstücke bleiben demgegenüber von einer entsprechenden Kostenbelastung weitgehend frei. Für den absonderungsberechtigten Gläubiger ergeben sich daraus folgende Konsequenzen:

- Bleibt der Verwertungserlös (abzüglich eventuell anfallender Umsatzsteuer) einer mit Absonderungsrechten belasteten *beweglichen Sache* oder *Forderung* hinter der Summe aus Forderungsbetrag und Feststellungs- und Verwertungskosten zurück, so erzielt der absonderungsberechtigte Gläubiger keine volle Befriedigung seiner Forderung. Er hat jedoch gem. § 52 InsO in Höhe der verbleibenden Forderung einen weiteren Anspruch, der innerhalb der Rangklasse der ungesicherten Gläubiger (s.u.) einzuordnen ist. Das gleiche gilt – von einigen Besonderheiten abgesehen –, wenn der ungekürzte Erlös aus der Verwertung eines Grundstücks hinter dem Forderungsbetrag zurückbleibt.

• Übersteigt der erzielte Verwertungserlös (abzüglich eventuell anfallender Umsatzsteuer) einer mit Absonderungsrechten belasteten *beweglichen Sache* oder *Forderung* die Summe aus Forderungsbetrag und Feststellungs- und Verwertungskosten, so erzielt der absonderungsberechtigte Gläubiger die volle Befriedigung seiner Forderung. Der verbleibende Überschußbetrag kommt den im Rang folgenden Gläubigern zugute.

Die wichtigsten – in folgender Tabelle aufgeführten – Instrumente, mit denen eine derartige Reservierung erreicht werden kann, zählen zu den sogenannten **Realsicherheiten.**

Art der Sicherheit	Typischerweise reservierte Vermögensgegenstände	Zustandekommen des Sicherungsrechts
Grundpfandrechte (Hypothek, Grundschuld)	Grundstücke und Gebäude	Eintragung im Grundbuch
Mobiliarpfandrecht	Wertpapiere	Übergabe des Pfandgutes an den Geldgeber
Sicherungsübereignung	Maschinen, Fahrzeuge, Vorräte	Abschluß eines Sicherungs- und Abtretungsvertrages, wonach der Geldnehmer den Sicherungsgegenstand – an den Geldgeber zur Sicherheit übereignet, – ihn jedoch weiter nutzen kann und – bei Zahlungsverzug an den Geldgeber zur Befriedigung seiner Forderung herauszugeben hat.
Sicherungsabtretung	Forderungen von Lieferanten aus Lieferungen auf Ziel	Abschluß eines Sicherungs- und Abtretungsvertrages

Tab. 2.03:   Die wichtigsten Absonderungssicherheiten im Überblick

Aufrechnungen

Soweit zwei Personen einander gleichartige Leistungen, speziell Zahlungen, schulden, können die wechselseitigen Forderungen unter bestimmten Voraussetzungen gegeneinander aufgerechnet werden. Als Ergebnis der Aufrechnung sind beide Forderungen in dem Ausmaß, in dem sie sich decken, als erloschen anzusehen. Von dieser Möglichkeit kann nach Maßgabe der §§ 94-96 InsO auch im Insolvenzverfahren Gebrauch gemacht werden. Das Ergebnis ist ähnlich wie bei der Absonderung: Der Anspruch des zur Aufrechnung berechtigten Gläubigers wird zwar nicht durch die Verwertung eines „reservierten" Vermögensgegenstandes erfüllt, jedoch dadurch, daß er von der ansonsten bestehenden Verpflichtung befreit wird, dem insolventen Unternehmen die eigentlich geschuldete Zahlung oder sonstige Leistung zu erbringen.

Kosten des Insolvenzverfahrens und Masseverbindlichkeiten

Die nach Absonderung und Aufrechnung verbleibenden Vermögensgegenstände sind zunächst zur Abdeckung der Verfahrenskosten und der sogenannten Masseverbindlichkeiten zu verwenden. Zu den **Kosten des Insolvenzverfahrens** zählen in erster Linie die Verfahrenskosten, insbes. Vergütung und Auslagen des Insolvenzverwalters, Versteigerungs- und Gerichtskosten etc. Ist davon auszugehen, daß das noch vorhandene Vermögen nicht einmal die Kosten des Verfahrens bis zum sog. „Berichtstermin" (§ 29 Abs. 1 InsO) deckt, so ist der Insolvenzantrag gemäß § 26 Abs. 1 InsO „mangels Masse" abzulehnen. Wird der Insolvenzantrag „mangels Masse" abgelehnt, erfolgt das, was durch das Insolvenzverfahren eigentlich vermieden werden soll: Einzelvollstreckungsversuche der verschiedenen Gläubiger im Windhundverfahren. Vor 1999, d.h. bei der seinerzeit gültigen Konkursordnung, war dies in Deutschland – vielfach beklagt – bei der Mehrzahl der Konkursanträge der Fall.

Die **Masseverbindlichkeiten** umfassen demgegenüber insbesondere Zahlungsverpflichtungen aus Geschäften, die der Insolvenzverwalter im Zuge des Insolvenzverfahrens noch vorgenommen hat (z.B. zur Fertigstellung eines begonnenen Auftrags) oder aus der Abwicklung gegenseitiger Verträge, die vor Eröffnung des Insolvenzverfahrens schon abgeschlossen, aber noch nicht erfüllt worden waren und die der Insolvenzverwalter noch abwickelt (z.B. Abruf bestellter Ware durch den Insolvenzverwalter).

Für den Fall, daß die Eröffnung des Insolvenzverfahrens nicht von Anfang an „mangels Masse" abgelehnt worden ist (s.o.), geht der Gesetzgeber in der Regel davon aus, daß *alle* Masseverbindlichkeiten befriedigt werden können, und sieht daher zunächst keine bestimmte Rangfolge der genannten Ansprüche untereinander vor. Sollte sich im Zuge des Insolvenzverfahrens allerdings herausstellen, daß es doch nicht möglich sein wird, alle Masseforderungen zu befriedigen, so sieht der Gesetzgeber auch innerhalb dieser Gruppe von Ansprüchen gemäß § 209 InsO eine weitere Abstufung vor.

Unbesicherte (nicht nachrangige) Insolvenzgläubiger

Hat die Insolvenzmasse zur Befriedigung der absonderungsberechtigten Insolvenzgläubiger, der Verfahrenskosten und der Masseverbindlichkeiten ausgereicht, kommt endlich die Stunde der „par conditio creditorum": Die verbliebene Restmasse wird in gleichen Quoten auf die unbesicherten Insolvenzgläubiger nach der Höhe ihrer noch nicht befriedigten Forderungen verteilt.

Diese Gläubigergruppe umfaßt

– zum einen solche Gläubiger, für deren Ansprüche weder Sicherheiten bestehen noch ein gesetzlicher Vorrang vorgesehen ist und

– zum anderen Sicherungsgläubiger, soweit ihre Ansprüche durch die Verwertung der Sicherheiten nicht vollständig befriedigt werden konnten.

Zur Terminologie sei noch angemerkt, daß der prozentuale Anteil, in dem die Insolvenzforderungen der unbesicherten Insolvenzgläubiger erfüllt werden, – in Anlehnung an den früher geläufigen Begriff der Konkursquote – als **Insolvenzquote** bezeichnet werden kann.

Aufgabe 2.04:

Im Wirtschaftsteil des „CHRISTLICHEN PILGER – Mitteilungsblatt für das südliche Sauerland" lesen Sie Anfang 1999 in einem Artikel „Pleiten über Pleiten – Vom Elend des deutschen Insolvenzrechts" unter anderem folgende Ausführungen:

„In mehr als 75% aller Unternehmenspleiten gehen die Gläubiger völlig leer aus, weil ein Insolvenzverfahren mangels Masse erst gar nicht stattfinden kann. Und in den wenigen Fällen, in denen es überhaupt zu einem solchen Verfahren kommt, erhalten die Gläubiger des Unternehmens lediglich die sogenannte Insolvenzquote, im Durchschnitt der letzten Jahre nicht einmal 5% ihrer Forderungen."

Nehmen Sie zu diesen beiden Aussagen kritisch Stellung!

Nachrangige Insolvenzgläubiger

Sollte der – wohl eher seltene – Fall eintreten, daß nach der vollständigen Befriedigung aller ungesicherten Gläubiger noch verteilbares Vermögen übrig bleibt, so werden eventuell verbleibende Forderungen nachrangiger Gläubiger in einer bestimmten Rangfolge gemäß § 39 InsO befriedigt. Hierzu zählen – und zwar in der genannten Rangfolge – Ansprüche aus

– Zinsrückständen, die seit Verfahrenseröffnung für die Forderungen (aller Gläubiger) aufgelaufen sind,

– Kosten, die den einzelnen Insolvenzgläubigern durch die Teilnahme am Insolvenzverfahren erwachsen sowie

- Forderungen auf die Rückgewähr sogenannter kapitalersetzender Gesellschafterdarlehen (vgl. dazu Abschnitt 2.5.3.1).

Zudem kann schon bei der Gestaltung von Forderungen, die eigentlich zu einem Anspruch als „normaler", nicht nachrangiger Gläubiger führen würden, zwischen Gläubiger und Schuldner ein Nachrang im Insolvenzverfahren vereinbart werden. Die Rangstufe solcher Ansprüche innerhalb der Gesamtheit der nachrangigen Insolvenzgläubiger richtet sich nach der konkret getroffenen Abrede. Ist lediglich ein „Insolvenznachrang" ohne genauere Spezifizierung vereinbart, so erfolgt eine mögliche Befriedigung in der allerletzten Klasse, also nach den Ansprüchen aus „kapitalersetzenden" Gesellschafterdarlehen

Materiell ist das Insolvenzverfahren beendet, sobald die gesamte Insolvenzmasse nach den zuvor dargestellten Regeln an die Gläubiger verteilt worden, das Unternehmen also vollständig liquidiert ist. In *formeller* Hinsicht wird das Verfahren durch einen Aufhebungsbeschluß des zuständigen Gerichtes beendet.

Soweit es sich bei dem Gemeinschuldner um eine natürliche Person handelt, können die nicht befriedigten Gläubiger danach wieder versuchen, ihre Ansprüche im Wege der Einzelvollstreckung zu realisieren, was immerhin dann von Erfolg sein kann, wenn der Gemeinschuldner später wieder „zu Geld kommt". In diesem Zusammenhang soll auch kurz auf die Möglichkeit der **Restschuldbefreiung** eingegangen werden. Sie ist in den §§ 286 – 303 der Insolvenzordnung geregelt und verfolgt die Ziele, die Gesamtheit der Gläubiger bestmöglich zu befriedigen und einem *redlichen* Schuldner, der gläubigerschädigendes Verhalten unterläßt, von seinen Schulden endgültig zu befreien. Restschuldbefreiung können nur natürliche Personen beantragen, über deren Vermögen vorher ein Insolvenzverfahren durchgeführt worden ist, welches nicht zu einer vollständigen Befriedigung der Gläubiger geführt hat. Nur der Schuldner selbst kann den schriftlichen Antrag bei dem für ihn zuständigen Insolvenzgericht stellen.

Der Schuldner muß sich bereit erklären, während der sog. **Wohlverhaltensperiode** von sieben Jahren einen gewissen Teil seiner laufenden Bezüge aus einem Arbeitsverhältnis an einen vom Gericht zu bestimmenden Treuhänder abzutreten, der die Zahlungen einmal im Jahr an die Gläubiger verteilt. Um nur dem redlichen Schuldner eine endgültige Schuldenbereinigung zu ermöglichen und Mißstände zu verhindern, wird dem Antrag auf Restschuldbefreiung nur stattgegeben, wenn keine Versagungsgründe, wie z.B. eine Verletzung der Obliegenheiten[1] oder ein Kreditbetrug, vorliegen. Während der Wohlverhaltensperiode sind

---

1 Zu den Obliegenheiten des Schuldners zählen beispielsweise gemäß § 295 der Insolvenzordnung die Pflicht, sich um eine angemessene Erwerbstätigkeit zu bemühen oder Vermögen aus einer Erbschaft zur Hälfte an den Treuhänder herauszugeben.

Zwangsvollstreckungen für einzelne Gläubiger verboten. Bereits bestehende
Lohn- oder Gehaltsabtretungen haben nur noch drei Jahre Bestand. Andere Kreditsicherheiten werden durch ein Restschuldbefreiungsverfahren hinsichtlich der
aus ihnen resultierenden Rechte nicht berührt. Allerdings ist eine – unter Umständen nicht unerhebliche – Kostenbeteiligung des Gläubigers für Feststellung und
Verwertung der Sicherheiten zu berücksichtigen. Am Ende der Wohlverhaltensperiode wird der Schuldner von allen nicht erfüllten Forderungen seiner Gläubiger
befreit. Mitschuldner und Bürgen haften den Gläubigern gegenüber für die Forderungen jedoch weiter, ohne selbst die Möglichkeit des Rückgriffs auf den Schuldner zu haben.

Die Regelung, die Gläubiger an den Kosten für Feststellung und Verwertung der
Sicherheiten zu beteiligen, kann tendenziell dazu führen, daß Gläubiger den im
Falle der Insolvenz zu tragenden Kostenanteil bereits bei der Sicherheitenbestellung antizipieren und einkalkulieren, so daß in Bezug auf einen konkreten Kredit
eine Überbesicherung erfolgt oder der dem Schuldner insgesamt zur Verfügung
stehende Kreditrahmen bei gleichem Umfang möglicher Sicherheiten eingeschränkt wird.

Bei Personen- oder Kapitalgesellschaften sowie bei Genossenschaften ist die
Möglichkeit, später noch „zu Geld zu kommen", hingegen ausgeschlossen, da
diese im Zuge der zwangsweisen Liquidation ja ihre Existenz verlieren. Verbleibt
– als eher theoretischer Ausnahmefall – nach der Befriedigung aller Gläubiger
und der Deckung sämtlicher Verfahrenskosten ein Vermögensrest, steht dieser
den Gesellschaftern zu.

Beispiel:

Für die MONA-LISA GmbH ist das Insolvenzverfahren eröffnet worden. Es kommt zur Ein-
zelliquidation aller Vermögensgegenstände der MONA-LISA GmbH. Der Insolvenzverwalter
hat unter anderem folgende Ansprüche zu berücksichtigen:

1. Die CASH-Bank verlangt die Rückzahlung des Kontokorrentkredits mit einem aktuellen
   Stand von 125.700 Euro. Zur Sicherung für diesen Kredit waren Warenbestände (siche-
   rungs-) übereignet worden. Deren Verkauf bringt – nach Abzug von Feststellungs-, Verwertungskosten und Umsatzsteuer – einen Erlös von 162.500 Euro.

2. Die HOT PANTS KG hatte der GmbH unter Eigentumsvorbehalt Waren zum Vorzugspreis
   von 60.000 Euro geliefert. Die Ware ist noch nicht bezahlt, aber noch vorhanden. Mangels ihm erkennbarer Verwertungsmöglichkeiten ist der Insolvenzverwalter nicht bereit,
   die Kaufpreiszahlung noch zu erbringen. Die KG tritt daher von dem Kaufvertrag zurück, macht aber von ihrem Eigentumsvorbehalt Gebrauch und verlangt die Ware heraus, die sie im Endergebnis aber nur für 45.000 Euro an einen anderen Interessenten
   verkaufen kann.

3. Die Metzgerei OCHSMANN hat der GmbH für ein kaltes Buffet anläßlich des 10-jährigen Firmenjubiläums 4.500 Euro in Rechnung gestellt. In etwa gleichzeitig hat die GmbH der Metzgerei eine fast neuwertige PC-Anlage zum Preis von 3.600 Euro überlassen. Beide Rechnungen sollten jeweils „sofort" bezahlt werden, stehen de facto aber noch aus.

4. Die Inhaberin der ELVIRA-Bar, bekannt als „die rote Elvi", hat für ihr Personal eine umfangreiche Bestellung aus der neuen EXOTIC-Kollektion aufgegeben und bereits 6.400 Euro als Anzahlung geleistet. Sie verlangt nun Auslieferung der inzwischen bei der GmbH „zur Probe" angelieferten Waren, hilfsweise Rückzahlung der geleisteten Anzahlung.

Nimmt man einmal an, die Forderungen der unbesicherten Insolvenzgläubiger (vgl. Tabelle 2.02), könnten nur zu 5% befriedigt werden, so ergeben sich in den vier genannten Fällen folgende Ergebnisse:

1. Die CASH Bank erhält die ihr zustehenden 125.700 Euro in voller Höhe. An dem darüber hinaus erzielten Verkaufserlös der sicherungsübereigneten Waren partizipiert sie allerdings nicht. Ihre **Befriedigungsquote** beträgt also **100%**.

2. Die HOT PANTS KG erhält die gelieferten Waren vollständig zurück, verliert dafür aber ihren Kaufpreisanspruch von 60.000 Euro. Da sie die zurückerhaltene Ware letztlich aber nur für 45.000 Euro verkaufen kann, erleidet sie im Vergleich zur ordnungsgemäßen Vertragserfüllung einen Verlust von 15.000 Euro. Diesen Verlust kann sie auch im Rahmen des weiteren Insolvenzverfahrens *nicht* – etwa als Schadenersatzanspruch – geltend machen, so daß sie im Endeffekt eine **Befriedigungsquote** von **75%** erreicht.

3. Es ist davon auszugehen, daß OCHSMANN die Forderungen gegeneinander aufrechnen kann. Er entzieht sich so der Verpflichtung, 3.600 Euro an die KG zahlen zu müssen, und nimmt dafür eine Minderung des ihm zustehenden Zahlungsanspruchs um denselben Betrag, also von 4.500 Euro auf 900 Euro in Kauf. Diesen Restanspruch kann er allerdings noch als unbesicherte Insolvenzforderung geltend machen und so immerhin noch weitere 45 Euro erlangen. Insgesamt trifft ihn ein Verlust von 855 Euro, was einer **Befriedigungsquote** von **81%** seines ursprünglichen Anspruchs von 4.500 Euro entspricht.

4. Die „rote Elvi" schließlich hat Pech. Trotz der Vorauszahlung hat sie keinen Anspruch auf Auslieferung der bestellten Ware. Sie kann lediglich die Rückzahlung der im voraus geleisteten 6.400 Euro verlangen. Da es sich dabei jedoch um eine unbesicherte Insolvenzforderung handelt, erhält sie ganze 320 Euro, also eine **Befriedigungsquote von nur 5%**.

Übungsaufgabe 2.05:

Gehen Sie von den Daten aus dem letzten Beispiel aus und nehmen Sie weiterhin an, daß die Forderungen der unbesicherten Gläubiger zu 5% befriedigt werden. Untersuchen Sie nochmals die Befriedigungsquote der vier Gläubiger für den Fall, daß alternativ folgendes unterstellt wird:

1. Der Verkauf der sicherungsübereigneten Warenbestände erbringt nach Abzug der Kostenbeiträge gemäß § 171 InsO einen Erlös von nur 115.300 Euro.

2. Der HOT PANTS KG gelingt es, die zurückerhaltenen Waren für 72.000 Euro an einen anderen Interessenten zu verkaufen.

3. Der Preis für das von OCHSMANN gelieferte Buffet belief sich nur auf 3.200 Euro.

2.1.6.3 Instrumente zur Begrenzung von Gläubigerrisiken durch vertragliche Vereinbarungen

Aufgrund der mit der Vergabe eines Kredites verbundenen Risiken wird der Gläubiger bemüht sein, sich gegen die eben genannten Kreditrisiken zu schützen. Der Begrenzung des Informationsrisikos dienen die vielfältigen Verfahren der Kreditwürdigkeitsanalyse und der Schuldnerüberwachung, auf die im Rahmen dieses einführenden Kurses allerdings nicht weiter eingegangen werden kann.

Gegen die Folgen aus dem Informationsrisiko resultierender Fehlentscheidungen und damit zugleich gegen das Insolvenz- und Verlustrisiko, können sich Gläubiger zudem in gewissem Umfang durch die Vereinbarung außerordentlicher Kündigungsmöglichkeiten schützen. Diese räumen ihnen die Möglichkeit ein, die Verbindlichkeit vor Ablauf der ursprünglich vorgesehenen Laufzeit fällig zu stellen, wenn sich die Vermögenssituation des Schuldners in zunächst nicht erwarteter Weise negativ entwickelt oder sonstige Unregelmäßigkeiten auftreten. Solche Kündigungsmöglichkeiten sehen etwa die Allgemeinen Geschäftsbedingungen der Kreditinstitute allgemein für den Fall unrichtiger Angaben des Schuldners über seine Vermögenslage sowie bei einer wesentlichen Verschlechterung seiner Vermögensverhältnisse vor. Darüber hinaus kann dieses Kündigungsrecht individualvertraglich konkretisiert oder erweitert werden.

Während solche Kündigungsklauseln auf eine risikobedingte Fälligstellung der Verbindlichkeiten abzielen, werden im folgenden fünf Gruppen verschiedener Instrumente erörtert, die dazu beitragen sollen, die Chancen auf eine möglichst vollständige Realisierung einer Forderung auch ohne deren vorzeitige Kündigung zu erhöhen.

(1)   Erlangung von Prozessualvorteilen

Das Merkmal dieser Gruppe von Sicherungsmitteln besteht darin, daß bei unveränderten Haftungsverhältnissen die Risiken der Rechtsverfolgung durch die Art des Vertragsabschlusses verringert werden. Hier wäre als klassisches Beispiel die Ausstellung eines Wechsels über den kreditierten Betrag zu nennen. Das Akzept des Wechsels durch den Schuldner eröffnet den Gläubigern im Ernstfall erheblich schnellere Zugriffsmöglichkeiten als Ergebnis des schnell abwickelbaren Wechselprozesses (vgl. Art. 43-54 WG; §§ 602 ff. ZPO). So kann der Wechselschuldner etwa nur noch Einwände gegen die Gültigkeit des Wechsels erheben (z.B. gefälschte Unterschrift o.ä.), nicht jedoch aus dem der Wechselausstellung zugrunde

liegenden Geschäft (z.B. Kaufpreisminderung o.ä.). Ähnliche, wenn auch schwächere Wirkungen entfalten auch schon geeignete Formen der Beurkundung. Sie erleichtern es in einem möglichen Streitfall zumindest, den Nachweis zu führen, daß der reklamierte Anspruch auch wirklich besteht.

(2)   Einschränkung der schuldnerischen Handlungsfreiheit

Durch eine Beschränkung der Handlungsfreiheit des Schuldners läßt sich sowohl das Finanzierungs- als auch das Investitionsrisiko verringern. In der Kreditverga-bepraxis findet man daher verschiedene Instrumente, mit denen Gläubiger auf die Geschäftspolitik des Schuldners Einfluß zu nehmen versuchen. Beispielhaft seien genannt:

–   Die Delegierung von Angehörigen von Kreditinstituten in die Aufsichts-gremien von Gesellschaften,

–   die Bindung der Kreditvergabe an ganz bestimmte Verwendungen der überlassenen Kapitalbeträge oder

–   die an die Kredithergabe geknüpfte Verpflichtung, daß der Schuldner ganz bestimmte risikopolitische Maßnahmen ergreift, wie z.b. den Abschluß ei-nes Versicherungsvertrages, durch den das Risiko des Untergangs eines Vermögenswertes abgedeckt wird.

Während die gerade angeführten Instrumente vornehmlich auf das Investitionsri-siko ausgerichtet sind, soll durch die Vereinbarung von sogenannten Negativklau-seln vornehmlich das Finanzierungsrisiko beeinflußt werden. Durch solche Ver-einbarungen kann der Schuldner beispielsweise verpflichtet werden, anderen Gläubigern keine Sicherheiten zu geben oder die Verschuldung seines Unterneh-mens innerhalb bestimmter Grenzen zu halten.

(3)   Erhöhung des individuell haftenden Vermögens zu Lasten anderer Gläubiger (Reservierung)

Da die Verpflichtung des Schuldners zu Wohlverhalten nur einen relativen Schutz gewährleistet und zudem mit hohem Transaktions- und Kontrollaufwand verbun-den ist, bieten sich als einfachere und wirksamere Sicherungsmöglichkeiten die verschiedenen Formen der „Reservierung" von Vermögenswerten an. Das Merk-mal dieser sogenannten **Realsicherheiten** besteht darin, daß der begünstigte Gläubiger einen im einzelnen näher bestimmten Teil der Haftungsmasse insge-samt zu seiner ausschließlichen Befriedigung zugeordnet erhält, so daß sich die den *übrigen* Gläubigern haftende Masse in entsprechendem Umfang vermindert. Der Sicherungsgläubiger verbessert seine eigene Position also stets zu Lasten der übrigen Gläubiger. Die wichtigsten Instrumente zur Erlangung eines entsprechen-den Aus- oder Absonderungsrechts haben Sie im vorangegangenen Abschnitt schon kennengelernt (vgl. insbesondere Tab. 2.03.).

(4)   Erhöhung des individuell haftenden Vermögens ohne Schlechterstellung anderer Gläubiger (Gläubigersubstitution)

Während bei den Realsicherheiten die individuelle Besserstellung eines Gläubigers tendenziell mit einer Schlechterstellung aller oder einzelner anderer Gläubiger verknüpft ist, da die insgesamt verfügbare Haftungsmasse ja stets unverändert bleibt, besteht bei anderen Sicherungsformen die Möglichkeit, die eigenen Forderungen zu besichern, ohne dadurch die den anderen Gläubigern verbleibende Haftungsmasse zu vermindern. Dies ist etwa bei der Bürgschaft (§§ 765-778 BGB) der Fall. Ihre Funktion besteht darin, daß sich ein Dritter, der Bürge, verpflichtet, für die Erfüllung der Verbindlichkeiten des Schuldners einzustehen.

Wird der Bürge aufgrund der Bürgschaft in Anspruch genommen, so erwirbt er eine Forderung gegen den ursprünglichen Schuldner und tritt im Insolvenzverfahren an die Stelle des von ihm befriedigten Primärgläubigers. Aus Sicht des Schuldners tritt an die Stelle des durch die Bürgschaft gesicherten Erstgläubigers also der Bürge als Sekundärgläubiger. Für die übrigen Gläubiger wird durch diese Form der Sicherung die eigene Position also weder verbessert noch verschlechtert.

Bürgschaftsähnlich ist auch die gesetzlich nicht geregelte Garantie, durch die sich ein Dritter, der Garant, verpflichtet, dafür zu sorgen, daß der Gläubiger befriedigt wird.

Zum Schutze der Gläubiger einer Untergesellschaft im Konzern können schließlich auch sog. **Patronatserklärungen** der Obergesellschaft dienen, deren Sicherungswert vom konkreten Inhalt der Haftungs- oder Erfolgszusage bestimmt wird. Unter dem Begriff „Patronatserklärung" zusammengefaßte Erklärungen der Obergesellschaft können von solchen, die nur „a warm feeling" verschaffen, bis zu effektiven Garantiezusagen reichen. Das Spektrum entsprechender Formulierungen reicht von der Erklärung, man sei mit der Kreditaufnahme der Tochtergesellschaft einverstanden, bis hin zu Zusagen folgender Art:

„Sie haben unserer Tochtergesellschaft einen Kredit in Höhe von Euro ... eingeräumt. Wir (Muttergesellschaft) übernehmen hiermit die uneingeschränkte Verpflichtung, dafür Sorge zu tragen, daß unsere Tochtergesellschaft in der Zeit, in der sie den bei Ihnen in Anspruch genommenen Kredit einschließlich Zinsen und Nebenkosten nicht vollständig zurückgezahlt hat, in der Weise geleitet und ausgestattet wird, daß sie stets in der Lage ist, ihren Verbindlichkeiten fristgemäß nachzukommen".

(5)   Erhöhung des insgesamt haftenden Vermögens (Haftungserweiterung)

Schließlich ist es auch möglich, daß im Zusammenhang mit einer Kreditgewährung Maßnahmen vereinbart werden, durch die die Haftungsmasse, die der Gläubigergesamtheit zur Verfügung steht, insgesamt erhöht wird, indem über das bislang haftende Vermögen hinaus zusätzliche externe Haftungstatbestände vereinbart werden. Ein solcher Effekt kann etwa durch den Abschluß eines

Verlustübernahmevertrages erzielt werden. Dabei verpflichtet sich ein Unternehmen, z.b. die Obergesellschaft innerhalb eines Konzernverbundes, etwaige Verluste des kreditnehmenden Tochterunternehmens auszugleichen. Durch den Abschluß eines solchen Vertrages vermindert sich für die Gläubiger des verlustabführenden Unternehmens offensichtlich sowohl das Insolvenzrisiko wie auch das Verlustrisiko. Demgegenüber sind die Gläubiger des verlustübernehmenden Unternehmens negativ betroffen, da sich für sie Insolvenz- und Verlustrisiko erhöhen. Auch **Patronatserklärungen** können eine ähnliche Funktion übernehmen, sofern sie nicht auf eine einzelne Verbindlichkeit bezogen sind, sondern auf die Zahlungsfähigkeit des jeweiligen Unternehmens ganz allgemein abstellt.

Gemeinsam mit den eingangs erwähnten Kündigungsklauseln tragen die unter (1) bis (5) zusammengestellten Maßnahmen alle dazu bei, das Insolvenz- und/oder Verlustrisiko zu begrenzen, die Forderung also *sicherer* zu machen. In der Kreditpraxis bezeichnet man allerdings nur die unter (3) und (4) genannten Instrumente sowie – eingeschränkt – die unter (5) angesprochenen Maßnahmen, sofern sie in ihrer vertraglichen Ausgestaltung eine eindeutige Beziehung zu einem bestimmten Kredit erkennen lassen, als *Kreditsicherheiten*. Instrumente der Kategorie (3) bezeichnet man dabei allgemein als *Sach-* oder *Realsicherheiten*, die der Kategorie (4) – und mit Einschränkungen auch (5) – hingegen als *Personalsicherheiten*.

2.2 Kurzfristige Finanzierung durch Finanzintermediäre

2.2.1 Bankkredite

2.2.1.1 Geldleihe

Für die kurzfristige Finanzierung der Unternehmen stellen die Universalbanken die wichtigsten Kreditgeber dar. Im Bereich der Geldleihgeschäfte, also solcher Kreditgeschäfte, bei denen dem Kreditnehmer unmittelbar Zahlungsmittel zur Verfügung gestellt werden, haben dabei insbesondere

– der Kontokorrentkredit,

– der Diskontkredit und

– der Lombardkredit

Bedeutung.

Der **Kontokorrentkredit** (§§ 355-357 HGB) wird durch die Einräumung einer Kreditlinie seitens eines Kreditinstituts gewährt. Die zugesagte Kreditlinie stellt den Höchstbetrag dar, bis zu dem das Kontokorrentkonto überzogen werden darf. Die Inanspruchnahme des Kontokorrentkredits nimmt der Kreditnehmer jeweils nach eigenem Bedarf vor, so wie das die Abwicklung seines laufenden Zahlungsverkehrs jeweils erfordert.

Der Kontokorrentkredit wird in der Regel entweder „bis auf weiteres" mit kurzer, z.B. vierzehntägiger, Kündigungsfrist gewährt oder für eine feste Laufzeit von höchstens einem Jahr. Allerdings erfolgt oftmals eine ständige „Prolongation" mit der Konsequenz, daß der Kontokorrentkredit de facto dann langfristig zur Verfügung steht. Für die Finanzplanung eines Unternehmens ist jedoch zu beachten, daß die Gefahr einer Kündigung seitens der Bank gerade dann besonders groß ist, wenn sich das Unternehmen in einer wirtschaftlich schwierigen Lage befindet, i.d.R. also ganz besonders auf den Fortbestand der Kreditbeziehung angewiesen ist.

Vor der Einräumung einer Kreditlinie führt das Kreditinstitut i.d.R. eine bankübliche Kreditwürdigkeitsprüfung des potentiellen Kreditnehmers durch. Als Kreditsicherheiten für einen Kontokorrentkredit kommen die Bürgschaft, die Forderungsabtretung, die Sicherungsübereignung u.a. in Betracht; hat das Kreditinstitut eine besonders starke Verhandlungsposition, wird dem Kreditnehmer gelegentlich zudem die Verpflichtung zur vollständigen Abwicklung aller finanziellen Transaktionen über das Kreditinstitut auferlegt werden. Diesem wird dadurch die laufende Überwachung der wirtschaftlichen Entwicklung des Schuldners wesentlich erleichtert, wodurch die Chancen einer „rechtzeitigen" Kündigung verbessert werden.

Die Kosten des Kontokorrentkredites setzen sich i.d.R. zusammen aus

–   dem Sollzins nach jeweiliger Inanspruchnahme,

–   eventuell zusätzlich der Bereitstellungsprovision auf die bereitgestellte (= Kreditlinie), aber nicht in Anspruch genommene Summe

–   und ggf. weitere Preisbestandteile (z.B. Umsatzprovision).

Die Sollzinsen werden den Kontokorrentkonten i.d.R. quartalsweise nachschüssig belastet. Dadurch ergibt sich für die auf das ganze Jahr bezogene Zinsbelastung ein etwas höherer Wert als der zugrundeliegende Soll-Zinssatz.

Beispiel:

Ein Kontokorrentkredit wird quartalsweise abgerechnet; der Sollzins beträgt 12% p.a. Der Einfachheit halber sei unterstellt, daß

–   der Kredit zum 1.1. einen Stand von 100.000 Euro aufweist und

–   während des gesamten Jahres keinerlei Aus- oder Einzahlungen erfolgen.

Der Schuldbestand am Jahresende beträgt dann nicht etwa 112.000 Euro (100.000 Euro Anfangsschuld + 12.000 Euro Zinsen), sondern bestimmt sich wie folgt:

Stand zu Beginn d. 1. Quartals	100.000	
+ Zins für das 1. Quartal[*]	3.000	
Stand zu Beginn d. 2. Quartals	103.000	
+ Zins für das 2. Quartal	3.090	
Stand zu Beginn d. 3. Quartals	106.090	
+ Zins für das 3. Quartal[*]	3.183	[**]
Stand zu Beginn d. 4. Quartals	109.273	[**]
Zins für das 4. Quartal	3.278	[**]
Endbestand	112.551	[**]

[*] Jeweils 12/4 = 3% auf den Schuldbestand zu Quartalsbeginn.

[**] Auf volle Euro gerundet.

Dadurch, daß die erste Zinsbelastung schon nach drei Monaten erfolgt und darauf in der Folgezeit Zinseszinsen anfallen und ähnliches für die zweite und dritte Belastung gilt, ergibt sich auf das ganze Jahr bezogen also eine effektive Zinslast von über 12,5%.

Die Höhe des Zinssatzes ist in aller Regel nicht dem Prozentsatz nach fest vereinbart, sondern variabel:

– Entweder behält sich die Bank eine jederzeitige Anpassung der Konditionen vor

– oder der Sollzins ergibt sich als Zuschlag zu einer anderen Zinsgröße, z.B. dem Zinssatz für kurzfristige Refinanzierungsgeschäfte bei der Zentralbank.

Die erstgenannte Regelung ist vor allem bei sog. Dispositionskrediten an Private anzutreffen, während die von einem Zentralbanksatz abhängige Verzinsung eher für Kredite an Unternehmen typisch ist.

Verfügt der Kreditnehmer durch Überweisungen, Daueraufträge, Barabhebungen, Ausstellung von Schecks etc. in einem solchen Ausmaß über sein Konto, daß die Kreditlinie überschritten würde, so kann die Bank die Ausführung der entsprechenden Aufträge ablehnen. Oftmals werden (kurzfristige) Überschreitungen der Linie jedoch stillschweigend akzeptiert; dem Kreditnehmer wird dann ein „Überziehungsprovision" genannter Strafzins zusätzlich zu dem ohnehin anfallenden Sollzins in Rechnung gestellt.

Als **Diskontkredit** bezeichnet man die Überlassung von Zahlungsmitteln im Zusammenhang mit dem Ankauf eines Wechsels (= „Diskontierung") durch eine Bank aus dem Wechselbestand eines Unternehmens. Diesem werden dabei Zahlungsmittel in Höhe der um den Diskontabschlag (s.u.) verminderten Wechselsumme schon vor dem Fälligkeitstermin des eingereichten Wechsels zur Verfügung gestellt. Oft wird zwischen Bank und Unternehmen eine **Diskontkreditlinie** vereinbart, d.h. das maximale Volumen, bis zu dem die Bank sich bereithält, Wechsel mit zuvor ebenfalls festgelegten Qualitätsmerkmalen hereinzunehmen.

Die Entstehung eines Wechsels läuft typischerweise wie folgt ab:

–   Ein Unternehmen liefert an einen Abnehmer „auf Ziel", d.h. der Rechnungsbetrag ist erst eine bestimmte Frist, z.b. 90 Tage, nach Eingang der Rechnung fällig.

–   Gleichzeitig stellt der Lieferant eine Wechselurkunde aus, die die Anweisung an den Abnehmer enthält, zum Fälligkeitstermin die geschuldete Summe zu zahlen. Man sagt auch: der Lieferant als „Aussteller" „zieht" einen Wechsel auf seinen Abnehmer, den „Bezogenen".

–   Dieser „gezogene" Wechsel (auch „Tratte" genannt) wird dem Bezogenen vorgelegt, der mit seiner Unterschrift quer auf der Vorderseite des Wechsels die darin enthaltene Anweisung zur Zahlung akzeptiert und damit die wechselrechtliche Zahlungsverpflichtung übernimmt.

–   Anschließend wird der nun auch als „Akzept" bezeichnete Wechsel an den Lieferanten zurückgegeben. Dieser kann ihn nach eigenem Gutdünken bis zur Fälligkeit im Bestand halten oder aber zu einem Diskontkredit nutzen.

Einen solchen Wechsel, dem eine Warenlieferung oder eine Dienstleistung zugrundeliegt, bezeichnet man auch als **Handelswechsel**, im Gegensatz zum Finanzwechsel, dem ein reiner Finanzkontrakt zugrundeliegt.

Die Laufzeit von Wechseln beträgt mit der Einführung der Europäischen Währungsunion i.d.R. nicht mehr als sechs Monate, da dies – unter Einhaltung weiterer Qualitätsmerkmale – die Verpfändung zusammen mit anderen Aktivwerten (z.B.: staatlichen Schuldtiteln) an die Europäische Zentralbank ermöglicht. Voraus-set-zung für eine Verpfändung ist die Notenbankfähigkeit des Wechselschuldners, die von den Landeszentralbanken im Auftrag der Europäischen Zentralbank anhand der Jahresabschlüsse überprüft wird. Notenbankfähig sind nicht nur reine Handelswechsel , sondern die Unterschrift und Mithaftung eines bonitätsmäßig einwandfreien inländischen Unternehmens ist ausreichend.

Bei Fälligkeit des Wechsels erfolgt normalerweise die Rückzahlung durch den „Bezogenen" (Wechselschuldner). Bei Schwierigkeiten in der Abwicklung des Diskontkredits bietet die formelle Wechselstrenge und die Gesamthaftung der aus dem Wechsel Verpflichteten eine relative Sicherheit für die Bank; sie kann Rückgriff auf den Wechsel-Aussteller (= Einreicher) oder ggfs. andere „Zwischenbesitzer" nehmen. Der Wechselprozeß (§§ 602 ff ZPO) erleichtert und beschleunigt die Erlangung eines vollstreckbaren Titels.

Die Kosten für den Kreditnehmer eines Diskontkredites ergeben sich aus dem Diskontabschlag bei Ankauf des Wechsels (i.d.R. 1 bis 3%-Punkte über dem Basiszinssatz), ggf. zusätzlich einer Diskontprovision (1/24% bis 1/4%) und/oder eines festen Spesenbetrages für die Bearbeitung und Abwicklung. Der Basiszinssatz wird in festgelegten Zeitintervallen an den Zinssatz für längerfristige Refinanzierungsgeschäfte der Europäischen Zentralbank angepaßt.

Folgendes Beispiel verdeutlicht die Abrechnung eines Diskontkredites:

Beispiel:

Wechselsumme 10.000 Euro, Laufzeit 90 Tage, Diskontsatz: 9%.

Der Auszahlungsbetrag errechnet sich dann wie folgt:

	Wechselsumme	10.000,– Euro
./.	Diskontabschlag für 90 Tage, pro Quartal 9% : 4 = 2,25%	225,– Euro
./.	Diskontprovision, z.B. 0,40%	40,– Euro
=	Auszahlung	9.735,– Euro

Zum Kostenvergleich mit den Zinsbelastungen anderer Kreditarten ist es allerdings notwendig, den effektiven Jahreszins bei Inanspruchnahme des Diskontkredits zu bestimmen. Zunächst ist das Jahresäquivalent nach folgender Formel zu ermitteln:

Jahresäquivalent

$$(\text{Diskontabschlag} + \text{Diskontprovision}) \times \frac{360 \, \text{Tage}}{\text{Laufzeit des Kredites}}$$

Für die Errechnung des effektiven Jahreszinses bezieht man das Jahresäquivalent auf die effektive Kreditsumme, also auf den oben ermittelten Auszahlungsbetrag also:

$$\text{effektiver Jahreszins} = \frac{\text{Jahresäquivalent}}{\text{effektive Kreditsumme}} \times 100$$

$$= \frac{(\text{Diskontabschlag} + \text{Diskontprovision}) \times \dfrac{360 \, \text{Tage}}{\text{Laufzeit des Kredits}}}{\text{Wechselsumme} - \text{Diskontsumme} - \text{Diskontprovision}} \times 100$$

$$= \frac{1.060,- \, \text{Euro}}{9.735,- \, \text{Euro}} \times 100 = \underline{\underline{10,89\%}}$$

Der **Lombardkredit** ist ein Kredit gegen die Verpfändung beweglicher Sachen. Das können Wertpapiere, Edelmetalle oder Waren sein. Der maximale Kreditbetrag ergibt sich aus der ermittelten Beleihungsgrenze, die bei Wertpapieren i.d.R. zwischen 50% und 75% ihres Kurswertes liegt. Die Laufzeit des Lombardkredites ist generell kurz. Die Kosten werden durch den Soll-Zinssatz bestimmt, der gewöhnlich 0,5% - 2% über dem Spitzenrefinanzierungssatz der Zentralbank liegt. Der Spitzenrefinanzierungssatz bezeichnet den Zinssatz, zu dem die nationalen Zentralbanken ihrerseits *Kreditinstituten* Liquidität entweder in Form von Übernacht-Pensionsgeschäften oder als Übernacht-Pfandkredite zur Verfügung stellen. Der Zinssatz dieser *Spitzenrefinanzierungsfazilität* bildet im allgemeinen die Obergrenze für den Tagesgeldsatz.

2.2.1.2 Kreditleihe

Abschließend sind die beiden wichtigsten Instrumente der Kreditleihe zu erörtern, die bekanntlich gar nicht unmittelbar zu einem Zahlungsmittelzufluß führen, die Finanzierungsmöglichkeiten jedoch insoweit indirekt verbessern, als die Kreditaufnahme bei Dritten erleichtert wird. Die beiden wichtigsten Instrumente dieser Kategorie stellen der Akzept- und der Avalkredit dar.

Ein **Akzeptkredit** wird einem Unternehmen gewährt, indem ein Kreditinstitut einen von dem Unternehmen ausgestellten Wechsel als Bezogener akzeptiert, d.h. sich durch Vermerk auf der Vorderseite des Wechsels (Akzept) verpflichtet, diesen zu dem angegebenen Fälligkeitstermin einzulösen. Das Unternehmen kann diesen als Bankakzept bezeichneten Wechsel dann z.B. zur Bezahlung von Rechnungen an die eigenen Lieferanten weitergeben oder bei anderen Banken diskontieren lassen. Diese erwerben somit nicht eine Forderung gegenüber dem betrachteten Unternehmen, sondern gegenüber der – in ihrem Urteil eventuell bonitätsmäßig besseren – Akzeptbank. Im Innenverhältnis zu der Bank ist das Unternehmen allerdings verpflichtet, dieser die Wechselsumme zum Fälligkeitstermin zur Verfügung zu stellen. Bei vertragskonformem Ablauf wird die Bank also liquiditätsmäßig überhaupt nicht belastet. Sie trägt allerdings das Risiko, daß das Unternehmen seiner Zahlungsverpflichtung nicht nachkommt. Die Übernahme dieses Risikos läßt sich die Bank durch die von dem Unternehmen zusätzlich zu zahlende Akzeptprovision (Größenordnung 1-3% p.a.) vergüten.

Häufig wird das Bankakzept allerdings von der akzeptgebenden Bank selbst diskontiert. In diesem Fall wird aus der Kreditleihe dann eine kurzfristige Geldleihe. Im Vergleich zu einem einfachen Buchkredit an das betrachtete Unternehmen hat das für die Bank den Vorteil, daß sie selbst sich bei Bedarf durch weitere Abtretung ihres eigenen Akzepts leichter refinanzieren kann.

Der **Avalkredit** besteht in der Übernahme einer Bürgschaft oder einer Garantie durch eine Bank gegenüber Dritten im Auftrag ihres Kunden. Ein Avalkredit ist für einen Kunden in dem Fall zweckmäßig, wenn ein Gläubiger für versprochene Leistungen oder bestehende Forderungen Sicherheiten verlangt.

Die Laufzeit des Avalkredits ist durch den Zweck der Bürgschaft bzw. der Garantie determiniert. Es gibt unbefristete, die Regel jedoch sind kurzfristige Avalkredite. Für die Einräumung des Avalkredits berechnet die Bank eine Avalprovision. Diese ist abhängig vom Zweck, von der Laufzeit und von den möglicherweise gestellten Sicherheiten. In der Regel werden monatlich oder vierteljährlich etwa 1,5 bis 3% p.a. von der Bürgschafts-/Garantiesumme als Avalprovision berechnet und dem Kreditnehmer belastet.

2.2.2 Factoring

2.2.2.1 Das Standard-Factoring

In seiner am weitesten verbreiteten Standardform ist das Factoring dadurch gekennzeichnet, daß

– ein spezielles Factoringinstitut

– im Rahmen eines Pauschalvertrages

– die Forderungen eines Unternehmens aus Lieferungen und Leistungen ankauft,

– sie unmittelbar nach ihrem Entstehen bevorschußt und

– zugleich das Risiko eines etwaigen Zahlungsausfalls übernimmt.

In der einschlägigen Terminologie wird der Verkäufer der Forderungen als **Anschlußkunde** bezeichnet; die Schuldner der verkauften Forderungen nennt man **Debitoren**.

Grundlage der Zusammenarbeit zwischen Factor und Anschlußkunde ist ein i.d.R. auf eine Laufzeit von mehreren Jahren abgeschlossener Factoringvertrag, der beim Standard-Factoring typischerweise u.a. folgende Elemente enthält:

– Verpflichtung des Anschlußkunden, dem Factor *sämtliche* Forderungen aus Lieferungen und Leistungen zum Kauf anzubieten, soweit nicht explizite Ausnahmen im Hinblick auf spezielle Abnehmergruppen vereinbart sind;

– Verpflichtung des Anschlußkunden, seine Rechnungen mit einem Vermerk zu versehen, aus dem die Abtretung der Forderung an den Factor klar ersichtlich ist, und die Zahlung auf ein Konto des Factoringinstituts zu erbitten;

– Festlegung sog. Debitorenlimite für jeden einzelnen Debitor, bis zu dessen
   Höhe sich der Factor zum Ankauf entsprechender Forderungen bereit hält;

– Übertragung der an den verkauften Forderungen bestehenden Sicherungs-
   rechte (z.b. Eigentumsvorbehalt) auf den Factor;

– Ausschluß eines Rückgriffsrechts des Factors auf den Anschlußkunden,
   wenn der Debitor ohne rechtlichen Grund die Zahlungsziele nicht einhält;

– Festlegung, bis zu welchem Prozentsatz die angekauften Forderungen sofort
   ausbezahlt werden (i.d.R. zwischen 80% und 90% des Forderungsbetrages);

– Festlegung der weiteren Aufgaben, die der Factor hinsichtlich Fakturierung,
   Debitorenbuchhaltung etc. übernimmt;

– Vereinbarung der verschiedenen Gebührensätze und der dafür vorgesehenen
   Bezugsgrößen.

Der Einbehalt eines Teils der Forderungen dient zur Deckung von *berechtigten*
Kürzungen des Rechnungsbetrages durch die Debitoren, z.b. bei der Beanspruchung von Skonti, bei Reklamationen, Minderungsansprüchen etc. Die Auszahlung der ggf. um entsprechende Kürzungen verminderten Restbeträge erfolgt
jeweils regelmäßig bei Zahlungseingang. Überschreitet der Debitor allerdings das
gesetzte Zahlungsziel, so wird der Restbetrag entweder sofort oder nach Ablauf
einer gewissen Sperrfrist unabhängig davon ausgezahlt, ob der Debitor inzwischen geleistet hat oder nicht.

In betriebswirtschaftlicher Sicht werden durch einen Standard-Factoring-Vertrag
drei Funktionen erfüllt:

Finanzierungsfunktion

Durch den Verkauf der Forderungen, also die Teilliquidation von Vermögensgegenständen, fließen dem Anschlußkunden entsprechende Zahlungsmittel – gekürzt
um die 10-20%-ige Einbehaltsquote – bereits vor Fälligkeit zu. Insofern ist das
Factoring aus der Sicht des Unternehmens also als spezielles Instrument der Innenfinanzierung einzuordnen (vgl. Abschnitt 1.1.3), das im Absatzbereich einen
annähernd umsatzkonformen Zahlungseingang bewirkt.

Versicherungs- oder Delkrederefunktion

Durch den Verkauf der Forderungen wird nicht nur der Zahlungsmitteleingang
beschleunigt, vielmehr wird zugleich auch das Ausfallrisiko auf den Factor übertragen. Der Anschlußkunde wird insoweit vor Vermögensverlusten geschützt und
erhält eine verläßlichere Planungsbasis für seine Liquiditäts- und Finanzierungspolitik.

Dienstleistungsfunktion

Über den reinen Ankauf der Forderungen hinaus übernimmt der Factor auch deren Verwaltung, d.h. die Debitorenbuchhaltung sowie das Mahn- und Inkassowesen, und entlastet damit den Anschlußkunden von diesen Aufgaben. Außerdem halten sich die Factoringunternehmen i.d.R. bereit, auch die Fakturierung zu übernehmen, also die Rechnungen für ihre Kunden zu erstellen. Zudem versorgen sie ihre Vertragspartner mit unterschiedlichen Statistiken über deren Abnehmer sowie interessierende Absatzmärkte.

2.2.2.2 Varianten von Factoring-Verträgen

Der bislang betrachtete Standardtyp des Factoring ist dadurch gekennzeichnet, daß

– der Factor Finanzierungs-, Delkredere- und Dienstleistungsfunktionen übernimmt und

– die Abtretung der Forderung an den Factor ausdrücklich auf den Rechnungen des Anschlußkunden vermerkt wird.

Über diesen Standardtyp hinaus findet man allerdings noch zahlreiche Varianten von Factoringverträgen, die vom Standardtyp

– zum einen dadurch abweichen können, daß nicht alle der drei genannten Funktionen übernommen werden,

– zum anderen dadurch, daß die offene Abtretungsanzeige unterbleibt.

Nach dem vorgesehenen **Funktionsumfang** unterscheidet man unter anderem folgende Varianten:

Unechtes Factoring

Die Delkrederefunktion entfällt. Das Factoringinstitut übernimmt also nur eine Vorfinanzierung der Forderung; gerät der Debitor jedoch in Verzug, ist der Anschlußkunde verpflichtet, dem Factor den entsprechenden Betrag zurückzuerstatten, und muß sich selbst um das weitere Inkasso bemühen. Insoweit entfällt beim unechten Factoring zugleich auch zumindest ein Teil der Dienstleistungsfunktion.

Fälligkeits-Factoring (auch Inkasso-, Maturity- oder Collecting-Factoring genannt)

Die Finanzierungsfunktion entfällt. D.h. der Factor kauft die Forderung erst zum Fälligkeitszeitpunkt an. Bei dieser Variante steht also im Gegensatz zum unechten Factoring gerade die Delkrederefunktion eindeutig im Vordergrund.

Eigenservice-Factoring (auch neues Factoring genannt)

Die Servicefunktion entfällt in nennenswertem Umfang. D.h. der Anschlußkunde übernimmt zumindest Fakturierung und Debitorenbuchhaltung selbst, evtl. auch noch das Mahnwesen.

Nach der **Erkennbarkeit** des Factoringvertrages von außen unterscheidet man zwischen dem

–   für das Standardfactoring typischen *offenen Verfahren*, bei dem die Forderungsabtretung durch einen entsprechenden Aufdruck auf der Rechnung ausdrücklich angezeigt wird, und

–   dem *stillen Verfahren*, bei dem eine solche Anzeige unterbleibt.

Bei dem stillen Verfahren zahlen die Debitoren ihre Rechnungen also trotz der – ihnen ja nicht bekannten – Forderungsabtretung weiter an ihren Lieferanten, der seinerseits verpflichtet ist, die erhaltenen Beträge umgehend an das Factoringinstitut weiterzuleiten. Bei dieser Variante trägt der Factor also ein höheres Risiko als bei dem offenen Verfahren, da er stets der Gefahr ausgesetzt ist, daß der Anschlußkunde Zahlungseingänge nur verzögert oder im Extremfall gar nicht weiterleitet. Wird für den Anschlußkunden das Insolvenzverfahren eröffnet und hat er eingegangene Rechnungsbeträge noch nicht an den Factor weitergeleitet, so stehen diesem trotz der aufgekauften Forderung keine Ansprüche gegenüber dem Debitor zu. Dieser kann sich mit Recht darauf berufen, schon an den Lieferanten gezahlt zu haben, und zwar mit befreiender Wirkung, da ihm ja von der erfolgten Abtretung der Forderung gar nichts bekannt war. Der Factor muß sich also an den Anschlußkunden halten, und zwar zumeist in der oftmals wenig erfolgversprechenden Position eines nicht bevorrechtigten Insolvenzgläubigers (vgl. Abschnitt 2.1.6.2).

Ganz anders verhält es sich demgegenüber beim offenen Verfahren. Im Normalfall folgen die Debitoren dem entsprechenden Hinweis auf der Rechnung und zahlen unmittelbar an den Factor. Beachtet ein Abnehmer hingegen im Ausnahmefall die Kontoangaben nicht und überweist den Rechnungsbetrag auf ein Konto des Lieferanten (Anschlußkunden) oder bewirkt die Zahlung auf sonstige Weise an diesen, so befreit ihn das *nicht* von der Zahlungspflicht gegenüber dem Factor. In dem oben betrachteten Fall der Insolvenz des Anschlußkunden kann der Factor also mit Recht von dem Debitor die Begleichung der Rechnung verlangen, obwohl dieser die Zahlung schon geleistet hat, nur eben an den falschen Empfänger. In diesem Fall muß der Debitor – wiederum als nicht bevorrechtigter Insolvenzgläubiger – versuchen, seinen Rückzahlungsanspruch gegenüber dem Lieferanten durchzusetzen. Daher liegt es eindeutig im Interesse der Debitoren, ihre Zahlungen an den Factor und nicht an den Lieferanten zu leisten.

2.2.2.3 Kriterien zur wirtschaftlichen Beurteilung von Factoringangeboten

Wenn ein Unternehmen vor der Frage steht, ob es sich auf das Angebot eines Factoringinstituts einlassen soll oder nicht, müssen die angebotenen Leistungen den damit verbundenen Nachteilen gegenübergestellt und mit anderen Finanzierungsalternativen verglichen werden.

Leistungsbeurteilung

Im Hinblick auf die Leistungsbeurteilung ist es zweckmäßig, auf die Unterscheidung der drei grundlegenden Funktionen des Factoring zurückzugreifen.

(1) Finanzierungswirkung

Je nach der Höhe der vereinbarten Einbehaltsquote beläuft sich die Finanzierungswirkung des Factoring auf 80 bis 90% der abgetretenen Forderungen. Alternativ könnten die Forderungen sicherungsweise an eine Bank abgetreten werden, um als Sicherheit für einen Kontokorrentkredit zu dienen. Bei einem solchen **Zessionskredit** werden die Forderungen in der Regel jedoch zu 60 bis 70% beliehen. Bei einem durchschnittlichen Forderungsbestand von 10 Mio. DM würde sich die darauf eingeräumte Kreditlinie also nur auf 6 bis 7 Mio. DM belaufen, während durch das Factoring ein Finanzierungsbeitrag von 8 bis 9 Mio. DM erreicht werden könnte.

Eine noch höhere Finanzierungswirkung ist allerdings bei einem **Diskontkredit** zu erreichen. Ein Dreimonatswechsel wird von der diskontierenden Bank je nach der Höhe des maßgeblichen Diskontsatzes zu 97 bis 99% der Wechselsumme übernommen. Die Nutzung dieser Alternative setzt aber naturgemäß voraus, daß über die zugrundeliegende Forderung überhaupt ein Wechsel ausgestellt wird. Dies ist in etlichen Branchen durchaus anzutreffen, in anderen Bereichen hingegen völlig unüblich. Typische Adressaten von Factoringangeboten stellen dementsprechend ganz überwiegend solche Unternehmen dar, deren Forderungen nicht wechselmäßig unterlegt sind.

(2) Risikowirkung

Bezüglich der Risikowirkungen ist das Factoring – von der Variante des „unechten" Factoring abgesehen – den beiden zuletzt betrachteten Finanzierungsalternativen eindeutig überlegen. Denn sowohl beim Zessions- als auch beim Diskontkredit verbleibt das Ausfallrisiko bei dem Unternehmen.

Eine ähnliche Risikowirkung wie beim Factoring könnte allenfalls durch eine **Kreditversicherung** erreicht werden, wie sie in Deutschland von einigen Spezialversicherern angeboten wird; das gesamte Deckungsvolumen dieser Versicherungssparte dürfte derzeit im Bereich zwischen 150 und 200 Mrd. DM liegen[1].

Zu beachten ist allerdings, daß im Rahmen derartiger Kreditversicherungen üblicherweise nicht die gesamte Forderung abgesichert wird, sondern eine quotale Selbstbeteiligung des Versicherungsnehmers, oftmals in der Größenordnung um 30%, vorgesehen wird. Zudem ist die Zahlungspflicht des Versicherers bei den in Deutschland üblichen Vertragsformen nicht bereits im Fälligkeitszeitpunkt der Forderung gegeben, sondern in der Regel erst bei Feststellung der Zahlungsunfähigkeit des Schuldners. Versichert wird also nur das effektive Ausfallrisiko, nicht das Verzugsrisiko. Beim Standardfactoring kann der Anschlußkunde hingegen davon ausgehen, daß ihm spätestens im Fälligkeitszeitpunkt einer Forderung (oder nach einer weiteren Sperrfrist von wenigen Monaten) der gesamte Rechnungsbetrag durch den Factor ausgezahlt wird.

(3)   Dienstleistungswirkung

Welcher Wert der Möglichkeit einer mehr oder weniger weitgehenden Auslagerung der Debitorenbuchhaltung beizumessen ist, hängt sehr stark von der spezifischen Situation des jeweiligen Einzelfalls ab. Verfügt ein Unternehmen über die notwendige EDV-Ausstattung sowie das erforderliche Personal und kann dieses nur begrenzt anderweitig eingesetzt werden, so dürfte der Vorteil einer Auslagerung geringer sein als etwa bei einem expandierenden Unternehmen, das zur Bewältigung der entsprechenden Aufgaben auf Dauer zu weiteren Investitionen und zur Einstellung zusätzlicher Mitarbeiter gezwungen wäre. In ähnlicher Weise dürfte auch der Nutzen der verschiedenen statistischen Angaben über das Zahlungsverhalten der eigenen Abnehmerschaft und weitere Daten des Absatzmarktes von Fall zu Fall sehr unterschiedlich einzuschätzen sein

Nachteile

Die den beschriebenen Leistungen gegenüberzustellenden Nachteile resultieren zum einen aus den damit verbundenen Kosten sowie zum anderen aus einigen weiteren Problemen, die mit dem Factoring verbunden sind.

(1)   Kosten

Die Kosten werden üblicherweise ebenfalls nach den drei Funktionen differenziert:

---

1   Vgl. im einzelnen BEUTER (1988).

- Der Factor belastet die an den Anschlußkunden ausgezahlten Beträge sowie etwaige Rückerstattungen an die Debitoren jeweils zeitgleich einem Konto, auf dem andererseits Zahlungen der Debitoren als Gutschriften erfaßt werden. Bleibt die Zahlung aus, so erfolgt als Folge der Delkrederefunktion im Fälligkeitszeitpunkt ebenfalls die Gutschrift des Rechnungsbetrages. Die Salden, die dieses Konto aufweist, werden nach Art eines Kontokorrentkontos abgerechnet und in der Regel auch zu solchen Sätzen verzinst, die in etwa den üblichen Zinssätzen für Kontokorrentkredite entsprechen.

- Für die Übernahme des Delkredere-Risikos verlangen die Factoringgesellschaften im allgemeinen Gebühren zwischen 0,1 und 1,0% des abgetretenen Forderungsvolumens. Die Höhe dieses in jedem Einzelfall individuell vereinbarten Satzes hängt von der erwarteten Ausfallhäufigkeit ab, über die sich die Factoringinstitute vor Abschluß oder Verlängerung eines Vertrages durch eingehende statistische Analysen ein Bild zu machen versuchen.

- Die verschiedenen Dienstleistungen schließlich werden üblicherweise mit Sätzen zwischen 0,5 und 2,5% des abgetretenen Forderungsvolumens in Rechnung gestellt. Die Höhe dieses ebenfalls in jedem Einzelfall gesondert festzulegenden Satzes hängt zum einen von dem jeweiligen Umfang des Leistungsangebots ab, zum anderen aber auch von der durchschnittlichen Höhe der Forderungsbeträge. Es leuchtet unmittelbar ein, daß die Verwaltung eines gegebenen Forderungsvolumens von beispielsweise 1 Mio. Euro sehr viel aufwendiger ist, wenn es sich dabei um 1000 Einzelforderungen mit einem Durchschnittsbetrag von 1.000 Euro handelt, als bei nur 50 Forderungen über durchschnittlich 20.000 Euro.

(2) Sonstige Probleme des Factoring

Weitere Nachteile bei Abschluß eines Factoringvertrages können aus gewissen Begleiterscheinungen sowie aus möglichen Problemen bei Auslaufen des Vertrages resultieren. Dabei sind insbesondere folgende drei Aspekte zu beachten:

- Zum einen können **Imageprobleme** auftreten. Der Verkauf von Forderungen wird oftmals als ein Zeichen von finanzieller Schwäche oder gar wenig soliden Finanzgebahrens angesehen. Zwar kann der Abschluß eines Factoringvertrages eigentlich durchaus ein Beleg für ein effizientes Finanz- und Risikomanagement sein. Diese Erkenntnis allein hilft einem Factoring nutzenden Unternehmen jedoch so lange wenig, wie die eigenen Geschäftspartner nicht auch davon überzeugt werden können. Halten diese Factoring für ein Schwächezeichen, so muß das Unternehmen die Gefahr ins Kalkül einbeziehen, daß sich die eigenen Lieferanten mit Lieferungen auf Ziel zurückhalten oder die Abnehmer aus Vorsicht schon nach anderen Lieferanten Ausschau halten.

–   Ein zweites Problemfeld ergibt sich daraus, daß der **Kundenkontakt** redu-
    ziert wird. Insbesondere die Möglichkeiten, gelegentliche Überschreitungen
    von Zahlungszielen angesichts der insgesamt guten Geschäftsbeziehung
    stillschweigend zu akzeptieren, oder ausstehende Beträge nicht durch offizi-
    elle Schreiben, sondern durch bestehende persönliche Kontakte informell
    anzumahnen, werden drastisch eingeschränkt. Auch dies kann sich auf Dau-
    er negativ auf die eigenen Absatzmöglichkeiten auswirken.

–   Ein drittes Problem kann darin bestehen, daß das Unternehmen durch den
    Abschluß eines Factoringvertrages in eine gewisse **Abhängigkeit** von dem
    Factoringinstitut geraten kann. Wird nämlich die gesamte Debitorenbuch-
    haltung und eventuell auch die Fakturierung auf den Factor übertragen und
    die entsprechende Infrastruktur allmählich abgebaut oder gar nicht erst auf-
    gebaut, so kann es bei Beendigung des Factoringvertrages wegen der Not-
    wendigkeit, diese Aufgaben schlagartig wieder selbst zu übernehmen, zu-
    mindest vorübergehend zu Anpassungsschwierigkeiten kommen. Diese
    Aussicht wiederum kann die Verhandlungsposition des Factoringinstitutes
    stärken und es ihm erleichtern, nach Auslaufen des ersten Vertragsab-
    schnittes höhere Konditionen für einen Anschlußvertrag durchzusetzen.

Angesichts der vielfältigen Aspekte, die bei der Beurteilung von Factoringangeboten abzuwägen sind, bedarf es stets einer individuellen Analyse jedes Einzelfalls, um Factoringangebote sachgerecht beurteilen zu können. Bei einer solchen
Analyse ist allerdings der folgenden, in Darstellungen des Factoring häufig anzutreffenden Argumentation gegenüber Skepsis angebracht. Ein weiterer Vorteil des
Factoring, so wird behauptet, bestehe darin, daß der Anschlußkunde dadurch in
die Lage versetzt werde, seine eigenen Wareneingänge unter Abzug von Skonto
sofort zu bezahlen und dadurch den im allgemeinen extrem teuren Lieferantenkredit zu vermeiden. Richtig an dieser Argumentation ist, daß **Lieferantenkredi-
te** üblicherweise sehr teuer sind und es somit zumeist ratsam ist, die eigenen Lie-
ferverbindlichkeiten innerhalb der Skontofrist zu begleichen. Dies wird jedoch
durch jedwede Art einer anderen Finanzierung ermöglicht, also etwa auch durch
die Beanspruchung des Kontokorrentkredits oder einen Diskontkredit, und stellt
somit keineswegs einen spezifischen Effekt des Factoring dar. Folgendes gegenüber realen Abläufen bewußt einfach gewähltes Beispiel verdeutlicht die angesprochenen Zusammenhänge.

Beispiel:

Für ein Unternehmen liegen folgende Daten vor:

- Das Unternehmen liefert jeweils zum 1. eines jeden Monats an verschiedene Abnehmer Waren im Gesamtvolumen von 10 Mio. Euro. Den Abnehmern wird ein Zahlungsziel von 30 Tagen eingeräumt. Diese nutzen dieses Ziel stets voll aus, so daß die Zahlungen stets zum 1. des Folgemonats eingehen.

- Das Unternehmen erhält jeweils zum 1. eines jeden Monats Warenlieferungen im Gesamtvolumen von 8 Mio. Euro. Die Rechnungsbeträge sind innerhalb von 30 Tagen zahlbar, bei Zahlung innerhalb von 10 Tagen kann ein Skontoabzug von 2% vorgenommen werden.

- Alle Zahlungen werden über ein Kontokorrentkonto abgewickelt, das am Morgen des 1.1. des Betrachtungsjahres einen Schuldenbestand von 20 Mio. Euro aufweist. Der Zins beträgt 10% p.a. und wird jeweils quartalsweise belastet. Gutschriften und Belastungen werden jeweils sofort zinswirksam.

Wir wollen nun folgende drei Finanzierungsvarianten betrachten:

Variante I: Volle Ausnutzung des Lieferantenkredits, d.h. Überweisung jeweils erst am 1. des Folgemonats.

Variante II: Abschluß eines Factoringvertrages mit folgenden Konditionen:

- Zahlungseingang auf dem Kontokorrentkonto jeweils am 1. eines Monats;

- Sperrbetrag 20%;

- Zinssatz 10% p.a. bei vierteljährlicher Abrechnung (Weitere Factoringgebühren bleiben außer Acht).

Variante III: Ausnutzung der Skontofrist, also Überweisung jeweils am 11. eines Monats zu Lasten des Kontokorrentkredits.

In der folgenden Tabelle ist für alle drei Varianten die Entwicklung des Schuldbestandes auf dem Kontokorrentkonto in den ersten drei Monaten verdeutlicht. Schuldbestand und Belastungen des Kontos sind dabei mit „–", Gutschriften mit „+" gekennzeichnet (Angaben in Mio. Euro):

	I		II		III
lfd. Tag Bewegung		Bestand	Bewegung	Bestand	Bewegung Bestand		Bestand
1.1.		-20	$+8^{4)}$	-12		-20
11.1.		-20	$-7,84^{3)}$	$-19,84$	$-7,84^{3)}$	$-27,84$
1.2. $+10^{1)}$	$-8^{2)}$	-18	$+10^{5)}$	$-9,84$	$+10^{1)}$	$-17,84$
11.2.		-18	$-7,84^{3)}$	$-17,68$	$-7,84^{3)}$	$-25,68$
1.3. $+10^{1)}$	$-8^{2)}$	-16	$+10^{5)}$	$-7,68$	$+10^{1)}$	$-15,68$
11.3.		-16	$-7,84^{3)}$	$-15,52$	$-7,84^{3)}$	$-23,52$
30.3.	$-0,45^{7)}$	$-16,45$	$-0,377^{7)}$	$-15,897$	$-0,577^{7)}$	$-24,097$
1.4. $+10^{1)}$	$-8^{2)}$	$-14,45$	$+1,8^{6)}$	$-14,097$		$-14,097$

Die einzelnen Bewegungen sind wie folgt zu erklären: [1] Gutschrift der Zahlungseingänge von den eigenen Abnehmern. [2] Zahlungen an die eigenen Lieferanten ohne Skontoabzug. [3] Zahlungen an die eigenen Lieferanten mit Skontoabzug. [4] Erste Zahlung des Factoringinstituts (80% des Rechnungsbetrages). [5] Zweite und dritte Zahlung des Factoringinstituts (80% der neu eingereichten Rechnungen +20% der vor einem Monat eingereichten Rechnungen als Restzahlung). [6] Vierte Zahlung des Factoringinstituts für Rechnungen aus dem ersten Quartal (20% der Rechnungen des Vormonats) abzüglich 200.000 Euro Factoringzinsen (= 2,5% auf 8 Mio. Euro, da der Quartalszins annahmegemäß 10/4% beträgt und sich am 1.2. und 1.3. Zahlungen an den Anschlußkunden und Zahlungseingänge von den Debitoren gerade ausgleichen, also im ersten Quartal durchgängig ein Vorschußvolumen von 8 Mio. Euro gegeben war). [7] Zinsbelastung auf dem Kontokorrentkonto zum 31.3., die sich ergibt, indem für jeden Tag der angegebene Schuldbestand mit dem „Tageszins" von 0,1/360 multipliziert wird. Beachtet man, daß die verschiedenen Schuldbestände jeweils über mehrere Tage hinweg gegeben waren und rechnet man den Monat mit 30 Tagen, so erhält man folgende Zinsbeträge (Z):

$$Z_I = -\left[20 \times 30 + 18 \times 30 + 16 \times 30\right] \times \frac{0,1}{360} = -\frac{162}{360} = -0,450$$

$$Z_{II} = -\left[12 \times 10 + 19,84 \times 20 + 9,84 \times 10 + 17,68 \times 20 + 7,68 \times 10 + 15,52 \times 20\right] \times \frac{0,1}{360}$$

$$= -\frac{136,6}{360} = -0,3677$$

$$Z_{III} = -\left[20 \times 10 + 27,84 \times 20 + 17,84 \times 10 + 25,68 \times 20 + 15,68 \times 10 + 23,52 \times 20\right] \times \frac{0,1}{360}$$

$$= -\frac{207,6}{360} = -0,577$$

Vergleicht man nun den Stand des Kontokorrentkontos nach Erfassung aller Transaktionen des ersten Quartals am 1.4., so stellt man folgendes fest:

1. Die Varianten II und III (also Skontonutzung mittels Factoring bzw. Beanspruchung des Kontokorrentkontos) führen im vorliegenden Fall zu *identischen* Ergebnissen. Dies liegt darin begründet, daß für beide Finanzierungsvarianten der gleiche Zinssatz unterstellt worden ist. Andernfalls erweist sich die Variante mit dem niedrigeren Zins als die günstigere.

2. Variante I führt demgegenüber mit einer Mehrbelastung von rd. 350.000 Euro zu einem deutlich schlechteren Ergebnis. Dies liegt darin begründet, daß die effektiven Zinskosten des Lieferantenkredits deutlich höher sind als bei den anderen Varianten. Im vorliegenden Fall sind ja in überschlägiger Rechnung 2% Zinsen für eine de facto 20-tägige Kreditierung zu bezahlen, was einem Jahreszins von ca. 36% entspricht

2.3 Mittel- und langfristige Kreditfinanzierung durch Finanzintermediäre

2.3.1 Grundbegriffe

In diesem Abschnitt werden Kreditformen betrachtet, deren Laufzeit in der Regel über ein Jahr, oft auch über vier Jahre hinausgeht. Üblicherweise wird für solche Kreditverhältnisse ein fester **Tilgungsplan** vereinbart, zumeist in Form der Raten- oder der Annuitätentilgung. Angesichts der längeren vertraglichen Bindung kommt den **Kreditsicherheiten** bei diesen Kreditverhältnissen im allgemeinen eine noch größere Bedeutung zu als im Bereich der kurzfristigen Fremdfinanzierung.

Die folgenden Ausführungen in diesem Kapitel sind im einzelnen wie folgt aufgebaut:

–   Im Abschnitt 2.3.2 werden zunächst vier verschiedene Formen von Bankkrediten betrachtet.

–   Anschließend werden im Abschnitt 2.3.3 die beiden wichtigsten Formen, in denen Versicherungen Kreditleistungen erbringen, behandelt.

2.3.2 Mittel- und langfristige Kredite von Banken und Bausparkassen

2.3.2.1 Ratenkredite

Kreditinstitute bieten privaten Haushalten zur Anschaffung – in der Regel langlebiger – Gebrauchsgüter oder auch zur Finanzierung anderer Vorhaben (Reisen, Ausbildungsmaßnahmen etc.) Darlehen an, die im Hinblick auf die üblicherweise gewählte Tilgungsform allgemein als Ratenkredite bezeichnet werden. Daneben findet man aber auch verschiedene andere Bezeichnungen wie z.b. Konsumentenkredit, Anschaffungsdarlehen, Privatdarlehen, etc.

Typischerweise sind derartige Kreditverträge durch folgende Merkmale gekennzeichnet:

(1)   Die **Laufzeit** liegt im allgemeinen zwischen drei und sechs Jahren. Der **Kreditbetrag** schwankt zwischen einigen tausend und einigen zehntausend Euro, liegt in der Regel aber deutlich unter 50.000 Euro. Die **Tilgung** erfolgt zumeist in gleichbleibenden Monatsraten. Die Summe aller Tilgungsleistungen übersteigt den ursprünglichen Kreditbetrag um eine **Bearbeitungsgebühr**, die auf die Laufzeit umgerechnet wird. Sie liegt üblicherweise in der Größenordnung von 2% der Kreditsumme.

(2)   Die **Zinsen** werden üblicherweise als *Monatsprozentsatz* ausgedrückt und unabhängig von erbrachten Tilgungsleistungen auf die ursprüngliche Kreditsumme bezogen. Sie sind zusammen mit den Tilgungsraten in aller Regel ebenfalls monatlich fällig. Für den in finanziellen Angelegenheiten wenig erfahrenen Betrachter birgt diese Gestaltung der Konditionen die Gefahr in sich, die daraus resultierende effektive Zinsbelastung zu *unterschätzen*. Dafür sind vier Aspekte maßgeblich:

–   Zum ersten wirkt die Angabe eines Monatszinses rein optisch niedriger als die Angabe eines zwölf mal so großen Jahreszinses.

–   Zum zweiten bezieht sich dieser Zins auf die Anfangsschuld; die Zinsbelastung nimmt in Bezug auf die jeweils noch verbliebene Restschuld im Zeitablauf also ständig zu.

–   Zum dritten werden die Zinszahlungen nicht erst am Jahresende, sondern bereits früher, nämlich monatlich fällig.

–   Zum vierten erhöht die formal nicht als Zins ausgewiesene Bearbeitungsgebühr natürlich auch noch die effektiven Kreditkosten.

Beispiel:

Die Kunden-Bank finanziert einem jungen Ehepaar einen Teil der Wohnungseinrichtung und vergibt einen Kredit von 30.000 Euro zu folgenden Konditionen:

–   Laufzeit   5 Jahre, d.h. 60 Monate;
–   Tilgung   60 nachschüssige Monatsraten;
–   Bearbeitungsgebühr   2% der Kreditsumme;
–   Zins   0,5% der ursprünglichen Kreditsumme pro Monat.

Der von dem Ehepaar insgesamt zu leistende Kapitaldienst berechnet sich dann wie folgt:

Kreditbetrag	30.000 Euro
+ Bearbeitungsgebühr 2% v. 30.000 Euro	600 Euro
+ Zins 60 x (0,5% v. 30.000 Euro)	9.000 Euro
	39.600 Euro

Dementsprechend gilt für die pro Monat zu erbringende Zahlung:

$$\text{Monatszahlung} = \frac{39.600}{60} = 660 \text{ Euro}.$$

Der effektive Jahreszins beläuft sich auf 12,2%.

(3)   Als Maßnahmen zur **Besicherung** von Ratenkrediten trifft man vor allem

–   die Sicherungsübereignung, insbesondere bei Krediten zur Anschaffung langlebiger Gebrauchsgüter (z.b. Kraftfahrzeuge),

–   die sicherungsweise Abtretung von Lohn- oder Gehaltsansprüchen und

–   die Mitverpflichtung anderer Personen, insbesondere von Ehegatten, Eltern etc.

Parallel dazu findet man auch die Verknüpfung des Ratenkredits mit einer i.d.r. zugunsten des Kreditgebers abgeschlossenen Restschuldversicherung. Bei Eintritt des Schadensfalls, z.b. Tod, Invalidität oder Erwerbslosigkeit des Kreditnehmers, ist dieser durch die Versicherung von den noch ausstehenden Zahlungsverpflichtungen freizustellen. Das Kreditrisiko wird somit auf einen Dritten, eben die Versicherung, übergewälzt. Die dafür fälligen Prämien hat regelmäßig der Kreditnehmer zu tragen; häufig werden sie zusätzlich zu Zins, Tilgung und Bearbeitungsgebühr in die laufenden Monatsraten einbezogen.

Ratenkredite werden in aller Regel in standardisierter Form angeboten; der Kreditnehmer kann lediglich innerhalb bestimmter Unter- und Obergrenzen Kreditbetrag und -laufzeit frei wählen – natürlich nur insoweit, wie das Kreditinstitut ihn für hinlänglich kreditwürdig erachtet. Die Vergabe solcher Kredite war traditionell die Domäne der **Teilzahlungsbanken**. Ein Großteil ihres Aktivgeschäfts bestand in der Vergabe von Ratenkrediten, die Refinanzierung erfolgte ganz überwiegend bei anderen Banken, die zudem häufig an den Teilzahlungsbanken kapitalmäßig beteiligt waren. In den letzten Jahren hat sich dieses traditionelle Bild der Teilzahlungsbanken allerdings gewandelt. Die meisten Teilzahlungsbanken sind zunehmend dazu übergegangen,

–   einerseits ihr Aktivgeschäft über die Vergabe von Ratenkrediten an private Haushalte hinaus auszuweiten, z.b. durch Kredite an Unternehmen und Leasinggeschäfte, und

–   andererseits zur Refinanzierung auch Spar-, Termin- und Sichteinlagen entgegenzunehmen (vgl. dazu Kap. 3).

Zudem bieten Sparkassen, Genossenschaftsbanken und auch zahlreiche private Kreditbanken seit etlichen Jahren standardmäßig Ratenkredite an. Die Deutsche Bundesbank hat aus dieser Entwicklung die Konsequenz gezogen, in ihrer Statistik über Kreditinstitute die zuvor als eigene Spezialbankgruppe erfaßten Teilzahlungsbanken je nach deren Status den (privaten) Kreditbanken, dem Sparkassen- oder dem Genossenschaftssektor zuzurechnen.

Aufgabe 2.06:

Die Kunden-Bank vergibt einen Kredit in Höhe von 60.000 Euro zu folgenden Konditionen:

- Laufzeit   3 Jahre, d.h. 36 Monate;
- Tilgung   36 nachschüssige Monatsraten;
- Bearbeitungsgebühr   2% der Kreditsumme;
- Zins   0,38% der ursprünglichen Kreditsumme pro Monat.

Ermitteln Sie die monatliche Belastung!

Ergänzend ist noch auf den in der Kreditwirtschaft gern mit Schweigen übergangenen Umstand einzugehen, daß Ratenkredite in nicht unerheblichem Umfang durch **Vermittler** zustande kommen. Dabei sind zwei Gruppen von Vermittlern zu unterscheiden:

(1) Verschiedene **Handelsunternehmen** sowie von bestimmten Herstellern abhängige Händlernetze bieten ihren Kunden als Instrument der Verkaufsförderung die Finanzierung der gekauften Ware an. Dabei treten die Händler jedoch nur noch selten selbst als Kreditgeber bei einem solchen Abzahlungskauf auf; üblicherweise wird vielmehr parallel zu dem Kaufvertrag der Kredit einer kooperierenden Bank vermittelt, oftmals ohne daß dies dem Kunden überhaupt richtig bewußt wird. In einigen Fällen haben große Handelsunternehmen und Produkthersteller allerdings konzerneigene Kreditinstitute gegründet, die die entsprechenden Ratenkredite vergeben. Dies ist insbesondere bei den Automobilherstellern (z.b. Opel Kredit Bank GmbH) und im Versandhandel (z.b. Noris Verbraucher Bank GmbH im Schickedanz-Konzern mit dem Versandhaus Quelle) der Fall. Für eine solche Politik dürfte neben der Möglichkeit, an den Kreditgeschäften selbst zu verdienen, die Absicht maßgeblich sein, über die Gestaltung der Kreditkonditionen ein weiteres absatzpolitisches Instrument zu erhalten.

(2) Außerdem gibt es eigenständige **Kreditvermittler**, die überwiegend privaten Haushalten Bankkredite vermitteln, und zwar nicht nur von (ehemaligen) Teilzahlungsbanken, sondern gelegentlich auch von Universalbanken aller drei Gruppen (vgl. Abschnitt 1.2.2.3). Dabei ist der Rahmen für die Vermittlungstätigkeit in der Regel durch eine feste vertragliche Vereinbarung zwischen Bank und Vermittler, den sog. „Einreichervertrag", geregelt. Die Vermittler werden in der Öffentlichkeit weithin als wenig seriös angesehen und nicht nur mit der wenig freundlichen Bezeichnung „Kredithaie" bedacht, sondern auch unmittelbar für die Höhe der effektiven Kreditzinsen sowie rüde Methoden bei der Eintreibung von Zins und Tilgung verantwortlich gemacht. Zur Einordnung solcher weit verbreiteten Klischeevorstellungen ist folgendes zu beachten:

–   Die Kreditvermittler erbringen ihren Kunden durchaus zusätzliche Dienstleistungen, wie z.b. vergleichende Informationen über die Konditionen verschiedener Kreditangebote, Beratungen auch außerhalb banküblicher Geschäftszeiten, Unterstützung bei der Aufbereitung von Sicherheiten etc. Daß für diese Leistungen vom Grundsatz her ein Entgelt in Form einer **Maklercourtage** gerechtfertigt ist, kann nicht ernsthaft bezweifelt werden. Strittig kann allenfalls die angemessene Höhe der Courtage sein, die sich im allgemeinen in der Größenordnung von 3 bis 6% des effektiven Kreditbetrages bewegt.

–   Zugleich stellen die Kreditvermittler für die mit ihnen kooperierenden Kreditinstitute eine Art flexiblen Außendienst dar, durch den in bestimmtem Ausmaß Akquisitions- und Verwaltungskosten eingespart werden können. Daß auch für diese Leistung ein Entgelt angemessen ist, dürfte grundsätzlich ebenfalls außer Zweifel stehen. Die entsprechende **Provision** liegt im allgemeinen bei 0,2% bis 0,25% des Produktes aus Kreditsumme und Laufzeit (in Monaten).

–   Im übrigen ist zu beachten, daß die *Kreditvermittler* gar nicht selbst als Kredit*geber* auftreten und somit auch nicht für die Kreditkonditionen und, wenn überhaupt, im Auftrag der Banken für das Inkasso verantwortlich sind. Allerdings ist es üblich, die bei der Bank beantragte Kreditsumme über den von dem Kunden primär benötigten Betrag hinaus um die bei Auszahlung des Kredits fällige Maklercourtage zu erhöhen. So werden etwa bei einer Courtage von 5% statt der benötigten 10.000 Euro direkt 10.500 Euro als Kredit beantragt; bei der Auszahlung dieser Summe fließen dann 500 Euro als Courtage an den Kreditvermittler und der Kunde erhält die effektiv benötigten 10.000 Euro.

–   Problematisch ist in diesem Zusammenhang allerdings die zumindest in der Vergangenheit von verschiedenen Kreditinstituten geübte Praxis, die an den Vermittler abzuführende Provision in Form des sogenannten „Packing", d.h. durch eine entsprechende Erhöhung des Monatszinses auch noch auf den Kreditnehmer abzuwälzen. Soweit erkennbar, sind die Banken allerdings in den letzten Jahren zunehmend von der Praxis des Packing abgerückt und vergeben vermittelte Kredite zu den gleichen Konditionen wie vergleichbare „Schalterkredite".

Beispiel:

Angenommen, der in dem vorangegangenen Beispiel dargestellte Kredit sei durch Vermittlung eines Kreditvermittlers zustande gekommen, der dem Kunden dafür eine Courtage von 4% des ursprünglichen Kreditbetrages (30.000 Euro) in Rechnung stellt und der Bank pro Monat eine Provision von 0,2% der Kreditsumme berechnet. In absoluten Beträgen ausgedrückt beläuft sich die Courtage auf 1.200 Euro und die Provision auf 60 Euro pro Monat, also insgesamt 3.600 Euro. Ohne Berechnung des „Packing" ergibt sich dann folgender Kapitaldienst:

	Ursprünglicher Kreditbetrag	30.000 Euro
+	Courtage 4% von 30.000 Euro	1.200 Euro
=	Gesamter Kreditbetrag	31.200 Euro
+	Bearbeitungsgebühr 2% von 31.200 Euro	624 Euro
+	Zinsen 60 * (0,5% von 31.200 Euro)	9.360 Euro
=	Gesamter Kapitaldienst	41.184 Euro

Dementsprechend beträgt die pro Monat zu erbringende Zahlung 41.184/60 = 686,40 Euro gegenüber 660 Euro in der ursprünglich betrachteten Situation ohne Einschaltung eines Kreditvermittlers. Der auf die für den Kunden letztlich maßgebliche Kreditsumme von 30.000 Euro bezogene Effektivzins erhöht sich dementsprechend auch, und zwar von 12,2% auf 14,2%. Aus der Sicht der kreditgebenden Bank bleibt es hingegen bei einer Effektivverzinsung von 12,2%.

Wälzt die Bank auch noch die ihr in Rechnung gestellte Provision von 0,2% pro Monat in Form des „Packing" auf den Kreditnehmer ab, indem sie den „Monatszins" entsprechend erhöht, so ergibt sich folgende Rechnung:

	Ursprünglicher Kreditbetrag	30.000 Euro
+	Courtage	1.200 Euro
=	Gesamter Kreditbetrag	31.200 Euro
+	Bearbeitungsgebühr	624 Euro
+	Zinsen 60 * (0,7% von 31.200 Euro)	13.104 Euro
=	Gesamter Kapitaldienst	44.928 Euro

Mithin erhöht sich die monatliche Gesamtzahlung auf 44.928/60 = 748,80 Euro. Der für den Kunden maßgebliche Effektivzins (also bezogen auf die 30.000 Euro) beläuft sich dann auf 18,8%. Aus der Sicht der Bank beträgt der auf die Kreditsumme von 31.200 Euro bezogene Effektivzins hingegen 16,6%. Die Praxis des „Packing" führt für die Bank also zu einer Erhöhung der Verzinsung um 4,4%-Punkte.

Weder die Vermittlung von Krediten noch die Berechnung eines Entgeltes dafür sind an sich als bedenklich anzusehen; hier besteht kein grundsätzlicher Unterschied zum Angebot anderer Dienstleistungen. Die eigentlichen Probleme der Kreditvermittlung resultieren vielmehr aus der Gefahr, daß sich der Vermittler bei der Beratung seiner Kunden weniger von deren wohlverstandenen Interessen als vom eigenen Provisionsstreben leiten läßt und insbesondere in finanziellen Dingen unerfahrene Personen durch ständig neue Abschlüsse, Umschuldungsmaßnahmen, Ablösekredite etc. in eine lang andauernde, bis an die Grenze ihrer finanziellen Belastbarkeit gehende Verschuldung treibt.

Abschließend ist auch noch auf das am 1.1.1991 in Kraft getretene Verbraucherkreditgesetz hinzuweisen. Ausgehend von einer EG-Richtlinie von 1986 soll mit dem neuen Gesetz auf eine Verbesserung des Verbraucherschutzes insbesondere auch im finanzwirtschaftlichen Bereich hingewirkt werden. Dementsprechend ist der Anwendungsbereich auf alle Arten von Krediten an Verbraucher mit einem Mindestbetrag von 400 DM bzw. 200 Euro und einer Laufzeit über 3 Monate festgelegt.

Einen einschneidenden Tatbestand stellen in diesem Zusammenhang die vielfältigen Informationspflichten des Kreditgebers dar, wie zwingende Mindestangaben über die Höhe der Gesamtbelastung aus der Kreditaufnahme (effektiver Jahreszins), Rückzahlungsmodus und zu bestellende Sicherheiten sowie Formvorschriften für den Geschäftsabschluß. Zielsetzung ist die Schaffung einer möglichst einheitlichen Basis für Kostenvergleiche mit anderen Angeboten.

Im Falle des Verzuges des Kreditnehmers werden neben Maßnahmen für eine einvernehmliche Regelung zur Vermeidung der Gesamtfälligstellung des Kredites auch die Höhe des Verzugsschadens determiniert. Um ein rasches Anwachsen der Schuldenlast in Not geratener Verbraucher (sogen. Schuldturmproblematik) in vertretbarer Weise abzumildern, werden Zahlungen des Verbrauchers entgegen § 367 Abs. 1 BGB zuerst auf den geschuldeten Betrag und im folgenden erst auf ausstehende Zinsen angerechnet. Der Verzugsschaden durch rückständige Zinsen wird auf die gesetzliche Verzinsung gem. § 288 BGB in Höhe von 4% festgeschrieben.

2.3.2.2 Hypothekarkredite

Ebenfalls privaten Haushalten – in ähnlicher Weise aber auch Unternehmen – bieten Banken zur Finanzierung von Bauvorhaben sowie zum Erwerb von Grund- und Wohneigentum zweckgebundene langfristige Darlehen in Form sog. **Hypothekar-** oder **Realkredite** an. Diese Finanzierungsangebote sind im allgemeinen durch folgende Merkmale gekennzeichnet, was Abweichungen im Einzelfall nicht ausschließt:

(1) Hypothekarkredite werden in aller Regel als **Annuitätendarlehen** gewährt; d.h. die jährliche Summe aus Zins und Tilgung bleibt während der gesamten Laufzeit (oder eines Finanzierungsabschnitts; s.u.) konstant. Da sich der Zins aber – von leichten Modifikationen bei unterjährlichen Zahlungen abgesehen – grundsätzlich auf die jeweilige Restschuld bezieht, geht der Zinsanteil von Jahr zu Jahr zurück, während der Tilgungsanteil „um die ersparten Zinsen" steigt. Die faktischen Zahlungen erfolgen allerdings in aller Regel nicht nur einmal jährlich, sondern in mehreren unterjährlichen Raten, wobei quartalsweise Zahlungen am häufigsten anzutreffen sein dürften.

Der für das erste Jahr maßgebliche Tilgungsanteil wird in der Regel als glatter Prozentsatz des Darlehensnennwertes festgelegt, wobei 1%, z.T. auch 2%, weithin üblich sind. Da auch der Zinssatz üblicherweise nicht feiner als in halben Prozentpunkten variiert wird, errechnen sich für den jährlichen Kapitaldienst während der Darlehenslaufzeit somit „glatte" Prozentbeträge der Darlehenssumme. Im letzten Jahr hingegen steht üblicherweise nur noch eine niedrigere Restzahlung an.

Die „Feineinstellung" der Effektivverzinsung erfolgt üblicherweise durch die Vereinbarung eines **Disagios** (Damnums), d.h. dadurch, daß Zins- und Tilgungsbeträge zwar auf die nominelle Darlehenssumme bezogen werden, die Auszahlung des Darlehens jedoch zu einem unter 100% liegenden Prozentsatz erfolgt. Neben das Disagio treten gelegentlich weitere einmalige Kosten wie „Bearbeitungsgebühren", „Wertermittlungskosten" etc. Zudem hat der Kreditnehmer unmittelbar die Kosten für die Bestellung der Sicherheiten (Grundbucheintragung etc.; s.u.) zu tragen.

Beispiel:

Zum 1.1.1999 wird ein Darlehen über 100.000 Euro zu folgenden Konditionen gewährt:

- Zinssatz   8% p.a.;
- Tilgung   1% p.a. plus ersparte Zinsen;
- Disagio   4%.

Der Darlehensnehmer erhält also de facto nur 96.000 Euro ausgezahlt und erbringt dafür einen jährlichen Kapitaldienst von 9.000 Euro (= 9% von 100.000 Euro).

Aufgabe 2.07:

Gehen Sie von den in vorstehendem Beispiel genannten Darlehensbedingungen aus und unter-stellen Sie, daß der Kapitaldienst jährlich nachschüssig erfolgt!

a) Berechnen Sie die am Ende des ersten und am Ende des zweiten Jahres noch verbleibende Restschuld!

b) Schätzen Sie „nach Gefühl" die Laufzeit und die Effektivzinsbelastung des dargestellten Darlehens!

Bei privaten Geldnehmern kommt dem Disagio häufig aus steuerlichen Gründen eine besondere Bedeutung zu. Diese können nämlich die laufenden Zinskosten für das selbstgenutzte Wohneigentum üblicherweise steuerlich nicht geltend machen, sofern nicht spezielle weitere Voraussetzungen vorliegen. *Vor* Bezug des eigenen Hauses oder der Eigentumswohnung anfallende Finanzierungskosten hingegen können bis zu einer bestimmten Obergrenze als Sonderausgaben vom Gesamtbetrag der Einkünfte abgesetzt werden. In diesen Fällen ist ein Darlehen mit hohem Disagio und dementsprechend niedrigem laufenden Zins steuerlich günstiger als ein Darlehen mit niedrigem Disagio und höherem Zins. Dies gilt um so mehr, als der steuerliche Vorteil recht kurzfristig nach Baubeginn oder Bezug des Wohneigentums wirksam wird, also in einer häufig finanziell besonders angespannten Phase.

Auf der anderen Seite ist natürlich zu beachten, daß die Finanzierungswirkung eines Darlehens bei gegebenem Nominalbetrag um so kleiner wird, je höher das Disagio ist. Kann der entsprechende Fehlbetrag nicht aus anderen Mitteln abgedeckt werden, so muß der Nennbetrag des Darlehens entsprechend heraufgesetzt werden, um auf die effektiv benötigte Summe zu kommen. Eine andere Variante besteht in der zusätzlichen Aufnahme eines sog. **Tilgungsstreckungsdarlehens** (auch **Disagiodarlehen**) in Höhe des Disagios. Bei dieser Konstruktion bleibt der ursprüngliche Hypothekarkredit in den ersten Jahren *tilgungsfrei*, er ist lediglich zu verzinsen. In dieser Zeit ist dafür zunächst das Tilgungsstreckungsdarlehen abzutragen. Die Kreditinstitute sind dabei häufig bemüht, die Konditionen so festzusetzen, daß der gesamte Kapitaldienst während der ersten Jahre (= Zins auf Hypothekarkredit + Zins und Tilgung des Tilgungsstreckungsdarlehens) mit der späteren Annuität auf den Hypothekarkredit in etwa übereinstimmt.

Beispiel:

Neben dem o. g. Darlehen (8% Zins; 1% Tilgung; 4% Disagio) biete die Bank als Alternative ein Darlehen zu 8,5% Zins bei 1% Tilgung und 100%-iger Auszahlung. Benötigt der Darlehensnehmer genau 100.000 Euro, so bestehen folgende Möglichkeiten:

(1) Aufnahme des 100%-Darlehens über 100.000 Euro:

- – Auszahlung 100.000 Euro,
- – jährliche Belastung 9.500 Euro,
- – Laufzeit 28 Jahre,
- – Schlußzahlung im 28. Jahr 5.756 Euro.

(2) Aufnahme des 96%-Darlehens im Nennwert von 104.167 Euro (= 100.000/0,96):

- – Auszahlung 100.000 Euro,
- – jährliche Belastung 9.375 Euro = 8% Zins + 1% Tilgung,
- – Laufzeit 29 Jahre,

– Schlußzahlung im 29. Jahr 5.243 Euro.

(3) Aufnahme des 96%-Darlehens im Nennwert von 100.000 Euro und eines Tilgungsstreckungsdarlehens über 4.000 Euro. Bei einer Laufzeit von 5 Jahren und einem Zinssatz von 8,5% führt das Tilgungsstreckungsdarlehen zu einer Annuität von 1.015 Euro.
Es er-geben sich also folgende Werte:

– Auszahlung 96.000 + 4.000 = 100.000 Euro,

– jährliche Belastung (erste fünf Jahre) 9.015 Euro),

‾ jährliche Belastung (ab 6. Jahr) 9.000 Euro,

– Laufzeit 34 Jahre,

– Schlußzahlung im 34. Jahr 5.034 Euro.

Bei der Finanzierung von Bauvorhaben erfolgt die Auszahlung des Hypothekarkredits häufig in einzelnen Tranchen „nach Baufortschritt" oder sogar
erst nach Fertigstellung des Gebäudes. In diesen Fällen kann die Situation
eintreten, daß die Zahlungsverpflichtungen des Bauherrn früher anfallen als
die Auszahlung des Hypothekarkredits. Für solche Fälle bieten Banken die
Möglichkeit der Zwischenfinanzierung durch einen kurzfristigen, i.d.R. tilgungsfreien, also nur zu verzinsenden Kredit, der anschließend durch den
langfristigen Hypothekarkredit abgelöst wird.

Die **Laufzeit** von Realkrediten wird üblicherweise nicht *explizit* festgelegt,
sondern ergibt sich *implizit* aus den vereinbarten Zins- und Tilgungssätzen
sowie den zu deren Zahlung und Verrechnung vereinbarten Konditionen.
Bei Tilgungssätzen von 1% (2%) liegt die Gesamtlaufzeit in der Größenordnung von 25 bis 30 (20) Jahren. Im Fall eines zusätzlichen Tilgungsstreckungsdarlehens erhöht sich die Laufzeit natürlich um die anfänglichen
tilgungsfreien Jahre.

Aufgabe 2.08:

Vergleichen Sie die in dem letzten Beispiel dargestellten Finanzierungsvarianten und kommentieren Sie Ihren Vergleich kurz!

(2)   Üblicherweise werden die Zinsen von Realkrediten allerdings nur für einen
kürzeren Zeitraum als die Gesamtlaufzeit fest vereinbart. Die gängigsten
Zinsbindungsfristen belaufen sich auf 5 und 10 Jahre, aber auch kürzere
Fristen (2 oder 4 Jahre) sind ebenso anzutreffen wie die Vereinbarung jederzeit variierbarer Zinssätze. Am Ende dieser Fristen ist im Rahmen der
ansonsten weiter bestehenden Darlehensbedingungen eine neue Vereinbarung über den Zinssatz und ggf. auch ein neuerliches Disagio herbeizuführen. Daneben wird dem Darlehensnehmer allerdings häufig auch die Möglichkeit eingeräumt, das Darlehen ohne zusätzliche Kosten zu kündigen und

die am Ende des jeweiligen Finanzierungsabschnittes gegebene Restschuld in einer Gesamtzahlung zu tilgen. Eine solche Klausel liegt vor allem im Interesse des Darlehensnehmers, da sie ihm die Möglichkeit gibt,

–   auf günstigere Finanzierungsangebote umzusteigen,

–   damit zugleich eine bessere Verhandlungsposition hinsichtlich einer Fortführung des Darlehens bei dem bisherigen Geldgeber aufzubauen und

–   eventuell zusätzliche Tilgungsleistungen ohne Zusatzkosten in den gesamten Finanzierungsverlauf einzubauen.

Bezüglich der Höhe der (effektiven) Zinssätze in Abhängigkeit von der Zinsbindungsfrist lassen sich keine generellen Aussagen treffen. Tendenziell kann jedoch festgestellt werden, daß

–   in Zeiten allgemein relativ niedriger Zinsen die Effektivzinssätze um so höher sind, je länger die Zinsbindungsfrist ist,

–   während in Zeiten relativ hoher Zinsen eher das Gegenteil zu beobachten ist.

Aufgabe 2.09:

Stellen Sie an Hand des Monatsberichts 5/98 der Deutschen Bundesbank fest, wie sich die Effektivzinsen für Hypothekarkredite unterschiedlicher Zinsbindungsfristen im Zeitraum von Juli 1997 bis Februar 1998 entwickelt haben und kommentieren Sie Ihren Befund!

---

(3)   Die Besicherung von Realkrediten erfolgt durch die Bestellung von Grundpfandrechten, d.h. die Belastung eines Grundstücks durch Eintragung einer Hypothek oder einer Grundschuld in das Grundbuch. Dem aus dieser Eintragung Begünstigten steht damit das Recht zu, seine Ansprüche bei Zahlungsverzug des Schuldners unter Einhaltung bestimmter Verfahrensvorschriften (Einzelzwangsvollstreckung) durch Verwertung des Grundstücks zu befriedigen. Im Insolvenzfall steht ihm dementsprechend das Recht auf abgesonderte Befriedigung zu. Aus diesem Wesensmerkmal des Realkredits leitet sich auch die in der Bankpraxis gängige Bezeichnung **Hypothekarkredit** ab, obwohl heutzutage nach einschlägigen Quellen häufiger auf die Grundschuld als auf die Hypothek als Sicherungsinstrument zurückgegriffen wird.

Derartige Kredite werden üblicherweise nur im Rahmen einer Beleihungsgrenze von 60% des Beleihungswertes vergeben. Der Beleihungswert wird in der Regel durch einen Sachverständigen geschätzt und leitet sich im allgemeinen aus den folgenden drei Wertkomponenten ab:

–   *Sachwert* von Grundstück und Gebäude: Dabei orientiert man sich an durchschnittlichen Bodenpreisen und Baukosten sowie dem Alter des Gebäudes.

–   *Ertragswert*: Dabei versucht man, den langfristig erzielbaren Überschuß der (eventuell fiktiven) Mieteinnahmen über die laufenden Instandhaltungsausgaben abzuschätzen und zu kapitalisieren.

–   *Verkehrswert*: Man versucht, den Preis abzuschätzen, der bei der Veräußerung von Grundstück und Gebäude aktuell erzielt werden könnte. In der Gutachterpraxis wird dieser Wert allerdings häufig nicht eigenständig abgeschätzt, sondern rein formal als Durchschnitt aus Sach- und Ertragswert berechnet.

Je nach Institutsgruppe richtet sich die Technik der Beleihungswertermittlung für Hypothekarkredite nach gesetzlichen Vorschriften (z.B. §§ 12 ff. HypBankG für Hypothekenbanken) oder hausinternen Richtlinien.

Das Angebot von Hypothekarkrediten stellt die traditionelle Domäne der Hypothekenbanken dar. Daneben treten inzwischen aber auch Universalbanken aller drei Gruppen als Geldgeber auf. Ergänzend dazu halten sich die meisten Universalbanken außerdem bereit, ihren Kunden Hypothekarkredite von Hypothekenbanken aus dem eigenen Konzern- oder Gruppenverbund zu vermitteln und dabei verschiedene verwaltende und vorbereitende Aktivitäten genau so abzuwickeln, als ob sie selbst als unmittelbarer Darlehensgeber aufträten. Der Kunde tritt so häufig mit der Hypothekenbank als seinem effektiven Geldgeber praktisch überhaupt nicht in Kontakt.

Folgende Tabelle vermittelt einen Überblick über den Ende 1997 gegebenen Bestand der für den Wohnungsbau vergebenen Hypothekarkredite und die Anteile verschiedener Kreditinstitutsgruppen an dem gesamten Kreditvolumen:

	Mrd. DM	%
Kreditvolumen insgesamt	968,2	100%
Realkreditinstitute	268,5	27,7%
Sparkassen	251,2	25,9%
Girozentralen	106,3	11,0%
Großbanken	keine Angaben	
Regionalbanken und sonstige Kreditbanken	167,6	17,3%
Kreditgenossenschaften und genossen- schaftliche Zentralbanken	123,8	12,8%

Bestand Ende Dezember 1997; Quelle: DEUTSCHE BUNDESBANK (1998b), Tab. I.7.

Tab. 2.04:   Hypothekarkredite auf Wohngrundstücke

2.3.2.3 Bauspardarlehen

Als weitere Form zur Finanzierung des Erwerbs und Baus von Wohnungseigentum bieten **Bausparkassen** – ebenfalls zweckgebundene – **Bauspardarlehen** an. Die Gewährung eines solchen Darlehens setzt voraus, daß der Kunde zuvor einen **Bausparvertrag** abgeschlossen hat und auf diesen über einen gewissen Zeitraum hinweg Sparleistungen erbracht hat. Der Bausparvertrag wird auf eine bestimmte **Bausparsumme** abgeschlossen. Nach Erreichen einer ebenfalls im Bausparvertrag fixierten Mindestsparleistung (i.d.R. 40% der Bausparsumme) und Ablauf einer Mindestsparfrist von zumeist 18 Monaten erwirbt der Bausparer grundsätzlich das Recht auf „Zuteilung" seines Bausparvertrages, d.h. auf

– Rückzahlung des angesparten Betrags (Bausparguthaben) und

– Auszahlung eines Darlehens in Höhe der Differenz zwischen Bausparsumme und Bausparguthaben.

Der aus einem Bausparvertrag insgesamt, d.h. als Summe von Sparleistung und Darlehen, resultierende Finanzierungsbetrag stimmt also zwangsläufig mit der Bausparsumme überein. Der Bausparer ist allerdings keineswegs zur Darlehensaufnahme gezwungen; er kann vielmehr – je nach Tarifbedingungen – den zuteilungsreifen Vertrag auch zeitweilig ruhen lassen oder weitere Beträge darauf ansparen.

Die endgültige **Zuteilung** kann sich allerdings über den Zeitpunkt der „Zuteilungsreife" hinaus verzögern, wenn viele andere Bausparer ebenfalls die Zuteilung beanspruchen und die Mittelzuflüsse aus Sparleistungen und Zins- und Tilgungszahlungen nicht entsprechend steigen. Die Reihenfolge, in der die einzelnen Verträge effektiv zugeteilt werden, richtet sich dann nach einer **Bewertungszahl**. In diese Kennziffer, die je nach den Tarifen der einzelnen Bausparkassen in unterschiedlicher Weise berechnet wird, gehen als wesentliche Komponenten zwei Faktoren ein:

– Als „Zeitfaktor" die bereits zurückgelegte Dauer des Vertrages und

– als „Geldfaktor" das Verhältnis zwischen Bausparsumme und dem Volumen der in der Vergangenheit angesparten Beträge.

Die während der **Sparphase** entstehenden Guthaben werden mit einem tariflich für die gesamte Vertragsdauer einheitlich festgelegten Zinssatz verzinst, der in der Regel unter den Zinssätzen vergleichbarer langfristiger Sparverträge liegt. Traditionell betrug dieser Sparzins 3% p.a. Inzwischen bieten die Bausparkassen aber verschiedene Vertragsvarianten mit Sparzinsen zwischen 2,5% und 4,5% an. Die laufenden Sparbeiträge wurden traditionell durch die Vereinbarung eines festen Prozentsatzes der Bausparsumme (z.B. 0,5% pro Monat) festgelegt, wobei höhere Sonderzahlungen allerdings zulässig waren. Derzeit bieten die Bausparkassen allerdings noch flexiblere Tarife an, die z.T. sogar die Möglichkeit vorsehen, über Teile der angesparten Beträge auch ohne Zuteilung des Vertrages zu verfügen. Zu beachten ist noch, daß dem Bausparer bei Abschluß des Vertrages eine Abschluß-gebühr in der Größenordnung von 1% der Bausparsumme belastet wird, die mit den ersten Sparleistungen verrechnet wird. Wegen der Möglichkeiten, während der Sparphase verschiedene staatliche Vergünstigungen in Anspruch zu nehmen, wird auf Kapitel 3 dieses Kurses sowie die Kurse des Fachs „Steuern" verwiesen.

Die in der **Darlehensphase** gewährten Bauspardarlehen sind üblicherweise durch folgende Komponenten gekennzeichnet:

(1)   Die Darlehen werden wie die Hypothekarkredite als **Annuitätendarlehen** gewährt und zwar in Höhe der Differenz zwischen Bausparsumme und Bausparguthaben. Die Auszahlung der Darlehenssumme erfolgt traditioneller-weise zu 100%; neuere Tarife sehen allerdings die Möglichkeit eines Dis-agios vor. Unabhängig davon wird das Darlehenskonto allerdings mit einer Darlehensgebühr (i.d.R. 2% der Darlehenssumme) sowie ggf. mit weiteren „Verwaltungskosten" (einige Promille der Darlehenssumme) belastet.

Die **Laufzeit** der Bauspardarlehen ist angesichts des von Anfang an höheren Tilgungsanteils deutlich kürzer als bei Hypothekarkrediten. Sie liegt im all-gemeinen zwischen 10 und 12 Jahren.

(2)   Der **Darlehenszins** liegt im allgemeinen 2%-Punkte über dem Sparzins, beträgt bei dem traditionellen Modell mit 3%-igem Sparzins also 5% p.a. Sieht man von Niedrigzinsphasen ab, ist die Verzinsung in aller Regel damit deutlich niedriger als bei Hypothekarkrediten. Zudem ist der Zinssatz für die gesamte Darlehenslaufzeit fixiert. Demgegenüber ist der (anfängliche) Tilgungsanteil deutlich höher als die bei Hypothekarkrediten gängigen Sätze von 1% oder 2%. Je nach den Einzelheiten des Tarifs beläuft sich der ge-samte **Kapitaldienst** für einen in Höhe von ca. 40% der Bausparsumme zu-geteilten Vertrag pro Jahr auf ca. 12% der Darlehenssumme. Dabei sind die Zahlungen üblicherweise in gleichbleibenden Monatsraten zu erbringen. Zusätzlich fällt bei den meisten Tarifen einmal jährlich eine im Zeitablauf fallende Prämie aus einer obligatorischen Restschuldversicherung an, die die Bausparkassen im Rahmen eines Gruppenversicherungsvertrages für ih-re Darlehensnehmer abschließen.

(3)   Die **Besicherung** der Bauspardarlehen erfolgt ebenfalls durch die Bestel-lung von Grundpfandrechten. Allerdings bestehen zwei Besonderheiten im Vergleich zu Hypothekarkrediten:

–   Die Bausparkassen akzeptieren auch Grundpfandrechte an *zweiter Rangstelle*, z.B. hinter einer „ersten Hypothek" zur Besicherung eines Hypothekarkredits. Bei einer Verwertung des Grundstücks, etwa im

Wege einer Zwangsversteigerung, wird dann zunächst der Gläubiger der ersten Hypothek befriedigt, während der Bausparkasse nur der darüber hinausgehende Versteigerungserlös zusteht.

– Zudem werden Bauspardarlehen im allgemeinen bis zu einer Gesamtbelastung von 80% des Beleihungswertes gewährt. Darüber hinausgehende Beleihungen werden im allgemeinen nur bei der Stellung zusätzlicher Sicherheiten akzeptiert.

Beispiel:

Der Beleihungswert einer Eigentumswohnung wird mit 250.000 Euro veranschlagt. Ein Bausparer verfügt über die beiden zuteilungsreifen Bausparverträge:

– Bausparkasse A:

Bausparsumme	50.000 Euro
Bausparguthaben	20.000 Euro

– Bausparkasse B:

Bausparsumme	70.000 Euro
Bausparguthaben	30.000 Euro

Unterstellt man, daß der Beleihungswert mit dem aktuellen Kaufpreis der Wohnung übereinstimmt, so könnte die Finanzierung des Wohnungskaufs wie folgt vorgenommen werden:

Hypothekarkredit einer Bank	130.000 Euro
Bauspardarlehen A	30.000 Euro
Bauspardarlehen B	40.000 Euro
Eigenmittel aus Bausparguthaben	50.000 Euro
Summe	250.000 Euro

Zur Sicherung der Darlehen würden folgende Grundpfandrechte eingetragen:

– Eine erstrangige Hypothek zugunsten der Bank über 130.000 Euro (entspr. 52% des Belei-hungswertes).

– Zwei nachrangige, untereinander gleichrangige Hypotheken zugunsten der beiden Bausparkassen über 30.000 Euro und 40.000 Euro.

Der insgesamt ausgeschöpfte Beleihungsrahmen beliefe sich also genau auf 80%.

Wird der Wohnungskäufer noch vor der ersten Tilgungsleistung zahlungsunfähig und wird die Wohnung versteigert, so ergibt sich folgende Aufteilung des Erlöses:

(1) Versteigerungserlös 220.000 Euro

Alle Darlehensgeber werden voll befriedigt (200.000 Euro). Die restlichen 20.000 Euro stehen dem bisherigen Eigentümer zu oder fließen in die Insolvenzmasse.

(2) Versteigerungserlös 186.000 Euro

Die Bank als Inhaber der ersten Hypothek erhält die vollen 130.000 Euro. Die restlichen 56.000 Euro werden im Verhältnis der Darlehenssummen von 3 : 4 auf die beiden Bausparkassen aufgeteilt; also erhält A 24.000 Euro und B 32.000 Euro.

Aufgabe 2.10:

Gehen Sie von den Daten des vorstehenden Beispiels aus und unterstellen Sie, daß die Bank einen Hypothekarkredit von maximal bis 60% des Beleihungswertes vergibt und die Bausparkassen nicht bereit sind, eine über 80% des Beleihungswertes hinausgehende Gesamtbelastung zu akzeptieren!

a) Wie hoch wäre der nicht aus Bausparverträgen und Hypothekarkrediten abdeckbare Finanzierungsbedarf, wenn nur der Bausparvertrag A existierte, die insgesamt 70.000 Euro aus Bausparvertrag B hingegen nicht verfügbar wären!

b) Wie hoch wäre der nicht aus Bausparverträgen und Hypothekarkrediten abdeckbare Finanzierungsbedarf, wenn zwar beide Bausparverträge wie angegeben bestehen, der Kaufpreis der Wohnung jedoch 320.000 Euro beträgt, also 70.000 Euro über dem Beleihungswert liegt?

c) Vergleichen Sie die Ergebnisse zu a) und b) und geben Sie einen kurzen Kommentar!

Benötigt ein Bausparer bereits vor der Zuteilung des Bausparvertrages Finanzierungsmittel, besteht die Möglichkeit der sog. **Zwischenfinanzierung**[1]. Dabei vergibt die Bausparkasse selbst oder auch ein anderes Kreditinstitut ein Darlehen in Höhe der gesamten Bausparsumme. Bei Zuteilung des Bausparvertrages wird der Zwischenkredit durch die Auszahlung der Bausparsumme abgelöst. Tritt die Bausparkasse selbst als Zwischenfinancier auf, so besteht die Sicherheit für den Zwischenkredit zum einen in dem bereits angesparten Bausparguthaben sowie zum anderen in einem bereits bei Vergabe des Zwischenkredits einzutragenden Grundpfandrecht, das nach der Ablösung als Sicherheit für das nachfolgende Bauspardarlehen weitergeführt wird. Tritt hingegen ein anderes Kreditinstitut als Zwischenkreditgeber auf, so sind verschiedene Modelle denkbar. Eine Möglichkeit besteht darin, daß das Grundpfandrecht von Anfang an zugunsten der Bausparkasse bestellt wird und diese

– entweder gegenüber der Bank die Gewährleistung für die Rückzahlung des Zwischenkredits übernimmt

– oder das Grundpfandrecht treuhänderisch für die Bank verwaltet

---

1 In der Praxis wird bei nicht ganz einheitlichem Sprachgebrauch noch zwischen *Vor-* und *Zwischen*finanzierung eines Bausparvertrages unterschieden. Von einer **Vorfinanzierung** ist dann die Rede, wenn das Bausparguthaben die für die Zuteilung tariflich vorgesehene Mindestsparleistung (i.d.R. 40% der Bausparsumme) noch nicht erreicht hat. Von **Zwischenfinanzierung** (im engeren Sinne) wird dementsprechend gesprochen, wenn bei einem Bausparvertrag zwar die Mindestsparleistung erreicht ist, die Bewertungszahl (s. o.) aber noch nicht die notwendige Höhe erreicht hat, so daß die Zuteilung noch aussteht. Nach dieser Unterscheidung erstreckt sich eine Vorfinanzierung somit regelmäßig über einen längeren Zeitraum als eine Zwischenfinanzierung.

–   oder das Grundpfandrecht an die Bank unter der Bedingung abtritt, daß dieses bei Ablösung des Zwischenkredits rückübertragen wird.

Eine andere Möglichkeit besteht darin, daß das Grundpfandrecht zunächst zugunsten der Bank eingetragen wird und diese es später an die Bausparkasse abtritt. Zusätzlich ist es möglich, daß der Bausparer seine Ansprüche aus dem Bausparguthaben zur Sicherheit an die Bank abtritt.

2.3.2.4 Investitions- und Kommunalkredite

Außer privaten Haushalten bieten Kreditinstitute natürlich auch Unternehmen und Selbständigen sowie öffentlichen Stellen Möglichkeiten der langfristigen Fremdfinanzierung. Man bezeichnet solche Kredite im allgemeinen als Investitionskredite bzw. Kommunaldarlehen.

Investitionskredite werden häufig zweckgebunden zur Beschaffung von Gebäuden, Maschinen und Geräten, EDV-Ausstattungen, Geschäfts- und Praxiseinrichtungen, Fahrzeugen und Transporteinrichtungen sowie zur Vergrößerung von Vorratslägern an Unternehmen oder Selbständige, wie z.B. Ärzte, Rechtsanwälte, Wirtschaftsprüfer etc. gewährt. Diese Kredite sind bei vielfältigen Varianten im Einzelfall ganz allgemein durch folgende Merkmale charakterisiert:

(1)   Die Laufzeit liegt zumeist im Bereich von 8 bis 15 Jahren und wird häufig mit der voraussichtlichen Nutzungsdauer oder der steuerlichen Abschreibungsdauer der finanzierten Gegenstände synchronisiert. Die Tilgung erfolgt in aller Regel nach einem festen Plan als Raten- oder Annuitätentilgung (vgl. Abschnitt 2.1.3); mitunter findet man auch sog. „Festdarlehen", bei denen die Tilgung erst am Ende der Laufzeit in einem einzigen Betrag erfolgt. Da die Vereinbarung eines Disagios bei gewerblichen Kreditnehmern im allgemeinen keine besonderen steuerlichen Vorteile bringt, werden Investitionskredite häufig zu pari ausgezahlt.

(2)   Die Zinssätze für Investitionskredite liegen u.U. in Abhängigkeit von der Bonität des Kreditnehmers in der Größenordnung der Zinsen für Hypothekarkredite. Dabei ist sowohl die Vereinbarung eines variablen Zinses als auch eine Zinsfestschreibung für mehrere Jahre oder auch die gesamte Darlehenslaufzeit möglich. Die Zins*zahlungen* sind üblicherweise ebenso wie die Tilgungsleistungen vierteljährlich fällig.

(3)   Als Sicherheiten dienen in erster Linie die finanzierten Gegenstände selbst, die entweder durch die Eintragung von Grundpfandrechten (bei Grundstükken und Gebäuden) oder durch Sicherungsübereignung (bei beweglichen

Gegenständen) zu Gunsten des Geldgebers belastet werden. Hinzu treten je nach den Gegebenheiten des Einzelfalls Bürgschaften (z.b. von GmbH-Gesellschaftern), Patronatserklärungen (z.b. von Muttergesellschaften) oder die Abtretung von Ansprüchen aus einer Lebensversicherung oder künftigen Honorarforderungen (z.b. von Ärzten).

Investitionskredite werden in den allermeisten Fällen nach den Gegebenheiten des Einzelfalls ausgehandelt, stellen also eine Individualfinanzierung dar. Mittleren und kleinen Unternehmen und Selbständigen bieten viele Kreditinstitute allerdings auch standardisierte Programmkredite an.

Außerdem wirken die Kreditinstitute bei der Abwicklung unterschiedlichster **öffentlicher Kreditprogramme** mit, die zur Förderung bestimmter Branchen, Regionen, Investitionsarten oder zu ähnlichen gesamtwirtschaftlichen Zwecken durchgeführt werden und in der Regel durch spezielle **Zinsvergünstigungen** gekennzeichnet sind. Derartige Kreditprogramme werden regelmäßig über bestimmte Kreditinstitute mit Sonderaufgaben, wie z.b. die Kreditanstalt für Wiederaufbau (KfW; vgl. Abschnitt 1.2.2.2) abgewickelt; die Auszahlung der Kreditbeträge erfolgt üblicherweise jedoch unter Zwischenschaltung einer Universalbank, in der Regel der Hausbank des Kreditnehmers. Die Rolle der zwischengeschalteten Bank kann dabei im Detail unterschiedlich ausgestaltet sein:

–   Bei **durchgeleiteten Krediten** tritt die Bank selbst als Kreditgeber auf und trägt auch das volle Kreditrisiko. Die ihr im Gegenzug aus dem Sonderprogramm bereitgestellten Mittel dienen lediglich der Refinanzierung. Rückzahlungsverpflichteter ist jedoch die Bank, und zwar unabhängig davon, ob der eigene Kreditnehmer seinen Zahlungsverpflichtungen nachkommt oder nicht.

–   Bei den **Treuhandkrediten** übernimmt die Bank hingegen kein Kreditrisiko, dieses verbleibt bei dem ursprünglichen Kreditgeber. Im einzelnen kann die Bank dabei den Kredit entweder von vornherein im Namen des ursprünglichen Kreditgebers gewähren, also als reiner Vermittler auftreten (sog. Verwaltungskredite) oder aber im eigenen Namen vergeben, sich jedoch bei Zahlungsschwierigkeiten des Kreditnehmers ein Rückgriffsrecht auf den ursprünglichen Kreditgeber einräumen lassen (sog. durchlaufende Kredite).

Als **Kommunaldarlehen** schließlich bezeichnet man langfristige Kredite an Bund, Länder, Gemeinden und vergleichbare öffentliche Kreditnehmer. Typisch für diese Kredite ist, daß sie ausnahmslos *ohne* Bereitstellung von Kreditsicherheiten vergeben werden, während im Hinblick auf die sonstigen Ausgestaltungsmerkmale keine systematischen Unterschiede zu den Investitionskrediten an Unternehmen bestehen.

Nachfolgende Tabelle gibt abschließend einen Überblick über die Marktanteile ausgewählter Gruppen von Kreditinstituten bei der Vergabe von Krediten an inländische Unternehmen und öffentliche Haushalte:

	Kredite an Unternehmen und Selbständige		Kredite an öffentliche Haushalte	
	Mrd. DM	%	Mrd. DM	%
Alle Kreditinstitute	2.225,2	100%	892,1	100%
Großbanken	284,0	12,8%	15,8	1,8%
Regionalbanken u. so. Kreditbanken	347,2	15,6%	42,0	4,7%
Sparkassen	485,4	21,8%	64,0	7,2%
Girozentralen	335,8	15,1%	249,2	27,9%
Kreditgenossenschaften	288,5	13,0%	8,2	0,9%
Zentralbanken	44,3	2,0%	8,9	1,0%
Realkreditinstitute	286,6	12,9%	442,4	49,6%
Kreditinstitute mit Sonderausgaben	113,4	5,1%	58,5	6,6%

Bestände Ende Dezember 1997; Quelle: DEUTSCHE BUNDESBANK (1998b), Tab. I.7 und I.9.

Tab. 2.05: Kredite an inländische Unternehmen und öffentliche Haushalte

2.3.3 Kredite von Versicherungen

2.3.3.1 Allgemeine Grundbegriffe

Versicherungen, und in ganz besonderem Maße Lebensversicherungsunternehmen, sind dadurch gekennzeichnet, daß sie über lange Jahre hinweg aus den abgeschlossenen Versicherungsverträgen höhere Einzahlungen erzielen, als sie an Auszahlungen für Versicherungsleistungen zu erbringen haben. Dementsprechend sind die Versicherungen bemüht, die entstehenden Einzahlungsüberschüsse mittel- bis langfristig anzulegen. Das gesamte Anlagevolumen von Versicherungen beläuft sich nach einschlägigen Statistiken der Deutschen Bundesbank derzeit auf einen Betrag in der Größenordnung von knapp 900 Mrd. Euro und ist somit auch gesamtwirtschaftlich von erheblicher Bedeutung.

Bei der Anlage ihres Vermögens können die Versicherungsunternehmen allerdings nicht völlig frei entscheiden; sie sind vielmehr an bestimmte aufsichtsrechtliche Vorschriften gebunden, die im folgenden in ihren wichtigsten Grundzügen skizziert werden sollen. Ausgangspunkt dieser Darstellungen bildet die durch Abb. 2.02 verdeutlichte horizontale Verknüpfung bestimmter „Vermögensblöcke" mit bestimmten Passiven.

Deckungsstock	Deckungsrückstellungen
sonstiges gebundenes Vermögen	sonstige versicherungstechnische Passiva
fondsfreies Vermögen	Eigenkapital und sonstige nicht versicherungstechnische Passiva

Abb. 2.02:   Vermögensblöcke bei Versicherungsunternehmen

Die Deckungsrückstellungen stellen bei den meisten Versicherungen den größten Passivposten dar. Sie sollen die Leistungsverpflichtungen, die auf die Versicherungen aus den bereits abgeschlossenen Versicherungsverträgen in Zukunft zukommen werden, verdeutlichen. Sie ergeben sich rechnerisch als versicherungsmathematisch bestimmter Gegenwartswert aller zukünftigen Leistungsverpflichtungen aus abgeschlossenen Verträgen abzüglich des Gegenwartswertes der noch ausstehenden Prämienzahlungen der Versicherten. Aufgrund einschlägiger versicherungsaufsichtsrechtlicher Vorschriften haben die Versicherungen in Höhe ihrer jeweiligen Deckungsrückstellungen ein gesondert zu verwaltendes Treuhandvermögen zu unterhalten, das im Insolvenzverfahren zur ausschließlichen Befriedigung der Versicherten dient, den sogenannten Deckungsstock. Neben den Deckungsrückstellungen weisen die Bilanzen von Versicherungsunternehmen auf der Passivseite weitere Rückstellungen, Verbindlichkeiten und Rechnungsabgrenzungsposten auf, die unmittelbar aus dem Versicherungsgeschäft resultieren. In Höhe dieser „sonstigen versicherungstechnischen Passiva" haben die Versicherungsunternehmen ebenfalls nach besonderen Anlagevorschriften entsprechende Vermögenswerte zu unterhalten, das „sonstige gebundene Vermögen". Deckungsstock und sonstiges gebundenes Vermögen werden dabei für verschiedene Betrachtungen begrifflich zu dem „gebundenen Vermögen" insgesamt zusammengefaßt. Die restlichen Aktiva, die bilanziell zwangsläufig der Summe aus Eigenkapital und nicht versicherungstechnischem Fremdkapital entsprechen, werden schließlich als „Freies Vermögen" der Versicherungen bezeichnet.

Bezüglich der Anlage des Versicherungsvermögens lassen sich die Vorschriften des VAG in zwei Gruppen einteilen, nämlich zum einen in Vorschriften, die sich ganz allgemein auf die gesamte Vermögensanlage, also einschließlich des freien Vermögens, beziehen sowie zum zweiten in Spezialvorschriften für die Anlage des gebundenen Vermögens und insbesondere des Deckungsstocks.

Allgemeine Anlagegrundsätze gemäß § 54 VAG

Gemäß § 54 VAG haben die Versicherungen ihre Vermögenswerte unter Beachtung der Grundsätze der Sicherheit, der Rentabilität, der Liquidität sowie der Mischung und Streuung anzulegen.

– Das Prinzip der Sicherheit wird allgemein dahingehend interpretiert, daß nur solche Anlagen vorgenommen werden können, bei denen mit sehr großer Wahrscheinlichkeit zumindest mit dem Rückfluß des eingesetzten Kapitals zu rechnen ist. Als Implikation wird daraus die Verpflichtung der Versicherung abgeleitet, vor der Anlage ihrer Mittel hinlängliche Bonitätsanalysen durchzuführen, soweit wie möglich zusätzliche Sicherheitsvorkehrungen zu treffen (z.b. durch Beanspruchung von Kreditsicherheiten) sowie die Sicherheit der Vermögensanlagen ständig zu überwachen.

– Der Grundsatz der Rentabilität bedeutet, daß die Versicherungen bei der Vermögensanlage auf laufende Erträge in angemessener Höhe zu achten haben. Bei der Ermittlung der laufenden Erträge sind dabei nicht nur jährliche Zahlungen wie Zinsen, Dividenden, Mieten etc. zu berücksichtigen, sondern auch Kursgewinne und -verluste. Relevant ist dabei die *nach Steuern* erzielbare Rendite. Es leuchtet unmittelbar ein, daß der Grundsatz der Rentabilität leicht zu Konflikten mit dem Grundsatz der Sicherheit führen kann, da – wenn auch nicht ausnahmslos – tendenziell davon ausgegangen werden kann, daß sich Vermögensanlagen im Durchschnitt um so höher rentieren, je höher die mit ihnen verbundenen Risiken sind.

– Der Grundsatz der Liquidität wird allgemein dahingehend interpretiert, daß das Versicherungsunternehmen bei der Gestaltung seiner Vermögensanlage die jederzeitige Zahlungsfähigkeit des Versicherungsunternehmens selbst zu beachten hat. Es ist also nicht für jeden einzelnen Vermögensgegenstand eine hohe Liquidität als solche gefordert, es geht vielmehr um die Aufrechterhaltung der Zahlungsfähigkeit des Unternehmens insgesamt.

– Der Grundsatz der Mischung und Streuung schließlich verlangt, volkstümlich gesprochen, nicht alles auf ein Pferd zu setzen, das Vermögen also auf eine Vielzahl von Anlageformen aufzuteilen, die jeweils unterschiedlichen, voneinander möglichst unabhängigen Risikoursachen unterliegen. Kriterien für eine entsprechende Diversifikation der Vermögensanlage können also verschiedene Sektoren sein (z.B. Anlagen im öffentlichen Bereich, im Bankensektor, im nichtfinanziellen Sektor, bei privaten Haushalten), verschiedene Branchen, unterschiedliche Regionen oder unterschiedliche Anlagetypen (z.B. Grundstücke, Beteiligungen, Fremdfinanzierungstitel etc.).

Die genannten vier Grundsätze weisen der Vermögensanlage von Versicherungen zwar eine grobe Richtung, belassen den Unternehmen im Detail jedoch noch einen sehr breiten Gestaltungsspielraum.

Spezielle Anlagevorschriften für das gebundene Vermögen

Der im Rahmen der allgemeinen Anlagegrundsätze noch verbleibende Handlungsspielraum wird im Hinblick auf das gebundene Vermögen weiter eingeschränkt. Dabei bedient sich der Gesetzgeber eines dreistufigen Vorschriftensystems.

–   Auf der ersten Stufe werden durch § 54a Abs. 2 VAG die für das gebundene Vermögen überhaupt nur zulässigen Anlageformen enumerativ und abschließend aufgeführt. Es sind dies – in grob vereinfachter Darstellungsweise –

1. in der Regel besonders gesicherte Darlehen an die öffentliche Hand, Kreditinstitute, Unternehmen der Europäischen Gemeinschaft von hinlänglicher Bonität sowie eigene Versicherungsnehmer,

2. festverzinsliche Wertpapiere von Emittenten der Europäischen Gemeinschaft, sofern dort zum amtlichen Handel zugelassen,

3. Aktien sowie Anteile an Kapitalgesellschaften, Kommanditanteile sowie Beteiligungen als stiller Gesellschafter oder Inhaber von Genußrechten in einem Mitgliedsstaat der Europäischen Gemeinschaft,

4. Grundbesitz sowie Anteile an Wertpapier-, Grundstücks- und Beteiligungsfonds.

–   Auf der zweiten Stufe legt der Gesetzgeber in den Vorschriften des § 54a Abs. 2 und 4 VAG in Konkretisierung des allgemeinen Grundsatzes der Mischung und der Streuung für verschiedene Vermögensanlagen prozentuale Höchstgrenzen fest. Die wichtigsten dieser Regelungen entnehmen Sie bitte der nachstehenden Tabelle.

Anlageart	Deckungsstock	so. geb. Vermögen	Σ geb. Vermögen	so. Restriktionen
Aktien, Anteile an WP-Fonds + u. andere Bet. Werte (incl. Genußrechte)	≤ 30%	—	—	
nicht börsennot. Anlagen (außer Renten-Fonds)	≤ 7,5%	≤ 7,5%	—	—
ausländische Aktien und Anteile an Fonds mit überwiegend ausl. Aktien oder Beteil.-Werten	≤ 6%	≤ 6%	—	—
Aktien und so. Beteil.-Werte an einem Unternehmen	—	—	—	≤ 10% des gez. Kap. des Unternehmens
Im Ausland ausgestellte Schuldverschreibungen	—	—	≤ 5%	—
Grundbesitz und + Anteile an Immobilien-Fonds	≤ 25%	≤ 25%	—	—
darunter nicht endgültig bebaute Grundstücke	—	—	≤ 5%	—
sonstige Anlagen*	≤ 5%	≤ 5%		

* weiterhin ausgeschlossen sind Anlagen in Konsumentenkrediten, Betriebsmittelkrediten, beweglichen Sachen oder Ansprüchen auf bewegliche Sachen sowie in immateriellen Werten.

Tab. 2.06:   Anlagegrenzen für Versicherungsunternehmen gem. § 54a Abs. 2 u. 4 VAG

– Auf der dritten Ebene schließlich werden bestimmte Mindestqualitätsanforderungen für ganz bestimmte Anlageformen definiert. Dabei hat es der Gesetzgeber aus Zweckmäßigkeits- und Flexibilitätsüberlegungen heraus den zuständigen Aufsichtsbehörden überlassen, derartige Grundsätze in Anpassung an die sich im Zeitablauf ändernden Gegebenheiten zu formulieren. Als Musterbeispiel für derartige Präzisierungen können die im „Leitfaden für die Vergabe von Unternehmerkrediten (Kreditleitfaden)" enthaltenen Vorschriften für die Vergabe von Darlehen an gewerbliche Unternehmen angesehen werden. Wir werden auf die wichtigsten dieser Vorschriften im nachfolgenden Abschnitt noch näher eingehen.

2.3.3.2 Schuldscheindarlehen an gewerbliche Unternehmen

Eine Möglichkeit der Vermögensanlage für Versicherungsunternehmen besteht in der Vergabe von Darlehen an Unternehmen des nichtfinanziellen Sektors. Da derartige Darlehen ursprünglich ausnahmslos in Form eines Schuldscheines beurkundet wurden, werden sie auch heute noch generell als **Schuldscheindarlehen** bezeichnet, obwohl auf die Ausstellung eines Schuldscheines inzwischen oftmals verzichtet wird. Im allgemeinen sind derartige Schuldscheindarlehen durch folgende Merkmale gekennzeichnet, was individuelle Abweichungen im Einzelfall nicht ausschließt:

(1)   Die Laufzeit liegt üblicherweise im Bereich von fünf bis zehn Jahren. Der Kreditbetrag übersteigt in aller Regel die Grenze von 500.000 Euro und kann durchaus über 100 Mio. Euro hinausgehen. Die Schuldscheindarlehen werden entweder als gesamtfällige Schulden ausgestaltet oder sind in gleichmäßigen Raten zu tilgen, wobei u.U. einige tilgungsfreie Jahre vereinbart werden können. Die Vereinbarung eines Disagios ist im allgemeinen ebensowenig üblich wie die Berechnung von Bearbeitungsgebühren oder ähnlichen Preiselementen.

(2)   Die Verzinsung von Schuldscheindarlehen orientiert sich üblicherweise an der Zinsentwicklung am Rentenmarkt und liegt regelmäßig um 1/4 bis 1/2%-Punkt über der Rendite vergleichbarer Industrieobligationen, wobei dieser Zinssatz in aller Regel für die gesamte Darlehenslaufzeit festgeschrieben wird. Die Zinszahlungen sind zumeist halbjährlich oder jährlich nachschüssig fällig.

Angesichts der genannten Zinsdifferenz im Vergleich zu der Anlage in festverzinslichen Wertpapieren liegt die Attraktivität der Vermögensanlage in Form von Schuldscheindarlehen für Versicherungsunternehmen auf der Hand. Andererseits kann diese Finanzierungsform aber auch für die Industrieunternehmen Vorteile bieten, da die bei der Emission von Industrieobligationen entstehenden effektiven Finanzierungskosten angesichts der Aufwendungen für die Emission, die Börseneinführung etc. rund 1 - 2%-Punkte über der für den Anleger erreichbaren Rendite liegen. (Vgl. dazu Kapitel 2.6).

(3)   Soweit die Vergabe von Schuldscheindarlehen als Anlage des gebundenen Vermögens, insbesondere des Deckungsstocks erfolgt, sind die durch das Versicherungsaufsichtsgesetz und das Bundesaufsichtsamt für das Versicherungswesen vorgegebenen Sicherungskriterien zu beachten. Neben einer ausreichenden Bonität ist als Regelfall gemäß § 54a Abs. 1 Nr. 8d lit. aa) VAG die Bestellung erstrangiger Grundpfandrechte vorgesehen. Dabei wird bei der Beleihung von gewerblichem Grundbesitz lediglich eine Quote von maximal 50% als erstrangig akzeptiert. Mit Zustimmung des Bundesauf-

sichtsamtes für das Versicherungswesen kann die Bestellung entsprechender Grundpfandrechte auch durch eine Negativerklärung des Darlehensnehmers ersetzt werden. Eine solche Negativerklärung kann etwa – neben der Verpflichtung, bestimmte noch darzustellende Kennzahlenrelationen einzuhalten – die Zusage zum Inhalt haben, daß Grundstücke, die die Voraussetzungen für die Belastung durch Grundpfandrechte, die von der Versicherungsaufsicht akzeptiert werden, erfüllen, nicht später veräußert oder für andere Verbindlichkeiten belastet werden.

Zur Beurteilung der Bonität eines Unternehmens sind – neben der Würdigung aller Gegebenheiten des Einzelfalls – insbesondere die Ausprägungen dreier vom BAV festgelegter Kennzahlen von Bedeutung[1]:

– Die **Gesamtkapitalrendite** als Verhältnis von Betriebsergebnis und Zinsaufwand zu dem durchschnittlichen Gesamtkapital soll mindestens 6% betragen;

– die **Entschuldungsdauer** als Verhältnis von „bereinigtem Gläubigerkapital" zum Cash Flow darf 7 Jahre nicht überschreiten;

– der **Finanzierungskoeffizient** legt fest, daß das „bereinigte Gläubigerkapital" maximal das zweifache des „bereinigten Eigenkapitals" zuzüglich der Pensionsrückstellungen betragen darf.

Zusätzlich wird im Falle der Sicherheitenbestellung eine Eigenkapitalquote von 20% als Nebenbedingung gefordert. Bei Vorliegen einer Negativvereinbarung erhöht sich diese Quote auf 30%. Ob die Vorgabe derartiger Bilanzrelationen als vernünftig anzusehen ist und welche konzeptionellen Überlegungen dem zugrunde liegen, werden wir später erörtern.

Bezüglich der Modalitäten bei der Vergabe derartiger Schuldscheindarlehen sind insbesondere die folgenden drei Varianten zu beobachten:

– Die einfachste, aber dennoch am seltensten anzutreffende Form besteht darin, daß ein Versicherungsunternehmen ein entsprechendes Darlehen unmittelbar an ein Industrieunternehmen vergibt.

– Angesichts der Probleme, geeignete Geldnehmer und -geber zusammenzuführen, ist es allerdings eher üblich, daß ein spezieller Finanzmakler oder auch ein Kreditinstitut bei der Vergabe entsprechender Darlehen als Vermittler auftritt und unter Umständen auch gewisse weitere Dienstleistungen

---

1 Die in den einzelnen Kennzahlen enthaltenen Ausdrücke werden nach bestimmten Vorgaben gesondert ermittelt.

übernimmt, z.B. bei der Beratung des Unternehmens, um die Voraussetzungen für die „Deckungsstockfähigkeit" zu erreichen.

–   In den letzten Jahren hat sich allerdings zunehmend die Variante durchgesetzt, daß Kreditinstitute gegenüber den Unternehmen zunächst selbst als effektiver Kreditgeber auftreten und die aus der Vergabe des Schuldscheindarlehens erworbenen Ansprüche erst in einem zweiten Schritt an ein (oder auch in Teilen an mehrere) Versicherungsunternehmen abtreten. Dabei besteht auch die Möglichkeit, die aus der Darlehensvergabe erworbenen Ansprüche zunächst nur für einen kürzeren Zeitraum als die Darlehenslaufzeit an ein Versicherungsunternehmen abzutreten. Nach Ablauf des ersten Abtretungszeitraums kann das Kreditinstitut dann entweder für den Restzeitraum selbst als definitiver Darlehensgeber auftreten oder sich um die erneute Abtretung an ein anderes Versicherungsunternehmen bemühen. Eine auf diese Weise evtl. entstehende Kette mehrerer aufeinanderfolgender zeitlich begrenzter Abtretungen der Ansprüche aus einem Schuldscheindarlehen bezeichnet man auch als Revolving-Geschäft.

2.3.3.3 Darlehen an private Haushalte

Außer an Unternehmen können Lebensversicherer auch an ihre eigenen Versicherten, also in der Regel private Haushalte, Darlehen vergeben. Dabei sind zwei Varianten zu unterscheiden:

–   Beim **Policendarlehen** gewährt das Versicherungsunternehmen dem eigenen Kunden ein Darlehen bis zur Höhe des Rückkaufwertes der bestehenden Versicherungsverträge. Der Rückkaufwert einer Lebensversicherung entspricht – vereinfacht dargestellt – dem Betrag, auf den der Versicherte Anspruch hätte, wenn er den Versicherungsvertrag ohne Eintritt des Versicherungsfalles vorzeitig kündigen würde. Es ist dies der sogenannte „Sparanteil", der im Zuge eines Lebensversicherungsvertrages im Zeitablauf anwächst. Das Versicherungsunternehmen bedarf bei derartigen Darlehen keiner weiteren Sicherheit; zahlt nämlich der Darlehensnehmer die geschuldete Summe nicht zurück, so entfällt im Gegenzug die Verpflichtung der Versicherung, den Sparanteil gegebenenfalls auszuzahlen.

–   Bei dem **Vorauszahlungsdarlehen** wird ein Versicherungsvertrag demgegenüber ungeachtet des bereits erreichten Rückkaufwertes in Höhe der vollen Versicherungssumme beliehen. Bei dieser Form der Darlehensgewährung geht das Versicherungsunternehmen somit ein deutlich höheres Risiko ein, so daß bei dieser Darlehensform üblicherweise zusätzliche Sicherheiten verlangt werden.

Im einzelnen sind Policen- und Vorauszahlungsdarlehen üblicherweise durch folgende Konditionen gekennzeichnet:

(1) Die Laufzeit dieser Darlehen entspricht zumeist der Restlaufzeit des zugrunde liegenden Versicherungsvertrages, kann jedoch auch kürzer sein. Das Volumen eines solchen Darlehens entspricht im Falle des Policendarlehens einem Betrag von 80 bis 100% des im Vergabezeitpunkt erreichten Rückkaufwertes bzw. beim Vorauszahlungsdarlehen üblicherweise der Versicherungssumme. Die Auszahlung erfolgt zumeist zu 100%, im Einzelfall ist jedoch auch die Vereinbarung eines Disagios möglich.

Während der Darlehenslaufzeit ist eine Tilgung generell nicht vorgesehen, vielmehr besteht die Grundkonzeption dieser Form der Darlehensgewährung in der Vorstellung, daß das gewährte Darlehen bei Ablauf des Versicherungsvertrages aus der dann fällig werdenden Versicherungssumme als gesamtfällige Schuld getilgt wird. Üblicherweise wird dem Darlehensnehmer allerdings das Recht eingeräumt, das Darlehen vorzeitig in Teilen oder auch vollständig zu tilgen. Dies gilt insbesondere für den Fall, daß der Versicherungsfall eintritt, der Versicherte also verstirbt. In dieser Situation wird die dann in voller Höhe fällig werdende Versicherungssumme dazu verwendet, den aufgenommenen Kredit vollständig abzutragen.

(2) Die Versicherungsunternehmen sind im allgemeinen bemüht, bei der Vergabe von Policen oder Vorauszahlungsdarlehen eine Rendite zu erzielen, die der Verzinsung sonstiger Anlagemöglichkeiten zumindest gleichkommt. Bedenkt man jedoch, daß der Zins für die Anlage z.B. in Pfandbriefen oder Industrieanleihen auf der einen Seite und der Zins für die Aufnahme von Darlehen durch Privatpersonen auf der anderen Seite durchaus um mehrere Prozentpunkte divergieren können, so wird sofort deutlich, daß es im Einzelfall durchaus möglich ist, einen Zinssatz zu finden, der für die Versicherungsunternehmen einerseits eine durchaus attraktive Rendite darstellt, für den privaten Darlehensnehmer jedoch gleichzeitig eine im Vergleich zu anderen Finanzierungsmöglichkeiten billigere Form der Darlehensaufnahme beinhaltet.

Der Zinssatz für derartige Darlehen wird – soweit erkennbar – überwiegend allerdings variabel vereinbart. Einzelne Versicherer sind jedoch durchaus bereit, den Zins für längere Zeiträume, u.U. auch für die gesamte Laufzeit festzuschreiben.

(3) Wie schon eingangs erwähnt, bedarf es bei der Vergabe eines auf den Rückkaufwert der zugrundeliegenden Versicherung beschränkten Policendarlehens keiner weiteren Kreditsicherheiten. Anders verhält es sich demgegenüber bei einem Vorauszahlungsdarlehen, da hier die Darlehenssumme im allgemeinen deutlich über den Rückkaufwert des zugrunde liegenden Versi-

cherungsvertrages hinausgeht. Die häufigste Anwendungsform des Voraus-
zahlungsdarlehens liegt dementsprechend auch in der Finanzierung des Baus
oder Erwerbs von Wohnungseigentum, wobei Grundstücke und Gebäude
durch die Eintragung entsprechender Grundpfandrechte als zusätzliche Sicherheit herangezogen werden. Dabei akzeptieren die Versicherungen im
allgemeinen analog zu den Banken eine Belastung bis zu 60% des Beleihungswertes.

Beispiel:

Betrachten wir noch einmal die im Beispiel zu Abschnitt 2.3.2.3 vorgestellte Situation. Zum
Erwerb einer Eigentumswohnung waren dort 250.000 Euro vorgesehen worden, 50.000 Euro
aus Eigenmitteln, 70.000 Euro aus Bauspardarlehen sowie die restlichen 130.000 Euro waren
durch einen Hypothekarkredit von einer Bank abzudecken. Alternativ zur Aufnahme des
Hypothekarkredits könnte der Erwerber

–   einen Lebensversicherungsvertrag über 130.000 Euro abschließen und

–   zugleich bei der Versicherungsgesellschaft ein bei Fälligkeit der Lebensversicherungs-
    summe rückzahlbares Darlehen über 130.000 Euro aufnehmen. Unterstellt man, daß der
    Versicherte 30 Jahre alt ist, der Versicherungsvertrag auf 35 Jahre abgeschlossen wird
    und die jährliche Versicherungsprämie 2.847,-- Euro beträgt und nimmt man weiterhin
    an, daß das gewährte Darlehen bei 100%-iger Auszahlung zu 8% zu verzinsen ist, so er-
    geben sich folgende Belastungen für den Darlehensnehmer:

Zinsbelastung p.a.	10.400,-- Euro
Versicherungsprämie p.a.	2.847,-- Euro
Gesamtbelastung p.a.	13.247,-- Euro

Dabei ist allerdings zu berücksichtigen, daß der im Erlebensfall nach 35 Jahren zu
erwartende Rückzahlungsbetrag auf Grund der Überschußbeteiligung deutlich
über die zur Darlehenstilgung benötigte Summe von 130.000 Euro hinausgehen
würde. Nach Angaben aus der Versicherungswirtschaft wäre nach den derzeitigen
Gegebenheiten mit einer Rückzahlung von mehr als 300.000 Euro zu rechnen. Es
würde daher naheliegen, den Versicherungsvertrag gar nicht über 130.000 Euro,
sondern nur über etwa 50.000 Euro abzuschließen, was zu folgender Gesamtbelastung führte:

Zinsbelastung p.a.	10.400,-- Euro
Versicherungsprämie p.a.	1.090,-- Euro
Gesamtbelastung p.a.	11.490,-- Euro

2.4 Leasing

2.4.1 Begriffliche und rechtliche Grundlagen

Die Bezeichnung „Leasing" wird für eine Vielzahl unterschiedlicher Vertragsformen verwendet, so daß es kaum möglich ist, den Begriff des Leasing umfassend zu definieren. Immerhin lassen sich einige Eigenschaften konstatieren, die die so bezeichneten Verträge üblicherweise aufweisen. So besteht ein Kennzeichen darin, daß sich der Eigentümer eines Gebrauchsgutes, der sog. Leasinggeber, verpflichtet, diesen Gegenstand dem sog. Leasingnehmer gegen Zahlung eines periodisch zu erbringenden Entgelts, der sog. Leasingraten, für eine begrenzte Zeitdauer zur Nutzung zu überlassen. Insoweit enthalten Leasingverträge als Kern mehr oder weniger deutliche Elemente eines traditionellen Mietvertrages. Dementsprechend ist im allgemeinen Sprachgebrauch auch keine klare Grenze mehr zwischen dem einfachen Mietvertrag und einem Leasingvertrag erkennbar. Üblicherweise sind Vereinbarungen, für die die Bezeichnung „Leasing" verwendet wird, jedoch weiterhin dadurch gekennzeichnet, daß sie über die Regelung der reinen Gebrauchsüberlassung hinaus in mehr oder weniger großem Umfang weitere Vertragselemente enthalten, die für traditionelle Mietverträge untypisch sind.

Im Hinblick auf diese ergänzenden Vertragsklauseln lassen sich grob zwei Gruppen von Leasingverträgen unterscheiden, die allgemein als Operate-Leasing bzw. Finanzierungs-Leasing bezeichnet werden.

Verträge des **Operate-Leasing** weisen insbesondere folgende Merkmale auf:

– Die Verträge werden für eine im Vergleich zu der üblichen Einsatzdauer des Objektes kurze Dauer abgeschlossen oder sind – bei Abschluß auf unbestimmte Dauer – von beiden Seiten kurzfristig kündbar. Der Leasinggeber kann mithin nicht davon ausgehen, daß ein einziger Leasingvertrag schon ausreicht, das Leasingobjekt zu „amortisieren", d.h. die Anschaffungs- oder Herstellungskosten, die Zinskosten und die anteiligen laufenden Verwaltungskosten des Leasinggebers abzudecken. Diese Amortisation des Leasinggegenstandes kann im allgemeinen erst durch eine Kette mehrerer aufeinander folgender Leasingverträge erreicht werden.

– Das Objektrisiko verbleibt wie bei herkömmlichen Mietverträgen beim Leasinggeber, der insbesondere die Gefahr des zufälligen Untergangs, des Diebstahls, der Überalterung, technischer Defekte etc. trägt.

– Die beiden zuvor genannten Umstände gemeinsam veranlassen Leasinggeber häufig, dem Leasingnehmer die Gebrauchsüberlassung nur im Verbund mit einem Vertrag über laufende Service- und Wartungsleistungen anzubieten, die der Leasinggeber selbst oder ein von ihm beauftragtes Unternehmen erbringt.

Verträge des **Finanzierungsleasing** weisen demgegenüber üblicherweise folgende Merkmale auf:

–   Die Verträge sind für eine längere Zeitspanne für beide Seiten unkündbar. In der Praxis liegt diese sog. **Grundmietzeit** zumeist in der Größenordnung von 60 bis 80% der betriebsgewöhnlichen Nutzungsdauer, wie sie sich aus den AfA-Tabellen der Finanzverwaltung ergibt.

–   Dabei sind die Verträge typischerweise so ausgestaltet, daß die Anschaffungs- oder Herstellungskosten des Objektes, die Zinskosten und die laufenden Verwaltungskosten des Leasinggebers insgesamt durch eine etwaige Anfangszahlung, die laufenden Leasingraten und etwaige Zahlungen bei Beendigung des Leasingvertrages voll abgedeckt werden. Ein einziger Leasingvertrag bringt dem Leasinggeber also üblicherweise die volle Amortisation des Objektes. Dies gilt unbeschadet der später noch zu erläuternden Unterscheidung zwischen sog. Voll- und Teilamortisationsverträgen.

–   Die Objektrisiken werden für die Dauer des Leasingvertrages durch entsprechende Vertragsklauseln weitgehend entweder unmittelbar oder zumindest in ihren monetären Konsequenzen auf den Leasingnehmer abgewälzt. Dieser wird etwa verpflichtet, auf eigene Kosten verschiedene Objektversicherungen abzuschließen oder eventuell auftretende Defekte selbst zu beheben.

–   Häufig bieten die Leasinggeber allerdings trotzdem ergänzende Service- und Wartungsverträge an, ohne daß man dies jedoch als ein zwingendes Merkmal des Finanzierungsleasing ansehen kann.

Im folgenden wollen wir nur noch das Finanzierungsleasing betrachten. Dabei ist es müßig, darüber zu reflektieren, ob das Finanzierungsleasing „dem Wesen der Sache nach" wirklich ein Finanzierungsinstrument darstellt, oder ob es eher als Investitionsmaßnahme oder gar als eine Aktivität sui generis anzusehen ist. Für das Finanzmanagement eines Unternehmens oder auch den Privatmann stellt das Finanzierungsleasing häufig eine Alternative zum unmittelbaren Kauf eines entsprechenden Objektes und seiner Finanzierung aus frei verfügbaren Mitteln oder durch die Aufnahme eines Kredits dar. Dabei unterscheiden sich Leasing- und Kaufalternativen zumindest für die Grundmietzeit praktisch nicht hinsichtlich der Nutzbarkeit des Objektes und der daraus resultierenden Erträge, sondern in erster Linie in den dafür aufzubringenden Zahlungsströmen, also den Leasingraten bzw. den Zins- und Tilgungsleistungen. Insofern erscheint es sinnvoll, das Finanzierungsleasing im Kontext mit Fremdfinanzierungsleistungen zu behandeln.

Beim Finanzierungsleasing haben sich im Laufe der Zeit zwei Vertragstypen herausgebildet, die als Voll- und Teilamortisationsverträge bezeichnet werden. **Vollamortisationsverträge** sind dadurch gekennzeichnet, daß die während der Grundmietzeit fest vereinbarten Leasingraten zu einer vollen Amortisation des Leasingobjektes führen, also sowohl dessen Anschaffungs- oder Herstellungskosten als auch die laufenden Zins- und Verwaltungskosten des Leasinggebers abdecken. Bei **Teilamortisationsverträgen** decken die während der Grundmietzeit anfallenden Leasingraten demgegenüber die genannten Kosten nicht voll ab. Eine vollständige Amortisation wird allerdings ebenfalls erreicht, und zwar durch zusätzliche Vereinbarungen über die weitere Verwendung des Leasingobjektes nach Ablauf der Grundmietzeit und etwaige Abschlußzahlungen des Leasingnehmers. Insofern ist die Bezeichnung *Teil*amortisationsverträge eigentlich nicht ganz zutreffend.

Für die Beurteilung von Leasingangeboten ist – neben der Höhe der vorgesehenen Leasingraten – bedeutsam, welche Regelungen für die Zeit nach Ablauf der Grundmietzeit vorgesehen sind. Grundsätzlich sind in diesem Punkt beliebige Vereinbarungen denkbar. Die überwiegende Mehrzahl der in der Praxis tatsächlich anzutreffenden Vereinbarungen folgt allerdings einem der sechs durch die **Leasingerlasse**[1] von 1971 und 1975 geprägten Modelle.

Diese Erlasse beziehen sich auf die Frage, welche Vertragspartei bei Verträgen des Mobilienleasing für steuerliche Zwecke als **wirtschaftlicher Eigentümer** des Leasingobjektes anzusehen ist. Die Antwort auf diese Frage ist generell an Hand sämtlicher Gegebenheiten des konkreten Einzelfalls zu geben. Durch die Erlasse sind jedoch einige besonders prägnante Ausgestaltungsformen von Leasingverträgen präzisiert worden, bei deren Vorliegen das Leasingobjekt – wie bei der „normalen" Miete – steuerlich dem Leasinggeber zugerechnet wird.

Diesen Vorgaben entsprechend findet man bei **Vollamortisationsverträgen** für das Ende der Grundmietzeit die drei Varianten, daß

– das Objekt an den Leasinggeber zurückgegeben und von diesem beliebig verwendet werden kann,

– der Leasingnehmer das Objekt zu einem zuvor festgelegten Preis kaufen kann, aber nicht muß (**Kaufoption**) oder

– der Leasingnehmer das Objekt zu einer ebenfalls zuvor schon festgelegten (niedrigeren) Anschlußmiete weiter mieten kann, aber nicht muß (**Mietverlängerungsoption**).

---

1 Vgl. Schreiben des Bundesministers der Finanzen: Ertragsteuerliche Behandlung von Leasing-Verträgen über bewegliche Wirtschaftsgüter vom 19.4.1971, IV B/2 - S. 2170 - 31/71; Schreiben des Bundesministers der Finanzen vom 22.12.1975: Steuerrechtliche Zurechnung des Leasing-Gegenstandes beim Leasinggeber, IV B/2 - S. 2170 - 161/75.

Bei **Teilamortisationsverträgen** findet man demgegenüber die folgenden drei Varianten:

–   Bei Verträgen mit **Andienungsrecht** hat der Leasinggeber das Wahlrecht, das Leasingobjekt nach eigenem Gutdünken zu verwenden oder es dem Leasingnehmer zu einem bereits bei Vertragsabschluß festgelegten Preis zu verkaufen.

–   Verträge mit **Aufteilung des Mehrerlöses** sehen demgegenüber zwingend die Veräußerung des Leasingobjektes (durch den Leasinggeber) vor. An einem gegenüber dem vertraglich fixierten kalkulatorischen Restwert möglicherweise eintretenden Mehrerlös wird der Leasingnehmer zu einem bestimmten Prozentsatz – i.d.R. 75% – beteiligt; ein etwaiger Mindererlös hingegen ist durch den Leasingnehmer zu 100% auszugleichen.

–   Sogenannte **kündbare Leasingverträge** schließlich werden auf unbestimmte Zeit geschlossen und können nach Ablauf der Grundmietzeit, allerdings nicht früher, vom Leasingnehmer jederzeit gekündigt werden. Dabei ist eine Abschlußzahlung in Höhe der durch die bis dahin erfolgten Leasingraten noch nicht gedeckten Gesamtkosten zu leisten. Allerdings sind 90% des von der Leasinggesellschaft möglicherweise erzielten Veräußerungserlöses auf die Restzahlung anzurechnen.

Durch eine entsprechende Festlegung von Andienungspreis, Restwert oder Abschlußzahlung wird somit auch bei Teilamortisationsverträgen letztendlich eine Vollamortisation erreicht.

Der Vollständigkeit halber ist zum Abschluß dieses einleitenden Abschnitts noch das Verfahren des **Sale-and-Lease-Back** zu erwähnen. Davon spricht man, wenn der Eigentümer eines zumeist langlebigen Investitionsgutes, z.B. eines Bürogebäudes, dieses an eine Leasinggesellschaft verkauft und gleichzeitig darüber einen Leasingvertrag (zumeist mit Kaufoption am Ende der Grundmietzeit) abschließt, so daß er den verkauften Gegenstand wie zuvor selbst betrieblich nutzen kann. Auf der Seite des Verkäufers und Leasingnehmers kann für ein solches Vorgehen neben dem hier besonders klar erkennbaren Finanzierungseffekt die Absicht maßgeblich sein, das Jahresergebnis durch den ertragswirksamen Ausweis der realisierten „stillen Reserven", d.h. der Differenz zwischen dem vereinbarten Kaufpreis und dem Restbuchwert, positiv zu beeinflussen.

2.4.2 Steuerliche und bilanzielle Behandlung von Leasingverträgen[1])

Leasingobjekte verbleiben juristisch gesehen im ausschließlichen Eigentum des Leasinggebers; die Möglichkeiten ihrer Nutzung und auch die typischen Eigentümerrisiken werden hingegen für einen erheblichen Zeitraum auf den Leasingnehmer übertragen. Unter steuerlichen Gesichtspunkten stellt sich daher die Frage, wem die Leasinggegenstände zuzurechnen sind. Je nach der Antwort auf diese Frage ergeben sich folgende Konsequenzen:

Zurechnung zum Leasinggeber

Wird der Leasinggegenstand steuerlich dem Leasinggeber zugerechnet, so hat das für ihn folgende Konsequenzen:

–   Der Gegenstand zählt zu seinem Vermögen und erhöht damit die Bemessungsgrundlage von Substanzsteuern.

–   Der Leasinggeber schreibt den Gegenstand ab, was die Bemessungsgrundlage von Ertragsteuern mindert.

–   Die vereinnahmten Leasingraten gelten dementsprechend in voller Höhe als Ertrag und erhöhen die Bemessungsgrundlagen der Ertragsteuern.

Beim Leasingnehmer hat eine steuerliche Zurechnung des Leasinggegenstandes zum Leasinggeber folgende Konsequenzen:

–   Die Bemessungsgrundlage von Substanzsteuern bleibt unberührt, da der Leasinggegenstand steuerlich ja dem Leasinggeber gehört.

–   Die verausgabten Leasingraten mindern hingegen als Aufwand die Bemessungsgrundlagen von Ertragsteuern. Diese Konsequenz ergibt sich zumindest für Unternehmen und Selbständige, während private Haushalte Leasingraten in aller Regel steuerlich nicht als Aufwand geltend machen können.

Es ist jedoch zu beachten, daß seit 1997 die Vermögenssteuer abgeschafft ist und die Gewerbekapitalsteuer nicht mehr erhoben wird, so daß z.Zt. faktisch – sieht man von der Grundsteuer ab – keine Substanzsteuern zu berücksichtigen sind. Dennoch wird die Argumentation im folgenden – auch wegen der Unwägbarkeit steuerlicher Änderungen – auch ein Augenmerk auf die substanzsteuerlichen Auswirkungen von Leasingverträgen richten.

---

1   Wegen weiterer Einzelheiten der hier nur oberflächlich angesprochenen steuerlichen Regelungen sei auf das Kursprogramm zum Fach „Steuern" verwiesen.

Zurechnung zum Leasingnehmer

In diesem Fall wird der Leasingvertrag steuerlich ähnlich wie ein Abzahlungskauf behandelt. Dementsprechend werden die Leasingraten fiktiv jeweils in einen Tilgungs- und einen Kostenanteil aufgeteilt. Beim Leasinggeber wird dann nur der Kostenanteil erfolgswirksam mit den entsprechenden Auswirkungen auf die Bemessungsgrundlage der Ertragsteuern erfaßt. Der gewerbliche Leasingnehmer hingegen verrechnet diesen Zinsanteil sowie die auf das Objekt vorzunehmenden Abschreibungen als Aufwand, wodurch sich seine Bemessungsgrundlage der Ertragsteuern mindert. Auf der anderen Seite wird der Leasinggegenstand als positiver Bestandteil und die Tilgungsverpflichtung gegenüber dem Leasinggeber als negativer Bestandteil seinem Vermögen zugerechnet. Verwerfungen zwischen dem Wert des Leasinggegenstandes und der Höhe der Tilgungsverpflichtung schlagen sich dann in der Bemessungsgrundlage der – zur Zeit in Deutschland nicht erhobenen – Substanzsteuern nieder.

Bei der Beantwortung der Frage, welche der beiden Zurechnungsmöglichkeiten maßgeblich ist, ist generell an Hand sämtlicher Gegebenheiten des konkreten Einzelfalles festzustellen, welche Vertragspartei im steuerlichen Sinne als **wirtschaftlicher Eigentümer** anzusehen ist. Im Hinblick auf die in der Praxis am weitesten verbreiteten Vertragsformen des Mobilien–Leasing hat der Bundesminister für Finanzen dazu in den Jahren 1971 und 1975 in den oben bereits angesprochenen Erlassen Stellung genommen. Demnach ist der Leasinggegenstand auf jeden Fall immer dann dem *Leasinggeber* zuzurechnen, wenn folgende Voraussetzungen erfüllt sind:

(1)   Die **Grundmietzeit** muß mindestens 40%, darf jedoch nicht mehr als 90% der betriebsgewöhnlichen Nutzungsdauer des Leasingobjektes betragen.

(2)   Bei Vollamortisationsverträgen müssen zusätzlich folgende Bedingungen erfüllt sein:

–   Bei Verträgen mit Kaufoption darf der Kaufpreis nicht niedriger sein als der auf der Basis linearer Abschreibung ermittelte Restbuchwert des Leasinggegenstandes am Ende der Grundmietzeit.

–   Bei Verträgen mit Mietverlängerungsoption hingegen muß die Anschlußmiete so bemessen sein, daß die entsprechenden Leasingraten die linearen Abschreibungen auf den am Ende der Grundmietzeit verbliebenen Restbuchwert mindestens abdecken.

–   Bei Verträgen ohne Optionsrecht erfolgt die Zurechnung auf jeden Fall zum Leasinggeber, sofern nur die Bedingung (1) erfüllt ist.

(3) Bei Teilamortisationsverträgen sind demgegenüber folgende Vorgaben zu beachten:

– Bei Verträgen mit Andienungsrecht des Leasinggebers erfolgt die Zurechnung auf jeden Fall zum Leasinggeber.

– Bei unbefristeten Verträgen mit Kündigungsrecht des Leasingnehmers erfolgt die Zurechnung zum Leasinggeber, wenn die Abschlußzahlung die bis zum Kündigungszeitpunkt noch nicht gedeckten Gesamtkosten des Leasinggebers abdeckt, wobei allerdings 90% des aus der Veräußerung des Leasinggegenstandes erzielten Erlöses auf die Abschlußzahlung angerechnet werden.

– Bei Verträgen, die nach Ablauf der Grundmietzeit die Veräußerung des Leasingobjektes und die Aufteilung des Erlöses vorsehen, erfolgt die Zurechnung zum Leasinggeber, wenn folgende Vereinbarung getroffen wurde: Ist der Veräußerungserlös *niedriger* als die bis zum Ende der Grundmietzeit noch nicht gedeckten Gesamtkosten des Leasinggebers (Restamortisation), so muß der Leasingnehmer den Fehlbetrag ausgleichen. Übersteigt der Veräußerungserlös hingegen die Restamortisation, so erhält der Leasinggeber mindestens 25% des Mehrerlöses, während der Rest an den Leasingnehmer auszuzahlen ist.

Um Mißverständnissen vorzubeugen, sei darauf hingewiesen, daß die dargestellten Regelungen der beiden Leasingerlasse die Möglichkeit, Leasingverträge praktisch beliebig auszugestalten, überhaupt nicht einschränken. Es ist also keineswegs verboten, etwa die Grundmietzeit auf 30% oder 100% der betriebsgewöhnlichen Nutzungsdauer festzulegen oder bei Teilamortisationsverträgen mit Mehrerlösbeteiligung den Anteil des Leasinggebers auf weniger als 25% festzulegen. Die Erlasse verdeutlichen lediglich an Hand der in der Praxis am häufigsten anzutreffenden Vertragstypen, unter welchen Voraussetzungen der Leasinggegenstand steuerlich dem Leasinggeber zuzurechnen ist. Dabei ist auch nicht ausgeschlossen, daß die Finanzverwaltung auch bei anderen, in den Erlassen gar nicht angesprochenen Vertragskonstruktionen das Leasingobjekt ebenfalls dem Leasinggeber zurechnen würde.

Im Interesse der eigenen steuerrechtlichen Sicherheit orientieren sich die Anbieter von Leasingleistungen allerdings in aller Regel an den Vorgaben der Erlasse und gestalten ihre Verträge standardmäßig „erlaßkonform" aus. Mithin kann in der Praxis zumeist davon ausgegangen werden, daß die steuerliche Zurechnung des Leasingobjektes zum Leasinggeber erfolgt, der Leasingnehmer mithin die Leasingraten in voller Höhe steuermindernd absetzen kann.

Von der *steuerlichen* Zurechnung grundsätzlich zu trennen ist die Frage, wie die Unternehmen Objekte, die Gegenstand von Leasingverträgen sind, und die mit diesen Verträgen verknüpften Zahlungen im *handelsrechtlichen* Jahresabschluß zu erfassen haben. Die im Schrifttum dazu vertretenen Ansichten sind keineswegs einheitlich. In der praktischen Handhabung allerdings orientiert man sich, soweit erkennbar, ganz überwiegend an der steuerlichen Behandlung. Mithin werden die Leasingobjekte in aller Regel beim Leasinggeber aktiviert und bei ihm abgeschrieben, während die Leasingraten voll ertragswirksam erfaßt werden. Die Bilanz des Leasingsnehmers bleibt hingegen unberührt, während die Leasingraten in seiner Gewinn- und Verlustrechnung als Aufwand erfaßt werden.

2.4.3   Kriterien zur Beurteilung von Leasingangeboten

2.4.3.1 Problemstellung

Leasing stellt häufig *eine* unter mehreren Finanzierungsalternativen dar. Es stellt sich daher die Frage, an Hand welcher Kriterien ein entsprechender Vergleich sinnvollerweise vorgenommen werden sollte. Diese Frage stellt sich umso mehr, als in der Leasingwerbung aber auch in anderen Darstellungen oftmals zahlreiche tatsächliche oder auch nur vermeintliche Vorteile des Leasing gegenüber anderen Finanzierungsmöglichkeiten sehr plakativ und suggestiv herausgestellt werden und der Adressat dieser Aussagen oftmals gar nicht in der Lage ist, die vorgetragenen Argumente sachgerecht zu würdigen.

Um beispielhaft zu verdeutlichen, wie man bei einer hier erforderlichen Vorteilhaftigkeitsanalyse grundsätzlich vorgehen könnte, wollen wir uns auf folgenden Vergleich beschränken:

Ein fest vorgegebener Investitionsgegenstand kann entweder im Wege des Leasing beschafft oder käuflich erworben und durch Beanspruchung vorhandener Kreditlinien sowie Aufnahme weiterer Darlehen finanziert werden, wobei das gekaufte Objekt im Wege der Sicherungsübereignung oder der grundpfandrechtlichen Belastung als Kreditsicherheit fungiert. Bei dem damit angesprochenen Vergleich „Leasing versus Kreditkauf" ist es zweckmäßig, in zwei Schritten vorzugehen und

–   in einem ersten Schritt diejenigen Konsequenzen der beiden Finanzierungsalternativen gegenüberzustellen, die sich eindeutig in monetären Größen quantifizieren lassen (s. Abschnitt 2.4.3.2), und

–   in einem zweiten Schritt sonstige Effekte zu vergleichen, die sich nicht unmittelbar quantifizieren lassen, nichtsdestoweniger aber entscheidungsrelevant sein können (s. Abschnitt 2.4.3.3).

2.4.3.2 Quantitative Analyse

Zur beispielhaften Verdeutlichung betrachten wir die Anschaffung einer maschinellen Anlage mit einem Anschaffungspreis von 2 Mio. Euro.[1] Für die Maschine soll eine Nutzungsdauer von 5 Jahren und eine lineare Abschreibung über diese Nutzungsdauer unterstellt werden. Zu dieser Maschine mögen folgende – einem realen Fall nachgebildete, aber vereinfacht dargestellte – Finanzierungsangebote einer Bank und einer Leasinggesellschaft vorliegen:

Kredit über 2 Mio. Euro, Laufzeit 4 Jahre, zu verzinsen und zu tilgen in 3 gleichbleibenden nachschüssigen Jahresraten von 600.000 Euro und einer Abschlußzahlung am Ende des 4. Jahres von 617.311 Euro, was einer Verzinsung von 8% auf die jeweilige Restschuld zu Jahresbeginn entspricht.

Leasing mit einer Grundmietzeit von 3 Jahren; die jährlich nachschüssig fällige Leasingrate beträgt 564.000 Euro; am Ende der Grundmietzeit, also am Ende des dritten Jahres, wird die Maschine auf Grund des vorgesehenen Andienungsrechtes für 800.000 Euro an den Leasingnehmer veräußert.

Der Einfachheit halber wird unterstellt, daß die mit dem Betrieb der Maschine verbundenen Aufwendungen für Versicherungen, Kostensteuern, Pflege etc. in beiden Fällen genau übereinstimmen und die Anlage am Ende des vierten Jahres verkauft wird, wobei der Resterlös unabhängig von der zuvor gewählten Finanzierungsform ist.

Die quantitative Analyse kann sich in diesem Fall auf den Vergleich der unmittelbar aus den Verträgen resultierenden Zahlungsströme sowie der daraus folgenden steuerlichen Effekte beschränken. Ohne die Berücksichtigung steuerlicher Aspekte lassen sich die beiden Alternativen aus Sicht des Leasingnehmers zunächst durch folgende Zahlungsreihen verdeutlichen:

---

1 Beiden Finanzierungsvarianten ist der gleiche Wert für die Anschaffungskosten zugrundegelegt worden. Ist dies nicht der Fall (weil z.B. bei Kauf ein zusätzlicher Rabatt ausgehandelt werden kann oder, umgekehrt, die Leasinggesellschaft günstigere Einkaufsbedingungen durchsetzen kann), so schlägt sich das in entsprechend modifizierten Zahlungsreihen nieder.

Zahlungsreihen	Kreditkauf	Leasing
Startzeitpunkt	– [1]	–
1. Jahr	– 600.000 Euro	– 564.000 Euro
2. Jahr	– 600.000 Euro	– 564.000 Euro
3. Jahr	– 600.000 Euro	– 1.364.000 Euro[3]
4. Jahr	– 617.311 Euro[2]	– [2]

1) Die Zahlung des Kaufpreises von 2 Mio. Euro wird durch die Aufnahme des Kredits gerade ausgeglichen. 2) Der Erlös aus dem Verkauf der Anlage am Ende des vierten Jahres fällt bei beiden Varianten in gleicher Höhe an und kann daher unberücksichtigt bleiben. 3) Neben der Leasingrate ist der Restkaufpreis von 800.000 Euro fällig.

Tab. 2.07:   Zahlungsreihe von Leasing und Kreditkauf ohne Steuern

Da Leasing einerseits und Kreditkauf andererseits in aller Regel mit unterschiedlichen steuerlichen Konsequenzen verbunden ist, stellen die in der Tabelle dargestellten *Zahlungsreihen vor Steuern* allein allerdings noch keine sinnvolle Beurteilungsbasis dar. Vielmehr sind zusätzlich die steuerlichen Auswirkungen der beiden Finanzierungsvarianten in die Betrachtung mit einzubeziehen. Dazu gehen wir von folgenden vereinfachenden Annahmen über die steuerlichen Gegebenheiten aus:

–   Es werden **keine Substanzsteuern** berücksichtigt. In der Realität existieren zwar Substanzsteuern, insbesondere die Vermögensteuer und die Gewerbekapitalsteuer. Seit 1997 ist die Vermögensteuer weggefallen und die Gewerbekapitalsteuer wird nicht mehr erhoben. Da die Höhe von Substanzsteuern aber in der Vergangenheit ohnehin so gering blieb, daß diese kaum Auswirkungen auf einen Vorteilhaftigkeitsvergleich hatten, erscheint die Vernachlässigung von Substanzsteuern wenig gravierend.

–   Es werden zwei Arten von Ertragsteuern berücksichtigt. Als Bemessungsgrundlage der **Ertragsteuer I** wird der Saldo aller Aufwendungen und Erträge des abgelaufenen Geschäftsjahres und als Steuersatz werden 40% unterstellt. Als Bemessungsgrundlage der **Ertragsteuer II** wird ebenfalls der Saldo aller Aufwendungen und Erträge unterstellt. Allerdings sollen Zinsaufwendungen in die Berechnung dieser Bemessungsgrundlage nur zu 50% eingehen. Für Ertragsteuer II wird ein Steuersatz von 10% unterstellt. Ertragsteuerzahlungen der jeweils anderen Kategorie bleiben in den Bemessungsgrundlagen beider Steuern unberücksichtigt. Die Zahlung beider Steuern wird am Ende eines Geschäftsjahres fällig.

Die Ertragsteuer II könnte damit in etwa als die in der Realität anzutreffende Einkommen- bzw. Körperschaftsteuer interpretiert werden und Ertragsteuer II in etwa als Gewerbeertragsteuer. Mit den hier unterstellten ertragsteuerlichen Annahmen wird von einer Vielzahl real existierender Detailregelungen abstrahiert. Z.B. wird abstrahiert von Freibetragsregelungen, Unterschieden zwischen Thesaurierungs- und Ausschüttungsbelastung, Unterschieden zwischen gewerblichen und sonstigen Einkünften, regionalen Unterschieden in der Höhe des Steuersatzes, Unterschieden zwischen Dauerschuldverhältnissen und sonstigen Schuldverhältnissen, Steuervorauszahlungen und Abschlußzahlungen etc. Da diese Detailregelungen je nach konkretem Einzelfall oft nur in unterschiedlichem Maße relevant sind und zudem einem stetigen Wandel unterliegen, erscheint es allerdings zur Vermittlung des grundsätzlichen Rechenkonzeptes sinnvoll, von diesen Detailregelungen zu abstrahieren.

Aus den Vorgaben ergeben sich für die beiden Finanzierungsalternativen dann die in den folgenden Tabellen dargestellten steuerlichen Konsequenzen. Mit einem – (+) versehene Zahlen bezeichnen dabei steuerliche Mehrbelastungen (Einsparungen). In der Darstellung bleiben steuerliche Wirkungen von Abschreibungen im vierten Jahr und des Resterlöses unberücksichtigt, da diese bei Leasing und Kaufvariante in gleicher Höhe anfallen.

Kreditkauf				
	1. Jahr	2. Jahr	3. Jahr	4. Jahr
Restschuld	2.000.000	1.560.000	1.084.800	571.584
Zinsen	160.000	124.800	86.784	45.727
Abschreibung[1]	400.000	400.000	400.000	–
Ertragsteuer I				
– Minderung der				
Bemessungsgrundlage[2]	– 560.000	– 524.800	– 486.784	– 45.727
– Steuereinsparung	+ 224.000	+ 209.920	+ 194.714	+ 18.291
Ertragsteuer II				
– Minderung der				
Bemessungsgrundlage[3]	– 480.000	– 462.400	– 443.392	– 22.863
– Steuereinsparung	+ 48.000	+ 46.240	+ 44.339	+ 2.286
Summe der Steuereinsparung	+ 272.000	+ 256.160	+ 239.053	+ 20.577
Leasing				
Leasingrate	564.000	564.000	564.000	–
Ertragsteuer I				
– Minderung der				
Bemessungsgrundlage	– 564.000	– 564.000	– 564.000	–
– Steuereinsparung	+ 225.600	+ 225.600	+ 225.600	–
Ertragsteuer II				
– Minderung der				
Bemessungsgrundlage	– 564.000	– 564.000	– 564.000	–
– Steuereinsparung	+ 56.400	+ 56.400	+ 56.400	–
Summe der Steuereinsparung	+ 282.000	+ 282.000	+ 282.000	–

1) Die Abschreibung im vierten Jahr bleibt unberücksichtigt, da dann nach der Konstruktion des Beispiels bei der Leasingvariante eine Abschreibung in gleicher Höhe anfällt.

2) Die Bemessungsgrundlage vermindert sich um die Summe aus Zinsen und Abschreibungen.

3) Die Bemessungsgrundlage vermindert sich um die Summe aus 50% der Zinsen und den vollen Abschreibungen.

Tab. 2.08:   Steuerliche Konsequenzen von Kreditkauf und Leasing

Faßt man die unmittelbaren Zahlungseffekte und die Steuereffekte beider Finanzierungsvarianten jeweils zusammen, so ergeben sich die in folgender Tabelle dargestellten Zahlungsreihen nach Steuern.

Kreditkauf				
	1. Jahr	2. Jahr	3. Jahr	4. Jahr
Zahlung vor Steuern	– 600.000	– 600.000	– 600.000	– 617.311
+ Steuereinsparung	+ 272.000	+ 256.160	+ 239.053	+ 20.577
= Zahlung nach Steuern	– 328.000	– 343.840	– 360.947	– 596.734
Leasing				
	1. Jahr	2. Jahr	3. Jahr	4. Jahr
Zahlung vor Steuern	– 564.000	– 564.000	– 1.364.000	–
+ Steuereinsparung	+ 282.000	+ 282.000	+ 282.000	–
= Zahlung nach Steuern	– 282.000	– 282.000	– 1.082.000	–

Tab. 2.09:   Zahlungsreihe von Leasing und Kreditkauf mit Steuern

Per Saldo ist die Leasingvariante also im ersten, zweiten und vierten Jahr mit niedrigeren Auszahlungen verbunden, bringt allerdings zum Ende der Grundmietzeit im dritten Jahr eine erheblich höhere Zahlungsbelastung. Eine eindeutige Aussage über die Vorteilhaftigkeit der einen oder der anderen Variante, ist wie ganz allgemein, so auch in diesem Fall also wiederum erst auf der Basis weiterer finanzmathematischer Operationen möglich. Im praktischen Anwendungsfall empfiehlt es sich dabei allerdings, zusätzlich die aus den unterjährlichen Zahlungen resultierenden Zinseffekte und die damit weiterhin verbundenen steuerlichen Auswirkungen zu erfassen.

In unserem Beispiel zeigt eine nähere finanzmathematische Analyse, daß bei den vorliegenden Daten die Kreditkaufvariante sowohl für einen Privatmann, der keinerlei steuerliche Effekte zu beachten hat, als auch für ein Unternehmen, das die dargestellten Steuerwirkungen zusätzlich ins Kalkül ziehen muß, die günstigere Alternative darstellt. Dieses Ergebnis kann natürlich nicht verallgemeinert werden. Immerhin reicht dieses Beispiel jedoch aus, um die in der Leasingwerbung gelegentlich suggerierte Vorstellung zu widerlegen, bei Einbeziehung aller steuerlichen Effekte sei das Leasing quasi zwangsläufig die günstigere Finanzierungsform.

Aufgabe 2.11

Die ALPHA-GmbH will eine Maschine beschaffen, die Anschaffungskosten betragen 100.000 Euro; die Abschreibungsdauer (bei linearer Abschreibung) beträgt 5 Jahre. Der AL-PHA-GmbH liegen die beiden folgenden Finanzierungsangebote vor:

– Kredit über 100.000 Euro; Laufzeit 4 Jahre; Tilgung in 4 gleichen Raten jeweils zum Jahresende; Zinsen 10% pro Jahr auf die zu Jahresbeginn vorhandene Restschuld, zahlbar am Jahresende.

– Leasing für 4 Jahre; jährlich am Jahresende fällige Leasingrate 30.000 Euro.

Stellen Sie die zahlungsmäßigen Konsequenzen für die ALPHA-GmbH tabellarisch dar, die mit diesen beiden Finanzierungsvarianten verbunden sind, sowohl mit als auch ohne Berücksichtigung von Steuern. Gehen Sie von den im Studientext angegebenen Steuersätzen und Prämissen aus und unterstellen Sie dabei, daß die Maschine im Falle des Kaufes zum Ende des 4. Jahres für genau 10.000 Euro verkauft werden kann!

2.4.3.3 Qualitative Analyse

Auf Grund der Verschiedenartigkeit der rechtlichen Rahmendaten, die für Leasing und Kreditkauf maßgeblich sind, sowie der Geschäftspolitik von Leasingunternehmen und Kreditinstituten bedarf ein fundierter Vergleich der beiden Finanzierungsinstrumente über die Betrachtung der unmittelbar quantifizierbaren monetären Konsequenzen hinaus der Analyse weiterer, sog. qualitativer Aspekte. Es ist im Rahmen dieses Kurses unmöglich, die Vielzahl möglicherweise auftretender Effekte dieser Art umfassend zu behandeln. Wir wollen uns daher auf die folgenden vier Aspekte beschränken, denen in den meisten praktischen Anwendungsfällen das größte Gewicht zukommen dürfte.

(1) Restnutzung bei unterschiedlicher Nutzungsdauer

Das Beispiel im vorigen Abschnitt war so konstruiert, daß das Investitionsobjekt bei beiden Finanzierungsvarianten gleich lange betrieblich genutzt und schließlich von dem Unternehmen veräußert wird. In der Realität muß dies allerdings keineswegs der Fall sein. Je nach der Ausgestaltung des Leasingvertrages kann vielmehr auch die Situation auftreten, daß das Objekt dem Unternehmen nach Ablauf der Grundmietzeit definitiv nicht mehr zur Verfügung steht, während es im Falle des Kreditkaufs selbstverständlich weiter genutzt werden kann.

In diesem Fall muß der Nutzen, den das Unternehmen noch aus dem Objekt ziehen könnte, zusätzlich *zu Lasten der Leasingvariante* in das Kalkül einbezogen werden. Die einfachste Möglichkeit dazu ist dann gegeben, wenn angenommen werden kann, daß das Unternehmen das Objekt auch im Fall des Kaufs im gleichen Zeitpunkt wie beim Leasing verkaufen würde. In einem quantitativen Vergleich der im vorigen Abschnitt beschriebenen Art wäre der geschätzte Veräußerungserlös dann der Kaufvariante zusätzlich „gutzuschreiben".

Ist hingegen anzunehmen, daß das Objekt im Fall des Kaufs – im Gegensatz zum Leasing – noch für eine gewisse Zeit genutzt würde, so müßte versucht werden, die daraus resultierenden Nettovorteile abzuschätzen und *zu Gunsten* der Kaufvariante zu berücksichtigen. Wäre hingegen davon auszugehen, daß *der Leasinggegenstand* bei Vertragsende sofort im Wege des Leasing oder des Kaufs durch einen neuen ersetzt würde, so müßten die daraus resultierenden Finanzierungskosten ebenso wie im Vergleich zu dem alten Objekt eventuell eintretende Einsparungen sonstiger Kosten oder Mehrerträge abgeschätzt und zu Lasten bzw. zu Gunsten der Leasingvariante erfaßt werden. Es bedarf keiner Erläuterung, daß es sich dabei um Schätz- und Prognoseprobleme handelt, für die in der praktischen Anwendung oftmals kaum eine eindeutige Lösung gefunden werden kann. Dies rechtfertigt es jedoch keineswegs, derartige Aspekte einfach zu vernachlässigen, wie das in einschlägigen Darstellungen aus der Leasingbranche nicht selten geschieht.

Gelegentlich wird sogar versucht, aus der Not eine Tugend zu machen und behauptet, Leasing erleichtere die Erneuerung des Anlagenparks und die Anpassung an den technischen Fortschritt. Wenn die Finanzierungsform überhaupt einen Einfluß auf die genannten Phänomene hat, dürfte eher das Gegenteil richtig sein. Denn, wie wir unten noch näher sehen werden, erlaubt der kreditfinanzierte Kauf in aller Regel jederzeit – und nicht nur gerade bei Ende der Grundmietzeit – flexiblere Möglichkeiten zur Anpassung an sich ändernde Gegebenheiten. Und selbst wenn die im Vergleich zur betriebsgewöhnlichen Nutzungsdauer kürzere Grundmietzeit gerade die im Hinblick auf die Anpassung an den technischen Fortschritt optimale Nutzungsdauer wäre, so ist der Investor ja in keiner Weise daran gehindert, dies auch im Wege des Kreditkaufs entsprechend zu handhaben.[1] Und auch die in diesem Zusammenhang suggerierte Vorstellung, die Leasinggesellschaften wüßten eigentlich besser als die investierenden Unternehmen, in welchem Rhythmus Anlagen erneuert werden sollten, überzeugt nicht.

---

1   Dies schließt nicht aus, daß das Unternehmen selbst u.U. nur einen niedrigeren Erlös für das gebrauchte Investitionsobjekt erzielen kann als die Leasinggesellschaft. Ein solcher Verwertungsvorsprung der Leasinggesellschaft ist für den Leasingnehmer jedoch nur dann von Bedeutung, wenn er davon in irgendeiner Weise profitiert. Je nach Vertragsgestaltung kann das etwa in Form entsprechend niedriger Leasingraten oder durch Teilhabe am Liquidationserlös der Fall sein. Genau diese Komponenten sind jedoch Gegenstand der quantitativen Analyse, so daß es insoweit nicht nur überflüssig, sondern sogar falsch wäre, diesen Aspekt zusätzlich noch einmal als "qualitatives" Argument zu werten.

(2)   Unterschiede in der Finanzierungswirkung

Im Einzelfall ist es möglich, daß die Leasinggesellschaft bereit ist, das Objekt zu 100% zu finanzieren, während ein Kreditinstitut nur bereit ist, auf das Objekt einen geringeren Kredit zu gewähren. Um den Kauf dennoch durchzuführen, muß der Investor mithin den Fehlbetrag entweder aus frei verfügbaren Mitteln und ungenutzten Kreditlinien aufbringen oder gegen Stellung weiterer Sicherheiten einen zusätzlichen Kredit aufnehmen. In allen Fällen wird der dem Investor noch verbleibende Finanzierungsspielraum bei der Entscheidung für das Leasing also weniger stark eingeschränkt als beim Kauf. Wenn damit zu rechnen ist, daß der Finanzierungsspielraum des Investors in den kommenden Jahren effektiv an seine Grenzen stößt oder bei der Entscheidung für den Kauf zumindest auf teurere Finanzierungsformen übergegangen werden muß, so kann die größere Finanzierungswirkung des Leasing somit zweifellos einen in Rechnung zu stellenden Vorteil darstellen.[1]

Entgegen einem in der Leasingwerbung verbreiteten Slogan ist es allerdings keineswegs zwingend, daß nur Leasing eine 100%-ige Objektfinanzierung erlaubt. Diese Aussage ist in zweifacher Hinsicht zu modifizieren:

–   Zum einen geben sich auch Leasinggesellschaften keineswegs blindlings mit der Sicherung ihrer Ansprüche an den Leasingnehmer durch das Objekt allein zufrieden. Je nach Einschätzung der Bonität des Kunden werden u.U. ebenfalls zusätzliche Sicherheiten oder bei Vertragsabschluß fällige Vorauszahlungen verlangt.

–   Zum anderen sind auch Kreditinstitute im Einzelfall je nach Bonität des Kunden und der Art des Investitionsobjektes bereit, die Anschaffung zu 100% mit einem Kredit zu finanzieren.

Es kommt also letztlich immer auf die Gegebenheiten des Einzelfalles an, wobei zusätzlich zu beachten ist, daß von verschiedenen Leasinggesellschaften ebenso wie von verschiedenen Banken unter Umständen unterschiedliche Angebote erwartet werden können. Allgemeingültige Aussagen nach Art des oben genannten Slogans sind nicht möglich. Allerdings könnten folgende drei Gründe dafür sprechen, daß Leasinggesellschaften tendenziell eher zu einer 100%-igen Objektfinanzierung bereit sind als Banken:

–   Zum ersten kann eine Leasinggesellschaft im möglichen Insolvenzfall des Leasingnehmers auf Grund des ihr zustehenden **Aussonderungs-**

---

1   Bei der im Abschnitt 2.4.3.2 mehrfach angedeuteten aber nicht weiter durchgeführten, finanzmathematischen Analyse der Zahlungsströme kann der Umstand unterschiedlicher Finanzierungskosten allerdings in gewissem Umfang unberücksichtigt werden, stellt insoweit also keinen zusätzlichen "qualitativen" Aspekt dar.

rechtes die Realisierung der eigenen Ansprüche schneller betreiben und über einen etwaigen Verwertungserlös freier verfügen als ein Kreditgeber, dem als Sicherungseigentümer oder Grundpfandrechtsgläubiger nur ein Absonderungsrecht zusteht.

– Zum zweiten verfügen Leasinggesellschaften auf Grund ihrer eigenen Tätigkeit, z.b. auf dem Gebrauchtmaschinen- oder Immobilienmarkt, oder ihrer Anbindung an eine entsprechende Handelsorganisation oftmals über ein höheres **Verwertungs-Know-How** als Kreditinstitute, für die die Verwertung etwa einer gebrauchten Maschine nicht zum üblichen Tagesgeschäft gehört.

– Zum dritten kann nicht ausgeschlossen werden, daß die Leasinggesellschaften insgesamt – zumindest in der Vergangenheit – bereit waren, **höhere Risiken** zu übernehmen als die Banken. In der zweiten Hälfte der 80er Jahre hat dies allerdings etliche auch sehr namhafte Leasinggesellschaften in ganz erhebliche wirtschaftliche Schwierigkeiten gebracht. Seitdem ist in der Leasingbranche tendenziell ein gewisser Rückgang der Risikobereitschaft zu erkennen.

(3) Bilanzwirksamkeit von Leasingverträgen

Wie oben bereits dargestellt wurde, werden Leasinggegenstände in aller Regel vom Leasingnehmer ebenso wenig bilanziert wie die aus dem Leasingvertrag resultierenden Verpflichtungen. Im Vergleich zum Kreditkauf werden also das Anlagevermögen, die Verbindlichkeiten und dementsprechend auch die Bilanzsumme niedriger ausgewiesen. In einschlägigen Darstellungen wird dieser Umstand häufig in recht blumigen Formulierungen („Schonung der Bilanz" etc.) als weiterer Vorteil des Leasing angepriesen, ohne allerdings weiter zu begründen, welchen Nutzen der Leasingnehmer daraus ziehen sollte. Im einzelnen könnten folgende drei Aspekte zu beachten sein:

– Unter Umständen kann die Leitung eines Unternehmens ein Interesse daran haben, bestimmte Investitionen vor gewissen Bilanzlesern geheimzuhalten, z.B. vor Konkurrenten, Abnehmern oder Lieferanten. Diese Absicht kann durch die Finanzierung im Wege des Leasing in aller Regel eher realisiert werden als bei einem kreditfinanzierten Kauf. Allerdings ist zu beachten, daß im Sinne von § 267 HGB „große" und „mittelgroße" Kapitalgesellschaften gem. § 285 Nr. 3 HGB verpflichtet sind, den Gesamtbetrag der aus der Bilanz nicht erkennbaren sonstigen finanziellen Verpflichtungen in einem gesonderten Anhang anzugeben; dazu zählen insbesondere Verpflichtungen aus Leasingverträgen.

–   Für verschiedene Bilanzkennzahlen, z.b. die Relation von Anlage-
    vermögen zu Eigenkapital oder den Quotienten aus Fremd- und Ei-
    genkapital, ergeben sich beim Leasing niedrigere und damit nach gän-
    giger Interpretation „günstigere" Werte. Dies – so wird gelegentlich
    argumentiert – erhöht die Kreditwürdigkeit des Unternehmens und
    erleichtert somit weitere Finanzierungsmöglichkeiten. In der Tat ist es
    richtig, daß professionelle Kreditgeber, insbesondere Banken, bei der
    Kreditwürdigkeitsanalyse unter anderem auch derartige Kennzahlen
    beachten. In aller Regel wird dabei jedoch nicht unmittelbar auf den
    vorgelegten Jahresabschluß zurückgegriffen. Dieser wird vielmehr
    durch verschiedene Korrekturen der Ausgangsdaten aufbereitet. Dabei
    ist es inzwischen weithin üblich geworden, bestehende Leasingverträ-
    ge abzufragen und in entsprechende Rechnungen einzubeziehen.
    Weiterhin ist zu berücksichtigen, daß die Entscheidung für einen Lea-
    singvertrag im Vergleich zum Kreditkauf – auch bei oberflächlicher
    Betrachtung – keineswegs ausschließlich zu „günstigeren" Kennzah-
    lenwerten führen muß. Vielmehr ist es durchaus möglich, daß andere
    Kennzahlen – z.b. verschiedene Cash-Flow-Relationen – schlechter
    ausfallen.

–   Schließlich knüpfen sowohl das HGB als auch das Publizitätsgesetz
    gewisse auf den Jahresabschluß bezogene Verpflichtungen, insbeson-
    dere Gliederungs-, Offenlegungs- und Prüfungspflichten, an die Grö-
    ße des Unternehmens. Dabei wird die Zugehörigkeit eines Unterneh-
    mens zu einer bestimmten Größenklasse jeweils davon abhängig ge-
    macht, daß *zwei* der drei Kriterien „Umsatz", „Bilanzsumme" und
    Beschäftigtenzahl" oberhalb bestimmter Grenzwerte liegen. Die Mög-
    lichkeit, durch Leasing die Bilanzsumme kleiner zu halten als beim
    Kreditkauf, kann dementsprechend immer dann von Vorteil sein,
    wenn ein Unternehmen dadurch den „Aufstieg" in die nächst höhere
    Größenklasse vermeiden oder zumindest hinauszögern kann. Dies
    setzt voraus, daß von den beiden übrigen Merkmalen gerade eines
    ober- und eines unterhalb eines Grenzwertes liegt und sich die Bilanz-
    summe vor der betrachteten Investition knapp unterhalb der kritischen
    Grenze bewegt.

In den genannten drei Fällen kann die Bilanzunwirksamkeit von Leasingverträgen also in der Tat von Vorteil sein. Ob die dafür notwendigen Voraussetzungen erfüllt sind, muß allerdings in jedem Einzelfall überprüft werden. Aussagen von ganz allgemeiner Gültigkeit hingegen sind auch hier
nicht möglich.

(4) Risikounterschiede

Als letzter wichtiger Aspekt ist die Frage zu untersuchen, inwieweit die Risikosituation des Investors durch die Wahl zwischen Leasing und Kreditkauf beeinflußt wird. Dabei sind vor allem folgende drei Aspekte zu bedenken:

–   Das **Eigentümerrisiko**, also die Gefahr des Unterganges, der Beschädigung etc., liegt beim Kreditkauf ausschließlich beim Investor als Eigentümer. Beim Leasing bleibt hingegen der Leasinggeber Eigentümer. Wie oben bereits erwähnt, sind die in der Praxis zu beobachtenden Leasingverträge jedoch in aller Regel so ausgestaltet, daß der Leasinggeber von allen hier einschlägigen Vermieterpflichten freigestellt wird und das Eigentumsrisiko weitestgehend auf den Leasingnehmer abgewälzt wird. Unter diesem Gesichtspunkt weisen Kreditkauf und Finanzierungsleasing somit üblicherweise keine entscheidungsrelevanten Unterschiede auf.

–   Ähnliches gilt für das **Gewährleistungsrisiko**. Bei Sachmängeln an dem gekauften Objekt stehen dem Käufer die gesetzlichen und vertraglichen Gewährleistungsansprüche gegenüber dem Hersteller oder Lieferanten unmittelbar zu. Außer im Fall des reinen Herstellerleasing ist das bei Leasing zunächst nicht der Fall, da ja die Leasinggesellschaft und nicht der Investor Vertragspartner des Herstellers oder Lieferanten ist. Die Leasingverträge sehen allerdings standardmäßig vor, daß sämtliche Gewährleistungs-, Garantie- und Schadensersatzansprüche der Leasinggesellschaft gegenüber dem Hersteller oder Lieferanten an den Leasingnehmer abgetreten werden, während zugleich alle Gewährleistungspflichten des Leasinggebers selbst ausgeschlossen werden. Insoweit ergibt sich auch im Hinblick auf das Gewährleistungsrisiko letztlich kein ökonomisch relevanter Unterschied zwischen Kauf und Leasing. Lediglich in dem praktisch wahrscheinlich nicht sehr häufigen Fall der von Anfang an gegebenen Gebrauchsuntauglichkeit des Objektes weist ein Leasingengagement den Vorteil auf, daß der Investor kostenfrei von dem Vertrag zurücktreten und nach eigenem Ermessen anders disponieren kann. Beim Kreditkauf hingegen kann er natürlich ebenfalls nachträglich vom Kaufvertrag zurücktreten, der Kreditvertrag mit seinen Verpflichtungen bleibt davon jedoch zunächst unberührt.

–   Weiterhin ist jeder Investor dem **Fehlinvestitionsrisiko** ausgesetzt, d.h. der Gefahr, daß sich Nutzungsmöglichkeiten des Investitionsobjektes de facto schlechter darstellen als ursprünglich erwartet. Die Gründe dafür mögen von technischen Neuentwicklungen über das Auftreten neuer Konkurrenten, Verschiebungen der Nachfragegewohnheiten bis hin zu Änderungen rechtlicher Vorschriften unterschiedlichster Art reichen. Diesem Risiko ist der Investor unabhängig von der Art der gewählten Finanzierung ausgesetzt, so daß sich auch daraus zunächst kein zusätzliches Entscheidungskriterium zwischen Leasing und Kreditkauf herleiten läßt. Welche Folgen sich aus der Realisierung des Fehlinvestitionsrisikos ergeben, hängt allerdings mitentscheidend davon ab, wie flexibel der Investor auf die eingetretene Situation reagieren kann (**Anpassungsflexibilität**). Unter diesem Gesichtspunkt erweist sich der Kreditkauf in aller Regel als die günstigere Variante, da der Investor in diesem Fall sehr viel leichter, schneller und mit besserer Aussicht auf wirtschaftlichen Erfolg in der Lage ist, die ihm sinnvoll erscheinenden Anpassungsmaßnahmen durchzuführen, die von der Durchführung technischer Änderungen über die vorübergehende Stillegung bis hin zum vorzeitigen Verkauf reichen können. Insbesondere während der unkündbaren Grundmietzeit ist der Leasingnehmer demgegenüber in seiner Anpassungsflexibilität deutlich eingeschränkt.

Als Fazit läßt sich festhalten, daß es sicherlich sinnvoll ist, die auf eine reine Betrachtung der unmittelbar monetär faßbaren Konsequenzen beschränkte quantitative Analyse durch eine Untersuchung qualitativer Gesichtspunkte zu ergänzen, wie wir sie zuletzt unter (1) bis (4) ansatzweise verdeutlicht haben. Dabei hat sich allerdings gezeigt, daß diese Aspekte keineswegs zwingend nur zu Gunsten des Leasing sprechen. Wiederum kommt es auf die Gegebenheiten des jeweiligen Einzelfalls an.

Dieses eigentlich nicht sonderlich überraschende Ergebnis verdient deshalb besondere Betonung, weil nicht nur durch Darstellungen aus der Leasingbranche selbst, sondern auch in Abhandlungen „neutraler" Autoren über Leasing hartnäckig entgegengesetzte Vorstellungen verbreitet werden. Dabei werden die vermeintlichen Vorteile des Leasing oftmals gleich dutzendweise zwar ohne sonderliche Systematik, dafür jedoch mit einer gewissen oberflächlichen Plausibilität präsentiert, die den mit den zugrundeliegenden Sachverhalten nicht hinlänglich vertrauten Leser durchaus in die Irre führen können.

Als Beispiel für ein solches zumindest mißverständliches Werbeargument sei abschließend kurz die häufig verbreitete Behauptung untersucht, Leasing erlaube eine Finanzierung nach dem Prinzip „pay as you earn". Ganz abgesehen von dem Umstand, daß die englische Formulierung in ihrer Kürze wohl die Vorstellung evozieren soll, hier würden Prinzipien erfolgreichen und modernen amerikanischen Managements formuliert, legt dieser Slogan alternativ oder auch kumulativ zwei verschiedene Interpretationen nahe:

– Zum einen kann „pay as you earn" als Hinweis darauf verstanden werden, daß beim Leasing eine sofortige Liquiditätsbelastung in Höhe des Anschaffungspreises vermieden wird und die Zahlungen erst zeitlich mit der betrieblichen Nutzung des Objektes anfallen. Dies ist sicherlich richtig, kann jedoch durch die Koppelung von Kauf- und Kreditvertrag in prinzipiell gleicher Weise erreicht werden. In dieser Interpretation erweist sich „pay as you earn" letztlich als Eigenschaft jeder Art projektbezogener Finanzierung und bezeichnet somit überhaupt keine Besonderheit des Leasing.

–   Zum zweiten suggeriert der Slogan „pay as you earn", die Leasingraten stellten ertrags- oder gewinnabhängige Belastungen dar, die bei schlechter Ertragslage gar nicht oder nur in geringerem Umfang fällig würden. Eine solche Regelung ist in aller Regel jedoch nicht anzutreffen, vielmehr stellen die Leasingraten genau wie der Kapitaldienst aus Krediten üblicherweise feste, von der Ertragslage völlig unabhängige Zahlungsverpflichtungen dar. Insoweit übermittelt „pay as you earn" also gar nichts anderes als eine falsche Botschaft. „Pay - whether you earn or not" wäre sicherlich sehr viel korrekter, nur eben nicht werbewirksam.

In ähnlicher Weise erweisen sich auch etliche andere Slogans, mit denen vermeintlich vorteilhafte Eigenschaften des Leasing ins rechte Licht gerückt werden sollen, bei näherer Analyse als zumindest äußerst mißverständliche, wenn nicht gar irreführende Aussagen. Das alles ändert auf der anderen Seite natürlich nichts daran, daß je nach den Gegebenheiten des konkreten Einzelfalls Leasing durchaus die günstigere Finanzierungsalternative darstellen kann. Woraus eine solche Vorteilhaftigkeit möglicherweise resultieren kann, wird im folgenden Abschnitt in Grundzügen verdeutlicht.

2.4.3.4 Mögliche Leasing-Vorteile

Funktionsanalytisch kann Leasing insofern als eine Form der Arbeitsteilung angesehen werden, als der Investor das Objekt im Gegensatz zum Kreditkauf nicht selbst beschafft, finanziert, versteuert und am Ende verwertet, sondern diese Funktionen der Leasinggesellschaft überläßt. Wie bei allen Formen der Arbeitsteilung kann dies immer dann für beide Seiten Vorteile bringen, wenn dadurch insgesamt Kosten eingespart oder zusätzliche Erträge erzielt werden. Für derartige komparative Vorteile zugunsten des Leasing sind vor allem folgende Ansatzpunkte denkbar.

(1)   Niedrige Anschaffungs- oder Herstellungskosten

Bei der Beschaffung von Leasinggegenständen kann eine Leasinggesellschaft unter Umständen als Großeinkäufer günstigere Preise durchsetzen, als das dem Investor alleine möglich wäre. Beim Immobilienleasing ist zudem vorstellbar, daß entsprechend ein spezialisiertes Leasingunternehmen die während der Bauphase notwendigen Planungs- und Überwachungsaktivitäten effektiver vornehmen und damit eine Senkung der Herstellungskosten bewirken kann.

(2)   Niedrige laufende Kosten

Weiterhin ist es möglich, daß bestimmte laufende Kosten, die der Sache nach auch beim Kreditkauf entstehen, niedriger ausfallen, wenn sie bei der Leasinggesellschaft und nicht bei dem Investor selbst entstehen. So ist es etwa vorstellbar, daß sich eine Leasinggesellschaft als großer Kunde oder eventuell auch als Tochterunternehmen eines Kreditinstituts zu Zinssätzen refinanzieren kann, die niedriger sind als die Finanzierungskosten, die der Investor selbst als Kreditnehmer zu tragen hätte. Ebenso ist es vorstellbar, daß die Leasinggesellschaft beim Abschluß von Versicherungs- oder Wartungsverträgen günstigere Konditionen erzielen kann. Schließlich ist es auch möglich, daß die Steuerlast, die beim Leasingnehmer und -geber entsteht, insgesamt niedriger ausfällt als die steuerliche Belastung, die der Investor im Falle des Kreditkaufs alleine zu tragen hätte. Insbesondere im Bereich der Gewerbesteuer sind derartige Einsparungen möglich, sei es allein schon auf Grund unterschiedlicher Hebesätze, sei es wegen der Ausnutzung steuerlicher Sondervorschriften, die zwar die Leasinggesellschaften, nicht jedoch der Investor selbst in Anspruch nehmen können.

(3)   Höhere Verwertungserlöse

Bei solchen Leasingverträgen, bei denen das Objekt am Ende der Vertragslaufzeit von der Leasinggesellschaft verwertet wird, kann ein weiterer Vorteil daraus resultieren, daß dieser auf Grund des oben schon erwähnten höheren Verwertungs-Know-How dabei geringere Transaktionskosten entstehen und ein höherer Preis erzielt wird.

Übersteigen etwaige Vorteile der genannten Art in ihrer Gesamtheit die Verwaltungs- und Vertriebskosten, die der Leasinggesellschaft natürlich auch entstehen, so entsteht ein Potential an Nettovorteilen, von dem bei geeigneter Vertragsgestaltung beide Vertragsparteien profitieren können.

Ein weiterer Vorteil von Leasingverträgen könnte daraus resultieren, daß dabei gewisse Risiken anders verteilt werden als beim Kreditkauf. Führt dies zu einer Risikoallokation, bei der die Risiken auf den Marktpartner verlagert werden, der sie z.B. auf Grund besserer Diversifikationsmöglickeiten leichter tragen kann, so begründet dies ebenfalls ein Potential für beiderseits vorteilhafte Vertragsgestaltungen. Im Bereich von Leasingverträgen kommen hier insbesondere die bereits mehrfach erwähnten Verwertungsrisiken in Betracht. Außerdem ist es denkbar, daß die vergleichsweise weitgehenden Einschränkungen der Verfügungsmöglichkeit des Leasingnehmers über das Leasingobjekt zu einer Reduzierung der Geldgeberrisiken beitragen können, was wiederum Spielraum dafür eröffnet, die wie in Kredit- so auch in Leasingkonditionen implizit enthaltenen Risikoprämien herabzusetzen.

2.4.4   Der deutsche Leasingmarkt

Das Transaktionsvolumen auf dem deutschen Leasingmarkt ist seit über 20 Jahren ständig gestiegen und hat inzwischen eine auch gesamtwirtschaftlich beachtliche Größenordnung erreicht. So belief sich das Volumen der im Wege des Leasing finanzierten Investitionen nach Angaben des IFO-Instituts im Jahre 1996 auf mehr als 66,5 Mrd. DM; das entspricht einem Anteil von deutlich über 13% an allen gesamtwirtschaftlichen Investitionen.[1] Will man diese Globalangaben etwas differenzieren, so liegt es nahe, jeweils die Anbieter, die Nachfrager und die Objekte von Leasingverträgen näher zu betrachten.

Im Hinblick auf die Anbieter von Leasingleistungen wird üblicherweise zwischen Herstellerleasing und institutionellem Leasing unterschieden. Beim Herstellerleasing tritt

– das Hersteller- oder Händlerunternehmen selbst oder

– eine im Konzern des Hersteller- oder Händlerunternehmens befindliche „Leasing-Tochter"

als Leasinggeber auf. In diesem Zusammenhang wird das Angebot von Leasingleistungen oftmals weniger als eigenständiges Geschäft zur Gewinnerzielung angesehen, sondern als Instrument zur Absatzförderung. Dieses Modell hat insbesondere in der Automobilbranche in den letzten Jahren weite Verbreitung gefunden; dementsprechend zählen die Leasinggesellschaften einiger großer deutscher Automobilkonzerne auch zu den kapital- und umsatzstärksten Anbietern auf dem Leasingmarkt.

Institutionelles Leasing wird demgegenüber durch hersteller- und händlerunabhängige Anbieter von Leasinggeschäften betrieben. Dabei handelt es sich ganz überwiegend um Unternehmen, deren Anteile von Kreditinstituten und anderen Finanzintermediären gehalten werden. Bezüglich der Absatzpolitik dieser Leasinggesellschaften haben insbesondere die folgenden drei Varianten Bedeutung:

(1)   Institutionelles Leasing im engeren Sinne

Die Leasinggesellschaft selbst bemüht sich um die Gewinnung von Kunden, denen sie Leasing als Variante zur Finanzierung eines von dem Kunden selbst ausgesuchten oder in Auftrag gegebenen Investitionsprojektes anbietet. Insbesondere im Bereich des Immobilienleasing (s.u.) werden derartige Offerten oftmals durch umfangreiche Angebote von Planungs-, Überwachungs- und sonstigen Serviceleistungen ergänzt.

---

1   Vgl. STÄDTLER (1998), S. 2.

(2)   Vertriebsleasing

Die Leasinggesellschaft arbeitet mit mehreren Hersteller- oder Handelsunternehmen in der Weise zusammen, daß letztere weitgehend die Kundenkontakte übernehmen und diesen als Instrument der eigenen Absatzförderung die Vermittlung eines Leasingvertrages mit der kooperierenden Leasinggesellschaft anbieten.

(3)   Drittvertriebsleasing

Die Leasinggesellschaft arbeitet mit einem oder mehreren Kreditinstituten in der Weise zusammen, daß diese ihren Kunden in Ergänzung verschiedener anderer Finanzierungsmöglichkeiten die Vermittlung eines Leasingvertrages mit einer Leasinggesellschaft anbieten. Mehrere Banken oder Bankengruppen haben in den letzten Jahren zu diesem Zweck eigene Leasingunternehmen gegründet.

Die **Nachfrager** nach Leasingleistungen sind insbesondere Unternehmen, aber auch – mit wachsenden Zuwachsraten in den letzten Jahren – Selbständige und private Haushalte. Nach den oben bereits zitierten Angaben des IFO-Instituts durch STÄDTLER (1998) entfielen 1996 von den gesamten Leasinginvestitionen

–   auf das verarbeitende Gewerbe 21,3%,

–   auf die Anbieter sonstiger Dienstleistungen wie Hotels und Gaststätten, Verlage und Werbeagenturen bis hin zu Ärzten, Rechtsanwälten, Architekten etc. 18,3%,

–   auf die Anbieter im Bereich „Verkehr und Nachrichtenübermittlung" 16,5%,

–   auf den Handel 15,0% und

–   auf die privaten Haushalte 10,6%.

Bezüglich der Leasingobjekte unterscheidet man allgemein zwischen **Immobilien- und Mobilienleasing**, deren Bedeutung in den letzten Jahren unterschiedlich war. Die Quote an den gesamten Neuinvestitionen wuchs beim Mobilien-Leasing von 18,9% im Jahr 1996 auf 19,3% im Jahr 1997 an, beim Immobilien-Leasing sank sie leicht von 6,4% auf 6,3%. Das Mobilienleasing erfaßt inzwischen fast alle Arten von Investitionsgütern und auch zunehmend langlebige Konsumgüter. Die weitaus wichtigsten Objekte stellen dabei Fahrzeuge aller Art sowie Büromaschinen einschließlich EDV-Ausstattung dar; nach Angaben des IFO-Instituts wurden 1996 54,5% aller Neuinvestitionen im Fahrzeugbereich von Leasinggesellschaften finanziert (vgl. STÄDTLER 1998).

Aufgabe 2.12:

Beurteilen Sie bitte folgende Werbeaussage einer Leasinggesellschaft:

„Leasing ist eine der modernsten Finanzierungsformen. Anstatt teures Eigentum zu erwerben, nutzen Sie das Leasingobjekt ganz einfach für einen bestimmten Zeitraum. Leasing macht den Leasingnehmer unabhängig. Sie bleiben finanziell beweglich und können ihr Geld anderweitig einsetzen".

2.5 Beteiligung von Finanzintermediären an der Eigenfinanzierung

2.5.1 Grundbegriffe

Nach den in diesem Kurs zugrunde gelegten Definitionen aus Abschnitt 1.1.4 sind Maßnahmen der Eigenfinanzierung dadurch gekennzeichnet, daß einem Unternehmen durch Transaktionen außerhalb des Leistungsbereichs Zahlungsmittel durch Geldgeber zugeführt werden, die dafür gewisse Teilhaberrechte erhalten, denen im Insolvenzverfahren jedoch *keine Gläubigeransprüche* zustehen. Art und Ausgestaltung der Teilhaberrechte hängen zum einen von den durch die Rechtsform des Unternehmens allgemein vorgegebenen gesetzlichen Bestimmungen ab, zum anderen von den darüber hinausgehenden Konkretisierungen durch den jeweiligen Gesellschaftsvertrag. Zu diesen Rechten gehören insbesondere

– das Recht, in bestimmtem Umfang nach individuellem Ermessen Entnahmen zu tätigen, oder der Anspruch auf Beteiligung an einer allgemein beschlossenen Gewinnausschüttung,

– der Anspruch auf Anteil am Liquidationserlös sowie

– bestimmte Mitwirkungs- und Kontrollbefugnisse, die vom einfachen Stimmrecht in der Gesellschafterversammlung bis zur unmittelbaren Beteiligung an der Geschäftsführung reichen können.

Bezüglich der mit dem Erwerb der Teilhaberrechte verbundenen Pflichten ist insbesondere von Bedeutung, ob

– lediglich die Verpflichtung übernommen wird, der Gesellschaft einen bestimmten Einlagebetrag zu erbringen, oder

– auch nach vollständiger Leistung der Einlage immer noch die Verpflichtung besteht, in begrenztem oder unbegrenztem Umfang auch mit dem Privatvermögen für die Verbindlichkeiten des Unternehmens einzustehen.

Bekanntlich hängt dies vor allem von der Rechtsform des Unternehmens ab.

Bilanziell schlagen sich Maßnahmen der Eigenfinanzierung in der Weise nieder, daß einerseits die Position Kasse/Bank um den effektiv eingezahlten Betrag steigt und sich andererseits als Gegenbuchung dazu das Eigenkapital in entsprechendem Umfang erhöht. Bei Kapitalgesellschaften kann es vorkommen, daß der von dem Geldgeber effektiv eingezahlte Betrag hinter der von ihm insgesamt übernommenen Einlagenverpflichtung zurückbleibt. In diesem Fall wird die Position „gezeichnetes Kapital" zwar um den Gesamtbetrag der übernommenen Einlage erhöht, der Betrag der „ausstehenden Einlagen" jedoch davon abgesetzt, so daß das Eigenkapital per Saldo auch nur um den effektiv eingezahlten Betrag steigt.

Beispiel:

Die Bilanz einer GmbH weist folgende Struktur auf:

(Mio. Euro)

Anlagevermögen			Eigenkapital		
Immat. Vermögen	0,9		Gezeichn. Kapital	2,6	
Sachanlagen	2,4		Rücklagen	0,4	3,0
Finanzanlagen	0,6	3,9			
			Rückstellungen		2,9
Umlaufvermögen					
Vorräte	3,1		Verbindlichkeiten		4,1
Forderungen	2,6				
Kasse, Bank	0,4	6,1			—
		10,0			10,0

Im Zuge einer Expansionsstrategie tritt ein neuer Gesellschafter in die Gesellschaft ein und übernimmt einen Gesellschaftsanteil von 800.000 Euro, auf den er sofort 500.000 Euro einzahlt. Die neue Bilanz hat dann folgendes Aussehen (Änderungen in Kursivdruck):

(Mio. Euro)

Anlagevermögen			Eigenkapital		
Immat. Vermögen	0,9		Gezeichn. Kapital	*3,4*	
Sachanlagen		2,4	*(./.) Ausst. Einlagen*	*0,3*	
Finanzanlagen	0,6	3,9	Rücklagen	0,4	*3,5*
Umlaufvermögen			Rückstellungen		2,9
Vorräte	3,1				
Forderungen	2,6		Verbindlichkeiten		4,1
Kasse, Bank	*0,9*	*6,6*			—
		10,5			*10,5*

Die durch Einzahlung auf das Bankkonto erbrachten Einlagen bleiben selbstverständlich in aller Regel nicht in dieser Form erhalten, sondern werden im Zuge der weiteren Geschäftstätigkeit in andere Vermögenswerte umgewandelt, zum Abbau von Verbindlichkeiten herangezogen oder zur Bestreitung sonstiger Auszahlungen, z.B. für Löhne, Mieten etc. verwendet.

Im Hinblick auf die unmittelbare Finanzwirksamkeit ergeben sich aus Maßnahmen der Eigenfinanzierung keine Unterschiede zur Aufnahme von Fremdkapital in gleichem Umfang. Der Unterschied zur Fremdfinanzierung besteht vielmehr in folgenden beiden zukunftsbezogenen Sachverhalten:

– Aus der Eigenkapitalaufnahme entstehen in der Zukunft keine juristisch zwingenden Auszahlungserfordernisse, so daß die zukünftige Liquiditätslage bei ansonsten gleichen Gegebenheiten weniger belastet wird als bei der Aufnahme von Fremdkapital und den daraus resultierenden Zins- und Tilgungsverpflichtungen.

– Dementsprechend steht der mit der Eigenkapitalaufnahme verbundenen Erhöhung des Gesamtvermögens keine entsprechende Steigerung der daraus zu befriedigenden Gläubigeransprüche gegenüber, so daß nicht nur die Haftungsmasse des Unternehmens sondern auch der Haftungs*überschuß* steigt.

Insoweit ist es durchaus gerechtfertigt, wenn die Eigenfinanzierung im Vergleich zur Fremdfinanzierung als die für das Unternehmen „weniger risikoreiche" Finanzierungsform angesehen wird, da sowohl die Gefahr künftiger Illiquidität als auch das Überschuldungsrisiko tendenziell vermindert werden.

Um gelegentlich anzutreffenden Mißverständnissen vorzubeugen, sei noch darauf hingewiesen, daß Maßnahmen der Eigenfinanzierung zwar zwangsläufig das Eigenkapital des Unternehmens erhöhen, umgekehrt jedoch nicht jede Zunahme des Eigenkapitals Ergebnis eines Vorgangs der Eigenfinanzierung in dem hier verwendeten Sinne sein muß. Um dies einzusehen, ist zunächst zu beachten, daß das (bilanzielle) Eigenkapital definitionsgemäß die Differenz zwischen dem (bilanziell ausgewiesenen) Vermögen und den (bilanziell ausgewiesenen) Schulden, also das (bilanzielle) Reinvermögen, wiedergibt. Dieses Reinvermögen nimmt nun aber genau dann zu, wenn das Vermögen stärker steigt (oder weniger stark sinkt) als die Schulden.

Das aber ist nicht nur bei der Eigenfinanzierung der Fall, sondern auch dann, wenn das Unternehmen aus der laufenden Geschäftstätigkeit Gewinne erzielt, die über die Ausschüttungen an die Anteilseigner hinausgehen. Ein Zuwachs des Eigenkapitals, der auf dem zuletzt angesprochenen Wege zustande kommt, wird im einschlägigen Schrifttum sehr häufig, aber wie wir meinen mißverständlicherweise, als Selbstfinanzierung oder Finanzierung aus einbehaltenen Gewinnen bezeichnet, obwohl keineswegs zwangsläufig unterstellt werden kann, daß ein bilanziell ausgewiesener Gewinn tatsächlich zugleich finanzwirksam ist, d.h. sich in einem entsprechenden Zahlungsmittelzufluß niederschlägt.

2.5.2 Eigenfinanzierung durch Banken und Versicherungen

In den Abschnitten 1.2.1., 2.2. und 2.3 haben wir gesehen, daß insbesondere Banken, aber auch Versicherungen, in sehr großem Umfang zur Fremdfinanzierung der Unternehmen beitragen, indem sie selbst direkt als Geldgeber auftreten. Im Bereich der Eigenfinanzierung gilt dies zumindest in dieser unmittelbaren Form nicht. Vielmehr treten Banken und Versicherungen bei der unmittelbaren Eigenfinanzierung deutscher Unternehmen im Vergleich zu anderen Geldgebergruppen eher in den Hintergrund.

Diese Aussage bezieht sich wohlgemerkt nicht generell auf den Erwerb von Unternehmensanteilen und Beteiligungen durch Banken und Versicherungen, sondern auf die unmittelbare Eigenfinanzierung der Unternehmen. Denn, soweit sich entsprechende Erwerbungen in der Weise vollziehen, daß die entsprechenden Unternehmensanteile über die Börse oder auf sonstige Weise von den bisherigen Anteilseignern aufgekauft werden, handelt es sich für das betrachtete Unternehmen ja überhaupt nicht um einen Finanzierungsvorgang. Unmittelbare Finanzierungswirkungen entfaltet ein solcher Vorgang vielmehr bei dem bisherigen Eigentümer der Anteile, für den der Anteilsverkauf eine Umwandlung von Anteilsvermögen in liquide Mittel darstellt, während für das betreffende Unternehmen zwar ein Wechsel der Anteilseigner eintritt, der jedoch keine Finanzwirksamkeit entfaltet.

Die Gründe, warum sich Banken und Versicherungen im unmittelbaren Eigenfinanzierungsgeschäft so zurückhalten, sind unterschiedlicher Natur. Zum einen dürfen Banken und Versicherungen auf Grund aufsichtsrechtlicher und anderer gesetzlicher Vorgaben nur in begrenztem Umfang Unternehmensanteile erwerben. So sieht § 12 Abs. 1 Satz 2 KWG etwa vor, daß grundsätzlich „ein Kreditinstitut an Unternehmen des nichtfinanziellen Sektors keine Beteiligungen halten darf, deren Nennbetrag zusammen 60 von Hundert des haftenden Eigenkapitals des Einlagenkreditinstitutes übersteigt." Die Beschränkung des Anteilsbesitzes auf einen Betrag, der zwangsläufig niedriger als das Eigenkapital ist, stellt eine ganz erhebliche Restriktion dar, wenn man bedenkt, daß die gesamte Bilanzsumme deutscher Kreditinstitute im allgemeinen das 20- bis 30-fache ihres Eigenkapitals ausmacht.

Eine ähnliche Wirkung haben auch § 54a Abs. 2 und 4 VAG. Danach wird der gesamte Besitz von Versicherungen an Aktien und sonstigen Unternehmensanteilen auf 30% des Deckungsstocks und 30% des sonstigen gebundenen Vermögens beschränkt (vgl. dazu auch Abschnitt 2.3.3 und Tab. 2.06). Die Vermögensanlage in nicht börsennotierten Anteilswerten wird darüber hinaus auf 7,5% des Deckungsstocks bzw. des sonstigen gebundenen Vermögens begrenzt. Schließlich ist auch das höchst zulässige Engagement bei einer einzelnen Gesellschaft jeweils auf 10% des Nominalkapitals dieser Gesellschaft beschränkt.

Selbst wenn Kreditinstitute und Versicherungen dies wollten, wäre es ihnen also aufsichtsrechtlich verwehrt, in größerem Umfang als unmittelbarer Eigenkapitalgeber aufzutreten. Zudem ist allerdings auch die Geschäftspolitik dieser beiden Gruppen von Finanzintermediären in aller Regel gar nicht darauf ausgerichtet, den ohnehin relativ engen aufsichtsrechtlichen Rahmen auszuschöpfen, da diese Institute offensichtlich die höheren Risiken scheuen, die mit dem Erwerb von Eigen-finanzierungstiteln im Vergleich zur Vergabe von Krediten oder der Vermögensanlage in festverzinslichen Wertpapieren verbunden sind. An diesem generellen Befund ändern auch gelegentliche spektakuläre Übernahmetransaktionen nichts. Wenn etwa eine Großbank von einer Holding-Gesellschaft einen nennenswerten Anteil aller Aktien eines großen Industrieunternehmens erwirbt, so sorgt ein solcher Vorgang zwar für Schlagzeilen, ist aber sowohl im Vergleich zum Kreditgeschäft des Instituts als auch in Relation zur gesamten Eigenkapitalausstattung der deutschen Unternehmen insgesamt eher von untergeordneter Bedeutung. Zudem handelt es sich bei einem solchen Anteilserwerb – wie oben schon erläutert wurde – für das betrachtete Unternehmen ohnehin gar nicht um einen Finanzierungsvorgang, sondern um die Übertragung bereits bestehender Unternehmensanteile von dem bisherigen Eigentümer auf einen neuen.

2.5.3 Eigenfinanzierung durch Kapitalbeteiligungs- und Wagnisfinanzierungsgesellschaften

Die dargestellte Zurückhaltung der beiden wichtigsten Gruppen von Kapitalsammelstellen unseres Wirtschaftssystems dürfte eine unter mehreren Ursachen dafür sein, daß die Eigenkapitalausstattung der deutschen Unternehmen über Jahrzehnte hinweg eine rückläufige Tendenz aufgewiesen hat. Wie folgende Tabelle verdeutlicht, ist die durchschnittliche Eigenkapitalquote aller deutscher Unternehmen des nichtfinanziellen Sektors von 30,9% in der Mitte der 60er Jahre über 27,4% Anfang der 70er Jahre bis zum Jahr 1985 auf 18,3% gesunken und bewegt sich seitdem mit leichten Schwankungen unter 20%.

	1965	1970	1975	1980	1985	1987	1990	1995	19
Eigenkapital[1)2)]	160,6	215,7	266,2	323,4	346,5	393,2	474,5	576,7	59
Fremdkapital[1)]	359,1	572,3	836,7	1.193,4	1.551,7	1.647,4	2.111,5	2.599,0	2.66
Eigenkapitalquote[3)]	30,9	27,4	24,1	21,3	18,3	19,3	18,3	18,2	1

1) Angaben in Mrd. DM   2) Abzüglich Berichtigungsposten zum Eigenkapital   3) Verhältnis des genkapitals zur Summe aus Eigen- und Fremdkapital in%

Quellen: DEUTSCHE BUNDESBANK (1988e), S. 372 f; (1988f), S. 18; (1989), S. 18; (1991), S. (1993), S. 29; (1997), S. 42

Tab. 2.10:   Entwicklung der Eigenkapitalausstattung deutscher Unternehmen des nichtfinanziellen Bereichs

Die Werte für die einzelnen Unternehmen streuen natürlich ganz erheblich um die angegebenen Durchschnittswerte. Eine Detailanalyse zeigt dabei unter anderem, daß die Eigenkapitalausstattung der zahlenmäßig großen Gruppe von Unternehmen, denen die Möglichkeiten der Emissionsfinanzierung (s. Abschnitt 2.6) verschlossen sind, besonders niedrige Eigenkapitalquoten aufweist.

Diese Entwicklung, die seit langem aus verschiedenen Gründen gesamtwirtschaftlich als unerwünscht angesehen[1)] und etwa unter dem Schlagwort der „Eigen-kapitallücke" beklagt wird, hat bereits Ende der 60er, Anfang der 70er Jahre Anlaß gegeben, spezielle **Kapitalbeteiligungsgesellschaften** als Anbieter von Möglichkeiten zur Eigenfinanzierung ins Leben zu rufen. Diese Gründungen wurden meistens von mehreren Kreditinstituten, staatlichen Einrichtungen und weiteren Initiatoren aus unterschiedlichen Bereichen getragen. Aus steuerlichen, haftungsrechtlichen und publizitätspolitischen Gründen wurde für die Kapitalbeteiligungsgesellschaften zumeist die Rechtsform der GmbH oder GmbH & Co. KG gewählt.

Aufgabe der Kapitalbeteiligungsgesellschaften sollte es sein, sich als Spezialfinanzierungsinstitut gerade an nicht emissionsfähigen, mittelständischen Unternehmen mit Kapitaleinlagen zu beteiligen. Zu diesem Zweck boten und bieten sie als institutionelle Investoren den kooperationsbereiten Unternehmen in der Regel Einlagen als Kommanditist, GmbH-Gesellschafter oder auch stiller Gesellschafter[2)] an. Mit dem zu finanzierenden Unternehmen wird dabei i.d.R. das Recht bzw. die Verpflichtung des Rückkaufs der Anteile vereinbart. Im Gegensatz zu Holdinggesellschaften streben die Kapitalbeteiligungsgesellschaften keine Mehrheitsbeteiligung und somit Beherrschung der anderen Unternehmen an, sondern

---

1   Auf einige Konsequenzen, die aus sinkenden Eigenkapitalquoten resultieren können, werden
    wir später im Kurs "Finanzanalyse" noch näher eingehen.

2   Vgl. dazu auch die nachfolgende Aufgabe.

verstehen sich tendenziell eher als „neutraler Gesellschafter" mit allenfalls stark eingeschränktem Einfluß auf die Unternehmensführung und die Geschäftspolitik. Allerdings sehen die vertraglichen Vereinbarungen häufig einen Katalog zustimmungspflichtiger Maßnahmen vor, der besonders einschneidende Entscheidungen von der Zustimmung der Kapitalbeteiligungsgesellschaft abhängig macht. Beispiele hierfür sind etwa Großinvestitionen, die gravierende Ausweitung der Verschuldung, wichtige Veränderungen im Gesellschafterkreis oder größere Grundstücksgeschäfte.

Aufgabe 2.13:

Erläutern Sie, warum die Beteiligung als stiller Gesellschafter

a) in dem hier definierten Sinne nicht als Eigenfinanzierung angesehen werden kann,

b) dennoch je nach Ausgestaltungsform verschiedene eigenfinanzierungsähnliche Merkmale aufweisen kann!

Hinweis: Lesen Sie die Vorschriften gem. §§ 230 bis 237 HGB!

Die Beteiligungspolitik der Kapitalbeteiligungsgesellschaften war von Anfang an durch strenge Anforderungen an die kapitalsuchenden Unternehmen gekennzeichnet. Bei den Unternehmen, denen die Mittel zumeist für Erweiterungs- und Rationalisierungsinvestitionen zur Verfügung gestellt werden, muß es sich um gesunde, bereits etablierte Unternehmen handeln, von denen eine dem Risiko und der Kapitalmarktsituation entsprechende Rendite erwartet werden kann. Die Gewinn- und Verlustbeteiligung wird individuell ausgehandelt. Es kommen sowohl einfache Quotenregelungen vor (z.B. Beteiligung am Gewinn und Verlust der Partnergesellschaft mit 25%) als auch differenzierte Staffelungen (Unternehmerlohn und Gewinntantieme, fixe Basisverzinsung und unterschiedliche Quoten für die Verteilung des Restgewinns). Des weiteren wird die Beteiligung davon abhängig gemacht, daß das Unternehmen über ein erfahrenes Management, ein effizientes Rechnungswesen, gut eingeführte Produkte und eine gesicherte Marktstellung verfügt, die Entwicklungs- und Ertragsaussichten also insgesamt als sehr positiv einzustufen sind. Etwas überspitzt formuliert sollen also gerade solche Unternehmen gefördert werden, die es eigentlich nicht sonderlich nötig hätten.

Vor diesem Hintergrund verwundert es nicht, daß es den Kapitalbeteiligungsgesellschaften nicht gelungen ist, die als gewünschte Partner für sie in Frage kommenden Unternehmen in großem Umfang von den Vorteilen einer derartigen Kooperation zu überzeugen. Als Ursache dafür ist neben der konservativen, bankähnlichen Geschäftspolitik auf der einen Seite, bei der Sicherheiten und laufende Verzinsung höher bewertet werden als die Chance, Wertsteigerungen zu realisieren, auf der anderen Seite vor allem die Befürchtung der Unternehmensinhaber maßgeblich, daß die Aufnahme eines neuen Teilhabers, und noch dazu eines finanziell sehr viel potenteren, unabhängig von der rechtlichen Ausgestaltung der entsprechenden Verträge de facto doch zu unliebsamen Abhängigkeitsverhältnissen führen könnte.

Es mag offen bleiben, inwieweit derartige Befürchtungen berechtigt waren oder sind und ob nicht die Abhängigkeit von einem großen Kreditgeber genauso einengend und lästig sein kann. Festzuhalten bleibt auf jeden Fall, daß die Ende der 60er Jahre im Zusammenhang mit der Gründung von Kapitalbeteiligungsgesellschaften gehegte Euphorie zwischenzeitlich einer sehr viel nüchterneren Einschätzung gewichen ist.

Kapitalbeteiligungsgesellschaften in der soeben skizzierten traditionellen Ausrichtung stellten aufgrund ihrer restriktiven Beteiligungspolitik nur für einen äußerst kleinen Kreis von mittelständischen Unternehmen eine interessante Finanzierungsalternative dar. Insbesondere junge bzw. neu gegründete, stark innovativ ausgerichtete Unternehmen können deren hohe Anforderungen nicht erfüllen. Gerade diesen Unternehmen wird jedoch ein hohes Maß an Flexibilität und Kreativität bei der Entwicklung neuer Produkte und moderner Verfahren zugeschrieben, die für ein exportorientiertes und vergleichsweise rohstoffarmes Industrieland wie die Bundesrepublik Deutschland zur Sicherung der internationalen Wettbewerbsfähigkeit von großer Bedeutung sind. Zur Förderung technischer Innovationen und deren Umsetzung wurden daher Anfang der 80er Jahre – zusätzlich zu den diversen bereits existierenden staatlichen Maßnahmen – nach amerikanischem Vorbild sogenannte **Venture Capital Gesellschaften** oder auch **Wagnisfinanzierungsgesellschaften** gegründet.

Es handelte sich dabei um Gründungen, die zum Teil von der Kredit- und Versicherungswirtschaft, zum Teil von öffentlichen Stellen, zum Teil aber auch von der Industrie selbst getragen wurden.

Genauso wie die traditionellen Kapitalbeteiligungsgesellschaften sollen die Wagnisfinanzierungsgesellschaften kleinen und mittleren Unternehmen Eigenkapital für eine begrenzte Zeit – in der Regel 5 bis 10 Jahre – zur Verfügung stellen. Auch hier werden üblicherweise lediglich Minderheitsbeteiligungen angestrebt. Die konzeptionellen Unterschiede dieser beiden Finanzierungseinrichtungen hingegen sind vor allem durch drei Aspekte charakterisiert:

– Die Wagnisfinanzierungsgesellschaften beteiligen sich vornehmlich an jungen, innovativen Unternehmen in zukunfts- und wachstumsträchtigen Branchen – wie z.B. Mikroelektronik, Biochemie oder Gentechnik –, denen die Mittel für die Finanzierung ihrer riskanten, aber zugleich auch recht chancenreichen Projekte fehlen. Die Bereitschaft dieser Unternehmen, Beteiligungsrechte zu vergeben, wird daher im Vergleich zu den typischen Kunden der Kapitalbeteiligungsgesellschaften als deutlich höher eingeschätzt. In der Regel ist es so, daß sich die Produkte bzw. Verfahren dieser Unternehmen am Ende der Entwicklungs- oder am Beginn der Markteinführungsphase befinden. Ziel ist es, nicht nur die Entwicklung technischer Innovationen zu unterstützen, sondern auch Finanzmittel für deren erfolgreiche Vermarktung bereitzustellen.

– Die Motivation beim Eingehen einer Wagnisbeteiligung liegt nicht primär in der Erzielung von Erträgen aus der laufenden Erfolgsbeteiligung, sondern vielmehr in der Erwartung eines langfristigen Wertzuwachses der Anteile, der bei einer späteren Veräußerung realisiert werden soll. Zur Risikobegrenzung innerhalb einer Wagnisbeteiligungsgesellschaft wird dabei eine Diversifizierung der Beteiligungen sowohl über die Technologiebereiche als auch über die Entwicklungsphasen der Unternehmen angestrebt. Das bedeutet, daß nicht nur Gründungs-, sondern auch Wachstumsfinanzierungen durchgeführt werden.

– Die Wagnisfinanzierung umfaßt neben der reinen Bereitstellung von „Risikokapital" zusätzlich auch die intensive und systematische betriebswirtschaftliche Betreuung und Beratung der Geldnehmer. Soweit es die getroffenen Vereinbarungen vorsehen, kann dies – als Äquivalent für die Übernahme höherer Risiken – bis zur aktiven Teilnahme an der Geschäftsführung gehen. Dabei wird von der Vorstellung ausgegangen, daß derartige Unternehmen, die natürlich in einem sehr schmalen Segment über ein recht hohes technisches Wissen verfügen, häufig Defizite im betriebswirtschaftlichen Bereich aufweisen. Ihnen sollen Hilfestellungen etwa bei der Entwicklung geeigneter Marketing-Konzepte oder aber auch bei der Konzipierung unternehmensinterner Kontroll- und Steuerungsmechanismen gegeben werden.

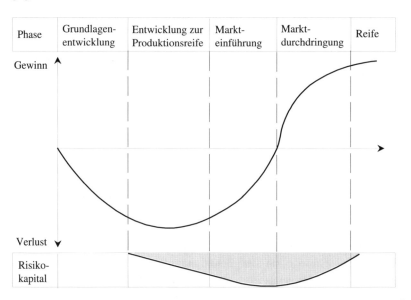

Abb. 2.03:   Phasen der Wagnisfinanzierung

Abbildung 2.03 verdeutlicht in vereinfachter Weise das Idealkonzept der Wagnisfinanzierung. In dieser Abbildung ist ein Innovationsprozeß idealtypisch durch
folgende fünf Phasen dargestellt:

–   Am Anfang steht zunächst der Forschungs- und Entwicklungsprozeß, der
    aufgrund der noch fehlenden Umsatzerlöse üblicherweise durch Verluste
    gekennzeichnet ist. Im Gegensatz zu traditionellen Finanzierungskonzepten
    soll der Einsatz von Risikokapital schon am Ende dieser ersten Phase ein-
    setzen.

–   Auch die Entwicklung zur Produktreife und die damit einhergehende Pro-
    duktionsvorbereitung bringen dem Unternehmen noch Verluste. Da den –
    im Vergleich zu den F & E-Aufwendungen – erhöhten Ausgaben auch hier
    in der Regel noch keine Einnahmen gegenüberstehen, weitet sich in dieser
    Phase die begleitende Finanzierung durch die Wagnisfinanzierungsgesell-
    schaften aus.

–   Obwohl in der dritten Phase – der Markteinführungsphase – dem Unter-
    nehmen erste Einnahmen aus der Vermarktung des Produktes zufließen,
    können diese die erheblichen Ausgaben für die Markteinführung des Pro-
    duktes längst noch nicht decken. Dementsprechend hoch ist auch der Finan-
    zierungsbedarf in diesem Stadium.

–   Bei erfolgreichem Verlauf und zunehmender Marktdurchdringung der Inno-
    vation gelangt das Unternehmen allmählich in die Gewinnzone. Die mit den
    nun vorhandenen Ertragsüberschüssen üblicherweise einhergehenden Ein-
    zahlungsströme können zur weiteren Wachstumsfinanzierung eingesetzt
    werden und lassen den Bedarf an „externem" Risikokapital zurückgehen.

–   Mit zunehmendem Erreichen einer gefestigten Marktposition in der Reife-
    phase wird dann das Ausmaß an Wagniskapital reduziert; die Risikokapital-
    geber werden allmählich wieder ausgezahlt. Als Idealkonzept wird es häufig
    angesehen, daß das Ausscheiden des Wagnisfinanciers mit der Einführung
    der Aktien des geförderten Unternehmens an der Börse (vgl. Kap. 2.6) ein-
    hergehen soll.

Wie bei den traditionellen Kapitalanlagegesellschaften sind auch hier die Erwar-
tungen des Gründungsbooms der Venture Capital-Gesellschaften Anfang der 80er
Jahre zwischenzeitlich nicht erfüllt worden. Eines der Probleme scheint in dem
Mangel an investitionswürdigen Innovationsprojekten bzw. in der Fähigkeit der
Wagnisfinanzierungsgesellschaften, diese zu identifizieren, begründet zu sein. Ein
anderes Problem stellt(e) häufig die fehlende Möglichkeit einer hinreichend loh-
nenswerten Desinvestition der Beteiligung dar. Mit der Einführung des sog.
„Neuen Marktes" als neues Börsensegment im März 1997 konnten jedoch zahlreiche erfolgreiche Aktienplazierungen von innovativen Unternehmen vorgenommen
werden.

Die ursprünglich recht deutlich erkennbare strikte Trennung zwischen Kapitalbe-
teiligungs- und Wagnisfinanzierungsgesellschaften hat seit dem Ende der 80er
Jahre zunehmend an Trennschärfe verloren. Vielmehr war zunehmend eine An-
gleichung der jeweils betriebenen Geschäftspolitik zu beachten. Äußeres Zeichen
für diese Tendenz war die Fusion des Deutschen Venture Capital Verband e.V.
(DVCV) mit dem Bundesverband deutscher Kapitalbeteiligungsgesellschaften zu
dem Bundesverband deutscher Kapitalbeteiligungsgesellschaften – German Venture Capital Association e.V. (BVK). In diesem Verband sind derzeit Beteiligungskapital-Gesellschaften organisiert, die – mit unterschiedlich starker Betreu-
ungsintensität – nach eigenen Angaben ca. 85% des Marktes für Beteiligungska-
pital vertreten.

Dessen ungeachtet ist die gesamte Tätigkeit der Beteiligungsgesellschaften gesamtwirtschaftlich jedoch nach wie vor von recht bescheidener Größenordnung.
So betrug das Anlagevolumen aller Kapitalbeteiligungs- und Wagnisfinanzierungsgesellschaften 1996 nach Angaben des BVK 6,6 Mrd DM[1] Gemessen an
dem gesamten Eigenkapital deutscher Unternehmen in der Größenordnung von
593 Mrd. DM[2] liegt das knapp über der 1-Prozent-Grenze; und verglichen mit
dem Gesamtvolumen der von den Kreditinstituten an Unternehmen und Selbständige ausgereichten Kredite von 2.225 Mrd. DM[3] werden gerade 3 Promille erreicht.

2.6 Emissionsfinanzierung

2.6.1 Grundbegriffe

Die in den Abschnitten 2.2 bis 2.5 betrachteten Finanzierungsinstrumente waren
durchgängig dadurch gekennzeichnet, daß ihnen eine *individuelle* Vereinbarung
zwischen Geldgeber und Geldnehmer zugrundeliegt. Demgegenüber wird ein gegebener Finanzbedarf im Wege der **Emissionsfinanzierung** in der Weise gedeckt,
daß einem breiten Anlegerpublikum in großer Anzahl gleichartige, klein gestük-
kelte Finanztitel zum Kauf angeboten werden. So könnte etwa zur Deckung eines
Finanzbedarfs von 600 Mio. Euro ins Auge gefaßt werden, insgesamt 4 Mio. Teil-
schuldverschreibungen zum Kurs von 100 Euro und 200.000 Teilschuldverschrei-
bungen zum Kurs von 1.000 Euro zu emittieren. Das Spektrum für die Emissionsfinanzierung geeigneter Finanztitel umfaßt neben festverzinslichen Anleihen und
Aktien als den klassischen Instrumenten der emissionsmäßigen Fremd- bzw. Ei-

---

1 Davon entfielen 6,1 Mrd. DM auf die Mitglieder des BVK. Vgl. BVK(1997), S. 69 und 74.

2 Vgl. Deutsche Bundesbank (1997), S. 42.

3 Vgl. Deutsche Bundesbank (1998), Tab. I.7.

genfinanzierung eine Vielzahl von Zwischenformen wie z.B. Wandelschuldverschreibungen, Optionsanleihen, Genußscheine, Index-Anleihen, Zero-Bonds etc. Wir werden derartige Finanztitel im 4. Kapitel noch eingehender betrachten, dort allerdings primär aus der Sicht des Anlegers.

Traditionell werden die Konditionen der Finanztitel wie z.B. Zinssätze, Laufzeit, Sicherheiten sowie auch der Ausgabekurs einseitig durch das emittierende Unternehmen in den sogenannten **Emissionsbedingungen** festgelegt und dem Anlegerpublikum zusammen mit der Aufforderung zum Kauf der Finanztitel, der sogenannten Zeichnungsaufforderung, bekanntgegeben. Mit der „Zeichnung" einer solchen **Festpreisemission** verpflichten sich die einzelnen Anleger, jeweils eine bestimmte Anzahl der zur Emission vorgesehenen Finanztitel zu übernehmen und dafür den vorgesehenen Emissionskurs (Ausgabekurs) zu bezahlen. Bezüglich der **Adressaten** des Emissionsangebotes sind vor allem die folgenden beiden Konstellationen zu unterscheiden:

–   Zum einen ist es möglich, einen nicht näher abgegrenzten Kreis mehr oder weniger anonymer Anleger anzusprechen, die Emission also „jedermann" anzubieten.

–   Insbesondere bei der Emission junger Aktien bereits börsengehandelter Unternehmen steht demgegenüber häufig den Altaktionären das exklusive Recht zum Bezug der neuen Aktien zu. Primärer Adressatenkreis der Emission sind hier also die Altaktionäre, denen aber in aller Regel das Recht zusteht, ihr Bezugsrecht an andere Interessenten zu verkaufen (vgl. dazu im einzelnen Kapitel 4.2.4).

Nach Ablauf der Zeichnungsfrist sind grundsätzlich folgende drei Konstellationen vorstellbar:

(1) Wendet sich die Emission an einen nicht begrenzten Adressatenkreis, so ist es möglich, daß die Zahl der gezeichneten, d.h. „bestellten" Finanztitel das insgesamt vorgesehene Emissionsvolumen übersteigt. Bei einer solchen **Überzeichnung** können offensichtlich nicht alle Zeichnungswünsche erfüllt werden. Es kommt zu einer „Rationierung" (Repartierung, Zuteilung), d.h. einem Verfahren, nach dem mehr oder weniger schematisch eine anteilige Erfüllung der einzelnen Zeichnungswünsche erfolgt. Beträgt das vorgesehene Emissionsvolumen etwa 600 Mio. Euro und belaufen sich die eingegangenen Zeichnungen auf 1 Mrd. Euro, so könnte etwa in der Weise rationiert werden, daß jedem Zeichner nur 60% des gezeichneten Betrages zugewiesen werden. Eine solche rein quotale Zuteilung ist jedoch keineswegs zwingend und zudem aus Stückelungsgründen auch nur annäherungsweise durchführbar. Häufig werden daher „Kleinzeichnungen" voll erfüllt und „Großzeichnungen" dementsprechend stärker rationiert. Weitere Unterschiede in der Behandlung verschiedener Zeichnergruppen können sich aus der – in Deutschland weithin üblichen – Einschaltung eines Emissionskon-

sortiums ergeben. Wir werden darauf im Abschnitt 2.6.3 noch näher eingehen.

(2) Zeichnungs- und geplantes Emissionsvolumen stimmen genau überein. Diese Konstellation tritt insbesondere dann ein, wenn „junge" Aktien unter dem Marktpreis der Altaktien emittiert werden und die Zeichnung der jungen Aktien die Vorlage einer entsprechenden Anzahl von Bezugsrechten voraussetzt, die zunächst den Altaktionären zustehen, von diesen jedoch an andere zeichnungsinteressierte Anleger verkauft werden können.

(3) Die Zahl der gezeichneten Titel bleibt hinter dem geplanten Emissionsvolumen zurück. Die Emission gelingt also nur zum Teil; der Emittent „bleibt auf dem Rest sitzen", sofern er nicht durch Einschaltung eines Emissionskonsortiums (s. u.) Vorkehrungen gegen dieses Risiko getroffen hat.

Ein zentrales Problem bei der Durchführung von Festpreisemissionen besteht, insbesondere im Fall ohne Bezugsrecht, in der Fixierung eines marktgerechten Emissionspreises, um das Ausmaß unerwünschter Über- oder Unterzeichnungen in Grenzen zu halten.

Seit etlicher Zeit wird versucht, dieses Problem dadurch zu entschärfen, daß der Emissionspreis nicht von Anfang an definitiv festgelegt wird, sondern erst nachdem sich der Emittent oder ein ihn unterstützendes Bankenkonsortium einen gewissen Überblick über die „Zeichnungsbereitschaft des Marktes" verschafft hat. Besondere Prominenz hat dabei eine bestimmte Gruppe von Emissionsverfahren gefunden, die häufig unter dem Begriff **Bookbuilding** zusammengefaßt werden. In seinen wesentlichen Grundzügen kann dieses Verfahren durch die folgenden Schritte gekennzeichnet werden:

- Nachdem der Emittent zusammen mit den Konsortialbanken eine umfassende Unternehmensanalyse durchgeführt hat, werden in der sog. Pre-Marketing-Phase zunächst erste Gespräche mit potentiellen Großanlegern geführt, deren Ergebnisse zur Festlegung einer Preisspanne für den möglichen Emissionspreis dienen. Hierbei wird das genaue Emissionsvolumen im allgemeinen nicht bekannt gegeben.

- Nachdem schließlich die Preisspanne in der sog. Marketing-Phase bekannt gegeben wurde, beginnt das sog. Ordertaking, bei dem die Konsortialbanken Kaufgebote von potentiellen Anlegern entgegennehmen. Bei einem vom Emittenten bestimmten sog. Bookrunner laufen die Informationen über die sich aufbauende Nachfrage zentral zusammen. Ab einer bestimmten Ordergröße wird gegenüber dem Bookrunner die Identität institutioneller Anleger sowie eine Einschätzung ihres Anlageverhaltens mitgeteilt. Der Bookrunner erhält somit stets genaue Informationen, welche Volumina zu welchem Preis bei welchen Anlegertypen plazierbar sind.

- Am Ende der Ordertaking-Phase wird anhand der Zeichnungswünsche die Preiselastizität der Nachfrage bestimmt. Auf dieser Grundlage legt dann der Emittent zusammen mit dem Bookrunner endgültig das Emissionsvolumen und den Emissionspreis fest. Dabei muß der Emissionspreis – bei gegebenem Volumen – nicht unbedingt dem maximal realisierbaren Preis entsprechen.

Durch die Einbindung der potentiellen Anleger in den Preisfindungsprozeß hofft man, einem „marktgerechten" Preis und einer erfolgreichen Plazierung näher zu kommen. Hiervon profitieren letztlich auch die Anleger, die ein Sinken des Aktienkurses auf dem Sekundärmarkt unter den Emissionspreis weniger zu fürchten brauchen. Allerdings bleibt der Emittent bis zur endgültigen Festlegung von Emissionsvolumen und -preis im Ungewissen über die Höhe seines Zahlungsmittelzuflusses.

Die auf diese Weise emittierten Finanztitel werden üblicherweise durch entsprechende Wertpapiere verbrieft, wobei Inhaberpapieren (s. Kap. 2.1.2) wegen ihrer leichten Übertragbarkeit allgemein die größte Bedeutung zukommt. Bei der Emission von Schuldtiteln der öffentlichen Hand wird allerdings zunehmend auf den (kostspieligen) Druck der Wertpapierurkunden verzichtet; stattdessen werden die entsprechenden Ansprüche als sog. **Wertrechte** im Bundesschuldbuch eingetragen. Auch diese Wertrechte können in der Regel jedoch trotz des Fehlens einer Urkunde im Rahmen des für den Wertpapierhandel in Deutschland maßgeblichen Effektengiroverkehrs (vgl. dazu Kapitel 4) von den Erstzeichnern an Dritte weiterverkauft werden.

Die Möglichkeit, einen gezeichneten Finanztitel jederzeit nach eigenem Gutdünken schnell, ohne nennenswerte Schwierigkeiten und mit niedrigen Transaktionskosten verkaufen zu können, ist für viele Anleger eine wichtige Voraussetzung für ihre Bereitschaft, einen zur Zeichnung angebotenen Finanztitel überhaupt zu übernehmen. (Man spricht in diesem Zusammenhang oft auch von der **„Liquidität"** eines Wertpapiers.) Aus diesem Grunde wird für die zur Emission aufgelegten Wertpapiere (und Wertrechte) in aller Regel zugleich die Zulassung zum Börsenhandel beantragt. Um Mißverständnissen vorzubeugen, sei an dieser Stelle darauf hingewiesen, daß sich die Emissionsfinanzierung selbst entgegen landläufigen Vorstellungen gerade *nicht* im Rahmen der Wertpapierbörsen[1] vollzieht, der Kontakt zwischen Emittent und Zeichner vielmehr auf andere Weise hergestellt wird (vgl. dazu Abschnitt 2.6.3). Wertpapierbörsen zählen also nicht zu den Institutionen, die unmittelbar Finanzierungsleistungen anbieten. Ihre Funktion

---

1 In Deutschland bestehen derzeit die acht Wertpapierbörsen in Frankfurt und Düsseldorf sowie Berlin, Bremen, Hamburg, Hannover, München und Stuttgart, von denen die erstgenannte die weitaus größte und bedeutendste ist.

besteht vielmehr darin, einen möglichst schnellen und billigen *Handel* in einmal emittierten Finanz-titeln zu ermöglichen. In Abgrenzung zu dem durch den *Abschluß* neuer Finanzierungsbeziehungen gekennzeichneten Primärmarkt bezeichnet man die Wertpapierbörsen dementsprechend auch als **Sekundär-** oder **Zirkulationsmarkt.**

Aufgabe 2.14:

Kommentieren Sie folgende Sätze

a) „Aktiengesellschaften finanzieren sich über die Börse."

b) „Aktiengesellschaften mit börsennotierten Aktien haben bessere Finanzierungsmöglichkeiten als andere Unternehmen."

2.6.2 Rechtliche Voraussetzungen der Emissionsfinanzierung

Sinn der Emissionsfinanzierung ist es, die Finanzierungsleistungen einer großen Zahl von Geldanlegern unmittelbar, d.h. ohne die Zwischenschaltung von Finanzintermediären als gleichzeitige Geldgeber und -nehmer, in Anspruch zu nehmen. Aus diesem Umstand erklären sich auch verschiedene spezielle Rechtsvorschriften, die bei dieser Art der Finanzierung zu beachten sind. Der Gesetzgeber geht nämlich davon aus, daß das breite Anlegerpublikum, das ja auch in finanziellen Dingen wenig erfahrene Privatleute umfaßt, in stärkerem Maße schutzbedürftig ist als professionelle Kreditgeber wie Banken oder Versicherungen. Dieses Prinzip des Anlegerschutzes manifestiert sich unter anderem in folgenden Regelungen, die bei der Emission und der börsenmäßigen Zulassung von Finanztiteln zu beachten sind.

(1) Emission und Börsenzulassung von Aktien

Die Emission börsengängiger Eigenfinanzierungstitel ist in Deutschland nur Unternehmen in der **Rechtsform der Aktiengesellschaft** (oder der Kommanditgesellschaft auf Aktien) möglich, da außer Aktien andere Eigenkapitaltitel wie z.B. Kommandit- oder GmbH-Anteile an deutschen Wertpapierbörsen nicht gehandelt werden. Der Grund für diese Einschränkung ist darin zu sehen, daß die Vorschriften des Aktienrechts noch am ehesten geeignet sind, den Interessen und Rechten einer großen Anzahl voneinander unabhängiger Anteilseigner einen gewissen Schutz zu bieten.

Die Rechtsform der Aktiengesellschaft ist allerdings nur eine notwendige, aber noch keine hinreichende Voraussetzung für die Möglichkeit, börsengängige Eigenfinanzierungstitel zu emittieren. Vielmehr bedarf es zusätzlich einer gesonderten **Zulassung zum Börsenhandel**, über die die zuständigen Stellen der einzelnen Börsen unter Beachtung des Börsengesetzes und der jeweiligen Börsenordnung entscheiden. Da die Börsenzulassung an bestimmte Größenvoraussetzungen geknüpft ist, mit nicht unerheblichen Kosten verbunden ist und für das antragstellende Unternehmen verschiedene weitere Verpflichtungen, insbesondere im Bereich der Publizität, mit sich bringt, ist es nicht verwunderlich, daß derzeit nur die Aktien von rund 700 der insgesamt rund 2.300 deutschen Aktiengesellschaften börsenmäßig gehandelt werden. Die übrigen rund 1.600 Aktiengesellschaften erfüllen entweder die Zulassungsvoraussetzungen nicht oder bewerten die Vorteile der Börsenzulassung geringer als die damit verbundenen Kosten und sonstigen Belastungen.

Im einzelnen stehen für den börsenmäßigen Aktienhandel vier verschiedene Marktsegmente zur Verfügung, die sich insbesondere hinsichtlich der Zulassungsvoraussetzungen, der laufenden Publizitätsverpflichtungen und der Art der Kursermittlung unterscheiden. Es sind dies

–   der **amtliche Handel** mit den höchsten Zulassungserfordernissen und dem weitaus größten Umsatzvolumen, das insbesondere aus dem Handel in den sog. Standardwerten resultiert,

–   der **geregelte Markt** mit weniger strengen Zulassungsvoraussetzungen, in dem vor allem die Aktien junger und kleinerer Gesellschaften gehandelt werden, und

–   der (börsenmäßige) **Freiverkehr** mit noch niedrigeren Zulassungsvoraussetzungen, in dem insbesondere Aktien von Unternehmen mit nur regionaler Bedeutung sowie an anderen Börsen, nicht jedoch der eigenen, amtlich notierte Papiere gehandelt werden.

–   der 1997 neu eingeführte **Neue Markt** mit Zulassungsvoraussetzungen, die zwischen geregeltem Markt und amtlichen Handel anzusiedeln sind. Zu einzelnen Kriterien gehen die Anforderungen aber auch über die des amtlichen Handels hinaus.

Außerdem können Aktien in Deutschland auch beliebig außerhalb des börsenmäßigen Rahmens frei gehandelt werden. Man bezeichnet diese Geschäfte, die überwiegend zwischen Kreditinstituten abgewickelt werden, auch als Telefonverkehr, ungeregelten Freiverkehr oder – inhaltlich am treffendsten – als außerbörslichen Wertpapierhandel.

(2)   Emission und Börsenzulassung von Schuldverschreibungen

Schuldverschreibungen, d.h. Finanztitel, die einen schuldrechtlichen Rückzahlungsanspruch verbriefen, können auch von Nicht-Aktiengesellschaften ausgegeben werden; dies gilt insbesondere für die öffentliche Hand, die sich in Deutschland in den letzten Jahren nach den Banken zu dem größten Emittenten von Schuldverschreibungen entwickelt hat. Für private Emittenten setzte die Ausgabe von Schuldverschreibungen an ein breites Anlegerpublikum bis 1990 allerdings eine staatliche Genehmigung voraus. Mit Wirkung vom 01.01.1991 ist diese Regelung aufgehoben worden. Diese Genehmigung wurde nach einer Bonitätsprüfung des Emittenten durch den Bundesfinanzminister im Einvernehmen mit dem zuständigen Minister des Sitzlandes des Emittenten erteilt.

Gleichzeitig mit der Abschaffung dieser Genehmigungspraxis wurde mit dem Verkaufsprospektgesetz die grundsätzliche Prospektpflicht für solche Wertpapiere eingeführt, die erstmals zum Handel an einer inländischen Börse zugelassen sind. Der Mindestinhalt des zu veröffentlichenden Prospekts erfährt seine Konkretisierung durch die Verkaufsprospekt-Verordnung vom Dezember 1990. Demnach sind im Falle eines Antrages zur Zulassung zum amtlichen Handel Verkaufsprospekt und Börsenzulassungsprospekt identisch; bei nicht zur amtlichen Notierung vorgesehenen Wertpapieren orientiert sich der Prospekt an den nach § 73 Abs. 1 Nr. 2 BörsG für die Zulassung zum geregelten Markt erforderlichen (reduzierten) Voraussetzungen.

Zudem besteht – wenn auch nicht de jure – de facto die Notwendigkeit, Umfang, Ausstattung und Zeitpunkt der Emission mit dem **Zentralen Kapitalmarktausschuß** abzustimmen, der aus Vertretern privater und öffentlicher Kreditinstitute zur „freiwilligen Koordination" privater Emissionen gebildet worden ist.

Unabhängig von der staatlichen Genehmigung der Emission bedarf die Börseneinführung von Schuldverschreibungen der Zulassung durch die zuständigen Stellen der jeweiligen Wertpapierbörsen.

Mit der Aufhebung des Genehmigungsverfahrens und der Abschaffung der Börsenumsatzsteuer wurde auch die Emission von sogen. **DM-Commercial-Papers** (DM-CP's) für deutsche Unternehmen ermöglicht. DM-CP'S waren Inhaberschuldverschreibungen, die im Rahmen eines zeitlich nicht begrenzten Programmes wiederholt emittiert werden können. Die Papiere würden von den Banken als Händler im Zuge einer Privatplazierung in einer Stückelung von 500 TDM oder 1 Mio. DM als erstrangige, unbesicherte Verbindlichkeiten des Emittenten angeboten. Die Laufzeit konnte zwischen 7 Tagen und 2 Jahren liegen, bei einer variablen Verzinsung auf

Basis kurzfristiger DM-Geldmarktsätze. Es ist davon auszugehen, daß mit der Einführung der Europäischen Währungsunion Unternehmen entsprechend ausgestellte Euro-Commercial-Papers ausgeben werden. Der Vorteil für den Emittenten liegt in der Sicherstellung eines wiederkehrenden nachhaltigen Finanzierungsbedarfs bei relativ geringen Kosten der Plazierung.

Folgende Tabelle vermittelt abschließend einen Überblick über die Emissionstätigkeit verschiedener Institutionen in den letzten Jahren.

	Festverzinsliche Wertpapiere[1]			Aktien[2]
	Bankschuld-verschreibungen	Industrie-obligationen	Anleihen der öffent-lichen Hand	
1985	197	0,648	63	11,0
1986	175	0,650	81	16,4
1987	150	0,340	95	11,9
1988	130	0,030	78	7,5
1989	184	0,300	69	19,4
1990	287	K.A.	142	28,0
1991	292	0,707	149	13,3
1992	319	K.A.	254	17,2
1993	435	0,457	298	19,5
1994	413	0,486	214	29,1
1995	471	0,200	149	23,6
1996	563	1,742	167	34,2
1997	622	1,915	223	22,2

1) Angaben in Mrd. DM Nominalwert; 2) Angaben in Mrd. DM Kurswert

Quelle: DEUTSCHE BUNDESBANK (1988f), S. 220 u. 229; DEUTSCHE BUNDESBANK (1990c), S. 54 f; DEUTSCHE BUNDESBANK (1992a), S. 54 f; DEUTSCHE BUNDESBANK (1994c), S. 64 f; DEUTSCHE BUNDESBANK (1998a), S. 48* f.

Tab. 2.11: Emissionstätigkeit ausgewählter inländischer Emittentengruppen

2.6.3 Die Mitwirkung von Kreditinstituten bei der Emissionsfinanzierung

Nach den an dieser Stelle bewußt nur kurz und exkursorisch eingeschobenen Überlegungen zum börsenmäßigen Wertpapier*handel*, der ja für die Emissions*finanzierung* nur von indirekter Bedeutung ist, wollen wir abschließend wieder den Emissionsvorgang selbst betrachten. Grundsätzlich besteht die Möglichkeit, daß der Emittent alle mit der Emission verbundenen Aktivitäten selbst organisiert, also insbesondere

– Art, Umfang und Konditionen der Emission in Abstimmung mit dem Zentralen Kapitalmarktausschuß festlegt,

– die notwendigen Genehmigungen einholt,

– die Emissionsbedingungen publiziert, die Emissionswerbung organisiert und die Anleger zur Zeichnung auffordert,

– die Zeichnungserklärungen entgegennimmt und die effektive Zuteilung der Wertpapiere an die Zeichner einschließlich einer eventuell notwendigen Rationierung selbst durchführt.

Diese Form der sogenannten **Selbstemission** oder **direkten Emission** ist in Deutschland allerdings nur bei Ausgabe eigener Wertpapiere durch Kreditinstitute üblich.

Andere Unternehmen bedienen sich demgegenüber ebenso wie die öffentlichen Haushalte der sogenannten **Fremdemission** oder **indirekten Emission**, bei der eine einzelne Bank oder in der Regel ein Bankenkonsortium einen Großteil der oben genannten Aufgaben übernimmt und dabei insbesondere das eigene Filialnetz als Absatzkanal bereitstellt.

Einer solchen Fremdemission liegen üblicherweise zwei Vertragsverhältnisse zugrunde, nämlich

– der **Emissionsvertrag**, der das Rechtsverhältnis zwischen dem Emittenten und dem für ihn tätigen Konsortium festlegt, und

– der **Konsortialvertrag**, der die Beziehungen der zu einer Gesellschaft Bürgerlichen Rechts gem. §§ 705 ff. BGB zusammengeschlossenen Konsortialbanken untereinander regelt.

Je nach dem Ausmaß der in dem Emissionsvertrag festgelegten Aufgaben unterschiedet man beim traditionellen **Festpreisverfahren** vor allem die folgenden drei Arten von Emissionskonsortien:

–   Die in Deutschland am häufigsten anzutreffende Form stellt das **kombinier-
    te Übernahme- und Begebungskonsortium** dar. Dabei übernehmen die
    Konsortialbanken die *gesamte* Emission zu einem fest vereinbarten Kurs
    und verpflichten sich, sie zugleich den Anlegern zur Zeichnung anzubieten
    oder „freihändig" an die eigene Kundschaft zu verkaufen. Wird die Emissi-
    on nicht voll gezeichnet, so verbleiben die restlichen Wertpapiere entspre-
    chend den im Konsortialvertrag vereinbarten Quoten bei den Mitgliedern
    des Konsortiums; diese und nicht der Emittent tragen also das Plazierungsri-
    siko. Kommt es hingegen zu einer Überzeichnung, so führt das Konsortium
    die Rationierung durch. Dabei kann es durchaus vorkommen, daß die Kun-
    den verschiedener Konsortialbanken je nach deren Konsortialquoten unter-
    schiedlich starke Kürzungen ihrer Aufträge hinnehmen müssen.

–   Beim reinen **Begebungskonsortium** hingegen übernimmt das Konsortium
    nur die technische Vorbereitung und den Vertrieb der Emission, nicht je-
    doch das Emissionsrisiko. Dieses verbleibt bei dem Emittenten, sofern er
    nicht in einem weiteren Vertrag mit einem **Garantiekonsortium** vereinbart
    hat, daß dieses die nicht abgesetzten Wertpapiere zu einem ebenfalls im
    voraus festgelegten Kurs übernimmt. Eine solche Trennung zwischen Sel-
    ling-Group (Begebungskonsortium) und Underwriting-Group (Garantiekon-
    sor-tium) ist im internationalen Emissionsgeschäft häufig anzutreffen. Dabei
    bildet die Underwriting-Group in der Regel zugleich „den harten Kern" der
    zahlenmäßig größeren Selling-Group.

–   Beim reinen **Übernahmekonsortium** schließlich zeichnen die Konsortial-
    banken die gesamte Emission zunächst selbst und übernehmen die Wertpa-
    piere in den eigenen Bestand. In diesem Fall kann, je nachdem, ob und in
    welcher Weise die Weiterleitung an ein breiteres Anlegerpublikum vorgese-
    hen ist, auf eine öffentliche Zeichnungsaufforderung der eingangs im Ab-
    schnitt 2.6.1 beschriebenen Art verzichtet werden. Die einzelnen Konsor-
    tialbanken können den von ihnen übernommenen Teil der Emission etwa
    ganz oder teilweise sukzessive und zu sich ändernden Kursen auf eigene
    Rechnung bei ihren Kunden unterbringen oder über die Börse verkaufen,
    sofern die emittierten Wertpapiere zum Börsenhandel zugelassen sind.

In Ergänzung zu den eigentlichen Emissionsleistungen halten sich die Konsortialbanken zumeist auch bereit, die Emission vorzufinanzieren, d.h. dem Emittenten
bereits vor Durchführung der Emission einen kurzfristigen Kredit in Höhe des
vorgesehenen Emissionserlöses zu gewähren, der aus dem Verkauf der Wertpapiere getilgt wird.

Die grundlegenden Funktionen, die dem Emissionskonsortium beim **Bookbuilding** zukommen, sind in groben Zügen schon verdeutlicht worden. Eine weitere
Besonderheit des Bookbuilding stellt die häufig praktizierte Institution des sog.

Greenshoe dar. Mit diesem, in seiner Herkunft unklaren Begriff, bezeichnet man das Recht der Konsortialbanken, im Anschluß an den ersten Emissionsschritt in begrenztem Umfang, z.b. in Höhe von 15% des ursprünglichen Emissionsvolumens, nach eigenem Ermessen weitere Aktien auszugeben, die vom Emittenten zusätzlich zur Verfügung gestellt werden.

Die Kosten einer Fremdemission in der in Deutschland üblichen Form eines kombinierten Übernahme- und Begebungskonsortiums bewegen sich in der Größenordnung von

–   ca. 1,5% des Nennwertes bei der Ausgabe von Anleihen der öffentlichen Hand,

–   über ca. 2,5% des Nennwertes bei der Emission von Industrieanleihen sowie Wandel- und Optionsanleihen,

–   bis zu ca. 4% des Nennwertes bei der Ausgabe nennwertbezogener junger Aktien.

Wird zusätzlich ein kurzfristiger Emissionskredit gewährt, kommen natürlich noch entsprechende Zinskosten hinzu.

Von den bisher erörterten Möglichkeiten der Emissionsfinanzierung sind solche Aktivitäten zu unterscheiden, die dazu dienen, Aktienbestände eines bisherigen Großaktionärs im Zuge eines entsprechenden Emissionsverfahrens einem mehr oder weniger klar umrissenen Anlegerkreis anzubieten. Die Modalitäten der Emission sind in aller Regel sehr ähnlich wie die bisher beschriebenen Verfahren. Allerdings stellen derartige Aktivitäten keine Finanzierungsmaßnahmen für das betrachtete Unternehmen dar, sondern – wenn überhaupt – für den bisherigen Aktionär. Die Möglichkeiten zur Plazierung der Aktien bei einem großen Anlegerpublikum unterscheiden sich allerdings kaum von den zuvor dargestellten Verfahren.

3 Vermögensanlage bei Banken und Versicherungen

3.1 Allgemeine Grundbegriffe

In den Kapiteln 4 und 5 werden wir uns mit unterschiedlichen Möglichkeiten der Vermögensanlage in Wertpapieren beschäftigen. Die Funktion verschiedener Finanzintermediäre besteht dabei in erster Linie in vermittelnden und organisatorischen Leistungen; sie treten jedoch nicht systematisch zugleich auch als Vertragspartner des eigentlichen Wertpapierengagements auf. Die in diesem Kapitel zu behandelnde zweite große Gruppe von Anlagemöglichkeiten ist demgegenüber dadurch gekennzeichnet, daß Finanzintermediäre im engeren Sinne in der im Abschnitt 1.2 verdeutlichten Weise als unmittelbarer Vertragspartner auftreten und gegenüber dem Anleger bestimmte Zahlungsverpflichtungen übernehmen.

Nach der Art dieser Zahlungsverpflichtungen lassen sich folgende drei elementare Kategorien von „Anlageverträgen" unterscheiden:

(1) Die einfachste Möglichkeit besteht darin, daß dem Anleger das Recht zusteht, zu einem festgelegten Zeitpunkt oder nach Ablauf einer Kündigungsfrist die geleisteten Zahlungen zurückzuverlangen und außerdem während der Vertragslaufzeit und/oder an deren Ende Zinszahlungen zu beanspruchen.

Die Zinsen können dabei – ähnlich wie bei der Geldanlage in festverzinslichen Wertpapieren (vgl. Abschnitt 4.3.2.2) – für die gesamte Laufzeit festgelegt oder zwischenzeitlich änderbar sein. Auch für die Zinstermine bestehen ähnliche Gestaltungsmöglichkeiten, wie wir sie im Abschnitt 4.3.2.2 noch näher darstellen werden.

Diese Form der Vermögensanlage mit Anspruch auf Zins und Rückzahlung ist typisch für die **Geldanlage bei Universalbanken**.

(2) Als Variante dazu besteht die Möglichkeit, daß der Anleger zusätzlich das Recht erwirbt, nach Erbringung bestimmter Sparleistungen über den Zins- und Rückzahlungsanspruch hinaus ein Darlehen zu vorher festgelegten, im allgemeinen besonders günstigen Bedingungen zu erlangen. Wie Sie aus dem Abschnitt 2.3.2.3 bereits wissen, ist eine solche Vertragsgestaltung für das **Angebot von Bausparkassen** typisch.

(3) Eine dritte Möglichkeit der unmittelbaren Geldanlage bei Finanzintermediären ist dadurch gekennzeichnet, daß

– der Anleger nach Ablauf einer vereinbarten Frist den Anspruch auf Rück-zahlung nur eines bestimmten Teils der geleisteten Einzahlungen und darauf entfallender Zinsen und Zinseszinsen hat,

– bei einem vorherigen Todesfall dem Begünstigten jedoch – unabhängig vonden schon erbrachten Anlageleistungen – auf jeden Fall eine fest vereinbarte Summe zusteht sowie eventuell auch noch ein Teil der tatsächlich erbrachten Einzahlungen einschließlich der darauf entfallenden Zinsen und Zinseszinsen. Wie ebenfalls bereits im einleitenden Teil dieses Kurses erörtert (vgl. Abschnitte 1.2.1 und 1.3.2) ist die Abgabe derartiger bedingter Zahlungsversprechen ein konstitutives Merkmal für das **Leistungsangebot von Lebensversicherungsunternehmen.**

Im folgenden werden wir zunächst die wichtigsten Formen der Vermögensanlage bei Banken in ihren Grundzügen darstellen (Abschnitt 3.2). Anschließend werden wir einen kurzen Überblick über die Merkmale und Ausgestaltungsformen von Lebensversicherungen vermitteln (Abschnitt 3.3).

3.2 Vermögensanlage bei Banken

3.2.1 Sicht- und Termineinlagen (Depositen)

Abgesehen von dem Erwerb von Bankaktien und Bankschuldverschreibungen, insbesondere Pfandbriefen bestehen im wesentlichen drei Möglichkeiten der Vermögensanlage bei Banken, nämlich in Form von Sicht-, Termin- und Spareinlagen. Ende 1997 beliefen sich die Sichteinlagen inländischer Privatpersonen auf 414 Mrd. DM, ihre Termineinlagen auf 271 Mrd. DM und die Spareinlagen (incl. Sparbriefen) auf 1.363 Mrd. DM; für die inländischen Unternehmen beliefen sich die entsprechenden Bestände demgegenüber auf 244 Mrd. DM, 714 Mrd. DM und 51 Mrd. DM.[1]

Als **Sichteinlagen** bezeichnet man Guthaben bei Banken,

– die auf sog. Girokonten geführt werden,

– die jederzeit in beliebiger Höhe wieder abgerufen werden können, und

– über die außer durch Barabhebung unbegrenzt mit den Instrumenten des bargeldlosen Zahlungsverkehrs (Überweisung, Scheck, Lastschrift) verfügt werden kann.

Die Verzinsung derartiger Guthaben ist in aller Regel sehr niedrig. Derzeit zahlen die meisten Kreditinstitute – bei zumeist vierteljährlicher Abrechnung – einen

---

1 Vgl. DEUTSCHEN BUNDESBANK (1998a), S. 33*

Zins von 0,5% p.a. Einige Banken verzinsen Sichteinlagen auch gar nicht oder nur insoweit, wie sie gewisse Mindestgrenzen überschreiten.

Angesichts dieser Zinsgegebenheiten ist es unmittelbar einsichtig, daß Sichteinlagen als Form der Vermögensanlage kaum von Interesse sind. Sie stellen vielmehr Puffer- und Transaktionsbestände dar, die vor allem der Abwicklung des bargeldlosen Zahlungsverkehrs und damit zugleich der Verringerung der Bargeldhaltung dienen.

Demgegenüber dienen **Termineinlagen** der kurzfristigen Vermögensanlage. Darunter versteht man Bankguthaben,

– die auf sog. Termingeldkonten geführt,

– für einen bestimmten Zeitraum festgelegt werden und

– dementsprechend *nicht* dem Zahlungsverkehr dienen.

Im einzelnen unterscheidet man folgende zwei Arten von Termineinlagen:

(1) **Festgelder** werden für eine definitiv vereinbarte Frist festgelegt. Nach deren Ablauf ist die Einlage ohne besondere Kündigung fällig, d.h. der Einleger kann darüber nach Belieben verfügen; dazu wird ihm der Einlagebetrag nebst Zinsen (s.u.) zumeist auf seinem Girokonto gutgeschrieben. Viele Kreditinstitute teilen ihren Kunden allerdings bei der Eröffnung eines Festgeldkontos standardmäßig mit, daß sie den Einlagenbetrag bei Fälligkeit wiederum als Festgeld für die gleiche Dauer prolongieren, sofern der Kunde nicht rechtzeitig eine andere Weisung erteilt.

(2) **Kündigungsgelder** hingegen sind erst nach erfolgter Kündigung und Ablauf der vereinbarten Kündigungsfrist fällig.

In Deutschland haben die Festgeldanlagen in den letzten Jahren ständig an Bedeutung gewonnen, während Kündigungsgelder nur noch selten anzutreffen sind. Im allgemeinen Sprachgebrauch werden dementsprechend die Bezeichnungen „Termingelder" und „Festgelder" auch häufig schon gleichgesetzt.

Die Banken bieten ihren Kunden in aller Regel mehrere Festlegungs- bzw. Kündigungsfristen an. Dabei sind insbesondere 1-, 3- und 6-Monatsfristen anzutreffen; aber auch andere Laufzeiten sind möglich.[1] Dabei können Termingeldgutha-

---

1   Insbesondere bei Realkreditinstituten, Girozentralen und Kreditinstituten mit Sonderaufgaben überwiegen Termineinlagen mit Laufzeiten von 4 Jahren und länger, die allerdings überwiegend von gewerblichen und nicht von privaten Anlegern stammen.

ben zu jedem beliebigen Termin eröffnet werden, also nicht etwa nur zu Monatsanfang oder -mitte.

Die Hereinnahme von Termingeldern erfolgt bei den meisten Banken erst ab bestimmten Mindesteinlagen (z.B. 5.000 Euro).

Die Höhe der Zinsen hängt zum einen von der Fristigkeit sowie zum anderen vom Volumen der Einlagen ab. Dabei gilt die Regel, daß die Zinsen mit zunehmender Einlagenhöhe ebenfalls steigen, wie der in Abbildung 3.01 wiedergegebene Auszug aus dem Monatsbericht der Deutschen Bundesbank vom Mai 1998 auch verdeutlicht. Weniger eindeutig ist der Zusammenhang zwischen Zinshöhe und Fristigkeit.

	Sichteinlagen von Privatkunden		Festgelder mit vereinbarter Laufzeit							
			von 1 Monat				von 3 Monaten			
	mit höherer Verzinsung		unter 100.000 DM		von 100.000 DM bis unter 1 Mio DM		von 1 Mio DM bis unter 5 Mio DM		von 100.000 bis unter 1 Mio DM	
Erhebungszeitraum	durchschnittlicher Zinssatz	Streubreite	durchschnittlicher Zinssatz	Streubreite	durchschnittlicher Zinssatz	Streubreite	durchschnittlicher Zinssatz	Streubreite	durchschnittlicher Zinssatz	Streubreite
1997 Juni	1,95	0,50 – 3,00	2,32	2,00 – 2,70	2,63	2,25 – 2,90	2,85	2,50 – 3,05	2,70	2,30 – 3,00
Juli	1,94	0,50 – 3,00	2,33	2,00 – 2,70	2,63	2,25 – 2,90	2,85	2,50 – 3,05	2,69	2,30 – 3,00
Aug.	1,93	0,50 – 3,00	2,33	2,00 – 2,75	2,65	2,27 – 2,95	2,88	2,50 – 3,10	2,71	2,35 – 3,00
Sept.	1,94	0,50 – 3,00	2,33	2,00 – 2,75	2,66	2,25 – 2,95	2,88	2,50 – 3,10	2,73	2,30 – 3,00
Okt.	1,97	0,50 – 3,00	2,41	2,00 – 2,85	2,74	2,35 – 3,09	2,99	2,60 – 3,30	2,85	2,40 – 3,25
Nov.	1,97	0,50 – 3,00	2,51	2,00 – 3,00	2,84	2,40 – 3,15	3,11	2,70 – 3,38	3,00	2,50 – 3,40
Dez.	1,99	0,50 – 3,00	2,64	2,13 – 3,15	2,97	2,50 – 3,40	3,27	2,75 – 3,65	3,06	2,50 – 3,50
1998 Jan.	1,98	0,50 – 3,00	2,57	2,10 – 3,00	2,91	2,50 – 3,25	3,16	2,75 – 3,50	2,99	2,50 – 3,35
Febr.	2,00	0,50 – 3,00	2,50	2,00 – 2,90	2,83	2,40 – 3,10	3,05	2,60 – 3,35	2,96	2,50 – 3,25
März	2,01	0,50 – 3,00	2,54	2,00 – 3,00	2,87	2,40 – 3,20	3,12	2,75 – 3,40	2,98	2,50 – 3,30
April	2,01	0,50 – 3,00	2,55	2,10 – 3,00	2,89	2,40 – 3,25	3,13	2,75 – 3,40	2,99	2,50 – 3,30

Abb. 3.01: Festgeldkonditionen (in% p.a.)
(Quelle: DEUTSCHE BUNDESBANK (1998a), S. 46*) Vielfach wird unterstellt, daß Zinssätze allgemein, und so auch bei Termingeldern, tendenziell umso höher sind, je länger die Laufzeit ist. Diese Konstellation ist jedoch keineswegs zwingend.

Bei Festgeldern wird der Zinssatz in aller Regel für die vorgesehene Festlegungsdauer starr vereinbart. Bei Kündigungsgeldern hingegen ist es eher üblich, daß die Bank den Zinssatz an die allgemeine Marktentwicklung anpassen kann. Die Zinsen werden üblicherweise bei Fälligkeit des Guthabens gutgeschrieben. Sofern bei Festgeldern eine automatische Prolongation vereinbart ist, ist zusätzlich noch zu regeln, ob die Zinsen dem prolongierten Terminguthaben zugeschlagen oder dem Girokonto gutgeschrieben werden.

In ihrer traditionellen Form stellen Termineinlagen unverbriefte Ansprüche gegenüber Banken dar. Im internationalen Geldgeschäft haben in den letzten Jahren allerdings sogenannte **Certificates of Deposit** (Einlagenzertifikate, Depositenzertifikate oder auch einfach nur CD) eine erhebliche Bedeutung gewonnen. Dabei handelt es sich um kurzfristige Inhaber-Schuldverschreibungen, in denen praktisch die Ansprüche aus Terminguthaben bei der emittierenden Bank verbrieft sind. Für den Anleger bietet die Verbriefung den Vorteil, daß dadurch eine vorfällige Abtretung der Ansprüche wesentlich erleichtert, wenn nicht gar erst ermöglicht wird. Dies gilt umso mehr, als sich im internationalen Geschäft ein außerbörslicher Sekundärmarkt für Einlagenzertifikate gebildet hat, der insbesondere von einigen darauf spezialisierten Instituten gepflegt wird. In Deutschland wurden Ausgabe und Handel dieser Wertpapiere bislang allerdings durch die Börsenumsatzsteuer belastet. Nach dem Wegfall dieser Steuer zum 1.1.1991 ist damit zu rechnen, daß Einlagenzertifikate – internationalen Vorbildern folgend – auch in Deutschland weitere Verbreitung finden werden. Das Engagement in derartigen Papieren dürfte für kleinere Anleger allerdings kaum in Frage kommen, da für die Geldanlage in Einlagenzertifikaten von Mindestbeträgen in der Größenordnung von mindestens 50.000 Euro auszugehen sein dürfte.

3.2.2   Spareinlagen und Sparbriefe

3.2.2.1 Spareinlagen

Als Spareinlagen gelten Guthaben auf Sparkonten. Es handelt sich dabei um Gelder, die dem Kreditinstitut grundsätzlich auf unbestimmte Dauer zur Verfügung stehen.

Grundsätzlich ist die Bezeichnung „Spareinlage" nicht geschützt. Das heißt, daß Banken verschiedenste Einlagearten als Spareinlagen bezeichnen können. In der Rechnungslegungsverordnung für Kreditinstitute (RechKredV) ist allerdings festgelegt, welche Merkmale Spareinlagen aufweisen müsssen, die im **bilanziellen** Sinne als Spareinlagen gelten. Wenn Kreditinstitute Einlagen als Spareinlagen bezeichnen, die nicht die in der Rechnungslegungsverordnung genannten Bedingungen erfüllen, ist es ihnen somit lediglich verwehrt, solche „Spareinlagen" unter dem **Bilanzposten** „Spareinlagen" auszuweisen.

Im einzelnen enthalten die für den Bilanzposten „Spareinlagen" geltenden Bestimmungen des **§ 21 Absatz 4 RechKredV** folgende Anforderungen:

„Als Spareinlagen sind nur unbefristete Gelder auszuweisen, die folgenden vier Voraussetzungen erfüllen:

1.   sie sind durch Ausfertigung einer Urkunde, insbesondere eines Sparbuchs, als Spareinlagen gekennzeichnet;

2.   sie sind nicht für den Zahlungsverkehr bestimmt;

3.   sie werden nicht von Kapitalgesellschaften, Genossenschaften, Personenhandelsgesellschaften oder von Unternehmen mit Sitz im Ausland mit vergleichbarer Rechtsform angenommen, es sei denn, diese Unternehmen dienen gemeinnützigen, mildtätigen oder kirchlichen Zwecken oder es handelt sich bei den von diesen Unternehmen angenommenen Geldern um Sicher-

heiten gemäß § 550 b des Bürgerlichen Gesetzbuches oder § 14 Abs. 4 des Heimgesetzes;

4. sie weisen eine Kündigungsfrist von mindestens drei Monaten auf.

Sparbedingungen, die dem Kunden das Recht einräumen, über seine Einlagen mit einer Kündigungsfrist von drei Monaten bis zu einem bestimmten Betrag, der jedoch pro Sparkonto und Kalendermonat 3000 Deutsche Mark nicht überschreiten darf, ohne Kündigung zu verfügen, schließen deren Einordnung als Spareinlagen im Sinne dieser Vorschrift nicht aus. Geldbeträge, die aufgrund von Vermögensbildungsgesetzen geleistet werden, gelten als Spareinlagen. Bausparanlagen gelten nicht als Spareinlagen."

Üblicherweise legen die Kreditinstitute in institutsspezifischen **Bedingungen für den Sparverkehr bzw. Sparkonten** fest, welche Merkmale die von der jeweiligen Bank angebotenen Sparkonten aufweisen. Die in diesen Bedingungen enthaltenen Merkmale entsprechen im allgemeinen den Anforderungen an Spareinlagen gemäß § 21 Abs. 4 RechKredV. Somit können die in der RechKredV enthaltenen Bestimmungen als konstituierend für die Gestaltung der Spareinlagen von Kreditinstituten angesehen werden. Daneben enthalten die Bedingungen weitere Festlegungen hinsichtlich der Ausgestaltung des Vertragsverhältnisses zwischen Sparer und Kreditinstitut.

Trotz der festgelegten Kündigungsfristen kommen die Kreditinstitute überlicherweise den Wünschen ihrer Kunden nach vorzeitiger Rückzahlung – auch über den vereinbarten Freibetrag hinaus – nach. Im Gegensatz zu Termineinlagen können Sparguthaben auch in kleineren Beträgen unterhalten werden. Die Höhe der Verzinsung hängt vor allem von der Laufzeit ab, so daß sie in der Regel um so höher ist, je länger die vereinbarte Kündigungsfrist ist. Die Kreditinstitute sind berechtigt, die laufende Verzinsung durch einseitige Erklärung der jeweiligen Marktsituation anzupassen. Die Verzinsung ist dabei häufig deutlich niedriger als bei anderen Formen der festverzinslichen Geldanlage mit entsprechenden Laufzeiten, also etwa Termineinlagen oder festverzinslichen Wertpapieren.

In jüngster Zeit werden vermehrt verschiedene Arten von bonifizierten Spareinlagen und Sondersparformen angeboten. Diese Einlagen sind üblicherweise so ausgestaltet, daß beim Einhalten einer festgelegten Vertragsdauer ein höherer Zinssatz gezahlt wird als bei Spareinlagen ohne Sondervereinbarung. Trotzdem sind i.d.R. Verfügungen vor dem Ablauf der Vertragsdauer möglich. Es wird dann allerdings nicht die in Aussicht gestellte Bonus-Verzinsung, sondern lediglich eine geringere Grundverzinsung gewährt. Daneben ist im allgemeinen auch bei diesen Spareinlagen eine mindestens dreimonatige Kündigungsfrist vereinbart. Die so gestalteten Spareinlagen erfüllen i.d.R. ebenfalls die Anforderungen gemäß § 21 Abs. 4 RechKredV.

Aufgabe 3.01:

Greifen Sie auf den Monatsbericht 5/98 der Deutschen Bundesbank zurück und stellen Sie fest, welche Größenunterschiede die Zinsen für Spareinlagen unterschiedlicher Vertragsdauer aufweisen!

3.2.2.2 Sparverträge

Neben der Möglichkeit, Spareinlagen je nach der eigenen Vermögens- und Liquiditätslage zu bilden und auch wieder abzuziehen, bieten die Banken ihren Kunden seit langem verschiedene Formen von **Sparplänen** und **Sparverträgen** an. Beim sogenannten **Einmalsparvertrag** verpflichtet sich der Sparer, einmal einen bestimmten Sparbetrag einzuzahlen und für einen vereinbarten Zeitraum von z.B. sechs oder sieben Jahren festzulegen. Beim **Ratensparvertrag** geht der Anleger demgegenüber die Verpflichtung ein, über einen bestimmten Zeitraum von etwa ebenfalls sechs oder sieben Jahren hinweg regelmäßig – zumeist monatlich – gleichbleibende Sparbeträge einzuzahlen.

Wurden Sparverträge beider Kategorien üblicherweise über einen längeren Zeitraum abgeschlossen, so haben seit einigen Jahren Einmalsparverträge mit kürzerer, etwa einjähriger Dauer zunehmend an Bedeutung gewonnen. Wie auch die Entwicklung der Zinssätze zeigt (vgl. Aufgabe 3.02), rückt diese Anlageform trotz ihrer formalen Ausgestaltung als Spareinlage allerdings wirtschaftlich deutlich in die Nähe von Termineinlagen.

Eine Besonderheit bilden dabei Sparverträge mit der zusätzlichen Vereinbarung, daß der Anleger nach einer bestimmten Spardauer – und eventuell bei Vorliegen weiterer Bedingungen – Anspruch auf ein zinsgünstiges Darlehen hat, dessen Höhe von der Sparleistung abhängig ist. Wie Sie wissen, ist dies das konstitutive Merkmal von **Bausparverträgen**. In Form des **Existenzgründungssparvertrages** oder des **Junghandwerkersparvertrages** oder des **Heiratssparens** bieten allerdings auch Universalbanken Verträge mit derartigen Zusatzklauseln an, wobei die Darlehen teils – wie beim Bausparen – zweckgebunden sind, teils zu beliebigen Zwecken verwendet werden können.

Das Angebot verschiedener Arten von Sparverträgen ist insbesondere im Hinblick auf die in den fünfziger und sechziger Jahren entwickelten Instrumente der **staatlichen Sparförderung** durch das Wohnungsbauprämiengesetz von 1952, das Sparprämiengesetz von 1959 und das Vermögensbildungsgesetz von 1961 entwickelt und den vielfältigen Änderungen dieser Gesetze ständig angepaßt worden. Die Begünstigungen des Sparprämiengesetzes sind allerdings 1987 ausgelaufen;

und auch im Rahmen des derzeit geltenden 5. Vermögensbildungsgesetzes von 1987 werden vorrangig nur noch Vermögensbeteiligungen – etwa durch den Erwerb von Aktien, Genußscheinen oder Investmentzertifikaten von Aktien- oder Beteiligungsfonds – durch die sogenannten Arbeitnehmersparzulagen gefördert. Lediglich das auf die Subventionierung des Bausparens abzielende Wohnungsbauprämiengesetz wird – wenn auch mit einem gegenüber früher deutlich reduzierten Förderungssatz – neben dem Vermögensbildungsgesetz noch fortgeführt.

Da die Kreditinstitute aus verschiedenen geschäftlichen Zielsetzungen heraus jedoch ein gewisses Eigeninteresse an dem Abschluß verschiedener Arten von Sparverträgen haben, sind die meisten Banken in den letzten Jahren dazu übergegangen, gegenüber dem „ungeregelten" Kontensparen gewisse zusätzliche Anreize zu schaffen, etwa in der Weise, daß am Ende der Vertragsdauer über die kumulierten Zinsen hinaus noch ein zusätzlicher „Bonus" vergütet wird.

Aufgabe 3.02:

Knüpfen Sie an Aufgabe 3.01 an und vergleichen Sie

– die Durchschnittszinsen für Festgelder von 100.000 Euro bis unter 1 Mio. Euro mit vereinbarter Laufzeit von 3 Monaten mit

– den Durchschnittszinsen für Spareinlagen von 20.000 Euro bis 50.000 Euro bei vereinbarter Kündigungsfrist von 3 Monaten.

Interpretieren Sie Ihren Befund!

3.2.2.3 Sparbriefe

In der Befürchtung, angesichts der vergleichsweise niedrigen Verzinsung von Spareinlagen zunehmend Anleger an andere Anlageformen zu verlieren, haben die Banken bereits Mitte der sechziger Jahre begonnen, ihren Kunden in Form sogenannter **Sparbriefe** Zwischenformen zwischen traditionellen Spareinlagen und festverzinslichen Wertpapieren anzubieten. Dahinter stand die Erwartung, dadurch einen ansonsten in die direkte Wertpapieranlage fließenden Teil des Sparaufkommens doch in einlagenähnlicher Form unmittelbar an das Bankensystem zu binden.

Bei den – unter verschiedenen Bezeichnungen anzutreffenden – Sparbriefen handelt es sich um Wertpapiere oder wertpapierähnliche Urkunden, die von den einzelnen Kreditinstituten unmittelbar an ihre Kunden ausgegeben werden und im einzelnen durch folgende Merkmale gekennzeichnet sind:

- Die **Laufzeit** liegt zumeist im Bereich zwischen 1 und 10 Jahren, überwiegend zwischen 4 und 8 Jahren. Die Rückzahlung erfolgt in Höhe des Einlagebetrages.

- Die **Verzinsung** ist – als ganz entscheidender Unterschied zu den traditionellen Spareinlagen – für die gesamte Laufzeit definitiv festgelegt, gelegentlich auch in Form einer im Zeitablauf steigenden Zinsstaffel. Die Zinszahlungen erfolgen teils jährlich oder halbjährlich, teils werden die Zinsen wie beim Bundesschatzbrief vom Typ B über die Laufzeit kumuliert und einschließlich Zinseszins erst am Ende der Laufzeit mit dem Rückzahlungsbetrag zusammen ausgezahlt.

Aufgabe 3.03:

Nehmen Sie noch einmal den statistischen Teil des Monatsberichtes 5/98 der Deutschen Bundesbank zur Hand und vergleichen Sie den durchschnittlichen Zinssatz von Sparbriefen und Spareinlagen!

- Ein Börsenhandel findet *nicht* statt. In etlichen Fällen halten sich die emittierenden Institute jedoch bereit, von ihnen ausgegebene Sparbriefe vor Fälligkeit zu einem den allgemeinen Kapitalmarktverhältnissen angepaßten Kurs zurückzunehmen. Zudem sind die Banken in aller Regel bereit, selbst emittierte Sparbriefe hoch, zumeist sogar zu 100%, zu beleihen, allerdings zu einem Zins, der üblicherweise um einige Prozentpunkte über der Verzinsung der Sparbriefe liegt.

- Für die bei der Geldanlage in Sparbriefen erzielbare Rendite ist schließlich zu beachten, daß im Gegensatz zum Erwerb von börsengehandelten Wertpapieren üblicherweise keinerlei Transaktionskosten in Rechnung gestellt werden.

Im einzelnen werden Sparbriefe unter verschiedenen Bezeichnungen wie z.B. „Spar(kassen)brief", „Kapital-Sparbrief", „Spar-(kassen)obligation" etc. angeboten. Das Volumen der ausgegebenen Sparbriefe belief sich Ende März 1998 auf 241 Mrd. DM gegenüber Spareinlagen im Volumen von 1.186 Mrd. DM und Termineinlagen von 1.152 Mrd. DM. Dabei kommt den Sparkassen – wie allgemein im Spargeschäft – auch beim Absatz von Sparbriefen die weitaus größte Rolle zu. Folgende Aufgabe dient der Verdeutlichung der maßgeblichen Größenordnungen:

Aufgabe 3.04:

Nehmen Sie wiederum den statistischen Teil des Monatsberichtes 5/98 der Deutschen Bundesbank zur Hand und beantworten Sie folgende Fragen:

a) Welchen Anteil haben jeweils

– Termineinlagen bis unter 3 Monate,

– Spareinlagen und

– Sparbriefe

am Geschäftsvolumen der

– Kreditbanken, darunter der Großbanken,

– Sparkassen und

– Kreditgenossenschaften?

In welcher quantitativen Relation stehen bei den einzelnen Institutsgruppen Sparbriefe und Spareinlagen?

b) Wie groß ist der Anteil der vier unter a) genannten Bankengruppen am Gesamtvolumen aller drei unter a) genannten Einlagenformen?

3.3   Lebensversicherungsverträge als Vermögensanlage

3.3.1   Problemstellung

Für die Vermögensanlage in Form von Wertpapieren oder Bankeinlagen mögen die unterschiedlichsten Gründe maßgeblich sein. Dabei dürften die folgenden beiden Motive in vielen Fällen eine besondere Rolle spielen, nämlich

– die vermögensmäßige Absicherung eines gewissen Lebensstandards für die Zeit nach Beendigung der Erwerbstätigkeit (Altersversorgung) sowie

– die vermögensmäßige Absicherung der Hinterbliebenen für den Fall des Todes oder der Berufsunfähigkeit des Hauptverdieners (Hinterbliebenenversorgung).

Beiden Motiven kann auch durch den Abschluß eines Lebensversicherungsvertrages sehr gut Rechnung getragen werden. Das konstitutive Merkmal solcher Verträge besteht darin, daß die Begünstigten unabhängig von der bereits verstrichenen Laufzeit des Vertrages eine vorher vereinbarte Geldleistung erhalten, wenn innerhalb der vereinbarten Vertragsdauer der Tod – oder ggf. auch Berufsunfähigkeit – des Versicherten eintritt.

Sieht man zunächst von den fondsgebundenen Lebensversicherungen (s.u.) ab, so läßt sich die Vielfalt der in der Praxis anzutreffenden Ausgestaltungsformen von Lebensversicherungsverträgen nach den folgenden vier Kriterien in eine gewisse Ordnung bringen:

–   Bedingung für den Eintritt der Leistungsverpflichtung,

–   Art der vereinbarten Versicherungsleistung,

–   Zeitpunkt und Höhe der Prämienzahlungen und

–   Art der Überschußbeteiligung.

Diese vier Konstruktionsmerkmale sollen in den folgenden Abschnitten kurz erörtert und in ihren wichtigsten Ausprägungen verdeutlicht werden. Dieses Vorhaben wird allerdings stellenweise dadurch etwas erschwert, daß in der Versicherungspraxis und im einschlägigen Schrifttum gelegentlich ein uneinheitlicher Sprachgebrauch besteht. Wir werden an der einen und anderen Stelle darauf hinweisen.

3.3.2   Ausgestaltungsformen von Lebensversicherungen

3.3.2.1   Leistungsvoraussetzungen

Im Hinblick auf die Voraussetzungen, unter denen die Zahlungspflicht des Versicherungsunternehmens einsetzt, können vier Grundtypen von Lebensversicherungen unterschieden werden:

(1)   Leistungspflicht nur bei Tod/Berufsunfähigkeit

Diese Konstruktionsform ist insbesondere bei der sogenannten Risikolebensversicherung anzutreffen. Hier wird die Versicherungssumme nur ausgezahlt, wenn der Versicherte während der vereinbarten Vertragsdauer stirbt. Bei Ablauf des Versicherungsvertrages wird jedoch keine Versicherungsleistung fällig. Für den Abschluß derartiger Versicherungen ist vorrangig das Motiv der Hinterbliebenenversorgung maßgeblich.

Ebenso ist die gemeinhin dem Bereich der Lebensversicherungen zugerechnete Berufsunfähigkeitsversicherung dadurch gekennzeichnet, daß die vertraglich vereinbarte Rentenzahlung (s. Abschnitt 3.3.2.2) nur bei Eintritt der Berufsunfähigkeit – eventuell oberhalb eines bestimmten Mindestgrades – eintritt.

(2) Leistungspflicht bei Tod oder Vertragsablauf

Die in Deutschland am weitaus häufigsten anzutreffende Lebensversicherung auf den Todes- oder Erlebensfall ist dadurch gekennzeichnet, daß die vereinbarte Versicherungsleistung

– unabhängig von der bereits verstrichenen Laufzeit des Vertrages beim Tod des Versicherten,

– spätestens jedoch zu dem vereinbarten Ablauftermin

fällig wird. Eine Sonderform stellt dabei die Versicherung auf „verbundene Leben" dar, bei der das Todesfallrisiko zweier (oder mehrerer) Personen gleichzeitig versichert wird. Die Leistungspflicht tritt ein, sobald einer der Versicherten stirbt, spätestens jedoch bei Ablauf des Versicherungsvertrages. Diese Versicherungsform wird häufig von Ehepaaren oder auch den Gesellschaftern einer Personengesellschaft abgeschlossen und in diesem Zusammenhang auch als **Ehegatten-** bzw. **Teilhaberversicherung** bezeichnet.

Auch die selten anzutreffende „reine Todesfallversicherung" begründet in der in Deutschland üblichen Ausgestaltung – entgegen ihrer Bezeichnung – nicht nur im Todesfall eine Leistungsverpflichtung. Vielmehr wird die Versicherungssumme hier bei Tod des Versicherten, spätestens jedoch bei Vollendung des 85. Lebensjahres fällig. Angesichts der allgemeinen Lebenserwartung entsteht die Leistungspflicht bei dieser Versicherungsform de facto ganz überwiegend beim Todesfall; nichtsdestoweniger ist sie systematisch als eine (extreme) Form der Todes- und Erlebensfallversicherung einzustufen. Die Versicherungsprämie enthält dementsprechend im Gegensatz zur reinen Risikolebensversicherung[1] (s.o.) neben dem Risiko- und dem Kostenanteil auch einen Sparanteil (s. Abschnitt 3.3.2.4).

(3) Leistungspflicht nur bei Vertragsablauf

Im genauen Gegensatz zur Risikolebensversicherung tritt bei dieser sogenannten reinen Erlebensfallversicherung die Leistungspflicht der Versicherung nur ein, wenn die versicherte Preson das vertraglich festgelegte Alter erreicht. Bei vorzeitigem Tod hingegen erfolgt überhaupt keine Zahlung der Versicherung.

Für den Abschluß solcher Versicherungen ist offenbar nicht die Vorsorge für die Hinterbliebenen, sondern die eigene Altersvorsorge das dominierende Motiv. Diese Ausgestaltungsform findet man gelegentlich bei Rentenversicherungen (s.u.).

---

1 Die reine Risikolebensversicherung der unter (1) erörterten Art wird gelegentlich als Unterform der Todesfallversicherung angesehen, gelegentlich aber auch begrifflich davon getrennt.

(4) Unbedingte Leistungspflicht zu einem bestimmten Zeitpunkt

Die sogenannte Termfixversicherung schließlich ist dadurch gekennzeichnet, daß die vorgesehene Versicherungsleistung zu einem fest vereinbarten Zeitpunkt unabhängig davon fällig wird, ob der Versicherte noch lebt oder nicht. Das Versicherungselement bei derartigen Verträgen besteht darin, daß die Beitragspflicht bei einem vorzeitigen Tod des Versicherten endet, die Versicherungssumme aber trotzdem zu dem vereinbarten Termin an die Begünstigten ausgezahlt wird.

Wichtigster Anwendungsfall dieser Versicherungsform ist die sogenannte **Ausbildungsversicherung**. Der Ablaufzeitpunkt wird dabei so gewählt, daß er mit dem Beginn einer bestimmten Ausbildungsphase des Begünstigten (in der Regel eines Kindes) zusammenfällt, und die Versicherungssumme so, daß sie ausreicht, um zumindest einen nennenswerten Teil der veranschlagten Ausbildungskosten abzudecken. Ähnlich wie bei der reinen Risikolebensversicherung steht auch bei der Termfixversicherung das Motiv der Hinterbliebenenversorgung im Vordergrund.

3.3.2.2 Versicherungsleistungen

Lebensversicherungsverträge können weiterhin danach untergliedert werden, ob bei Eintritt der Leistungspflicht (s.o.)

– eine **einmalige Zahlung** erfolgt (Kapitallebensversicherung) oder

– über einen bestimmten Zeitraum hinweg regelmäßig **wiederkehrende Leistungen** zu erbringen sind (Rentenversicherung).

(1) Kapitallebensversicherungen[1]

Im Rahmen der hier nur interessierenden Einzelversicherungen kommt der Kapitallebensversicherung in Deutschland die klar dominierende Rolle zu, und zwar insbesondere in der Form der Versicherung auf den Todes- und

---

1 Auch der Begriff „Kapitalversicherungen" wird nicht einheitlich gebraucht. Im versicherungswissenschaftlichen Schrifttum werden darunter üblicherweise alle Versicherungsarten zusammengefaßt, die – im Gegensatz zur Rentenversicherung – im Leistungsfall eine einmalige Zahlung vorsehen. (Vgl. etwa SCHWEBLER (1988), S. 419 oder SCHIERENBECK (1994), S. 384). Demnach stellt auch die reine Risikolebensversicherung (s.o.) eine Kapitalversicherung dar. In der Versicherungspraxis werden demgegenüber Kapital-, Risiko- und Rentenversicherungen häufig als drei verschiedene Versicherungskategorien behandelt. (Vgl. z.B. JAHRBUCH (1996), S. 47-53).

Erlebensfall (s.o.). Bezüglich der Höhe der Versicherungsleistung sind dabei die drei Varianten anzutreffen, daß die Leistung im Todesfall

- mit der Leistung im Erlebensfall übereinstimmt (sogenannte **gemischte Lebensversicherung**)[1)],
- höher ist als die Erlebensfalleistung oder
- niedriger als diese ist.

Die Versicherung auf den Todes- und Erlebensfall dient der Alters- und der Hinterbliebenenversorgung zugleich. Dabei zielt die letztgenannte Variante stärker auf das Motiv der Altersversorgung, die zweite Variante hingegen stärker auf das Motiv der Hinterbliebenenversorgung ab.

Alle drei Varianten können auch in Form der dynamischen Lebensversicherung angeboten werden. Dabei wird schon bei Vertragsabschluß festgelegt, daß sich die Höhe der bei Fälligkeit der Versicherungsleistung fälligen Summe im Zeitablauf ständig um einen bestimmten Prozentsatz erhöht, zugleich allerdings auch die Beiträge (s. Abschnitt 3.3.2.3). Dem Versicherten wird allerdings regelmäßig das Recht eingeräumt, der Erhöhung zu widersprechen. Zudem endet die Dynamisierung auf jeden Fall, wenn der Versicherte das 65. Lebensjahr überschritten hat. D.h., die Versicherung wird dann in konstanter Höhe – und dementsprechend auch mit gleichbleibenden Beiträgen – fortgeführt.

Neben der Todes- und Erlebensfallversicherung stellt die reine Risikolebensversicherung die zweite prominente Form der Kapitallebensversicherung dar. Auch hier bleibt im einfachsten Fall die im Versicherungsfall zu leistende Summe während der gesamten Vertragsdauer konstant. Als Alternative dazu kennt man jedoch auch hier die dynamische Form, bei der die Leistungssumme im Zeitablauf ständig steigt. Andererseits gibt es als Besonderheit der Risikolebensversicherung auch die Variante einer **im Zeitablauf fallenden Versicherungssumme**. Diese Versicherungsform wird häufig in Verbindung mit Verträgen abgeschlossen, aus denen für den Versicherten über einen gewissen Zeitraum hinweg bestimmte finanzielle Leistungsverpflichtungen resultieren, wie etwa aus Bauspardarlehen oder sonstigen Krediten, Leasing- oder Sparverträgen. Der fallenden Risikolebensversicherung kommt hier die Funktion zu, die Erfüllung der Zahlungsverpflichtungen auch für den Fall sicherzustellen, daß der Zahlungspflichti-

---

1 Wiederum ist ein unheitlicher Sprachgebrauch festzustellen: Die Bezeichnung „gemischte Lebensversicherung" wird z.T. für jede Art der Todes- und Erlebensfallversicherung verwendet, z.T. aber auch nur für den Spezialfall einer im Todes- und Erlebensfall einheitlichen Versicherungssumme.

ge stirbt (oder erwerbsunfähig wird) und damit die Einkünfte, aus denen die Zahlungen eigentlich geleistet werden sollten, plötzlich entfallen. Je nach dem Vertragszusammenhang werden derartige Risikolebensversicherungen auch als **Bausparrisikoversicherung, Restschuldversicherung** oder **Leasing-Lebensversicherung** bezeichnet.

Im Zusammenhang mit der unmittelbaren Vermögensanlage kommt dem sogenannten Sparplan mit Versicherungsschutz besondere Bedeutung zu. Darunter versteht man einen langfristigen Sparvertrag (vgl. Abschnitt 3.2.2.2), der in der Weise durch eine Risikolebensversicherung ergänzt wird, daß die Versicherung beim vorzeitigen Tod des Sparers die noch ausstehenden Sparleistungen übernimmt und damit die Auszahlung der in dem Sparvertrag vorgesehenen Endsumme ermöglicht. Im Endeffekt wird durch diese Kombination von Spar- und Versicherungsvertrag eine ähnliche Absicherung erreicht wie bei der traditionellen Lebensversicherung auf den Todes- und Erlebensfall.

(2) Rentenversicherungen

Die (private) Rentenversicherung tritt einmal als sogenannte Leibrentenversicherung auf, bei der Rentenzahlungen **bis ans Lebensende** des Begünstigten geleistet werden.

Eine besondere Ausgestaltungsform stellt dabei die Versicherung mit sofort beginnender Rentenzahlung dar. Gegen Zahlung einer einmaligen Prämie erwirbt der Versicherte einen lebenslangen Rentenanspruch; das Versicherungsmoment besteht dabei in der Unsicherheit darüber, wie lange der Versicherte noch in den Genuß der Rente kommt. In der Praxis werden derartige Verträge häufig bei Ablauf einer Todes- und Erlebensfallversicherung abgeschlossen. Gelegentlich sehen Versicherungen auf den Todes- und Erlebensfall auch bereits als Vertragsbestandteil ein Wahlrecht zwischen einer einmaligen Kapitalzahlung und einer „Verrentung" vor.

Bei der Leibrentenversicherung mit aufgeschobener Rentenzahlung wird demgegenüber der Beginn der Zahlungspflicht erst für einen späteren Zeitpunkt vereinbart, z.B. für das 65. Lebensjahr des Versicherten. In diesem Fall erfolgen die Prämienzahlungen üblicherweise – wenn auch nicht zwingend – laufend und nicht durch eine Einmalleistung.

Beide Formen von Leibrentenversicherungen können mit zusätzlichen Klauseln ausgestattet werden, wonach die Rentenzahlungen – i.d.R. in reduzierter Höhe – auch nach dem Tod des Hauptversicherten an den Ehegatten bis zu dessen Tod oder an die Kinder bis zu einem bestimmten Alter weiter erfolgen. Man bezeichnet derartige Rentenversicherungsverträge dementsprechend häufig auch als **Witwen-** bzw. **Waisenrenten.**

Ebenfalls zum Bereich der Rentenversicherungen zählt die **Berufsunfähig-keitsversicherung**. Die selbständige Berufsunfähigkeitsversicherung sieht für den Fall der Berufsunfähigkeit eine Rentenzahlung bis zum 60. Lebensjahr bei Frauen bzw. bis zum 65. Lebensjahr bei Männern vor. Die Höhe der Rentenzahlung hängt dabei zum einen von der Versicherungssumme und zum anderen von dem Grad der Berufsunfähigkeit ab, wobei im Detail verschiedene Vertragsgestaltungen anzutreffen sind.

In Ergänzung zu einer Kapitallebensversicherung abgeschlossene Berufsunfähigkeits-Zusatzversicherungen gewähren demgegenüber – neben der Beitragsbefreiung für die Hauptversicherung – einen Rentenanspruch nur bis zur Fälligkeit der Hauptversicherung, längstens allerdings bis zum 60. bzw. 65. Lebensjahr.

3.3.2.3 Beitragszahlungen

Die Gegenleistung des Versicherten für die Ansprüche an die Versicherten besteht in den vereinbarten Beitragszahlungen, auch Prämienzahlungen genannt. Diese können zum einen nach ihrer zeitlichen Verteilung, zum anderen nach der Entwicklung ihrer Höhe im Zeitablauf systematisiert werden.

(1)   Zeitliche Verteilung

Zumeist werden die Versicherungsbeiträge während der gesamten Laufzeit periodisch, also z.B. monatlich oder jährlich, entrichtet. Eine Variante besteht dabei in der Möglichkeit, die Versicherung von einem bestimmten Zeitpunkt an prämienfrei weiterzuführen. Typischerweise findet man derartige Klauseln bei Terminfixversicherungen (s.o.) für den Fall, daß der Versicherte vor Ablauf der Versicherung stirbt. Daneben besteht auch bei Versicherungen auf den Todes- oder Erlebensfall die Möglichkeit der prämienfreien Fortführung. Dies führt allerdings zu einer nach bestimmten versicherungsmathematischen Verfahren zu ermittelnden Minderung der Versicherungssumme gegenüber der ursprünglichen Vereinbarung.

Auf der anderen Seite ist es aber auch möglich, den vereinbarten Versicherungsschutz durch die Entrichtung einer sogenannten Einmalprämie zu Beginn des Versicherungsverhältnisses zu erlangen. Diese Variante ist insbesondere im Bereich der (privaten) Rentenversicherung (s.o.) häufiger anzutreffen.

(2) Höhe der Prämien

Generell ergibt sich die Prämienhöhe aus den Tarifbedingungen der Versicherungen und hängt dabei insbesondere von der Versicherungssumme, dem Eintrittsalter des Versicherten und der Laufzeit bei Kapitallebensversicherungen bzw. dem vorgesehenen Beginn der Leistungspflicht bei Rentenversicherungen ab. Die meisten Versicherungsverträge mit laufenden Beitragszahlungen sehen dabei eine im Zeitablauf konstant bleibende Prämie vor.

Daneben gibt es auch die Möglichkeit, daß die Beiträge im Zeitablauf kontinuierlich steigen. Das ist einmal bei den verschiedenen Formen der dynamischen Lebensversicherung (s.o.) der Fall. Hier steigt bekanntlich zugleich auch die Versicherungssumme – in aller Regel allerdings in einem geringeren Ausmaß als die Prämie. Daneben trifft man aber auch Versicherungsverträge, die vorsehen, daß die Beiträge im Zeitablauf ständig um einen bestimmten Prozentsatz steigen, die Versicherungssumme jedoch konstant bleibt. Derartige Tarife „mit steigenden Beiträgen" haben zunächst überwiegend den Charakter einer Risikolebensversicherung, die mit vergleichsweise geringen Beiträgen eine hohe Versicherungssumme für den Todesfall ermöglicht. Erst im Zeitablauf mit steigenden Prämien tritt der Charakter der Todes- und Erlebensfallversicherung in den Vordergrund.

Eine dritte Variante besteht schließlich in der Möglichkeit im Zeitablauf fallender Versicherungsbeiträge. Dies ist typisch für die bereits im Abschnitt 3.3.2.2 unter (1) dargestellten Risikolebensversicherungen mit fallenden Versicherungssummen, die in erster Linie zur Absicherung von Kredit- oder Sparverträgen dienen sollen.

Im Grundsatz kann die für einen Lebensversicherungsvertrag zu zahlende Prämie rechnerisch in einen Risiko-, einen Kosten- und einen Sparanteil zerlegt werden.

–   Durch die **Risikoanteile** aller Versicherungsverträge sollen die Leistungen für vorzeitig eingetretene Versicherungsfälle abgedeckt werden. Idealtypisch entspricht der Risikoanteil den im Durchschnitt erwarteten Versicherungsleistungen und einem zusätzlichen Risikozuschlag.

–   Durch die **Kostenanteile** sollen die gesamten Betriebs- und Vertriebskosten des Versicherungsunternehmens wie z.b. Gehälter, Provisionen, Mieten, Büromaterial, Abschreibungen etc. abgedeckt werden.

–   Der **Sparanteil** schließlich dient, über die Versicherungslaufzeit verzinslich angelegt, der Ansparung der bei Versicherungsablauf fälligen Summe. Dabei wird in Deutschland üblicherweise rechnerisch ein Zins von 3,5% oder 4% p.a. zugrundegelegt. Würde also etwa eine Todes- und Erlebensfallversicherung mit einer einheitlichen Versicherungssumme von 100.000 Euro, einer Laufzeit von 20 Jahren und einer Einmalprämie vereinbart, so würde der darin enthaltene Sparanteil durch den über 20 Jahre mit 3,5% abgezinsten Barwert von 100.000 Euro bestimmt, beliefe sich also auf 50.257 Euro.[1] Bei der reinen Risikolebensversicherung entfällt der Sparanteil, da es keine Abschlußzahlung gibt, also nichts anzusparen ist.

Unter Berücksichtigung dieser drei Komponenten wird die Höhe der Versicherungsprämie im Prinzip so kalkuliert, daß

- der Barwert aller erwarteten Prämienzahlungen und

- der Barwert aller von der Versicherung zu erbringenden Todes- und Erlebensfalleistungen – ggf. einschließlich eines Risikozuschlages – zuzüglich der erwarteten Kostenanteile

übereinstimmen, wobei der Berechnung dieser Barwerte in der Regel der vergleichsweise niedrige Zinssatz von 3,5% oder 4% p.a. zugrunde gelegt wird. Im Zuge der Deregulierung des Versicherungsmarktes sind die Möglichkeiten der Versicherungsunternehmen, der Prämienkalkulation auch höhere Zinsen zugrunde zu legen, deutlich erweitert worden. Folgendes bewußt vereinfachte – und daher in einzelnen Elementen nicht ganz wirklichkeitsnahe – Beispiel verdeutlicht das Grundkonzept der Prämienkalkulation.

Beispiel:

Die PHOENIX-Versicherung will mit 10.000 Versicherten eine „gemischten Lebensversicherung" über eine Summe von jeweils 100.000 Euro abschließen. Die Laufzeit der Versicherungen soll drei Jahre betragen. Die statistisch ermittelten Sterbewahrscheinlichkeiten liegen – jeweils bezogen auf den anfänglichen Versichertenbestand – bei 4% im ersten Jahr, 5% im 2. Jahr und 6% im 3. Jahr.

Innerhalb eines Jahres fällig werdende Versicherungsleistungen werden jeweils zum Jahresende ausgezahlt, d.h. in den Zeitpunkten $t = 1$, $t = 2$ und $t = 3$. Die jährlich gleichbleibende Prämie ist jeweils zu Beginn des Jahres fällig, also in den Zeitpunkten $t = 0$, $t = 1$ und $t = 2$. Die gesamten Vertriebs- und Betriebskosten der PHOENIX belaufen sich durchschnittlich auf 1.000 Euro pro zu Jahresanfang versicherte Person. Dabei wird vereinfachend unterstellt, daß die entsprechenden Beträge ebenfalls jeweils zu Jahresbeginn anfallen, also in $t = 0$, $t = 1$ und $t = 2$.

Folgende Tabelle verdeutlicht die *geplanten* Zahlungsströme in den Zeipunkten $t = 0, 1, 2, 3$. Dabei bezeichnen die ersten Zahlen in den einzelnen Feldern jeweils die Zahl der betroffenen Versicherten (in 1.000 Personen) und die zweiten Zahlenangaben jeweils die Zahlungen pro betroffenen Versicherten (in 1.000 Euro). P schließlich bezeichnet die gesuchte Prämie (ebenfalls in 1.000 Euro).

---

1   Rechnerisch gilt: $100.000 \cdot 1{,}035^{-20} = 50.257$

	t = 0	t = 1	t = 2	t = 3
Prämieneinzahlungen	10 · P	9,6 · P	9,1 · P	–
Betriebsauszahlungen	10 · 1	9,6 · 1	9,1 · 1	–
Versicherungsleistungen	–	0,4 · 100	0,5 · 100	9,1 · 100

Die Prämieneinzahlungen (erste Zeile) ergeben sich jeweils als Produkt der Zahl der noch lebenden Versicherten mit der gesuchten Prämie. Sie sinken also ebenso wie die Betriebskosten (zweite Zeile) entsprechend der „planmäßigen Sterberate" – makaber, aber so geht's in der Versicherungsmathematik zu.

Die Versicherungsleistungen (dritte Zeile) ergeben sich schließlich ganz analog in $t = 1$ und $t = 2$ aus der Zahl der im ersten bzw. zweiten Jahr Verstorbenen, multipliziert mit der Versicherungssumme von 100 TEuro. In $t = 3$ schließlich wird für alle im ersten oder im zweiten Jahr nicht Verstorbenen die Versicherungssumme von 100 TEuro fällig, sei es als neuerliche Todesfallleistung, sei es als Erlebensleistung.

Legt man nun einen Rechenzins von 3,5% zugrunde so ergibt sich für die Barwerte aller Einzahlungen (BE) und Auszahlungen (BA):

$$BE \; = \; 10 \cdot P + \frac{9,6 \cdot P}{1,035} + \frac{9,1 \cdot P}{1,035^2} \qquad = \; 27,77 \cdot P$$

$$BA \; = \; 10 + \frac{49,6}{1,035} + \frac{59,1}{1,035^2} + \frac{910}{1,035^3} \; = \; 933,86 \; .$$

Aus der Gleichsetzung von BE und BA ergibt sicht dann für die gesuchte Pämie:

$$27,77 \cdot P \; = \; 933,86 \qquad \text{d.h.} \quad P = \frac{933,86}{27,77} = 33,628 \, TGE \; .$$

Die gesuchte Prämie beträgt also 33.628 Euro.

3.3.2.4 Überschußbeteiligung

In der Praxis kommt es häufig vor, daß einzelne oder alle dieser drei Prämienelemente gemessen an den tatsächlich eintretenden Belastungen zu hoch angesetzt werden. Man unterscheidet dabei im einzelnen

–   **Sterblichkeitsgewinne**, die entstehen, weil die tatsächlich eingetretenen Versicherungsfälle de facto mit niedrigeren Belastungen verbunden waren, als der (vorsichtigen) Prämienkalkulation zugrundegelegt wurde,

–   Kostenersparnisse und

–   **Verzinsungsgewinne**, die dadurch entstehen, daß die Sparanteile zu einem höheren Zins als den unterstellten 3,5% oder 4%angelegt werden können.

Aufgabe 3.05:

Angenommen, in dem zur Verdeutlichung des Sparanteils herangezogenen Beispiel könnte der Sparanteil tatsächlich zu 6% p.a. angelegt werden. Stellen Sie fest, um welchen Betrag der Sparanteil und damit insoweit auch die gesamte Einmalprämie zu hoch angesetzt worden ist!

Die so entstehenden Überschüsse sind auf Grund aufsichtsrechtlicher Vorgaben zu mindestens 90% an die Versicherten im Rahmen der sogenannten **Überschußbeteiligung** rückzuerstatten. Folgendes Beispiel verdeutlicht schematisch die Entstehung derartiger Überschüsse.

Beispiel:

Wir gehen von den Daten des Beispiels zur Prämienkalkulation aus. Bei einem planmäßigen Ablauf bezüglich Sterbequoten, Verzinsung und Verwaltungskosten würden sich Einnahmen und Ausgaben gerade die Waage halten und das in t=3 verbleibende Vermögen genau ausreichen, um die dann noch fälligen Versicherungsleistungen von 910 Mio. Euro zu leisten.

Kann nun aber das Vermögen tatsächlich zu 5% (statt nur zu 3,5%) angelegt werden und betragen die Sterblichkeitsquoten in den ersten beiden Jahren tatsächlich nur 3% und 4,5% (statt der unterstellten 4% und 5%), so ergibt sich die folgende **tatsächliche Vermögensentwicklung** (Angaben in Mio. Euro; Klammerangaben: kalkulierte Vermögensentwicklung)

	Prämienzahlungen in	t = 0:	336,28	(336,28)	
./.	Verwaltungskosten in	t = 0:	10,00	(10,00)	
=	Vermögensanlage in	t = 0:	326,28	(326,28)	
+	5% (3,5%) Zinsen		16,31	(11,42)	
+	Prämieneinzahlungen in	t = 1:	326,19	(322,83)	9.700 (9.600) Überlebende!
./.	Verwaltungskosten in	t = 1:	9,70	(9,60)	
./.	Versicherungsleistungen in	t = 1:	30,00	(40,00)	300 (400) Todesfälle!
=	Vermögensanlage in	t = 1:	629,08	(610,93)	
+	5% (3,5%) Zinsen		31,45	(21,38)	
+	Prämieneinzahlungen in	t = 2:	311,06	(306,01)	9.250 (9.100) Überlebende!
./.	Verwaltungskosten in	t = 2:	9,25	(9, 10)	
./.	Versicherungsleistungen in	t = 2:	45,00	(50,00)	450 (500)Todesfälle!
=	Vermögensanlage in	t = 2:	917,34	(879,22)	
+	5% (3,5%) Zinsen		45,87	(30,78)	
./.	Versicherungsleistungen in	t = 3:	925,00	(910,00)	
=	Endvermögen in	t = 3:	38,21	(0,00)	

> Bei dem jetzt unterstellten, gegenüber der Prämienkalkulation günstigeren Verlauf von Sterblichkeit und Verzinsung würde über die betrachteten Jahre hinweg also insgesamt ein Überschuß von gut 38 Mio. Euro erzielt. Damit besteht ein nicht unerhebliches Potential, das nach verschiedenen Varianten auf
>
> – die Versicherungsgesellschaft und deren Gesellschafter einerseits sowie
>
> – auf die verschiedenen Gruppen von Versicherten (Verstorbene, Überlebende) andererseits
>
> aufgeteilt werden kann.

De facto liegt diese Quote allgemein sogar über 95%. Bezüglich der Art und Weise, in der die Überschußbeteiligung konkret erfolgt, sind im wesentlichen die folgenden beiden Grundvarianten zu unterscheiden:

(1) Laufende Weiterleitung

Eine Möglichkeit besteht darin, den Versicherten die ihnen zuzurechnenden Überschußanteile auch laufend zukommen zu lassen. Dies kann entweder durch Barauszahlungen erfolgen oder in der häufiger praktizierten Weise, daß die Überschußanteile auf die laufenden Beiträge angerechnet werden. Im letztgenannten Fall wird dem Versicherten also per Saldo nur der um den Überschußanteil verminderte **Nettobeitrag** in Rechnung gestellt. Diese Variante ist insbesondere bei der Risikolebensversicherung verbreitet.

(2) Erhöhung späterer Versicherungsleistungen

Die zweite, insbesondere bei der Todes- und Erlebensfallversicherung praktizierte Möglichkeit besteht darin, daß die dem einzelnen Versicherten *zugerechneten* Überschußanteile nicht sofort an ihn weitergeleitet werden, sondern zu einer Erhöhung der Ansprüche des Versicherten gegenüber dem Versicherungsunternehmen führen. Dabei sind insbesondere die folgenden drei Varianten anzutreffen:

Bei der sogenannten **verzinslichen Ansammlung** werden die Überschußanteile von dem Versicherungsunternehmen zugunsten des Versicherten verzinslich angelegt und bei der Beendigung der Versicherung durch Tod oder Ablauf zusammen mit den vertraglich garantierten Grundleistungen, in der Regel der Versicherungssumme, ausgezahlt.

Beim sogenannten **Bonus-System** werden die Überschußanteile zur Erhöhung der Versicherungssumme verwendet. Dazu wird auf der Basis des jährlichen Überschußanteils als Einmalprämie jeweils eine zusätzliche beitragsfreie Versicherung über die sogenannte Bonussumme abgeschlossen, die zum gleichen Zeitpunkt endet wie die Grundversicherung. Bei Fälligkeit der Versicherungsleistung, also etwa im Todesfall oder bei Vertragsende, haben die Begünstigten dann Anspruch

- auf die Versicherungssumme der Grundversicherung,

- sämtliche im Zeitablauf zugerechneten Bonusbeträge sowie

- die wiederum auf die zusätzlich abgeschlossenen Einmalversicherungen entfallenden Überschußanteile.

Im Vergleich zur verzinslichen Ansammlung führt das Bonussystem zu höheren Versicherungsleistungen bei einem vorzeitigen Todesfall. Andererseits ist die bei planmäßigem Ende des Versicherungsvertrags fällige Ablaufleistung wegen der zusätzlichen Risikoanteile, die in den aus den jährlichen Überschußanteilen gedeckten Einmalprämien enthalten sind, niedriger.

(3) Abkürzung der Laufzeit

Bei der Todes- und Erlebensfallversicherung (sowie prinzipiell auch bei Leibrentenversicherungen mit aufgeschobener Rentenzahlung; s.o.) besteht eine weitere Variante der Überschußbeteiligung schließlich darin, daß die laufenden Überschußanteile zu einer Verkürzung der Laufzeit führen. Dies erfolgt im Prinzip in der Weise, daß die Überschußanteile ebenfalls verzinslich angelegt werden. Die Versicherung endet dann, sobald

- die aufgezinsten Sparanteile aus der laufenden Prämie und

- die aufgezinsten Überschußanteile

zusammen die vertraglich vereinbarte Versicherungssumme erreicht haben. Bei einem vorzeitigen Todesfall ergibt sich die Versicherungsleistung dementsprechend aus der vereinbarten Todefallsumme zuzüglich der bis dahin aufgezinsten Überschußanteile.

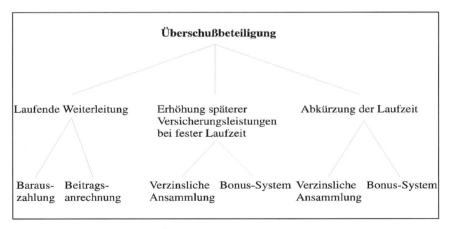

Abb. 3.02: Grundvarianten der Überschußbeteiligung

Aufgabe 3.06:

Gehen Sie von den der Aufgabe 3.05 zugrundeliegenden Daten aus (Versicherungssumme 100.000 Euro, Laufzeit 20 Jahre, in der Einmalprämie enthaltener Sparanteil 50.257 Euro, Rechenzins 3,5%) und nehmen Sie – abweichend von realen Gegebenheiten an – der in Aufgabe 3.05 berechnete Differenzbetrag von 19.077 würde dem Versicherungsvertrag sofort als Überschußanteil gutgeschrieben!

a) Wie hoch wäre die Versicherungsleistung bei Ablauf des Vertrages, wenn auch sich der Überschußanteil zu 6% verzinst?

b) Nach wievielen Jahren wäre der Sparanteil von 50.257 Euro erstmals auf einen Betrag von 100.000 Euro angewachsen? Um wieviele Jahre könnte die Laufzeit also insoweit bei tatsächlich 6%-iger Verzinsung verkürzt werden?

c) Begründen Sie, warum die Verwendung der Überschußanteile zur Laufzeitabkürzung beider reinen Risikoversicherung keinen Sinn macht! Wie müßte hier eine sinnvolle Ver-knüpfung von Überschußbeteiligung und Laufzeitvariation aussehen?

d) Die Teilhabe an Überschüssen in Form von Beitragssenkungen, der verzinslichen An-sammlung oder des Bonus-Systems ist für jeden Versicherten im Vergleich zu der Situation ohne eine solche Überschußbeteiligung offensichtlich vorteilhaft. Gilt das auch so eindeutig für die Abkürzung der Laufzeit, wenn unterstellt wird, daß die im Leistungsfall erfolgende Zahlung auf jeden Fall der fixierten Versicherungssumme entspricht?

3.3.3   Besonderheiten fondsgebundener Lebensversicherungen

Als Reaktion auf die zunehmenden Absatzerfolge verschiedener Investmentfonds brachten mehrere Versicherungen Anfang der siebziger Jahre die sogenannte fondsgebundene Lebensversicherung auf den Markt, die als Mischform aus der traditionellen Lebensversicherung auf den Todes- und Erlebensfall und der Vermögensanlage in Investmentzertifikaten konzipiert ist. In seiner Grundstruktur ist dieser Typ von Lebensversicherung durch die folgenden drei Merkmale gekennzeichnet:

–   Es handelt sich um Versicherungen auf den Todes- und Erlebensfall mit in aller Regel laufenden Prämienzahlungen.

–   Die in den Prämien enthaltenen Sparanteile werden in Anteilen an einem offenen Investmentfonds im Sinne des Gesetzes über Kapitalanlagegesellschaften (KAGG) angelegt. Dabei kann es sich sowohl um Spezialfonds, die in enger Abstimmung mit dem Versicherungsunternehmen verwaltet werden, als auch um Publikumsfonds handeln. Alternativ besteht für das Versicherungsunternehmen auch die Möglichkeit, selbst ein Sondervermögen nach den Vorschriften des KAGG zu bilden. Etwaige Ausschüttungen werden in allen Fällen wieder in das Sondervermögen, den sogenannten Anlagestock, reinvestiert.

– Der speziellen Anlage der Sparanteile entsprechend richtet sich auch die Höhe der Versicherungsleistung grundsätzlich nach der Wertentwicklung des Anlagestocks.

Bezüglich der näheren Ausgestaltung entsprechender Versicherungsverträge unterscheiden sich einzelne Verträge vor allem in folgenden Merkmalen:

Laufende Beitragszahlungen

Während der Versicherungsdauer sind im Normalfall Beiträge in gleichbleibender Höhe zu entrichten. Der darin enthaltene Sparanteil wird dann jeweils in Anteilen des Sondervermögens angelegt. Dabei schwankt die Zahl der so erworbenen Anteile in Abhängigkeit von dem jeweiligen Kurswert des Sondervermögens. Dabei tritt der als **Cost Averaging** bezeichnete Effekt auf, daß bei niedrigen Kursen jeweils mehr, bei hohen Kursen weniger Anteile erworben werden.

Beispiel:

Der in dem Sparbetrag einer fondsgebundenen Lebensversicherung enthaltene Sparanteil belaufe sich in den ersten drei Versicherungsjahren jeweils auf 9.000 Euro pro Jahr. Die Einstandskurse pro Anteil des Anlagestocks weisen in dieser Zeit Werte von 45 Euro, 40 Euro und 50 Euro auf.

Mithin werden dem Anleger in diesen Jahren zunächst 200, dann 225 und zuletzt nur 180 Anteilseinheiten zugerechnet.

Der durchschnittliche Einstiegskurs für die insgesamt 605 Anteilseinheiten liegt also nicht bei 45 Euro, sondern mit 27.000 : 605 = 44,63 Euro etwas niedriger.

Seltener hingegen ist der Fall anzutreffen, daß die laufenden Beiträge durch die vertragliche Festlegung einer festen Anzahl von Anteilseinheiten bestimmt werden. Der Versicherte muß dann jeweils einen Beitrag in Höhe des Kurswertes der vereinbarten Anzahl von Anteilen entrichten. Die jährlichen Zahlungen schwanken also entsprechend der Kursentwicklung der Anteile.

Beispiel:

Wir gehen von den Daten des vorherigen Beispiels aus, unterstellen jetzt aber, der Jahresbeitrag sei auf den Gegenwert von 200 Anteilen festgelegt.

Die erforderlichen Prämienzahlungen in den ersten drei Jahren betragen dann 9.000 Euro, 8.000 Euro und 10.000 Euro.

Versicherungsleistung im Erlebensfall

Im Erlebensfall wird dem Versicherten der Gegenwert aller Anteile, die ihm während der Versicherungsdauer zugerechnet worden sind, bar ausgezahlt.

Oft hat der Versicherte das Wahlrecht zwischen der Barauszahlung des Anteilsgegenwertes oder der effektiven Auslieferung von Wertpapieren (i.d.R. Investmentzertifikaten) in entsprechender Anzahl. Im Falle der sogenannten Sachleistung wird diese allerdings um den Gegenwert der durch die Übertragung entstehenden Transaktionskosten gekürzt.

Versicherungsleistung im Todesfall

Hinsichtlich der Versicherungsleistung im Todesfall sind verschiedene Varianten denkbar:

–   Eine Möglichkeit besteht darin, daß die Begünstigten Anspruch auf den Gegenwert der erreichten Anteilszahl haben, wenigstens jedoch auf eine vereinbarte Mindest-Todesfallsumme. Diese Risikoleistung wird – analog zu den laufenden Beitragszahlungen – z.T. auch durch die Festlegung einer bestimmten Anzahl von Anteilen ausgedrückt.

–   Eine andere Variante besteht darin, daß die vereinbarte Todesfallsumme *zusätzlich* zu dem Anteilsgegenwert ausgezahlt wird.

Beispiel :

Tritt in dem zuletzt betrachteten Beispielsfall zu Beginn des vierten Jahres der Todesfall ein und beläuft sich der dann maßgebliche Wert eines Anteils auf 52 Euro, so beträgt der entsprechende Anteilsgegenwert $605 \cdot 52 = 31.460$ Euro. In Abhängigkeit von der Vereinbarung für den Todesfall ergeben sich dann folgende Zahlungsbeträge:

(1) Mindesttodesfallsumme 30.000 Euro

     Auszahlung des Anteilsgegenwertes von 31.460 Euro

(2) Mindesttodesfallsumme 40.000 Euro

     Auszahlung der Mindestsumme von 40.000 Euro

(3) Additive Todesfallsumme 20.000 Euro

     Auszahlung von 51.460 Euro (Anteilswert + Todesfallsumme)

–   Bezüglich der konkreten Erfüllung des Versicherungsanspruchs kann allerdings wiederum das Wahlrecht zwischen Geld- und Sachleistungen vereinbart werden.

In der Praxis sind im einzelnen vielfältige Kombinationen dieser Merkmale sowie auch Kombinationen mit traditionellen Formen der Lebensversicherung anzutreffen. Insgesamt stellen die fondsgebundenen Lebensversicherungen allerdings in Neuabschlüssen und Bestand nur einen geringen Bruchteil des gesamten Volumens an Lebensversicherungsverträgen dar, was allerdings nicht ausschließt, daß dieses Produkt für einzelne Anbieter von größerer Bedeutung ist. Offenbar wurde die Verschmelzung zweier recht unterschiedlicher Finanzdienstleistungen, nämlich

– der primär auf Sicherheit abzielenden Lebensversicherung und

– der unweigerlich mit Kursrisiken verbundenen Wertpapieranlage

zu einem neuen, synthetischen Produkt vom Anlegerpublikum nur zurückhaltend aufgenommen. Auch haben die meisten Anbieter den Absatz dieses Produkts nicht sonderlich gefördert. Ob sich dies in Zukunft ändern wird, bleibt abzuwarten.

4 Vermögensanlage in Wertpapieren

4.1 Grundbegriffe

4.1.1 Begriff und Arten von Wertpapieren

Neben der Geldanlage bei Banken und Lebensversicherungsunternehmen (vgl. Kapitel 3) stellt der Erwerb von Wertpapieren die zweite wichtige Anlageform dar. Als Wertpapiere bezeichnet man Urkunden, in denen bestimmte Ansprüche in der Weise verbrieft werden, daß diese Ansprüche ohne die Vorlage der Urkunde nicht geltend gemacht werden können und der Verpflichtete nur bei Vorlage der Urkunde leisten muß. Im Zusammenhang mit der Vermögensanlage interessieren in allererster Linie solche Wertpapiere, die in der Weise fungibel sind, daß sie an Wertpapierbörsen gehandelt (sog. **Effekten**) oder von ihrem Emittenten jederzeit zurückgenommen werden.

In der Wertpapierstatistik der Deutschen Bundesbank werden diese Wertpapiere nach der Art der in ihnen verbrieften Rechte grob in die drei Gruppen

- der festverzinslichen Wertpapiere,

- der Aktien und

- der Anteile von Kapitalanlagegesellschaften (Investmentzertifikate)

eingeteilt. Wie Sie der Inhaltsübersicht am Anfang dieser Kurseinheit entnehmen können, werden wir uns im folgenden an dieser Gliederung orientieren.

Ein zweites Unterscheidungsmerkmal ergibt sich aus der Übertragbarkeit von Wertpapieren. **Inhaberpapiere** lauten nicht auf eine bestimmte Person, sondern einfach anonym auf „den Inhaber". Dementsprechend gilt der Besitzer des Wertpapiers als der Berechtigte. Die Übertragung der in einem Inhaberpapier verbrieften Rechte vollzieht sich gem. § 929 BGB durch Einigung und einfache Übergabe der Urkunde. Ist der bisherige Eigentümer gar nicht selbst im Besitz des Wertpapiers, sondern hat er dies einem Dritten, z.B. einer Bank zur Aufbewahrung übergeben, so kann die Übergabe – und dies ist insbesondere für die Abwicklung von Börsengeschäften bedeutsam – gem. § 931 BGB durch die Abtretung des Herausgabeanspruchs gegenüber dem **Verwahrer** ersetzt werden. Beispiele für derartige Inhaberpapiere sind die „normalen" (Inhaber-) Aktien und (Inhaber-) Schuldverschreibungen oder auch – außerhalb des Bereichs der Effekten – der übliche (Inhaber-) Scheck.

Orderpapiere sind demgegenüber auf den Namen eines Berechtigten ausgestellt. Dieser kann seine Rechte jedoch in der Weise an eine andere Person weiterleiten, daß er das Wertpapier auf der Rückseite mit einem Übertragungsvermerk (**Indossament**) versieht und es an den neuen Berechtigten übergibt. Ansprüche aus dem

Wertpapier kann dementsprechend nur der in der Urkunde selbst Benannte oder eine durch entsprechende Übertragungsvermerke als legitimiert erkennbare Person geltend machen. Es leuchtet unmittelbar ein, daß der Handel mit Orderpapieren transaktionstechnisch aufwendiger ist als bei Inhaberpapieren. Bei einem Übertragungsvermerk, der den Namen des neuen Berechtigten offen läßt, (sog. Blankoindossament kann ein Orderpapier zwar de facto wie ein Inhaberpapier gehandelt werden. Sofern der aus dem Wertpapier Berechtigte jedoch zugleich noch gewisse Verpflichtungen gegenüber dem Emittenten hat, können mit dem Blankoindossament weitere Probleme verbunden sein, auf die wir im Abschnitt 4.2.1.2 noch einmal kurz zurückkommen werden. Beispiele für Orderpapiere sind – neben dem Wechsel – im Bereich der Effekten insbesondere Namensaktien und Orderschuldverschreibungen.

4.1.2 Der börsenmäßige Handel von Wertpapieren

Wie Sie bereits aus Kapitel 2.6.1 dieses Kurses wissen, dienen die Wertpapierbörsen in Deutschland nicht der Emission neuer, sondern dem Handel bereits zuvor emittierter Effekten. Aus Sicht der Anleger kommt den Börsen somit primär die Funktion zu, möglichst schnell und mit möglichst niedrigen Transaktionskosten einen Handel in Wertpapieren zu ermöglichen, also Kauf- und Verkaufsinteressenten zusammenzuführen. Außerdem kommt dem aus einer Vielzahl von Angebots- und Nachfrageaufträgen resultierende Börsenkurs für viele Anleger eine wichtige Orientierungsfunktion zu. Insbesondere erleichtert der gleich noch näher zu erörternde Preisbildungsmechanismus den Abschluß von Handelskontrakten und erspart die beim Handel in nicht börsennotierten Wertpapieren notwendigen Preisverhandlungen.

In Deutschland nehmen die acht traditionellen Wertpapierbörsen in Berlin, Bremen, Düsseldorf, Frankfurt, Hamburg, Hannover, München und Stuttgart diese Aufgaben wahr. Zudem existiert seit Anfang 1990 die Deutsche Terminbörse (DTB) in Frankfurt (seit 1998 umbenannt in EUREX), auf die wir im Zusammenhang mit der Behandlung von Wertpapiertermin- und Optionsgeschäften im Abschnitt 5 noch näher eingehen werden. In diesem Abschnitt wollen wir uns hingegen zunächst nur auf sog. **Kassageschäfte** beschränken, bei denen Leistung und Gegenleistung unmittelbar auf den börsenmäßigen Vertragsabschluß folgen.

An den acht traditionellen Börsen wird der Handel durch zwei Gruppen von Marktteilnehmern abgewickelt:

–   Die **Händler** geben auf eigene Rechnung oder für ihre Kunden Kauf- und Verkaufsaufträge „in den Markt". In Deutschland handelt es sich bei den Händlern ganz überwiegend um Bankiers oder Angestellte von Banken.

– Die **Makler** nehmen von den Händlern Aufträge entgegen, bemühen sich um den Ausgleich von Kauf- und Verkaufsaufträgen und stellen die entsprechenden Börsenkurse fest. Die **amtlichen Makler** („Kursmakler") vermitteln dabei nur in den ihnen von den zuständigen Börsenorganen übertragenen Wertpapieren und stellen deren Kurse *amtlich* fest. Geschäfte für eigene Rechnung sind ihnen nur insoweit erlaubt, wie dies zu einem Spitzenausgleich bei den ihnen erteilten Aufträgen nötig ist. Die **freien Makler** agieren demgegenüber außerhalb des amtlichen Handels im sog. geregelten Markt und im Freiverkehr (vgl. dazu 4.2.2) und können auch Geschäfte auf eigene Rechnung abschließen.

Das wirtschaftliche Ziel der Beteiligung am Börsenhandel besteht

– bei den *Händlern* teils in der Verfolgung ihrer autonomen Anlagestrategien, teils in der Erzielung von Provisionseinkünften aus der Durchführung von Kundenaufträgen,

– bei den *Maklern* hingegen in erster Linie in der Erzielung von Courtageeinkünften aus den von ihnen vermittelten Aufträgen.

Bezüglich der Zusammenführung von Kauf- und Verkaufsaufträgen und der dabei erfolgenden Kursfeststellung sind an den deutschen Börsen zwei Varianten zu beobachten.

(1)   Handel zum Einheitskurs

Beim Handel zum Einheitskurs sammelt der zuständige Makler bis zu einem bestimmten Zeitpunkt alle bei ihm einlaufenden Aufträge, die

– entweder auf einen bestimmten Höchst- oder Mindestkurs limitiert sein können

– oder ohne ein solches Limit als „Bestensorder" (bei Verkaufsaufträgen) oder „Billigstorder" (bei Kaufaufträgen) erteilt werden können.

Dann stellt er mit Hilfe des zentralen Börsencomputers nach dem sog. **Meistausführungsprinzip** den Kurs fest, bei dem die Anzahl der umsetzbaren Wertpapiere am größten ist. Folgendes Beispiel verdeutlicht schematisch dieses Vorgehen:

Beispiel:

Zu einem Wertpapier liegen unlimitierte Verkaufsaufträge (Kaufaufträge) über 127 (198) Stück vor. Außerdem liegen auf die Kurse 310, 311, 312 und 313 Euro limitiert jeweils 87, 112, 68 und 93 Verkaufsorders bzw. 89, 72, 101 und 75 Kauforders vor.

Daraus kann folgende Angebots-Nachfrage-Tabelle abgeleitet werden:

Kurs	Brief Angebot	Geld Nachfrage	mögl. Umsatz
unter 310	127	535	127
310	214	535	214
311	326	446	326
312	394	374	374
313	487	273	273
über 313	487	198	198

Die maximale Aktienzahl könnte offensichtlich beim Kurs von 312 umgesetzt werden.

Zu diesem Kurs könnten

– alle unlimitierten Aufträge,

– alle höher als 312 limitierten Kauforders,

– alle niedriger als 312 limitierten Verkaufsorders,

– alle genau auf 312 limitierten Kauforders,

– jedoch nur ein Teil (48) der genau auf 312 limitierten Verkaufsorders

ausgeführt werden.

Sieht man zunächst von dem seltenen Fall der Rationierung ab, so gilt folgende **Erfüllungsregel**: bei einem im amtlichen Handel festgestellten Einheitskurs haben alle Auftraggeber einen Anspruch auf Ausführung, die unlimitierte Orders oder höher (niedriger) als auf den Einheitskurs limitierte Kauf- (Verkaufs-) Aufträge erteilt haben. Lediglich im Hinblick auf die genau auf den Einheitskurs limitierten Orders kann es hingegen – so wie in dem letzten Beispiel – zu Angebots- oder Nachfrageüberhängen kommen. Häufig sind die Kursmakler allerdings bemüht, derartige Spitzen zu vermeiden, indem sie gerade in einem solchen Ausmaß Eigengeschäfte abschließen, daß auch alle genau auf den Einheitskurs limitierten Aufträge durchgeführt werden können.

Welche Konstellation im Einzelfall vorgelegen hat, wird durch folgende **Kurszusätze** verdeutlicht:

b   (bezahlt)[1] Angebot und Nachfrage waren genau ausgeglichen; also haben
     auch die Auftraggeber aller genau auf den Einheitskurs limitierten Aufträge
     einen Anspruch auf Ausführung.

bG   (bezahlt und Geld) Es ist ein Nachfrageüberhang verblieben; von den genau
     auf den Einheitskurs limitierten Orders müssen also sämtliche Verkaufsauf-
     träge, nicht jedoch alle Kaufaufträge durchgeführt werden.

bB   (bezahlt und Brief) Es ist ein Angebotsüberhang verblieben; von den genau
     auf den Einheitskurs limitierten Orders müssen also sämtliche Kaufaufträge,
     nicht jedoch alle Verkaufsaufträge durchgeführt werden.

Aufgabe 4.01:

Gehen sie von den Daten des letzten Beispiels aus!

a) Wie würde die Kursnotiz lauten, wenn der Makler keinen Spitzenausgleich vornehmen
    würde?

b) Welchen zusätzlichen Auftrag müßte der Makler als Eigengeschäft einbringen, damit es
    zu einem Bezahlt-Kurs käme?

c) Beantworten sie die Fragen a) und b) noch einmal für den Fall, daß über die im Beispiel
    genannten Aufträge hinaus zusätzlich ein auf den Kurs von 309 limitierter Verkaufsauf-
    trag über 70 Wertpapiere vorliegt!

Gelegentlich kann es vorkommen, daß das Volumen der unlimitierten Kauf-
(Verkaufs-) Aufträge größer ist als das gesamte Volumen an Verkaufs- (Kauf-)
Orders. In einem solchen Fall ist es zwar noch immer möglich, nach dem Meistausführungsprinzip einen Einheitskurs festzustellen. Dies ist zwingend der Kurs,
für den auf der stärkeren Marktseite gerade nur noch unlimitierte Aufträge vorliegen. Da jedoch auch diese nicht mehr vollständig ausgeführt werden können, kann
die oben genannte Erfüllungsregel nicht eingehalten werden. Eine solche Konstellation wird, je nachdem, ob ein Angebots- oder ein Nachfrageüberhang bestand, durch die Kurszusätze rat B bzw. rat G („rationiert Brief" bzw. „rationiert
Geld") zum Ausdruck gebracht.

Aufgabe 4.02:

Gehen Sie von den Verkaufsorders des vorstehenden Beispiels aus, unterstellen Sie jedoch,
daß 500 unlimitierte sowie jeweils 17, 12, 43 und 37 auf die Kurse 310, 311, 312 und 313
Euro limitierte Kauforders vorliegen und ermitteln Sie den Einheitskurs und die Kursnotiz!

---

1   Häufig wird auf den reinen Zusatz 'b' verzichtet. Eine Kursangabe ohne jeden Zusatz ver-
    deutlicht somit stets einen „Bezahlt-Kurs".

Neben den zuvor erläuterten Kürzeln findet man aus bestimmten Anlässen weitere Kurszusätze, die in der Regel die Funktion haben, auf einem primär technisch bedingten Kursabschlag gegenüber dem Vortag hinzuweisen. Insbesondere sind zu nennen:

ex D   (ex Dividende): Die Aktie wird erstmals ohne den Anspruch auf die Dividendenzahlung für das zurückliegende Geschäftsjahr notiert

ex BR   (ex Bezugsrecht): Die Aktie wird erst noch ohne das im Hinblick auf eine Kapitalerhöhung gegen Einlagen vorgesehene Bezugsrecht notiert; vgl. 4.2.4.1, Unterpunkt (2)

ex BA   (ex Berichtigungsaktien): Die Aktie wird erstmals nach der Ausgabe von Gratisaktien im Zuge einer nominellen Kapitalerhöhung notiert; vgl. 4.2.4.1, Unterpunkt (1)

(2)   Handel zu fortlaufenden Kursen

Neben dem Handel zum Einheitskurs wird an den acht traditionellen deutschen Börsen als zweite Verkehrsform der Handel zu fortlaufenden Kursen (auch „variable Notiz" oder ähnlich) praktiziert. Dazu nehmen die Makler ständig Kauf- und Verkaufsaufträge entgegen und führen sofort einen Abschluß herbei, sobald die bei ihnen eingegangenen Aufträge dies erlauben. Die dabei erzielten Kurse werden jeweils sofort angezeigt, so daß während einer Börsensitzung eine je nach der Umsatzhäufigkeit mehr oder weniger lange Liste unterschiedlicher Kurse entsteht, die recht anschaulich die Entwicklung der Markttendenz verdeutlicht.

In der Berichterstattung über den fortlaufenden Handel werden allerdings häufig nur vier Kurse, nämlich der erste (Eröffnungskurs), der höchste, der niedrigste und der letzte (Schlußkurs) angegeben. Eröffnungs- und Schlußkurs werden allerdings nach der gleichen Methode wie der Einheitskurs festgestellt. Seit Mitte 1997 dient das sog. **Dachskontro** der Feststellung einheitlicher Eröffnungs-, Einheits- und Schlußkurse an den deutschen Präsenzbörsen in den DAX- sowie MDAX-Werten. Dazu werden die Kauf- und Verkaufsaufträge für eine Aktie von allen beteiligten Börsenplätzen mit Hilfe der Elektronik zusammengeführt. Am Dachskontro nehmen alle deutschen Präsenz-Wertpapierbörsen mit Ausnahme der Bremer und der Stuttgarter Börse teil.

Im Bereich des amtlichen Handels ist die variable Notierung nur einer ausgewählten Gruppe besonders umsatzstarker Wertpapiere vorbehalten. Zudem müssen die Aufträge auf eine gewisse Mindestsumme (den sog. *Mindestschluß*) oder ein ganzzahliges Vielfaches lauten. Der Mindestschluß betrug Anfang 1999 100.000 Euro Nennwert bei öffentlichen Anleihen, 1.000 Euro Nennwert bei Wandel- und Optionsanleihen und 100 Stück bei

Aktien und Optionsscheinen an der Frankfurter Wertpapierbörse. Der Mindestschluß bei Aktien, die am Neuen Markt notieren, beträgt 1 Stück. Kleinere Orders und Auftragsspitzen werden demgegenüber in der Einheitskursermittlung eingegeben, bei der keinerlei zahlen- oder volumensmäßige Untergrenzen bestehen. Verschiedene Regionalbörsen bieten zur Zeit bei allen Aktien des fortlaufenden Handels einen Mindestschluß von 1 Stück. Aufgrund der zunehmenden Konkurrenz zwischen den Regionalbörsen ist eine Reduzierung der Mindestschlüsse bei anderen Wertpapiergattungen auch an der FWB zu erwarten.

4.1.3 Vermittlungs- und Verwahrleistungen bei der Vermögensanlage in Wertpapieren

Anleger, die Teile ihres Vermögens in börsengehandelten Wertpapieren anlegen wollen, bedienen sich dabei üblicherweise in zweifacher Weise entsprechender Dienstleistungen von Kreditinstituten. Diese bringen nämlich zum einen die Kundenaufträge in den Börsenhandel ein (sog. Effektenkundengeschäft); zum anderen übernehmen sie auch die Verwahrung und Verwaltung der Wertpapiere (sog. Depotgeschäft).

(1) Effektenkundengeschäfte

Kundenaufträge im amtlichen Handel (s. 4.2.2) wickeln die Banken gem. einer entsprechenden Klausel in ihren AGB generell als **Kommissionär im Selbsteintritt** ab. D.h. sie erteilen an der Börse alle derartigen Aufträge – genau wie ihre Eigengeschäfte – im eigenen Namen, sind jedoch verpflichtet ihrem Kunden den amtlichen Kurs abzurechnen. Dieser erhöht bzw. vermindert sich allerdings um die Maklercourtage, die die Bank selbst an den Makler zu zahlen hat, sowie die eigene Provision.

Sofern die Voraussetzungen für die Erfüllung von Kommissionsgeschäften im Wege des Selbsteintritts vorliegen, ist der Kommissionär grundsätzlich nicht verpflichtet, die entsprechenden Aufträge an der Börse auszuführen. Die Kreditinstitute können also auch zu Lasten oder zu Gunsten ihres Eigenbestandes verkaufen bzw. kaufen oder zueinander passende Kundenaufträge hausintern kompensieren. Von dieser früher stärker praktizierten Möglichkeit sind die Kreditinstitute allerdings inzwischen abgegangen. Die AGB sehen dementsprechend vor, daß Aufträge in zum amtlichen Handel zugelassenen Aktien stets über die Börse abgewickelt werden, sofern der Kunde nicht ausdrücklich etwas anderes wünscht. Somit ist es möglich, daß der Börsenhändler eines Kreditinstituts dem Kursmakler gleichzeitig in ein und demselben Papier etwa einen auf 410 limitierten Kauf- und einen auf 408 limitierten Verkaufsauftrag gleichen Volumens erteilt.

Bei nicht im amtlichen Handel notierten Werten treten die Kreditinstitute als **Eigenhändler** auf. D.h. sie verkaufen oder kaufen im Hinblick auf ihren Eigenbestand in dem betreffenden Wertpapier, wobei es ihnen freisteht, ein entsprechendes Deckungsgeschäft an der Börse durchzuführen oder nicht.

Die Kreditinstitute sind dementsprechend auch *nicht* verpflichtet, den an der Börse notierten Preis in Rechnung zu stellen. Zudem werden die Nebenkosten üblicherweise nicht explizit in Rechnung gestellt, sondern nach dem Verfahren der sogenannten *Nettoabrechnung* als Zu- oder Abschlag in den definitiv in Rechnung gestellten Preis einbezogen.

Bei der Auftragserteilung muß der Kunde zum einen festlegen, ob seine Order limitiert oder unlimitiert erteilt werden soll. Zum anderen ist zu fixieren, ob der Auftrag

- nur für einen Tag,

- für einen längeren Zeitraum, z.B. bis zum Monatsende, oder

- bis zum Widerruf durch den Kunden

gelten soll.

(2) Depotgeschäft

Die Verwahrung der Wertpapierurkunden und deren Verwaltung (z.B. Abtrennen von Dividendencoupons etc.) erfolgt heutzutage weitgehend über die sieben, inzwischen zu der Deutsche Börse Clearing AG zusammengeschlossenen Wertpapiersammelbanken (auch „Kassenverein"). Bei diesen sind ausschließlich Kreditinstitute als Hinterleger erfaßt. Diese führen ihrerseits die „Depots" ihrer Kunden, d.h. Listen, in denen verzeichnet ist, in welcher Anzahl verschiedene Wertpapiere für den einzelnen Kunden hinterlegt sind.

Die diesem dreigliedrigen Verwahrverhältnis (Kunde-Bank-Wertpapiersammelbank) zugrundeliegende Rechtskonstruktion ist so gestaltet, daß der Kunde nicht nur einen schuldrechtlichen Anspruch gegenüber der Bank oder dem Kassenverein hat. Er ist vielmehr Miteigentümer an dem bei der Wertpapiersammelbank unterhaltenen Sammelbestand und hat dementsprechend einen dinglichen Herausgabeanspruch. Der Gefahr, daß Banken durch Eigengeschäfte nicht nur über die ihnen selbst zustehenden Bestände sondern auch über die bei dem Kassenverein unter dem Namen der Bank geführten Kundenbestände widerrechtlich verfügen, wird durch ziemlich rigide gehandhabte Vorschriften zur Depotprüfung gem. § 30 KWG entgegengewirkt.

Die unter (1) und (2) dargestellte Praxis beinhaltet ein ganz erhebliches Potential, um die Abwicklung der an der Börse abgeschlossenen Geschäfte zu vereinfachen, wie folgendes Beispiel verdeutlicht.

Beispiel:

In einer nur zum Einheitkurs notierten Aktie ist der Kurs an einem Börsentag auf 500 b festgestellt worden. Die dabei umgesetzte Menge von insgesamt 10.000 Aktien teilt sich wie folgt auf Orders der drei Banken (Händler) A, B und C, sowie Eigen- und Kundengeschäfte, auf:

| Bank/ | | Kauforders | | | Verkauforders | |
Geschäftsart	Anzahl	Aktien-zahl	Kurs-wert*	Anzahl	Aktien-zahl	Kurs-wert*
A, Eigeng.	1	2.000	1,0	–	–	–
A, Kundeng.	36	1.000	0,5	42	2.800	1,4
B, Eigeng.	–	–	–	1	600	0,3
B, Kundeng.	24	4.000	2,0	30	3.000	1,5
C, Eigeng.	–	–	–	1	1.000	0,5
C, Kundeng.	19	3.000	1,5	31	2.600	1,3
Summe	80	10.000	5,0	105	10.000	5,0

* in Mio Euro

Insgesamt wurden zu dem genannten Kurs also 10.000 Aktien umgesetzt. Dem lagen insgesamt 80 Kauf- und 105 Verkauforders, die zur Erfüllung kamen, zugrunde.

Die transaktionskostenärmste Form der Abrechnung besteht dann in einem zweifachen Clearing nach folgendem Muster:

1. Auf den Depotkonten der Banken beim Kassenverein werden nur die aus allen von einer Bank abgeschlossenen Geschäften resultierenden Salden umgebucht. Die Banken A und B erhielten also „Gutschriften" über 200 bzw. 400 Aktien, Bank C dementsprechend eine „Belastung" über 600 Aktien.

2. Analog werden auch die entsprechenden Zahlungen im Clearing abgerechnet, so daß die Banken A und B „in den Topf" 0,1 bzw. 0,2 Mio Euro einzuzahlen haben, während Bank C eine Zahlung über 0,3 Mio Euro erhält.

Beachtet man, daß die Banken in aller Regel in mehreren Wertpapieren Geschäfte abgeschlossen haben, so kann das zahlungsmäßige Clearing natürlich noch weiter zusammengefaßt werden.

Die Abrechnung der insgesamt 182 Kundenaufträge kann dementsprechend ganz außerhalb des Bereichs von Börse und Kassenverein ausschließlich zwischen den Banken und ihren Kunden erfolgen.

Im praktischen Ablauf gestaltet sich die Abwicklung der Börsengeschäfte zwar noch etwas komplizierter. Nichtsdestoweniger werden sie durch die in Deutschland inzwischen weithin üblichen Handels- und Verwahrformen ganz erheblich vereinfacht. Dies gilt allein schon deshalb, weil die rein physische Übergabe der Wertpapiere – in unserem Beispiel von 105 Verkäufern an 80 Käufer – weitestgehend durch reine Buchungsvorgänge ersetzt werden kann.

4.2 Vermögensanlage in Aktien

4.2.1 Grundbegriffe

4.2.1.1 Aktie und Nennwert

Aktiengesellschaften haben wie die GmbH ein betraglich fixiertes Nominalkapital, das Grundkapital. Das **Grundkapital** muß mindestens 50.000 EURO betragen (§ 7 AktG) und ist in eine bestimmte Anzahl von Aktien „zerlegt", mit deren Übernahme der Aktionär einen bestimmten Anteil an der Gesellschaft erwirbt.

Das Wort „Aktie" wird in zumindest zwei verschiedenen Bedeutungen verwendet. Zum einen bezeichnet es das abstrakte **Mitgliedschaftsrecht**, das in der Regel in einer Urkunde verbrieft ist, aber auch schon vor der effektiven Ausgabe der Urkunde besteht. Dieses Mitgliedschaftsrecht umfaßt nach Maßgabe weiterer Konkretisierungen insbesondere Ansprüche auf

– Teilnahme an und Stimmrecht in der Hauptversammlung,

– Vorlage des Jahresabschlusses in ausführlicher Fassung,

– bestimmte Auskünfte durch den Vorstand,

– Anteil an der von der Hauptversammlung beschlossenen Dividende,

– Bezugsrechte bei der Ausgabe von jungen Aktien, Wandelschuldverschreibungen, Genußscheinen etc.,

– Anteil am Liquidationserlös bei Liquidation der Gesellschaft.

Zum anderen bezeichnet „Aktie" auch die **Urkunde** selbst. Letztere besteht aus der eigentlichen Aktienurkunde **(Mantel)** und dem **Bogen** (Dividendenscheine und Erneuerungsschein). Der Mantel *verbrieft* bei der Aktie das erwähnte Mitgliedschaftsrecht und hatte früher stets die Form einer gefalteten Doppelseite, heute jedoch nur noch einer einseitigen Urkunde im Querformat. Der Bogen setzt sich zusammen aus den **Coupons**, gegen dessen Einreichung die Bank die fällige Dividende auszahlt, und dem **Erneuerungsschein**. Sind die Coupons verbraucht, so dient der Erneuerungsschein zum Bezug weiterer Dividendenscheinbögen.

Aktien können gem. § 8 AktG als Nennwert- oder Stückaktie ausgestattet werden. Im ersten Fall muß der **Nennwert** einer Aktie mindestens 1 Euro betragen, höhere Aktiennennbeträge müssen auf volle Euro (z.B. 2 Euro, 5 Euro) lauten (§ 8 AktG). Die Summe der Nennwerte der Aktien ergibt das Grundkapital[1]. Seit 1998 ist es alternativ auch zulässig, auf die explizite Festlegung eines Nennwertes zu verzichten und stattdessen sogenannte „unechte nennwertlose" Aktien auszu-

---

1 Das Grundkapital wird in der Bilanz als „Gezeichnetes Kapital" ausgewiesen.

geben. Diese Aktien verbriefen ein weder betragsmäßig noch als Quote definierten Anteil am Grundkapital, der sich einfach aus dem Verhältnis von Grundkapital und Anzahl der ausgegebenen Aktien ergibt. Dieser so ermittelte „fiktive Nennwert" muß ebenfalls mindestens 1 Euro betragen. Höhere Werte sind allerdings in beliebiger Höhe zulässig und müssen im Gegensatz zur Nennwertaktie nicht glatt sein. In ähnlicher Weise gelten auch die weiteren Vorschriften, die sich auf den explizit angegebenen Nennwert beziehen, in aller Regel ganz analog auch für den fiktiven Nennwert.

Der *Emissionskurs (Ausgabepreis)* der Aktien muß – von einer Ausnahme abgesehen, vgl. dazu Abschnitt 4.2.4.1, Unterpunkt (1) – mindestens den (ggf. fiktiven) Nennwert ausmachen, eine Ausgabe für einen höheren Betrag ist zulässig (§ 9 AktG). Der über den Nennwert hinausgehende Betrag (das Agio), der ebenfalls Eigenkapital darstellt, wird nicht als Grundkapital, sondern unter der Position „Kapitalrücklage" (§ 272 Abs. 2 Nr. 1 HGB) ausgewiesen. Der Mindestbetrag, den ein Aktionär bei Übernahme der Aktiva erbringen muß, beläuft sich auf 25% vom Nennwert der Aktien zuzüglich eines eventuellen Agios (§ 36a Abs. 1 AktG).

Aufgabe 4.03:

Bei Gründung einer AG werden die einzelnen Aktien im Nennwert von 5 Euro von den Aktionären zu einem Preis von 7 Euro pro Stück übernommen. Die Gesamtzahl der Aktien beträgt 200.000 Stück. Beantworten Sie die folgenden Fragen unter Beachtung der Vorschriften der §§ 9, 36a, 150 Abs. 2 AktG und § 272 Abs. 2 Nr. 1 HGB!

a) Ist diese Überpari-Emission zulässig?

b) Wieviel muß von den Aktionären bei Übernahme der Aktien mindestens pro Aktie eingezahlt werden?

c) Wie schlägt sich die Emission bilanziell nieder, wenn alle Aktionäre nur die Mindesteinzahlung leisten?

d) Angenommen, die Gesellschaft wird zahlungsunfähig und das Insolvenzverfahren wird eröffnet. Bis zu welchem Betrag haftet ein Aktionär, der 1000 Aktien übernommen und die Mindesteinzahlung darauf geleistet hat, den Gläubigern der Gesellschaft?

Der explizit angegebene **Nennwert der Aktie** erfüllt im wesentlichen die Funktion **einer Schlüsselgröße** und zwar in dreifacher Hinsicht:

– *Basis der Kursangabe:* In Deutschland erfolgte die Notierung ursprünglich fast ausnahmslos in Prozent des Nennwerts (*Prozentnotierung*). Seit 1999 werden für Aktien nur noch Notierungen in Euro (von 1969 bis 1998 in DM) pro Stück vorgenommen (*Stücknotierung*). Der Kurs für eine Aktie bezieht sich dabei auf eine Aktie mit dem niedrigsten Nennbetrag. Der Kurs einer Aktie mit höherem Nennbetrag ergibt sich dann, indem der notierte Kurs im Verhältnis der Nennbeträge hochgerechnet wird.

– *Basis der Dividendenangabe:* Analog zur Kursangabe wird die Dividende inzwischen überwiegend in Euro pro Aktie kleinster Stückelung vorgenommen.

– *Basis zur Bestimmung von Beteiligungsquoten:* Etliche gesetzliche Vorschriften knüpfen an der Höhe der Beteiligungsquote eines einzelnen Aktionärs an einer Aktiengesellschaft an, so z.B. § 15 Abs.1 Nr. 9, 10 KWG, § 8 Abs. 4 KAGG, §§ 122, 182, 262 AktG. Zur Berechnung der entsprechenden Quote ist im Regelfall die Relation der Nennwerte der im Eigentum des betreffenden Aktionärs befindlichen Aktien zur Summe aller Nennwerte, d.h. zum Grundkapital, zu bilden.

Im Fall von Stückaktien werden die beiden erstgenannten Schlüsselungsprobleme offensichtlich gegenstandslos, während es zur Berechnung von Beteiligungsquoten ausreicht, den Quotienten aus der Anzahl der Aktien, die dem betrachteten Aktionär gehören zur Gesamtzahl aller ausgegebenen Aktien zu bilden.

Für verschiedene bilanzanalytische Zwecke wird gelegentlich neben dem Börsenkurs und dem Nennwert einer Aktie ihr **Bilanzkurs** betrachtet. Der **Bilanzkurs** C_{Bi} bezeichnet das bilanzielle Reinvermögen pro Aktie; er ergibt sich also einfach, indem das Eigenkapital (EK) durch die Anzahl der Aktien (A) dividiert wird:

$$(1) \qquad C_{Bi} = \frac{EK}{A}$$

Im Fall von Nennwertaktien kann C_{Bi} alternativ auch nach folgender Formel ermittelt werden:

$$(2) \qquad C_{Bi} = \frac{EK}{GK} \cdot NW$$

Formel (2) ist aber auch dann direkt anwendbar, wenn Aktien mit verschiedenen Nennwerten ausgegeben sind.

Der Bilanzkurs einer Aktie kann im Vergleich zum (tatsächlichen oder fiktiven) Nennwert

– größer sein, wenn das ausgewiesene Eigenkapital größer als das Grundkapital ist (durch Rücklagen oder Gewinnvorträge),

– kleiner sein, wenn das Eigenkapital kleiner als das Grundkapital ist (durch Verlustvorträge),

– gleich sein, wenn das Eigenkapital gleich dem Grundkapital ist.

Der **Börsenkurs** C_A der Aktie ist im allgemeinen nicht identisch mit dem Bilanz-kurs, vielmehr wird er im Vergleich zu diesem mit einer positiven oder negativen Marktprämie bewertet. Diese Marktprämie $C_A - C_{Bi}$ drückt das Urteil des Mark-tes darüber aus, inwieweit der Gegenwartswert des zukünftigen Erfolgspotentials des betrachteten Unternehmens

---

Aufgabe 4.04:

Gegeben sei folgende Bilanz einer AG:

Aktiva	in Mio. Euro	Passiva
Vermögen	150	Gezeichnetes Kapital	30
		Rücklagen	24
		Verbindlichkeiten	96
	150		150

a) Wieviele Aktien hat die AG emittiert, wenn alle Aktien auf einen Nennwert von 5 Euro lauten?

b) Berechnen Sie den Bilanzkurs der Aktie!

c) Angenommen, der Bilanzkurs entspricht gerade dem aktuellen Börsenkurs bei einer Stücknotierung. Wie notiert der Aktienkurs dann als Prozentnotierung?

d) Angenommen, die AG hätte Sückaktien emittiert. Wäre es mit den gesetzlichen Vor-schriften vereinbar, daß deren Zahl 10 Mio. (5 Mio.) betrüge? Ziehen Sie zur Anwort § 8 AktG zu rate!

4.2.1.2 Aktienarten

Aktien können nach unterschiedlichen Kriterien in verschiedene Arten eingeteilt werden. Die drei wichtigsten Systematisierungskriterien sind dabei

– die Übertragbarkeit,

– das Stimmrecht und

– die Dividendenberechtigung.

(1) Übertragbarkeit von Aktien

Bezüglich der Übertragbarkeit der Aktien werden Inhaber- und Namensak-tien unterschieden. **Inhaberaktien** lauten auf den Inhaber (§ 10 Abs. 1 AktG) und können *durch Einigung und Übergabe bzw. Abtretung des Her-ausgabeanspruchs* übertragen werden. Wegen dieser vereinfachten Übertragungsform sind die Inhaberaktien sehr leicht handelbar. Inhaberaktien, die in Deutschland bei börsengehandelten Aktien den Normalfall darstellen, dürfen nur ausgegeben werden, wenn der Nennbetrag oder der höhere Ausgabebetrag voll eingezahlt worden ist (§ 10 Abs. 2 AktG).

Namensaktien lauten demgegenüber auf den Namen des Aktionärs (§ 10 Abs. 1 AktG). Die Aktionäre werden in das Aktienbuch der Gesellschaft eingetragen (§ 67 AktG). Aktien müssen in Form von Namensaktien ausgegeben werden, wenn sie vor der vollen Leistung des Nennbetrages oder des höheren Ausgabebetrages ausgegeben werden (§ 10 Abs. 2 AktG). Fordert die Gesellschaft die ausstehenden Einlagen ein, so sind die im Aktienbuch eingetragenen Aktionäre verpflichtet, die ausstehenden Einlagen einzuzahlen. Namensaktien sind Orderpapiere, deren *Übertragung durch Einigung und Übergabe sowie zusätzlich durch schriftliche Abtretungserklärung auf der Rückseite des Wertpapiers (Indossament)* erfolgt (§ 68 Abs. 1 AktG). Darüber hinaus ist die Umschreibung im Aktienbuch vorgesehen (§ 68 Abs. 3 AktG). Unterbleibt diese – etwa weil die Aktie mit einem Blankoindossament weitergegeben wird-, so ist deshalb der Verkauf einer Aktie im Verhältnis zwischen Verkäufer und Käufer nicht unwirksam, gegenüber der Gesellschaft gilt jedoch nach wie vor der im Aktienbuch eingetragene Verkäufer als verpflichtet. Wenn also etwa eine Bank im Aktienbuch als Aktionär eingetragen ist und die Aktien mit Blankoindossament in den Handel gibt, so läuft sie Gefahr, wegen der ausstehenden Einlagen in Anspruch genommen zu werden und sich selbst um Erstattung durch den aktuellen Eigentümer der Aktie bemühen zu müssen.

Einen Spezialfall stellen die **vinkulierten Namensaktien** dar, bei denen die *Übertragung an die Zustimmung der Gesellschaft gebunden ist* (§ 68 Abs. 2 AktG). Diese für Kapitalanlagegesellschaften (Investmentgesellschaften) der Rechtsform der AG zwingend vorgeschriebene Gattung dient zum einen einer besseren Machtkontrolle (der Gesellschaft unliebsame Aktionäre können ferngehalten werden) und zum anderen im Falle ausstehender Einlagen einer besseren Kreditwürdigkeitskontrolle (Fernhalten von Aktionären, deren Kreditwürdigkeit nicht gewährleistet ist).

(2)   Stimmberechtigung von Aktien

Sind im einfachsten Fall nur **Stammaktien** ausgegeben, so gewährt jede Aktie *ein* Stimmrecht (§ 12 Abs. 1 AktG). Die Stimmrechtsquote eines einzelnen Aktionärs berechnet sich dann einfach als Quotient des Nennwertes der von ihm gehaltenen Aktien zum Grundkapital bzw. bei nennwertlosen Aktien als Quotient der Anzahl seiner Aktien zur Gesamtzahl der Aktien.

Abweichend von dem für Stammaktien gültigen Grundsatz kann die Hauptversammlung einer AG gem. § 12 AktG auch die Ausgabe von **stimm-**

rechtslosen Aktien beschließen. Gemäß § 139 AktG muß es sich dabei jedoch um kumulative Vorzugsaktien handeln (vgl. unter (3) in diesem Abschnitt). Reicht der Bilanzgewinn in zwei aufeinanderfolgenden Jahren nicht zur Zahlung der versprochenen Vorzugsdividende aus, so wächst den betroffenen Aktionären gem. § 140 Abs. 2 AktG das Stimmrecht so lange wieder zu, bis der Bilanzgewinn eines späteren Geschäftsjahres so groß ist, daß den Vorzugsaktionären neben der laufenden Vorzugsdividende auch die Fehlbeträge der vorangegangenen Jahre nachgezahlt werden können. Gem. § 139 Abs. 2 AktG darf das Volumen emittierter Vorzugsaktien dem Nominalwert nach nicht mehr als die Hälfte aller Aktien ausmachen.

Mehrstimmrechtsaktien dürfen nach § 12 Abs. 2 AktG nicht mehr ausgegeben werden. Der Wirtschaftsminister des Landes, in dem die Gesellschaft ihren Sitz hat, kann allerdings Ausnahmen zulassen, „soweit es zur Wahrung überwiegender gesamtwirtschaftlicher Belange erforderlich ist."

In der Satzung können außerdem **Stimmrechtsbeschränkungen** für den Fall festgelegt werden, daß einem Aktionär eine größere Anzahl von Aktien gehört (§ 134 Abs. 1 AktG). Durch die Begrenzung der maximalen Stimmrechtsquote eines einzelnen Aktionärs auf einen bestimmten Höchstsatz (z.B. 10%) soll der Einfluß von Großaktionären verringert werden.[1]

(3)   Dividendenberechtigung von Aktien

Hinsichtlich der Dividendenberechtigung ist zwischen **Stammaktien** und **Dividendenvorzugsaktien** zu unterscheiden. Weiterhin besteht die Möglichkeit, Aktien mit Vorzügen bei der Beteiligung am Liquidationserlös auszustatten. Von dieser Möglichkeit wird in Deutschland allerdings kaum Gebrauch gemacht, so daß man häufig die Begriffe **Vorzugsaktien** und Dividendenvorzugsaktien gleichsetzt. Wurden nur Stammaktien ausgegeben, so wird die von der Hauptversammlung beschlossene Gesamtdividende nach der Höhe der jeweiligen Nennbeträge gleichmäßig auf alle Aktien verteilt.

---

1   So stimmte z.B. 1984 die Hauptversammlung der Conti Gummi AG einer Stimmrechtsbeschränkung auf 5% zu, die von der Verwaltung aus Furcht vor einem möglichen Einfluß eines ausländischen Mitbewerbers vorgeschlagen wurde. 1991 wurde diese Klausel wieder aufgehoben.

Beispiel:

Eine AG habe 400.000 Aktien mit einem Nennwert von 5 Euro und 10.000 Aktien mit einem Nennwert 100 Euro emittiert. Das Grundkapital errechnet sich also wie folgt:

400.000 Aktien à   5 Euro = 2 Mio. Euro

10.000 Aktien à 100 Euro = 1 Mio. Euro

Grundkapital   3 Mio. Euro

Der zur Ausschüttung beschlossene Dividendenbetrag sei 360.000 Euro, also 12% des Grundkapitals. Auf die beiden Aktiengattungen verteilt sich der Dividendenbetrag dann wie folgt:

Dividende pro 5 Euro-Aktie   0,60 Euro

Dividende pro 100 Euro-Aktie   12,00 Euro

Bei Dividendenvorzugsaktien weicht der Dividendenanspruch dagegen – in der Regel positiv – von dem der Stammaktien ab. Denkbare Motive für deren Ausgabe sind:

–   Die Reaktion auf eine Situation, in der die Gesellschaft Veränderungen der Stimmenverteilung in der Hauptversammlung trotz Kapitalzuwachses vermeiden möchte und sich deshalb die Stimmrechtslosigkeit junger Aktien mit einem Dividendenvorzug erkauft oder

–   die Reaktion auf eine Situation, in der Kapitalzuwachs nötig ist, der Aktienkurs jedoch unter den Nennwert abgesunken ist. Angesichts des Verbots der Emission unter pari wäre dann eine Emission neuer Stammaktien kaum möglich, da die Anleger wohl kaum bereit wären mehr als den Börsenkurs zu bezahlen, es sei denn, die jungen Aktien lassen höhere Ausschüttungen erwarten als die bisherigen Stammaktien.

Einige mögliche Ausgestaltungsformen von Dividendenvorzügen sollen Ihnen im folgenden präsentiert werden.

Beim **prioritätischen Dividendenanspruch** gilt für den zur Ausschüttung vorgesehenen Dividendenbetrag folgende Verteilungsregel:

–   Die vorgesehene Dividende steht zunächst insoweit nur den Vorzugsaktionären zu, wie die festgelegte Mindestdividende nicht erreicht ist.

–   Reicht die gesamte Dividende zur Zahlung der Mindestdividende an die Vorzugsaktionäre nicht oder gerade aus, so erhalten die Stammaktionäre keine Dividende. Geht die Gesamtdividende hingegen über diesen Betrag hinaus, so stehen die überschießenden Dividendenbeträge insoweit den

Stammaktionären zu, wie ihre Dividende pro Aktie hinter dem Mindestsatz der Vorzugsaktionäre zurückbleibt.

- Übersteigt die Gesamtdividende den Betrag, der notwendig ist, um auch an die Stammaktionäre den Mindestsatz der Vorzugsaktionäre auszuschütten, so wird der danach noch verbleibende Rest proportional zu den Nennbeträgen auf *alle* Aktien gleichmäßig verteilt.

Beim **prioritätischen Dividendenanspruch mit Überdividende** gilt für den zur Ausschüttung vorgesehenen Dividendenbetrag folgende Verteilungsregel:

- Die vorgesehene Dividende steht zunächst insoweit nur den Vorzugsaktionären zu, wie die festgelegte Mindestdividende nicht erreicht ist.

- Reicht die gesamte Dividende zur Zahlung der Mindestdividende an die Vorzugsaktionäre nicht oder gerade aus, so erhalten die Stammaktionäre keine Dividende.

- Geht die Gesamtdividende über diesen Betrag hinaus, so stehen die überschüssigen Dividendenbeträge den Stammaktien und den Vorzugsaktien im Verhältnis der Nennwerte bzw. der Stückzahlen der Aktien zu. Mit steigendem Ausschüttungsbetrag profitieren also beide Aktientypen in gleichem Maße, die Vorzugsaktien bleiben aber stets auf einem höheren Dividendenniveau.

Eine andere mögliche Variante des Dividendenvorzugs stellt schließlich die **limitierte Vorzugsdividende** dar. Bei ihr gilt für den zur Ausschüttung vorgesehenen Dividendenbetrag folgende Verteilungsregel:

- Die vorgesehene Dividende steht zunächst insoweit nur den Vorzugsaktionären zu, wie die festgelegte Mindestdividende nicht erreicht ist.

- Reicht die gesamte Dividende zur Zahlung der Mindestdividende an die Vorzugsaktionäre nicht oder gerade aus, so erhalten die Stammaktionäre keine Dividende.

- Geht die Gesamtdividende über diesen Betrag hinaus, so stehen die überschüssigen Dividendenbeträge *nur* den Stammaktien zu.

Wenn dieser Typ von Vorzugsaktie auch im Insolvenzverfahren nicht den Ansprüchen von Gläubigern gleichgestellt ist, so erinnert die Art seiner Verzinsung doch an den Coupon eines festverzinslichen Finanztitels.

Beispiel:

Das Grundkapital einer AG in Höhe von 4 Mio. Euro sei aufgeteilt in nominal 3 Mio. Euro Stammaktien und nominal 1 Mio. Euro prioritätische Vorzugsaktien mit Überdividende. Der Dividendenvorzug betrage v = 2%, da alle Aktien einen Nennwert von 50 Euro haben, also 1 Euro pro Aktie.

Dann ergibt sich je nach dem Bilanzgewinn, der mit dem ausschüttbaren Betrag übereinstimmen soll, folgende Situation für den Dividendensatz von Vorzugsaktien (D_V) und Stammaktien (D_S):

1. Bilanzgewinn = 20.000 Euro

$$D_V = \frac{20.000}{1 \text{ Mio.}} \cdot 100\% = 2\%$$

[zusammen 20.000 Euro, also 1 Euro pro Aktie]

$$D_S = \quad 0\%$$

2. Bilanzgewinn = 180.000 Euro

$$v = \frac{20.000}{1 \text{ Mio.}} \cdot 100\% = 2\%$$

[zusammen 20.000 Euro, also 1 Euro pro Aktie]

$$D_S = \frac{180.000 - 20.000}{4 \text{ Mio.}} \cdot 100\% = 4\%$$

[zusammen 160.000 Euro, also 2 Euro pro Aktie]

$$D_V = D_S + v = 6\%$$

[also 3 Euro pro Aktie]

Wie Sie aus obigem Beispiel erkennen, erhalten auch Vorzugsaktionäre nur insoweit eine Dividende, wie ein Bilanzgewinn ausgewiesen wird und die Hauptversammlung beschließt, diesen zumindest zum Teil als Dividende auszuschütten – sei es aufgrund eines Jahresüberschusses, sei es durch die Auflösung von Gewinnrücklagen.

Ist dies nicht der Fall, so gehen auch die Inhaber der obigen Vorzugsaktien leer aus. Bei **kumulativen Vorzugsaktien** ist dies jedoch nicht zwangsläufig gleichbedeutend mit einem Verzicht auf den in Aussicht gestellten Vorzug. Vielmehr werden hier ausgefallene Beträge solange auf die Folgejahre vorgetragen, bis sämtliche Rückstände erfüllt sind.

Wie Sie aus Unterabschnitt (2) dieses Gliederungspunktes wissen, *können* derartige kumulative Vorzugsaktien stimmrechtslos sein. Den Vorzugsaktionären wächst

jedoch dann ein Stimmrecht zu, wenn der Vorzugsbetrag in einem Jahr nicht vollständig gezahlt und der Rückstand im Folgejahr nicht neben dem vollen Vorzug
dieses Jahres nachgezahlt wird. Folgendes Beispiel verdeutlicht diese Regelung:

Beispiel:

Die prioritätische Dividende pro Vorzugsaktie über maximal 50 Euro betrage 3,- Euro. Je
nach der Höhe der an die Vorzugsaktionäre gezahlten Dividende ergibt sich dann folgende
Entwicklung:

Jahr	1	2	3	4
Gezahlte Dividende	2,00 Euro	1,50 Euro	5,00 Euro	3,50 Euro
Gezahlte Vorzugsdividende	2,00 Euro	1,50 Euro	3,00 Euro	3,00 Euro
Nachzahlung	–	–	2,00 Euro	0,50 Euro
Kumulierter Rückstand	1,00 Euro	2,50 Euro	0,50 Euro	–
Stimmrecht	nein	ja	ja	nein

Aufgabe 4.05:

Im folgenden Schema sind die Aktienarten nach ihrer unterschiedlichen Gewinnbeteiligung
und Stimmberechtigung unterschieden. Erläutern Sie kurz die nach deutschem Aktienrecht
zulässigen Kombinationen:

Gewinnbeteiligung / Stimmrecht	Stammaktie	Vorzugs-aktie	kumulative Vor-zugsaktie
Stimmrecht	1	2	3
kein Stimmrecht	4	5	6

4.2.2 Marktsegmente des börsenmäßigen Aktienhandels

Wie Sie wissen, dienen die deutschen Wertpapierbörsen der Emission von Aktien allenfalls indirekt (vgl. Kapitel 2.6.1). Ihre primäre Aufgabe als *Zirkulationsmarkt* besteht vielmehr darin,

– es einerseits den Inhabern von Aktien zu ermöglichen, sich reibungslos von ihrem bisherigen Engagement zu lösen, und

– andererseits anderen Anlegern die Möglichkeit zu bieten, mit möglichst geringen Transaktionskosten Aktien ihrer Wahl ganz unabhängig von der Emissionstätigkeit des jeweiligen Unternehmens zu erwerben.

Der Ausgleich von Angebot und Nachfrage vollzieht sich dabei im Normalfall allein über den Preis. Allerdings werden keineswegs die Aktien aller deutschen Aktiengesellschaften börsenmäßig gehandelt; dies trifft vielmehr nur auf knapp ein Drittel der rund 2.300 Aktiengesellschaften zu. Dies liegt unter anderem daran, daß die Zulassung zum Börsenhandel bei einer oder mehreren der insgesamt acht traditionellen deutschen Wertpapierbörsen unter Beachtung bestimmter Formerfordernisse zu beantragen und an verschiedene Voraussetzungen geknüpft ist. Hauptzweck dieser Regelung ist es, das breite Anlegerpublikum in gewissem Ausmaß davor zu schützen, sich in unseriösen und betrügerischen Anlageformen zu engagieren.

Nach den gehandelten Wertpapieren und den an die Emittenten zu stellenden Anforderungen werden verschiedene institutionalisierte **Segmente** des Börsenhandels unterschieden, die sich zum Teil überlappen. Mitte des Jahres 1999 umfaßte das deutsche Börsensystem

– die drei traditionellen, gesetzlich geregelten Segmente des amtlichen Handels, des geregelten Marktes und des Freiverkehrs sowie

– die beiden „neueren" Segmente des „Neuen Marktes" sowie des „SMAX".

Im einzelnen stehen für den gesetzlich geregelten börsenmäßigen Aktienhandel mit

– dem amtlichen Handel,

– dem geregelten Markt und

– dem Freiverkehr

grundsätzlich drei verschiedene **Marktsegmente** zur Verfügung, die sich insbesondere hinsichtlich der Zulassungsvoraussetzungen, der laufenden Publizitätsvorschriften und der Art der Kursermittlung unterscheiden.

Die höchsten Ansprüche sind an die Zulassung zum **amtlichen Handel** geknüpft, die gem. §§ 36 – 49 BörsG und §§ 1 – 32 BörsZulV insbesondere folgendes voraussetzt:

1. Dem Zulassungsantrag ist ein **Prospekt** auf der Basis der letzten drei Jahresabschlüsse der Aktiengesellschaft beizufügen, der eine Vielzahl für die Beurteilung der neu einzuführenden Aktien wichtige Informationen enthalten muß.

2. Der Zulassungsantrag muß zwingend von einem Kreditinstitut als **Mitantragsteller** unterstützt werden. Der Mitantragsteller haftet den späteren Aktionären gemeinsam mit dem Emittenten und den Prospektunterzeichnern, wenn er die Unrichtigkeit oder Unvollständigkeit der Prospektangaben gekannt hat oder ohne grobes Verschulden hätte kennen müssen (**Prospekthaftung**).

3. Der Antragsteller muß sich verpflichten, regelmäßig jährlich mindestens einen **Zwischenbericht** zu veröffentlichen, in dem insbesondere über die Finanzlage und die allgemeine Geschäftsentwicklung informiert wird, und zudem unverzüglich alle Tatsachen veröffentlichen, von denen anzunehmen ist, daß ihr Bekanntwerden zu erheblichen Kursänderungen führen kann.

4. Für die Zulassung sind die in den jeweiligen Börsenordnungen vorgesehenen **Gebühren** in voller Höhe zu entrichten. Diese belaufen sich etwa an der Frankfurter Wertpapierbörse je nach dem Emissionsvolumen auf einen Betrag in der Größenordnung zwischen 0,1‰ bis 0,3‰ des Nominalkapitals.

5. Das Volumen der zugelassenen Aktien muß den **Mindestkurswert** von 1,25 Mio Euro erreichen; zudem müssen sich mindestens 25% der Aktien in Streubesitz befinden.

Für alle zum amtlichen Handel zugelassenen Aktien wird täglich ein **Einheitskurs** ermittelt, der häufig in durchaus mißverständlicher Weise auch als Kassakurs bezeichnet wird. Eine kleinere Anzahl besonders umsatzstarker Aktien wird außerdem „fortlaufend" gehandelt und dementsprechend auch **variabel notiert**. Die Kursermittlung obliegt ausschließlich eigens dazu bestellten amtlichen Maklern, den sog. **Kursmaklern.** Die Veröffentlichung der festgestellten Kurse erfolgt im amtlichen Teil des Kursblattes.

Das 1987 neu eingeführte Segment des **geregelten Marktes** ist in den §§ 71-77 BörsG im Vergleich zum amtlichen Handel weniger detailliert gesetzlich geregelt. Es ist generell durch niedrigere Zulassungsvoraussetzungen als für den amtlichen Handel gekennzeichnet wobei insbesondere folgende Abweichungen bestehen:

1. Statt des Prospektes reicht ein **Unternehmensbericht** auf der Basis des letzten Jahresabschlusses. Damit wird auch solchen Unternehmen der Zugang zu diesem Marktsegment erschlossen, die erst kurz zuvor in eine Aktiengesellschaft umgewandelt worden sind.

2. Der **Mitantragsteller** muß nicht ein Kreditinstitut sein, sondern kann auch ein anderes Unternehmen (z.B. ein Wirtschaftsprüfer) sein, das den Anforderungen gemäß § 71 Abs. 2 BörsG gerecht wird.

3. **Zwischenberichte** sind nicht zwingend erforderlich; die Börsenordnungen enthalten allerdings regelmäßig „Soll"-Vorschriften, die eine solche Berichterstattung zumindest als „erwünscht" erkennen lassen.

4. Die **Zulassungsgebühren** belaufen sich regelmäßig nur auf den halben Satz der Gebühren, die bei der Zulassung zum amtlichen Handel vorgesehen sind.

5. Das Volumen der zugelassenen Aktien muß einen **Mindestnennwert** von 250.000 Euro erreichen. Der Handel im geregelten Markt wird an den meisten Börsen nur zum Einheitskurs durchgeführt. Die Kursfeststellung obliegt in der Regel damit gesondert beauftragten Freiverkehrsmaklern. Die Veröffentlichung der Kurse erfolgt im nicht amtlichen Teil des Kursblattes.

Tabelle 4.01 faßt im Sinne einer beispielhaften Verdeutlichung übersichtartig die wichtigsten Unterschiede zwischen den beiden Segmenten des börsenmäßig organisierten Wertpapierhandels zusammen:

Kriterium	amtlicher Handel	geregelter Markt
1. Notwendige Jahresabschlüsse	die letzten drei veröffentlichten Jahresabschlüsse	der letzte veröffentlichte Jahresabschluß
2. Mitantragsteller	zwingend ein Kredit- oder Finanzdienstleistungsinstitut	nicht zwingend ein Kredit- oder Finanzdienstleistungsinstitut
3. a) Zwischenberichte	Pflicht	erwünscht
b) ad-hoc-Publizität	Pflicht	Pflicht
4. Gebühren	voller Satz	halber Satz
5. a) Mindestnennbetrag	keine Vorschrift	DM 500.000 (Euro 250.000) bzw. 10.000 Stückaktien
b) Mindestkurswert	DM 2.500.000 (Euro 1.250.000)	keine Vorschrift
c) Bereitstellung der Mindestaktienzahl	sofort	in absehbarer Zukunft
d) Streuung	mindestens 25% der Aktien in Streubesitz	keine Vorschrift
6. a) Kursnotierung	variable Notiz und Einheitskurs	nur Einheitskurs
b) Kursermittlung	Kursmakler	beauftragter Freiverkehrsmakler
c) Kursveröffentlichung	amtlicher Teil des Kursblattes	nicht amtlicher Teil des Kursblattes

Tab. 4.01:   Anforderungen zur Zulassung an den verschiedenen Börsensegmenten

Im Gegensatz zum Markt mit amtlicher Notierung und zum Geregelten Markt ist das dritte Segment, der **Freiverkehr**, im Börsengesetz weniger detailliert geregelt (§ 78 BörsG). Er unterliegt aber der Mißbrauchsaufsicht der Börsenvorstände. Über die Einbeziehung von Werten in den Freiverkehr entscheidet jeweils ein besonderer Ausschuß (der „Freiverkehrsausschuß") an der Börse. Er tut dies in einem vereinfachten Verfahren auf der Grundlage der dort geltenden Richtlinie für den Freiverkehr.

Für Aktien, die in den Freiverkehr einbezogen worden sind, dürfen Freiverkehrsmakler während der Börsenzeit im Börsensaal Preisfeststellungen vornehmen. Bei diesen Preisen kann es sich je nach den örtlichen Usancen um Einheitskurse oder auch um fortlaufend festgehaltene Einzelkurse handeln. Sie werden in einem Anhang zum Kursblatt oder auch nur in der Börsenzeitung bekanntgegeben.

Aufgabe 4.06:

Beschaffen Sie sich eine Zeitung mit ausführlicher Börsenberichterstattung und suchen Sie für eine von Ihnen ausgewählte Börse jeweils drei Aktien, die

- amtlich fortlaufend und zum Einheitskurs,

- amtlich nur zum Einheitskurs,

- im geregelten Markt,

- im Freiverkehr

gehandelt werden.

Mit den drei skizzierten Börsensegmenten werden dem Anleger zugleich drei verschiedene Sicherheitsstandards bezüglich Publizität und Geschäftsabwicklung zur Auswahl gestellt. Ein Anleger, der zum amtlichen Handel zugelassene Papiere erwirbt, kann davon ausgehen, daß

- bei der Zulassung zum Handel sowohl von den zuständigen Börsenorganen als auch von der als Mitantragsteller fungierenden Bank besonders strenge Maßstäbe angelegt worden sind,

- vergleichsweise umfangreiche Informationen über die geschäftliche Entwicklung des Unternehmens verfügbar sind,

- das Handelsvolumen und die Zahl der am Handel teilnehmenden Personen relativ groß sind,

- die Kursermittlung nach besonders kontrollierten, für alle Beteiligten fairen Verfahren erfolgt.

Beim Übergang zu Papieren des zweiten oder dritten Segments muß der Anleger dann gewisse Einschränkungen dieser Standards in Kauf nehmen. So ist es bei einer nur mit geringen Umsätzen im Freiverkehr gehandelten Aktie sehr viel leichter als bei einem umsatzstarken, amtlich gehandelten Wert möglich, daß etwa ein unlimitiert erteilter Kaufauftrag zu einer gegenüber den Vortagen deutlich erhöhten Kursfeststellung und damit zu einem unerwartet teuren Einkauf führt. Ein Anleger ist also gut beraten, wenn er mit fallendem Marktsegment in umso größerem Umfang Schutzmaßnahmen ergreift – etwa durch vorherige Informationsbeschaffung und Marktbeobachtung oder die zeitliche und kursmäßige Limitierung der Auftragserteilung. Auf der anderen Seite darf die Beschränkung der Aktienanlage auf amtlich notierte Werte natürlich keineswegs zu der Illusion führen, damit allen Risiken enthoben zu sein. Selbstverständlich ist es immer möglich, daß auch derartige Papiere ganz erhebliche Kursverluste erleiden oder im Extremfall bei Insolvenz des Emittenten wertlos werden. Andererseits beinhalten gerade jüngere und kleinere Unternehmen, deren Aktien nicht amtlich gehandelt werden, oftmals ein ganz erhebliches Ertrags- und Wachstumspotential, das zu ganz außerordentlichen Kursgewinnen führen kann.

Tab. 4.02 verdeutlicht zum Abschluß die Belegung der drei Marktsegmente mit deutschen und ausländischen Aktien.

	Amtlicher Handel	Geregelter Markt	börslicher Freiverkehr
1. Gesamtzahl der notierten Aktien	561	91	430
2. davon deutsche	342	85	66
3. Anzahl der inländischen Emittenten	273	73	57

Tab. 4.02:   Anzahl der notierten Titel in den verschiedenen Börsensegmenten im Kassamarkt der Frankfurter Wertpapierbörse im Dezember 1996 (Quelle: Deutsche Börse AG, Fact Book 1996, Frankfurt am Main 1997, S. 50)

Aufgabe: 4.07:
Wie sind die Unterschiede der in Tab. 4.02 unter 2. und 3. angegebenen Zahlen zu erklären? Geben Sie eine allgemeine Erklärung und suchen Sie an Hand eines Kursblattes drei konkrete Beispiele.

Neben den drei beschriebenen, gesetzlich für den Kassahandel vorgesehenen Börsensegmenten ist im März 1997 der **Neue Markt** als privatrechtlich geregeltes Börsensegment an der Frankfurter Wertpapierbörse eingeführt worden.

Die Zulassung der Aktien zum Neuen Markt setzt allerdings voraus, daß bereits eine Zulassung zum geregelten Markt der Frankfurter Wertpapierbörse erfolgt ist oder gleichzeitig erfolgt. Auf der Grundlage dieser öffentlich-rechtlichen Zulassung zum geregelten Markt entscheidet der Vorstand der Deutsche Börse AG über die privatrechtlich geregelte Einführung zum Neuen Markt. Mit dem Antrag auf Zulassung der Aktien zum Neuen Markt verzichtet der Emittent dann auf die Notierung der Aktien im geregelten Markt.

Eine eindeutige Einordnung des Neuen Marktes hinsichtlich der Zulassungs- und Geschäftsabwicklungsanforderungen kann im Vergleich zum geregelten Markt vorgenommen werden. Da eine Zulassung zum Neuen Markt einerseits die Zulassung zum geregelten Markt voraussetzt, aber andererseits zusätzliche Anforderungen stellt, ist eine Notiz am Neuen Markt grundsätzlich mit strengeren Anforderungen verknüpft. So werden etwa nur Stammaktien zum Handel zugelassen.

Keine eindeutige Relation hinsichtlich der Zulassungs- und Geschäftsabwicklungsanforderungen ergibt sich hingegen beim Vergleich von Neuem Markt und amtlichen Handel. Die Anforderungen des Neuen Marktes bleiben teilweise hinter denen des amtlichen Handels zurück, entsprechen diesen teilweise, gehen teilweise aber auch über diese hinaus.

So entsprechen z.B. die Publizitätsanforderungen im Rahmen des Zulassungsverfahrens zum Neuen Markt zum Teil gerade denen des geregelten Marktes. Es muß beispielsweise ebenfalls nur der letzte veröffentlichte Jahresabschluß vorgelegt werden; und hinsichtlich der Veröffentlichung gilt ebenfalls die schwächere Anforderung einer Schalterpublizität. Hier gelten für den Neuen Markt also schwächere Anforderungen als für den amtlichen Handel.

Bei der Zulassung der Aktien zum Neuen Markt muß der Emittent ein Eigenkapital in Höhe von mind. 1,5 Mio. Euro nachweisen. Der sich am Neuen Markt einstellende voraussichtliche Kurswert darf 5 Mio. Euro nicht unterschreiten.

Dem Zulassungsantrag ist, wie auch bei der Zulassung zum amtlichen Handel, hingegen ein detaillierter Prospekt beizufügen, der zusätzliche Angaben zum Emittenten, wie z.B. zur Geschäftätigkeit und der Kapitalausstattung des Unternehmens sowie zur Vermögens-, Finanz- und Ertragslage und weitere im Zusammenhang mit der Handelseinführung stehende Informationen enthalten muß. Die Informationserfordernisse entsprechen im wesentlichen den Anforderungen, die in der Börsenzulassungsverordnung bezüglich des Prospektes im amtlichen Handel formuliert sind. Daneben gelten sowohl für den Handel von Aktien des Neuen Marktes als auch für die Preisfeststellungen im wesentlichen die Regelungen des amtlichen Handels.

Schließlich gibt es mehrere Anforderungen, die strenger als die des amtlichen Handels zu bewerten sind. Hierzu zählt z.B. die Pflicht des Emittenten, vierteljährlich einen Zwischenbericht zu erstellen, der Angaben zum Geschäftsverlauf sowie verschiedene Kennzahlen enthalten muß. Daneben muß der Emittent im Gegensatz zum amtlichen Handel Jahresabschlüsse nach den International Accounting Standards (IAS) oder nach US-amerikanischen Generally Accepted Accounting Principles (US-GAAP) unabhängig davon erstellen, ob für ihn der Abschluß nach HGB rechtlich maßgeblich ist. Schließlich besteht ein weiteres, besonderes Kennzeichen des Neuen Marktes darin, daß das Unternehmen bereits bei der Zulassung zum Neuen Markt verpflichtet ist, zwei **Designated Sponsors** zu benennen. Diese Designated Sponsors sollen fortlaufend während der Handelszeit verbindliche Geld- und Brief-Limite für den betreuten Wert stellen sowie für einen Marktausgleich sorgen.

Als Zielgruppe für die in dieses Handelssegment aufzunehmenden Aktien werden insbesondere kleine und mittlere, innovative Unternehmen genannt, die neue Absatzmärkte erschließen, neue Verfahren anwenden bzw. neue Produkte und/oder Dienstleistungen anbieten und ein überdurchschnittliches Umsatz- und Gewinnwachstum erwarten lassen. Bei dieser Zielgruppenbeschreibung handelt es sich allerdings nicht um notwendigerweise zu erfüllende Zulassungskriterien; vielmehr kann der Vorstand der Deutsche Börse AG nach freiem Ermessen im Einzelfall entscheiden, ob das antragstellende Unternehmen die Charakteristika für die Aufnahme in den Neuen Markt besitzt.

Der privatrechtlich durch die Deutsche Börse AG organisierte Neue Markt hat sich bereits nach knapp zwei Jahren als bedeutendes eigenständiges Börsensegment etabliert. Bis Ende Juni 1999 waren bereits über 100 Unternehmen am Neuen Markt eingeführt.

Neben den beschriebenen Börsensegmenten ist im April 1999 mit dem SMAX ein weiteres Qualitätssegment eingeführt worden, das auf Aktiengesellschaften des Amtlichen Handels und des Geregelten Marktes abzielt, die nicht im MDAX und im Neuen Markt vertreten sind. Der MDAX umfaßt 70 variabel gehandelte Werte, die in bezug auf Börsenkapitalisierung und -umsatz unmittelbar nach den 30 DAX-Werten folgen.

Aufnahmevoraussetzungen sind die Benennung mindestens eines Designated Sponsors, die Anerkennung des Übernahmekodex, erweiterte Berichtspflichten und einen Freefloat, d.h. einen Anteil von Aktien im Streubesitz, von mehr als 20%. Eine weitere Voraussetzung ist eine kontinuierliche Quartalsberichterstattung nach definierten Standards und eine einmal jährlich stattfindende Analystenkonferenz. Darüber hinaus muß der Anteilsbesitz von Vorstand und Aufsichtsrat im Jahresbericht offengelegt werden.

4.2.3   Insider-Regelungen

Die Insiderregelung bildet einen wesentlichen Bestandteil des Wertpapierhandelsgesetzes (WpHG). Das WpHG wurde 1994 im Rahmen des zweiten Finanzmarktförderungsgesetzes verabschiedet. Konkreter Anlaß für die Einführung einer gesetzlichen Insiderregelung war die Umsetzung der EG-Richtlinie vom November 1989 zur „Koordinierung der Vorschriften betreffend Insider-Geschäfte" in innerstaatliches Recht.

Für die Einführung einer gesetzlichen Regelung zum Insiderhandel ist die Überlegung grundlegend, daß sich am Börsenhandel grundsätzlich auch solche Personen beteiligen können, die regelmäßig über Veränderungen der wirtschaftlichen Lage eines Unternehmens oder sonstige kursbeeinflussende Sachverhalte früher informiert sind als die gesamte Öffentlichkeit (sog. Insider).

Nutzen diese Personen ihren Informationsvorsprung durch entsprechende Effektentransaktionen (Kauf bei erwarteter Kurssteigerung, Verkauf bei erwarteter Kurssenkung) aus, so spricht man von Insidertransaktionen. Ziel der einschlägigen Regelungen ist es, derartige Transaktionen so weit wie möglich zu begrenzen. Dahinter steht die Vorstellung, systematisch schlechter informierte Anleger würden durch derartige Transaktionen geschädigt; sie davor zu schützen, entspreche nicht nur Gerechtigkeitsprinzipien, sondern sichere zugleich die Funktionsfähigkeit der Börsen.

Diese Argumentation ist allerdings keineswegs unumstritten. Fraglich ist zunächst, ob Insidergeschäfte wirklich zu „Schädigungen" anderer Marktteilnehmer führen, und nach welchem Maßstab ein etwaiger Schaden überhaupt bestimmt werden könnte. Umstritten ist zudem, ob der rational handelnde Nichtinsider überhaupt einer gesetzlichen Regelung bedarf und sich nicht vernünftigerweise selbst schützen wird. Er wird einen Risikozuschlag berechnen, der vom Umfang und der Wahrscheinlichkeit von Insiderhandel abhängig ist, und entsprechend seine Grenzpreise ändern. So wird er gegenüber einer Situation ohne Insiderhandel höhere Verkaufspreise und niedrigere Kaufpreise zu erzielen versuchen.

Nahezu unstrittig ist, daß Insidergeschäfte dazu beitragen, daß neue Informationen sich schneller in den Kursen widerspiegeln und somit die Informationseffizienz und letztlich auch die Allokationseffizienz steigern.

Eine gesetzlich vorgeschriebene **Ad-hoc-Publizität** (§ 15 WpHG) soll diesen Insidereffekt ersetzen bzw. verbessern und gleichzeitig präventiv wirken. Die Ad-hoc-Publizität verpflichtet die Emittenten grundsätzlich, nicht öffentlich bekannte, kursbeeinflussende Tatsachen unverzüglich an die Börsen und das Bundesaufsichtsamt für Wertpapierhandel, das die zentrale Institution zur Überwachung der Insiderregelung darstellt, zu melden.

Entsprechend § 13 WpHG sind unter **Insidern** alle Personen zu erfassen, die

–   als Mitglied des Geschäftsführungs- oder Aufsichtsorgans oder als persönlich haftender Gesellschafter des Emittenten,

–   durch ihre Beteiligung am Kapital des Emittenten oder

–   aufgrund ihrer Tätigkeit, ihres Berufes oder ihrer Aufgaben

Zugang zu einer Insiderinformation – im Gesetzeslaut Insidertatsache – haben.

Ausgangspunkt ist hier nicht die Fragestellung, ob jemand typischerweise sensible Informationen erhält, sondern ob eine Person im konkreten Fall Zugang zu diesen Informationen hat und diese auch nutzt. Theoretisch könnte demnach sogar das Reinigungspersonal einer Bank zum Insider werden.

Unter einer Insidertatsache ist „eine nicht öffentlich bekannte Tatsache" zu verstehen, welche bei Bekanntwerden den Kurs „erheblich" beeinflussen würde (§ 13 Abs. 1 WpHG). Dabei wählte man bewußt den Begriff der Tatsache, um bloße Gerüchte auszugrenzen. Dennoch bleibt der Begriff vage und überläßt es letzten Endes der Rechtsprechung, verbindliche Kriterien für die Formel „erheblich" zu finden.

Als „öffentlich bekannt" soll eine Tatsache dann gelten, wenn die sog. „Bereichsöffentlichkeit" hergestellt ist. Diese liegt dann vor, wenn die Marktteilnehmer von der Tatsache Kenntnis nehmen können, d.h. wenn sie über den Börsenticker verbreitet wird. Dies nützt offenbar den am Markt Tätigen, den sog. Marktinsidern, wie z.B. institutionellen Anlegern. Bis aber der Kleinanleger Kenntnis erlangt, werden die Marktinsider ihre Geschäfte schon getätigt haben.

Als **präventive Maßnahmen** sind nicht nur die gesetzliche Ad-hoc-Publizität und die sog. Marktaufsicht, sondern auch die sog. Wohlverhaltensregeln (§§ 31-37 WpHG) anzusehen. Danach müssen Institute, die Wertpapierdienstleistungen betreiben, also vorwiegend Kreditinstitute, bestimmte Regeln befolgen, um Interessenkonflikte zwischen Kunde und Institut zu vermeiden. So darf das Wissen um die Großorder eines Kunden, der ein potentieller Insider ist, nicht für Eigengeschäfte genutzt werden.

4.2.4   Computereinsatz im Börsenhandel

Eine einschneidende Neuerung im Börsenhandel resultiert aus dem zunehmenden Einsatz von Computern sowohl zu Informations-, Handels- als auch zu Abwicklungszwecken. Mit fortschreitendem Entwicklungsstadium der jeweiligen Systeme kommt es zu einer Verschmelzung insbesondere von Informations- und Handelsfunktionen.

Seit 1991 findet in Deutschland neben dem Parketthandel auch ein elektronischer Wertpapierhandel statt. Das ursprünglich dazu verwendete Integrierte Börsenhandels- und Informationssystem (**IBIS**) wurde Ende 1997 durch **Xetra**[1] (Exchange

---

1   Im Oktober 1998 lag der Marktanteil von Xetra bei 40% des Umsatzes aller deutschen Börsen in DAX-Werten.

Electronic **Tra**ding) abgelöst. Dieses computergestütze Handelssystem bietet den Börsenteilnehmern die Möglichkeit, nahezu alle an der Frankfurter Börse notierten Aktien sowie weitere umsatzstarke Rentenpapiere und Aktienoptionsscheine im Online-Kontakt zu handeln. Designated Sponsors sorgen in den Nicht-DAX-Werten für Liquidität, indem sie sich verpflichten, ständig auf Nachfrage sowohl Kauf- als auch Verkaufskurs auszugeben und auf dieser Basis ggf. Geschäfte abzuschließen. Langfristig in der sog. Xetra-Ausbaustufe sollen alle an der FWB notierten Wertpapiere elektronisch handelbar sein. Die Marktteilnehmer haben außerdem die Möglichkeit, einen außerbörslichen Such- und Verhandlungsmarkt zu nutzen.

Xetra stellt eine elektronische Handelsplattform bereit, die einen standortunabhängigen Zugang zu dem Handelssystem ermöglicht. Die Systementwicklung stand unter den Prämissen, die Liquidität durch die Errichtung eines zentralen Orderbuches für jedes Wertpapier zu konzentrieren sowie Markttransparenz und gleichberechtigten Marktzugang zu gewährleisten, um einen friktionslosen Handel zu ermöglichen. Der Handel findet derzeit ganztägig – von 8:30 bis 17:00 Uhr statt. Das zugrundeliegende Marktmodell sieht die zwei Handelsformen Einheitskurs und fortlaufender Handel vor. Die börsliche Liquidität des Kassahandels wird in einem – für alle Marktteilnehmer offenen und somit transparenten – Orderbuch pro Wertpapier konzentriert. Zusätzlich stellen die sog. Betreuer durch die Eingabe von Geld- und Brief-Limits Zusatzliquidität bereit bzw. überbrücken temporäre Ungleichgewichte zwischen Angebot und Nachfrage. Standardmäßig ist der fortlaufende Handel („price-time-priority") vorgesehen. Die Einheitskursfeststellung erfolgt überwiegend bei Aktien mit geringeren Umsatzvolumen. Ein Betreuer übernimmt im Kern die Aufgaben eines Market Makers. Als Instrumente der Handelsüberwachung fungieren Volatilitätsunterbrechungen, laufende Plausibilitätskontrollen und XETRA-S (Surveillance).

Im Präsenzhandel bildet **BOSS-CUBE** (**B**örsen **O**rder **S**ervice **S**ystem – Computerunterstütztes **B**örsenhandels- und **E**ntscheidungssystem) die Schnittstelle zwischen Händlern und Maklern. Das System stellt zum einen das elektronische Orderrouting vom Berater- bzw. Händlerplatz direkt in das Skontro des skontroführenden (Frei-)Maklers sicher. Zum anderen unterstützt BOSS-CUBE mit dem elektronischen Orderbuch die Preisfeststellung der Makler und verbindet außerdem den Handel mit den nachgelagerten Börsengeschäftsabwicklungs- und Kursinformationssystemen.

Ein solches Kursinformationssystem bildet das 1991 eingeführte Ticker **P**lant Frankfurt. **TPF** ist ein reines Informationssystem, das die Kurs- und Preisinformationen von allen acht deutschen Präsenz-Wertpapierbörsen sowie von Xetra, IBIS-R und der Eurex standardisiert und real-time verfügbar macht.

Das **Börsengeschäftsabwicklungssystem BÖGA** bildet die gemeinsame Schnittstelle zwischen den verschiedenen Handelssystemen des Kassamarktes in der Deutschen Börse AG (BOSS-CUBE, IBIS-R und Xetra) sowie telefonisch zwischen Banken vereinbarten Geschäfte und dem Clearing. BÖGA ergänzt die aus dem Handel gelieferten Daten (Wertpapier, Stückzahl bzw. Nominalwert, Kurs und beteiligte Parteien) um weitere wesentliche Informationen wie Kurswert, Stückzinsen, Gebühren, Provisionen, Bonifikationen und Courtage und ermittelt somit den ausmachenden Betrag. Diese Daten werden für die Makler im Maklertagebuch und für die Händler auf der Schlußnote dokumentiert. Die in BÖGA verarbeiteten Geschäfte werden gleichzeitig in das Abwicklungssystem der Deutschen Börse Clearing AG weitergeleitet. Seit Anfang 1996 erfolgt zusätzlich die Meldung über Wertpapiergeschäfte der Makler an das Bundesaufsichtsamt für den Wertpapierhandel direkt aus BÖGA.

Die Abwicklung des Euro-Geschäfts durch die Deutsche Börse Clearing AG erfolgt mit **CASCADE** (**C**entral **A**pplication for **S**ettlement, **C**learing **a**nd **D**epository **E**xpansion). Dieses Auftragsabwicklungssystem bearbeitet zusätzlich zu den durch BÖGA übermittelten Transaktionen (s.o.) auch außerbörsliche Geschäfte und Wertpapierbewegungen, die aus der Ausübung von Geschäften an der Eurex resultieren. Mit dem auf CASCADE basierenden System **CARGO** (**C**entral **A**pplication for **R**egistered Shares **O**nline) ist nunmehr auch die Girosammelverwahrung von vinkulierten Namensaktien möglich.

4.2.5   Das Eigenkapital der Aktiengesellschaft

4.2.5.1 Begriff und Funktion des Eigenkapitals

Zum besseren Verständnis verschiedener Passagen der im Abschnitt 4.2.4 folgenden Ausführungen zu verschiedenen Arten von Kapitalerhöhungen ist es hilfreich, sich zunächst noch einmal Begriff, Funktion und bilanziellen Ausweis des Eigenkapitals einer AG gedanklich zu verdeutlichen[1]. Formal entspricht das Eigenkapital zwingend der Differenz zwischen

–   dem Gesamtwert der auf der Aktivseite der Bilanz ausgewiesenen Vermögensgegenstände und vermögensähnlichen Positionen und

–   dem Gesamtbetrag des Fremdkapitals als Ausdruck zukünftiger Zahlungs- und Leistungsverpflichtungen sowie bestimmter weiterer zukünftig erwarteter Belastungen.

---

1   Vgl. zum folgenden ausführlicher BITZ/SCHNEELOCH/WITTSTOCK (1999), Teil I, Kap. 2.3 und 2.4.

Der Ausweis des Eigenkapitals kennzeichnet somit die Höhe des **Reinvermögens** des bilanzierenden Unternehmens auf der Basis der für die Erstellung der Bilanz maßgeblichen Ansatz- und Bewertungsvorschriften.

Dieser Bilanzposten könnte dementsprechend eigentlich auch die präzisere Bezeichnung „bilanzielles Reinvermögen" oder „bilanzieller Vermögensüberschuß" tragen. Eine in dieser Weise geänderte Terminologie könnte eventuell auch dazu beitragen, verschiedene Fehlinterpretationen, denen das „Eigenkapital" nicht selten ausgesetzt ist, zu vermeiden.

So wird der bilanzielle Eigenkapitalausweis häufig fälschlicherweise als unmittelbarer Indikator von **Haftungstatbeständen** angesehen. Diese Sichtweise liegt etwa dem gängigen Schlagwort von der „Haftungsfunktion des Eigenkapitals" zugrunde. Um diesen Problemkomplex gedanklich zu durchdringen, ist es hilfreich, sich zunächst einmal vor Augen zu führen, was „Haftung" in dem hier behandelten Zusammenhang überhaupt bedeutet. Als Eigenschaft von Wirtschaftssubjekten bezieht sich „Haftung" auf die Frage,

–   für welche Ansprüche und in welchem Umfang (natürliche oder juristische) *Personen* in der Weise einstehen müssen,

–   daß zur Befriedigung dieser Ansprüche – notfalls auch gewaltsam mit Hilfe der dazu legitimierten Personen – auf ihr Vermögen zugegriffen wird.

Ökonomisch gesehen interessiert – daraus abgeleitet – aus der Sicht der Anspruchsberechtigten in erster Linie die Frage, auf *welche Vermögensmassen* sie in welchem Umfang zur Befriedigung ihrer Ansprüche zugreifen können. (Vgl. dazu auch Abschnitt 2.1.6.)

Bei Kapitalgesellschaften bestehen Zugriffsmöglichkeiten auf das Privatvermögen der Gesellschafter bekanntlich nur insoweit, wie diese ihre verbindlich übernommenen Kapitaleinlagen de facto noch gar nicht erbracht haben. Dessen ungeachtet erstreckt sich die Haftung einer Kapitalgesellschaft jedoch auf jeden Fall auf das *gesamte* Gesellschaftsvermögen und ist keineswegs nur auf Vermögensgegenstände im Wert des ausgewiesenen Eigenkapitalbetrages beschränkt. Die „Gesellschaft mit beschränkter Haftung" haftet also – genau wie die AG – für ihre Verbindlichkeiten *unbeschränkt* mit dem gesamten Gesellschaftsvermögen; beschränkt – nämlich auf den Betrag noch ausstehender Einlagen – ist lediglich das Ausmaß, in dem Gläubiger zur Befriedigung ihrer Ansprüche darüber hinaus auch auf das Privatvermögen der Gesellschafter durchgreifen können.

Sieht man von der Möglichkeit ausstehender Einlagen ab, so liefert in bilanzieller Sichtweise also die *gesamte Aktivseite* der Bilanz, und keineswegs nur das Eigenkapital, einen Hinweis auf das bei einer Kapitalgesellschaft insgesamt gegebenen Haftungspotential. Dementsprechend vergrößert auch jede Zunahme des Bruttovermögens einer Kapitalgesellschaft deren Haftungsmasse. Dies gilt unabhängig davon, ob dieser Vermögenszuwachs

–   aus der Aufnahme eines Darlehens oder dem Eingang auf Ziel gelieferter Ware resultiert (Buchungssätze z.b. „Bankguthaben an Verbindlichkeiten" oder „Vorräte an Lieferantenverbindlichkeiten") oder

–   sich aus gewinnbringenden Geschäften oder den Einlagen neuer Gesellschafter ergibt.

Der Unterschied zwischen diesen beiden Kategorien von Vermögenszuwächsen besteht allerdings darin, daß im ersten Fall zugleich auch die von der Gesellschaft zu erfüllenden Gläubigeransprüche zunehmen, im zweiten Fall hingegen unverändert bleiben. Dementsprechend bewirkt der Zuwachs an Vermögen, daß der Überschuß des Vermögens über die daraus zu erfüllenden Ansprüche und damit zugleich der Eigenkapitalausweis

–   im ersten Fall unverändert bleibt,

–   im zweiten Fall hingegen in entsprechendem Umfang zunimmt.

Insoweit indiziert eine Zunahme des Eigenkapitals bei sonst unveränderten Gegebenheiten aus der Sicht der Gläubiger in der Tat eine Verbesserung der Haftungssituation. Dies ist jedoch *nicht* etwa deshalb der Fall,

–   weil dem Eigenkapital selbst eine unmittelbar Haftungsfunktion zukommt,

–   oder weil es die Höhe der Haftungsmasse anzeigt.

Eine Zunahme des Eigenkapitals signalisiert vielmehr deshalb eine Verbesserung der für die Gläubiger bestehenden Haftungssituation, weil diese Größe einen Indikator für den *Überschuß der Haftungsmasse über die darauf gerichteten Ansprüche* darstellt und damit zugleich für das Ausmaß, in dem das Unternehmen zukünftige Verluste hinnehmen könnte, ohne daß das bilanziell ausgewiesene Vermögen kleiner wird als die daraus zu befriedigenden Ansprüche.

Ein zweites Problemfeld bei der Interpretation des Eigenkapitals resultiert daraus, daß das Eigenkapital häufig in äußerst mißverständlicher Weise mit **Finanzierungstatbeständen** in Verbindung gebracht wird. Ein eigentlich offensichtlicher Irrtum besteht in der Vorstellung, das Eigenkapital gebe den Betrag an Finanzierungsmitteln („Eigenmittel") an, der dem bilanzierenden Unternehmen am Bilanzstichtag ganz unabhängig von den Ansprüchen der Gläubiger zur Finanzierung von Investitionen oder sonstigen Aktivitäten zur Verfügung steht. Daß die oftmals vorgenommene Gleichsetzung „Eigenkapital = frei verfügbare Finanzierungsmittel" abwegig ist, ergibt sich unmittelbar aus der zuvor herausgearbeiteten Präzisierung des Eigenkapitalbegriffs als reine Saldogröße, als *Vermögensüberschuß*. Über die Zusammensetzung des Vermögens aus mehr oder weniger liquiden Mitteln sagt diese Größe hingegen absolut nichts aus. Wer darüber etwas aus der Bilanz erfahren will, muß sich mit der Aktivseite beschäftigen.

Einer etwas differenzierten Behandlung bedarf die Vorstellung, das Eigenkapital sei das *Ergebnis von Finanzierungsvorgängen*, seine Höhe zeige an, in welchem Umfang dem Unternehmen von seinen Gesellschaftern Finanzierungsmittel zur Verfügung gestellt worden seien. Generell gilt für den bilanziellen Eigenkapitalausweis – bei Vernachlässigung ausstehender Einlagen einerseits sowie Sacheinlagen oder -entnahmen andererseits – die in Abb. 4.01 angegebene Relation.

	(1)	kumulierte Einzahlungen der Gesellschafter (Einlagen, Nachschüsse etc.) in der Vergangenheit
./.	(2)	kumulierte Auszahlungen an die Gesellschafter (Entnahmen, Ausschüttungen etc.) in der Vergangenheit
+	(3)	kumulierte Gewinne in der Vergangenheit
./.	(4)	kumulierte Verluste in der Vergangenheit
=		aktuelles bilanzielles Eigenkapital

Abb. 4.01:   Entstehung des Eigenkapitals

Das Eigenkapital ist also zum Teil durchaus Ergebnis vorangegangener Finanzierungsleistungen der Gesellschafter (1. Komponente) und damit verknüpfter späterer Auszahlungen (2. Komponente), zum Teil aber auch buchmäßiger Niederschlag der aus der laufenden Geschäftstätigkeit resultierenden Veränderungen des Reinvermögens (3. und 4. Komponente). Über deren Zahlungswirksamkeit und insbesondere deren Zusammenhang mit Finanzbeziehungen zwischen Unternehmen und Eigenkapitalgebern kann jedoch allgemein gar nichts ausgesagt werden.

4.2.5.2 Der bilanzielle Ausweis des Eigenkapitals

Für **Kapitalgesellschaften** ist gem. § 266 Abs. 3 HGB zwingend vorgeschrieben, die bilanzielle Gesamtposition „Eigenkapital" in mehrere Unterpositionen aufzugliedern wie Abb. 4.02 zeigt

	Gezeichnetes Kapital
+	Kapitalrücklage
+	Gewinnrücklagen
+	Gewinn- ./. Verlustvortrag
+	Jahresüberschuß ./. Jahresfehlbetrag
=	bilanzielles Eigenkapital

Abb. 4.02:   Eigenkapitalausweis bei Kapitalgesellschaften

Das **gezeichnete Kapital** entspricht der satzungmäßig fixierten Nennwertsumme aller ausgegebenen Kapitalanteile (z.B. Aktien oder GmbH-Geschäftsanteil) und kann dementsprechend nur durch satzungsändernde Beschlüsse im Zusammenhang mit der Änderung der Zahl der Kapitalanteile oder ihrer Nennwerte in seiner Höhe verändert werden. In der Terminologie des AktG (GmbHG) wird das gezeichnete Kapital als Grundkapital (Stammkapital) bezeichnet.

Die **Kapitalrücklage** entsteht in erster Linie als buchmäßiger Gegenposten für Zahlungen, die Gesellschafter über den Nennwert der übernommenen Anteile hinaus zugunsten des Eigenkapitals leisten. Dies ist etwa der Fall, wenn neue Aktien mit einem Agio, d.h. zu einem über dem Nennwert liegenden Kurs, ausgegeben werden. Folgendes Beispiel verdeutlicht diesen Zusammenhang.

Beispiel:

Bei der Gründung der ABC-AG verpflichten sich die fünf Gründer jeweils 20.000 Aktien im Nennbetrag von 5 Euro/Aktie zu übernehmen und dafür 7 Euro/Aktie an die Gesellschaft auf ein Bankkonto einzuzahlen. Der Vollzug dieser Verpflichtung schlägt sich in folgendem Buchungssatz nieder:

	Gezeichnetes Kapital	500.000 Euro
per Bank 700.000 Euro an		
	Kapitalrücklage	200.000 Euro

Gewinnrücklagen resultieren demgegenüber daraus, daß durch das Unternehmen selbst erwirtschaftete Vermögenszuwächse (= Jahresüberschüsse) nicht mit Ausschüttungen an die Gesellschafter einhergehen, sondern als sog. *thesaurierte Gewinne im Unternehmen verbleiben.* Ein solcher Ausschüttungsverzicht kann auf zwingende gesetzliche Vorschriften, satzungsmäßige Regelungen oder entsprechende Beschlüsse der jeweils zuständigen Gesellschaftsorgane zurückzuführen sein.

Rücklagen stellen also rein buchmäßige Unterpositionen des bilanziellen Eigenkapitalausweises dar. Sie entstehen aus Gegenbuchungen zu

– Leistungen der Gesellschafter, die über den Nominalbetrag des übernommenen Anteils hinaus erbracht worden sind, oder

– erwirtschafteten Gewinnen, soweit diese nicht mit Ausschüttungen an die Gesellschafter einhergegangen sind.

Ob die Bezeichnung dieser Buchpositionen als „Rücklagen" besonders glücklich ist, kann bezweifelt werden. Zumindest kann sie leicht zu Mißverständnissen führen. Denn im allgemeinen Sprachgebrauch versteht man unter „Rücklagen" etwas ganz anderes, nämlich „gespartes Geld, das zur Sicherheit, für den Notfall zurückgelegt wird"[1]. Der bilanzielle Ausweis von „Rücklagen" in dem hier erläuterten Sinn sagt demgegenüber absolut nichts darüber aus, in welchem Umfang dem betrachteten Unternehmen entsprechende Liquiditätsreserven etwa in Form von Bankguthaben oder leicht liquidierbaren Wertpapieren zur Verfügung stehen.

Bei dem **Gewinnvortrag** handelt es sich, ähnlich wie bei den Gewinnrücklagen, ebenfalls um den buchmäßigen Niederschlag thesaurierter Gewinne. Ein **Verlustvortrag** hingegen verdeutlicht als negativer Korrekturposten zum Eigenkapital das Ausmaß, in dem in der Vergangenheit Verluste eingetreten sind, die bis zum Bilanzstichtag weder durch Umbuchungen von Rücklagenpositionen noch durch spätere Jahresüberschüsse buchtechnisch ausgeglichen worden sind.

Der **Jahresüberschuß** oder **Jahresfehlbetrag** schließlich bezeichnet die aus der Geschäftätigkeit des Unternehmens in der abgelaufenen Periode resultierende Veränderung des Reinvermögens. Er stimmt zwangsläufig mit dem in der Gewinn- und Verlustrechnung ermittelten Saldo aller Erträge und Aufwendungen überein.

---

1 Vgl. DUDEN (1983), S. 1050.

4.2.6 Die Ausgabe junger Aktien (Kapitalerhöhung)

4.2.6.1 Arten von Kapitalerhöhungen

Die Vermögensanlage in Aktien vollzieht sich ganz überwiegend in der in den Abschnitten 4.1 und 4.2.2 verdeutlichten Weise über die Börse als Sekundärmarkt, also durch Umschichtung von Aktienbeständen zwischen bisherigen und neuen Eigentümern. Das Unternehmen, das die entsprechenden Aktien einmal emittiert hatte, bleibt davon zunächst völlig unberührt. Allenfalls können indirekte Effekte auftreten, wenn etwa die aus derartigen Umschichtungen resultierende Kursentwicklung die Finanzierungspolitik des Unternehmens beeinflußt oder sich eine größere Anzahl von Aktien in einer Hand konzentrieren.

Neben dem Kauf über die Börse ist allerdings immer dann ein unmittelbarer Aktienerwerb möglich, wenn ein Unternehmen neue, sog. „junge" Aktien emittiert. Die verschiedenen Arten von Emissionsverfahren, die dabei zur Anwendung kommen können, haben Sie schon im Kapitel 2.6 kennengelernt. Wie Sie ebenfalls wissen, entspricht das Grundkapital einer Aktiengesellschaft zwingend der Summe der Nennbeträge aller ausgegebenen Aktien. Die Emission junger Aktien muß somit zwangsläufig mit einer Erhöhung des Grundkapitals einhergehen. Eine derartige **Kapitalerhöhung** setzt jedoch zwingend einen Beschluß der Hauptversammlung mit der für Satzungsänderungen notwendigen Mehrheit voraus (mindestens 75% des bei der Beschlußfassung vertretenen Grundkapitals; vgl. § 179 AktG). Mithin kann auch die Ausgabe junger Aktien nur auf der Basis eines entsprechenden Hauptversammlungsbeschlusses vollzogen werden.

Für die nähere Darstellung verschiedener Arten von Kapitalerhöhungen kann zunächst danach unterschieden werden, ob

–   die Ausgabe junger Aktien gratis erfolgt (Ausgabe von Gratisaktien),

–   der Gesellschaft als Gegenleistung Einlagen (Kapitalerhöhung gegen Einlagen) zufließen oder

–   die jungen Aktien in Erfüllung von Wandlungs- und Bezugsrechten von Inhabern von Wandelschuldverschreibungen ausgegeben werden.

(1) Ausgabe von Gratisaktien (nominelle Kapitalerhöhung)

Das Aktiengesetz regelt in den §§ 207 – 220 die Möglichkeit, bestimmte Rücklagenpositionen *rein buchtechnisch* in Grundkapital umzuwandeln. Das Eigenkapital insgesamt bleibt dabei in seiner Höhe völlig unverändert und wird lediglich in seiner Untergliederung in verschiedene buchtechnische Komponenten verändert (vgl. Abschnitt 4.2.3.2), so daß es eigentlich gar nicht der Emission neuer Aktien bedürfte. Diese Notwendigkeit ergibt sich erst aus der Vorschrift des deutschen Aktiengesetzes, wonach das Grundkapital der Nennwertsumme aller emittierten Aktien entsprechen muß. Insofern ist auch die im Aktiengesetz anzutreffende Bezeichnung „Kapitalerhöhung aus Gesellschaftsmitteln" äußerst unglücklich und mißverständlich, da der Gesellschaft bei dieser Maßnahme keine Finanzierungsmittel zufließen und auch keinerlei gesellschaftsinterne Umschichtungen von Finanzierungsmitteln stattfinden. Es erfolgt vielmehr lediglich eine *Umbuchung* zwischen den Eigenkapitalkonten „Kapitalrücklage" und „Gewinnrücklagen" auf der einen Seite und „Gezeichnetes Kapital" auf der anderen Seite. Die im betriebswirtschaftlichen Schrifttum anzutreffende Bezeichnung **nominelle Kapitalerhöhung** erscheint daher als zweckmäßiger.

Die jungen Aktien, die zum Kurs von 0 ausgegeben werden, stehen den bisherigen Aktionären anteilig zu ihren Beständen an Altaktien zu (§ 212 AktG). Wird also etwa das Grundkapital von bislang 50 Mio Euro durch Umbuchung von Rücklagen auf 75 Mio Euro erhöht, so steht jedem Altaktionär auf je zwei Aktien eine junge Aktie zu (auch „Berichtigungsaktie" oder „Gratisaktie" genannt). Diese nach diesem „Aktiensplitting" gegebenen drei Aktien verbriefen natürlich letztendlich genau die gleichen Rechte und Ansprüche, die zuvor durch die beiden Altaktien verbrieft waren.

Gem. § 208 AktG dürfen Rücklagen nur insoweit umgewandelt werden wie ihnen kein Verlust oder Verlustvortrag gegenübersteht und zwar

– andere Gewinnrücklagen in voller Höhe (es sei denn, sie dienen einem anderen, satzungsmäßig bestimmten Zweck),

– die gesetzliche Rücklage und die Kapitalrücklage, soweit sie zusammen den zehnten oder den in der Satzung bestimmten höheren Teil des bisherigen Grundkapitals übersteigen.

Aufgabe 4.08:

Die Bilanz der Aufbau AG enthält folgenden Ausweis des Eigenkapitals (Angaben in Mio Euro):

Grundkapital	400
Kapitalrücklage	80
Gewinnrücklagen	
gesetzl. Rücklage	–
andere Gewinnrückl.	170
Jahresüberschuß	50

Im Zuge der Beschlußfassung über den Jahresüberschuß und den Bilanzgewinn wurden weitere 30 Mio Euro den anderen Gewinnrücklagen zugewiesen, der Rest zur Ausschüttung bestimmt.

a) Studieren Sie § 208 Abs. 1 AktG genau und geben Sie an, in welchem Volumen eine nominelle Kapitalerhöhung *maximal* durchgeführt werden könnte!

b) Angenommen, die nominelle Kapitalerhöhung werde nur in einem solchen Ausmaß durchgeführt, daß die Kapitalrücklage unberührt bleibt. Geben Sie an

　－ wie sich dieser Vorgang auf die Eigenkapitalpositionen auswirken würde,

　－ wie viele junge 5-Euro-Aktien ausgegeben würden,

　－ wie viele junge 5-Euro-Aktien ein Aktionär erhält, dem bislang 120 Aktien gehörten.

c) Berechnen Sie den Bilanzkurs einer Aktie nach Dividendenausschüttung (1.) vor und (2.) nach Durchführung der nominellen Kapitalerhöhung!

Die Motive für nominelle Kapitalerhöhungen sind insbesondere eine Verbesserung der Marktgängigkeit der Aktie und Vermeidung eines hohen Nominaldividendensatzes bei hohen Aktienkursen. Es ist nämlich davon auszugehen, daß sich der Aktienkurs nach der Ausgabe der Zusatzaktien entsprechend der Relation zwischen dem Grundkapital vor und nach der nominellen Kapitalerhöhung vermindert. Die Aktie wird also „leichter" und kommt somit eventuell auch für kleinere Anleger wieder als Anlageobjekt in Betracht.

Bleibt die von der Gesellschaft insgesamt zur Ausschüttung beschlossene Dividendensumme nach einer nominellen Kapitalerhöhung unverändert, so schlägt sich das in einem niedrigeren Dividendensatz pro Aktie nieder. Ein niedrigerer Dividendensatz erscheint den Geschäftsleitungen der Aktiengesellschaften gelegentlich aus mehr optischen Gründen wünschenswert. Ist hingegen davon auszugehen, daß die Gesellschaft bemüht sein wird, trotz der nominellen Kapitalerhöhung den Dividendensatz konstant zu halten, so bedeutet das per Saldo eine Erhöhung der Ausschüttung, die auf einen bestimmten Anteil am gesamten Aktienvolumen entfällt. Von vielen Aktionären wird das häufig positiv gewertet, obwohl es keineswegs zwingend ist, daß die Ausschüttung von Gewinnen langfristig für die Aktionäre günstiger ist als die gesellschaftsinterne Verwendung und die daraus eventuell resultierenden Kurssteigerungen.

Schließlich vermindert sich durch eine nominelle Kapitalerhöhung der Spielraum, den die Gesellschaft in ihrer zukünftigen Ausschüttungspolitik hat. Denn soweit die Bilanz einer AG andere Gewinnrücklagen ausweist (oder diese einen etwaigen Verlust übersteigen), können in entsprechender Höhe Ausschüttungen an die Aktionäre vorgenommen werden, die eventuell deutlich höher sind als das im laufenden Jahr erwirtschaftete Ergebnis (Jahresüberschuß/Jahresfehlbetrag). Werden diese Rücklagenpositionen hingegen zum großen Teil in Grundkapital umgebucht, so entfällt diese Möglichkeit. Aus der Sicht potentieller Kreditgeber kann dies als positives Signal interpretiert werden und deren Bereitschaft erhöhen, dem Unternehmen weitere Kredite zur Verfügung zu stellen. Dies kann sich wiederum auch positiv auf die Kursentwicklung der Aktie auswirken.

Zur Verdeutlichung des zuletzt angesprochenen Aspektes sei auf die Übungsaufgabe 3.03 in dem Übungsbuch von BITZ (1994) verwiesen.

(2) Ausgabe von Aktien gegen Einlagen

Die Kapitalerhöhung gegen Einlagen besteht technisch in der Ausgabe neuer („junger") Aktien zu einem bestimmten Emissionskurs; dem Unternehmen fließen also neue Finanzmittel zu, zugleich erhöht sich als Gegenbuchung das Eigenkapital, und zwar das *Grundkapital* in Höhe der Nennbeträge der emittierten Aktien und die *Kapitalrücklage* in Höhe des Agios (§ 272 Abs. 2 Nr. 1 HGB). Eine Ausgabe zu einem geringeren Preis als dem Nennbetrag ist nicht zulässig (§ 9 Abs. 1 AktG). In Deutschland ist es seit Jahrzehnten üblich, ordentliche Kapitalerhöhungen zwar über pari, zugleich aber auch deutlich unter dem bisherigen Börsenkurs durchzuführen. Folgendes Beispiel verdeutlicht den Ablauf aus der Sicht des Unternehmens und den buchmäßigen Niederschlag einer solchen Maßnahme.

Beispiel:

Eine AG mit einem in 2 Mio Aktien à 5 Euro zerlegten Grundkapital von 10 Mio. Euro führt eine Kapitalerhöhung durch, indem sie 200.000 Aktien im Nennwert von 5 Euro ihren Aktionären zum Preis von 20 Euro anbietet (Zahlungsmittelzufluß: 4 Mio. Euro). Dadurch erhöht sich das Grundkapital um 1 Mio. Euro (= 200.000 · 5 Euro), während in die Kapitalrücklage 3 Mio. Euro (= 200.000 · 15 Euro) eingestellt werden. Bilanziell schlägt sich die Kapitalerhöhung wie folgt nieder:

Aktiva	Bilanz vor Kapitalerhöhung (Mio. Euro)		Passiva
Vermögen (ohne Kasse)	47	Gezeichnetes Kapital	10
Kasse	3	Gesetzliche Rücklage	2
		and. Gewinnrücklagen	4
		Verbindlichkeiten	34
	50		50

Aktiva	Bilanz nach Kapitalerhöhung (Mio. Euro)		Passiva
Vermögen (ohne Kasse)	47	Gezeichnetes Kapital	11
Kasse	7	Kapitalrücklage	3
		Gesetzliche Rücklage	2
		and. Gewinnrücklagen	4
		Verbindlichkeiten	34
	54		54

Die bisherige Darstellung kann im einfachsten Fall auch unmittelbar auf die Situation mit Stückaktien übertragen werden, nämlich genau dann, wenn unterstellt wird, daß sich die Zahl der bislang emittierten Stückaktien ebenfalls auf 2 Mio. belaufen hat.

Nehmen wir hingegen an, daß nur 1,25 Mio. Aktien ausgegeben waren, so ergibt sich eine differenzierte Betrachtung. Der fiktive Nennwert der „alten" Aktien beträgt in diesem Fall offenbar (10 Mio. : 1,25 Mio. =) 8 Euro/Aktie. Die „jungen" Aktien müßten jetzt also mindestens zu diesem Kurs ausgegeben werden, was angesichts des ohnehin auf 20 Euro angesetzten Ausgabekurses allerdings zu keinem weiteren Problem führt. Das in dem Ausgabekurs von 20 Euro rein rechnerisch enthaltene Agio würde also statt der bislang vorgegebenen 15 Euro nur noch 5 Euro betragen. Zur weiteren Analyse unseres Ausgangsbeispiels sind nun allerdings die folgenden beiden Varianten zu unterscheiden:

(1) Es bleibt dabei, daß die Zahl der neu auszugebenden Aktien 200.000 betragen soll. In diesem Fall kann die Kapitalerhöhung durch den Buchungssatz (Angaben in Mio. Euro)

			Grundkapital	1,6
Kasse/Bank	4	an		
			Kapitalrücklage	2,4

verdeutlicht werden.

(2) Unterstellt man hingegen, daß sich die mit der Kapitalerhöhung verbundene Erhöhung des Grundkapitals den bisherigen Annahmen entsprechend auf 1 Mio. Euro belaufen soll, so wären statt der bislang vorgegebenen 200.000 nur 125.000 junge Aktien auszugeben. Bei unverändertem Ausgabekurs von 20 Euro/Aktie lautet der entsprechende Buchungssatz dann

			Grundkapital	1
Kasse/Bank	2,5	an		
			Kapitalrücklage	1,5

Genau wie die Ausgabe von Gratisaktien setzt auch die Kapitalerhöhung gegen Einlagen einen satzungsändernden Beschluß der Hauptversammlung voraus. Dabei sind im einzelnen zwei Varianten zu unterscheiden:

–   Bei der sog. **ordentlichen Kapitalerhöhung** beschließt die Hauptversammlung gem. § 182 AktG definitiv das Volumen der Kapitalerhöhung sowie den Mindestbetrag, zu dem die Aktien auszugeben sind; außerdem kann gem. § 186 AktG der Ausschluß des Bezugsrechts (s. u.) beschlossen werden. Unmittelbar im Anschluß an diesen Beschluß ist die Kapitalerhöhung dann von den dafür zuständigen Gesellschaftsorganen umzusetzen.

–   Mit der Beschlußfassung über das sog. **genehmigte Kapital** gem. §§ 202 ff. AktG kann die Hauptversammlung den Vorstand für einen bestimmten Zeitraum ermächtigen, nach eigenem Ermessen junge Aktien gegen Einlagen auszugeben. Ob, wann und in welchem Umfang auf Grund eines solchen Beschlusses tatsächlich eine Kapitalerhöhung durchgeführt wird, liegt dann in der alleinigen Kompetenz des Vorstandes. Gesetzlich ist eine derartige Ermächtigung auf einen Zeitraum von maximal fünf Jahren und ein Volumen von 50% des bisherigen Grundkapitals beschränkt. Das Bezugsrecht steht wiederum grundsätzlich den bisherigen Aktionären zu. Die Hauptversammlung kann dies allerdings ausschließen oder die endgültige Entscheidung darüber ebenfalls dem Vorstand übertragen.

Aufgabe 4.09:

Welche Motive könnten

– die Hauptversammlung dazu bewegen, einen Beschluß über die Einrichtung genehmigten Kapitals zu fassen,

– den Vorstand einer AG dazu bewegen, einen entsprechenden Antrag in die Hauptversammlung einzubringen?

Ohne einen entgegengesetzten Beschluß der Hauptversammlung steht den Aktionären bei einer Kapitalerhöhung gegen Einlagen das ausschließliche **Bezugsrecht** auf die jungen Aktien zu, und zwar gemäß ihren bisherigen Beteiligungsquoten (§ 186 Abs. 1 AktG). In diesem Zusammenhang bezeichnet man die Relation zwischen der Zahl der bisher emittierten Aktien (A) und der Zahl der jungen Aktien (N) – ausgedrückt als so weit wie möglich gekürzter echter Bruch – als das **Bezugsverhältnis** (b). Das für unser letztes Beispiel maßgebliche Bezugsverhältnis von 10 : 1 etwa besagt, daß auf jeweils 10 Altaktien eine junge Aktie entfällt; d.h. ein Aktionär, der bislang gerade 10 Aktien besitzt, hat das Recht, eine junge Aktie zu beziehen.

Allerdings sind die Altaktionäre keineswegs verpflichtet, ihr Bezugsrecht auszuüben. Vielmehr können die Bezugsrechte – losgelöst von den Altaktien – selbständig verkauft und dementsprechend auch gekauft werden. Dazu wird in Deutschland üblicherweise in den letzten vierzehn Tagen vor der Ausgabe der jungen Aktien ein börsenmäßiger **Bezugsrechtshandel** organisiert. Dieses ermöglicht es im übrigen auch Aktionären mit einer „krummen" Zahl von Aktien (z.B. 24 Stück bei einem Bezugsverhältnis von 10 : 1) durch Zukauf (z.B. von 6 Stück) oder Verkauf (z.B. von 4 Stück) auf eine für den Bezug notwendige „glatte" Zahl von Bezugsrechten zu kommen. Auf die für den Kurs von Bezugsrechten maßgeblichen Bestimmungsfaktoren werden wir im Gliederungspunkt 4.2.4.2 noch ausführlicher eingehen.

Wird das **Bezugsrecht** hingegen ausgeschlossen, so obliegt es der Geschäftsleitung, die jungen Aktien in geeigneter Weise zu plazieren. Häufig wird dabei auf Bankenkonsortien zurückgegriffen (vgl. Abschnitt 2.6.3).

Eine Emission zu einem Kurs, der deutlich unterhalb des aktuellen Börsen-
kurses liegt, zieht üblicherweise allerdings einen Kursverlust für die Altaktien nach sich (vgl. im folgenden 4.2.4.3). Daher ist davon auszugehen, daß
der Vorstand in diesem Fall im Hinblick auf die Interessen der Altaktionäre
verpflichtet ist, die jungen Aktien in etwa zu dem bisherigen Börsenkurs
auszugeben.

**(3) Ausgabe von Aktien gegen Umtausch von Wandelschuldverschreibun-
      gen**

Ein weiterer Anlaß zur Ausgabe von jungen Aktien ergibt sich, wenn die
Inhaber von Wandelschuldverschreibungen[1] von den ihnen zustehenden
Wandlungs- oder Bezugsrechten Gebrauch machen. Um diese Rechte schon
bei der Ausgabe der entsprechenden Wandel- oder Optionsanleihen (vgl.
dazu Gliederungspunkt 4.3.2.4) abzusichern, wird üblicherweise auf die
Möglichkeit der bedingten Kapitalerhöhung gem. §§ 192 – 201 AktG zurückgegriffen.

Bei der bedingten Kapitalerhöhung erfolgt – ähnlich wie beim genehmigten
Kapital – zunächst weder eine Zufuhr von Finanzierungsmitteln noch eine
Erhöhung des Eigenkapitals, vielmehr wird ebenfalls nur ein Kapitalerhö-
hungsrahmen abgesteckt. Dabei darf der Nennbetrag des bedingten Kapitals
die Hälfte des Grundkapitals zum Zeitpunkt der Beschlußfassung nicht
übersteigen (§ 192 Abs. 3 AktG). Die bedingte Kapitalerhöhung ist allgemein für folgende drei Zwecke vorgesehen (§ 192 Abs. 2 AktG):

– Gewährung von Umtauschrechten an Gläubiger von Wandelanleihen
   und von Bezugsrechten an Gläubiger von Optionsanleihen.

– Umtausch von Aktien einer Gesellschaft gegen die einer anderen Gesellschaft zur Vorbereitung eines Unternehmenszusammenschlusses
   (Fusion).

– Gewährung von Bezugsrechten an Arbeitnehmer der Gesellschaft zum
   Bezug neuer Aktien gegen Einlage von Geldforderungen, die den Arbeitnehmern aus einer ihnen von der Gesellschaft eingeräumten Gewinnbeteiligung zustehen (Belegschaftsaktien).

Es wird also ein Finanzierungsrahmen abgesteckt, dessen effektive Aus-
schöpfung – im Gegensatz zum genehmigten Kapital – aber nicht mehr vom

---

1 Zur Terminologie ist anzumerken, daß die Bezeichnung „Wandelschuldverschreibung"
   – gelegentlich synonym zu „Wandelanleihe" verwendet wird,
   – gelegentlich jedoch auch als Bezeichnung für den gemeinsamen Oberbegriff von Wandel-
   und Optionsanleihen.

Vorstand oder der Hauptversammlung bestimmt werden kann, sondern vom Kreis der jeweils berechtigten Personen (z.B. den Inhabern der Wandelanleihen, den Aktionären eines zu übernehmenden Unternehmens, Arbeitnehmern). Nur unter der „Bedingung", daß diese berechtigten Personen ihre Bezugsrechte ausüben, kommt es tatsächlich zu einer Kapitalerhöhung. Im Zusammenhang mit den hier untersuchten allgemeinen Möglichkeiten der Vermögensanlage interessiert überwiegend der zuerst genannte Zweck, auf den wir im Gliederungspunkt 4.3.2.4 noch näher eingehen werden.

4.2.6.2 Rechnerische Zusammenhänge zwischen Bezugsrechts- und Aktienkurs

Nach der Darstellung der rechtlichen Gestaltungsmöglichkeiten verschiedener Arten von Kapitalerhöhungen wird im folgenden die Frage untersucht, wie sich derartige Vorgänge auf die Vermögenssituation der Aktionäre auswirken. Zur exemplarischen Verdeutlichung dieses Problemkomplexes werden wir im folgenden stets von einer ordentlichen Kapitalerhöhung ausgehen, bei der das Bezugsrecht der Altaktionäre nicht ausgeschlossen ist.

Zunächst gilt es zu untersuchen, welche Höhe der Kurs des Bezugsrechts annimmt und von welchen Größen dieser Kurs abhängt. Zwei einfache Vorüberlegungen helfen, diesen Fragenkreis zu erschließen:

–   Das Bezugsrecht hat offensichtlich nur dann einen Börsenwert, wenn es Anleger gibt, die bereit sind, für das Recht, Aktien zum festgelegten Emissionskurs (C_E) zu kaufen, etwas zu bezahlen. Das werden sie in aller Regel nur dann sein, wenn der Emissionskurs niedriger ist als der bisherige Aktienkurs (C_A). Denn dann stellt das Bezugsrecht gewissermaßen die Eintrittskarte zu einer Sonderveranstaltung dar, auf der es Aktien billiger als zum sonst herrschenden Marktpreis gibt. Mithin wird der Wert des Bezugsrechts (B) tendenziell umso größer sein, je größer die Differenz ($C_A - C_E$) ist.

–   Nun berechtigt aber im allgemeinen nicht ein einzelnes Bezugsrecht zum billigeren Erwerb einer Aktie, sondern die durch das Bezugsverhältnis ausgedrückte Zahl von Bezugsrechten. Mithin wird der Wert des einzelnen Bezugsrechts tendenziell umso niedriger sein, je größer die zum Bezug einer jungen Aktie benötigte Anzahl ist, also je größer das Bezugsverhältnis b ist.

Für die folgenden Überlegungen über den Wert des Bezugsrechts gehen wir zunächst von folgenden Prämissen aus:

–   Die jungen Aktien stimmen in ihrer Ausstattung bezüglich Stimmrechten, Dividendenansprüchen etc. exakt mit den Altaktien überein.

–   Während des Bezugsrechtshandels werden zugleich auch Altaktien einschließlich Bezugsrecht („cum right") gehandelt.

–   Die Anleger erwerben Bezugsrechte nur mit dem Ziel, diese auch auszuüben und ziehen einen Weiterverkauf während des Bezugsrechtshandels nicht in Betracht.

–   Es liegt ein perfekter Wertpapiermarkt vor, auf dem keine Transaktionskosten entstehen.

–   Zinseffekte können außer acht bleiben.

Einem Anleger, der während des Bezugsrechtshandels sicherstellen will, daß er nach vollzogener Kapitalerhöhung genau eine (alte oder junge) Aktie besitzt, stehen dazu die folgenden beiden Möglichkeiten offen:

(1)   Kauf der notwendigen Anzahl von Bezugsrechten und Erwerb einer jungen Aktie; entstehende Kosten:

$$K_1 = b \cdot B + C_E$$

(2)   Kauf einer Altaktie inclusive Bezugsrecht und Veräußerung des Bezugsrechts; entstehende Kosten

$$K_2 = C_A - B$$

Aufgabe 4.10:

Machen Sie sich bitte selbst klar, daß bei einem funktionierenden Markt $K_1 = K_2$ gelten muß! Gehen Sie dabei von einem Anleger aus, dessen Ziel es nach Vollzug der Kapitalerhöhung ist, genau eine Aktie zu besitzen. Untersuchen Sie dann die Reaktion des Marktes (der Börse), wenn $K_1 > K_2$ und $K_1 < K_2$ gelten würde und ein Weiterverkauf eines einmal erworbenen Bezugsrechtes **nicht** in Betracht kommt!

Wie Sie sich an Hand der soeben gelösten Übungsaufgabe selbst klar gemacht haben, wird auf einem hinlänglich funktionierenden Markt zumindest annähernd $K_1 = K_2$ gelten und damit aber auch

$$b \cdot B + C_E = C_A - B \qquad \text{oder}$$

$$(3) \qquad B = \frac{C_A - C_E}{b + 1}$$

Die aus unseren Vorüberlegungen abgeleiteten Vermutungen sind also bestätigt: B wird umso größer (kleiner), je größer die Kursdifferenz $C_A - C_E$ (das Bezugsverhältnis b) ist.

Wird die Altaktie entgegen unserer bisherigen Annahme während des Bezugsrechtshandels hingegen – so wie in Deutschland üblich – „ex right"[1] gehandelt, so sind die zuvor abgeleiteten Relationen wie folgt zu modifizieren (C_{Aex} bezeichnet dabei den Kurs der Aktie „ex right"):

Für die beiden Möglichkeiten, zu einer Aktie zu kommen, gilt jetzt:

$$K_1 = b \cdot B + C_E$$

$$K_2 = C_{Aex}$$

Mithin folgt aus $K_1 = K_2$ für den Bezugsrechtswert

$$(3') \qquad B = \frac{C_{Aex} - C_E}{b}$$

Die in (3) angegebene *traditionelle Bezugsrechtsformel* verdeutlicht in der hier vorgestellten Form zunächst nur den Zusammenhang zwischen Bezugsrechts- und Aktienkurs *zum gleichen Zeitpunkt*. Ändert sich C_A während des Bezugsrechtshandels, so ändert sich auch B entsprechend. Für die weitere Betrachtung wollen wir zunächst jedoch davon ausgehen, daß sich während des Bezugsrechtshandels die für die Kursbildung maßgebliche Einschätzung des zukünftigen Erfolgspotentials des betrachteten Unternehmens durch „die Börse" und damit auch C_A nicht ändern.

Unter dieser Annahme läßt sich der *nach vollzogener Aktienausgabe* für junge und alte Aktien gleichermaßen geltende Kurs (C_{An}) theoretisch wie folgt bestimmen, wobei A bzw. N die Zahl der alten bzw. jungen Aktien bezeichnet:

– Der als Produkt aus Aktienzahl und Aktienkurs definierte *Marktwert* des Eigenkapitals vor Kapitalerhöhung (aber nach deren Bekanntwerden) betrug $A \cdot C_A$.

---

1 Der Kurs erhält am Tage des Bezugsrechtsabschlags den Zusatz „exBR" („ausschließlich des Bezugsrechts"), um anzudeuten, daß die Aktie ab sofort mit Bezugsrechtsabschlag (d.h. ohne Bezugsrecht) gehandelt wird.

–   Dieser Marktwert erhöht sich durch den Vollzug der Aktienausgabe um den Emissionserlös $N \cdot C_E$ auf $A \cdot C_A + N \cdot C_E$.

–   Für den Kurs einer Aktie nach vollzogener Ausgabe der jungen Aktien gilt dann

$$C_{An} = \frac{A \cdot C_A + N \cdot C_E}{A + N}$$

oder nach Kürzen durch N und Beachtung von $b = A / N$

(4) $$C_{An} = \frac{b \cdot C_A + C_E}{b + 1}$$

Der neue Aktienkurs errechnet sich also einfach als Mischkurs, d.h. gewogener Durchschnitt aus altem Börsenkurs und Emissionskurs.

Bildet man schließlich die Differenz aus altem und neuem Börsenkurs, so erhält man:

$$C_A - C_{An} = C_A - \frac{b \cdot C_A + C_E}{b + 1}$$

(5)
$$= \frac{b \cdot C_A + C_A - b \cdot C_A - C_E}{b + 1}$$

$$= \frac{C_A - C_E}{b + 1}$$

Aus (5) läßt sich folgendes ableiten:

1. Die Kapitalerhöhung führt zu einer Kurssenkung, die um so größer ist, je weiter der Emissionskurs hinter dem bisherigen Börsenkurs zurückbleibt. Dieser Umstand ist auch unmittelbar einsichtig, denn dem Unternehmen fließt pro junge Aktie weniger an Vermögen zu, als dem bisherigen Unternehmensvermögen pro Aktie im Urteil des Marktes entsprach. Dieser Sachverhalt wird gelegentlich – bildlich nicht sonderlich treffend – auch als **Verwässerungseffekt** bezeichnet.

2. Die durch den Vollzug der Kapitalerhöhung eintretende Kurssenkung entspricht genau dem rechnerischen Wert des Bezugsrechts gem. (3), es gilt also

(6) $$C_A - C_{An} = B$$

Daraus aber folgt

– daß ein Aktionär, der sein Bezugsrecht nicht ausübt sondern verkauft, dabei genau so viel erlöst, wie der Kursverlust („Verwässerungseffekt") seiner alten Aktien ausmacht,

– daß ein Aktionär, der seine Bezugsrechte ausübt, die jungen Aktien dadurch um so viel billiger erwirbt, wie der Kursverlust der Altaktien ausmacht,[1]

– daß ein außenstehender Anleger, der b Bezugsrechte erwirbt und diese dann zum Bezug einer jungen Aktie nutzt, insgesamt genau so viel aufwenden muß (b · B + C_E), wie die junge Aktie schließlich wert ist (C_{An}),[2]

– daß während des Bezugsrechtshandels der Kurs einer Aktie ohne Bezugsrecht („ex right") ebenfalls genau dem Börsenkurs nach vollzogener Kapitalerhöhung entspricht.[3]

---

1 Ein Aktionär mit b Altaktien verfügt vor der Kapitalerhöhung über ein Vermögen von b · C_A, nach vollzogener Kapitalerhöhung beträgt sein Vermögen – nach Abzug des für die junge Aktie aufzuwendenden Emissionskurses – hingegen (b + 1) · C_{An} – C_E. Daß beide Ausdrücke den gleichen Wert haben, sieht man wie folgt:

$$
\begin{aligned}
(b + 1) \cdot C_{An} - C_E \;&=\; (b + 1)(C_A - B) - C_E \\
&=\; b \cdot C_A + [C_A - (b + 1) \cdot B - C_E] \qquad \text{vgl. (3)} \\
&=\; b \cdot C_A + [C_A - (C_A - C_E) - C_E] \\
&=\; b \cdot C_A \qquad \text{q.e.d.}
\end{aligned}
$$

2 Daß die beiden angegebenen Ausdrücke den gleichen Wert haben müssen, läßt sich wie folgt zeigen:

$$
\begin{aligned}
b \cdot B + C_E \;&=\; (b+1) \cdot B - B + C_E \\
\text{gemäß (3)} \quad &=\; (b+1) \cdot \frac{C_A - C_E}{b+1} - B + C_E \\
&=\; C_A - C_E - B + C_E \\
&=\; C_A - B \\
\text{gemäß (6)} \quad &=\; C_{An} \qquad \text{q.e.d.}
\end{aligned}
$$

3 Für den um den „Bezugsrechtsabschlag" verminderten Kurs „ex right" C_{Aex} muß offensichtlich $C_{Aex} = C_A - B$ gelten. Daraus folgt aber gemäß (6) sofort, daß $C_{Aex} = C_{An}$ gilt.

Folgendes Beispiel verdeutlicht die angesprochenen Zusammenhänge noch einmal zahlenmäßig.

Beispiel:

Eine AG führt eine Kapitalerhöhung im Verhältnis b = 4 : 1 durch. Der Emissionskurs der neuen Aktien soll C_E = 120, der Börsenkurs der Aktie „cum right" C_A = 150 betragen.

Mithin ergibt sich gemäß (3) ein rechnerischer Bezugsrechtswert von

$$B = \frac{150 - 120}{4 + 1} = 6$$

und gemäß (4) ein Mischkurs von

$$C_{An} = \frac{4 \cdot 150 + 120}{4 + 1} = 144$$

Es werden zwei Aktionäre A und B betrachtet mit einem Altbestand an Aktien von jeweils 20 Stück und einem Barbestand von jeweils 1.000 Euro (Gesamtvermögen damit jeweils 20 · 150 Euro + 1.000 Euro = 4.000 Euro).

A übt die Bezugsrechte voll aus; dann ergibt sich für sein Vermögen nach Kapitalerhöhung:

–	Aktienbestand	20 + 5 = 25 à 144 Euro	=	3.600 Euro
–	Barbestand	1.000 Euro − 5 · 120 Euro	=	400 Euro
		Gesamtvermögen	=	4.000 Euro

Sein Vermögen ist also der Höhe nach unverändert geblieben; es hat jedoch eine Umschichtung von Bar- in Aktienvermögen stattgefunden.

B übt gar nicht aus und verkauft die Bezugsrechte; für sein Vermögen gilt also:

–	Aktienbestand	20 à 144 Euro	=	2.880 Euro
–	Barbestand	1.000 + 20 · 6 Euro	=	1.120 Euro
		Gesamtvermögen	=	4.000 Euro

Auch das Vermögen des B ist konstant geblieben; für ihn hat sich jedoch eine Umschichtung von Aktien- in Barvermögen ergeben, was einer teilweisen Liquidation seines Aktienvermögens gleichkommt.

Betrachten wir weiterhin einen Anleger C, der bislang keine Aktien der betrachteten AG besitzt, jedoch 4 Bezugsrechte kauft und ausübt. Der Erwerb einer jungen Aktie kostet ihn

4 Bezugsrechte à 6 Euro	=	24 Euro
+ Emissionskurs	=	120 Euro
= Gesamtpreis		144 Euro

also genau so viel wie die junge Aktie wert ist.

Anleger D schließlich besitze bislang auch keine Aktien der betrachteten AG, erwerbe während des Bezugsrechtshandels jedoch eine alte Aktie „ex right". Bei einem Kurs „cum right" von 150 Euro und einem Bezugsrechtswert von 6 Euro muß der Kurs „ex right" offenbar 150 − 6 = 144 Euro betragen. Das aber entspricht genau dem für die Aktien insgesamt zu erwartenden Kurs nach vollzogener Kapitalerhöhung.

Als Übungsmöglichkeit zum Komplex „Ordentliche Kapitalerhöhung und Bezugsrecht" verweisen wir Sie auf die Aufgaben 3.01 und 3.02 bei BITZ (1994).

4.2.6.3 Ankündigungs-, Verwässerungs- und Kompensationseffekt

An dem letzten Beispiel des vorigen Abschnitts wird zugleich auch deutlich, daß die Ausgestaltung der Emissionsbedingungen, d.h. die Festlegung von C_E und b − bei vorgegebenem Emissionserlös insgesamt − ein Sachverhalt ist, dem die Aktionäre eigentlich indifferent gegenüberstehen sollten. Insbesondere die gelegentlich anzutreffende Vorstellung, ein hoher Bezugsrechtswert, d.h. ein im Vergleich zum Börsenkurs niedriger Emissionskurs, sei für die Aktionäre besonders günstig, entbehrt jeder theoretischen Grundlage. Zwar erzielen die Aktionäre, die ihre Bezugsrechte verkaufen, in einer solchen Situation einen besonders hohen Erlös. Die mit der Kapitalerhöhung einhergehende Kurssenkung ist gerade dann jedoch ebenfalls besonders groß, wobei sich beide Effekte im theoretischen Idealfall genau kompensieren. Und auch wenn die hier zugrundegelegte Modellsituation die Realität nur unvollständig wiedergeben sollte − wir gehen darauf gleich noch kurz ein − ist es auf jeden Fall eine ausgesprochen einäugige Betrachtungsweise, nur die Wirkung eines niedrigen Emissionskurses auf den Wert des Bezugsrechts zu beachten und den gleichzeitigen kurssenkenden Effekt zu vernachlässigen.

Die vorstehenden Überlegungen verdeutlichen außerdem, welche Funktion dem Bezugsrecht der Altaktionäre im Rahmen einer Kapitalerhöhung zukommt. Es ermöglicht den Altaktionären zunächst, ihre bisherige *Beteiligungsquote* aufrechtzuerhalten, ohne deshalb zusätzliche Aktien über die Börse zu erwerben. Dies setzt natürlich voraus, daß die entsprechenden Aktionäre in der Lage und bereit sind, den anteiligen Emissionsbetrag aufzubringen. Wichtiger ist jedoch, daß die Auswirkungen einer Kapitalerhöhung unter Börsenkurs auf das Vermögen der Altaktionäre durch das Bezugsrecht neutralisiert werden − und zwar unabhängig davon, ob sich diese an der Kapitalerhöhung beteiligen oder nicht.

− So erhält der Aktionär, der sich daran nicht beteiligt, in Form der Bezugsrechtserlöse eine Kompensation für den ihn treffenden Kursverlust.

− Der Aktionär hingegen, der sich an der Kapitalerhöhung beteiligt, wird für den Kursverlust seiner Altaktien gerade dadurch entschädigt, daß die ihm kostenlos zur Verfügung stehenden Bezugsrechte den Erwerb junger Aktien zu dem billigeren Emissionskurs erlauben.

–   Außenstehende Anleger schließlich, die bisher überhaupt nicht an dem emittierenden Unternehmen beteiligt waren, müssen für die Möglichkeit, Aktien zu dem günstigeren Emissionskurs zu erwerben, in Form des den Altaktionären zufließenden Bezugsrechtspreises so viel bezahlen, daß sich daraus per Saldo gegenüber dem Direkterwerb einer Aktie letztlich doch kein Vorteil ergibt. Das gleiche gilt auch für Altaktionäre, die sich an der Kapitalerhöhung über ihre bisherige Quote hinaus beteiligen wollen.

Das Bezugsrecht erfüllt also die Funktion, andernfalls mit dem „Verwässerungseffekt" einhergehende Vermögensverschiebungen innerhalb der Gruppe der Altaktionäre sowie zwischen Aktionären und außenstehenden Anlegern zu verhindern (**Kompensationseffekt** des Bezugsrechts). Dementsprechend wird auch allgemein die Ansicht vertreten, daß die Geschäftsleitung einer AG bei einer Kapitalerhöhung unter Ausschluß des Bezugsrechtes – von Ausnahmefällen abgesehen – verpflichtet ist, die jungen Aktien in etwa zum herrschenden Börsenkurs zu emittieren, um eine Schädigung der Aktionäre zu vermeiden. Zur Verdeutlichung dieses Sachverhalts dient die folgende Aufgabe.

Aufgabe 4.11:

Der Börsenkurs für die Aktien der X-AG beläuft sich auf C_A = 200 Euro. Nun wird eine Kapitalerhöhung durchgeführt, bei der das Bezugsrecht der Aktionäre ausgeschlossen ist. Der Emissionskurs der jungen Aktien soll sich auf C_E = 100 Euro belaufen, das Bezugsverhältnis beträgt b = 4 : 1. Berechnen Sie bitte den sich durch den Ausschluß des Bezugsrechts ergebenden

–   Vermögensnachteil für die Altaktionäre

–   Vermögensvorteil, den die Anleger erzielen, denen die Geschäftsleitung die Möglichkeit gibt, die jungen Aktien zu beziehen

und vergleichen Sie die beiden Werte!

Gehen Sie dabei davon aus, daß sich der Börsenkurs nach vollzogener Kapitalerhöhung (C_{An}) gemäß der theoretischen Mischkursformel ergibt (daß sich also die für die Kursbildung maßgebende Einschätzung des zukünftigen Erfolgspotentials der X-AG durch „die Börse" nicht ändert)!

Um möglichen Mißverständnissen vorzubeugen, ist es wichtig, sich im Zusammenhang mit der Bedeutung des Bezugsrechtes noch einmal folgende *Ursache-Wirkungs-Beziehungen* zu verdeutlichen:

–   Die *Ursache* für den Wert des Bezugsrechts besteht einzig und allein darin, daß es den Erwerb von Aktien zu einem unter dem Marktwert liegenden

Kurs erlaubt. Auf einem hinlänglich funktionierenden Markt muß sich der entsprechende Preis dann – zumindest annähernd – so einpendeln, daß der Vorteil des günstigeren Aktienerwerbs durch den Preis der entsprechenden „Zulassungsberechtigung" gerade kompensiert wird.

– Die *Wirkung* einer solchen Gleichgewichtspreisbildung besteht dann in den oben ausführlich dargelegten vermögensmäßigen Kompensationseffekten zugunsten der Altaktionäre.

Die zuvor abgeleitete These von der Irrelevanz der Höhe des Emissionskurses für die Aktionäre darf nicht mit der Behandlung der Frage verwechselt werden, ob eine Kapitalerhöhung als solche für die Aktionäre von Vorteil ist oder nicht. In der Tat ist die durch gelegentliche Darstellungen in der Wirtschaftspresse genährte Vorstellung irrig, mit einer Kapitalerhöhung gewähre die Geschäftsleitung einer AG den Aktionären gnädig ein Geschenk. Wer – wie Vorstand und Aufsichtsrat einer AG – das Geld anderer Leute, der Aktionäre, verwaltet, kann diesen in der Tat nicht aus ihrem eigenen Vermögen ein Geschenk machen. Dennoch muß es keineswegs unsinnig sein, wenn Aktionäre das Bekanntwerden der Absicht der Geschäftsleitung, eine Kapitalerhöhung durchzuführen, als ein erfreuliches Ereignis ansehen.

Dieser Umstand folgt im wesentlichen aus der gerade bei Publikumsaktiengesellschaften besonders ausgeprägten Trennung von Eigentum und Verfügungsmacht und dem daraus in aller Regel resultierenden deutlichen Informationsvorsprung der Geschäftsleitung vor den Aktionären und sonstigen Kapitalanlegern. Letztere sind bei ihrer individuellen Einschätzung des zukünftigen Erfolgspotentials einer AG ganz wesentlich darauf angewiesen, von der Geschäftsleitung unmittelbare Informationen über die Ertragslage zu erhalten oder aus deren Verhaltensweisen indirekte Schlüsse zu ziehen. Im Zuge einer solchen Informationsbeschaffung und -verarbeitung mag die Ankündigung einer beabsichtigten Kapitalerhöhung dann durchaus als positives Signal interpretiert werden. Zudem bereiten die Geschäftsleitungen von Aktiengesellschaften Kapitalerhöhungen in der Regel auch publizitätsmäßig in der Weise vor, daß in größerem Umfang – eventuell vorher bewußt zurückgehaltene – positive Informationen über die aktuelle Geschäftslage und die weiteren Entwicklungsperspektiven des Unternehmens verbreitet werden.

All dies kann natürlich dazu führen, daß das künftige Erfolgspotential der betrachteten AG von den Anlegern allgemein höher eingeschätzt wird als bisher. Das aber bedeutet weiter, daß

– die Bereitschaft der Anleger, die betrachtete Aktie zu dem bisherigen Kurs zu kaufen, zunehmen und gleichzeitig

– die Bereitschaft der Aktionäre, ihre Aktien zu diesem Kurs zu verkaufen, abnehmen wird. Das durch gestiegene Kaufbereitschaft (Nachfrage) und verminderter Verkaufsbereitschaft (Angebot) entstehende Ungleichgewicht kann dann nur durch eine Kurssteigerung zum Ausgleich gebracht werden. In einer solchen Situation bewirkt das Bekanntwerden der Kapitalerhöhungsabsicht also eine autonome Kurssteigerung. Da Kapitalanleger jedoch – sinnvollerweise – nicht erst auf den Vollzug bestimmter Maßnahmen reagieren, sondern bereits auf hinlänglich verläßliche Informationen über entsprechende Absichten (**Ankündigungseffekt**), tritt die Kurserhöhung im wesentlichen bereits *vor* der Ausgabe junger Aktien und der sie unmittelbar vorbereitenden Maßnahmen ein. Die in diesem Sinne positive Signalwirkung einer Kapitalerhöhung kommt mithin auf jeden Fall den Altaktionären zugute – und zwar bereits vor dem eigentlichen Vollzug der Kapitalerhöhung. Dementsprechend ist die für die vorangegangenen Ableitungen fundamentale Größe C_A auch stets als der Börsenkurs *vor* Vollzug, jedoch *nach* Bekanntwerden der Kapitalerhöhungsabsicht zu verstehen.

4.3 Vermögensanlage in Anleihen und Genußscheinen

4.3.1 Grundbegriffe

Die traditionelle Alternative zur Geldanlage in Aktien besteht in dem Erwerb langfristiger festverzinslicher Wertpapiere, insbesondere von öffentlichen Emittenten, die über einen längeren Zeitraum hinweg zu einem gleichbleibenden, rentenähnlichen Einkommen führen. So ist die Bezeichnung **Rentenmarkt** für den gesamten börsenmäßigen Austausch von Gläubigerpapieren auch bis heute üblich geblieben. Als Indikator für dieses Marktsegment wurde im Juni 1991 der Deutsche Rentenindex (REX) eingeführt. Über die traditionellen Rentenwerte hinaus sind im Laufe der Zeit allerdings vielfältige weitere Anlageformen entwickelt worden, die z.T. nur noch sehr wenig Ähnlichkeit mit dem klassischen Rentenpapier haben. Immerhin kann als gemeinsames Merkmal der im folgenden zu behandelnden Wertpapiere noch festgehalten werden, daß ihre Eigentümer im Gegensatz zu Aktionären

–   über keine gesellschaftsrechtlichen Mitgliedschaftsrechte verfügen und

–   bei einer möglichen Insolvenz des Emittenten eine – wie auch immer im Detail ausgestaltete – Gläubigerstellung einnehmen.

Der Kreis möglicher Emittenten solcher Papiere umfaßt neben Unternehmen des finanziellen und nicht finanziellen Sektors auch öffentliche Stellen (Bund, Sondervermögen des Bundes, Länder und in Einzelfällen auch Gemeinden). Dabei kann es sich sowohl um inländische als auch um ausländische Emittenten des privaten oder öffentlichen Sektors handeln.

Die Vielfalt derartiger Finanztitel macht es praktisch unmöglich, aber inhaltlich auch unfruchtbar, alle tatsächlich anzutreffenden Erscheinungsformen aufzuzählen und zu würdigen. Statt dessen sollen im folgenden die wichtigsten Ausprägungen der vier zentralen Konstruktionselemente derartiger Wertpapiere verdeutlicht werden. Es sind dies im einzelnen

– Rückzahlungsregelungen,

– Zinsregelungen,

– Insolvenzregelungen sowie

– Regelungen über zusätzliche Bezugsrechte gegenüber dem Emittenten.

Wir werden diese vier Gruppen von Ausstattungsmerkmalen im folgenden Abschnitt 4.3.2 näher untersuchen.

Die tatsächlich anzutreffenden Erscheinungsformen von Finanzanlagen können dann jeweils als Kombinationen ganz spezieller Ausprägungen dieser vier Hauptmerkmale begriffen werden. Zugleich öffnet eine derartige analytische Vorgehensweise den Blick für die kaum begrenzten Möglichkeiten, durch andersartige Kombinationen neue Anlageinstrumente zu „erfinden".

Im Abschnitt 4.3.3 sollen dann einige ausgewählte Typen von Anleihen, wie sie sich dem deutschen Anleger realiter als Anlagealternative stellen, in ihren wichtigsten Eigenschaften charakterisiert werden.

Naturgemäß ergeben sich bei den folgenden Ausführungen gewisse Überschneidungen mit den Darstellungen der allgemeinen Kategorien der Fremdfinanzierung im Abschnitt 2.1 des Teils I dieses Kurses. Dies stellt eine bewußte Möglichkeit zur Verfestigung des Studienstoffes dar und ermöglicht es, verschiedene Sachverhalte unter Verweis auf die vorangegangenen Ausführungen hier nur sehr knapp darzustellen.

4.3.2 Ausstattungscharakteristika von Anleihen und Genußscheinen

4.3.2.1 Rückzahlungsregelungen

Als Rückzahlungsregelungen wollen wir die Gesamtheit der bei der Ausgabe der Wertpapiere fixierten Bedingungen bezeichnen, durch die festgelegt wird,

–   innerhalb welchen Zeitraums oder zu welchem Zeitpunkt sowie ggf. unter welchen zusätzlichen Bedingungen,

–   in welcher zeitlichen Verteilung,

–   in welcher Höhe und Form

der Eigentümer eines Wertpapiers bei planmäßigem Ablauf von dem Emittenten Rückzahlungsbeträge erwarten kann. Die wichtigsten Ausprägungsformen dieser drei Untermerkmale sollen im folgenden kurz verdeutlicht werden.

(1)   Rückzahlungszeitraum und -voraussetzungen

Im Hinblick auf die Laufzeit und die Rückzahlungsvoraussetzungen sind die folgenden fünf Gestaltungsformen von besonderer Bedeutung.

a)   Fester Tilgungsplan

Die Rückzahlung erfolgt nach einem bereits bei der Ausgabe der Wertpapiere definitiv festgelegten Terminplan. Kündigungsrechte bestehen auf keiner Seite.

Diese Ausprägung findet man bei vielen Anleihen des traditionellen Typs, wie z.B. Bundesanleihen, Pfandbriefen oder Kommunalobligationen, allerdings auch bei Schuldverschreibungen, denen zusätzliche Wandlungs oder Optionsrechte beigefügt sind, oder bei Genußscheinen.

Eine besondere Form bilden Anleihen, deren Rückzahlung im Zuge der planmäßigen *Auslosung* einzelner Tranchen erfolgt. Für den Emittenten besteht auch in diesem Fall ein fest vorgegebener Rückzahlungsplan; der Inhaber eines einzelnen Wertpapiers hingegen kann a priori nicht sicher sein, wann sein Papier zur Rückzahlung ansteht. Bei dieser Konstruktion werden die Anleger also mit gewissen Risiken belastet, denen weder bei ihnen noch beim Emittenten nennenswerte Vorteile gegenüberstehen. Es verwundert daher nicht, daß diese früher bei Industrieobligationen weit verbreitete Ausgestaltung inzwischen kaum noch Bedeutung hat. Das gilt natürlich auch für die weitere Variante, wonach der Emittent das Recht hatte, die Anleihe durch sog. verstärkte Auslosung schneller zu tilgen als ursprünglich vorgesehen.

b) Kündigungsrecht des Gläubigers

Eine aus Anlegersicht besonders bei nicht börsengängigen Papieren interessante Variante besteht in der Möglichkeit, dem Eigentümer des Wertpapiers das Recht einzuräumen, das Papier ungeachtet des für den Normalfall vorgesehenen Tilgungsplanes vorzeitig an den Emittenten zurückzugeben.

Entsprechende Rückgabeklauseln findet man etwa bei den vom Bund mit 6- oder 7-jähriger Gesamtlaufzeit emittierten **Bundesschatzbriefen**, die zwar nicht an der Börse gehandelt werden, jedoch nach Ablauf eines Sperrjahres jederzeit zum Nennwert (zuzüglich aufgelaufener Zinsen für das laufende Jahr und alle Vorjahre beim sog. „Typ B" sowie der aufgelaufenden Zinsen für das laufende Jahr beim „Typ A") zurückgegeben werden können.

Eine andere Variante besteht darin, dem Inhaber des Wertpapiers ein Rückgaberecht nur für das Eintreten ganz bestimmter Bedingungen einzuräumen. Bezüglich dieser „Bedingungen" könnte einmal an bestimmte Konstellationen exogener Faktoren gedacht werden (z.B. des Zinsniveaus, der Preisentwicklung etc.). Zum anderen wäre es möglich, den Wertpapierinhabern für den Fall ein Kündigungsrecht einzuräumen, daß der Emittent bestimmten zuvor festgelegten „Wohlverhaltensklauseln" nicht nachkommt. So enthalten beispielsweise einige Optionsanleihen Regelungen folgenden Musters:[1]

–   Der Emittent verpflichtet sich, bestimmte Bilanzrelationen, die gemeinhin als Ausdruck einer stabilen Finanzlage angesehen werden, einzuhalten.

–   Wird diese Verpflichtung verletzt, sind die zunächst unbesicherten Ansprüche der Anleihegläubiger unverzüglich grundpfandrechtlich zu sichern.

–   Unterbleibt dies innerhalb einer bestimmten Frist, steht den einzelnen Inhabern der Anleihe ein individuelles Kündigungsrecht zu.

c) „Ewige Renten"

Eine dritte Möglichkeit besteht schließlich darin, weder einen definitiven Rückzahlungstermin noch eine Kündigungsmöglichkeit vorzusehen. Bei öffentlichen Emittenten führt diese Konstruktion zu der in Deutschland nicht anzutreffenden „Ewigen Rente", einem Wertpapier, das auf unbegrenzte Zeit zu verzinsen, jedoch nie zu tilgen ist.

---

1   Vgl. hierzu auch BITZ/SCHNEELOCH/WITTSTOCK (1995), Teil IV, Kap. 2.3.4.

Eine bei Emission durch Unternehmen anzutreffende Variante besteht darin, daß ein definitives Rückzahlungsdatum zwar ebenfalls nicht festgelegt, den Eigentümern der Wertpapiere für den Fall der Liquidation des emittierenden Unternehmens jedoch ein – in seiner Höhe fixer oder variabler – Rückzahlungsanspruch eingeräumt wird. Derartige Klauseln finden sich bei etlichen Genußscheinen, die jeweils statt einer definitiven Rückzahlung einen Anspruch auf Anteil am Liquidationserlös beinhalten.

(2) Zeitliche Verteilung der Rückzahlung

Bei Wertpapieren mit festem Terminplan für die Rückzahlungen – vgl. (1) a) – sind bekanntlich die drei Varianten

– der gesamtfälligen Rückzahlung,

– der Ratenrückzahlung und

– der Annuitätenrückzahlung

anzutreffen. Bei den beiden letztgenannten Formen ist es zudem möglich, daß die Tilgung entweder sofort oder erst nach einigen tilgungsfreien Jahren einsetzt.

Für alle drei Varianten sind Beispiele am deutschen Kapitalmarkt zu finden; dabei dominiert seit etlichen Jahren die Form der gesamtfälligen Rückzahlung ganz eindeutig.

(3) Höhe und Form der Rückzahlung

Bezüglich der Frage, auf welchen Geldbetrag sich die Summe aller gem. (1) und (2) fälligen Rückzahlungsbeträge beläuft, sind im wesentlichen die folgenden drei Varianten anzutreffen.

a) Betragsmäßige Fixierung

Die einfachste Variante besteht darin, daß für den Rückzahlungsbetrag von Anfang an ein fester Geldbetrag fixiert wird. In diesem Fall des klassischen, festverzinslichen Wertpapiers ist es in Deutschland üblich, wenn auch nicht zwingend, die vorgesehenen Tilgungsleistungen so zu dimensionieren, daß ihre Summe dem Nennwert des ausgegebenen Papiers entspricht.

Wird das Papier zu einem davon abweichenden Kurs (also über oder unter „pari") emittiert, so beeinflußt das entsprechende Agio oder Disagio natürlich die sog. Emissionsrendite, also die effektive Verzinsung des eingesetzten Geldbetrages. Dabei ist es in Deutschland weithin üblich, Anleihen ohne Zusatzrechte mit einem leichten Emissionsdisagio auszustatten, also z.B. den Emissionskurs einer zu 100% rückzahlbaren Anleihe auf 99% festzulegen. Die Emissionsrendite liegt dementsprechend üblicherweise knapp *über* dem Nominalzins. Einen Extremfall stellen die sog. Zero-Bonds („Nullkoupon-Anleihen") dar, bei denen überhaupt kein laufender Zins vorgesehen ist, dafür jedoch eine extrem große Differenz zwischen Ausgabe- und Rückzahlungsbetrag (z.b.: Ausgabe im Jahre 1990 zu 40, Rückzahlung im Jahre 2002 zu 100). Bei der Ausgabe von Anleihen mit Zusatzrechten trifft man demgegenüber häufiger eine Emission über pari an.

b) Indexierung

Neben der definitiven betragsmäßigen Fixierung besteht eine zweite Möglichkeit darin, den Rückzahlungsbetrag an die Wertentwicklung einer exogenen, von der wirtschaftlichen Entwicklung des Schuldners zumindest nicht direkt abhängigen Größe zu koppeln. Als derartige Bezugsgrößen kommen insbesondere Wechselkurse, Edelmetallpreise oder verschiedene Indizes (z.B. Ölpreisindex, Deutscher Aktienindex etc.) in Betracht.

In den Emissionsbedingungen ist neben der Bezugsgröße selbst als weiteres die funktionale Verknüpfung zwischen deren Wert im Rückzahlungszeitpunkt und dem daraus resultierenden Rückzahlungsbetrag festzulegen. Im einfachsten Fall kann dies eine rein proportional steigende (oder auch fallende!) Beziehung sein. Es sind aber auch komplexere Zusammenhänge denkbar, wie Abbildung 4.03 für einen mit steigender Indexgröße fallenden Rückzahlungskurs verdeutlicht.

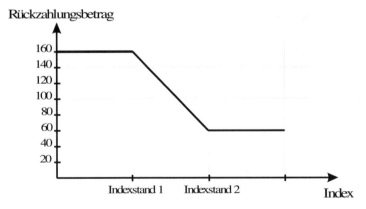

Abb. 4.03:   Rückzahlungskurs einer indexierten Anleihe

Im Jahr 1986 hat eine Auslandstochter der Deutschen Bank eine auf den FAZ-Aktienindex bezogene Indexanleihe in zwei Tranchen emittiert. Der im Jahre 1991 fällige Rückzahlungskurs der sog. Bear-Tranche fällt nach dem in Abb. 4.03 verdeutlichten Schema mit steigendem Aktienindex, während der Rückzahlungsbetrag der sog. Bull-Tranche gerade genau entgegengesetzt mit dem Index verknüpft ist. Den Anlegern werden so Möglichkeiten geboten, alternativ von einem Fallen oder einem Steigen des Aktienindex zu profitieren. Für den Emittenten stellt der insgesamt fällige Rückzahlungsbetrag hingegen eine feste Größe dar, sofern Wertpapiere der genau gegenläufigen Tranchen jeweils in gleicher Menge placiert worden sind.

Neuartige Ausgestaltungsformen sehen als Dollar/Euro-GROI-Optionsscheine (Guaranteed-Return-On-Investment) die Garantie eines Mindestgewinnes vor. Übersteigt der amtliche Dollar-Devisenkurs im Rückzahlungszeitpunkt einen laut Optionsbedingungen festgesetzten Basispreis, so fällt dem Inhaber des Optionsscheines neben der Mindestauszahlung des Emittenten auch zusätzlich eine mit steigendem Dollar-Kurs überproportional anwachsende Auszahlung zu.

Deutschen Emittenten war die Ausgabe derartiger Anleihen bis zum Ende der 80er Jahre verwehrt, da die gemäß § 3 Währungsgesetz zwingend notwendige Genehmigung der Deutschen Bundesbank sehr restriktiv gehandhabt wurde. In den letzten Jahren wurde die strenge Genehmigungspraxis jedoch gelockert, weshalb heute auch inländische Emittenten am Markt auftreten.

c)   Erfolgsabhängiger Rückzahlungsbetrag

Eine dritte Variante zur Bestimmung des Rückzahlungsbetrages besteht in der Bindung an einen oder mehrere Indikatoren, die durch die wirtschaftliche Entwicklung des Emittenten selbst bestimmt werden.

Dies trifft etwa auf die bereits unter (1. c) angesprochene Konstruktion zu, den Rückzahlungsbetrag als Anteil am Liquidationserlös zu definieren. Eine andere Variante findet man häufig bei Genußrechtsanleihen „mit Verlustteilnahme". Genußrechtsanleihen, **Genußscheine** genannt, sind überwiegend dadurch gekennzeichnet, daß ihren Inhabern keinerlei gesellschaftsrechtliche Mitwirkungs- und Kontrollbefugnisse zustehen, jedoch finanzielle Ansprüche, die – zumindest für einen gewissen Zeitraum – denen der Aktionäre ähnlicher sind als den Ansprüchen der Inhaber klassischer festverzinslicher Anleihen, wobei insbesondere eine mehr oder weniger stark ausgeprägte erfolgsabhängige Verzinsung als ein weiteres charakteristisches Merkmal angesehen wird. Insgesamt können Genußscheine mangels jeglicher rechtlichen Regelung sehr flexibel ausgestaltet werden. Bei Genußscheinen „mit Verlustteilnahme" bestimmt sich der Rückzahlungsanspruch im Fälligkeitszeitpunkt als Differenz zwischen

– dem (ursprünglichen) Nennwert der Genußscheine und

– der Summe der den Genußscheinen im Laufe der Zeit nach einem zuvor festgelegten Schlüssel zugerechneten Verlustanteile (ggf. vermindert um später wieder zugerechnete, aber nicht ausgeschüttete Gewinnanteile.)

Aufgabe 4.12

Die Export-AG hat ein Grundkapital von 10 Mio. Euro, das in 2 Mio. Aktien à 5 Euro zerlegt ist. Zum 1.1.1998 werden 50.000 Genußscheine im Wert von jeweils 100 Euro ausgegeben, die u.a. folgende Konditionen aufweisen:

– Laufzeit 6 Jahre

– Laufende Ausschüttung: Zum 30.6. eines jeden Geschäftsjahres 600% Dividende auf eine 5-Euro Aktie für das vorangegangene Geschäftsjahr

– Verlustteilnahme: Ein Drittel eines etwaigen Jahresfehlbetrages für die Geschäftsjahre von 1998 bis 2002 wird anteilig dem Genußscheinkapital zugerechnet und mindert den zum 31.12.2003 bestehenden Rückzahlungsanspruch von zunächst 100 Euro pro Genußschein.

Die Entwicklung von Dividenden und Jahresergebnissen weist folgenden Verlauf auf:

	1997	1998	1999	2000	2001	2002	2003
Jahresüberschuß (+), -fehlbetrag (–) (Mio. Euro)	2,2	2,0	2,6	–1,5	–0,9	3,0	–1,8
Dividende pro 5-Euro-Aktie (Euro)	1	1	1,2	0	0	0,8	0

Bestimmen Sie

a) die jeweiligen Ausschüttungen pro Genußschein zum 30.6. der Jahre 1998 bis 2003,

b) den Rückzahlungsanspruch zum 31.12.2003.

Unabhängig von der Frage, nach welcher der drei Varianten a), b) oder c) sich der zurückzahlende Geldbetrag bemißt, stellt die **Währung**, in die die Rückzahlung zu erbringen ist, eine weitere Variable bei der Ausgestaltung von Anleihen dar. Bei Wertpapieren, die von deutschen Emittenten ausgegeben werden, lautet der Rückzahlungsbetrag angesichts der Vorschrift des § 3 Währungsgesetz und der bislang äußerst restriktiven Genehmigungspraxis der Deutschen Bundesbank stets auf Euro (bis 1998 auf DM). Dies trifft auch auf einen Teil der Emissionen ausländischer Emittenten zu, wie z.B. bei der Anleihe von Samsung Electronics, die zum 16.12.2001 in Euro zu tilgen ist. Man spricht hier von **Euro-Auslandsanleihen**. Ausländische Emittenten einschließlich der Tochtergesellschaften deutscher Unternehmen haben jedoch auch die Möglichkeit, deutschen

Anlegern sog. **Währungsanleihen** anzubieten, bei denen die Rückzahlung in einer fremden Währung zu leisten ist. Für den in Euro rechnenden Anleger beinhalten derartige Wertpapiere weitere Risiken, aber natürlich auch Chancen.

4.3.2.2 Zinsregelungen

Unter Zinsregelungen wollen wir die Gesamtheit der bei der Ausgabe der Wertpapiere fixierten Bedingungen verstehen, durch die festgelegt wird

– zu welchen Zeitpunkten sowie

– in welcher Höhe und Form

der Eigentümer eines Wertpapiers über die im Abschnitt 4.3.2.1 erörterten Rückzahlungsbeträge hinaus weitere Zahlungen zu erwarten hat. Die wichtigsten Ausprägungen dieser beiden Gestaltungselemente sollen im folgenden kurz verdeutlicht werden.

(1) Zinstermine

Bezüglich der Termine für die Zahlung von Zinsen und zinsähnlichen Leistungen kann zunächst danach differenziert werden, ob diese Zahlungen periodisch wiederkehrend oder einmal am Ende der Laufzeit erbracht werden.

a) Laufende Zinszahlungen

Die meisten der hier betrachteten Wertpapiere sind dadurch gekennzeichnet, daß Zinsen oder ähnliche Zahlungen während der gesamten Laufzeit in fest vorgegebenen periodischen Abständen erfolgen. Im Detail ist dabei noch weiter zu regeln

– ob diese Zahlungen einmal pro Jahr oder in mehreren unterjährlichen Teilleistungen erfolgen, und

– ob die Leistungen innerhalb der Zahlungsperiode vorschüssig, nachschüssig oder zu einem Zwischentermin fällig sind.

Der in Deutschland inzwischen weitaus am häufigsten anzutreffende Wertpapiertyp sieht jährlich nachschüssige Zahlungen vor.

b) Zinskumulation

Eine andere Variante besteht demgegenüber darin, die im einzelnen nach den unter a) dargestellten Modalitäten periodisch entstehenden Zinsansprüche nicht sofort auszuzahlen, sondern zunächst nur gutzuschreiben und erst am Ende der Kontraktlaufzeit – sei es durch Ablauf der planmäßigen Laufzeit, sei es durch vorzeitige Kündigung – zusammen mit dem Rückzahlungsanspruch auszuzahlen.

Diese Konstruktion ist typisch für die sog. **Bundesschatzbriefe vom Typ B**. Die im Zeitablauf von Jahr zu Jahr z.b. von 7,5% im ersten Jahr auf 9% im siebten und letzten Jahr steigenden Zinsen werden – im Gegensatz zum Bundesschatzbrief Typ A – nicht jährlich ausgezahlt, sondern einschließlich Zinseszins dem Rückzahlungsbetrag zugeschlagen, der bei einer vorzeitigen Rückgabe oder bei planmäßigen Ende der Gesamtlaufzeit (nach 7 Jahren) fällig wird.

Aufgabe 4.13:

Ein Bundesschatzbrief Typ B sieht für die sieben Jahre der maximalen Laufzeit folgende Jahreszinssätze vor 7,5%; 7,75%; 8%; 8,25%; 8,5%; 8,75%; 9%.

a) Berechnen Sie den Rückzahlungsbetrag für einen Bundesschatzbrief à 1000 Euro, den ein Anleger bei Rückgabe nach einem, zwei, ..., sechs Jahren bzw. am Ende der Laufzeit erhalten würde! (Runden Sie Ihre Zwischenergebnisse jeweils auf zwei Stellen nach dem Komma!)

b) Bestimmten Sie die Effektivverzinsung für einen Anleger, der den Bundesschatzbrief über die gesamte Laufzeit hält!

In etwas anderer Betrachtungsweise können natürlich auch die im Abschnitt 4.3.2.1 bereits angesprochenen Zero-Bonds als Papiere mit (impliziter) Zinskumulation ausgegeben werden. Denn ob ein Bundesschatzbrief zu 100% emittiert wird und entsprechend den explizit vorgegebenen Jahreszinsen in der in Aufgabe 4.13 verdeutlichten Weise nach 7 Jahren zu einer Rückzahlung von 174,17% führt, läuft letztlich auf das gleiche hinaus wie die Emission eines Zero-Bonds Bonds zu 57,42%, der nach 7 Jahren zu 100% zurückzuzahlen ist. Unterschiede zwischen den beiden Papieren bestehen natürlich insoweit, als der Bundesschatzbrief auch vor Endfälligkeit zu den zu Aufgabe 4.13 berechneten Kursen an den Emittenten zurückgegeben werden kann, während der Zero-Bond nur zum jeweiligen Börsenkurs an einen anderen Anleger verkauft werden kann.

(2) Höhe und Form der Zinsleistungen

Bezüglich der Höhe der in den einzelnen Jahren der Wertpapierlaufzeit anzurechnenden – nicht zwingend auch auszuzahlenden – Zinsen sind ähnlich wie bei der Höhe der Rückzahlung drei Varianten zu unterscheiden.

a)   Fester Zinsplan

Eine Möglichkeit besteht darin, die in den einzelnen Perioden anzurechnenden Zinssätze schon im Emissionszeitpunkt definitiv festzulegen. Im einfachsten Fall wird dabei ein für alle Perioden konstanter Zinssatz fixiert, wie dies etwa für klassische Staats- und Industrieanleihen ebenso typisch ist wie für Kommunalobligationen oder Pfandbriefe.

Bei einer sog. **Staffelanleihe** hingegen verändert sich der jährlich anzurechnende Zins nach einer von vornherein festgelegten Zinsstaffel. In Deutschland stellen die **Bundesschatzbriefe** in den beiden Typen A (über 6 Jahre steigender Zins mit laufender Auszahlung) und B (über 7 Jahre steigender Zins mit Zinskumulation) die prominentesten Beispiele für diese Ausgestaltungsform dar.

Bei den sog. **Kombizinsanleihen** ist für einen Teil der Laufzeit kein oder nur ein sehr geringer Nominalzins vorgesehen, für den Rest der Laufzeit dann aber eine umso höhere Nominalverzinsung. Ein Beispiel hierfür ist die Anleihe der Hamburgischen Landesbank 1992/2002, bei der in den ersten fünf Jahren keine Zinszahlungen erfolgen, in den zweiten fünf Jahren dann aber jeweils in Höhe von 19% p.a.

b)   Kopplung des Zinses an eine exogene Größe

Neben der definitiven Fixierung der maßgeblichen Zinssätze besteht als zweites die Möglichkeit, diese an die Entwicklung einer anderen Größe zu koppeln. Als sog. **Floating-Rate-Notes** oder einfach „Floater" haben solche Emissionen in den letzten zehn Jahren auf den deutschen und den internationalen Finanzmärkten zunehmend Bedeutung gewonnen, wobei als Bezugsgröße für den jeweils maßgeblichen Zinssatz in aller Regel auf Indikatoren für das Zinsniveau im kurzfristigen Geldgeschäft zwischen Kreditinstituten zurückgegriffen wird. Im internationalen Bereich haben die **LIBOR-Sätze** (LIBOR = London Inter Bank Offered Rate) besondere Prominenz erlangt. Dabei handelt es sich um die Zinssätze, zu denen Kreditinstitute am Bankplatz London bereit sind, anderen Banken mit erstklassigem Standing kurzfristige Kredite zu gewähren. Die LIBOR-Sätze differieren zum einen je nach der zugrundegelegten Währung, zum anderen in Abhängigkeit von der Laufzeit. Sie werden ständig durch telefonische Anfrage bei einigen im Interbankgeschäft führenden Londoner Instituten für die wichtigsten Währungen (insbes. $, £, DM, Euro, Yen etc.) und die gängigen Laufzeiten (1, 3, 6 oder 12 Monate) ermittelt.

Aufgabe 4.14:

Was erscheint Ihnen problematisch daran, wenn in der Berichterstattung über das internationale Finanzgeschäft sehr häufig von „dem LIBOR" die Rede ist?

Sollen Anleihezinsen an einen LIBOR-Satz gekoppelt werden, so ist also zum ersten genau festzulegen, auf welche Währung und welche Laufzeit Bezug zu nehmen ist. Zum zweiten ist der sog. **Spread** (auch **Marge**) zu fixieren, d.h. der (positive oder auch negative) Abstand zwischen dem auszurechnenden Zins und dem maßgeblichen LIBOR-Satz. Bei den sog. **Floors** und **Caps** werden außerdem Unter- bzw. Obergrenzen für den aus LIBOR und Spread resultierenden Gesamtzins vereinbart. Zum dritten bedarf es einer Vereinbarung, zu welchen Terminen (z.b. jeweils zum Monatsende oder zur Quartalsmitte) der Zins nach der zugrundegelegten Formel (z.b. $-Libor für 3 Monate + 1/2%) angepaßt wird. Außerdem ist es möglich, den Spread zeitlich zu staffeln.

Für Floaters, die auf Euro lauten, stellt der EURIBOR (= European Interbank Offered Rate) einen weiteren Referenzzins dar. Die EURIBOR-Sätze werden für 1- bis 12-Monatsgeld im Handel zwischen Kreditinstituten der Europäischen Union ermittelt.

c)   Erfolgsabhängige Verzinsung

Eine dritte Möglichkeit zur Bestimmung des maßgeblichen Zinssatzes besteht in der Kopplung an einen unternehmensinternen Erfolgsindikator, z.B. den Jahresüberschuß oder die Dividendenzahlung des Emittenten. Dabei ist es zum einen möglich, neben den erfolgsabhängigen Zinsanteilen einen festen Mindestzins vorzusehen. Zum anderen kann der gesamte Zins aber auch nach oben begrenzt werden.

Unter der Bezeichnung **Gewinnschuldverschreibungen** ist die Ausgabe derartiger Papiere zwar seit langem aktienrechtlich geregelt (vgl. § 221 Abs. 1 AktG). Bis heute kommt diesem Finanzierungs- und Anlageinstrument in Deutschland allerdings nur geringe Bedeutung zu.

Ähnliches galt lange Zeit auch für Genußrechtsanleihen. In den letzten Jahren hingegen ist es verstärkt zur Ausgabe von **Genußscheinen** (vgl. Unterpunkt (3.), c. im Abschnitt 4.3.2.1) gekommen, deren laufende Verzinsung in allen Fällen mehr oder weniger stark erfolgsabhängig ausgestaltet wurde.

Ähnlich wie bei den Rückzahlungsmodalitäten werden die unter a) bis c) behandelten Ausgestaltungsformen der laufenden Verzinsung von der Frage überlagert, in welcher Währung die nach den jeweils maßgeblichen Modalitäten zu bestimmenden Zinsen auszuzahlen sind. Im einfachsten Fall ist – genau wie hinsichtlich des Rückzahlungsbetrages – die DM bzw. der Euro die maßgebliche Währung. Bei Emissionen ausländischer Emittenten kann für die laufenden oder nach dem Prinzip der Kumulation einmaligen Zinszahlungen auch eine andere Währung vorgesehen sein. Im Normalfall stimmen dabei Rückzahlungs- und Zinszahlungswährung überein. Bei sog. **Doppelwährungsanleihen** hingegen erfolgen Rückzahlungen einerseits und Zinszahlungen andererseits in *unterschiedlichen* Währungen.

4.3.2.3 Insolvenzregelungen

Als Insolvenzregelungen wollen wir die Gesamtheit der bei der Ausgabe der Wertpapiere maßgeblichen vertraglichen oder gesetzlichen Bedingungen bezeichnen, aus denen sich ergibt, welche Position die Inhaber der Wertpapiere bei einer möglichen Insolvenz des Emittenten einnehmen, insbesondere auf welche Vermögenswerte sie exklusiv zur Realisierung ihrer Ansprüche zugreifen können. Nach dem Umfang der entsprechenden Rechte gestaffelt lassen sich in einer ersten Grobklassifikation die folgenden drei Konstruktionsmöglichkeiten unterscheiden:

(1) Reservierung bestimmter Gegenstände im Vermögen des Emittenten

Eine Möglichkeit, die Anlegerrisiken zu begrenzen, besteht darin, durch geeignete rechtliche Gestaltungen dafür zu sorgen, daß bestimmte Vermögensteile des Emittenten in einem möglichen Insolvenzfall ausschließlich zur Befriedigung der Ansprüche der Wertpapierinhaber herangezogen werden, dem Zugriff anderer Gläubiger jedoch nicht offenstehen.

Wie Ihnen aus den Abschnitten 2.1.6.2 und 2.1.6.3 bekannt ist, kann dies einmal durch die Bereitstellung dinglicher Sicherheiten geschehen. Von diesem Instrument wird häufig bei der Emission von Anleihen durch Wirtschaftsunternehmen (sog. Industrieanleihen) Gebrauch gemacht, wobei den Grundpfandrechten die weitaus größte Bedeutung zukommt. Eine entsprechende Registereintragung kann natürlich nicht auf die Namen der Inhaber der entsprechenden Papiere erfolgen. Diese sind dem Emittenten im Zweifel ja gar nicht bekannt und können zudem durch den laufenden Börsenhandel ständig wechseln. Um diesem Problem zu entgehen werden die entsprechenden Sicherheiten regelmäßig zu Gunsten eines Treuhänders (häufig einer Bank) eingetragen, der die Sicherheiten gegen Gebühr im Interesse der Gesamtheit der Wertpapierinhaber überwacht und verwaltet.

Eine etwas andere Sicherungskonstruktion findet man bei speziellen Bankschuldverschreibungen, die unter den Bezeichnungen **Pfandbriefe** oder **öffentliche Pfandbriefe** (früher: **Kommunalobligationen**) ausschließlich von Realkreditinstituten sowie den Girozentralen emittiert werden dürfen. Voraussetzung für die Ausgabe von Pfandbriefen ist gem. § 6 Abs. 1 HypBankG, daß die emittierende Bank in mindestens gleichem Umfang und zu mindestens gleichen Zinsen an erster Stelle grundpfandrechtlich gesicherte Darlehen vergeben hat. Diese durch Hypotheken oder Grundschulden gesicherten Darlehen sind gem. § 22 HypBankG in einem besonderen Deckungsregister zu erfassen und im Insolvenzfall der Bank zunächst ausschließlich zur Befriedigung der Ansprüche der Pfandbriefinhaber vorgesehen. Eine analoge Regelung gilt gemäß § 41 Abs. 1 HypBankG für öffentliche Pfandbriefe. Die den ausgegebenen Wertpapieren entsprechende Sicherungsmasse besteht hier aus Darlehen an Kommunen und andere inländische öffentliche Stellen.

(2) Sekundärhaftung

Eine andere Möglichkeit, die Position der Wertpapierinhaber abzusichern, besteht in der Bereitstellung eines Bürgen oder Garanten, der sich verpflichtet, selbst für die gegen den Emittenten gerichteten Ansprüche einzustehen. Für die Inhaber der Wertpapiere erhöht sich dadurch letztlich ebenfalls die haftende Masse, auf die sie zur Befriedigung ihrer Ansprüche zurückgreifen können. Diese umfaßt nicht mehr nur das Vermögen des Emittenten, sondern zusätzlich das der Bürgen oder Garanten.

Eine solche **Konstruktion** findet man etwa

– bei Emissionen von Kreditinstituten mit Sonderaufgaben (vgl. Abschnitt 1.2.2.2), bei denen der Bund oder ein Bundesland die Bürgschaft übernehmen oder

– bei der Wertpapierausgabe durch Tochterunternehmen eines Konzerns, bei denen die an der Konzernspitze stehenden (Mutter-) Unternehmen eine ähnliche Funktion ausüben.

Außerdem wird häufig davon ausgegangen, daß es sich die Spitzeninstitute, insbesondere im Bankenbereich, gar nicht leisten könnten, Ansprüche gegen ein nachgeordnetes Konzernunternehmen notleidend werden zu lassen. Man unterstellt in solchen Fällen also de facto eine bürgschaftsähnliche Verpflichtung, auch wenn davon rein rechtlich überhaupt keine Rede sein kann, und ordnet entsprechende Emissionen dementsprechend in eine vergleichsweise hohe Sicherheitsklasse ein.

(3)   Verzicht auf Vorrechte im Insolvenzverfahren

Zum dritten findet man Wertpapiere, deren Inhabern im Insolvenzfall des Emittenten keinerlei Sonderrechte zustehen, so daß sie ihre Ansprüche erst nach Befriedigung der Aus- und Absonderungsgläubiger sowie der sonstigen bevorrechtigten Gläubiger geltend machen können. Dabei sind im einzelnen folgende drei Varianten anzutreffen:

–   Der Emittent verzichtet zwar auf die Bereitstellung spezieller Sicherheiten, verpflichtet sich durch eine **Negativklausel** jedoch dazu, bestimmte Maßnahmen zu unterlassen, die die Rechtsposition der Wertpapierinhaber zu Gunsten später neu hinzutretender Gläubiger verschlechtern würden. So können derartige Klauseln, für die sich natürlich vielfältige Ausgestaltungsformen bieten, etwa die Verpflichtung des Emittenten vorsehen, den Wertpapierinhabern nachträglich gleichwertige Sicherheiten einzuräumen, falls spätere Anleihen oder Darlehen besichert werden.

Die Verwendung von Negativklauseln als Instrument der indirekten Besicherung ist insbesondere bei Emissionen von Unternehmen des nichtfinanziellen Sektors (Industrieanleihen einschließlich deren Erweiterungen zu Wandel- oder Optionsanleihen) anzutreffen.

–   Bei Emissionen des Bundes, der Sondervermögen des Bundes, der Länder und anderer inländischer öffentlicher Stellen hingegen wird ausnahmslos auf jegliche Form der Besicherung verzichtet. Dahinter steht das Selbstverständnis dieser Emittenten, daß ihnen durch ihre öffentliche Stellung zwangsläufig eine unbegrenzte Bonität zukommt. Es ist hier nicht möglich, diesen Problemkreis näher zu erörtern. Beobachtet man allerdings die Anlegerpraxis, so spricht in der Tat vieles dafür, daß derartige Emissionen von einem breiten Publikum tatsächlich als bonitätsmäßig risikolose Anlagen angesehen werden, was natürlich aus Zinsänderungen resultierende Kursrisiken keineswegs ausschließt.

–   Als drittes besteht bei einer Emission schließlich die Möglichkeit, nicht nur auf jegliche Besicherungsmaßnahmen zu verzichten, sondern die in den ausgegebenen Wertpapieren verbrieften Ansprüche sogar mit einer **Nachrangklausel** zu versehen. Demnach können Inhaber dieser Wertpapiere ihre Rückzahlungsansprüche im Insolvenzfall erst dann geltend machen, wenn zuvor *sämtliche* anderen Gläubiger des Emittenten einschließlich der nicht bevorrechtigten Insolvenzgläubiger vollständig befriedigt worden sind.

In Deutschland sind derartige Nachrangklauseln insbesondere bei **Genuß-scheinemissionen** von Banken und Versicherungen anzutreffen. Der Grund dafür liegt darin, daß die Ausweitung der Geschäftstätigkeit dieser Finan-zintermediäre gem. § 10 KWG bzw. § 53c VAG an die Höhe einer speziell definierten Eigenkapitalgröße geknüpft ist. Unter bestimmten Voraussetzungen können Rückzahlungsverpflichtungen aus emittierten Genußscheinen auf diese Eigenkapitalgröße angerechnet werden. Eine dieser Bedingungen besteht dabei – neben der „Teilnahme am laufenden Verlust" (vgl. Unterpunkt (3), c. im Abschnitt 4.3.2.1) – in der Vereinbarung einer Nachrangklausel

4.3.2.4 Bezugsrechte gegenüber dem Emittenten

Als viertes zentrales Konstruktionselement bei der Emissionen von Wertpapieren ist zu regeln, ob und gegebenenfalls unter welchen Bedingungen den Anlegern ein Recht auf den Bezug weiterer Wertpapiere eingeräumt werden soll. Neben dem völligen Verzicht auf derartige Möglichkeiten sind vor allem die folgenden drei Ausgestaltungsvarianten zu beobachten, die unter Umständen allerdings auch noch miteinander kombiniert werden können.

(1) Eigenständige Bezugsrechte auf Aktien des Emittenten

Wesentliches Kennzeichen von Wandel- und Optionsanleihen ist es, daß sie neben den für eine „normale" Anleihe typischen Zins- und Tilgungsansprüchen zusätzlich das Recht auf den Bezug „junger" Aktien des Emittenten beinhalten.

Bei **Wandelanleihen** (convertible bonds) setzt die Ausübung dieses Bezugsrechtes die (vorfällige) Rückgabe der Anleihe sowie ggf. eine weitere Zuzahlung voraus. Die Obligation wird also in einem bestimmten Verhältnis in Aktien „umgewandelt". Während der reine Anleiheteil von Wandelanleihen traditionell einer einfachen, festverzinslichen Schuldverschreibung entsprach, sind in jüngster Zeit auch sogenannte **Wandelgenußscheine** emittiert worden, bei denen der zunächst emittierte Genußschein innerhalb einer bestimmten Frist in Aktien des Emittenten umgetauscht werden kann.

Bei der **Optionsanleihe** bleibt die Anleihe hingegen auch nach Ausübung des Bezugsrechtes weiter bestehen. Dementsprechend ist der Bezugskurs üblicherweise höher als bei einer ansonsten vergleichbaren Wandelanleihe. Während Anleihe und Wandlungsrecht bei der Wandelanleihe eine untrennbare Einheit bilden, stellen bei der Optionsanleihe die reine Anleihe und das Bezugsrecht zwei ohne weiteres separierbare Ansprüche dar. Dementsprechend werden an den deutschen Wertpapierbörsen üblicherweise

- Optionsanleihen einschließlich Bezugsrecht (Anleihe 'cum right'),
- reine Anleihen ('ex right') sowie
- reine Bezugsrechte (Optionsscheine, Warrants)

jeweils gesondert gehandelt.

Die zuletzt genannte Form des Börsen*handels* weist zugleich darauf hin, daß es grundsätzlich auch möglich ist, reine Optionsscheine auch ohne Kopplung an eine zugrundeliegende Anleihe zu emittieren. Diese Form der sog. **Naked Warrants** ist in der Praxis allerdings überwiegend bei den im Unterpunkt (2.) dargestellten Optionsrechten anzutreffen.

In ihrer traditionellen, mit einer Anleihe gekoppelten Form sind Wandel- und Optionsanleihen im einzelnen durch folgende Ausstattungsmerkmale gekennzeichnet:

- Zins- und Tilgungsbedingungen, Laufzeit und Sicherheiten der „reinen" Anleihe

- Geltungsdauer des Bezugsrechtes (frühester und spätester Wandlungs- bzw. Optionstermin)

- Wandlungsverhältnis (Zahl der zum Bezug einer Aktie vorzulegenden Wandelanleihen bzw. Optionsscheine oder Zahl der gegen eine Wandelanleihe bzw. einen Optionsschein beziehbaren Aktien)

- Zuzahlungsbetrag beim Bezug einer Aktie

- „Verwässerungsschutzklauseln", die darauf abzielen, die wirtschaftliche Stellung der Inhaber von Wandel- oder Optionsanleihen bei später nachfolgenden weiteren Emissionen des Emittenten, insbesondere bei Kapitalerhöhungen, aufrecht zu erhalten.

Aufgabe 4.15:

Die FINANZ-AG hat zum 2.1.1990 1 Mio Optionsanleihen emittiert. Jede Optionsanleihe beinhaltet einen Optionsschein, der innerhalb der nächsten 10 Jahre zum Bezug von drei Aktien zum Kurs von 250 Euro/Aktie berechtigt. Im Laufe des Jahres 1991 erhöht die FINANZ-AG ihr Grundkapital durch Ausgabe sog. Gratisaktien von 300 Mio Euro auf 400 Mio Euro. Unmittelbar vor Durchführung dieser nominellen Kapitalerhöhung belief sich der Börsenkurs der Aktien auf 400 Euro.

a) Welchen Effekt wird die nominelle Kapitalerhöhung auf den Börsenkurs der Aktien haben?

Welche Folgewirkungen ergeben sich daraus für die wirtschaftliche Position der Optionsscheininhaber?

b) Wie könnte eine „Verwässerungsschutzklausel" aussehen, durch die der negative Effekt für die Optionsscheininhaber tendenziell neutralisiert wird?

Es ist unmittelbar einleuchtend, daß der Börsenwert von Wandel- und Optionsanleihen und erst recht der abgelösten Optionsscheine ganz wesentlich von dem Kurs der beziehbaren Aktie abhängen.

(2) Eigenständige Bezugsrechte auf andere Leistungen des Emittenten

Außer auf neu auszugebende Aktien des Emittenten können sich die einer Anleihe hinzugefügten zusätzlichen Bezugsrechte auch auf andere Leistungen beziehen. Der Phantasie, worin diese Leistungen bestehen können, sind keine Grenzen gesetzt. In der Praxis kommt derzeit den folgenden vier Wertpapiertypen besondere Bedeutung zu:

- **Gedeckte Optionsscheine** (Covered Warrants) berechtigen den jeweiligen Inhaber bei Zuzahlung eines zuvor fixierten Betrages zum Bezug von Aktien,

  - die aus einem Deckungsbestand zu entnehmen sind, den der Emittent zuvor in entsprechendem Umfang angelegt hat und selbst oder bei einem Treuhänder unterhält

  - oder durch den Emittenten im Bedarfsfall angeschafft werden müssen, ggf. unter Ausübung von Optionsrechten, die der Emittent seinerseits im Bestand hält.

Dabei kann es sich sowohl um Aktien des Emittenten selbst handeln (so z.b. bei der ersten Emission von Trinkaus + Burkhard aus dem Jahre 1989) als auch um Aktien eines ganz anderen Unternehmens (so z.b. bei den von der Dresdner Bank 1999 ausgegebenen gedeckten Optionsscheinen, die bei Zuzahlung von 20 Euro zum Bezug einer Lufthansa-Aktie berechtigen).

- **Zinsoptionsscheine** berechtigen den Inhaber entweder, zu einem zuvor fixierten Preis (Basiskurs) bestimmte Stücke einer festverzinslichen Anleihe effektiv zu beziehen, oder sie gewähren ihm den Anspruch auf Auszahlung des Differenzbetrages zwischen dem Tageskurs der zugrundegelegten Anleihe und dem Basiskurs. Dabei kann weiterhin danach unterschieden werden, ob der Auszahlungsanspruch besteht, wenn der Tageskurs oberhalb des Basiskurses liegt, oder in der entgegengesetzten Konstellation.

- **Währungsoptionsscheine** gewähren dem Inhaber das Recht, mit dem Emittenten einen Devisenaustausch zwischen zwei Währungen zu einem zuvor fixierten Wechselkurs vorzunehmen. Ein – aus der Sicht eines deutschen Anlegers – als Call-Option zu klassifizierendes Bezugsrecht berechtigt dazu, einen bestimmten Betrag einer fremden Währung (z.b. 100 US $) zu einem zuvor fixierten Euro-Kurs zu kaufen; eine Put-Option berechtigt hingegen, einen bestimmten Währungsbetrag zu einem festgelegten Euro-Kurs an den Emittenten zu verkaufen.

– **Indexoptionsscheine** schließlich berechtigen den Inhaber, von dem Emittenten die Zahlung der Differenz zu verlangen, um die der jeweils aktuelle Stand des zugrundeliegenden Index (z.b. DAX) am Ausübungstag die zuvor fixierte Indexhöhe über- bzw. unterschreitet (Kauf- bzw. Verkaufs-Indexoptionsschein). Eine tatsächliche Lieferung der dem Aktienindex zugrundeliegenden Werte unterbleibt in der Regel, d.h. bei Ausübung findet lediglich ein Differenzausgleich (Cash-Settlement) statt. Die vielfältigen Ausgestaltungsmöglichkeiten von Indexoptionsscheinen spiegeln sich in verschiedenartigsten Formen wider, wie sog. Capped-Indexoptionsscheinen (Differenzausgleich nur bis zu dem in den Optionsscheinbedingungen festgelegten Höchstbetrag) und sog. Wünsch-Dir-Was-Indexoptionsscheinen, welche außer dem auf einen Index bezogenen Differenzausgleich auch die Umwandlung von Kauf- in Verkaufsoptionsscheinen (und umgekehrt) erlauben.

Grundsätzlich können Optionsrechte aller vier Kategorien auch nach Art der traditionellen Optionsanleihe in Verbindung mit einer einfachen, festverzinslichen Anleihe emittiert werden. In der praktischen Handhabung überwiegt jedoch, soweit ersichtlich, die isolierte Ausgabe als „Naked Warrant".

Optionsscheine aller vier Kategorien können ebenso wie die bereits unter (1) behandelten losgelösten Optionsscheine und die im Kapitel 5 noch zu erörternden börsenmäßigen Optionskontrakte zu ganz unterschiedlichen Anlagestrategien genutzt werden. So ist es zum einen möglich, mit einem vergleichsweise geringem Finanzmitteleinsatz auf bestimmte Kursentwicklungen zu spekulieren, was unter Umständen sehr hohe Gewinne verspricht, im anderen Extrem aber auch mit dem völligen Verlust der eingesetzten Mittel verbunden sein kann. Optionen aller Arten können jedoch auch gerade entgegengesetzt zur (zumindest vorübergehenden) Absicherung aus anderen Geschäften bestehender Kursrisiken verwendet werden.

Aufgabe 4.16:

Skizzieren Sie jeweils kurz, in welchen Situationen Währungsoptionsscheine in Call- und in Put-Version zur Abdeckung zunächst bestehender Risiken eingesetzt werden können!

(3) Bezugsrechte bei späteren Emissionen des Emittenten

Bei den unter (1) und (2) behandelten Wandlungs- und Optionsrechten war es stets ausschließlich dem Entschluß des Inhabers des jeweiligen Wertpapiers überlassen, ob das Bezugsrecht effektiv wirksam wurde oder nicht. Eine andere Variante der Ausstattung von Wertpapieren mit Bezugsrechten besteht demgegenüber darin, den Inhabern der emittierten Wertpapiere das Recht einzuräumen, an späteren Emissionen gleichartiger oder ähnlicher Wertpapiere in einem bestimmten Anteil zu partizipieren. So kann etwa den Inhabern von Genußscheinen oder Wandelanleihen – ähnlich wie Aktionären bei der ordentlichen Kapitalerhöhung – ein Bezugsrecht bei der späteren Ausgabe weiterer Genußscheine oder Wandelanleihen zustehen.

Während Bezugsrechte der unter (1) und (2) behandelten Kategorie unabhängig von der weiteren Emissionsfähigkeit des Emittenten ausgeübt werden können und insoweit für den Inhaber eine eigenständige ökonomische Funktion aufweisen, zielen die Regelungen der hier zu erörternden Art in aller Regel primär darauf ab, die wirtschaftliche Position der Wertpapierinhaber bei späteren Emissionen des Emittenten aufrecht zu erhalten. Sie können also als spezielle Ausprägungen von Verwässerungsschutzklauseln angesehen werden, wie wir sie unter (1) in Aufgabe 4.16 schon beispielhaft kennengelernt haben. Dementsprechend ist es durchaus möglich, daß eine Wandelschuldverschreibung oder auch ein isolierter Optionsschein mit zwei Arten von Bezugsrechten ausgestattet ist, nämlich

– zum einen dem für Wandelschuldverschreibungen und Optionsscheine konstitutiven Wandlungs- oder Optionsrecht gem. (1) oder (2) und

– zum anderen mit einem bedingten Bezugsrecht auf weitere Wandelanleihen oder Optionsscheine für den Fall, daß es zu einer neuerlichen Emission kommt.

Hinsichtlich des Zusammenhangs zwischen der Art des betrachteten Wertpapiers und den Objekten, auf die das Bezugsrecht gerichtet ist, sind dabei vielfältige Kombinationen denkbar. Einerseits besteht die Möglichkeit, Bezugsrechte auf die Ausgabe gleichartiger Wertpapiere zu beschränken, so daß die Inhaber von Genußscheinen nur bei der Emission neuer Genußscheine, die Inhaber von Optionsscheinen nur an der Ausgabe neuer Optionsscheine partizipieren etc. Andererseits ist es jedoch auch möglich, Bezugsrechte „über Kreuz" einzuräumen, so daß etwa den Inhabern von Genußscheinen auch für die Ausgabe von Optionsanleihen ein Bezugsrecht eingeräumt wird oder ähnliches.

4.3.3   Zusammenfassender Gesamtüberblick

Die in den folgenden Abbildungen wiedergegebenen „Baum"-Schemata verdeutlichen noch einmal zusammenfassend die vielfältigen Ausgestaltungsmöglichkeiten von Anleihen an Hand von acht verschiedenen Ausstattungselementen, die sich in unserer Analyse im Abschnitt 4.3.2 als besonders wichtig erwiesen haben.

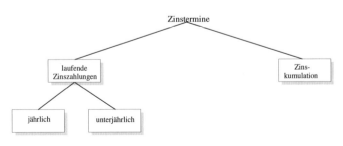

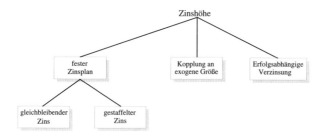

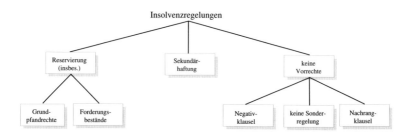

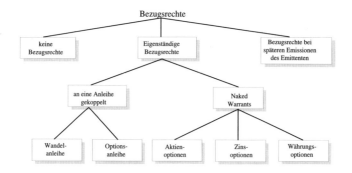

Abb. 4.04:   Ausgestaltungsmöglichkeiten von Anleihen

Beachtet man, daß die verschiedenen Ausprägungen der erfaßten acht Merkmale – von wenigen Ausnahmen abgesehen – praktisch beliebig miteinander kombiniert werden können, so erkennt man, daß ganz ungeachtet von den weiteren Differenzierungsmöglichkeiten im Hinblick auf die konkrete Ausgestaltung etwa von Laufzeit, Zinshöhe etc. weit über 100.000 Typen verschiedener Wertpapiere konstruierbar sind. Die tatsächlich schon anzutreffende Vielfalt unterschiedlichster Anleihen schöpft somit das Potential aller nur denkbaren Konstruktionsformen bei weitem nicht aus.

Auch für die folgende Zusammenstellung einiger besonders prägnanter Anleiheformen, die sich einem deutschen Anleger bieten, kann keinesfalls Vollständigkeit beansprucht werden. Die zugefügten Kurzerläuterungen verdeutlichen jeweils die wichtigsten Besonderheiten der einzelnen Wertpapiere, insbesondere die Abweichungen von dem klassischen Typ der börsengehandelten Anleihe mit festem Zins, laufender Zinsausschüttung und festem Rückzahlungsbetrag am Ende der Laufzeit.

Bundesanleihen

Festverzinsliche Anleihen von Bund, Bahn oder Post mit Gesamtlaufzeiten, die üblicherweise zwischen 8 und 15 Jahren liegen.

Bundesobligationen

Festverzinsliche Anleihen des Bundes mit einer Gesamtlaufzeit von 5 Jahren. Die Ausgabe erfolgt kontinuierlich in einzelnen Serien. Die Börseneinführung erfolgt erst nach dem vollständigen Verkauf der jeweiligen Serie.

Bundesschatzbriefe

Nicht börsengehandelte Anleihen des Bundes mit im Zeitablauf steigendem Zins und laufender Zinszahlung (Typ A mit 6-jähriger Laufzeit) oder Zinskumulation (Typ B mit 7-jähriger Laufzeit). Nach einer einjährigen Sperrfrist können innerhalb von 30 Zinstagen jeweils Schatzbriefe im Nominalwert bis zu 10.000 Euro zum Nominalwert (Typ A) bzw. zum Nominalwert zuzüglich aufgelaufener Zinsen (Typ B) zurückgegeben werden.

Finanzierungsschätze

Nicht börsengehandelte Anleihen des Bundes mit 1- oder 2-jähriger Laufzeit (Typ 1 bzw. Typ 2), die keinen laufenden Zins erbringen, jedoch bei einer Rückzahlung zum Nennwert deutlich unter pari ausgegeben werden. Eine vorzeitige Rückgabe an den Emittenten ist nicht möglich.

Pfandbriefe

Von Realkreditinstituten und Girozentralen ausgegebene festverzinsliche Wertpapiere mit längerer Gesamtlaufzeit, zu deren Sicherung eine gesonderte Deckungsmasse aus grundpfandrechtlich abgesicherten Darlehensforderungen des Emittenten besteht.

Öffentliche Pfandbriefe

Von Realkreditinstituten und Girozentralen ausgegebene festverzinsliche Wertpapiere mit längerer Gesamtlaufzeit, zu deren Sicherung eine gesonderte Deckungsmasse aus Darlehensforderungen des Emittenten gegenüber Gemeinden, Kreisen und ähnlichen öffentlichen Stellen besteht. Vereinzelt tragen öffentliche Pfandbriefe noch die früher übliche Bezeichnung „Kommunalobligationen".

Industrieanleihen

Festverzinsliche Anleihen, die von inländischen Unternehmen des nicht-finanziellen Sektors ausgegeben worden sind.

Euro-Auslandsanleihen

Anleihen ausländischer (privater und öffentlicher) Emittenten außerhalb des Euro-Raumes, bei denen Verzinsung und Tilgung in Euro erfolgen.

Währungsanleihen

An deutschen Börsen in Euro gehandelte Anleihen ausländischer Emittenten, bei denen Verzinsung und Tilgung einheitlich in einer fremden Währung erfolgen.

Doppelwährungsanleihen

An deutschen Börsen in Euro gehandelte Anleihen ausländischer Emittenten, bei denen Verzinsung und Tilgung in unterschiedlichen Währungen erfolgen.

Indexanleihen

Anleihen, deren Rückzahlungsbetrag sich nach der Entwicklung eines bestimmten Index (z.B. einem Aktienindex) richtet.

Zero Bonds (Nullkupon-Anleihen)

Anleihen ohne laufende Verzinsung, bei denen sich die Verzinsung indirekt aus der Differenz zwischen Rückzahlungskurs und niedrigerem Ausgabe- oder Börsenkurs ergibt.

Floating Rate Notes

Anleihen (i.d.R. mittlerer Laufzeit), deren laufenden Verzinsung an die Entwicklung anderer Referenzgrößen (z.B. LIBOR oder EURIBOR) gekoppelt ist.

Gewinnschuldverschreibungen

Anleihen, deren laufende Verzinsung an die Gewinnentwicklung des Emittenten gekoppelt ist.

Wandelanleihen

Festverzinsliche Anleihen, die nach Entscheidung ihres Inhabers (i.d.R. bei Zuzahlung eines bestimmten Betrages) in einem vorgegebenen Verhältnis in neu zu emittierende Aktien des Emittenten umgetauscht werden können.

Optionsanleihen

Festverzinsliche Anleihen, die nach Entscheidung ihres Inhabers dazu berechtigen, zusätzliche neu zu emittierende Aktien des Emittenten zu festgelegten Konditionen zu beziehen.

Optionsscheine

Selbständig börsengehandelte Wertpapiere, die dem Inhaber bestimmte Bezugsrechte gegenüber dem Emittenten gewähren. Sie können entweder durch Ablösung des reinen Optionsrechts von der Optionsanleihe (s.o.) entstehen oder von Anfang an isoliert ausgegeben werden.

Naked Warrants

Isoliert ausgegebene Optionsscheine (s.o.).

Gedeckte Optionsscheine (Covered Warrants)

Optionsscheine (s.o.), die Rechte auf den Bezug von Aktien aus einem Deckungsbestand beinhalten, den der Emittent zuvor gebildet hat.

Zinsoptionsscheine

Optionsscheine (s.o.), die das Recht zum Bezug bestimmter festverzinslicher Anleihen oder zur Auszahlung der Kursdifferenz zwischen dem Börsenkurs einer bestimmten Anleihe und einem zuvor fixierten Basiskurs beinhalten.

Währungsoptionsscheine

Optionsscheine (s.o.), die das Recht gewähren, von dem Emittenten entweder einen bestimmten Währungsbetrag zu einen zuvor fixierten Kurs gegen EURO zu kaufen (call option) oder einen bestimmten Währungsbetrag zu einem zuvor fixierten Kurs gegen EURO zu verkaufen (put option).

Genußscheine

Wertpapiere, die eine mehr oder weniger stark ausgeprägte gewinnabhängige laufende Verzinsung aufweisen und bei prinzipiell annähernd beliebigen Ausgestaltungsmöglichkeiten in Deutschland in aller Regel dadurch gekennzeichnet sind, daß der Rückzahlungsanspruch

– um mögliche Verlustzurechnungen vermindert wird („Teilnahme am laufenden Verlust") und

– im Insolvenzverfahren des Emittenten erst nach Befriedigung aller übrigen Gläubiger geltend gemacht werden kann.

Aufgabe 4.17:

Lassen Sie Ihre Phantasie zum Abschluß des Abschnitts 4.3 einmal spielen und konstruieren Sie selbst zwei neue Anleihetypen, die zumindest in dem zurückliegenden Abschnitt nicht behandelt worden sind

4.4 Vermögensanlage in Investmentzertifikaten

4.4.1 Grundkonzept und Ausgestaltungsformen von Investmentgesellschaften

Kleinanleger, d.h. Anleger, die pro Jahr vielleicht nur einige hundert Euro anlegen, können grundsätzlich natürlich auch Wertpapiere der in den vorangegangenen Abschnitten behandelten Art erwerben. Angesichts der vergleichsweise niedrigen Anlagebeträge wären sie dabei, zumindest in den ersten Jahren, jedoch gezwungen, ihr Geld in einigen wenigen Papieren anzulegen, also weitgehend „alles auf ein Pferd zu setzen". Eine breite Streuung der Vermögensanlage auf eine Vielzahl von Wertpapieren unterschiedlicher Kategorien und verschiedener Emittenten hingegen ist zunächst kaum zu bewerkstelligen. Noch weniger ist es einem Kleinanleger im allgemeinen möglich, sein Vermögen ganz oder teilweise in Grundstücken und Gebäuden anzulegen.

Ein Ansatz zur Lösung dieses Problems könnte darin bestehen, die von einer Vielzahl kleiner Anleger aufgebrachten Mittel zusammenzufassen und diesen Gesamtbetrag in einem breit gestreuten Wertpapierportefeuille oder auch verschiedenen Immobilien anzulegen. Dies könnte einmal in der Weise geschehen, daß sich die Anleger eigeninitiativ zu einer entsprechenden Anlegergemeinschaft zusammenschließen, wie dies etwa in privaten „Börsenclubs" oder ähnlichen Vereinigungen praktiziert wird. Die andere Möglichkeit besteht darin, daß ein Finanzintermediär von sich aus ein entsprechend gestreutes Wertpapier- oder Immobilienvermögen aufbaut und den Anlegern als Marktleistung anbietet, sich mit kleinen Quoten an diesem Vermögen zu beteiligen. Genau dieses Prinzip der indirekten Vermögensanlage über einen Zwischenträger charakterisiert das Grundkonzept sog. **Investmentgesellschaften**.

Bei der konkreten Umsetzung dieses Konzepts bestehen im Detail natürlich unterschiedliche Ausgestaltungsmöglichkeiten. Die wichtigsten dieser Varianten werden in diesem Abschnitt vorgestellt. Im Abschnitt 4.4.2 werden wir dann auf die in Deutschland maßgeblichen rechtlichen Rahmendaten und die daraus resultierenden konkreten Ausprägungen entsprechender Anlageformen eingehen.

(1) Rechtliche Regelung der Vermögensbeteiligung

Bezüglich der rechtlichen Konstruktion der durch die Investmentgesellschaft zustande gebrachten indirekten Beteiligung an einem Wertpapier- oder Immobilienvermögen unterscheidet man üblicherweise zwischen Regelungen nach dem Gesellschaftstyp und dem Vertragstyp.

Beim **Gesellschaftstyp** wird eine Aktiengesellschaft gegründet, die die entsprechenden Wertpapiere oder Immobilien als Eigentümer erwirbt und verwaltet. Finanziert wird diese Vermögensanlage durch die Ausgabe möglichst klein gestückelter Aktien. Die Käufer solcher Aktien erwerben also, wie jeder andere Aktionär auch, einen Anteil an der Gesellschaft und damit indirekt an deren Vermögen und den daraus fließenden Erträgen. Formal handelt es sich also um eine ganz „normale" Aktienanlage der im Abschnitt 4.2 bereits behandelten Art. Die inhaltliche Besonderheit besteht jedoch darin, daß sich die Geschäftstätigkeit der Aktiengesellschaft weitgehend auf den Erwerb und die Verwaltung von Wertpapier- oder Grundvermögen beschränkt. Dementsprechend wird der Börsenkurs der entsprechenden Aktien in der im Abschnitt 4.1.2 verdeutlichten Weise primär durch die sich in Angebot und Nachfrage dokumentierende Wertschätzung der Anleger bestimmt; diese Wertschätzung dürfte sich in aller Regel jedoch an dem Kurswert des Wertpapiervermögens oder den geschätzten Verkehrswerten der Immobilienanlagen orientieren.

Während es sich bei Investmentgesellschaften des Gesellschaftstyps ausschließlich um ausländische Unternehmen handelt, sind die deutschen Investmentgesellschaften nach dem **Vertragstyp** konstruiert. Dabei erwerben die Anleger keine Anteile an der Investmentgesellschaft selbst, sondern an einem Sondervermögen aus Wertpapieren oder Immobilien, das die Investmentgesellschaft von ihrem eigenen Vermögen getrennt unterhält. Finanziert werden diese allgemein als **Fonds** bezeichneten Sondervermögen durch die Ausgabe von kleingestückelten Anteilsscheinen, den sog. **Investmentzertifikaten**, die – zumindest wirtschaftlich gesehen – ein Miteigentum an dem Wertpapier- oder Immobilienbestand verbriefen. In den folgenden Ausführungen werden wir uns nur noch mit Investmentgesellschaften des Vertragstyps und den von ihnen gebildeten Investmentfonds beschäftigen.

(2)   Anlageobjekte und Laufzeit

Investmentfonds können unter anderem nach den Objekten klassifiziert werden, in denen sie das Fondsvermögen anlegen. Die grundlegende Unterscheidung in Wertpapierfonds und Immobilienfonds wurde beiläufig schon mehrfach angesprochen. Als dritten Grundtyp kennt man in Deutschland seit einigen Jahren außerdem Beteiligungsfonds, die nennenswerte Teile des Fondsvermögens in nicht wertpapiermäßig verbrieften Beteiligungen, z.B. als Kommanditist oder stiller Gesellschafter, anlegen.

Bei den Wertpapierfonds unterscheidet man traditionell weiter zwischen Aktienfonds und Rentenfonds. Angesichts der zunehmenden Einbeziehung unterschiedlicher Wertpapiere, die als Mischformen zwischen Aktien einerseits und den traditionellen festverzinslichen Wertpapieren andererseits angesehen werden können (vgl. Abschnitt 4.3.2.1), in das Fondsvermögen, ist die einfache Zweiteilung in Aktien- und Rentenfonds inzwischen allerdings ergänzungsbedürftig geworden. Zudem haben sog. Geldmarktfonds, die ihr Vermögen in kurzfristigen Geldmarktpapieren (z.b. Schatzwechsel, Certificates of Deposits etc.) anlegen, als spezielle Variante von Wertpapierfonds in den letzten Jahren zunehmend Verbreitung gefunden. Eine weitere Variante stellen sogenannte Dachfonds (auch Funds of Funds) dar, die ihr Vermögen ausschließlich oder ganz überwiegend in Zertifikaten anderer Investmentfonds anlegen.

Im einzelnen können Wertpapierfonds – ohne daß sich dafür eine einheitliche Terminologie herausgebildet hätte – nach verschiedenen weiteren Eigenschaften der erworbenen Papiere unterteilt werden. Entsprechende Differenzierungen können sich etwa auf

– die Zugehörigkeit der Wertpapieremittenten zu bestimmten *Branchen* oder *Regionen* (also etwa „Banken- und Versicherungsfonds" oder „High-Tech-Fonds" bzw. „NRW-Fonds" oder „Neue-Bundesländer-Fonds"),

– die *Währung*, auf die laufende Erträge und mögliche Rückzahlungsbeträge an den erworbenen Wertpapieren lauten (also etwa „Euro-Fonds", „$-Fonds" oder „Yen-Fonds") oder

– die *Fristigkeit* der Wertpapieranlage beziehen (also etwa „Rentenfonds bei langfristiger Anlage und „Geldmarktfonds" bei kurzfristiger Anlage).

Ähnliche Differenzierungen sind auch bei Immobilien- und Beteiligungsfonds denkbar.

Unabhängig von der Art der Anlageobjekte können Investmentfonds weiterhin danach unterschieden werden, ob sie

– auf unbestimmte Dauer errichtet werden oder

– von Anfang an nur für eine bestimmte Laufzeit aufgelegt und am Ende zu Gunsten der Zertifikatinhaber liquidiert werden.

In Deutschland stellt die erst genannte Variante den Standardfall dar; seit etlichen Jahren werden jedoch auch Anteile an sog. **Ablauffonds** oder **Laufzeitfonds** angeboten.

(3)   Anlage- und Finanzierungspolitik

Nach der Anlagepolitik können Investmentfonds in Fixed Funds und Managed Funds unterschieden werden. **Fixed Funds** sind dadurch gekennzeichnet, daß die einmal gewählte Vermögensanlage im Zeitablauf nicht mehr geändert wird. Bei einem **Managed Fund** hingegen wird das Fondsvermögen durch das Anlagenmanagement der Investgesellschaft ständig mit dem Ziel umgeschichtet, dadurch höhere laufende Erträge und/oder Kurssteigerungen zu erzielen.

Im Hinblick auf die Mittelbeschaffung kann danach unterschieden werden, ob

–   das Fondsvermögen ausschließlich durch die Erlöse aus dem Verkauf der Investmentzertifikate finanziert wird (**Eigenmittelfonds**), oder

–   zu Lasten des Fonds in nennenswertem Umfang auch Kredite aufgenommen werden (**Verschuldungsfonds, Leverage-Funds**).

Der Reiz eines Verschuldungsfonds besteht in der Möglichkeit, daß die Gesamtrendite des Fondsvermögens größer ist als der Fremdkapitalzins, die eingesetzten Fremdmittel also mehr Ertrag bringen als sie kosten. Der entsprechende Überschuß kommt den Inhabern der Fondszertifikate zugute und erhöht deren Rendite, und zwar umso stärker, je größer der Anteil der Fremdfinanzierung ist. Bleibt die gesamte Fondsrendite allerdings hinter dem Fremdkapitalzins zurück, tritt gerade der entgegengesetzte Effekt ein, wie folgende Aufgabe verdeutlicht.

Aufgabe 4.18:

Die MONEY-Investmentgesellschaft hat die drei Fonds SOLIDUS, RAPIDUS und RISIKUS aufgelegt. Das Fondvermögen aller Fonds macht 10 Mio Euro aus und ist allen drei Fällen in genau identischer Weise in Wertpapieren angelegt. SOLIDUS ist durch die Ausgabe von 100.000 Zertifikaten á 100 Euro finanziert worden; RAPIDUS (RISIKUS) hingegen durch die Ausgabe von nur 50.000 (10.000) Zertifikaten á 100 Euro, die restlichen 5 Mio (9 Mio) Euro sind durch die Aufnahme eines 8%-igen Kredits finanziert worden.

a)   Angenommen, das Fondsvermögen insgesamt bringe eine Rendite von 15%. Berechnen Sie für alle drei Fonds die Rendite, die sich für die Inhaber der Investmentzertifikate nach Abführung der Kreditzinsen ergibt!

b)   Beantworten Sie Frage a) für den Fall, daß die für das Fondvermögen insgesamt erzielte Rendite nur 5% beträgt!

c)   Vergleichen Sie die zu a) und b) errechneten Renditewerte und kommentieren Sie das Ergebnis Ihres Vergleichs!

(4) Ausgabe- und Rücknahmepolitik

Im Hinblick auf die Ausgabe von Investmentzertifikaten kann zwischen offenen und geschlossenen Fonds unterschieden werden. **Offene Fonds** sind dadurch gekennzeichnet, daß in Abhängigkeit von der Nachfrage der Anleger ständig neue Zertifikate ausgegeben werden und der daraus erzielte Erlös zusätzlich angelegt wird. Bei **geschlossenen Fonds** hingegen erfolgt einmal die Ausgabe der vorgesehenen Anzahl von Anteilen; nach deren vollständiger Plazierung ist während der gesamten Restlaufzeit des Fonds die Ausgabe weiterer Zertifikate nicht vorgesehen.

In analoger Weise können Fonds weiterhin danach unterschieden werden, ob

– es grundsätzlich möglich ist, die Zertifikate an den Fonds gegen Erstattung ihres Gegenwertes zurückzugeben, oder

– eine solche Rückgabemöglichkeit nicht vorgesehen ist, was natürlich nicht ausschließt, daß ein Anleger an einen anderen Interessenten verkauft.

Aus dieser Überlagerung der bezüglich der Zertifikatausgabe einerseits und der -rückgabe andererseits bestehenden Varianten lassen sich zunächst rein kombinatorisch die folgenden vier Ausgestaltungsformen von Investmentfonds ableiten:

(a) offener Fonds mit Rückgabemöglichkeit,

(b) offener Fonds ohne Rückgabemöglichkeit,

(c) geschlossener Fonds mit Rückgabemöglichkeit und

(d) geschlossener Fonds ohne Rückgabemöglichkeit.

Aufgabe 4.19:

Rein formal könnten die soeben genannten Varianten (a) bis (d) noch weiter mit der unter (3) behandelten Unterscheidung Fixed Funds und Managed Funds kombiniert werden. Geben Sie an, welche der so rein theoretisch gebildeten acht Ausgestaltungsformen keinen Sinn ergeben, weil sie nicht realisierbar sind!

In der praktischen Entwicklung haben allerdings nur die Varianten (a) und (d) Bedeutung erlangt. Dementsprechend versteht man im allgemeinen

– unter der Bezeichnung „offene Investmentfonds" nur noch Fonds vom Typ (a) und

– unter der Bezeichnung „geschlossene Investmentfonds" nur noch Fonds vom Typ (d).

Nach diesem Sprachgebrauch sind die von deutschen Investmentgesellschaften aufgelegten Wertpapierfonds in aller Regel als offene Fonds anzusehen, während im Bereich von Immobilienfonds sowohl offene als auch geschlossene Fonds anzutreffen sind.

Im Hinblick auf die Ausgabepolitik von Investmentfonds hat in Deutschland seit dem Ende der 70-er Jahre neben der Differenzierung zwischen offenen und geschlossenen Fonds die Unterscheidung zwischen Publikums- und Spezialfonds an Bedeutung gewonnen. **Publikumsfonds** bieten ihre Zertifikate öffentlich ohne Ansehen der Person allen Anlegern frei an. **Spezialfonds** hingegen sind dadurch gekennzeichnet, daß ihre Anteile ausschließlich von einem sehr kleinen Kreis institutioneller Anleger gehalten werden. Bei diesen Anlegern kann es sich insbesondere um Versicherungsunternehmen handeln sowie um Unternehmen oder deren Belegschaft, die Finanzmittel zur Absicherung von Pensionszusagen oder aus Maßnahmen der betrieblichen Vermögensbeteiligung anlegen.

(5)   Ausschüttungspolitik

Ein letztes allgemeines Differenzierungskriterium bezieht sich schließlich auf die Art und Weise, wie über die im Laufe eines Jahres aus Zins- und Dividendenzahlungen sowie (ggf. realisierten) Kursgewinnen erzielten Wertzuwächse verfügt wird. Zwei Extremfälle sind hier denkbar:

–   Bei einem reinen **Wachstumfonds**, auch **thesaurierender** oder **akkumulierender Fonds** genannt, erfolgen keinerlei Ausschüttungen. Alle Zahlungseingänge aus Zinsen, Dividenden und Wertpapierverkäufen werden wiederum in Wertpapieren angelegt. Die dabei erzielten Gewinne schlagen sich in einem Wachstum des Zertifikatwertes nieder.

–   Bei einem reinen **Ausschüttungsfonds** erfolgt pro Jahr eine Ausschüttung in Höhe des erzielten Gewinnes. Bei positiver Entwicklung steigt der aus dem Gesamtwert des Sondervermögens berechnete Wert eines einzelnen Zertifikats also ständig an und sinkt dann nach erfolgter Ausschüttung auf den Anfangswert zurück.

Über diese beiden „reinen" Typen hinaus gibt es natürlich eine Vielzahl weiterer Möglichkeiten zur Ausgestaltung der Ausschüttungspolitik. Die Einzelheiten sind in den jeweiligen Vertragsbedingungen der einzelnen Fonds mehr oder weniger präzise festgelegt.

4.4.2 Das Angebot deutscher offener Investmentfonds

Rechtsgrundlage für das Angebot von Anteilsscheinen an offenen Investmentfonds und deren Verwaltung durch deutsche Investmentgesellschaften ist das Gesetz über Kapitalanlagegesellschaften (KAGG) vom 14.1.1970. Diesem Gesetz unterliegen Gesellschaften, die ihnen überlassene Gelder

– für gemeinschaftliche Rechnung der Einleger

– nach dem Prinzip der Risikomischung

– gesondert von ihrem eigenen Vermögen

– in Wertpapier-, Beteiligungs- oder Grundstücks-Sondervermögen

anlegen und darüber Anteilsscheine ausstellen (§ 1 Abs. 1 KAGG). Dabei gilt das KAGG sowohl für Publikums- als auch für Spezialfonds i.S. v. § 1 Abs. 2 KAGG. Die einzelne Kapitalanlagegesellschaft kann – wie dies auch üblich ist – durchaus mehrere Fonds parallel auflegen.

Nicht dem KAGG unterliegen demgegenüber die Anbieter geschlossener Immobilienfonds zu den in Deutschland üblichen Ausgestaltungsformen. Mithin bestehen bei derartigen Anlagen auch nicht die im folgenden noch zu skizzierenden speziellen Vorschriften zum **Anlegerschutz** des KAGG. Um Irreführungen zu vermeiden, dürfen sich dementsprechend die Anbieter von Anteilen an geschlossenen Immobilienfonds gem. § 7 KAGG auch nicht als „Kapitalanlage"- oder „Investmentgesellschaft" oder in ähnlicher Weise bezeichnen. Ebenfalls nicht dem KAGG unterliegen ausländische Investmentgesellschaften. Soweit diese jedoch ihre Zertifikate in Deutschland aktiv vertreiben und dafür werben wollen, unterliegen sie den ebenfalls auf einen gewissen Anlegerschutz abzielenden Vorschriften des **Auslands-Investmentgesetzes.**

Die Vorschriften des KAGG beziehen sich insbesondere auf die vier im folgenden kurz darzustellenden Bereiche:

(1) Stellung des Sondervermögens

Gem. § 6 KAGG haben die Investmentgesellschaften das Vermögen der einzelnen Fonds von ihrem „getrennt zu halten". Diese Rahmenklausel wird in zweifacher Hinsicht konkretisiert:

– § 10 Abs. 2 KAGG stellt klar, daß das Sondervermögen *nicht* für die Verbindlichkeiten der Investmentgesellschaft haftet.

– § 12 KAGG sieht außerdem vor, daß die effektive Verwahrung und die Ausgabe und die Rücknahme der Anteilsscheine sowie deren ständige Wertbestimmung (s.u.) durch ein anderes Kreditinstitut, die sog. **Depotbank,** zu erfolgen hat.

Die laufende Disposition über das Sondervermögen durch Kauf und Verkauf von Wertpapieren, Beteiligungen oder Grundstücken hingegen obliegt im Rahmen der allgemeinen gesetzlichen Vorschriften und der jeweiligen Vertragsbedingungen der Investmentgesellschaft.

(2) Anlage- und Streuungsvorschriften

Der in § 1 KAGG allgemein formulierte Grundsatz der Risikostreuung wird in mehrfacher Hinsicht weiter präzisiert. Zum einen ist für Wertpapier-, Beteiligungs- und Immobilienfonds jeweils ein **Katalog der zulässigen Anlageformen** formuliert worden. Darüber hinaus werden für bestimmte Arten von Anlageformen sowie Anlagen bei einem einzelnen Wirtschaftssubjekt **Höchstgrenzen** vorgegeben.

Für **Wertpapierfonds** ergeben sich daraus – grob skizziert – folgende Restriktionen:

– Gemäß § 8 Abs. 1 KAGG dürfen unbegrenzt nur börsengängige Wertpapiere und daraus abgeleitete Ansprüche wie Bezugsrechte etc. erworben werden.

– In begrenztem Umfang (49%, 10% oder 5%) darf das Sondervermögen zudem gem. § 8 Abs. 3 und 2 und § 8 b Abs. 1 KAGG in bestimmten Geldmarktpapieren und Bankguthaben bzw. nicht börsengängigen Wertpapieren und bestimmten Schuldscheindarlehen bzw. Anteilen an offenen Wertpapierfonds anderer Investmentgesellschaften angelegt werden.

– Dabei sind die Anlagen bei einem einzelnen Aussteller gem. §§ 8 a Abs. 1 und 2 KAGG grundsätzlich auf 5% – bei expliziter Erwähnung in den Vertragsbedingungen oder Beschränkung auf Schuldverschreibungen auf 10% – des Sondervermögens beschränkt.

– Zudem dürfen die in dem Sondervermögen befindlichen Aktien eines Unternehmens gem. § 8 Abs. 3 KAGG 10% der stimmberechtigten Aktien dieses Unternehmens nicht übersteigen.

– Schließlich dürfen sich Kapitalanlagegesellschaften mit ihrem Sondervermögen gem. §§ 8 d, 8 e, 8 f KAGG innerhalb gewisser Restriktionen auch in Devisentermingeschäften sowie börsenmäßig organisierten Wertpapiertermingeschäften (Optionen und Futures; vgl. Kap. 5) engagieren.

Außerdem ist es für deutsche Investmentgesellschaften generell *nicht* zulässig, Verbindlichkeiten zu Lasten des Sondervermögens einzugehen (§ 10 Abs. 2 KAGG). Bei entsprechender Ausgestaltung der Vertragsbedingungen ist gem. § 9 Abs. 4 KAGG allerdings die Aufnahme kurzfristiger Kredite bis zu einer Höhe von 10% des Sondervermögens zulässig, sofern die Depotbank dem zustimmt. Typische Leverage-Funds (s.o.) können dementsprechend von deutschen Investmentgesellschaften nicht aufgelegt werden.

Beteiligungsfonds dürfen gem. § 25 b KAGG nur Wertpapiere und stille Beteiligungen an nicht börsennotierten deutschen Unternehmen erwerben. Dabei dürfen gem. § 25 b Abs. 2 bis 4 KAGG

– die stillen Beteiligungen an *einem einzelnen* Unternehmen 5% des Fondsvermögens

– die stillen Beteiligungen *insgesamt* 30% des Fondsvermögens und

– die Schuldverschreibungen *insgesamt* ebenfalls 30% des Fondsvermögens

nicht überschreiten. Außerdem müssen sich gem. § 25 e KAGG nach einer Anlaufphase von acht Jahren im Fondsvermögen

– insgesamt mindestens 10 verschiedene stille Beteiligungen befinden,

– die zusammen mindestens 10% des Fondsvermögens ausmachen.

Immobilienfonds schließlich dürfen ihr Vermögen nur in Grundstücken der durch § 27 Abs. 1 und 2 KAGG bestimmten Art sowie gem. § 35 KAGG in Bankguthaben, die innerhalb eines Jahres kündbar sind, sowie speziellen Wertpapieren anlegen. Dabei dürfen im einzelnen

– Grundstücke im Zustand der Bebauung,

– unbebaute Grundstücke und

– Grundstücke außerhalb von EG-Staaten

nur jeweils 20% vom Wert des Fondsvermögens ausmachen. Grundstücke und vergleichbare Rechte auf Grundstücke in anderen EG-Staaten dürfen nur 10% vom Wert des Fondsvermögens ausmachen.

Gem. § 28 KAGG ist zudem vorgesehen, daß das Sondervermögen mindestens zehn Grundstücke umfassen muß und der Wert des einzelnen Grundstückes im Erwerbszeitpunkt höchstens 15% des Fondsvermögens ausmachen darf. Schließlich bestimmt § 35 KAGG, daß mindestens 5% des Sondervermögens in Bankguthaben oder in lombardfähigen Wertpapieren anzulegen sind, und weitere 5% des Sondervermögens in börsennotierten Wertpapieren gehalten werden dürfen.

Zweck der skizzierten Vorschriften ist es in allen Fällen

–   zum einen, die Anleger vor Risiken aus Anlageformen zu schützen, die nicht für die jeweilige Fondsart typisch sind, und

–   zum anderen, ein Mindestmaß an Risikostreuung zu gewährleisten.

(3)   Informationsvorschriften

Das KAGG enthält weiterhin etliche Vorschriften, die dazu dienen, den aktuellen und potentiellen Inhabern von Investmentzertifikaten die zurückliegende Entwicklung des Fondsvermögens und die Grundsätze der weiteren Anlagepolitik möglichst transparent zu machen.

–   So muß für jeden Fonds jährlich ein **Rechenschaftsbericht** gem. § 24 a Abs. 1 und 4 KAGG erstellt und veröffentlicht sowie von einem Wirtschaftsprüfer geprüft werden. Der Rechenschaftsbericht muß u.a. eine Vermögensaufstellung und eine Ertrags- und Aufwandsrechnung enthalten, aus der insbesondere auch die Aufwendungen für die Depotbank und die Verwaltung des Sondervermögens durch die Investmentgesellschaft erkennbar sind.

–   Weiterhin müssen die Investmentgesellschaften gem. § 24 a Abs. 2 für die Mitte des Geschäftsjahres **Halbjahresberichte** erstatten und veröffentlichen, die dem jährlichen Rechenschaftsbericht ähnliche Angaben enthalten.

Außerdem hat die Investmentgesellschaft jedem Interessenten gem. § 19 KAGG einen **Verkaufsprospekt** zur Verfügung zu stellen, der unter anderem Angaben darüber zu enthalten hat,

–   welche Anlage- und Ausschüttungspolitik für den Fonds betrieben wird,

–   unter welchen Bedingungen Anteilsscheine ausgegeben und zurückgenommen werden,

–   welche Vergütungen für die Investmentgesellschaft und die Depotbank vorgesehen sind, sowie

–   unter welchen Voraussetzungen und in welcher Weise das Sondervermögen aufgelöst werden kann.

(4) Ausgabe- und Rücknahmeregelungen

Schließlich enthält das KAGG in § 21 Vorschriften über die Modalitäten für die Ausgabe und Rückgabe der Anteilsscheine. Basis der entsprechenden Regelungen und der darauf aufbauenden praktischen Handhabung ist der sog. Inventarwert des gesamten Fonds und daraus abgeleitet eines einzelnen Anteilsscheins. Der Inventarwert insgesamt ergibt sich als Überschuß des Wertes aller dem Fonds angehörender Vermögensgegenstände über die zu Lasten des Fonds aufgenommenen Kredite; der Inventarwert der einzelnen Anteile ergibt sich daraus mittels Division durch die Zahl der insgesamt ausgegebenen Anteilsscheine. Im Hinblick auf die Wertermittlung sind im einzelnen folgende Vorgaben zu beachten:

–   Der Wert von Wertpapieren ist gem. § 21 Abs. 2 KAGG börsentäglich auf der Basis der aktuellen Börsenkurse festzustellen.

–   **Stille Beteiligungen** sind nach dem sog. Ertragswertverfahren unter Berücksichtigung der Risiken der Anlage laufend zu bewerten (§ 25 d Abs. 1 KAGG). Gem. § 25 d Abs. 3 KAGG ist die Bundesregierung ermächtigt, die näheren Modalitäten des Bewertungsverfahrens durch eine Rechtsverordnung zu präzisieren. Eine solche Verordnung hat die Bundesregierung am 17.12.1988 erlassen.

–   Die Bewertung von **Grundstücken** erfolgt durch einen Sachverständigenausschuß; die daraus abgeleiteten Wertfeststellungen für die einzelnen Anteile sind mindestens einmal jährlich vorzunehmen (§§ 32 und 34 KAGG).

Die Ausgabe neuer Anteilsscheine hat gem. § 21 KAGG auf der Basis des (anteiligen) Inventarwertes zu erfolgen, wobei der konkrete **Ausgabepreis** um eine bestimmte, zur Abdeckung der Verwaltungs- und Vertriebs- und Verwahrkosten bestimmten Marge oberhalb dieses Ausgangswertes liegt. Üblicherweise liegt dieser Aufschlag in der Größenordnung von 3% bis 5% des anteiligen Inventarwertes. Mit einer Zahlung von 100 Euro erwirbt ein Anleger also letztlich nur Fondsanteile im Wert von 95 bis 97 Euro; mithin erzielt er eine positive Anlagerendite erst nach einer Wertsteigerung um ca. 5% bzw. 3%. In der praktischen Ausgabepolitik vieler Investmentgesellschaften ist es üblich geworden, für die **Wiederanlage** seitens der Fonds ausgeschütteter Beträge Sonderkonditionen in Form niedrigerer Ausgabeaufschläge vorzusehen.

Grundsätzlich sind die Investmentgesellschaften verpflichtet, einmal ausgegebene Anteilsscheine auch wieder zu Lasten des Fondsvermögens **zurückzunehmen** (§ 11 Abs. 2 KAGG), wobei dafür grundsätzlich der anteilige Inventarwert maßgeblich ist (§ 21 Abs. 5 KAGG). In Einzelfällen wird dabei – den jeweiligen Vertragsbedingungen gem. § 19 Abs. 2 Nr. 5 KAGG entsprechend – ein zusätzlicher Abschlag in der Größenordnung von 1% vorgenommen, der zur Abdeckung der Transaktionskosten dienen soll. Bei Immobilienfonds hat die Investmentgesellschaft allerdings gem. § 36 KAGG das Recht, die zu Lasten des Fondsvermögens erfolgende Auszahlung bis zu einem Jahr hinauszuzögern.

Bei der Beurteilung der Qualität von Investmentgesellschaften haben in diesem Zusammenhang zwei miteinander konkurrierende Methoden Anwendung gefunden:

–   Zum einen kann analysiert werden, welche Rendite auf das Fondsvermögen insgesamt durch Kursveränderungen sowie Zins- und Dividendenzahlungen erzielt wurde.

–   Zum anderen kann gefragt werden, welche Rendite ein Anleger erzielen konnte, der etwa zu Beginn eines Jahres einen Anteilsschein erworben hat und diesen zum Jahresende wieder veräußert.

Für die Qualität der „**Performance**" des mit der Verwaltung eines Fonds betrauten Managements mag eine Kennzahl der zuerst genannten Kategorie bedeutsam sein. Aus der Sicht des Anlegers hingegen sind letztlich nur Renditeaspekte der zuletzt genannten Art relevant. Denn, was nützen ihm noch so hohe „Performance-Ergebnisse", wenn die daraus resultierenden Erträge weitgehend durch Transaktionskosten in Form von Ausgabe- und Rücknahmegebühren aufgezehrt werden?

Aufgabe 4.20:

Für die drei Fonds Schlaraffia, Borussia und Nirosta liegen folgende Daten vor:

	S	B	N
Fondsvermögen 01.01.1990 (Mio. Euro)	250	300	200
Ausschüttung per 31.12.1990 (Mio. Euro)	30	13,125	25,2
Fondsvermögen 31.12.1990 (nach Ausschüttung; Mio. Euro)	325	278,25	247,2
Zertifikate am 01.01.1990	2 Mio.	4 Mio.	2,5 Mio.
Neuausgabe 1990	0,7 Mio.	1 Mio.	0,7 Mio.
Rücknahme 1990	0,2 Mio.	1,5 Mio.	0,2 Mio.
Aufschlag bei Ausgabe	5%	3%	4%
Abschlag bei Rücknahme	1%	–	–

a) Berechnen Sie für alle drei Fonds

   (1) den Inventarwert eines Anteils zum 1.1.1990 und zum 31.12.1990

   (2) die Ausschüttung pro Anteil

   (3) den Ausgabepreis eines Anteils per 1.1.1990 und den Rücknahmepreis per 31.12.1990

b) Ermitteln Sie für alle drei Fonds

   (1) den – am Inventarwert gemessenen – prozentualen Wertzuwachs eines Anteils (nach Ausschüttung)

   (2) als Performance-Ergebnis pro Anteil, d.h. den prozentualen „Ertrag" (Wertzuwachs und Ausschüttung) pro Anteil

   (3) die Rendite, die ein Anleger erzielt, der am 1.1.1990 einen Anteilsschein erwirbt und ihn am 31.12.1990 wieder verkauft

c) Kommentieren Sie kurz die zu b) gewonnenen Ergebnisse!

Wie die Lösung von Aufgabe 4.20 zeigt, liegt die für den Anlieger maßgebliche Rendite deutlich unter der Performance-Rendite. Dieser Effekt wird allerdings geringer, wenn man eine längere Anlagedauer betrachtet. Die im Ausgabe- und Rücknahmepreis enthaltenen einmaligen Transaktionskosten verteilen sich dann über einen längeren Zeitraum. Beim Vergleich mit anderen Formen der Vermögensanlage in Wertpapieren ist zudem zu beachten, daß dort ebenfalls – allerdings in aller Regel niedrigere – Transaktionskosten in Form von Courtage und Provision anfallen. Die beiden letztgenannten Aspekte rechtfertigen jedoch keineswegs die im Investmentgeschäft gelegentlich anzutreffende Praxis, bei der Beurteilung eines Engagements in Investmentzertifikaten die bei der Festlegung von Ausgabe- und Rücknahmepreise vorgenommenen Zu- bzw. Abschläge einfach zu vernachlässigen.

4.4.3   Vermögensanlage in geschlossenen Immobilienfonds und ausländischen Investmentzertifikaten

Geschlossene Immobilienfonds sind in Deutschland typischerweise dadurch gekennzeichnet, daß

–   das Fondsvermögen nur wenige Großobjekte, oftmals auch nur ein einziges, umfaßt, z.b. Appartmenthäuser, Einkaufszentren etc.

–   eine laufende Umstrukturierung des Fondsvermögens *nicht* vorgesehen ist und

–   die Finanzierung außer durch die Aufnahme von Fremdkapital durch die Ausgabe einer fest vorgegebenen Anzahl von Anteilen erfolgt, die nicht zu Lasten des Fondsvermögens zurückgegeben, sondern nur an einen anderen Anleger verkauft werden können.

Wie bereits erwähnt, unterliegen die Gesellschaften, die derartige „Fonds" auflegen und dem Publikum anbieten, *nicht* dem KAGG; es entfallen mithin auch die im Abschnitt 4.4.2 aufgeführten Beschränkungen, was für den Anleger im Einzelfall von Vorteil sein kann, ihn andererseits aber auch höheren Risiken aussetzt.

In rechtlicher Sicht werden die verschiedenen Anleger

–   entweder Mitglied einer Bruchteilgemeinschaft gem. §§ 741 BGB, für die im Außenverhältnis ein Treuhänder agiert,

–   oder Mitglied einer Gesellschaft des bürgerlichen Rechts gem. §§ 705 ff. BGB, für die im Außenverhältnis üblicherweise ebenfalls ein Treuhänder agiert,

–   oder Kommanditist einer Kommanditgesellschaft gem. §§ 161 ff. HGB.

Da die Vermögensanlage in geschlossenen Immobilienfonds in aller Regel ganz dominant von *steuerlichen Überlegungen* bestimmt wird, wollen wir hier auf eine nähere Darstellung verschiedener Ausgestaltungsformen verzichten und auf die einschlägigen Ausführungen im Kursprogramm zum Fach „Steuern" verweisen.

Da das KAGG nur innerhalb Deutschlands gilt, unterliegen **ausländische Investmentgesellschaften** ebenfalls nicht den entsprechenden Vorschriften. Nichtsdestoweniger ist es ihnen jedoch grundsätzlich erlaubt, ihre Zertifikate auch in Deutschland anzubieten und dafür zu werben. Für den Anleger können daraus ganz erhebliche Risiken resultieren. Insbesondere besteht die Gefahr, daß das Fondsvermögen weniger im Interesse der Anleger, sondern im Interesse der Investmentgesellschaft oder ihrer Initiatoren verwaltet wird. Das Spektrum von Maßnahmen, durch die die Anleger geschädigt werden können, reicht

– von der Abführung unangemessen hoher Gebühren für die Serviceleistungen der Investmentgesellschaft

– über den An- und Verkauf von Fondsvermögen zu nicht marktgerechten Preisen zu Gunsten der den Initiatoren nahestehenden Verkäufer oder Käufer

– bis hin zur Veruntreuung von Teilen des Fondsvermögens.

Daß diese Risiken nicht nur theoretischer Natur sind, sondern zu ganz realen Gefahren für die Anleger führen können, hat sich insbesondere in der zweiten Hälfte der 60-er Jahre gezeigt, als mehrere ausländische Investmentgesellschaften mit zum Teil sehr aggressiven Vertriebsmethoden in großem Umfang an tausende von Anlegern Investmentzertifikate absetzen konnten, die sich im Endeffekt als fast wertlos erwiesen. Als Reaktion auf diese Mißstände wurde 1969 das sog. Auslands-Investment-Gesetz (AuslinvestG) erlassen, das den aktiven Vertrieb ausländischer Investmentzertifikate und die Werbung dafür an die Einhaltung bestimmter Vorschriften bindet, die wiederum einen gewissen Einlegerschutz gewährleisten sollen.

Demnach müssen gem. § 2 AuslinvestG zunächst die **Vertragsbedingungen** bestimmten Mindestanforderungen genügen. So muß insbesondere klargestellt werden, daß

– dem Anleger unverzüglich nach Zahlung des Ausgabepreises auch wirklich Anteile übertragen werden, und er später auch deren Rücknahme verlangen kann,

– für das Fondsvermögen keine Anteile an Dachfonds erworben oder Leerverkäufe getätigt werden dürfen,

– die Aufnahme von Krediten zu Lasten des Fondsvermögens nur in dem gesetzlich vorgegebenen Rahmen vorgenommen wird und

– im Zuge von mehrjährigen Anlageplänen eine Vorwegbelastung der Transaktionskosten im ersten Jahr maximal ein Drittel der Einzahlungen ausmachen darf und der Rest gleichmäßig auf die nachfolgenden Einzahlungen zu verteilen ist.

Weiterhin muß die ausländische Investmentgesellschaft

– einen inländischen **Repräsentanten** benennen,

– sicherstellen, daß das Fondsvermögen von einer inländischen oder ausländischen Bank verwahrt und überwacht wird, die die Anleger in ähnlicher Weise sichert wie die gem. KAGG vorgesehene Depotbank, und

- mindestens ein inländisches Kreditinstitut als **Zahlstelle** benennen, über die von den Anlegern zu leistende oder für sie bestimmte Zahlungen geleistet werden können.

Sie ist zudem verpflichtet,

- die Absicht, Investmentanteile in Deutschland zu vertreiben, unter Beifügung verschiedener Unterlagen anzuzeigen (§ 7)

- Vertragsbedingungen, Verkaufsprospekte und Rechenschaftsberichte in deutscher Sprache zu veröffentlichen (§§ 3 bis 5) und

- die Ausgabe- und Rücknahmepreise täglich in einer überregionalen Zeitung zu veröffentlichen (§ 4).

Erfüllt eine ausländische Investmentgesellschaft die genannten und die übrigen gesetzlichen Vorschriften nicht, so ist der Vertrieb von Investmentanteilen in Deutschland durch das Bundesaufsichtsamt für das Kreditwesen zu untersagen. Unrichtige oder unvollständige Angaben in dem Verkaufsprospekt von wesentlicher Bedeutung berechtigen den Anleger zum **Rücktritt** vom Vertrag; er kann die geleisteten Zahlungen zurück verlangen (§ 12). Außerdem kann ein Käufer seine Willenserklärung binnen zwei Wochen **widerrufen**, wenn er den Vertrag außerhalb der Geschäftsräume der Gesellschaft oder ihres Repräsentanten abgeschlossen hat.

5 Börsenmäßige Wertpapiertermingeschäfte

5.1 Grundbegriffe

5.1.1 Arten von Termingeschäften

Ein **Termingeschäft** ist ganz allgemein dadurch gekennzeichnet, daß zwischen

– dem Vertragsabschluß, d.h. der Vereinbarung von Leistung und Gegenleistung, und

– der Erfüllung des Vertrags, d.h. der Erbringung der vereinbarten Leistungen,

vereinbarungsgemäß eine größere Zeitspanne liegt, als zur rein technischen Abwicklung des Geschäftes nötig ist. Im einzelnen lassen sich Geschäfte dieser Art nach verschiedenen Kriterien weiter konkretisieren und systematisieren.

Nach dem *Gegenstand* des Geschäftes kann insbesondere zwischen Waren-, Devisen-, Edelmetall- und **Wertpapiertermingeschäften** unterschieden werden. Im folgenden interessieren uns nur noch Geschäfte der letztgenannten Kategorie.

Weiter kann nach dem *Verpflichtungsgrad* des Geschäftes zwischen folgenden Geschäftstypen unterschieden werden:

– Bei **Fixgeschäften** gehen beide Parteien die *unbedingte* Verpflichtung ein, zum festgelegten Termin das vereinbarte Wertpapier (den sog. Basiswert) zu liefern bzw. abzunehmen und den zuvor fixierten Kaufpreis entgegenzunehmen bzw. zu zahlen.

– Bei **Optionsgeschäften** erwirbt eine Partei (der Käufer der Option) gegen die Zahlung einer Prämie (des sog. Optionspreises) das Wahlrecht (*bedingte* Verpflichtung), entweder innerhalb einer bestimmten Frist oder zu einem bestimmten Zeitpunkt die vereinbarten Wertpapiere zu dem zuvor festgelegten Preis (dem sog. Basispreis) abzunehmen (Kaufoption) bzw. zu liefern (Verkaufsoption) oder das Anrecht verfallen zu lassen, während sein Vertragspartner (der auch als Stillhalter bezeichnete Optionsverkäufer) ohne eigene Gestaltungsbefugnis an die Entscheidung des Optionskäufers gebunden ist.

Dabei kann das Basisgeschäft selbst ein Kassa- oder ein Termingeschäft sein. Es sind also auch Optionen auf Optionen denkbar.

Je nachdem, ob das Optionsrecht nur zu einem bestimmten Zeitpunkt oder jederzeit innerhalb einer bestimmten Frist ausgeübt werden kann, unterscheidet man weiter zwischen **europäischen** und **amerikanischen** Optionen. Sowohl im deutschen als auch im internationalen Optionshandel dominieren inzwischen allerdings ganz eindeutig die amerikanischen Optionen, so daß wir uns im folgenden auf diesen Typ beschränken werden. In Anlehnung an den angelsächsischen Sprachgebrauch werden derartige Kaufoptionen (Verkaufsoptionen) auch im deutschsprachigen Raum zunehmend als Call bzw. Put bezeichnet, wobei der Zusatz „long" die Position des Käufers, der Zusatz „short" die des Stillhalters kennzeichnet.

Aufgabe 5.01:

Beschreiben Sie kurz, aber möglichst präzise, die Rechte und Pflichten eines Anlegers, der sich in der Position eines

a) Long Call

b) Long Put

c) Short Call

d) Short Put

befindet!

Wie der Börsenkurs von Wertpapieren im Kassahandel bildet sich auch der Optionspreis durch Angebot und Nachfrage und ist insoweit ein Indikator für die Einschätzung der zukünftigen Kursentwicklungen des jeweiligen Basiswertes. Dabei wird der **Optionspreis** tendenziell – wenn auch nicht zwingend – umso höher sein,

– je länger die Laufzeit der Option ist,

– je größer die „Volatilität", d.h. das auf Grund von Vergangenheitsbeobachtungen für möglich erachtete Ausmaß von Kursschwankungen des Basiswertes ist,

– je niedriger bei einer Kaufoption bzw. je höher bei einer Verkaufsoption der vereinbarte Basispreis ist, und

– je höher der Zinssatz für eine sichere Alternativanlage ist.

Dies gilt nicht nur für den beim erstmaligen Abschluß eines Optionsgeschäftes zustande kommenden Optionspreis, sondern in gleicher Weise auch für die Preisbildung von Optionen in einem möglicherweise bestehenden Sekundärmarkt.

Je nach der Größenrelation zwischen Basispreis und aktuellem Kassakurs unterscheidet man dabei häufig die folgenden drei Konstellationen:

– Eine Kaufoption/Verkaufsoption ist **in the money**, wenn der Kassakurs (deutlich) über/unter dem Basispreis liegt,

– sie ist **out of the money**, wenn der Kassakurs (deutlich) unter/über dem Basispreis liegt, und

– **at the money**, wenn der Kassakurs (in etwa) mit dem Basispreis übereinstimmt.

Nach dem *Organisationsgrad* der Wertpapiertermingeschäfte kann zwischen börsenmäßig organisierten und sonstigen Termingeschäften unterschieden werden. Börsenmäßige Termingeschäfte sind im allgemeinen dadurch gekennzeichnet, daß

– die Art der abschließbaren Geschäfte in verschiedener Hinsicht (z.B. bezüglich der Termine, der Basispreise etc.) *standardisiert* ist und – dadurch ermöglicht –

– ein *Sekundärmarkt* zumindest für bestimmte Arten von Primärgeschäften besteht, so daß etwa eine erworbene Kaufoption vor Fälligkeit an einen anderen Interessenten weiterverkauft werden kann.

Im Bereich von Fixgeschäften in Wertpapieren werden derartige börsenmäßig organisierten und standardisierten Geschäfte inzwischen ganz allgemein als **Futures** bezeichnet – im Gegensatz zu den nicht börsenmäßig standardisierten **Forwards**.

Nach der *Art der Erfüllung* ist weiterhin zu unterscheiden zwischen solchen Termingeschäften,

– bei denen im Erfüllungszeitpunkt die effektive Lieferung der vorgesehenen Wertpapiere und die Zahlung des entsprechenden Basispreises erfolgt (physical settlement), und solchen,

– bei denen im Erfüllungszeitpunkt lediglich eine Differenzzahlung in Höhe des Unterschiedes zwischen dem vereinbarten Basispreis und dem Marktwert der entsprechenden Wertpapiere erfolgt (cash settlement).

Die letztgenannte Variante ermöglicht es auch, Termingeschäfte über synthetische Wertpapiere abzuschließen, deren effektive Lieferung überhaupt nicht möglich ist, für die auf Grund anderer Marktdaten jedoch ein Kurs bestimmt werden kann. Besondere Prominenz haben in diesem Zusammenhang Aktien-Indices und fiktive Anleihen gewonnen.

Auf die faktisch sehr bedeutsame Möglichkeit, börsenmäßige Wertpapiertermingeschäfte vor Fälligkeit durch den Abschluß entsprechender Gegengeschäfte „glattzustellen", so daß es insoweit weder zu einer effektiven Erfüllung noch zu

einem Differenzausgleich kommt, werden wir im Abschnitt 5.3 noch näher eingehen.

Das in Abb. 5.01 wiedergegebene Schema verdeutlicht abschließend noch einmal
die wichtigsten der uns im folgenden interessierenden Ausgestaltungsformen von
Termingeschäften.

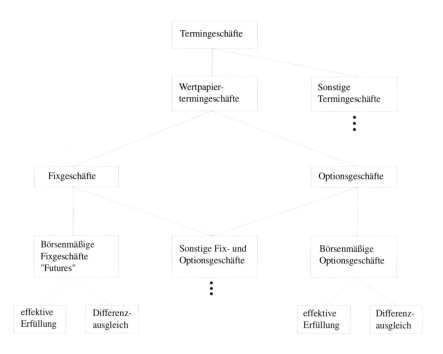

Abb. 5.01:   Arten von Termingeschäften

Im folgenden wollen wir zunächst einen einführenden Überblick über die aus den
verschiedenen Arten von Termingeschäften resultierenden Risiken und Chancen
vermitteln (Abschnitt 5.1.2) und anschließend die daraus resultierenden anlagestrategischen Einsatzmöglichkeiten verdeutlichen (Abschnitt 5.1.3). Ein Teil dieser Überlegungen gilt im übrigen nicht nur für börsenmäßige Optionsgeschäfte,
sondern kann analog auch auf das Engagement in Optionsscheinen übertragen
werden. Anschließend werden wir im Abschnitt 5.2 auf die grundlegenden institutionellen Rahmendaten des Terminhandels an den deutschen Wertpapierbörsen
eingehen.

5.1.2 Elementare Risiko-Chance-Positionen

5.1.2.1 Problemstellung

Erfolg oder Mißerfolg einmal abgeschlossener Termingeschäfte hängen in erster Linie von der Kursentwicklung des Basiswertes ab. Um diese Zusammenhänge und die damit verknüpften anlagestrategischen Möglichkeiten von Termingeschäften in ihren elementaren Grundlagen zu verdeutlichen, gehen wir von folgenden vereinfachenden Annahmen aus:

– Der Anleger trifft im Zeitpunkt t = 0 eine einmalige Anlageentscheidung und nimmt bis zum Ende der maßgeblichen Kontraktlaufzeit (t = 1) keine weiteren Transaktionen vor.

– Der zum Erwerb einer Option notwendige Preis (P) wird sofort bei Abschluß des Optionsgeschäftes (t = 0) gezahlt. Es bestehen keinerlei Verpflichtungen zur Hinterlegung von Sicherheiten oder ähnliche Auflagen.

– Optionen werden – wenn überhaupt – erst unmittelbar vor Ende der Laufzeit ausgeübt. Die zu ihrer etwaigen Erfüllung benötigten Wertpapiere werden zu dem dann herrschenden Börsenkurs (C) beschafft.

– Zu diesem Kurs werden andererseits auch alle Wertpapiere, die sich am Ende des Betrachtungszeitraums möglicherweise im Bestand des Anlegers befinden, verkauft. Transaktionskosten fallen nicht an.

Schließlich nehmen wir an, der betrachtete Anleger könne im Zeitintervall von t = 0 bis t = 1 freie Mittel zu einem vorgegebenen Zins sicher anlegen. Als Gewinn oder Verlust aus einem der im folgenden betrachteten Geschäfte wollen wir die Differenz definieren, die sich zwischen

– den in t = 0 erfolgenden, auf t = 1 aufgezinsten, sowie den unmittelbar in t = 1 erfolgenden **Einzahlungen** einerseits und

– den in t = 0 erfolgenden, auf t = 1 aufgezinsten, sowie den unmittelbar in t = 1 erfolgenden **Auszahlungen** andererseits

ergibt. Dabei werden wir auf den Zeitpunkt t = 1 aufgezinste Werte im Zeitpunkt t = 0 fälliger Zahlungen im folgenden jeweils durch einen „*" kennzeichnen.

Im einzelnen werden wir im folgenden zunächst die aus **Einzelgeschäften** resultierenden Gewinn- und Verlustmöglichkeiten verdeutlichen und anschließend die **Kombination verschiedener Geschäfte** betrachten.

5.1.2.2 Einzelgeschäfte

(1) Fixgeschäfte und Kassageschäfte

Bezeichnet C den Kurs des Basiswertes zum vereinbarten Termin und C_B
den vereinbarten Basispreis, so verdeutlichen Abb. 5.02 und 5.03 den Gewinn (G) oder Verlust (V), den Käufer bzw. Verkäufer im Vergleich zu der
Situation ohne Abschluß des Fixgeschäftes erzielen.[1] Abb. 5.02 verdeutlicht im Grundsatz zugleich auch die Position eines Anlegers, der das betrachtete Papier per Kassageschäft im Zeitpunkt t = 0 zum Kurs C_0 erwirbt
und am Ende wieder verkauft. In diesem Fall wäre C_B allerdings durch C_0^*
zu ersetzen, also durch den vom Zeitpunkt des Kaufes (t = 0) auf den Ver-
kaufszeitpunkt (t = 1) aufgezinsten Wert des ursprünglichen Kaufkurses C_0.

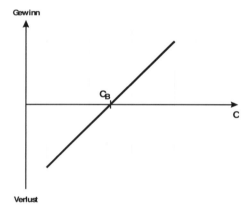

Abb. 5.02:   Käufer im Fixgeschäft

---

1 Die im folgenden dargestellten Linienzüge geben jeweils nur an, wie hoch in dem oben definierten Sinn der Gewinn oder Verlust aus dem betrachteten Geschäft ausfallen würde, wenn
   der Aktienkurs im Erfüllungszeitpunkt einen bestimmten Wert C annehmen würde. Darüber,
   mit welchen Wahrscheinlichkeiten alternativ mögliche C-Werte eintreten können, sagen die
   Kurven hingegen nichts aus.

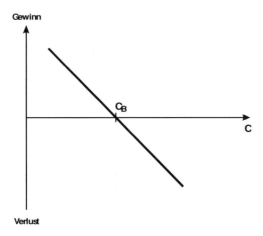

Abb. 5.03:   Verkäufer im Fixgeschäft

Gilt $C > C_B$, so zahlt der Käufer mit C_B weniger als den in $t = 1$ aktuellen Kurswert der Wertpapiere, erzielt also einen Gewinn, während der Verkäufer die Papiere – sei es aus eigenem Bestand, sei es aus einem Deckungsgeschäft – zu einem niedrigeren Kurs als dem Marktwert liefern muß, also einen Verlust erleidet.

Gilt hingegen $C < C_B$, so zahlt der Käufer mit C_B mehr als den Marktwert, erleidet insoweit also einen Verlust, während sich für den Verkäufer die entgegengesetzte Wirkung ergibt.

(2)   Kaufoption

Es scheint vernünftig zu unterstellen, daß der Optionskäufer die Option nur dann ausübt, wenn der Kurs des Basiswertes am Verfalltag (C) größer als der vereinbarte Basispreis (C_B) ist. Bezeichnet P zudem den Optionspreis, den der Käufer unmittelbar bei Geschäftsabschluß, also im Zeitpunkt $t = 0$, an den Stillhalter zu zahlen hat, so verdeutlichen Abb. 5.04 und 5.05 Gewinn und Verlust, den Käufer bzw. Stillhalter bei alternativen C-Werten im Vergleich zur Situation ohne Abschluß des Optionsgeschäftes erzielen.[1]

---

1 In den nachfolgenden Graphiken werden Kauf- und Verkaufsoptionen jeweils durch das Kürzel KO bzw. VO verdeutlicht, die Käuferposition zudem durch ein „+", die Stillhalterposition durch ein „–"

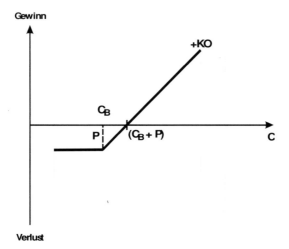

Abb. 5.04:   Käufer einer Kaufoption (Long Call)

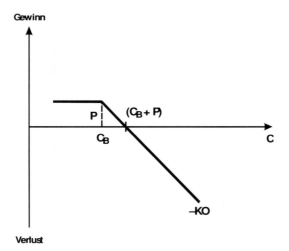

Abb. 5.05:   Stillhalter einer Kaufoption (Short Call)

Gilt $C < C_B$, wird die Option nicht ausgeübt. Der Käufer verliert den (aufgezinsten) Optionspreis P; der Stillhalter erzielt einen entsprechenden Gewinn.

Gilt hingegen $C > C_B$, so wird die Option ausgeübt. Solange der Kurswert C jedoch um weniger als P über dem Basispreis C_B liegt, erleidet der Käufer trotzdem noch einen Verlust, der allerdings geringer ist als der Verlust bei Verfall der Option. Übersteigt C hingegen C_B + P, so erzielt der Optionskäufer einen Gewinn. Die Situation des Stillhalters ist der des Käufers wiederum gerade entgegengesetzt.

(3) Verkaufsoption

Nun wird unterstellt, daß die Option nur ausgeübt wird, wenn der Kurs des Basiswertes am Verfalltag (C) niedriger ist als der vereinbarte Basispreis (C_B).

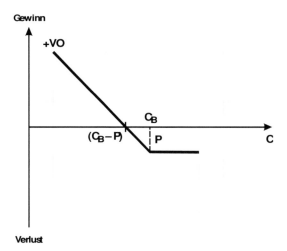

Abb. 5.06:   Käufer einer Verkaufsoption (Long Put)

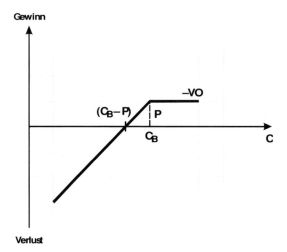

Abb. 5.07:   Stillhalter einer Verkaufsoption (Short Put)

Der Verlauf der Gewinn- und Verlust-Linien ergibt sich aus ganz ähnlichen Überlegungen wie zu (2).

Aufgabe 5.02:

Ein Anleger erwägt den Erwerb von 100 Kaufoptionen auf die PHOENIX AG zu folgenden Konditionen (pro Option):

- Basispreis C_B = 160

- Optionspreis   P = 20

- Laufzeit   6 Monate

Der Anlagezins beträgt 10% p.a.

a) Verdeutlichen Sie möglichst exakt die aus dem möglichen Abschluß des betrachteten Optionsgeschäftes resultierenden Gewinnchancen und Verlustrisiken in einem Diagramm nach Art der Abbildungen 5.04 bis 5.07!

b) Nehmen Sie weiter an, auf die PHOENIX AG würden auch (ebenfalls auf 6 Monate laufende) Kaufoptionen mit einem Basispreis von 140 gehandelt. Welche Aussagen lassen sich über den Preis dieser Option machen, wenn unterstellt werden kann, daß der Optionsmarkt hinlänglich gut funktioniert? Gehen Sie zur Begründung Ihrer Antwort gedanklich von der Situation aus, die sich ergeben würde, wenn auch diese Option einen Preis von 20 aufweisen würde! Verdeutlichen Sie diese – fiktive – Situation ebenfalls in dem zu a) erstellten Diagramm und kommentieren Sie den Befund!

5.1.2.3 Kombinierte Geschäfte

Termin- und Kassageschäfte der durch (1) bis (3) verdeutlichten Art brauchen natürlich nicht nur „pur" abgeschlossen zu werden, sondern können auf die unterschiedlichste Weise miteinander kombiniert werden. Dem Erfindungsreichtum sind dabei praktisch keine Grenzen gesetzt. Wir wollen uns daher auf die Darstellung einiger besonders markanter Kombinationsformen beschränken und dabei zusätzlich unterstellen, daß allen Termingeschäften jeweils derselbe Basispreis C_B und die gleiche Laufzeit zugrunde liegt und auch der Preis (P) bei allen Optionsgeschäften dieselbe Höhe hat. Weiterhin wird unterstellt, daß der mit dem maßgeblichen Zinsfuß aufgezinste Kassakurs C_0 zu Beginn der Anlageperiode gerade mit C_B übereinstimmt, also $C_0^* = C_B$ gilt. Die Gewinn- und Verlustlinien der ausgewählten Kombinationsformen ergeben sich dann rein formal jeweils aus der Vertikalaggregation der entsprechenden Linienzüge gem. (1) bis (3).

Im einzelnen können dabei zwei Grundtypen von Kombinationen unterschieden werden, nämlich

–   zum einen solche, in denen entweder Options- oder Fixgeschäfte oder im long- bzw. short-Typ jeweils entgegengesetzte Kauf- und Verkaufoptionen kombiniert werden[Unterpunkt 4], und

– zum anderen solche, in denen Kauf- und Verkaufoptionen jeweils vom gleichen Typ miteinander zu sog. Straddle-Positionen kombiniert werden [Unterpunkt 5].

(4) Kombinationen von Fix- und Optionsgeschäften

Als Einstieg betrachten wir die Position eines Anlegers, der einen Fixkauf zum Kurs C_B (oder einen Kassakauf zum Kurs C_0 mit $C_0^* = C_B$) mit dem Kauf einer Verkaufsoption zu eben diesem Basispreis kombiniert. Die Gewinn- und Verlustmöglichkeiten dieser beiden Positionen werden im linken Teil von Abb. 5.08 je einzeln in der schon gewohnten Weise verdeutlicht. Addiert man nun die sich jeweils individuell ergebenden Gewinne bzw. Verluste, so erhält man als **Resultante** den im rechten Teil von Abb. 5.08 wiedergegebenen Linienzug[1].

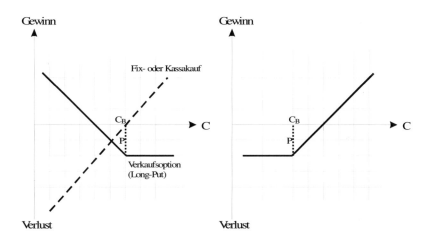

Abb. 5.08: Kombination von Fixkauf und Kauf einer Verkaufsoption

Als Ergebnis dieser Kombination wird per Saldo also genau die Position des Käufers einer Kaufoption gemäß Abb. 5.04 erreicht. Ein Long Call kann also gewissermaßen „synthetisch" aus der Zusammenfügung anderer Termingeschäfte hergestellt werden.

Dieser Effekt ist kein Zufall, er hat vielmehr System. Um dies zu erkennen, bezeichnen wir ein Fixgeschäft mit **F**, eine Kaufoption mit **KO** und eine Verkaufsoption mit **VO**. Weiterhin wollen wir den Kauf, also eine long-

---

1 Grafisch ergibt sich die Resultante durch Vertikalaggregation der beiden Linienzüge. D.h. für jeden C-Wert wird der jeweilige Gewinn oder Verlust einfach addiert.

Position, generell durch ein +, eine Stillhalter- oder short-Position hingegen durch ein – kennzeichnen. Der in Abb. 5.08 verdeutlichte Zusammenhang kann dann auch durch die Relation

$$+ \quad F + VO \quad = \quad + \quad KO$$

verdeutlicht werden.

Es liegt nun nahe, diese Relation – nach den Ihnen ansonsten aus der Mathematik geläufigen Regeln – in verschiedener Weise umzuformen und die Ergebnisse jeweils in der oben festgelegten Form zu interpretieren. So erhält man etwa als erste Umstellung:

$$+ \quad VO \quad = \quad + \quad KO \quad - \quad F.$$

Demnach müßte sich also die Position des Käufers einer Verkaufsoption (long put) synthetisch durch den Kauf einer Kaufoption und einen Terminverkauf nachbilden lassen.

Aufgabe 5.03:

Es gelte $C_B = 200$ und $P = 20$. Überprüfen Sie grafisch, ob die zuletzt angegebene Relation zutrifft!

Wie die Lösung zu Aufgabbe 5.03 vermuten läßt, ist es unter den eingangs getroffenen Prämissen in der Tat möglich, alle nur denkbaren Umstellungen der oben angegebenen Ausgangsformel in entsprechender Weise inhaltlich zu interpretieren. Wir erhalten so die folgenden sechs Relationen:

$$(5.1) \quad + \quad F \quad = \quad + \quad KO \quad - \quad VO$$

$$(5.2) \quad - \quad F \quad = \quad - \quad KO \quad + \quad VO$$

$$(5.3) \quad + \quad KO \quad = \quad + \quad VO \quad + \quad F$$

$$(5.4) \quad - \quad KO \quad = \quad - \quad VO \quad - \quad F$$

$$(5.5) \quad + \quad VO \quad = \quad + \quad KO \quad - \quad F$$

$$(5.6) \quad - \quad VO \quad = \quad - \quad KO \quad + \quad F$$

Bei Kaufoptionen, Verkaufsoptionen und Fixgeschäften läßt sich also jeweils ein Geschäftstyp aus den beiden anderen synthetisch herstellen. Dies gilt sowohl für long- als auch für short-Positionen.

Im Hinblick auf praktische Gegebenheiten kommt dabei insbesondere den Relationen (5.1) und (5.2) besondere Bedeutung zu. Während nämlich Optionen auf einzelne Aktien börsenmäßig gehandelt werden, beziehen sich börsenmäßig standardisierte Fixgeschäfte (Futures) in aller Regel nur auf aggregierte Größen wie Aktienindices etc. Durch geeignete Kombinationen von Optionsgeschäften kann die einem Fixkauf oder -verkauf entsprechende Risiko-Chancen-Position jedoch synthetisch nachgebildet werden.

Weiterhin ist zu beachten, daß der in den Relationen (5.1), (5.3) und (5.6) enthaltene Terminkauf – unter Beachtung der eingangs genannten Verzinsungsregel – auch durch einen Kassakauf zu Beginn der Betrachtungsperiode ersetzt werden kann. Die letzte Aussage gilt allerdings nur insoweit, wie der Anleger die beim Kassakauf sofort benötigten Mittel auch tatsächlich beschaffen kann.

In ihrer strengen Form gelten die durch (5.1) bis (5.6) dargestellten Äquivalenzrelationen nur unter den eingangs genannten Prämissen (gleiche Laufzeiten, gleiche Höhe von Options- und Basispreis etc.). Auch wenn diese exakten Übereinstimmungen in der Realität nicht gegeben sein sollten, behalten die Relationen (5.1) bis (5.6) dennoch „der Tendenz nach" ihre Gültigkeit. Werden also etwa Kauf- und Verkaufsoptionen zwar zum gleichen Basispreis, aber zu unterschiedlichen Optionspreisen angeboten, so kann daraus gemäß (5.1) oder (5.2) immer noch „in etwa" die Position eines Fixkaufs oder -verkaufs nachgebildet werden. Folgende Aufgabe bietet Ihnen die Möglichkeit, sich diesen Effekt selbst zu verdeutlichen.

Aufgabe 5.04:

Zum Basispreis von 200 notieren Kaufoptionen auf die BLUFF-AG zu 60. Verdeutlichen Sie grafisch, wie durch Kombination mit einer Verkaufsoption daraus entsprechend Relation (5.2) die Position eines Terminverkäufers zumindest annähernd nachgebildet werden kann, wenn für Verkaufsoptionen die nachfolgend genannten Bedingungen gelten! Erläutern Sie Ihre Ergebnisse kurz verbal!

a) Zu einem Basispreis von 160 notieren Verkaufsoptionen zu 40.

b) Zu einem Basispreis von 240 notieren Verkaufsoptionen zu 80.

Unterstellen Sie dabei, daß es sich bei den angegebenen Optionspreisen jeweils schon um die aufgezinsten Werte P^* handelt!

(5) Straddle-Positionen

Beim **Long Straddle** werden gleichzeitig eine Kauf- und eine Verkaufsoption (Abb. 5.04 und 5.06) in demselben Basiswert zum selben Basispreis sowie zum gleichen Termin erworben. Beim **Short Straddle** wird hingegen sowohl bei einer Kauf- als auch bei einer Verkaufsoption die Stillhalterposition (Abb. 5.05 und 5.07) eingenommen. Abb. 5.09 und 5.10 verdeutlichen die daraus resultierenden Gewinn- und Verlustlinien unter der Annahme, daß die beiden Optionsprämien äquivalent sind.

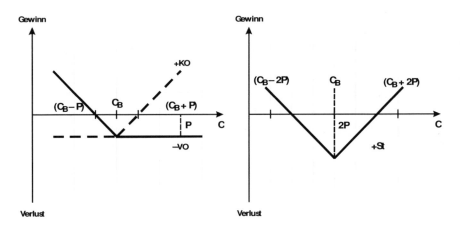

Abb. 5.09:   Long Straddle

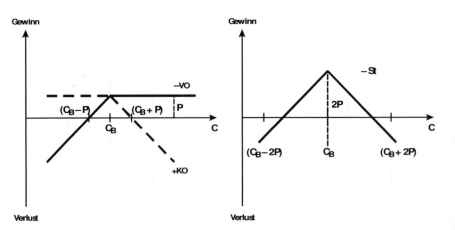

Abb. 5.10:   Short Straddle

Der Inhaber eines Long Straddle profitiert also immer dann, wenn sich der Kurs des Basiswertes möglichst weit vom vereinbarten Basispreis fortbewegt – sei es nach oben oder sei es nach unten –. Der Straddle Stillhalter hingegen profitiert davon, wenn der Kurs möglichst wenig vom vereinbarten Basispreis abweicht.

Die exakte Dreiecksformation der Resultanten in unseren Diagrammen setzt wiederum die Übereinstimmung von Basis- und Optionspreisen voraus. Ist diese strenge Bedingung nicht erfüllt, ergeben sich aus den betrachteten Kombinationen allerdings wiederum den Darstellungen gemäß Abb. 5.09 und 5.10 „ähnliche" Formationen, die gelegentlich als Strangle bezeichnet werden.

(6) Spread-Positionen

Hierbei werden Kontrakte der gleichen Optionsklasse gleichzeitig gekauft und verkauft, z.b. wird gleichzeitig ein Put (Call) gekauft und ein Put (Call) verkauft. Von vertikalen Spreads – auch **Price Spread** genannt – spricht man, wenn der Verkaufs- und der Kaufkontrakt die gleiche Laufzeit, aber einen unterschiedlichen Basispreis aufweisen. Beim horizontalen Spread (**Time Spread**) werden Kontrakte mit unterschiedlicher Laufzeit, aber gleichem Basispreis kombiniert. Haben die Kontrakte sowohl eine unterschiedliche Laufzeit als auch einen unterschiedlichen Basispreis, so spricht man von einem **Diagonal Spread**. Spreads ermöglichen eine Spekulation mit begrenztem Gewinn- und Verlustpotenial, wie in Abschnitt 5.1.3 Teil (1) gezeigt wird.

5.1.3 Anlagestrategische Einsatzmöglichkeiten von Termingeschäften

Termingeschäfte können in unterschiedlichster Weise in die übergeordnete Anlagestrategie eines Anlegers einbezogen werden und dabei sowohl risikosteigernd als auch risikobegrenzend wirken. Wiederum sind im Grunde beliebig viele Strategiearten denkbar. Die im folgenden kurz dargestellten drei Grundtypen von Anlagestrategien – offene Position (Spekulation), Hedging und Arbitrage – markieren somit nur besonders markante Eckpunkte in diesem vieldimensionalen Möglichkeitsspektrum.

Zur Verdeutlichung der Konsequenzen verschiedener Anlagestrategien werden wir von der im Abschnitt 5.1.2 gewählten Darstellungsform etwas abweichen und als zentrale Maßgröße das am Ende des jeweils betrachteten Zeitraums verbleibende Vermögen, das sogenannte **Endvermögen**, verwenden. Da die festverzinsliche Anlage nicht anderweitig benötigter Mittel zudem explizit in die Darstellung einbezogen wird, wollen wir die Größen „Gewinn" und „Verlust" jetzt auch wieder in dem rein buchmäßigen Sinn als Differenz zwischen dem erreichten Endvermögen und dem ursprünglich eingesetzten Anfangsvermögen definieren.

## (1)	Spekulationsstrategien

### (a)	Vorbemerkung

Eine, oftmals als **Spekulation** bezeichnete Strategie besteht darin, einzelne oder kombinierte Termingeschäfte der im vorigen Abschnitt unter (1) bis (6) dargestellten Art ohne jegliche Deckungs- und Gegengeschäfte abzuschließen, also die durch die Abbildungen 5.02 bis 5.10 verdeutlichten Risiko-Chance-Positionen einzugehen. Dabei werden in (b) Strategien betrachtet, wenn steigende Kurse zu erwarten sind (**Bull-Strategien**). In (c) werden Strategien für erwartete sinkende Kurse dargestellt (**Bear-Strategien**). Sowohl in (b) als auch in (c) werden drei Arten von Strategien vorgestellt Optionskauf und Aktienkauf, Optionsverkauf und Fixgeschäfte (Stillhalterstrategien) und Spread-Strategien. Schließlich behandelt (d) **Strategien**, die auf die **Volatilität** der Kurse abzielen.

Zur Verdeutlichung betrachten wir ein Beispiel, dem folgende Annahmen zugrunde liegen:

–	Kauf- und Verkaufsoptionen zum Basispreis von 210 Euro notieren jeweils zu 20 Euro.

–	Der Kassakurs des Basiswertes beträgt 200 Euro.

–	Während der Kontraktlaufzeit können Gelder so angelegt werden, daß sich eine laufzeitbezogene Verzinsung von 5% ergibt, 100 Euro Anlagesumme also auf 105 Euro anwachsen. Dem Kassakurs von 200 Euro entspricht somit ein mit dem Basispreis der Optionen übereinstimmender Preis für ein Fixgeschäft von 210 Euro.

–	Ein Anleger hat genau 200 Euro als Anlagebetrag zur Verfügung.

### (b)	Bull-Strategien: Spekulation auf steigende Kurse

### (b1)	Erwerb von Kaufoptionen und direkter Aktienkauf

Als erstes wollen wir eine mögliche Anlagestrategie betrachten, die darauf abzielt, von steigenden Kursen zu profitieren.

Betrachtet man zunächst nur auf *eine* Anlageform bezogene Strategien, so stehen die folgenden beiden Möglichkeiten zur Auswahl:

S_1 :	Kauf einer Aktie

S_2 :	Kauf von 10 Kaufoptionen.

Bezeichnen wir den am Ende der Kontraktlaufzeit gegebenen Aktienkurs mit C, so gilt für das zu diesem Zeitpunkt verbleibende Endvermögen

$$EV_1 = \quad C^{1)}$$

$$EV_2 = \begin{cases} 0 & / \quad C \le 210 \\ 10 \cdot (C - 210) & / \quad C > 210 \end{cases}$$

Abb. 5.11 verdeutlicht grafisch den Zusammenhang zwischen Endvermögen (EV) und Aktienkurs (C).

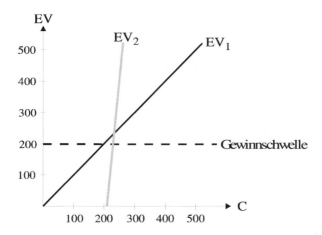

Abb. 5.11:   Endvermögen bei Aktien- und Optionskauf (risikoerhöhende Bull-Strategie)

Vergleicht man diese beiden Kurvenzüge, die im Kern den Abb. 5.02 und 5.04 entsprechen, so erkennt man folgendes:

S_1 **Reine Aktienanlage**

–   Die Gewinnschwelle (d.h. Erhöhung des Vermögens gegenüber der Ausgangssituation) liegt bei einem Aktienkurs von 200 Euro.

–   Steigt dieser über 200 Euro, so entspricht jeder zusätzliche Kurspunkt auch einem Zusatzgewinn von 1 Euro.

---

1   Die gleiche Relation gilt auch für einen Terminkauf, der im Zeitpunkt t = 0 ja keinen Mitteleinsatz erfordert, mithin die festverzinsliche Anlage von 200 Euro ermöglicht. Daraus ergibt sich dann ein Endvermögensbetrag von 210 Euro; hinzu kommt der Gewinn bzw. Verlust aus dem Bezug der Aktie für 210 Euro und ihrer sofortigen Weiterveräußerung zum dann gegebenen Kurs C. Für das insgesamt erzielbare Endvermögen gilt somit 210 + (C – 210) = C. Das gleiche Ergebnis ergibt sich im übrigen auch, wenn statt des – marktmäßig in der Regel gar nicht angebotenen – direkten Terminkaufs die entsprechende Position durch Kauf einer Kaufoption und den gleichzeitigen Verkauf einer Verkaufsoption synthetisch nachgebildet wird.

- Ein Absinken unter 200 Euro bringt entsprechend pro Kurspunkt einen Zusatzverlust von 1 Euro.

- Der Maximalverlust in Höhe des gesamten Mitteleinsatzes wird erst erreicht, wenn der Aktienkurs auf den Extremwert von 0 Euro (Insolvenz des Emittenten) sinken sollte.

S_2 **Erwerb von 10 Kaufoptionen**

- Die Gewinnschwelle liegt jetzt bei einem Aktienkurs von 230 Euro (Basispreis + Optionspreis; vgl. Abb. 5.04).

- Steigt der Aktienkurs allerdings über 230 Euro, so entspricht jeder zusätzliche Kurspunkt einem Zusatzgewinn von 10 Euro. (Man spricht in diesem Zusammenhang im Vergleich zur reinen Aktienanlage auch von einem **Hebel** von 10 : 1.)

- Ein Absinken des Aktienkurses unter 230 Euro bringt allerdings pro Kurspunkt auch einen Zusatzverlust von 10 Euro.

- Mithin ist der Maximalverlust in Höhe des gesamten Mitteleinsatzes bereits erreicht, sofern der Aktienkurs nur hinter dem vereinbarten Basispreis zurückbleibt oder – anders ausgedrückt – gegenüber der Ausgangssituation um weniger als 5% steigt.

Im Vergleich zur unmittelbaren Aktienanlage bietet ein gemäß S_2 ausgestaltetes Optionsgeschäft somit die deutlich höheren Chancen, beinhaltet andererseits aber auch ein sehr viel größeres Risiko. Der gelegentlich vorgetragene Hinweis, beim Optionskauf sei das Risiko auf den Verlust des – im Vergleich zum Aktienkurs deutlich niedrigeren – Optionspreises begrenzt, ist zwar im Prinzip richtig, kann in diesem Zusammenhang aber dennoch zu Mißverständnissen führen. Denn wenn der Optionspreis den gesamten Mitteleinsatz ausmacht, bedeutet die vermeintliche „Begrenzung des Risikos" auf den Verlust des Optionspreises dennoch den Totalverlust. Insoweit sind Kaufoptionen im Vergleich zur Aktienanlage durchaus als *deutlich risikoerhöhende* Anlagemöglichkeit anzusehen.

Allerdings ist dies letztlich kein den Kaufoptionen schlechthin immanentes Merkmal, sondern eine Folge ihres anlagestrategischen Einsatzes, wie der Vergleich mit folgender weiterer Anlagevariante sofort zeigt:

S_3 Kauf von *einer* Kaufoption (20 Euro) und festverzinsliche Anlage des Restbetrages (180 Euro, Rückzahlung incl. Zins: 189 Euro)

Für das bei dieser Anlagestrategie erzielbare Endvermögen gilt:

$$EV_3 = 189 + \begin{cases} 0 & / \ C \le 210 \\ (C - 210) & / \ C > 210 \end{cases}$$

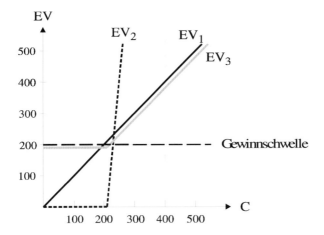

Abb. 5.12:   Endvermögen bei Aktien- und Optionskauf (risikobegrenzende Bull-
Strategie)

Abbildung 5.12, in die zum Vergleich auch noch einmal die Endvermögenslinien
der Strategien S_1 und S_2 eingezeichnet worden sind, verdeutlicht das bei Strategie
S_3 erzielbare Ergebnisspektrum:

–   Die Gewinnschwelle liegt jetzt bei einem Aktienkurs von 221 Euro [Ba-
sispreis (210) + Optionspreis (20) ./. Zinsgewinn (9)].

–   Steigt der Aktienkurs über diesen Wert, so entspricht jeder zusätzliche Kurspunkt einem Zusatzgewinn von 1 Euro. Die EV_3-Linie verläuft also im Bereich steigender Aktienkurse parallel zu der dem unmittelbaren Aktienkauf
entsprechenden EV_1-Kurve, allerdings stets um 21 Euro nach unten versetzt.
Dieser Abstand ergibt sich als folgender Saldo: Optionspreis + (Basispreis ./.
Kassakurs in t = 0) ./. Zinsgewinn. Sofern der Basispreis und der auf t = 1
aufgezinste Kassakurs in t = 1 – so wie in unserem Beispiel unterstellt – übereinstimmen, entspricht der genannte Saldo genau dem aufgezinsten Optionspreis.

–   Fällt der Aktienkurs unter die Gewinnschwelle von 221 Euro, so entspricht
das zunächst ebenfalls einem Zusatzverlust von 1 Euro pro Kurspunkt.

–   Diese proportionale Beziehung gilt allerdings – ganz analog zur Strategie S_2 –
nur für Aktienkurse oberhalb des Basispreises von 210 Euro. Bei darunter liegenden Kursen hingegen würde die Option nicht ausgeübt. Dem Anleger verbliebe aus der festverzinslichen Anlage jedoch immer noch ein Restvermögen
von 189 Euro. Der Maximalverlust tritt also – wie bei Strategie S_2 – bereits
dann ein, wenn der Aktienkurs gegenüber dem aktuellen Kassakurs um weniger als 5% steigt, er beträgt allerdings nur 11 Euro (Optionspreis ./. Zinsgewinn), beschränkt sich also auf einen kleinen Bruchteil der eingesetzten Mittel.

Der Einsatz von Optionen nach Strategien vom Typ S_3 führt also nicht nur gegenüber der reinen Optionsanlage gemäß S_2, sondern auch gegenüber der reinen Aktienanlage gemäß S_1 zu einer deutlichen Risikoreduktion. Das Verlustrisiko wird auf den Verlust des Preises *einer* Option, zudem noch reduziert um den Zinsgewinn, begrenzt. Dennoch partizipiert der Anleger 1 : 1 an den Chancen eines möglicherweise deutlichen Anstieges des Aktienkurses – allerdings im Vergleich zur direkten Aktienanlage um einen konstanten Betrag „nach unten versetzt". Dieser Betrag, der sich als Saldo aus Basis- und Optionspreis einerseits sowie Kaufpreis in t = 0 und Zinsgewinn andererseits ergibt, kann ökonomisch als eine Art Versicherungsprämie für die deutliche Begrenzung des Verlustrisikos interpretiert werden.

Die Strategien S_2 und S_3 stellen offenbar nur die beiden Endpunkte in einem breiten Spektrum unterschiedlicher Einsatzmöglichkeiten von Kaufoptionen dar. Denn es ist ja auch möglich 2, 3, 4, ... etc. Optionen zu erwerben und jeweils nur den entsprechend kleineren Betrag festverzinslich anzulegen. In einem Diagramm nach Art von Abb. 5.12 würde sich dementsprechend ein ganzes Bündel weiterer Linienzüge ergeben, bei denen mit steigender Zahl von Optionen

–   das flache Linienstück (Mindestendvermögen) immer weiter nach unten verschoben würde,

–   die Steigung des ansteigend verlaufenden Linienstücks (Hebel) jedoch immer größer würde.

Ob der Erwerb von Kaufoptionen im Vergleich zum unmittelbaren Kauf des zugehörigen Basiswertes als risikosteigernde oder risikobegrenzende Maßnahme anzusehen ist, ist also keine Eigenschaft der Option als solcher, sondern hängt von der Art ihres anlagestrategischen Einsatzes ab.

(b2) Verkauf von Verkaufsoptionen und Kauf einer Aktie (Stillhalter-Bull-Strategie)

Dem bisherigen Muster folgend, vergleichen wir in diesem Abschnitt short puts mit einem direkten Aktienkauf.

Wenn wir wieder die Daten unseres Beispiels zugrunde legen und jeweils die Betrachtung auf die beiden Möglichkeiten beschränken, eine oder zehn Optionen zu verkaufen, so können folgende Strategien betrachtet werden:

S_1 : Kauf einer Aktie

S_4 : Verkauf von 10 Verkaufsoptionen; festverzinsliche Anlage von 200 Euro (Anfangsvermögen) + 200 Euro (Optionspreis) = 400 Euro (Rückzahlungsbetrag: 420 Euro)

S_5 : Verkauf von 1 Verkaufsoption; festverzinsliche Anlage von 200 Euro + 20 Euro = 220 Euro (Rückzahlungsbetrag: 231 Euro)

Für die Endvermögensfunktion gilt dann:

$EV_1 = C$ (s.o.)

$$EV_4 = 420 - \begin{cases} 10 \cdot (210 - C) & / \ C < 210 \\ 0 & / \ C \geq 210 \end{cases}$$

$$EV_5 = 231 - \begin{cases} (210 - C) & / \ C < 210 \\ 0 & / \ C \geq 210 \end{cases}$$

Die Abbildung 5.13 verdeutlicht die Strategien grafisch.

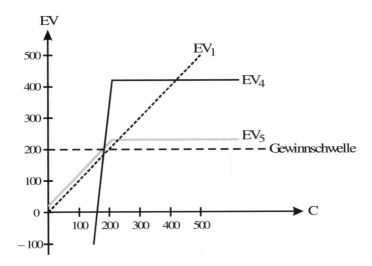

Abb. 5.13: Endvermögen bei Aktienkauf und Verkauf von Verkaufsoptionen

Beim Vergleich der Strategien werden wiederum die schon bekannten Hebeleffekte deutlich; allerdings setzt der Hebel hier am Verlustrisiko an, das aus der Gefahr sinkender Kurse resultiert. Dabei ist der Maximalverlust bei einem Hebel von 1 : 1 (Strategie S_5) immerhin noch etwas geringer als bei der Aktienanlage; bei größeren Hebeln hingegen übersteigt der Maximalverlust den ursprünglichen Mitteleinsatz bei weitem. Dies schlägt sich in der hier angewandten Darstellung als negatives Endvermögen nieder.

An den Chancen deutlich steigender Kurse partizipiert der Stillhalter einer Verkaufsoption im Gegensatz zum Aktienkäufer nicht. Sein Gewinn bleibt auf den vereinnahmten Optionspreis sowie die Zinsgewinne begrenzt; dieser Betrag ist selbstverständlich um so höher, je größer die Zahl der verkauften Optionen, also der Hebel, ist.

Die hier vorgestellte Stillhalterstrategie stellt insbesondere bei der Erwartung nicht oder (leicht) steigender Kurse eine interessante Spekulationsmöglichkeit dar. Bei der Erwartung *deutlich* steigender Kurse beinhaltet eine Strategie der in (b1) dargestellten Art im allgemeinen die größeren Gewinnmöglichkeiten.

(b3) Bull-Spread-Strategien

Wie schon in Abschnitt 5.1.2 Teil (6) angedeutet, können Spreads zur Spekulation mit begrenztem Gewinn- und Verlustpotential eingesetzt werden. Ein Beispiel für einen Spread, der in der Erwartung steigender Kurse eingesetzt wird, ist der Call Bull Price Spread, wobei ein Call mit einem relativ niedrigen Basispreis gekauft *und* ein Call mit einem relativ hohen Basispreis verkauft wird.

In Ergänzung unseres Standardbeispiels sei angenommen, daß neben der Kaufoption mit dem Basispreis von 210 und dem Optionspreis von 20 auch Kaufoptionen mit einem Basispreis von 160 zum Optionspreis von 40 gehandelt werden. Nach wie vor betrachten wir einen Anleger, der insgesamt 200 Euro anlegen will und analysieren folgende Strategien:

S_6 :   Kauf einer Kaufoption (160/40); verzinsliche Anlage von 160 Euro (Rückzahlungsbetrag: 168 Euro).

S_7 :   Verkauf einer Kaufoption (210/20); verzinsliche Anlage von 220 Euro (Rückzahlungsbetrag: 231 Euro).

S_8 :   Kombination von S_6 und S_7, d.h. Kauf der Kaufoption (160/40), Verkauf der Kaufoption (210/20) und festverzinsliche Anlage von 180 Euro (Rückzahlungsbetrag: 189 Euro).

Dem entsprechen folgende Endvermögensfunktionen:

$$EV_6 = 168 + \begin{cases} 0 & / \ C \leq 160 \\ C - 160 \, / & C > 160 \end{cases}$$

$$EV_7 = 231 + \begin{cases} 0 & / \ C \le 210 \\ 210 - C / \ C > 210 \end{cases}$$

$$EV_8 = 189 + \begin{cases} 0 & / \ C \le 160 \\ C - 160 & / \ 160 < C \le 210 \\ 50 & / \ C > 210 \end{cases}$$

Abbildung 5.14 verdeutlicht diese drei Strategien, von denen uns hier primär die Spread-Strategie S_8 interessiert, grafisch.

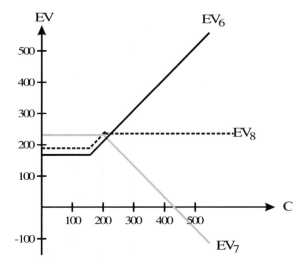

Abb. 5.14: Call Bull Price Spread

Ein Call Bull Price Spread in der hier betrachteten Form stellt eine sogenannte „konservative" Spekulationsstrategie dar, denn das Potential eines möglichen Gewinns ist begrenzt, in unserem Beispiel auf 31 Euro. Allerdings ist auch das Verlustpotential begrenzt, und zwar stärker als beim reinen Kauf *einer* Kaufoption (s. o. Strategie S_3), da dem Anleger ja weitere Beträge aus dem Verkauf der zweiten Kaufoption und dessen verzinslicher Anlage zufließen. Kurssteigerungen des Basistitels schließlich haben nur insoweit einen positiven Einfluß auf das Endvermögen, wie sie sich innerhalb des „Spreads", d.h. zwischen den unterschiedlichen Basispreisen der beiden Kaufoptionen, im Beispiel also zwischen 160 und 210, bewegen.

Das, gemessen am Gesamtvermögen, relativ geringe Verlustpotential resultierte in unserem Beispiel allerdings aus der speziellen Annahme, daß insgesamt nur 10% des verfügbaren Vermögens in Optionen investiert werden. Ähnlich wie unter (b1) gezeigt, können allerdings auch Spread-Strategien mit einem „Hebel" versehen werden. In unserem Beispiel etwa wäre es möglich, mit dem vorhandenen Anfangsvermögen 10 Spreads zu realisieren und auf jegliche festverzinsliche Anlage zu verzichten. Wie Sie sich selbst leicht verdeutlichen können, würde die EV-Linie dieser Strategie für Kurse bis 160 den Wert 0 aufweisen, dann für Kurse zwischen 160 und 210 mit einem 10-fachen Hebel von 0 auf 500 steigen, auf weitere Kurssteigerungen dann jedoch nicht mehr reagieren. Wir wollen die weitere Analyse derartiger Spread-Strategien ebenso wie die Möglichkeit, auch mit Verkaufsoptionen einen Bull-Spread zu realisieren, ihren eigenen Überlegungen überlassen.

(c) Bear-Strategien

(c1) Erwerb von Verkaufsoptionen und Terminverkauf einer Aktie

Ähnliche Aussagen, wie sie unter (b1) hinsichtlich der Spekulation auf steigende Kurse abgeleitet worden sind, lassen sich auch für die Spekulation auf fallende Kurse herleiten. Als Instrumente stehen hier der – ggf. durch Verkauf einer Kauf- und Kauf einer Verkaufsoption synthetisch nachzubildende – Terminverkauf sowie der Erwerb von Verkaufsoptionen zur Auswahl.

Zur beispielhaften Verdeutlichung legen wir wieder die oben genannten Daten zugrunde und betrachten analog zu (b1) folgende drei Strategien:

S_9 :   Terminverkauf einer Aktie zu 210; Festzinsanlage in t = 0 von 200 Euro.

S_{10} : Kauf von 10 Verkaufsoptionen.

S_{11} : Kauf von 1 Verkaufsoption; Festzinsanlage in t = 0 von 180 Euro.

Für die Endvermögensfunktionen gilt dann:

$$EV_9 = 210 + (210 - C) = 420 - C$$

$$EV_{10} = \begin{cases} 10 \cdot (210 - C) & / \ C < 210 \\ 0 & / \ C \geq 210 \end{cases}$$

$$EV_{11} = 189 + \begin{cases} 210 - C & / \ C < 210 \\ 0 & / \ C \geq 210 \end{cases}$$

Abb. 5.15 verdeutlicht die durch diese Funktionen dargestellten Zusammenhänge grafisch.

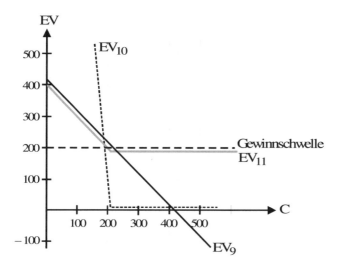

Abb. 5.15:   Endvermögen bei Terminverkauf und Verkaufsoptionen

Im Hinblick auf *fallende* Kurse stellen sich Beziehungen der Strategien S_9, S_{10} und S_{11} zueinander genau so dar, wie wir das für die jeweils analogen Strategien S_1, S_2 und S_3 im Hinblick auf steigende Kurse bereits näher aufgezeigt haben. Bei S_{10} wird im Vergleich zur Aktienanlage wiederum ein Hebel von 10 : 1 wirksam; das bei S_{11} erzielbare Endvermögen hingegen bleibt wiederum um eine „Versicherungsprämie" hinter dem beim direkten Terminverkauf erzielbaren Wert zurück. Wiederum tritt auch bei Strategie S_{10} der Totalverlust der eingesetzten Mittel ein, sofern der Kurs den vereinbarten Basispreis übersteigt; bei Strategie S_{11} hingegen bleibt der Verlust wiederum auf die Differenz zwischen Optionspreis und Zinsgewinn beschränkt. Abweichend zu der unter (b1) untersuchten Situation ist beim Terminverkauf (S_9) der Maximalverlust jedoch nicht auf den ursprünglichen Mitteleinsatz begrenzt, sondern kann diesen bei entsprechend hohen Kurssteigerung sogar noch übersteigen.[1]

---

1   Steigt der Aktienkurs etwa auf 500, so bringt der für 210 vereinbarte Terminverkauf isoliert betrachtet einen Verlust von 290 Euro. Dem steht aus der Festgeldanlage ein Rückzahlungsbetrag incl. Zins von 210 Euro gegenüber, so daß per Saldo über den Verlust der ursprünglich eingesetzten Mittel hinaus weitere 80 Euro Verlust eintreten.

(c2) Verkauf von Kaufoptionen und Terminverkauf einer Aktie (Stillhalter-Bear-Strategie)

In diesem Abschnitt sollen analog zu Abschnitt (b2) short calls mit Terminverkäufen verglichen werden.

Dabei werden wir wiederum die Daten aus dem Ausgangsbeispiel in (a) zugrunde legen und jeweils die Betrachtung auf die beiden Möglichkeiten beschränken, eine oder zehn Optionen zu verkaufen. Die Strategien sind folgende:

S_9 :   Terminverkauf einer Aktie zu 210 Euro; Festzinsanlage in t=0 von 200 Euro.

S_{12} :   Verkauf von 10 Kaufoptionen; festverzinsliche Anlage von 400 Euro.

S_{13} :   Verkauf von 1 Kaufoption; festverzinsliche Anlage von 220 Euro.

Für die Endvermögensfunktionen gilt dann:

$$EV_9 = 420 - C \text{ (s. o.)}$$

$$EV_{12} = 420 - \begin{cases} 0 & / \ C \leq 210 \\ 10 \cdot (C - 210) & / \ C > 210 \end{cases}$$

$$EV_{13} = 231 - \begin{cases} 0 & / \ C \leq 210 \\ C - 210 & / \ C > 210 \end{cases}$$

Die Abbildung 5.16 verdeutlicht die dargestellten Zusammenhänge wiederum grafisch.

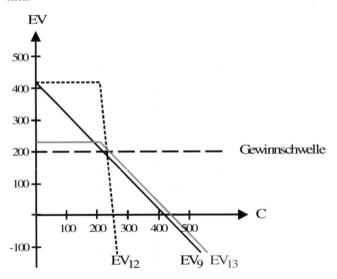

Abb. 5.16:   Endvermögen bei Terminverkauf und Verkauf von Kaufoptionen

Die hier gezeigten Strategien weisen für den Fall steigender Kurse prinzipiell ein unbegrenztes Verlustpotential auf. Dabei schlägt wiederum das Verlustrisiko umso stärker durch, je größer der Hebel ist. Lediglich bei einem Hebel von 1 : 1 (Strategie S_{13}) bleibt der Verlust jeweils um den Optionspreis incl. dem daraus resultierenden Zinsgewinn hinter dem des fixen Terminverkaufs zurück.

Der Maximalgewinn ist demgegenüber bei allen Strategien begrenzt; bei S_9 und S_{12} gerade auf die Summe aus

–   Zinsgewinn auf das Anfangsvermögen und

–   Basispreis (im vorliegenden Fall gleich dem Gesamtpreis aller Optionen) plus Zinsgewinn.

Bei Strategie S_{13} fällt der Maximalgewinn entsprechend niedriger aus.

Die hier gezeigten Strategien stellen insbesondere bei der Erwartung nicht oder (leicht) fallender Kurse eine interessante Spekulationsmöglichkeit dar. Bei der Erwartung *deutlich* fallender Kurse beinhaltet die in (c1) vorgestellte Strategie im allgemeinen die größeren Gewinnmöglichkeiten.

Bei allen Stillhalterstrategien bringt das Eingehen offener Positionen zwangsläufig zugleich auch z.T. nicht unerhebliche Risiken mit sich. Deren Ausmaß hängt, wie schon unter (b1) und (c1) verdeutlicht wurde, wiederum von dem Hebel ab. Im Gegensatz zu den unter (b1) und (c1) betrachteten Optionsstrategien mit 1 : 1 Hebel (Strategien S_5 und S_{13}) nicht der Fall. Die bei diesen Strategien verbleibende Verlustgefahr folgt generell proportional der Ab- und Aufwärtsentwicklung des Aktienkurses, lediglich ein wenig um den Optionspreis „gedämpft".

Beim Vergleich von short- und long-Positionen ist schließlich auch noch ein Unterschied bei der Gestaltung des Hebels zu beachten. Da der Kauf von Optionen den sofortigen Einsatz von Mitteln verlangt, wird der bei baren Mitteln begrenzt; er ergibt sich konkret als Quotient aus dem Kassakurs und dem Optionspreis. Stillhalterpositionen hingegen können im Prinzip ohne den Einsatz von Mitteln aufgebaut werden; mithin ergibt sich daraus keine Beschränkung des maximal realisierbaren Hebels. Dieser kann theoretisch in beliebige Größenordnungen gesteigert werden. In der praktischen Durchführung ergeben sich allerdings insoweit doch wieder Restriktionen, weil es für das Eingehen von short-Positionen notwendig ist, bei den entsprechnenden Börseninstanzen sogenannte **Margins** zu leisten, d.h. Sicherheiten in Form von Geld oder Wertpapieren zu hinterlegen. Die einschlägigen Regelungen sind an den einzelnen Börsen unterschiedlich; sie bewirken jedoch generell eine gewisse Begrenzung des Ausmaßes, in dem ein einzelner Marktteilnehmer offene Stillhalterpositionen eingehen kann. In gleicher Weise wird durch derartige Marginsregelungen im übrigen zugleich auch das Volumen beschränkt, in dem ein einzelner Marktteilnehmer auf die im Abschnitt 5.1.2 unter (4) verdeutlichten Weise fixe Termingeschäfte synthetisch nachbilden kann.

(c3) Bear-Spread-Strategien

Ein Beispiel für einen Spread, der in der Erwartung fallender Kurse eingesetzt wird, ist der Call Bear Price Spread, wobei ein Call mit einem relativ niedrigen Basispreis verkauft wird und ein Call mit einem relativ hohen Basispreis gekauft wird.

Wir greifen auf die aus (b3) schon bekannten Daten zurück und betrachten nun die folgenden drei Strategien:

S_{14} : Kauf einer Kaufoption (210/20); verzinsliche Anlage von 180 Euro (Rückzahlungsbetrag: 189 Euro).

S_{15} : Verkauf einer Kaufoption (160/40): verzinsliche Anlage von 240 Euro (Rückzahlungsbetrag: 252 Euro).

S_{16} : Kombination von S_{14} und S_{15}, d.h. Kauf der Kaufoption (210/20) und Verkauf der Kaufoption (160/40); verzinsliche Anlage von 220 Euro (Rückzahlungsbetrag: 231 Euro).

Für die Endvermögensfunktionen gilt dann:

$$EV_{14} = 189 + \begin{Bmatrix} 0 & / \, C \leq 210 \\ C - 210 & / \, C > 210 \end{Bmatrix}$$

$$EV_{15} = 252 + \begin{Bmatrix} 0 & / \, C \leq 160 \\ 160 - C & / \, C > 160 \end{Bmatrix}$$

$$EV_{16} = 231 + \begin{cases} 0 & / \, C \leq 160 \\ 160 - C & / \, 160 < C \leq 210 \\ -50 & / \, C \geq 210 \end{cases}$$

Abbildung 5.17 verdeutlicht die durch die Funktionen dargestellten Zusammenhänge grafisch.

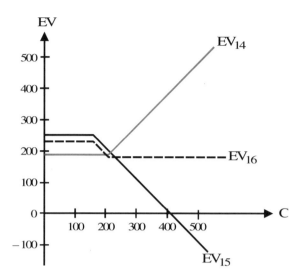

Abb. 5.17:   Call Bear Price Spread

Analog zu der unter (b3) verdeutlichten Bull-Spread-Strategie sind auch bei der Bear-Spread-Strategie Gewinne und Verluste begrenzt, eine Abhängigkeit des Endvermögens von der Kursentwicklung des Basistitels besteht wiederum nur innerhalb des Kursspreads, im Beispiel also für Kurse zwischen 160 und 210. Allerdings ist die „Richtung" der Endvermögenskurve – der Natur einer Bear-Strategie entsprechend – gerade entgegengesetzt so, daß niedrigere Kurse des Basistitels zu günstigeren Ergebnissen führen. Die auch hier bestehenden Möglichkeiten, auch Bear-Spread-Strategien statt mit Kauf- auch mit Verkaufsoptionen zu realisieren oder sie mit „Hebeln" zu versehen, wollen wir wiederum ihren eigenen Überlegungen überlassen.

(d)   Strategien auf die Volatilität der Kursentwicklung

Neben den Strategien, die auf die künftige Kursentwicklung abzielen, gibt es auch solche, die auf die Volatilität der zukünftigen Kursentwicklung ausgerichtet sind. Innerhalb der letzteren Gruppe kann man zwei grundsätzliche Strategien unterscheiden: solche, die mit einer relativ hohen Volatilität rechnen (Long Straddle), und solche, die mit einer relativ geringen Volatilität rechnen (Short Straddle).

(d1)   Long Straddle: Strategie auf starke Kursänderungen

Wie wir bereits in Abschnitt 5.1.2 (5) gesehen haben, werden beim Long Straddle gleichzeitig eine Kauf- und eine Verkaufsoption mit demselben Basiswert zum selben Basispreis sowie zum selben Termin gekauft.

Wie die Abbildung 5.09 zeigt, ist das Verlustpotential dabei auf die Summe der beiden Optionspreise begrenzt. Das Gewinnpotential ist um so höher, je größer die Differenz zwischen zukünftigem Kurswert und Basispreis ist, d.h. der Inhaber eines Long Straddle verdient sowohl an starken Kurssenkungen als auch an starken Kurssteigerungen. Das Gewinnpotential bei steigenden Kursen ist theoretisch unbegrenzt, bei fallenden Kursen ist es auf die Differenz zwischen Basispreis (der Verkaufsoption) und der Summe der beiden Optionspreise begrenzt.

Der Inhaber eines Long Straddle profitiert also immer dann, wenn sich der Basiswert möglichst weit von dem vereinbarten Basispreis fortbewegt – sei es nach oben oder sei es nach unten.

(d2) Short Straddle: Strategie auf geringe Kursänderungen

Bei einem Short Straddle wird gleichzeitig bei einer Verkaufs- und bei einer Kaufoption eine Stillhalterposition eingenommen (gleicher Basispreis und gleicher Verfalltermin).

Das Verlustpotential bei einem Short Straddle ist bei starken Kurssenkungen bzw. bei starken Kurssteigerungen besonders hoch. Bei steigenden Kursen ist der Maximalverlust theoretisch unbegrenzt, bei fallenden Kursen ist der Maximalverlust auf die Differenz zwischen Basispreis und der Summe der beiden Optionspreise begrenzt. Das Gewinnpotential ist auf die Summe der beiden Optionsprämien begrenzt.

Der Straddle-Stillhalter profitiert davon, wenn der Kurs möglichst wenig vom vereinbarten Kurs abweicht.

(2) Hedging-Strategien

Während die im vorangegangenen Abschnitt behandelten Spekulationsstrategien alle darauf hinauslaufen, Kursänderungsrisiken in mehr oder weniger großem Ausmaß bewußt in Kauf zu nehmen, besteht das Ziel des **Hedging** gerade entgegengesetzt darin, bestimmte Risiken, die sich aus zuvor abgeschlossenen Primärgeschäften ergeben, durch ergänzende Sekundärgeschäfte zu vermindern oder im Extremfall völlig zu beseitigen. Dieser Effekt kann immer dann erreicht werden, wenn die Sekundärgeschäfte in Abhängigkeit von dem Eintritt der maßgeblichen Zufallsereignisse, z.B. der Entwicklung eines bestimmten Aktienkurses, gerade in entgegengesetzter Weise zu Gewinnen oder Verlusten führen wie die Primärgeschäfte.

Als besonders prägnantes Beispiel für derartige Hedgingstrategien mit Hilfe von Wertpapiertermingeschäften wollen wir die Möglichkeit zur Absicherung eines gegebenen Aktienbestandes gegen etwaige Kursverluste betrachten. Im wesentlichen bestehen dazu zwei Möglichkeiten:

a) Fixgeschäfte

Der Anleger verkauft seinen Bestand – ggf. durch ein synthetisches Geschäft gemäß Abschnitt 5.1.2, Teil (4) – per Termin und sichert sich damit bis zum Erfüllungstermin gegen Kursschwankungen ab, wobei sich ihm im Erfüllungstermin grundsätzlich zwei Möglichkeiten bieten:

–   In Erfüllung des Termingeschäfts baut er seinen Bestand definitiv ab. Er hat sich dann bereits bei Abschluß des Termingeschäfts definitiv den Verkaufspreis gesichert und ist von möglicherweise nachfolgenden Kurssenkungen nicht mehr betroffen. Allerdings verzichtet er damit zugleich auch auf die Chance steigender Kurse.

–   Er behält seinen Bestand und deckt sich in Erfüllung des Termingeschäfts zu dem dann aktuellen Kurs ein. Ist der Kurs zwischenzeitlich gesunken, realisiert er aus dem Termingeschäft einen Gewinn, der den an seinem Bestand eingetretenen Wertverlust kompensiert. Bei einer zwischenzeitlichen Kurssteigerung hingegen führt das Termingeschäft zu einem Verlust, der jedoch durch den Wertzuwachs an seinem Bestand kompensiert wird.

In beiden Fällen entledigt sich der Anleger also des Risikos fallender Kurse; der „Preis" dafür besteht in dem gleichzeitigen Verzicht auf die Chance von Kurssteigerungen.

Aufgabe 5.05:

Anleger MUTIG hat vor 4 Monaten 100.000 Euro in Aktien der PHOENIX AG angelegt. Seitdem ist der Kurs von 200 in den Bereich um 300 gestiegen. MUTIG rechnet subjektiv nicht mit weiteren Kurssteigerungen und würde den Kursgewinn gerne realisieren. Ihn stört allerdings der Umstand, daß er Kursgewinne, die innerhalb eines halben Jahres anfallen, versteuern muß.

Am Optionsmarkt werden auf einen Basispreis von 300 bezogene 6 Monats-Optionen (puts und calls) zu 20 gehandelt. Zeigen Sie auf, wie MUTIG sich durch ein „synthetisches" Fixgeschäft gemäß Relation (5.2) den Kursgewinn sichern kann, ohne dabei steuerpflichtige Gewinne zu erzielen! Verdeutlichen Sie Ihre Überlegungen auch an Hand einer Grafik nach Art der Abbildungen 5.11 bis 5.13!

Bislang haben wir unterstellt, daß das im Bestand befindliche Wertpapier zugleich auch exakt Gegenstand des Termingeschäftes ist. Eine ähnlich risikobegrenzende Wirkung kann allerdings auch erreicht werden, wenn ein anderes (reales oder synthetisches) Wertpapier per Termin verkauft wird, von dem zu erwarten ist, daß es sich in seiner Kursentwicklung in etwa gleichgerichtet zum Kurs des abzusichernden Bestandes bewegt. So kann etwa

- ein breit gestreutes Portefeuille deutscher Aktien annähernd durch den Verkauf eines Futures auf einen deutschen Aktienindex abgesichert werden oder

- eine im Bestand befindliche 8%-Anleihe der Deutschen Post AG mit 9-jähriger Restlaufzeit durch den Terminverkauf einer synthetischen, langfristigen Bundesanleihe.

b) Verkaufsoptionen

Ähnliche Effekte können auch durch den Kauf einer Verkaufsoption erreicht werden.

- Sinkt der Kurs des abzusichernden Bestandes unter den Basispreis, so übt der Anleger sein Optionsrecht aus und liefert entweder aus seinem Bestand oder – falls er den Bestand beibehalten will – einem Deckungsgeschäft. Die Effekte sind insoweit die gleichen wie beim Terminverkauf; allerdings entstehen zusätzlich fixe Kosten in Höhe des Optionspreises.

- Steigt der Kurs hingegen, so läßt der Anleger die Option verfallen und profitiert – sei es durch Verkauf, sei es durch Wertzuwachs des Bestandes – von der Kurssteigerung, soweit sie den Optionspreis übersteigt.

Während der Anleger beim Fixverkauf die Abwälzung des Kursverlustrisikos mit dem Verzicht auf mögliche Kursgewinne „bezahlt", bleibt dem Käufer der Verkaufsoption diese Chance erhalten, er zahlt dafür durch die Entrichtung des fixen Optionspreises.

Aufgabe 5.06:

Gehen Sie von den Daten der Aufgabe 5.05 aus und zeigen Sie nun, wie der angestrebte „Gewinntransfer" über die 6-Monats-Frist zumindest annähernd auch durch den alleinigen Kauf einer Verkaufsoption bewerkstelligt werden kann! Unterstellen Sie dabei, MUTIG würde die dazu benötigten Mittel durch einen Kredit mit einem Zins von 7% p.a. finanzieren! Bedienen Sie sich zur Lösung wiederum einer Grafik und vergleichen Sie das Ergebnis mit dem als Lösung von Aufgabe 5.05 abgeleiteten Resultat!

(3) Arbitragestrategien

Ein weiteres Motiv zum Engagement in Wertpapiertermingeschäften kann in der Absicht bestehen, zu einem ersten Geschäft im Idealfall gleichzeitig, ansonsten kurz darauf, ein zweites Geschäft abzuschließen, das

–   in seiner Risiko-Chance-Position der des ersten Geschäftes gerade entgegengesetzt ist, so daß sich Risiken und Chancen per Saldo aufheben und

–   per Saldo eine sicher vorhersehbare Zahlungsreihe entsteht, die

•   entweder sofort im Abschlußzeitpunkt einen sicheren Gewinn aufweist oder

•   eine höhere Verzinsung erbringt als die ansonsten mögliche sichere Alternativanlage.

Grundsätzlich sind derartige Arbitragemöglichkeiten in verschiedener Hinsicht denkbar, insbesondere

–   hinsichtlich der gleichen Objekte an verschiedenen Terminbörsen,

–   an der gleichen Terminbörse zwischen verschiedenen Formen und Kombinationen von Termingeschäften in dem gleichen Basiswert,

–   zwischen Kassa- und Terminbörse in dem gleichen Basiswert.

Beispiel:

a) Die ABC-Aktie wird aktuell zum Kassakurs von $C_0 = 530$ Euro gehandelt; jederzeite ausübare Kaufoptionen auf die ABC-Aktie mit einem Basispreis von 500 Euro notieren zu P = 20 Euro.

In diesem Fall führte folgende Arbitragetransaktion zu einem sicheren Gewinn:
–   Kauf einer Kaufoption und sofortige Ausübung („Preis": 500 + 20 = 520 Euro),
–   gleichzeitiger Verkauf einer Aktie im Kassahandel (Preis 530 Euro).

b) Die XY-Aktie wird aktuell zum Kassakurs von 200 Euro gehandelt, Kauf und Verkaufsoptionen per 6 Monate mit einem Basispreis von 210 Euro werden zu 20 Euro gehandelt. Liquide Mittel können für beliebige Zeiträume zu 8% p.a. sicher angelegt werden.

Für einen Anleger, der über einen Anlagebetrag von 20.000 Euro verfügt, wäre dann folgende Kombination von Geschäften lohnend:

–   Er kauft 100 XY Aktien zum Kurs von 200 Euro.

–   Zugleich „verkauft" er im Wege eines synthetischen Fixgeschäfts gem. Abschnitt 5.1.2, Teil (4), 100 XY-Aktien per Termin zum Kurs von 210 Euro, wird also Stillhalter einer Kaufoption und zugleich Inhaber einer Verkaufsoption.

Im Fälligkeitszeitpunkt sind zwei Konstellationen zu unterscheiden:

1) Der Aktienkurs liegt unter 210. Dann nutzt der Anleger seine Verkaufsoption und verkauft den vorhandenen Aktienbestand zu 21.000 Euro.

2) Der Aktienkurs liegt über 210. Dann wird der Anleger als Stillhalter der Kaufoption in Anspruch genommen und verkauft ebenfalls den vorhandenen Bestand zu 21.000 Euro.

Aus dem geschilderten Geschäft erzielt der Anleger also in einem Halbjahr mit einem Einsatz von 20.000 Euro einen *sicheren* Vermögenszuwachs von 1.000 Euro. Bei der alternativ möglichen festverzinslichen Anlage hätte er jedoch nur einen Zinsgewinn von 800 Euro erzielen können.

Für alle Anleger, die Mittel – als Ergebnis unmittelbarer Vereinbarungen oder als Resultante eines Bündels anderer Vereinbarungen – festverzinslich und sicher anlegen wollen, wäre es somit vorteilhaft, statt der unmittelbaren festverzinslichen Anlage zu 8% p.a. das geschilderte Arbitragegeschäft durchzuführen. Dementsprechend würden Kaufoptionen verstärkt angeboten, Verkaufsoptionen hingegen verstärkt nachgefragt.

Wie die geschilderten Beispiele ebenfalls deutlich machen, liegt das **Dilemma der Arbitrage** darin begründet, daß sie stets Wirkungen entfaltet, die ihr selbst die Basis entziehen. So dürfte im Beispiel a) bei ABC-Aktien zu einem Kurs von 530 Euro ein hohes Angebot, aber kaum Nachfrage vorliegen, während Kaufoptionen zu 20 Euro stark nachgefragt würden, aber nur wenig Bereitschaft bestehen dürfte, entsprechende Stillhalterpositionen einzugehen. Ein Ausgleich von Angebot und Nachfrage könnte mithin erst bei einem niedrigeren Aktienkurs und/oder höheren Optionspreis gefunden werden, also etwa bei der Konstellation $C_0 = 522$, $P = 25$. In ähnlicher Weise würde auch im Beispiel b) die im Hinblick auf das Zinsniveau „zu große" Differenz zwischen Kassa- und (implizitem) Terminkurs über Arbitragegeschäfte der geschilderten Art dazu führen, daß

–   der Kassakurs wegen des zunehmenden Kaufinteresses steigt,

–   der Preis von Verkaufsoptionen wegen des zunehmenden Kaufinteresses ebenfalls steigt,

–   der Preis von Kaufoptionen hingegen wegen des zunehmenden Angebotsdruckes fällt.

Schließlich wäre es je nach der gesamten Marktsituation auch noch denkbar, daß der Zins für kurzfristige Anlagen steigt. Auf gut funktionierenden Märkten, wie es Wertpapierbörsen üblicherweise sind, können sich somit in aller Regel nur kurzfristig und in geringfügigem Ausmaß lohnende Arbitragemöglichkeiten in dem skizzierten Sinne bieten.

Aufgabe 5.07:

Gehen Sie von den Daten des letzten Beispiels unter b) aus!

a) Bei welchem Anlagezins würde sich bei ansonsten unveränderten Daten eine Arbitrage der geschilderten Art gerade nicht mehr lohnen?

b) Welche Beziehung müßte zwischen den Preisen für Kauf- und Verkaufsoptionen herrschen, damit bei sonst unveränderten Daten gegenüber dem Beispiel die geschilderte Arbitrage nicht mehr lohnt?

Im einschlägigen Sprachgebrauch faßt man den Begriff der Arbitrage allerdings auch weiter und versteht darunter auch noch das gewinnbringende Ausnutzen geeigneter Kurskonstellationen zu verschiedenen, nicht allzu weit auseinanderliegenden Zeitpunkten. Ein Arbitrageur in diesem Sinne geht also zunächst eine offene Position der im Abschnitt 5.1.3, Teil (1) erläuterten Art ein, jedoch nicht mit dem Ziel, diese bis zum Vertragsende offen zu halten, sondern mit der Absicht, sich möglichst schnell durch ein geeignetes Gegengeschäft „glatt" zu stellen und dabei einen Gewinn zu realisieren.

Erweitert man den Arbitragebegriff in dieser Weise, so gewinnt über die bislang verdeutlichten Arbitrageformen hinaus die Möglichkeit an Bedeutung, einen zunächst abgeschlossenen Terminkontrakt auf dem Sekundärmarkt wieder zu verkaufen. Im Gegensatz zur zeitgleichen Arbitrage kann der Anleger bei dieser intertemporalen Arbitrage jedoch nicht sicher sein, daß es ihm die Marktentwicklung auch wirklich erlauben wird, das zunächst abgeschlossene Primärgeschäft durch ein späteres Gegengeschäft mit Gewinn auszugleichen. Auf der anderen Seite besteht natürlich auch bei einem zunächst in spekulativer Absicht im Sinne von Abschnitt 5.1.3, Teil (1) abgeschlossenen Geschäft die Möglichkeit, sich bei einer günstigen Marktkonstellation vor Fälligkeit gewinnbringend glatt zu stellen. Mit anderen Worten: Im konkreten Anwendungsfall sind die Grenzen zwischen Arbitrage- und Spekulationsgeschäften sehr viel weniger scharf, als das im einschlägigen Schrifttum häufig dargestellt wird. Ähnliches gilt im übrigen auch für die Unterscheidung zwischen Hedging- und Arbitragegeschäften einerseits, sowie Hedging- und Spekulationsgeschäften andererseits. In reiner Form markieren diese drei Geschäftstypen eher die Eckpunkte eines Dreiecks, dessen übrige Punkte die verschiedenen Zwischenformen zwischen den drei „reinen" Extremtypen verdeutlichen.

Aufgabe 5.08:

An einem Terminmarkt herrschen folgende Gegebenheiten:

- Terminkurs der XY-Aktie per 6 Monate: 200 Euro

- Preis einer Kaufoption mit dem Basispreis von
  200 Euro in XY-Aktien per 6 Monate: 20 Euro

- Preis einer Verkaufsoption mit dem Basispreis von
  200 Euro per 6 Monate: 18 Euro

a) Verdeutlichen Sie, welche Arbitragemöglichkeiten sich in dieser Situation bieten würden! Beachten Sie dabei die Ausführungen unter (4) im Abschnitt 5.1.2.3 und vernachlässigen Sie bei der rechnerischen Herleitung Zinseffekte und Transaktionskosten!

b) Welche Kurstendenzen würden durch das Bestehen von Arbitragemöglichkeiten der unter a) abzuleitenden Art ausgelöst?

5.2 Institutionelle Rahmendaten des Terminhandels an deutschen Wertpapierbörsen

5.2.1 Vorbemerkung

In Deutschland waren börsenmäßige Termingeschäfte jeder Art nach einer ersten Blüte in den zwanziger Jahren über Jahrzehnte hinweg verboten. Erst im Jahre 1970 wurden in einigen ausgewählten Wertpapieren Optionsgeschäfte wieder zugelassen. Der Präsenzhandel mit Optionen fand zuletzt an den Wertpapierbörsen in Frankfurt, Düsseldorf und Berlin statt.

Anfang des Jahres 1990 hat die Deutsche Terminbörse in Frankfurt ihre Tätigkeit aufgenommen, an der ausschließlich Termingeschäfte abgewickelt werden. Am 08.06.1998 fand die Überführung der Deutschen Terminbörse in EUREX Deutschland statt.[1] Im Gegensatz zu den übrigen traditionellen Börsen, bei denen sich der Handel zu bestimmten Börsenstunden in Anwesenheit der Händler und Makler vollzieht, stellt die EUREX eine reine Computerbörse dar. D.h. der Handel wird ausschließlich über Terminals der zum Handel an der EUREX zugelassenen Marktteilnehmer (der sog. Börsenteilnehmer) abgewickelt. Diese sind mit dem Zentralcomputer der EUREX verbunden, der

---

1 Im folgenden wollen wir vereinfacht von EUREX sprechen.

– zum ersten mittels des sog. EUREX-Handelsbildschirms ständig einen Überblick über die aktuelle Marktlage durch Angabe von Kursen, Angeboten, Nachfragen etc. („market and size") vermittelt,

– zum zweiten ständig weitere Aufträge oder sonstige Offerten der Marktteilnehmer entgegennimmt und

– zum dritten während der festgelegten Handelszeit automatisch alle miteinander kompatiblen Aufträge nach dem Prinzip des fortlaufenden Handels zusammenführt, insoweit also zugleich eine Funktion des Maklers wahrnimmt.

Die EUREX, vormals DTB, hat ihren Betrieb 1990 zunächst mit dem Handel in einigen ausgewählten Aktienoptionen begonnen. Seitdem wurde das Angebot mehrfach erweitert, so daß inzwischen auch Futures auf den DAX, auf den MDAX, auf den Dow Jones STOXX 50 sowie den Dow Jones Euro STOXX 50, auf idealtypische Anleihen mit unterschiedlichen Restlaufzeiten sowie Optionen auf den DAX und auf einige der genannten Futures gehandelt werden können.[1] Mittlerweile werden Optionen und Futures in Deutschland nur noch an der EUREX gehandelt.

Auf die wichtigsten der nach Börsengesetz, EUREX-Börsenordnung, EUREX-Handelsbedingungen und EUREX-Clearingbedingungen maßgeblichen Bestimmungen für Termingeschäfte an der EUREX werden wir in Grundzügen im Folgenden eingehen.

5.2.2 Termingeschäfte an der EUREX Deutschland

(1) Marktteilnehmer und Aufträge

Die EUREX ist eine Computerbörse, die nach dem Marketmakerprinzip arbeitet. Die **Teilnahme** am Handel an der EUREX setzt die Zulassung durch den Börsenvorstand voraus, die an die Erfüllung verschiedener in der Börsenordnung der EUREX näher spezifizierten Voraussetzungen in persönlicher, sachlicher und finanzieller Hinsicht geknüpft ist. Im einzelnen sind die folgenden beiden Gruppen von Marktteilnehmern zu unterscheiden:

– **Händler** geben ihre **Aufträge** über ihre Terminals in den „Markt" (also den Zentralcomputer der EUREX). Dabei kann es sich sowohl um Eigengeschäfte als auch um die Erledigung von Kundenaufträgen handeln.

---

1 Zu den EUREX-Handelsprodukten zählen zusätzlich Währungsoptionen auf US $/Euro-Basis, auf die an dieser Stelle jedoch nicht näher eingegangen wird.

-   **Market Maker** sind verpflichtet, in den von ihnen betreuten Basiswerten auf Anfrage sog. **Quotes** (auch bid-ask-spread genannt) zu stellen, d.h. jeweils einen Preis zu nennen, zu dem sie bereit sind, die entsprechende Position auf eigene Rechnung zu übernehmen, und einen zweiten Preis, zu dem sie bereit sind, die entsprechende Position auf eigene Rechnung abzugeben. Market Maker können aber auch unaufgefordert ihre jeweiligen Quotes bekanntgeben, an die sie dann bis zur Bekanntgabe neuer Werte gebunden sind.

Unter den an der EUREX agierenden Personen befinden sich also – im Gegensatz zu den Präsenzbörsen – überhaupt keine Makler. Den rein mechanischen Teil ihrer Aufgabe – die Zusammenführung zueinander passender Aufträge – übernimmt in der noch näher zu charakterisierenden Weise der Zentralcomputer der EUREX. Ansonsten wird darauf gesetzt, daß Market Maker, die daran interessiert sind, per Saldo keine offenen Positionen aufzubauen, aber in möglichst großem Umfang an den Spannen zwischen den eigenen Käufen und Verkäufen verdienen wollen, in Konkurrenz mit anderen Market-Makern dazu beitragen,

-   ständig möglichst „marktgerechte" Kurse zu nennen und zugleich

-   für eine weitestgehende Räumung des Marktes zu sorgen.

Aufträge, die von den Händlern in den Markt gegeben werden, können **limitiert** oder **unlimitiert** erteilt werden. Dabei können oder müssen sie nach näherer Maßgabe des Teilabschnitts 1.3 der EUREX-Handelsbedingungen durch eine der folgenden **Gültigkeitsklauseln** konkretisiert werden:

-   **Good-till-cancelled**: Sofern der Auftrag nicht sofort zur Ausführung gelangt, bleibt er so lange gültig, bis er widerrufen wird.

-   **Good-till-date**: Sofern der Auftrag nicht sofort zur Ausführung gelangt, bleibt er bis zum Ablauf der angegebenen Frist gültig.

Limitierte Aufträge können darüber hinaus als sog. eingeschränkt limitierte Aufträge zusätzlich mit einer der folgenden **Ausführungsklauseln** versehen werden:

-   **Fill-or-kill**: Sofern der Auftrag nicht sofort vollständig ausgeführt wird, ist er umgehend wieder zu löschen.

-   **Immediate-or-cancel**: Der Auftrag soll umgehend ganz oder, sofern dies nicht möglich ist, auch nur *teilweise* ausgeführt werden; der nicht sofort ausführbare Rest ist wieder zu streichen.

Kombinierte Aufträge der unter Teil (2) dieses Abschnittes dargestellten Art müssen mit einer dieser beiden Klauseln versehen sein.

Für die weitere Behandlung der in der einen oder anderen Weise spezifizierten Aufträge der Händler wie auch der Quotes der Market-Maker ist entscheidend, in welcher der folgenden vier, in Punkt 1.1.3 der EUREX-Handelsbestimmungen präzisierten, **Handelsphasen** sie erfolgen:

–   **Pre-Trading-Periode**: In der vorbörslichen Phase können Orders und Quotes eingegeben werden. Ein Handel, d.h. eine Zuordnung von Angebot und Nachfrage, erfolgt noch nicht; alle Eingaben werden gesammelt.

–   **Opening-Periode**: Bei Eröffnung des Börsenhandels wird für jede Kontraktkategorie nach näherer Maßgabe von Punkt 1.1.3 Abs. 2 der EUREX-Handelsbedingungen nach dem Meistausführungsprinzip ein Eröffnungskurs ermittelt.

–   **Trading-Periode**: Anschließend werden die Geschäfte in der Handelsphase nach dem Prinzip des fortlaufenden Handels (vgl. 4.1.2) weiter abgewickelt und sofort online bestätigt.

–   **Post-Trading-Periode**: Für eine gewisse Zeit nach Beendigung der Handelsphase können weitere Aufträge und Quotes eingegeben werden, die allerdings erst am nächsten Börsentag im Verbund mit den weiteren Orders in der nächsten vorbörslichen Phase zur Ausführung gelangen können.

Die Erfüllung von Aufträgen, das sog. **Matching**, kann also nur in der Opening- und der Trading-Periode erfolgen, und zwar

–   sowohl in der Weise, daß Aufträge von Händlern mit passenden Quotes der Market-Maker zusammengeführt werden,

–   als auch dadurch, daß miteinander kompatible Orders verschiedener Händler zusammengeführt werden.

Die Ermittlung des Eröffnungskurses sowie die ständige Zuordnung von Angebot und Nachfrage wird dabei ohne jegliche menschliche Einwirkung durch den zentralen Computer der EUREX vorgenommen. Die für das zugrundeliegende Programm maßgeblichen Regelungen über die Art und Weise, wie die Aufträge zusammengeführt werden, sind in den Teilabschnitten 1.2 und 1.3 der EUREX - Handelsbedingungen fixiert.

(2)   Handelsobjekte

a)   Optionsgeschäfte an der EUREX [1]

An der EUREX wurden im September 1998 neben Aktienoptionen auf 41 deutsche Standardwerte auch Optionen auf spezielle Aktienindices, beispielsweise den DAX und den Dow Jones Euro STOXX 50, sowie auf den BUND- bzw. BOBL-Future gehandelt.

Der Mindestschluß bei **Aktienoptionen** beträgt in der Regel 10 Stück bei 50-DM-Aktien oder entsprechendem Euro-Wert sowie 100 Stück bei 5-DM-Aktien oder entsprechendem Euro-Wert und nennwertlosen Aktien. Neben den vier Grundpositionen

–   des Käufers einer Kaufoption (Long Call),

–   des Stillhalters einer Kaufoption (Short Call),

–   des Käufers einer Verkaufsoption (Long Put) und

–   des Stillhalters einer Verkaufsoption (Short Put)

können an der EUREX außerdem verschiedene Formen **kombinierter Aufträge** in den Markt gegeben werden. Dabei handelt es sich gem. Punkt 1.3.4(1) der Bedingungen für den Handel an der EUREX um zwei zur gleichen Zeit eingegebene Einzelaufträge

–   „über Kauf und/oder Verkauf derselben Anzahl von Kontrakten desselben Produkts,

–   die sich jedoch in bezug auf Fälligkeit und Basispreis unterscheiden können,

–   wobei die Ausführung der Kauf- und Verkaufsaufträge voneinander abhängig sind."

Welche Kombinationsformen im einzelnen in dieser Weise standardmäßig gehandelt werden können, legt der Börsenvorstand fest. Derzeit werden neben den Ihnen schon aus 5.1.2 Unterpunkt (5) bekannten Long und Short Straddles u.a. noch folgende Kombinationen gehandelt:

–   **Strangles**: Kombination von einem Call und einem Put desselben Basiswertes mit gleicher Laufzeit, aber unterschiedlichem Basispreis jeweils entweder als Käufer (Long Strangle) oder als Stillhalter (Short Strangle).

–   **Vertical Spreads**: Kauf eines Put (Call) und gleichzeitiger Verkauf eines Put (Call) mit gleicher Laufzeit, aber anderem Basispreis.

---

1   Vgl. dazu das Informationsangebot der Deutschen Börse AG im Internet unter http://www.exchange.de/

– **Horizontal Spreads**: Kauf eines Put (Call) und gleichzeitiger Verkauf eines Put (Call) mit gleichem Basispreis, aber anderer Laufzeit.

Im Hinblick auf die Laufzeit sind zunächst die folgenden beiden Begriffe zu erläutern:

– Der (monatliche) **Verfalltag** ist der auf den dritten Freitag im Monat folgende Börsentag.

– Der **Quartals-Verfalltag** ist der (monatliche) Verfalltag im letzten Monat eines jeweiligen Quartals (also März, Juni, September und Dezember).

Aktienoptionen werden an der EUREX entsprechend ihren Verfallsmonaten in drei Gruppen gehandelt. Beispielhaft werden an dieser Stelle die Laufzeiten der sog. Gruppe A näher erläutert. Bis zum letzten Börsentag vor dem Verfalltag des laufenden Monats werden Optionen auf Aktien dieser Gruppe jeweils für fünf verschiedene Verfallmonate gehandelt:

– bis zum Verfalltag des laufenden Monats,

– bis zum Verfalltag des Folgemonats,

– bis zum Verfalltag des übernächsten Monats und

– bis zu den beiden nächsten danach liegenden Quartalsverfalltagen.

Die **Ausübung** von Optionsrechten auf Aktien ist an jedem Börsentag, letztmalig am letzten Handelstag vor dem Verfalltag möglich.

Der **Aktienoptionspreis** muß in Spannen von 0,10 Euro festgelegt werden. Bei Optionen auf 5 DM-Aktien oder entsprechendem Euro-Wert sind Preisabstufungen von 0,01 Euro möglich.

Die **Basispreise** sind ebenfalls standardisiert; und zwar muß der vereinbarte Preis innerhalb der in Tab. 5.01 angegebenen Preisstufen jeweils durch den ebenfalls aufgeführten Divisor „glatt" teilbar sein.

Preisstufe	Divisor
1 – 20	1
22 – 50	2
52,5 – 100	2,5 für den 1. und 2. Verfalltermin
55 – 100	5 für die restlichen Verfalltermine
110 – 200	10
220 – 500	20
525 – 1000	25 für den 1. und 2. Verfalltermin
550 – 2000	50 für die restlichen Verfalltermine
über 2000	100

Tab. 5.01:   Basispreisstandardisierung bei 50-DM-Nennwert-Aktien

Die EUREX stellt sicher, daß für jeden Put und jeden Call für jeden Fälligkeitstermin jeweils mindestens drei Serien mit unterschiedlichen Basispreisen zur Verfügung stehen, und zwar mit je einem Basispreis

– in the money,

– at the money und

– out of the money.

Beispiel:

Der aktuelle Kassakurs einer Aktie beträgt 503 Euro. Bei der Eröffnung des Optionshandels dieses Wertes zu einem neuen Verfalltermin könnten dementsprechend etwa folgende Preisstufen vorgesehen werden:

550: in the money für Puts,
      out of the money für Calls

500: at the money

480: in the money für Calls,
      out of the money für Puts

Im Laufe des weiteren Handels in der Folgezeit können dann allerdings je nach der Kassakursentwicklung des Basiswertes weitere Preisstufen hinzukommen.

Aufgabe 5.09:

Für drei an der Frankfurter Wertpapierbörse gehandelte Aktien liegt folgende Kursentwicklung vor (Der 17.4. sei der dritte Freitag im Monat)

	17.4.98	20.4.98	21.4.98
A-Aktie	74	75,5	73,5
B-Aktie	197	198	196
C-Aktie	652	647	639

a) Zu welchen Verfallterminen können an der EUREX am 31.3. (20.4.) Optionen neu begründet werden?

b) Am 20.4. wird der Handel von Optionen bis zum 22.3. des Folgejahres neu eröffnet. Welche Basispreise kommen für die drei Aktien jeweils in Frage?

Aufgabe 5.10:

Gehen Sie von den Angaben zu Aufgabe 5.09 aus!

a) Ein Anleger ist Inhaber einer Kaufoption auf 100 A-Aktien per 15.10. zum Basispreis von 70 Euro. Wie hoch müßte der Optionspreis Ende April mindestens sein, wenn der Kassakurs konstant bei 73,5 bleibt?

b) Was spricht dafür, daß der tatsächliche Optionspreis etwas *oberhalb* der gem. a) bestimmten Untergrenze liegt?

Bei der zwischenzeitlichen Ausgabe von Bezugsrechten wird der Basispreis bereits abgeschlossener Optionen um einen Betrag ermäßigt, der dem Wert des Bezugsrechts nach einer von der EUREX festgelegten Formel entspricht. Dividenden, Boni oder sonstige Barausschüttungen hingegen führen nicht zu einer Veränderung der Basispreise.

Anders als die bislang vorgestellten Aktienoptionen ist die **DAX-Option** ein Indexoptionskontrakt. Dieser Art eines Optionskontraktes liegt kein handelbares Gut (wie 100 Aktien), sondern der Wert des Deutschen Aktienindex (DAX) zugrunde. Der DAX wird aus den Kursen von 30 Standardwerten, die an den deutschen Börsen gehandelt werden, laufend neu berechnet. Ein DAX-Stand von beispielsweise 6.500 Punkten entspricht dabei vereinbarungsgemäß einem Kontraktwert von 65.000 Euro. Da die Lieferung der dem DAX zugrundeliegenden Aktienwerte in der dem Index entsprechenden Gewichtung vielfach praktisch unmöglich wäre, verkörpert das Optionsrecht lediglich das Anrecht auf einen Barausgleich. Der zu zahlende Betrag ergibt sich aus der mit 10 multiplizierten Differenz zwischen dem vereinbarten Basispreis und dem Indexstand (Schlußabrechnungspreis) bei Ausübung.

Im Gegensatz zu den Aktienoptionen ist die DAX-Option vom europäischen Typ; d.h. sie kann nur genau zu dem vorgesehenen Ausübungstag ausgeübt werden. Dabei stehen jeweils acht verschiedene Termine zur Auswahl.

Die für die Basispreise geltenden Preisabstufungen hängen von der Laufzeit des Kontraktes ab. Bei Laufzeiten von bis einschließlich 6 Monaten existieren jeweils Preisabstufungen von 25 Indexpunkten. Bei Einführung eines neuen Verfallmonats werden immer fünf neue Basispreise eingeführt, und zwar im Vergleich zum aktuellen Indexstand je zwei in-the-money und out-of-the-money sowie einer at-the-money. Die kleinste Preisveränderung des Optionspreises, der sog. **Tick**, ist auf 0,1 Punkte festgelegt, was einem Tick-Wert von $0,1 \cdot$ Euro $10 = 1$ Euro entspricht.

Beispiel:

Ein Kauf von 20 DAX-Calls 5.100 zu 53,8 Euro mit Fälligkeit in vier Wochen erzeugt folgende Zahlungsverpflichtungen, wenn der Schlußrechnungspreis des DAX am Ausübungstag bei 5.183 liegt:

(1) Zu zahlende Optionsprämie bei Erwerb des Kontraktes:
$53,8 \cdot 10$ Euro $\cdot$ 20 Kontrakte $= 10.760$ Euro

(2) Gutschrift am Ausübungstag:
$(5.183 - 5.100) \cdot 10$ Euro $\cdot$ 20 Kontrakte $= 16.600$ Euro

Die hierzu benötigten Schlußabrechnungspreise des DAX werden als Durchschnittswert des Index aus den Indexberechnungen in den letzten zehn Minuten des Börsenhandels der Frankfurter Wertpapierbörse ermittelt. Ebenso wie bei den Optionen auf Aktien nehmen auch hier Dividendenzahlungen keinen Einfluß, da bei der Berechnung des zugrundeliegenden Index die Dividendenabschläge auf die eingehenden Aktienkurse herausgerechnet werden.

Im Gegensatz zu den bislang vorgestellten Optionskontrakten bezieht sich die **Option auf den BUND- (bzw. BOBL-) Future** nicht auf einen originären oder synthetischen Wert des Kassamarktes, sondern auf einen anderen Terminkontrakt, den BUND- (bzw. BOBL-) Future (vgl. Unterpunkt b). So erwirbt der Käufer einer derartigen Kaufoption das Recht, BUND- (bzw. BOBL-) Futures zu kaufen. Bei Ausübung wird aus seiner bedingten Optionsposition eine unbedingte Kauf- (Long-)Position im Future. Als Käufer einer Verkaufsoption wird auf der anderen Seite das Recht erworben, Futures zu verkaufen, d.h. bei Ausnutzung der Optionsposition eine Verkaufs- (Short-) Position im Future einzunehmen. Die kleinste Preisänderung beträgt hier 0,01, was bei einem Nominalwert von 250.000 Euro einem Tick-Wert von 25 Euro entspricht (vgl. Unterpunkt b).[1])

b) Futuresgeschäfte an der EUREX

Im September 1998 wurden an der EUREX neben den unter Teil a) dargestellten Optionen auch die folgenden Arten von Futures gehandelt:

– Der **DAX-Future** bezieht sich ebenso wie die DAX-Option auf den deutschen Aktienindex.

– Der **MDAX-Future** bezieht sich auf den sog. Midcap-DAX. Der MDAX ist ein weiterer Aktienindex, der 70 variabel gehandelte Werte umfaßt, die in bezug auf Börsenkapitalisierung und -umsatz unmittelbar nach den 30 DAX-Werten folgen.

– Der **langfristige Bund-Future** ((Euro-)BUND-Future) bezieht sich auf eine idealtypische 6%-ige Schuldverschreibung des Bundes oder der Treuhandanstalt mit 8½ bis 10½-jähriger Restlaufzeit, die in dieser Form gar nicht wirklich im Umlauf sein muß. Der (hypothetische) Kurs dieser Anleihe wird nach einer bestimmten finanzmathematischen Formel aus den tatsächlichen Zins- und Kurskonstellationen abgeleitet.

---

1 Der Nominalwert des Euro-BUND-Futures liegt bei 100.000 Euro und entspricht einem Tickwert von 10 Euro (Stand November 1998). Die aktuellen EUREX-Produkte können im Internet abgerufen werden unter http://www.exchange.de/

– Der **mittelfristige Bund-Future** ((Euro-)BOBL-Future) weist die gleichen Kontraktspezifikationen wie der langfristige Bund-Future auf, er erfordert jedoch die Lieferung von Bundesanleihen mit 3½ bis 5-jähriger Restlaufzeit.

– Der **kurzfristige Bund-Future** ((Euro-)SCHATZ-Future) weist die gleichen Kontraktspezifikationen wie der langfristige Bund-Future auf, er erfordert jedoch die Lieferung von Bundesanleihen mit 1¾- bis 2¼-jähriger Restlaufzeit.

– Der Basiswert des **Einmonats-(Dreimonats-)Euromark-Futures** (sog. 1-M- bzw. 3-M-LIBOR-Future) ist der Zinssatz für Einmonats- (Dreimonats-) Eurotermingelder in DM. Der Basiswert des **Einmonats- (Dreimonats-) EURIBOR-Futures** ist entsprechend der Zinssatz für Einmonats- (Dreimonats-) Eurotermingelder in EURO.

– Der mittelfristige **Pfandbrief-Future** ((Euro-) Jumbo-Pfandbrief-Future) weist die gleichen Kontraktspezifikationen wie der mittelfristige Bund-Future auf, er erfordert jedoch die Lieferung von Pfandbriefen der Hypothekenbanken oder anderer öffentlich-rechtlicher Emittenten.

Die Aufträge in den Futures können entweder reine Kauf- oder Verkaufsorders sein oder sog. **Time Spreads**, bei denen dieselbe Anzahl von **Kontrakten**, die sich nur in der Fälligkeit unterscheiden, einerseits gekauft und andererseits verkauft werden.

In allen Fällen können die Gegenstände des Geschäftes in aller Regel gar nicht effektiv geliefert werden. Daher geht auch die Vereinbarung der Vertragspartner z.B. beim **DAX-** bzw. **MDAX-Future** vielmehr dahin, daß die am sog. **Schlußabrechnungstag** bestehende Differenz zwischen

– dem vereinbarten Basispreis (Indexstand) und

– dem für den Erfüllungstag maßgeblichen Indexstand

in bar ausgeglichen wird.

Beim Abschluß eines **Bund-Future** verpflichtet sich der Verkäufer hingegen effektiv, Bundesanleihen in dem vereinbarten Volumen zu liefern. Er hat jedoch das Recht, dazu nach seiner Wahl eine beliebige – allerdings bestimmte Kriterien, z.B. bezüglich Ursprungslaufzeit und Mindestemissionsvolumen erfüllende – Bundesanleihe mit einer Restlaufzeit zwischen 8,5 und 10,5 Jahren, 3,5 – 5 Jahren bzw. 1,75 – 2,25 Jahren zu verwenden. Der im Hinblick auf die Lieferung einer idealtypischen Anleihe vereinbarte Basispreis wird dabei im Hinblick auf Zinsausstattung und Restlaufzeit der effektiv gelieferten Anleihe korrigiert. Dazu gibt die EUREX jeweils für alle lieferbaren Bundesanleihen Umrechnungsfaktoren bekannt, die nach einer festgelegten finanzmathematischen Formel ermittelt werden. Die von dem Käufer definitiv zu erbringende Zahlung kann also je nachdem, welche Anleihe konkret geliefert wird, mehr oder weniger stark von dem ursprünglich vereinbarten Basispreis abweichen.

Beispiel:

Ein langfristiger Bund-Future über nominal 1 Mio Euro ist zum Basispreis von 95 Euro pro 100 Euro Nominalwert abgeschlossen worden. Der Verkäufer muß am 10. Dezember des Jahres 001 erfüllen.

Gäbe es zu diesem Termin eine 6%-ige Bundesanleihe mit genau 10-jähriger Restlaufzeit, so müßte der Käufer vereinbarungsgemäß 950.000 Euro dafür bezahlen.

Tatsächlich liefert der Verkäufer die 7,25%-ige Bundesanleihe mit Fälligkeit im Januar des Jahres 011 und laufenden Zinszahlungen am 20. Januar jeden Jahres. Die tatsächlich gelieferte Anleihe ist wegen ihres deutlich höheren Coupons (7,25% anstatt 6%) offensichtlich wertvoller als die idealtypische Bundesanleihe. Mithin wird der Basispreis von 95 nach oben korrigiert.

Die Korrektur erfolgt anhand eines EUREX-Preisfaktors, dessen Berechnung den Nominalzins der gelieferten Anleihe, deren Restlaufzeit in Jahren sowie den Zeitraum bis zur nächsten Zinszahlung berücksichtigt.

In unserem Fall beträgt der Preisfaktor 1,085456.

Statt 950.000 Euro wären also 950.000 · 1,085456 = 1.031.183 Euro zu bezahlen.

Dieser Betrag erhöht sich außerdem um die Stückzinsen, also den Anteil der am 20. Januar folgenden Zinszahlung von insgesamt 72.500 Euro, der zeitanteilig noch dem Verkäufer zusteht. Im vorliegenden Fall wären das angesichts der (rechnerischen) Differenz von 40 Tagen zwischen 10. Dezember und 20. Januar und einem zu 360 Tagen gerechneten Jahr (320/360) · 72.500 = 64.444 Euro.

Die von dem Käufer in Erfüllung des Vertrages zu erbringende Gegenleistung setzt sich also insgesamt aus folgenden Komponenten zusammen:

	Basispreis	950.000 Euro
+	Preiszuschlag nach Formel (0,085456 · 950 TEuro)	81.183 Euro
+	Stückzinsen	64.444 Euro
		1.095.627 Euro

Das **Mindestkontraktvolumen** beträgt beim DAX-Future das Hundertfache, beim MDAX das Zehnfache des Indexwertes in Euro, bei einem DAX-Indexwert von z.B. 5.607,5 also 560.750 Euro. Dabei wird der Index für Zwecke des Future-Handels in Einheiten von einem halben Punkt variiert. Die kleinste Preisveränderung eines Kontraktes, der sog. Tick, beträgt bei dem DAX-(MDAX-)Future also 25 Euro (2,5 Euro). Bei den Euro-Bund-Futures ist hingegen ein Nominalwert von 100.000 Euro als kleinste Handelseinheit definiert. Der Tick beträgt hier

10 Euro, was auf einen Nominalwert von 100 Euro einer Veränderung von 0,01 Punkten entspricht. Der Kontraktwert des Einmonats-(Dreimonats-)EURIBOR-Futures beträgt 3 Mio. (1 Mio.) Euro. Der Preis wird in Prozent ermittelt auf der Basis von 100 abzüglich dem gehandelten Zinssatz. Die minimale Preisveränderung beträgt 0,005 Prozent, was einem Wert von 12,50 Euro entspricht.

Die einzelnen Futures werden jeweils in folgender Weise in verschiedenen **Laufzeitvarianten** gehandelt:

–   Beim DAX- bzw. MDAX-Future kommt als Erfüllungstag nur jeweils der erste Börsentag der Monate März, Juni, September und Dezember in Frage, der auf den dritten Freitag des Monats folgt. Die Liefertage der drei Varianten des Bund-Futures sind hingegen die ersten Börsentage, die auf den 9. Kalendertag der genannten Monate folgen. Bei den LIBOR-Futures erfolgt die Erfüllung jeweils am ersten Börsentag nach dem 3. Mittwoch der genannten Erfüllungsmonate.

–   Bis zum zweiten Börsentag vor dem Erfüllungs- bzw. Liefertag werden allerdings immer nur Futures für die kommenden drei Erfüllungs- bzw. Liefertermine gehandelt. Danach wird der Handel für den unmittelbar bevorstehenden Liefertermin eingestellt und gleichzeitig der Handel für den neun Monate später liegenden Termin neu eröffnet. Lediglich bei den LIBOR-Futures gelten andere Erfüllungsmonate. Beim 1-M- (3-M-)LIBOR-Future sind dies die nächsten sechs (drei) aufeinanderfolgenden Kalendermonate (sowie die nächsten elf Quartalsmonate März, Juni, September und Dezember).

Beispiel:

Am 03. September 009 sind DAX-, MDAX-, Euro-BUND-, EURO-BOBL- und Euro-SCHATZ-Futures im Handel mit folgenden Verfallsmonaten:

–   September 009

–   Dezember 009

–   März 010

Ende September 009 ist der Handel zum Verfallsmonat September 009 natürlich nicht mehr möglich; stattdessen können Geschäfte zum Juni 010 getätigt werden.

Mit dem Angebot des DAX-Future sowie der auf den DAX bezogenen Option wird es möglich,

–   einerseits auf eine fallende oder eine steigende Kurstendenz des deutschen Aktienmarktes insgesamt zu spekulieren,

- andererseits aber auch vorhandene Aktienportefeuilles in bestimmtem Umfang gegen Kursrisiken abzusichern (vgl. Abschnitt 5.1.2 und 5.1.3).

Da der hypothetische Kurs einer 6%-igen Bundesanleihe mit 8,5 bis 10,5-jähriger oder 3,5 bis 5-jähriger Restlaufzeit nur von der Zinsentwicklung abhängt, ermöglichen es die Bund-Futures und die darauf bezogenen Optionen,

- einerseits auf steigende oder auf fallende Zinsen und dementsprechend auf fallende oder auf steigende Anleihekurse zu spekulieren,

- andererseits aber auch vorhandene Bestände festverzinslicher Wertpapiere gegen zinsänderungsbedingte Kursrisiken abzusichern.

(3) Das Clearing-System

Unter der Bezeichnung Clearing ist im weiteren Sinne die Gesamtheit der Maßnahmen zur Abwicklung, Besicherung sowie geld- und stückemäßigen Regulierung (Clearing im engeren Sinne) zu verstehen. Ausschließliche Clearingstelle ist die EUREX, die zugleich auch in alle abgeschlossenen Geschäfte umgehend selbst eintritt, so daß insoweit letztlich nur Rechtsbeziehungen zwischen der EUREX einerseits und einzelnen Börsenteilnehmern andererseits entstehen.

Beispiel:

Während der Handelsphase gibt ein Market Maker einen Quote für einen bestimmten Call mit den Preisen 50 (Kauf) und 52 (Verkauf) in den Markt. Im Markt befinden sich zur Zeit

- von Bank A ein unlimitierter Kaufauftrag für einen Call über 100 Aktien,
- von Bank B ein auf 52 limitierter Kaufauftrag für einen Call über 200 Aktien und
- von Bank C ein auf 49 limitierter Verkaufsauftrag für einen Call über 250 Aktien.

Der EUREX-Computer führt die drei Händlerorders mit dem Quote des Market Maker zusammen, woraus dann durch den sofortigen Eintritt der EUREX folgende Rechtsbeziehungen resultieren:

(1) Die EUREX ist gegenüber den Banken A und B in der Position des Stillhalters einer Kaufoption über 100 bzw. 200 Aktien. Sie ist außerdem gegenüber der Bank C in der Position des Käufers einer Kaufoption über 250 Aktien.

(2) Zugleich ist die EUREX gegenüber dem Market-Maker

- zum einen in der Position des Käufers einer Kaufoption über 300 Aktien und
- zum anderen in der Position des Stillhalters einer Kaufoption über 250 Aktien.

Der generelle Eintritt der EUREX in alle Geschäfte hat neben der Vereinfachung der Abrechnung für die Marktteilnehmer insbesondere den Vorteil, daß die Bonität und Leistungsfähigkeit des Marktpartners, dem der eigene Auftrag zunächst zugeführt wird, für die Händler unerheblich ist. Ausschließlich die EUREX mit ihrer gemeinhin als absolut erstklassig angesehenen Bonität steht für die Auftragserfüllung gerade.

Allerdings können nicht alle zum Handel an der EUREX zugelassenen Händler in dieser Weise in unmittelbare Rechtsbeziehung zu der EUREX treten. Vielmehr sind folgende drei Kategorien von Börsenteilnehmern zu unterscheiden:

– Ein **General-Clearing-Mitglied** (GCM)[1] kann zum einen Eigengeschäfte abschließen und dadurch in der skizzierten Weise unmittelbarer Vertragspartner der EUREX werden. Zum anderen tritt es gegenüber der EUREX auch für solche Geschäftsabschlüsse als unmittelbarer Vertragspartner auf, die aus Aufträgen der von ihm „betreuten" Nicht-Clearing-Mitglieder (s.u.) resultieren.

– Ein **Direkt-Clearing-Mitglied** (DCM)[2] hingegen kann nur aus Eigengeschäften Vertragspartner der EUREX werden.

– Ein **Nicht-Clearing-Mitglied** (NCM)[3] schließlich kann zwar ebenfalls am Börsenhandel teilnehmen, also etwa Quotes abfragen und Aufträge in den Markt geben. Gelangt der Auftrag allerdings zur Ausführung, so wird das „betreuende" GCM – quasi stellvertretend für das NCM – Vertragspartner der DTB und – in entgegengesetzter Richtung – zugleich Vertragspartner seines NCM. Grundlage für ein derartiges Betreuungsverhältnis bildet eine in den „Clearing-Bedingungen für den Handel an der Deutschen Terminbörse" näher geregelte NCM-GCM-Clearing-Vereinbarung.[4]

---

1 Anfang des Jahres verteilten sich die rund 180 Börsenmitglieder zu 16% auf GCM, zu 20% auf DCM und zu 64% auf NCM.

2 siehe Fußnote 1

3 siehe Fußnote 1

4 Um möglichen Mißverständnissen sofort vorzubeugen, sei darauf hingewiesen, daß hier nur von den Beziehungen verschiedener Börsenteilnehmer untereinander die Rede ist. Davon zu trennen ist die Frage, ob ein Händler im Rahmen seiner eigenen Anlagepolitik oder für Kunden Aufträge in den Markt gibt. Zur Abwicklung von Kundenaufträgen sind Mitglieder aller drei Kategorien berechtigt. (Vgl. dazu auch 5.3).

Beispiel:

In unserem vorangegangenen Beispiel sei zusätzlich unterstellt, Bank C sei ein NCM, das von der Bank X als GCM betreut wird. Die beiden nachfolgenden Skizzen verdeutlichen

1. das Zustandekommen des Geschäftsabschlusses (Matching) und

2. die daraus entstehende Kette von vertraglichen Ansprüchen:

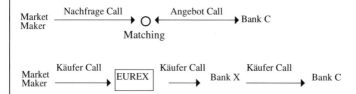

Die GCM-Bank X tritt also gegenüber der EUREX in die Position des Stillhalters einer Kaufoption und zugleich gegenüber der Bank C in die Position des Käufers eines entsprechenden Call.

Die Ratio dieser Regelung wird aus diesem Beispiel auch schon erkennbar: Stillhalter gegenüber der EUREX ist nicht die Bank C, sondern Bank X, die als GCM deutlich höheren finanziellen Anforderungen genügen muß. Selbst wenn Bank C bei der Erfüllung der aus dem eingegangenen Terminkontrakt resultierenden Verpflichtungen in Probleme geraten sollte, berührt dies die EUREX nicht, solang nur die GCM-Bank X leistungsfähig bleibt.

Diese Regelung erlaubt es den Marktteilnehmern zugleich, einmal eingegangene Positionen schon vor Fälligkeit „glatt" zu stellen, indem sie das entsprechende Gegengeschäft abschließen, also z.B. auf einen Long Put oder den Verkauf eines Futures einen Short Put bzw. den Kauf eines Futures in demselben Basiswert, zum selben Verfallstag und mit demselben Basispreis folgen lassen. Da Rechtsbeziehungen in beiden entgegengesetzten Termingeschäften nur gegenüber der EUREX begründet werden, heben sich Rechte und Pflichten gerade gegenseitig auf. Wären hingegen für den Fall des Optionsgeschäftes der Optionsanspruch und die Stillhalterverpflichtung gegenüber *unterschiedlichen* Vertragsparteien entstanden, käme es ggf. trotz Glattstellung immer noch in beiden Geschäften zu Lieferungen. Durch das Entfallen dieser Notwendigkeit wird dementsprechend auch der Umfang der zur Erfüllung der Optionsgeschäfte notwendigen Wertpapierlieferungen drastisch reduziert. Verständlich wird hierdurch, warum an der EUREX, wie übrigens an anderen Terminbörsen auch, in aller Regel nur ein äußerst geringer Bruchteil der abgeschlossenen Termingeschäfte auch tatsächlich ausgeübt wird; die ganz überwiegende Mehrheit der Positionen, sowohl short als auch long, werden vielmehr vor Fälligkeit durch ein Gegengeschäft glattgestellt.

Neben der Differenzierung in unterschiedliche Zulassungsvoraussetzungen für Börsenmitglieder sichert die EUREX ihre Ansprüche zusätzlich durch die börsentägliche Neufestsetzung des von den Clearing-Mitgliedern insgesamt zu leistenden Gesamtvolumens an **Sicherheiten**. Übersteigen die bereits gestellten Sicherheiten das erforderliche Maß, kann über den „freien" Teil beliebig disponiert werden. Erreichen die Sicherheiten hingegen den Soll-Wert nicht, muß ein Ausgleich spätestens bis zum Morgen des nachfolgenden Börsentages erfolgt sein. Gem. Abschnitt 1.3.1.(5) der EUREX -Clearingbedingungen sind GC-Mitglieder verpflichtet, den von ihnen betreuten NC-Mitgliedern *mindestens* in der Höhe Sicherheiten abzuverlangen, wie sie die EUREX von einem Clearing-Mitglied mit einer entsprechenden Position verlangen würde.

Als Sicherungsmaßnahme wird für das Optionsgeschäft folgende Vorgehensweise befolgt:

– Börsentäglich wird für jedes Basispapier die per Saldo „offene" Stillhalterposition ermittelt, d.h. der Überschuß der eingegangenen Stillhalterverpflichtungen (short positions) über entsprechende Optionsrechte (long positions).

– Von der Anzahl der Aktien, die der so ermittelten offenen Stillhalterposition gemäß aus Short Calls möglicherweise zu liefern wären, wird die Anzahl der entsprechenden Aktien abgezogen, die bereits zugunsten der EUREX hinterlegt sind (kongruente Deckung).

– Für die danach noch offenen Liefer- und Zahlungsverpflichtungen ist der EUREX in Form der sog. **Margin** zusätzlich Sicherheit in Geld oder Wertpapieren zu leisten. Dabei ist das Ausmaß der zu leistenden Sicherheiten tendenziell um so größer, je weiter die Optionen „in the money" sind. Mit der sog. Premium Margin sollen bei Optionen diejenigen Kosten abgedeckt werden, die sich bei einer Glattstellung zum aktuellen Marktpreis ergeben würden.

Ähnlich wie schon für das Optionsgeschäft dargestellt, sind auch die Teilnehmer am Futures-Geschäft verpflichtet, der EUREX börsentäglich Sicherheiten in Wertpapieren oder Geld zu hinterlegen. Bei Futureskontrakten und Optionen auf Futures ist keine der Premium Margin vergleichbare Sicherheitsleistung notwendig, da Gewinne und Verluste börsentäglich verrechnet werden.

Die hierzu herangezogene sog. **Additional Margin** deckt die Kosten ab, die der Clearing-Stelle im ungünstigsten Fall bis zum nächsten Börsentag entstehen könnten. Sie ist der Kern des sog. **Risk-Based-Margin-Systems** der EUREX, welches das Ausmaß der verlangten Sicherheitsleistungen nicht mehr rein additiv aus den Sicherheitsanforderungen verschiedener offener Positionen ableitet. Vielmehr werden nach diesem Prinzip alle Options- und Futures-Positionen eines

Clearing-Mitglieds gemeinsam der Margin-Berechnung zugrundegelegt. Dabei werden insbesondere

– die **Volatilität**, d.h. das Ausmaß der in der Vergangenheit beobachteten Kursschwankungen, der einzelnen Titel und

– die **Korrelationen**, d.h. das Ausmaß, in dem Kursschwankungen von je zwei Titeln eher gleichgerichtet, entgegengesetzt oder ohne erkennbaren Zusammenhang verlaufen sind, mit berücksichtigt.

Das Ziel des Risk-Based-Margin-Systems ist es, Kombinationen von Optionen auf Aktien, Optionen auf Futures und Futures auf ihr Gesamtrisiko hin zu überprüfen. Positionen mit entgegengesetztem Risikopotential sollen auf diese Weise angemessen berücksichtigt werden.

Zusätzlich zu der Sicherheitsleistung werden für jedes Clearing-Mitglied börsentäglich die rechnerischen **Gewinne oder Verluste** jeder einzelnen Futures-Position gegenüber dem letzten Börsentag ermittelt und dem Mitglied gutgeschrieben oder belastet. Grundlage für die Ermittlung von Gewinn oder Verlust ist dabei der Vergleich des in dem betrachteten Kontrakt vereinbarten Basispreises mit dem am Ende des jeweiligen Börsentages festgestellten Marktpreises, der sog. **tägliche Abrechnungspreis**.

Beispiel:

Ein Clearing-Mitglied verkauft 20 DAX-Futures per März des kommenden Jahres zum Basispreis von 1876,5 Euro an einen Market-Maker. Der für den Abschlußtag maßgebliche Abrechnungspreis betrage 1881,0 Euro.

Der Abrechnungspreis liegt also um 9 Ticks, entsprechend 450 Euro pro Kontrakteinheit, über dem Basispreis. Mithin erfolgt

– beim Käufer eine Gutschrift von 9.000 Euro und

– beim Verkäufer eine Belastung von 9.000 Euro.

Sinkt der Abrechnungspreis am Folgetag auf 1879 Euro, also um 4 Ticks, so erfolgt jetzt

– beim Käufer eine Belastung von 4.000 Euro und

– beim Verkäufer eine Gutschrift in entsprechender Höhe.

Das skizzierte Prinzip des **Daily Settlement** bewirkt im allgemeinen, daß sich bei den einzelnen Marktteilnehmern unrealisierte Gewinne oder Verluste nur in geringem Ausmaß aufbauen können und sich dementsprechend auch die im Erfüllungszeitpunkt effektiv noch offene Differenz (bzw. die Differenz zwischen dem Wert der zu liefernden Anleihen und der Gegenleistung) in engen Grenzen halten.

Die von der EUREX zu tragenden Realisationsrisiken werden somit zusätzlich begrenzt.

Weitere Vorteile des Clearing ergeben sich auch im Hinblick auf die Abwicklung des Zahlungsverkehrs. Alle Clearingmitglieder gleichen börsentäglich (außer mit den von ihnen betreuten NC-Mitgliedern) lediglich mit der EUREX den Saldo der aus der Gesamtheit aller getätigten Transaktionen resultierenden Zahlungsansprüche und -verpflichtungen aus (Vgl. dazu auch das Beispiel am Ende von Abschnitt 4.1.3).

5.3   Die Abwicklung von Kundenaufträgen

Sowohl an den deutschen Präsenzbörsen als auch an der EUREX vollzieht sich der Handel ausschließlich unmittelbar zwischen den dafür zugelassenen Börsenmitgliedern. Außenstehende Anleger können demnach nicht selbst an der Börse agieren, sondern müssen ein zum Börsenhandel zugelassenes Kreditinstitut beauftragen, für sie die entsprechenden Aufträge in den Börsenhandel einzubringen.

Schließt ein Anleger, der nicht als Kaufmann im Sinne des HGB anzusehen ist, Termingeschäfte ab, so sind diese nicht in jedem Fall auch wirklich bindend für ihn. Vielmehr kann er sich unter bestimmten Voraussetzungen seinen Verpflichtungen unter Verweis auf die einschlägigen Vorschriften der §§ 762, 764 BGB (**sog. Differenzeinwand**) entziehen. Die daraus resultierenden Probleme haben die Abwicklung des Optionsgeschäfts für Kunden in Deutschland lange Zeit erheblich behindert. Um dem abzuhelfen, hat der Gesetzgeber mit der Novelle zum Börsengesetz vom 11.07.1990 einfache und klare Voraussetzungen geschaffen, unter denen ein Börsentermingeschäft, das mit einem Kreditinstitut abgeschlossen wird, auch für Kunden bindend ist. Wesentliche Voraussetzung dafür ist, daß das Kreditinstitut seinen Kunden in der durch § 33 BörsG näher spezifizierten Weise über die mit Börsentermingeschäften verbundenen Verlustrisiken informiert. Die meisten Institute haben dementsprechend inzwischen standardisierte Texte mit den vorgesehenen Informationen aufbereitet, die sie ihren Kunden vor dem Abschluß von Wertpapiertermingeschäften zur Kenntnis bringen.

Alle Aufträge für **Geschäfte an der EUREX** führen die Kreditinstitute ausweislich ihrer **Sonderbedingungen für Börsentermingeschäfte** als Kommissionär durch Selbsteintritt durch (vgl. 4.1.3). Die Abrechnung erfolgt dementsprechend brutto unter Angabe des Börsenpreises und explizitem Ausweis der weiteren Kostenbestandteile.

Die Kreditinstitute sind verpflichtet, von ihren Kunden Sicherheiten mindestens in der Höhe zu verlangen, die sich nach dem Berechnungsmodus der EUREX ergibt; die Banken können allerdings nach eigenem Ermessen auch weitergehende Sicherheiten verlangen. Zwischenzeitliche Gewinngutschriften und Verlustbelastungen bei Futures-Kontrakten werden in voller Höhe durch Gutschrift oder Belastung auf einem Kundenkonto an diesen weitergegeben. Die Verfügung über Gewinngutschriften aus einem noch laufenden Kontrakt bedarf allerdings der Zustimmung der Bank. Kommt ein Kunde dem Verlangen nach weiteren Sicherheiten oder nach Ausgleich ihm zugewiesener Verluste nicht nach, kann die Bank das Engagement durch ein entsprechendes Gegengeschäft glattstellen.

Der Auftrag, eine Option auszuüben, wird noch am gleichen Tag ausgeführt, sofern er die Bank vor dem von ihr festgelegten Termin erreicht; andernfalls erfolgt die Ausübung am nächsten Tag.

6 Risikoübernahme als Finanzdienstleistung

6.1 Allgemeine Vorüberlegungen

6.1.1 Problemstellung

In den Kapiteln 2 bis 5 dieses Kurses haben wir uns vorwiegend mit zwei Arten von Finanzdienstleistungen beschäftigt, nämlich

– zunächst mit Finanzierungsleistungen, die von verschiedenen Finanzintermediären teils als Eigen-, teils als Vermittlungsleistungen erbracht werden (Kap. 2), sowie

– anschließend mit Anlageleistungen, bei denen Finanzintermediäre teils als unmittelbare Geldnehmer, teils wiederum als Vermittler auftreten (Kap. 3 bis 5).

Bei etlichen dieser Leistungen war zudem als mehr oder weniger gewichtige Nebenwirkung der Effekt zu verzeichnen, daß verschiedene Arten finanzwirtschaftlicher Risiken durch die Tätigkeit der Finanzintermediäre vermindert werden.

Aufgabe 6.01:

Verdeutlichen Sie an Hand von drei Beispielen Ihrer Wahl die zuletzt aufgestellte These, wonach verschiedene Arten der bislang erörterten Finanzdienstleistungen zugleich zur Verminderung bestimmter finanzwirtschaftlicher Risiken beitragen!

Darüber hinaus bieten Finanzintermediäre in verschiedenen Feldern die Übernahme von Risiken jedoch als eigenständige Marktleistung an. Dieser Geschäftsbereich ist natürlich zunächst die Domäne der Versicherungen. In bestimmten Segmenten bieten jedoch auch andere Finanzdienstleistungsunternehmen wie z.B. Banken oder Kreditkartenorganisationen vergleichbare Leistungen an.

Bevor wir uns in den Abschnitten 6.2 und 6.3 einen groben Überblick über die institutionellen Gegebenheiten dieses Marktsegmentes verschaffen, wollen wir uns zuvor kurz an Hand eines bewußt einfach gehaltenen und auf eine beispielhafte Darstellung beschränkten Modells mit einem für die Möglichkeit der Risikoübernahme als Marktleistung konstitutiven Phänomen beschäftigen, dem **Risikoausgleich im Kollektiv.**

6.1.2   Das versicherungstheoretische Grundmodell

6.1.2.1 Die Ausgangssituation

Wir unterstellen, eine größere Anzahl von Fahrradbesitzern sei – jeweils für ein Jahr betrachtet – in folgender Weise der Gefahr eines Diebstahls ausgesetzt:

–   Mit 90%-iger Wahrscheinlichkeit kommt es zu keinem Diebstahl; der Schaden beträgt also 0 Euro.

–   Mit einer Wahrscheinlichkeit von p = 0,1, d.h. 10%, kommt es hingegen zu einem Diebstahl; der Schaden beläuft sich dann auf S = 500 Euro.

Um Risikosituationen dieser Art vergleichen zu können, ist es seit langem üblich, auf bestimmte wahrscheinlichkeitstheoretische Parameter zurückzugreifen, wobei dem Erwartungswert μ (griech. „müh") und der Standardabweichung σ (griech. „sigma") besondere Prominenz zukommt.

Der Erwartungswert μ wird allgemein berechnet, indem man zunächst jeden möglichen Ergebniswert mit der zugehörigen Eintrittswahrscheinlichkeit multipliziert und diese Produkte anschließend addiert. In unserem Ausgangsbeispiel gilt also ganz einfach

$$\mu_1 = 0,9 \cdot 0 + 0,1 \cdot 500 = 50^{1)}$$

Der Erwartungswert des Schadens, die **Schadenserwartung**, beträgt in unserem Fall also 50 Euro.

Die Berechnung der Standardabweichung σ ist etwas komplizierter:

–   Zunächst bildet man für jeden möglichen Ergebniswert die Differenz zum Erwartungswert μ. In unserem Beispiel also: $0 - 50 = -50$ und $500 - 50 = 450$.

–   Anschließend quadriert man diese Differenzen. Also $(-50)^2 = 2.500$ und $450^2 = 202.500$.

–   Diese Quadratwerte werden dann mit den zugehörigen Eintrittswahrscheinlichkeiten multipliziert und aufaddiert. Das so erzielte Zwischenergebnis wird allgemein als **Varianz** bezeichnet. In unserem Beispiel ergibt sich für die Varianz also: $0,9 \cdot 2.500 + 0,1 \cdot 202.500 = 2.250 + 20.250 = 22.500$.

---

1   Die hier und im folgenden häufiger benutzten Indizes bei μ und σ beziehen sich auf die Zahl der betrachteten Person.

– Aus dem so gefundenen Wert wird als letzter Schritt zur Ermittlung von σ schließlich die Wurzel gezogen.

Also $\sqrt{22.500} = 150$.

Zusammenfassend kann für unser Ausgangsbeispiel also geschrieben werden:

$$\sigma_1 = \sqrt{0{,}9 \cdot (0-50)^2 + 0{,}1 \cdot (500-50)^2} = 150$$

Für Situationen, in denen es mit der Wahrscheinlichkeit p zu einem Schaden S und mit der Gegenwahrscheinlichkeit (1 − p) zu keinem Schaden kommt, kann gezeigt werden, daß sich μ und σ allgemein nach folgenden Formeln berechnen lassen:

(6.1) $\mu_1 = p \cdot S$

(6.2) $\sigma_1 = \sqrt{p \cdot (1-p)} \cdot S$

μ ist dabei ein Indikator für die im statistischen Durchschnitt zu erwartende durchschnittliche Schadenhöhe. σ ist hingegen ein Indikator für das Ausmaß, indem die tatsächlich eintretenden Ergebnisse von dem rechnerischen Erwartungswert abweichen können, besagt also etwas über die Größe der Unsicherheit, der sich die betrachteten Personen ausgesetzt sehen.

Im folgenden wollen wir eine im einschlägigen Schrifttum gängige Annahme übernehmen und unterstellen, daß die betrachteten Personen in der Weise risikoscheu eingestellt sind, daß sie

– bei gegebenem Unsicherheitsgrad (σ) eine niedrigere Schadenserwartung (μ) einer höheren vorziehen und

– bei gegebener Schadenserwartung (μ) einen niedrigeren Unsicherheitsgrad (σ) einem höheren vorziehen.

Aufgabe 6.02:

Gehen Sie von folgenden Schadenssituationen A bis E aus:

	P	S
A	10%	500
B	20%	375
C	12,5%	400
D	20%	300
E	5%	700

a) Bestimmen Sie jeweils μ und σ!

b) Angenommen, eine im zuvor definierten Sinne risikoscheue Person habe die Wahl zwischen den Schadenssituationen A, B und C. Für welche würde sie sich – als kleinstes Übel – entscheiden? Begründen Sie Ihre Antwort!

c) Beantworten Sie Frage b) erneut für den Fall, daß die Wahl zwischen C, D und E besteht!

6.1.2.2 Das Modell der Gefahrengemeinschaft

Als nächstes wollen wir nun annehmen, zwei Fahrradbesitzer kämen auf die Idee, in der Weise eine „Gefahrengemeinschaft" zu bilden, daß alle eventuell auftretenden Schäden – unabhängig davon, wessen Fahrrad ggf. gestohlen wird – gemeinsam getragen werden. Was ändert sich dadurch für jeden einzelnen, wenn wir weiterhin unterstellen, die Gefahr, daß einem der beiden das Rad gestohlen wird, sei völlig unabhängig davon, ob es bei dem anderen zu einem Diebstahl kommt und umgekehrt?

Zunächst erkennt man, daß es jetzt nicht mehr nur die beiden Möglichkeiten „Schaden" oder „kein Schaden" gibt. Vielmehr können nun insgesamt *drei* verschiedene Situationen eintreten, nämlich die, daß es zu keinem, zu einem oder zu zwei Diebstählen kommt. Die ersten drei Spalten von Tabelle 6.01 verdeutlichen diese drei Konstellationen und die zugehörigen Schadenssummen insgesamt sowie pro Kopf des einzelnen Partners.

Zahl der Schäden	Schadenssumme		Zahl der Konstellation	Wahrscheinlichkeit
	insgesamt	pro Kopf		
(1)	(2)	(3)	(4)	(5)
0	0	0	1	$1 \cdot 0{,}9^2$:81%
1	500	250	2	$2 \cdot 0{,}9 \cdot 0{,}1$:18%
2	1.000	500	1	$1 \cdot 0{,}1^2$: 1%

Tab. 6.01: Schadenssummen und ihre Eintrittswahrscheinlichkeiten

Im Hinblick auf die Eintrittswahrscheinlichkeiten dieser drei Konstellationen ist zweierlei zu beachten.

(1) Allgemein ergibt sich die Wahrscheinlichkeit dafür, daß zwei voneinander unabhängige Ereignisse zugleich eintreten, einfach als Produkt der jeweils zugehörigen Eintrittswahrscheinlichkeiten. So erhält man die in Spalte 5 von Tab. 6.01 wiedergegebenen Werte für die Möglichkeiten von 0 bzw. 2 Schäden.

(2) Kann ein bestimmtes Ereignis auf verschiedene Weisen durch das Zusammentreffen von zwei voneinander unabhängigen Ereignissen zustandekommen, so sind die gem. (1) ermittelten Wahrscheinlichkeitsprodukte aufzuaddieren oder – bei wertmäßiger Identität – mit der Zahl der zu diesem Ergebnis führenden Konstellationen zu multiplizieren. So ergibt sich der in Tab. 6.01 für die Möglichkeit genau *eines* Schadens angegebene Wahrscheinlichkeit von 18% als Summe aus 9% für den Diebstahl des einen Fahrrads und weiteren 9% für den Diebstahl des anderen Fahrrads.

In Tab. 6.02 sind zur Verdeutlichung noch einmal die Schadensverteilungen (pro Kopf) zusammengestellt, denen sich ein einzelner Fahrradbesitzer gegenübersieht, je nachdem ob er einen etwaigen Schaden isoliert zu tragen hat, oder sich mit einem Partner zu einer Gefahrengemeinschaft zusammengeschlossen hat.

Gruppengröße	1		2		
Pro-Kopf-Schaden	0	500	0	250	500
Wahrscheinlichkeit	90%	10%	81%	18%	1%

Tab. 6.02: Pro-Kopf-Schaden und Eintrittswahrscheinlichkeiten

Vergleicht man diese beiden Verteilungen, so erkennt man auf den ersten Blick zweierlei Effekte, die durch die Bildung der Gefahrengemeinschaft entstanden sind:

–   Die Eintrittswahrscheinlichkeiten für die beiden Extremwerte (0 und 500) sind in gleicher Weise um 9%-Punkte kleiner geworden, was bei der Schadenswahrscheinlichkeit mit einer Reduktion von 10% auf 1% natürlich *relativ* viel stärker ins Gewicht fällt als bei der Wahrscheinlichkeit für den schadensfreien Fall.

–   Zugleich ist nun jedoch ein in der Ausgangssituation gar nicht erreichbarer „mittlerer" Schadenswert von 250 mit einer Wahrscheinlichkeit von 18% möglich geworden.

Die Zusammenfügung von zwei identischen Schadenssituationen zu einer Gefahrengemeinschaft der geschilderten Art hat die Risikosituation der Beteiligten also auf jeden Fall verändert. Wie diese Veränderung zu bewerten ist, hängt grundsätzlich natürlich von den subjektiven Präferenzen der Beteiligten ab. Geht man allerdings weiterhin davon aus, daß diese in dem oben definierten Sinne risikoscheu eingestellt sind, so lassen sich weitere Aussagen dadurch gewinnen, daß wir für die neue Situation wiederum μ und σ berechnen. Man erhält so nach den oben verbal umschriebenen Rechenregeln:

$$\mu_2 = 0,81 \cdot 0 + 0,18 \cdot 250 + 0,01 \cdot 500 = 50$$

$$\sigma_2 = \sqrt{0,81 \cdot (-50)^2 + 0,18 \cdot 200^2 + 0,01 \cdot 450^2}$$

Vergleicht man diese Werte mit den für die Ausgangssituation bestimmten Größen ($\mu_1 = 50$; $\sigma_1 = 150$), so erkennt man, daß

–   die Schadenserwartung völlig unverändert geblieben ist,

–   der durch die Standardabweichung gemessene Unsicherheitsgrad jedoch spürbar kleiner geworden ist.

Wie Sie wahrscheinlich schon vermutet haben, ist dieser Befund kein Zufall, sondern hat Methode. Werden nämlich mehrere – allgemein – einfache Schadensverteilungen der in unserer Ausgangssituation betrachteten Art in eine Gefahrengemeinschaft eingebracht, so gilt – wie sich allgemein zeigen läßt – für die auf die Verteilung der Pro-Kopf-Schäden bezogenen Parameter:

(6.3) $\mu_n = \dfrac{1}{n} \cdot n \cdot p \cdot S = p \cdot S = \mu_1$

$$(6.4) \qquad \sigma_n = \sqrt{\frac{p \cdot (1-p)}{n}} \cdot S = \frac{\sigma_1}{\sqrt{n}}$$

Überprüft man (6.4) für unser Beispiel numerisch, so erhält man mit
$\frac{150}{\sqrt{2}} = \frac{150}{1,4142} = 106$ eine Bestätigung.

Mit zunehmender Größe des zu einer Gefahrengemeinschaft zusammengeschlossenen Kollektivs wird der Unsicherheitsgrad – bei gleich bleibender Schadenserwartung – also immer kleiner, allerdings nicht proportional, sondern gedämpft nach dem Prinzip der Quadratwurzel. Dementsprechend bewirkt also etwa eine Vervierfachung (Verneunfachung) der Kollektivgröße nur eine Halbierung (Drittelung) des Unsicherheitsgrades.

Aufgabe 6.03:

Machen Sie sich die zuletzt abgeleiteten Zusammenhänge selbst noch einmal klar und gehen Sie zunächst davon aus, daß *vier* Fahrradbesitzer sich zu einer Gefahrengemeinschaft zusammenschließen!

a) Ermitteln Sie die Verteilung der möglichen Pro-Kopf-Schäden in einer Aufstellung nach Art von Tab. 6.01!

b) Geben Sie kurz Ihre Eindrücke beim Vergleich dieser Verteilung mit der ursprünglichen Schadensverteilung wieder!

c) Berechnen Sie aus dieser Verteilung nach der eingangs angegebenen verbalen Umschreibung die Parameter μ_4 und σ_4 und überprüfen Sie die gefundenen Ergebnisse mit Hilfe der Formeln (6.3) und (6.4)!

Schließt sich nun eine größere Zahl von Fahrradbesitzern zu einer Gefahrengemeinschaft zusammen, so bleibt unter unseren bisherigen Annahmen der Durchschnittsschaden unverändert, während der Unsicherheitsgrad über den tatsächlich zu tragenden Pro-Kopf-Schaden immer kleiner wird. Schon bei einer Gruppengröße von 900 (mit $\sigma = 5$) beläuft sich die Wahrscheinlichkeit dafür, daß der tatsächlich eintretende Pro-Kopf-Schaden im Bereich von 50 $\pm$ 20 Euro liegt, auf über 99,99%. Bei einer Gruppengröße von 10.000 (mit $\sigma = 1,5$) gilt dieser Sicherheitsgrad bereits für eine Schadensmarge von 50 $\pm$ 6 Euro.

Für Personen, die in der eingangs definierten Weise risikoscheu sind, bringt der Zusammenschluß zu einer Gefahrengemeinschaft also deutliche Vorteile: das ursprünglich vergleichsweise hohe Risiko wird durch den **Risikoausgleich im Kollektiv** ganz erheblich reduziert. Die Bildung einer solchen Gefahrengemeinschaft kann daher sogar dann noch lohnend sein, wenn deren Organisation (Abschluß der Verträge, Erhebung der Umlage zur Abwicklung eingetretener Schäden etc.) zusätzliche Kosten verursacht.

Aufgabe 6.04:

Gehen Sie von den Daten unserer bisherigen Beispiele aus und unterstellen Sie zusätzlich, der Fahrradbesitzer V. Orsicht „bewerte" Risikosituationen der betrachteten Art nach der Bewertungsfunktion

$$b = \mu + 0,1\,\sigma$$

Eine Risikosituation wird also als umso weniger unangenehm eingeschätzt, je niedriger der zugehörige b-Wert ist.

a) Bestimmen Sie die b-Werte für einen Fahrradbesitzer

    (1) in der Ausgangssituation („Einzelkämpfer"),

    (2) als Mitglied einer Gefahrengemeinschaft von 900 Personen,

    und kommentieren Sie Ihr Ergebnis!

b) Angenommen, die Organisation der Gefahrengemeinschaft verursacht Kosten von 10 Euro pro Kopf. Wie würde Orsicht jetzt die Mitgliedschaft in der Gefahrengemeinschaft beurteilen?

c) Berechnen Sie die kritische Grenze für die Organisationskosten, bei deren Überschreiten Orsicht die Mitgliedschaft in der Gefahrengemeinschaft nicht mehr als vorteilhaft ansehen würde!

6.1.2.3 Versicherungsschutz als Marktleistung

Im vorigen Abschnitt haben wir, ohne dies explizit so zu benennen, die Grundstruktur eines Versicherungsvereins auf Gegenseitigkeit skizziert. Die zuletzt verdeutlichte Konstellation, daß etliche Personen bereit sein könnten, sogar eine etwas höhere Gesamtbelastung in Kauf zu nehmen, wenn sich dadurch der Unsicherheitsgrad der auf sie zukommenden Belastungen nur hinlänglich reduziert, weist zugleich auf die Möglichkeit hin, Risikoübernahme (Versicherungsschutz) als Marktleistung anzubieten.

Um dies näher zu verdeutlichen, greifen wir auf das in Aufgabe 6.03 betrachtete Modell der Vierer-Gemeinschaft zurück. Für den *insgesamt* auftretenden Schaden errechnet sich

$$\mu_4^g = 0,6561 \cdot 0 + 0,2916 \cdot 500 + 0,0486 \cdot 1.000 + 0,0036 \cdot 1.500 +$$

$$0,0001 \cdot 2.000 = \underline{\underline{200}}$$

$$\sigma_4^g = \Big[0,6561 \cdot (-200)^2 + 0,2916 \cdot 300^2 + 0,0486 \cdot 800^2 + 0,0036 \cdot 1.300^2 +$$

$$0,001 \cdot 1.800^2 \Big]^{1/2} = 300$$

Auch hinter diesen Ergebnissen steht natürlich eine allgemeine Gesetzmäßigkeit, die – nach wie vor natürlich nur für den Fall einfacher Schadensverteilungen der hier betrachten Art – durch die folgenden Formeln verdeutlicht werden:

(6.5) $\qquad \mu_n^g = n \cdot \mu_1 = n \cdot \mu_n$

(6.6) $\qquad \sigma_n^g = \sigma_1 \cdot \sqrt{n} = \sigma_n \cdot n$

wobei nach wie vor μ_1, σ_1, die gem. (6.1) und (6.2) definierten Parameter für die ursprünglich einfache Schadensverteilung bezeichnen und μ_n, σ_n die gem. (6.3) und (6.4) definierten Parameter für die Wahrscheinlichkeitsverteilung der Pro-Kopf-Schäden in einer Gefahrengemeinschaft von n Personen.

Nehmen wir nun an, die vier Fahrradbesitzer seien, aus welchen Gründen auch immer, nicht in der Lage, eigeninitiativ eine Gefahrengemeinschaft der im Abschnitt 6.1.2.2 behandelten Art zu bilden. Ein cleverer Geschäftsmann überlege jedoch, ob es hier nichts zu verdienen gebe. Auch ihm sind Risiken per se zwar nicht angenehm; sofern die dafür erlangbare Prämie jedoch stimmt, ist er durchaus bereit, Risiken zu übernehmen.

Unterstellen wir der Einfachheit halber, alle beteiligten Personen würden Risikosituationen in übereinstimmender Weise mittels der Funktion $b = \mu + 0,1 \cdot \sigma$ bewerten, wobei μ bekanntlich den Erwartungswert der auf die betrachtete Person insgesamt zukommenden Belastungen darstellt. Ein negativer μ-Wert würde also anzeigen, daß im Durchschnitt gerade keine Belastung zu erwarten ist, sondern im Gegenteil eine Einzahlung oder ein sonstiger Vorteil zu erwarten ist.

Unser Geschäftsmann überlegt nun, den vier Fahrradbesitzern anzubieten, sie gegen eine Prämie von 60 Euro bei einem möglichen Diebstahl mit 500 Euro zu entschädigen. Folgende Rechnung zeigt, daß dies ein für beide Seite vorteilhaftes Geschäft sein kann:

(1)   Für jeden einzelnen Fahrradbesitzer gilt *ohne* Versicherungsvertrag $\mu_1 = 50$, $\sigma_1 = 150$ und dementsprechend

$$b = 50 + 15 = 65 .$$

Schließt er hingegen den angebotenen Versicherungsvertrag ab und unterstellt man, daß der Versicherer seine Verpflichtungen bei möglichen Schadensfällen auf jeden Fall nachkommen kann, so gilt $\mu = 60$, $\sigma = 0$ und somit

$$b = 60 + 0 = 60 .$$

Für den einzelnen Fahrradbesitzer ist es also eindeutig von Vorteil, sich auf den angebotenen Versicherungsvertrag einzulassen.

(2) Für den Anbieter der Versicherungsleistung steht der Schadenerwartung von $\mu_4^g = 200$ eine Prämieneinnahme von $4 \cdot 60 = 240$ gegenüber. Mithin ergibt sich für ihn aus dem Versicherungsgeschäft per Saldo ein erwarteter Überschuß von 40 Euro. Dementsprechend gilt $\mu = 200 - 240 = -40$. Dafür muß der Geschäftsmann jedoch ein Risiko von $\sigma_4^g = 300$ übernehmen.

Faßt man nun Erwartungswert und Risikoindikator in der gewohnten Weise zu einer Bewertungskennzahl zusammen, so erhält man

$$b = -40 + 0,1 \cdot 300 = -10 .$$

Sofern es unserem Geschäftsmann also gelingt, vier Versicherungsverträge der betrachteten Art abzuschließen, so stellt er sich dabei besser als bei Verzicht auf dieses Geschäft (b = 0).

Unser bewußt einfach gewähltes Beispiel zeigt deutlich, daß es durchaus möglich sein kann,

– Versicherungsverträge mit Aussicht auf Gewinn für den Anbieter als Marktleistungen anzubieten,

– durch deren Abschluß sich zugleich auch die Versicherten besser stellen als ohne Abschluß eines solchen Vertrages.

Der Grund für diese Möglichkeit liegt wiederum in den Phänomenen des Risikoausgleichs im Kollektiv, das sich jetzt allerdings zunächst der Versicherer selbst zu Nutzen macht. Indirekt partizipieren natürlich die Versicherten ebenfalls insoweit davon, wie die von ihnen zu zahlende Prämie niedriger ist als der b-Wert, mit dem sie die Situation ohne jegliche Versicherung bewerten. Dabei bleibt die Möglichkeit zum Abschluß beiderseits vorteilhafter Versicherungsverträge auch dann noch bestehen, wenn berücksichtigt wird, daß dem Anbieter Transaktionskosten entstehen.

Aufgabe 6.05:

Der clevere Geschäftsmann unseres Beispiels rechnet damit, daß 10.000 Fahrradbesitzer einen Versicherungsvertrag abschließen werden. Das Prämienaufkommen soll seinen Vorstellungen nach zumindest folgende drei Komponenten abdecken:

- Die Höhe der insgesamt zu erwartenden Schadenszahlungen (μ^g),

- einen Risikozuschlag in Höhe des Dreifachen der Standardabweichung (σ^g) der gesamten Schadenssumme und

- die erwarteten Transaktionskosten in Höhe von 75.000 Euro.

a) Berechnen Sie μ^g und σ^g nach den einschlägigen Formeln!

b) Berechnen Sie die nach den oben genannten Vorgaben mindestens notwendige Höhe des gesamten Prämienaufkommens und die entsprechende Versicherungsprämie pro Einzelvertrag!

c) Nehmen Sie an, die Versicherung werde letztendlich zu einer Prämie von 63,25 Euro angeboten. Zerlegen Sie diesen Betrag rechnerisch in die vier Komponenten

- Schadenserwartung,

- Risikozuschlag,

- Kostenanteil und

- Gewinnanteil.

d) Was würde sich an der Kalkulation gem. Aufgabenteilen b) und c) ändern, wenn davon ausgegangen werden könnte, daß sich nicht nur 10.000, sondern 40.000 Fahrradbesitzer zum Abschluß einer Versicherung entschließen werden?

Um zu weitgehenden Schlußfolgerungen vorzubeugen, sei abschließend darauf hingewiesen, daß unser einfaches Modell zwar in den Grundzügen die Struktur der bei Versicherungsverträgen auftretenden Phänomene gut verdeutlicht, in der konkreten Ausprägung der verwendeten Formeln allerdings an die folgenden Voraussetzungen gebunden ist, die in der Versicherungspraxis in dieser strengen Form in aller Regel nicht erfüllt sind.

(1) Alle potentiellen Versicherungsnehmer sind einer in sämtlichen Fällen genau übereinstimmenden einfachen Schadensverteilung ausgesetzt.

Die Möglichkeit einer betragsmäßigen Streuung der Schadensbeträge kann in das Modell allerdings eingebaut werden. Es wird dadurch formal komplizierter, die Grundaussagen bleiben jedoch unberührt.

(2) Die Schadenswahrscheinlichkeiten werden auch *nicht* dadurch beeinflußt, daß die Versicherten nach Abschluß eines Versicherungsvertrages ihr Verhalten unbewußt oder bewußt, aus Nachlässigkeit, Fahrlässigkeit oder gar Vorsatz, in der Weise ändern, daß eher mit einem Schaden zu rechnen ist als im Fall ohne Versicherungsschutz.

Dieses real existierende Phänomen des sog. **Moral Hazard** beeinträchtigt nicht nur die Aussagekraft unseres Modells, sondern stellt ein zentrales Problem der Versicherbarkeit von Risiken überhaupt dar. In der Praxis versuchen Versicherer dieses Problems durch verschiedene Maßnahmen Herr zu werden wie z.B.

–   die akribische Untersuchung der Schadensursachen, insbesondere im Hinblick auf die Mitwirkung des Versicherten selbst,

–   die Ausstattung von Versicherungsverträgen mit Selbstbeteiligungsregelungen oder Rückerstattungsansprüchen für den Fall der Schadensfreiheit,

–   die Differenzierung der Versicherungsprämien nach den in der Vergangenheit tatsächlich in Anspruch genommenen Leistungen.

Diese und ähnliche Maßnahmen sollen dazu dienen, Anreize zu Verhaltensweisen des Moral Hazard zu vermindern.

(3)   Die Schadenswahrscheinlichkeiten in jedem Einzelfall sind unabhängig davon, ob bei anderen Versicherten ein Schaden auftritt oder nicht.

Diese Annahme der **stochastischen Unabhängigkeit** war eine zentrale Prämisse unserer wahrscheinlichkeitstheoretischen Ableitungen, insbesondere der grundlegenden Formeln (6.4) und (6.6). Vom statistischen Instrumentarium her bereitet es keine grundsätzlichen Schwierigkeiten auch die Möglichkeiten voneinander mehr oder weniger stark abhängiger Schadensursachen in das Modell einzubeziehen. Allerdings schwindet die für den Versicherungseffekt fundamentale Möglichkeit des Risikoausgleichs im Kollektiv umso mehr, je stärker die einzelnen Schadensmöglichkeiten voneinander abhängen. Sind im Extremfall die Wahrscheinlichkeiten für den Eintritt der Schäden bei den einzelnen Versicherten in der Weise miteinander verknüpft, daß es entweder überall oder nirgends zu einem Schaden kommt, so findet auch bei einem noch so großen Kollektiv überhaupt kein Risikoausgleich mehr statt: Die Standardabweichung für den Pro-Kopf-Schaden bleibt – entgegen (6.4) – bei wachsendem n unverändert ($\sigma_n = \sigma_1$), während die Standardabweichung für die gesamte Schadenssumme – entgegen (6.6) – streng proportional zur Größe des Kollektivs wächst ($\sigma^g = n \cdot \sigma_1$).

Dieses Phänomen liefert auch die Rechtfertigung für die bei verschiedenen Versicherungszweigen zu beachtende Praxis, solche Arten von Schäden aus dem Versicherungsschutz auszuschließen, die auf eine einheitliche breitflächig wirkende Risikoursache (z.B. kriegerische Ereignisse) zurückzuführen sind.

6.2 Risikoübernahme durch Versicherungen

6.2.1 Grundbegriffe

Wie eingangs schon erwähnt, stellt die Finanzdienstleistung der entgeltlichen Risikoübernahme *das* charakteristische Geschäftsfeld von Versicherungsunternehmen dar. Der Grundstruktur nach sind „reine" Versicherungsverträge in der Weise asymmetrisch gestaltet, daß

– die Vertragspartner der Versicherungsunternehmen mit der Verpflichtung zur Zahlung der Prämien *unbedingte Zahlungsverpflichtungen* eingehen,

– dafür von den Versicherungen nur in der Weise *bedingte Zahlungsversprechen* erhalten, daß die Höhe ihres Anspruchs davon abhängt, ob und in welchem Umfang ein zuvor genau definierter Schaden eintritt.

Im Hinblick auf die Art des versicherten Schadens werden Versicherungsleistungen oft in die beiden elementaren Zweige

– der Güterversicherung einerseits und

– der Personenversicherung andererseits

eingeteilt.

Güterversicherungen sind idealtypisch dadurch gekennzeichnet, daß der versicherte Schaden Vermögensgüter unmittelbarer trifft und die Höhe der erfolgenden Versicherungsleistung aus dem tatsächlich eingetretenen Vermögensschaden abgeleitet wird. Bei Personenversicherungen trifft der Schaden demgegenüber zunächst die versicherte Person (z.B. durch Krankheit), was mittelbar jedoch Auswirkungen auf deren Vermögenslage hat (z.B. als Folge von Medikamenten- und Behandlungskosten) hat.

Die Differenzierung von Versicherungsleistungen in Güter- und Personenversicherungen wird von einer zweiten Einteilungsmöglichkeit überlagert, die sich auf die Bemessung der im Schadensfall zu erbringenden Versicherungsleistung bezieht:

– Zum einen ist es möglich, daß sich die Versicherungsleistung nach dem effektiv meßbaren Vermögensschaden bemißt, der in mittelbarer oder unmittelbarer Folge des Schadensereignisses eingetreten ist. Dies ist z.B. der Fall, wenn sich die Versicherungsleistung etwa nach den entstandenen Krankenhaus- oder Werkstattkosten richtet.

– Zum anderen ist es aber auch möglich, daß bei Eintritt eines bestimmten Schadensfalls eine in ihrer Höhe vorab fixierte Versicherungsleistung fällig wird, und zwar unabhängig davon, wie hoch der aus dem schädigenden Ereignis letztlich resultierende Vermögensschaden ist. Von dieser Möglichkeit wird naheliegender Weise insbesondere in solchen Fällen Gebrauch gemacht, in denen eine Quantifizierung des Vermögensschadens nur schwer oder gar nicht möglich ist. Als klassisches Beispiel kann die Risiko-Lebensversicherung dienen, bei der es beim Tod des Versicherten unabhängig davon zur Auszahlung der vereinbarten Summe kommt, wie hoch der – wie auch immer zu quantifizierende – Vermögensschaden ist.

Allgemein ist das zuletzt dargestellte Modell der reinen **Summenversicherung** im Bereich der Personenversicherungen weit verbreitet. Für die Güterversicherungen hingegen ist die reine Summenversicherung gem. § 1 Abs. 1 VVG allgemein nicht zulässig. Hier dominiert der Typ der eigentlichen **Schadenversicherung** in den unterschiedlichsten Varianten, die insbesondere aus verschiedenen Selbstbeteiligungs- und Höchstentschädigungssummenregelungen resultieren.

Im folgenden werden wir der im einschlägigen Schrifttum gängigen Einteilung in Güter- und Personenversicherungen folgen und die wichtigsten Erscheinungsformen dieser beiden Versicherungszweige in den Abschnitten 6.2.2 und 6.2.3 kurz darstellen. Im Abschnitt 6.2.4 werden wir dann über die bereits erläuterte Unterscheidung zwischen Schaden- und Summenversicherungen hinaus noch kurz auf verschiedene Regelungsvarianten hinsichtlich der im Versicherungsfall zu erbringenden Leistungen eingehen.

6.2.2   Die Güterversicherungen

In einer ersten Annäherung läßt sich die Güterversicherung in die folgenden drei Bereiche unterteilen[1]:

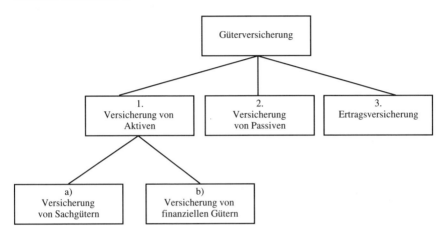

Abb. 6.01:   Tätigkeitsbereiche der Güterversicherung

(1)   Die Versicherung von Aktiven

Bei einer ersten Betrachtung läßt sich das Vermögen unterteilen in:[2]

– Sachvermögen

„Sachen sind unpersönliche, körperliche, für sich bestehende Stücke der beherrschbaren Natur."[3] (inkl. Tiere)

– Finanzielle Güter

Hierunter sind Rechtsansprüche unterschiedlichster Art, insbesondere Forderungsrechte zu verstehen

Da diese beiden Vermögensteile in einer Bilanz auf der Aktivseite erfaßt werden, wird ihre Versicherung als „Versicherung von Aktiven" bezeichnet.

---

1   MÜLLER-LUTZ (1988), S. 430.

2   Dieser Vermögensbegriff wird unter (2.) und (3.) erweitert.

3   MÜLLER-LUTZ (1988), S. 429.

Wie im folgenden noch gezeigt wird, läßt sich dieser Zweig noch weiter untergliedern:[1]

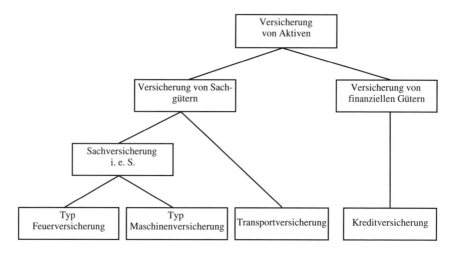

Abb. 6.02:   Bereiche der Versicherung von Aktiven

Bei der **Sachversicherung i.e.S.** gilt das Prinzip der „Spezialität der Gefahrendeckung". Es sind nur die Risiken gedeckt, die ausdrücklich im einzelnen aufgezählt werden:

Sie läßt sich in zwei Typen unterscheiden, die hier anhand der Feuer- und Maschinenversicherung charakterisiert werden sollen:

Typ Feuerversicherung:

–   Eine *Vielzahl von Objekten* (Gebäude, Maschinen, Vorräte etc.)

–   wird gegen eine *eng begrenzte Zahl von Gefahren* versichert (Brand, Blitz, Explosion).

Die Versicherung ist nach der zu deckenden Gefahr benannt, z.B.

–   Leitungswasserversicherung,

–   Sturmversicherung,

–   Einbruchdiebstahlversicherung etc.

---

1   MÜLLER-LUTZ (1988), 435 mit kleinen Änderungen.

Typ Maschinenversicherung

- Ein *bestimmtes Objekt*
- wird gegen *alle* für seinen Betrieb *typischen Gefahren* versichert.

Sie ist nach dem versicherten Gut benannt, z.B.

- Hausratversicherung,
- Tierversicherung,
- Bauwesenversicherung,
- Kraftfahrzeug-Kasko-Versicherung.

Nach der gängigen Sichtweise ist die Sachversicherung i.e.S. im allgemeinen dadurch gekennzeichnet, daß sich die Gegenstände, auf die sich der Versicherungsschutz bezieht, üblicherweise an einem bestimmten Ort oder in einem bestimmten ständigen Einsatzgebiet befinden.

Im Gegensatz hierzu wird der Versicherungsschutz bei der **Transportversicherung** nur für die Dauer des Transports gewährt.[1] Sie ist durch folgende Merkmale charakterisiert:

- Sie versichert sowohl *eine Vielzahl von beförderten Gütern* (Kargoversicherung)
- als auch die *Transportmittel* (Kaskoversicherung)
- gegen eine *Vielzahl von Gefahren* während des Transports.

Über die Versicherung der Güter und Transportmittel gegen Beschädigung und Untergang hinaus erfolgt i.d.R. noch

- eine *Ertrags- oder Gewinnversicherung* sowie
- eine *Haftpflichtversicherung*.

Die Transportversicherung ist also nur unter Einschränkung der Versicherung von Aktiven zurechenbar.

Bei der Versicherung von **finanziellen Gütern** handelt es sich um die Versicherung unkörperlicher Vermögenswerte, d.h. in erster Linie Forderungen.

---

1 Es kann zu Überschneidungen kommen, da die Transportversicherung häufig auch Vor- und Zwischenlagerung einschließt. Erwähnenswert ist die Entwicklung von übergreifenden Versicherungen, z.B. Kühlgüterversicherung (Transport und Lagerung). Vgl. MÜLLER-LUTZ (1988), S. 432.

Die Versicherung erfolgt durch eine Kreditversicherung, die in unterschiedlichen Formen auftreten kann, z.b. als

–   Warenkredit-,

–   Finanzkredit-,

–   Teilzahlungskredit-,

–   Ausfuhrkredit- oder

–   Hypothekenversicherung.

(2)   Die Versicherung von Passiven (Aufwandversicherung)

Das Vermögen wird nicht allein durch die Höhe der vorhandenen Aktiva bestimmt, sondern auch durch die Schulden. Solche Belastungen können durch Zufall entstehen und somit Gegenstand von Versicherungen werden. Sofern man unter Passiven nur die Schulden versteht, kann man daher auch von einer Versicherung gegen die Erhöhung von Passiven sprechen. Andererseits kann man sie (unter Einschränkungen) auch als Aufwandversicherung bezeichnen, da drohende Aufwendungen abgesichert werden.

Typisches Beispiel für eine derartige Aufwandsversicherung stellen die verschiedenen Formen der **Haftpflichtversicherung** dar. Sie schützt den Versicherungsnehmer vor unvorhergesehenen Aufwendungen aus Haftpflichtansprüchen, denen er sich etwa als Kraftfahrzeughalter, Bauherr oder Tierhalter ausgesetzt sehen kann. Ähnliche Funktionen übernehmen die Maschinengarantieversicherung, die Computermißbrauchsversicherung, die Kautionsversicherung und die Rechtsschutzversicherung.

(3)   Die Ertragsversicherung

Bisher wurde nur die Gefährdung des gegenwärtigen Vermögens betrachtet. Da dieses aber i.d.R. produktiv angelegt sein dürfte, sind mit den Vermögensverlusten auch Ertragsverluste verbunden. Die Bedrohung der Erträge wird jedoch als selbständiges Risiko angesehen, für das jeweils besondere Versicherungszweige entwickelt wurden.

Prominentestes Beispiel für eine Ertragsversicherung ist die **Betriebsunterbrechungsversicherung**, die in der Regel im Zusammenhang mit einer Feuer- oder einer Maschinenversicherung (s.o.) abgeschlossen wird. Sie deckt den Ertragsausfall ab, der durch vorübergehenden Betriebsstillstand als Folge eines Feuer- oder Maschinenschadens eintreten kann. Auch die (landwirtschaftliche) **Hagelversicherung** kann letztlich der Ertragsversicherung zugerechnet werden, da nicht nur der Wert der zerstörten Frucht, sondern darüber hinaus auch der entgehende Ernteertrag versichert sind.

6.2.3 Personenversicherungen

Die drei wichtigsten Erscheinungsformen der Personenversicherung sind die Lebens-, die Kranken- und die Unfallversicherung. Auf die Lebensversicherung sind wir schon ausführlich im Abschnitt 3.3 eingegangen, so daß hier nur noch die Kranken- und die Unfallversicherung kurz darzustellen sind.

(1) Die Krankenversicherung

Die (private) Krankenversicherung deckt als **Krankheitskostenversicherung** zunächst die Aufwendungen ab, die als Folge einer Krankheit zu deren Heilung oder laufenden Behandlung entstehen. Im Gegensatz zur Lebensversicherung als Summenversicherung stellt sie also eine Schadensversicherung dar, die dem zunächst nur für den Bereich der Güterversicherungen definierten Typ der Aufwandsversicherung entspricht.

Hinzu tritt die sogenannte Tagegeldversicherung, die in der Regel in der Weise nach Art einer Summenversicherung ausgestaltet ist, daß dem Versicherungsnehmer für jeden Tag krankheitsbedingter Arbeitsunfähigkeit oder Aufenthaltstag in einem Krankenhaus ein fester Betrag ausgezahlt wird (**Kranken-** und **Krankenhaustagegeldversicherung**). Für den Abschluß solcher Versicherungen dürfte überwiegend das Motiv maßgeblich sein, aus einer Krankheit resultierende Verdienstausfälle (z.B. als Selbständiger) in bestimmtem Umfang auszugleichen. Insoweit kann die Tagegeldversicherung also durchaus als eine auf den Bereich der Personenversicherung bezogenen Form der Ertragsversicherung angesehen werden.

(2) Die Unfallversicherung

Die Unfallversicherung versichert gegen die unterschiedlichsten Schäden, die die versicherten Personen als Folge eines Unfalls erleiden können. Lassen sich Lebens- und Krankenversicherung untereinander nach der *Art des Schadens* (Tod oder Krankheit) recht klar voneinander abgrenzen, so ist eine derartige Abgrenzung gegenüber der Unfallversicherung nicht möglich. Das liegt daran, daß die Unfallversicherung Schäden unterschiedlichster Art erfaßt, sofern sie aus einer bestimmten *Ursache*, nämlich einem Unfall resultieren.

Im einzelnen kann die Unfallversicherung – überwiegend in Form der Summenversicherung[1] – unter anderem folgende Leistungen umfassen:

- Zahlung der Versicherungssumme beim unfallbedingten Tode des Versicherten,

- Zahlung von Kranken- und Krankenhaustagegeld für die Dauer einer ärztlichen Behandlung oder eines Krankenhausaufenthaltes,

- Erstattung unfallbedinger Heil- und Behandlungskosten[2],

- Zahlung der vollen oder anteiligen Versicherungssumme bei unfallbedingter Invalidität, je nach dem Invaliditätsgrad.

Die entsprechenden Verträge können auf einzelne Leistungsarten oder bestimmte Arten von Unfällen begrenzt werden. Je nach den versicherten Risiken stellt die Unfallversicherung also eine Kombination von Spezial-Lebensversicherung, Spezial-Krankenversicherung etc. dar.

Aufgabe 6.06:

Geben Sie bei den im folgenden genannten Versicherungszweigen, soweit möglich, jeweils an, welchen der in den Abschnitten 6.2.2 und 6.2.3 dargestellten Kategorien sie zuzuordnen sind. Geben Sie insbesondere an, ob sie

- der Güter- oder der Personenversicherung,
- der Schaden- oder der Summenversicherung,
- der Aktiven-, Aufwands- oder Ertragsversicherung zuzurechnen sind!

a) Schwamm- und Hausbockkäferversicherung,

b) Filmausfallversicherung,

c) Kraftfahrt-Gepäckversicherung,

d) Reise-Rücktrittskosten-Versicherung,

e) Krankenhauskostenzusatzversicherung

f) Konsumentenkreditversicherung

---

1 Lediglich die in einer Unfallversicherung möglicherweise enthaltenen Heilkosten- und Bergungskostenversicherungen stellen eine Abweichung vom Prinzip der Summenversicherung dar.

2 siehe vorige Fußnote

6.2.4 Versicherungsformen

Mit der Unterscheidung verschiedener Versicherungs*formen* zielt man üblicherweise auf eine Differenzierung von Versicherungsverträgen nach dem Umfang der im Versicherungsfall zu erbringenden Leistung. Bei der Summenversicherung (s.o.) ergibt sich die Leistung unabhängig von der Höhe des tatsächlich eingetretenen Schadens aus der vertraglich vereinbarten Versicherungssumme, eventuell multipliziert mit der Zahl der „Schadenseinheiten" (z.b. Aufenthaltstage im Krankenhaus bei der Krankenhaustagegeldversicherung).

Bei der Schadenversicherung (s.o.) ist die Versicherungsleistung nach näherer Maßgabe der konkret vereinbarten Bedingungen aus der in seiner Höhe nachzuweisenden Schaden abzuleiten. Den Quotienten

$$i = \frac{\text{Entschädigung (E)}}{\text{Schaden (S)}}$$

bezeichnet man dabei als **Intensität** des Versicherungsschutzes. In Deutschland ist die Entschädigungsleistung gem. § 55 VVG generell auf die Höhe des eingetretenen Schadens, also eine Intensität von eins, beschränkt. Auf der anderen Seite ist es jedoch möglich und in vielen Versicherungszweigen auch üblich, die Konditionen so zu vereinbaren, daß die Intensität generell oder unter bestimmten Umständen kleiner als 1 wird. Nach diesem Kriterium sind im einzelnen insbesondere die folgenden Grundtypen der Schadenversicherung zu unterscheiden, die realiter in verschiedenen Varianten und zum Teil auch Kombinationen anzutreffen sind. Die dafür üblichen Bezeichnungen folgen allerdings keinem einheitlichen System und sind nur aus der historischen Entwicklung zu erklären.

(1)   Unbegrenzte Interessenversicherung

Im Versicherungsfall wird der entstandene Schaden in voller Höhe abgedeckt, die Intensität ist also stets gleich eins. Beispiele sind etwa die unbegrenzte Krankheitskostenversicherung oder die Glasversicherung.

Die Abhängigkeit der Versicherungsleistung E sowie der Intensität i von der Schadenssumme S entspricht also dem einfachen in Abb. 6.03 wiedergegebenen Verlauf.

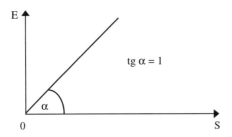

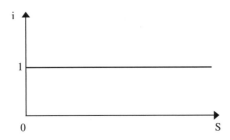

Abb. 6.03:   Unbegrenzte Interessenversicherung

(2)   Erstrisikoversicherung

Im Versicherungsfall wird der entstandene Schaden (S) voll, maximal jedoch in Höhe der vereinbarten Versicherungssumme, der sog. **Deckungssumme** (D), ausgeglichen. Für die Intensität gilt also

$i = 1$, sofern der Schaden nicht größer als die Deckungssumme ist, und

$$i = \frac{D}{S} < 1,$$ wenn der Schaden die Deckungssumme übersteigt.

Hauptanwendungsgebiete sind die verschiedenen Arten von Haftpflichtversicherungen.

Abb. 6.04 verdeutlicht diese Versicherungsform wiederum grafisch.

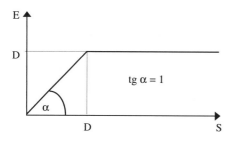

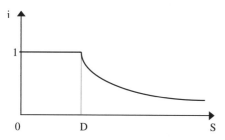

Abb. 6.04:   Erstrisikoversicherung

(3)   Vollwertversicherung

Wie die Erstrisikoversicherungen ist auch die Vollwertversicherung durch
die Vereinbarung einer Versicherungssumme gekennzeichnet. Diese begrenzt aber nicht nur den *maximalen* Erstattungsbetrag, sondern auch den
tatsächlichen Erstattungsbetrag bei kleineren Schäden, indem der vereinbarten Versicherungssumme der sog. Versicherungswert gegenübergestellt
wird. Bei der Sachversicherung, dem Hauptanwendungsfall der Vollwertversicherung, entspricht der Versicherungswert – etwas vereinfacht gesehen
– der maximalen Schadenssumme.

Die in einem konkreten Schadensfall erfolgende Versicherungsleistung bestimmt sich dann in folgender Weise nach dem Verhältnis von Versicherungssumme (D) und Versicherungswert (VW):

–   Gilt D > VW (Überversicherung) oder D = VW (Vollversicherung),
    so wird der tatsächlich eintretende Schaden zu 100% ausgeglichen; es
    gilt also i = 1.

–   Liegt hingegen Unterversicherung vor (D < VW), so wird der tatsäch-
    lich eintretende Schaden nur entsprechend der Relation von D zu VW
    ausgeglichen; es gilt also i = D/VW < 1.

Diese Versicherungsform ist in unterschiedlichen Detailvarianten vor allem
für die verschiedenen Zweige der Sachversicherung typisch.

Abb. 6.05 verdeutlicht die Abhängigkeit der Versicherungsleistung E und
der Intensität des Versicherungsschutzes i von der Schadenssumme für die
beiden Konstellationen D = VW und D < VW.

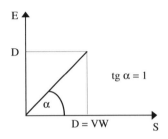
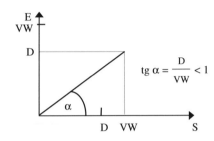

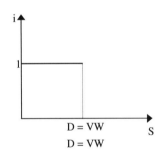
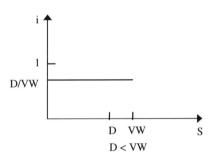

Abb. 6.05:   Vollwertversicherung

(4)   Franchisen-Versicherung

Franchisen-Versicherungen sind dadurch gekennzeichnet, daß der Versicherungsnehmer generell oder unter bestimmten Voraussetzungen einen Teil
des aufgetretenen Schadens als sog. Selbstbeteiligung mit trägt. Dabei sind
folgende drei Varianten zu unterscheiden:

–   Die Versicherung ersetzt stets nur einen bestimmten Prozentsatz q des
     aufgetretenen Schadens; es gilt also i = q. Diese Form der **prozen-
     tualen Selbstbeteiligung** (Selbstbehalt) ist etwa bei der Kranken-
     oder der Kreditversicherung anzutreffen.

–   Ein Schaden wird nur insoweit ersetzt, wie die Schadenssumme (S)
     eine vereinbarte Mindesthöhe (M) übersteigt. Für die Intensität gilt
     dementsprechend i = 0, wenn S ≤ M und i = (S – M)/S, wenn S > M;
     sie nimmt mit steigender Schadenshöhe also zu. Diese Form der sog.

Abzugsfranchise ist etwa in der Kraftfahrzeug-Kaskoversicherung weit verbreitet.

– Von der Abzugsfranchise unterscheidet sich die sog. **Integralfranchise** schließlich dadurch, daß es zu einer 100%-igen Schadensregulierung kommt, sofern der Schaden den Mindestbetrag übersteigt. Für die Intensität gilt also entweder $i = 0$ (falls $S \leq M$) oder $i = 1$ (falls $S > M$). Tarifgestaltungen vom Typ der Integralfranchise sind etwa in der Seewarenversicherung anzutreffen.

Die Entschädigungsintensität der drei Formen der Franchisen Versicherung wird durch Abb. 6.06 verdeutlicht.

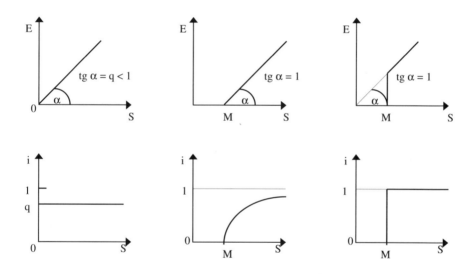

Abb. 6.06:   Selbstbeteiligungs-, Abzugs- und Integralfranchise

---

Aufgabe 6.07:

a) Welche Gründe können für ein Versicherungsunternehmen dafür sprechen, Franchise-Tarife anzubieten?

b) Welche Gründe können für einen Versicherungsnehmer dafür sprechen, einen Franchise-Tarif an Stelle einer Vollversicherung zu wählen?

6.3   Risikoübernahme durch Kreditinstitute

6.3.1   Vorüberlegungen

Wie in den vorangegangenen Kapiteln an mehreren Stellen, insbesondere in Kapitel 1, dargestellt wurde, tragen Kreditinstitute durch ihre sonstigen Geschäfte zugleich auch dazu bei, ihren Kunden gewisse Risiken abzunehmen. Ist die Risikoverminderung bei den bislang betrachteten Marktangeboten von Kreditinstituten jedoch eher ein Nebeneffekt der primären Leistung, so gibt es auch einzelne Bereiche, in denen Kreditinstitute – ähnlich wie Versicherungen – die Übernahme von Risiken als eigenständige Hauptleistung anbieten.

Zu den Anbietern derartiger Leistungen zählen zum einen die Universalbanken und einzelne Kreditinstitute mit Sonderaufgaben, die ihren Kunden **Avalkredite** und **Akzeptkredite** zur Verfügung stellen. Wir werden darauf im Abschnitt 6.3.2 näher eingehen.

Außerdem gibt es in Deutschland derzeit rund 25 **Kreditgarantiegemeinschaften**, auch „Bürgschaftsbanken" genannt, die sich als Selbsthilfeeinrichtungen bestimmter Gewerbezweige darauf spezialisiert haben, zugunsten ihrer Mitglieder Bürgschaften oder Garantien zu vergeben. Wir werden darauf im Abschnitt 6.3.3 näher eingehen.

Schließlich kann auch bei dem Angebot von Factoringinstituten der Aspekt der Risikoübernahme von mehr oder weniger großer Bedeutung sein. Wir sind darauf schon im Abschnitt 2.2.2 ausführlich eingegangen, so daß sich hier eine weitere Erörterung erübrigt.

6.3.2   Aval- und Akzeptkredite

Aval- und Akzeptkredite sind gemeinsam dadurch gekennzeichnet, daß sich die kreditgebende Bank zur Zahlung eines bestimmten Geldbetrages für den Fall verpflichtet, daß ihr eigener Kunde seinen Verpflichtungen gegenüber Dritten nicht nachkommt. Die Bank erbringt zunächst also keine unmittelbare Finanzierungsleistung, übernimmt mit der entsprechenden Eventualverpflichtung jedoch ein ähnliches *Risiko*, als wenn sie dem eigenen Kunden unmittelbar einen zahlungswirksamen Kredit in der entsprechenden Höhe gegeben hätte. Die in dieser Weise auf den Kunden übertragene Kreditwürdigkeit der Bank erleichtert es diesem, von dritter Seite „Kredit" im weitesten Sinne des Wortes zu erlangen.

(1) Der Avalkredit

Beim Avalkredit übernimmt die Bank die Haftung für die Erfüllung der Verbindlichkeiten ihres Kunden gegenüber einem Dritten in Form einer Bürgschaft oder einer Garantie.

Hauptanwendungsgebiet für die in aller Regel selbstschuldnerische **Bankbürgschaft** ist die Sicherung von bestimmten Ansprüchen öffentlicher Stellen, die vorübergehend gestundet werden, wie z.b. Zollgebühren, Bahnfrachtgelder, Holzkaufgelder (gegenüber den staatlichen Forstverwaltungen) oder Branntweinkaufgelder gegenüber der Bundesmonopolverwaltung für Branntwein. Weiterhin geben Banken Prozeßbürgschaften, Bürgschaften für den noch ausstehenden Einlagebetrag bei nicht voll eingezahlten Aktien oder Bürgschaften gegenüber anderen Kreditgebern etwa im Rahmen von Bauzwischenfinanzierung.

Während die Bürgschaft akzessorischen Charakter hat, daß heißt an Existenz und Höhe der zugrundeliegenden Forderung gegenüber dem eigenen Kunden gebunden ist, stellt die **Garantie** ein abstraktes Zahlungsversprechen dar, das unabhängig von einer Hauptforderung besteht. Garantieleistungen von Banken sind insbesondere in folgenden Anwendungsbereichen anzutreffen:

– Verpflichtung zur Übernahme der Vertragsstrafe, wenn der Bieter bei einer Ausschreibung den erteilten Zuschlag dann doch nicht annimmt (Bietungsgarantie) oder ein Lieferant die vereinbarte Lieferungs- oder Leistungsverpflichtung nicht erfüllt (Lieferungs- und Leistungsgarantie).

– Verpflichtung zur Rückzahlung einer an einen Auftragnehmer geleisteten Anzahlung für den Fall, daß dieser seiner Lieferungs- oder Leistungspflicht nicht nachkommt (Anzahlungsgarantie).

– Verpflichtung zur finanziellen Abgeltung von Gewährleistungsansprüchen für den Fall, daß das verpflichtete Unternehmen diesen Ansprüchen nicht nachkommt (Gewährleistungsgarantie).

– Absicherung eines Reeders gegen alle Schäden, die daraus resultieren können, daß er Ware an den Empfänger aushändigt, obwohl das vorgesehene Konnossement nicht vorliegt oder inhaltlich von den vereinbarten Bedingungen abweicht (Konnossementsgarantie).

Die Laufzeit des Avalkredits ist durch den Zweck der Bürgschaft bzw. der Garantie determiniert. Es gibt unbefristete, die Regel jedoch sind kurzfristige Avalkredite. Für die Einräumung des Avalkredits berechnet die Bank eine **Avalprovision**. Diese ist abhängig vom Zweck, von der Laufzeit und von den möglicherweise gestellten Sicherheiten. In der Regel werden monatlich oder vierteljährlich etwa 1,5 bis 3% p.a. von der Bürgschafts-/Garantiesumme als Avalprovision berechnet und dem Kreditnehmer belastet.

(2) Der Akzeptkredit

Ein Akzeptkredit wird einem Unternehmen gewährt, indem ein Kreditinstitut einen von dem Unternehmen ausgestellten Wechsel als Bezogener akzeptiert, d.h. sich durch Vermerk auf der Vorderseite des Wechsels (Akzept) verpflichtet, diesen zu dem angegebenen Fälligkeitstermin einzulösen. Das Unternehmen kann diesen als Bankakzept bezeichneten Wechsel dann z.B. zur Bezahlung von Rechnungen an die eigenen Lieferanten weitergeben oder bei anderen Banken diskontieren lassen. Diese erwerben somit nicht eine Forderung gegenüber dem betrachteten Unternehmen, sondern gegenüber der – in ihrem Urteil eventuell bonitätsmäßig besseren – Akzeptbank. Im Innenverhältnis zu der Bank ist das Unternehmen allerdings verpflichtet, dieser die Wechselsumme zum Fälligkeitstermin zur Verfügung zu stellen. Bei vertragskonformem Ablauf wird die Bank also liquiditätsmäßig überhaupt nicht belastet. Da die Bank jedoch unabhängig von ihren internen Vereinbarungen mit ihrem Kunden auf jeden Fall zur Einlösung des Wechsels verpflichtet ist, übernimmt sie damit das Risiko, daß der Kunde seinen Zahlungsverpflichtungen nicht nachkommt.

Die für die Übernahme dieses Bonitätsrisikos zu zahlende Akzeptprovision wird in der Regel als Pro-Monat-Satz auf den Wechselbetrag berechnet und liegt in der Größenordnung von 1/8% bis 1/4% p.m. Außerdem werden häufig gewisse Bearbeitungskosten in Rechnung gestellt.

Häufig wird das Bankakzept von der akzeptgebenden Bank selbst diskontiert. In diesem Fall wird aus der Kreditleihe dann eine kurzfristige Geldleihe. Im Vergleich zu einem einfachen Buchkredit an das betrachtete Unternehmen hat das für die Bank den Vorteil, daß sie selbst sich bei Bedarf durch weitere Abtretung ihres eigenen Akzepts leichter refinanzieren kann.

Besondere Bedeutung hat die Risikoübernahme in Form eines Akzeptkredits bei der Finanzierung von Außenhandelsgeschäften in Form des sog. **Rembourskredits** erlangt. Der Importeur zieht dabei auf eine Bank einen Wechsel, den diese für Rechnung des Importeurs oder seiner Bank akzeptiert und dem Exporteur gegen Vorlage der vereinbarten Transportdokumente aushändigt.

Soweit Banken Aval- und Akzeptkredite der soeben erläuterten Weise vergeben, besteht ihre primäre Leistung in der Übernahme bestimmter Risiken, insoweit also durchaus in versicherungsähnlichen Leistungen. Ein Spezifikum dieser Art von Risikoübernahme, das sie von dem Gros der Versicherungsleistungen unterscheidet, besteht jedoch darin, daß die Risikoübernahme von entscheidender Bedeutung für ein Vertragsverhältnis zwischen dem Kunden der Bank und einem Dritten ist, wobei

- dieser Dritte in aller Regel der Begünstigte ist,

- während der Bankkunde zunächst der mit der Aval- oder Akzeptprovision Belastete ist.

Während bei Versicherungsverträgen – von einzelnen Ausnahmen abgesehen – der zur Prämienzahlung verpflichtete Versicherungsnehmer selbst auch unmittelbar der Begünstigte ist, der gegebenenfalls Anspruch auf die Versicherungsleistung hat, zielt ein Aval- oder Akzeptkredit auf die Begünstigung eines Geschäftspartners des Kreditnehmers ab. Dieser profitiert allerdings indirekt auch von der vereinbarten Kreditleihe, jedoch gerade nicht durch die tatsächliche Beanspruchung der zugesagten Risikoübernahme, sondern dadurch, daß es ihm die erfolgte Risikoübernahme durch die Bank erst ermöglicht, ein für ihn vorteilhaftes Geschäft abzuschließen, das andernfalls mangels hinlänglicher eigener Kreditwürdigkeit in der Form gar nicht zustande gekommen wäre. Insofern führen weder der Aval- noch der Akzeptkredit zu einem direkten Zahlungsmittelzufluß durch die Bank. Die Finanzierungsmöglichkeiten werden jedoch insoweit indirekt verbessert, als die Kreditaufnahme bei Dritten erleichtert wird. Somit erfüllt die Aufnahme von Aval- und Akzeptkrediten neben der Risikoübernahmefunktion auch eine Finanzierungsfunktion.

6.3.3 Risikoübernahme durch Kreditgarantiegemeinschaften

In ähnlichem Sinne ist auch das Leistungsangebot der sog. Bürgschaftsbanken zu sehen. Durch die Übernahme von Bürgschaften oder Garantien soll den der Selbsthilfeeinrichtung angehörenden Unternehmen die Kreditaufnahme bei anderen Institutionen, in der Regel Banken, erleichtert oder überhaupt erst ermöglicht werden.

Die Kreditgarantiegemeinschaften, die insbesondere in den Bereichen von Handel und Handwerk, mittelständischer Industrie, Hotel- und Gaststättengewerbe, Gartenbau, Verkehrsgewerbe und gemeinnützigem Wohnungsbau gebildet worden sind, betreiben in aller Regel ausschließlich das Avalkreditgeschäft und sind damit gem. § 1 Abs. 1 Nr. 8 KWG Kreditinstitute. Sie werden ganz überwiegend in der Rechtsform der GmbH betrieben.

Neben den bereits im Abschnitt 6.3.2 besprochenen Bietungs-, Lieferung- und Leistungs-, Auszahlungs- sowie Gewährleistungsgarantien übernehmen diese Gesellschaften insbesondere

- Kreditbürgschaften für Existenzgründungs-, Investitions- und Betriebsmittelkredite,

- Leasing-Bürgschaften sowie

- Beteiligungsgarantien bei der Beteiligung von Kapitalbeteiligungsgesellschaften (vgl. Abschnitte 2.5.3) an mittelständischen Unternehmen.

Die Bürgschaften sind in aller Regel als Ausfallbürgschaften ausgestaltet und auf maximal 80% der geschuldeten Summe begrenzt. In einem Volumen von derzeit rund 60% werden die übernommenen Ausfallbürgschaften üblicherweise noch einmal durch Rückbürgschaften beim Bund und dem jeweiligen Bundesland abgesichert. Das Volumen der einzelnen Bürgschaften bewegt sich allgemein im Bereich fünf- bis sechsstelliger Euro-Beträge und überschreitet nur in Ausnahmefällen die Millionengrenze.

Die Kosten für die Beanspruchung der oftmals sehr langfristig, d.h. im Zeitrahmen von 10 bis 25 Jahren, gewährten Bürgschaft setzen sich aus einer laufenden Bürgschaftsprovision von ca. 1% p.a. der noch in Anspruch genommenen Bürgschaftssumme sowie einer einmaligen Bearbeitungsgebühr von zumeist ebenfalls 1% des ursprünglichen Bürgschaftsbetrages zusammen.

Lösungsmuster zu den Übungsaufgaben

Aufgabe 1.01[1])

Die Tabelle 1.01 wurde aus den Tabellen „Geldvermögen und Verpflichtungen im Jahre 1997" und „Vermögensbildung und ihre Finanzierung im Jahre 1997" abgeleitet. Sie finden diese Tabellen im Textteil des Monatsberichts im Tabellenanhang zu dem Aufsatz „Die gesamtwirtschaftlichen Finanzierungsströme in Deutschland im Jahre 1997" auf Seite 44 und 48.

Die dortigen Angaben wurden stark aggregiert. So setzen sich beispielsweise die „Geldanlagen im Finanzsektor der Haushalte" zusammen aus (Angaben in Mrd. DM):

Geldanlagen bei Banken	1.990,9
Geldanlagen bei Bausparkassen	173,9
Geldanlagen bei Versicherungen	1.163,0
	3.174,0

Aufgabe 1.02

a)

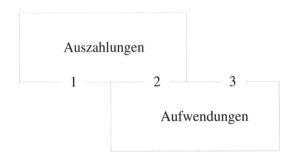

---

1 Im Einzelfall wissen wir nicht, auf welchen Monatsbericht Sie bei der Lösung der Aufgaben zurückgegriffen haben. Die in dieser Kurseinheit dargestellten Lösungen basieren überwiegend aus dem bei der Überarbeitung des Kurses verfügbaren Monatsbericht 5/1998 und den Statistischen Beiheften 5/1998. Falls Sie bei der Bearbeitung einen anderen Monatsbericht herangezogen haben, dürften Ihre Werte allerdings – zumindest in ihrer Struktur – nicht sehr stark von den hier ermittelten Ergebnissen abweichen.

1. Auszahlung, kein Aufwand (aufwandsunwirksame Auszahlung)

    Beispiel: – Barkauf einer Maschine

              – Tilgung eines Darlehens durch Überweisung vom Girokonto

2. Auszahlung und Aufwand (aufwandswirksame Auszahlung oder zahlungs-
    wirksamer Aufwand)

    Beispiel: – Zahlung fälliger Mieten, Zinsen, Provision etc.

              – Barkauf von Rohstoffen, die in derselben Periode ver-
                 braucht werden

3. Aufwand, keine Auszahlung (zahlungsunwirksamer Aufwand)

    Beispiel: – Abschreibung auf eine uneinbringliche Forderung

              – Bildung von Pensionsrückstellungen

b) (1) Kein Niederschlag, da zahlungsunwirksam.

    (2) E_U

    (3) A_W

    (4) E_E

    (5) A_A

    (6) A_W

    (7) Kein Niederschlag, da zahlungsunwirksam.

Aufgabe 1.03

a)

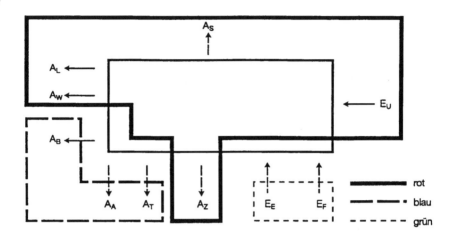

b) 1. Es handelt sich um die Differenz zwischen bestimmten Ein- und Aus-
zahlungsgrößen. Durch die damit verbundenen Transaktionen wird aber
nur dann ein *Finanzierungs*beitrag geleistet, wenn die Differenz positiv
ist. Andernfalls führt die „Innenfinanzierung" gar nicht zu einem Finanzierungsbeitrag, sondern verursacht im Gegenteil ein *Defizit*, das durch
andere Finanzierungsmaßnahmen ausgeglichen werden muß.

2. In diese als Innenfinanzierung bezeichnete Differenz gehen auch Auszahlungen für Zinsen ein, die eine Gegenleistung für die Überlassung der
Fremdfinanzierungsmittel darstellen. Die „Gegenleistung" für die Überlassung der Eigenfinanzierungsmittel, die Ausschüttungen, werden dagegen der Mittelverwendung zugerechnet.

Aufgabe 1.04

–   OHG-Gesellschafter: Eigenfinanzierung

Der Gesellschafter kann im Insolvenzverfahren nicht als Gläubiger auftreten.

–   Darlehensgeber: Fremdfinanzierung

Der Gesellschafter nimmt die Stellung eines Insolvenzgläubigers ein.

– Geschäftsführender GmbH-Gesellschafter: Eigenfinanzierung, da er im Insolvenzverfahren keine Gläubigerstellung hat.

In Ausnahmefällen ergibt sich sogar eine persönliche Haftung im Insolvenzverfahren.

– Ausgabe stimmrechtsloser Vorzugsaktien: Eigenfinanzierung

Die Vorzugsaktionäre haben im Insolvenzverfahren keine Gläubigerstellung.

– Aufnahme eines stillen Gesellschafters: Fremdfinanzierung

Der stille Gesellschafter hat im Insolvenzfall in Höhe der nach Verlustabzug
verbleibenden Einlage eine Forderung an das Unternehmen, ist somit also
Insolvenzgläubiger.

– Ausgabe von Genußscheinen: Fremdfinanzierung

Genußscheine beinhalten i.d.R. für den Insolvenzfall – ggf. nachrangige –
Gläubigeransprüche.

– Aufnahme von Darlehen mit gewinnabhängiger Verzinsung: Fremdfinanzierung

Der Darlehensgeber hat im Insolvenzfall eine Forderung ohne Verlustanteil
gegenüber dem Unternehmen.

Aufgabe 1.05

(1) richtig

Grundsätzlich haftet die GmbH ausschließlich mit dem Gesellschaftsvermögen, (es sei denn die Gesellschafter haben ihre Einlagen noch nicht voll erbracht; in diesem Fall erstreckt sich die Haftung in begrenztem Umfang im
Insolvenzfall auf deren sonstiges Vermögen).

Fall der reinen Gesellschaftshaftung.

(2) falsch

Die Haftung bei der OHG erstreckt sich auf das Gesellschaftsvermögen und
darüber hinaus uneingeschränkt auf das sonstige Vermögen aller Gesellschafter.

Die Haftung der AG beschränkt sich auf das gesamte Gesellschaftsvermögen, jedoch keineswegs auf das Eigenkapital. Die Aussage ist allein schon
deshalb unsinnig, weil sich die Haftung von juristischen und natürlichen

Personen immer nur auf Vermögenswerte beziehen kann, nicht jedoch auf passive Gegenposten zum bilanziellen Vermögensausweis.

(3) falsch

Die Gesellschafter einer GmbH haften im Insolvenzfall *mit* ihrem sonstigen Vermögen *bis zum Betrag* der noch ausstehenden Einlagen, jedoch nicht *mit* den ausstehenden Einlagen.

(4) falsch

Die Haftung der GmbH ist ausschließlich auf das Gesellschaftsvermögen beschränkt. Ansonsten siehe (3).

(5) falsch

Richtig ist zwar, daß die Darlehensgewährung des GmbH-Gesellschafters zu einer Erhöhung der Haftungsmasse führt. Gleichzeitig erhöhen sich allerdings auch die Ansprüche der Gläubiger – denn als solcher ist der Gesellschafter hier ja aufgetreten –, so daß insgesamt der Überschuß der haftenden Masse über die Schulden unverändert bleibt.

Bei der Darlehensgewährung eines OHG-Gesellschafters ergibt sich für die Gläubiger folgende Situation: Die Haftung erstreckt sich auf das Gesellschaftsvermögen und darüber hinaus auf das sonstige Vermögen der Gesellschafter. Durch die Darlehensgewährung erhöht sich zwar einerseits das Unternehmensvermögen, gleichzeitig führt dies aber zu einer Verminderung des sonstigen Vermögens des darlehnsgebenden OHG-Gesellschafters. Die Gesamthaftungsmasse bleibt insgesamt also unverändert.

Aufgabe 1.06

Die einzelnen Werte lassen sich aus der Übersicht „Geldvermögen und Verpflichtungen im Jahre 1997" auf S. 48 f. errechnen.

Bei den Geldforderungen (Geldvermögen) gegenüber den inländischen nicht finanziellen Sektoren und dem Ausland ergeben sich:

Banken:	12,7+1.1332,9+136,1+291,0+116,8+5.730,6	=	7.620,0	77,5%
Bausparkassen:	23,7+10,4+0,5+194,6	=	229,2	2,3%
Versicherungen:	200,6+289,6+386,8+313,7	=	1.190,7	12,1%
Investmentfonds:	4,8+464,2+300,9+26,3	=	796,2	8,1%

Forderungen des finanziellen   9.836,1
Sektors an den nichtfinanziellen
Sektor und das Ausland

Bei den Geldverpflichtungen ergeben sich:

Banken:	4.913,7+29,5+2.012,9+306,9+15,4+26,8	=	7.305,2	72,6%
Bausparkassen:	182,1+3,2+6,0	=	191,3	1,9%
Versicherungen:	1.278,6+377,4+13,9	=	1.669,9	16,6%
Investmentfonds:			900,3	8,9%

Verbindlichkeiten des finanziellen   10.066,7
Sektors gegenüber dem nichtfinanziellen
Sektor und dem Ausland

Setzt man diese Ergebnisse in Relation zu den gesamten Geldforderungen bzw. -verpflichtungen des finanziellen Sektors, so erkennt man, daß nur ein kleiner Teil der Forderungen bzw. Verpflichtungen innerhalb des finanziellen Sektors selbst anfallen :

$$\frac{9.836,1}{10.519,6} = 0,935$$, d.h. 93,5% der Forderungen richten sich gegen den nichtfinanziellen Sektor und das Ausland;

$$\frac{10.066,7}{10.129,5} = 0,994$$, d.h. 99,4% der Verbindlichkeiten bestehen gegenüber dem nichtfinanziellen Sektor und dem Ausland.

Aufgabe 1.07

Die gesuchten Angaben können der Tabelle IV/3 der Bundesbankberichte entnommen werden. Aus dem Monatsbericht 5/1998 ergeben sich für März 1998 folgende Werte (Angaben in Mrd. DM):

	Geschäftsvolumen		Kredite an Nichtbanken		Einlagen von Nichtbanken	
Sparkassensektor	3.369	100%	2.022	100%	1.480	100%
- Sparkassen	1.694	50,3%	1.187	59%	1.119	76%
- Girozentralen	1.675	49,7%	835	41%	361	24%
Genossenschaftssektor	1.314	100%	763	100%	744	100%
- Kreditgenossenschaften	970	74%	664	87%	710	95%
- genossenschaftliche Zentralbanken	344	26%	99	13%	34	5%

1. In beiden Gruppen haben „Primärinstitute" insgesamt einen größeren Anteil am gesamten **Geschäftsvolumen** als die Spitzeninstitute. Dabei ist diese Verteilung im Genossenschaftssektor (**74% zu 26%**) deutlich stärker ausgeprägt als im Sparkassensektor (**50,3% zu 49,7%**).

2. Im Detail ist das Übergewicht der „Primärinstitute" insbesondere im **Einlagengeschäft mit den Nichtbanken** besonders stark ausgeprägt. Speziell die genossenschaftlichen Spitzeninstitute sind in diesem Geschäftsbereich nur sehr schwach vertreten.

3. Im **Kreditgeschäft mit den Nichtbanken** ist der Anteil der „Primärinstitute" ebenfalls in beiden Bereichen größer als ihr Anteil am gesamten Geschäftsvolumen; allerdings ist die Divergenz mit **87% zu 13%** (gegenüber 95% zu 5%) im Genossenschaftssektor bzw. **59% zu 41%** (gegenüber 76% zu 24%) im Sparkassensektor weniger deutlich als im Einlagengeschäft mit den Nichtbanken.

Aufgabe 1.08

a)   Laut Fact Book 1997 der Deutschen Börse AG gibt es folgende 8 Börsenplätze in der Bundesrepublik Deutschland:

–   Frankfurter Wertpapierbörse, Frankfurt a.M.

–   Rheinisch-Westfälische Börse zu Düsseldorf, Düsseldorf.

–   Bayerische Börse, München.

–   Hanseatische Wertpapierbörse Hamburg, Hamburg.

–   Baden-Württembergische Wertpapierbörse zu Stuttgart, Stuttgart

–   Berliner Wertpapierbörse, Berlin

–   Niedersächsische Börse zu Hannover, Hannover

–   Bremer Wertpapierbörse, Bremen

Außerdem gibt es zur Abwicklung von Wertpapiertermingeschäften die EUREX, vormals die Deutsche Terminbörse (DTB), in Frankfurt a.M.

b) Dem Jahrbuch 1997 der deutschen Versicherungswirtschaft sind folgende Ausgaben zu entnehmen:

- Versicherungsvermittlung etwa 359.000

  davon

  - selbständige hauptberufliche Vertreter rd. 59.000
  - nebenberufliche Vertreter etwa 300.000

- Versicherungsmakler 3.000

Aufgabe 1.09

a) Aus Tab IV.3 im Monatsbericht 5/1998 ergeben sich für den Monat März 1998 folgende Beträge, wobei die Darstellung der vorgenommenen Aufteilung von Aktiva und Passiva in Form einer Bilanz erfolgt:

Aktiva   Passiva

(in Mrd. DM;% des Geschäftsvolumens*)   (in Mrd. DM;% des Geschäftsvolumens*)

kurzfristige Aktiva	410,8	kurzfristige Passiva	612,4
(Laufzeit ≤ 1 Jahr)	42,6%	(Laufzeit ≤ 1 Jahr)	63,6%
langfristige Aktiva	552,7	langfristige Passiva	351,1
(Laufzeit > 1 Jahr)	57,4%	(Laufzeit > 1 Jahr)	36,4

* Bilanzsumme zzgl. Indossamentsverbindlichkeiten aus rediskontierten Wechseln, den Kreditnehmern abgerechnete eigene Ziehungen im Umlauf sowie aus dem Wechselbestand vor Verfall zum Einzug versandte Wechsel.

Man erkennt, daß die kurzfristigen Passiva die kurzfristigen Aktiva deutlich übersteigen. Vereinfacht läßt sich daraus schließen, daß weniger kurzfristige Aktivgeschäfte eingegangen werden, als aufgrund der zur Verfügung stehenden Mittel möglich wäre. Umgekehrtes gilt für den langfristigen Bereich. Hieraus läßt sich folgern, daß ein Teil der kurzfristigen Passiva zur „Finanzierung" der langfristigen Aktiv-Engagements herangezogen wird.

b) Einerseits bestehen für die Bank bestimmte geschäftspolitische Möglichkeiten die aus der Fristentransformation resultierenden Risiken zu begrenzen. So kann das Geldanschlußrisiko, das durch die Transformation kürzerer
Einlagefristen in längere Kreditfristen entsteht, durch **Prolongation** bisheriger und **Attrahierung** neuer Einlagen oder die vorfällige **Abtretung von
Aktiven** begrenzt werden. Die damit verbundene Gefahr, daß dies nur zu
höheren Zinsen bzw. gesunkenen Kursen möglich ist, kann durch besondere
Vereinbarungen (wie z.b. Zinsgleitklauseln) auf den Vertragspartner abgewälzt werden.

Aufgabe 2.01

a) Auszahlungs- und Tilgungsmodalitäten

– Bei dem durch die vertraglichen Vereinbarungen beschriebenen Darlehen handelt es sich um ein Annuitätsdarlehen (→ vertraglich festgelegter Verlauf) mit einem Auszahlungskurs von 100%.

– Die Tilgungsleistungen sind unterjährlich (→ vierteljährlich) zu erbringen, wobei die Zahlungen weder am Ende (→ nachschüssig) noch
am Anfang (→ vorschüssig) der vierteljährlichen Zahlungsperiode erfolgen, sondern zu einem Zwischentermin, nämlich am Ende des
zweiten Quartalsmonats.

Verzinsungsmodalitäten

– Bezüglich der Verzinsungsmodalitäten ist festzustellen, daß zunächst
ein starrer Nominalzinssatz in Höhe von 7% p.a. vereinbart wurde.
Diese Zinsbindungsfrist endet am 31.12.1999. Jede der Vertragsparteien kann bis spätestens vier Wochen vor Ablauf dieser Frist das
Darlehen kündigen.

– Die Bezugsgröße für die Zinsberechnung bildet die Restschuld, wobei
jedoch die vierteljährlichen Tilgungsleistungen erst jeweils zum Ende
des laufenden Kalenderhalbjahres vom Restkapital abgeschrieben und
somit zinswirksam werden (→ modifizierte Restschuld).

– Die Zinsbelastung wird halbjährlich und nachschüssig vorgenommen.

– Für die periodischen Zinszahlungen gelten die Ausführungen zu den
Tilgungsleistungen (s.o.) in analoger Weise.

b)

	Buchungen	Zahlungen	Restschuld
01.01.1993	–	–	100.000,–
28.02.1993	–	Zins: 1.750,– [1] 2.000,– Tilg.: 250,–	100.000,–
31.05.1993	–	Zins: 1.750,– 2.000,– Tilg.: 250,–	
30.06.1993	Zins: 3.500,– Tilg.: 500,–	–	99.500,–
31.08.1993	–	Zins: 1.741,25 [2] 2.000,– Tilg.: 258,75	99.500,–
30.11.1993	–	Zins: 1.741,25 2.000,– Tilg.: 258,75	99.500,–
31.12.1993	Zins: 3.482,50 Tilg.: 517,50	–	98.982,50

1) Da die Restschuld zu Beginn des ersten Halbjahres 100.000 Euro beträgt, errechnet sich der Zinsanteil der im ersten und zweiten Quartal erfolgenden Zahlungen wie folgt:
$1/4 \cdot 0,07 \cdot 100.000 = 1.750$.

2) In analoger Weise errechnet sich für den Zinsanteil im dritten und vierten Quartal:
$1/4 \cdot 0,07 \cdot 99.500 = 1.741,25$.

Aufgabe 2.02

a)   Einbeziehung einer einmaligen Bearbeitungsgebühr bei der Auszahlung in Höhe von 200 Euro

→ Bearbeitungsgebühr in Prozent des Kreditbetrages = 0,2%

$$r' = \frac{10 + \dfrac{5,2}{2,5}}{94,8} \cdot 100 = 12,74\%$$

b)   Einbeziehung einer jährlichen Bearbeitungsgebühr in Höhe von 50 Euro

→ erhöhter Nominalzinssatz = 10,05%

$$r' = \frac{10,05 + \dfrac{5}{2,5}}{95} \cdot 100 = 12,68\%$$

Aufgabe 2.03

Kündigungsmodalitäten

a)   Investitionskredit an eine GmbH über 20 Jahre

    (1)   mit festem Zins für die gesamte Laufzeit:

        Der Kreditnehmer kann den Kredit nach 10 Jahren unter Wahrung einer Kündigungsfrist von 6 Monaten kündigen (Fall 2a).

    (2)   mit variablem Zins:

        Der Kreditnehmer kann jederzeit unter Einhaltung einer Kündigungsfrist von 3 Monaten kündigen (Fall 1).

b)   Investitionskredit mit Zinsbindungfrist unter 10 Jahren

    Der Kreditnehmer kann den Vertrag in beiden Fällen frühestens zum Ablauf der Zinsbindungsfrist kündigen (Fall 2b).

c)   Investitionskredit mit Zinsbindungsfrist über 10 Jahren

    (1)   Der Kreditnehmer kann frühestens zu einem Termin 2 Monate vor Ablauf der Zinsbindungsfrist kündigen (Fall 2c in Verbindung mit 2a).

    (2)   Wie die Lösung zu b) (Fall 2c in Verbindung mit 2b).

Aufgabe 2.04

Die Angaben geben in ihrem statistischen Kern die in den 80er und 90er Jahren in Deutschland herrschenden Verhältnisse korrekt wieder. Die daraus gezogenen Folgerungen gehen allerdings in die Irre:

– Die erst Aussage impliziert, daß *alle* Gläubiger bei der Ablehnung eines Insolvenzverfahrens „mangels Masse" leer ausgingen. Dies mag eventuell für die Inhaber unbesicherter Forderungen auch zutreffen; zumindest die Sicherungsgläubiger wie etwa Kreditinstitute und häufig auch Lieferanten haben jedoch immer noch gute Aussichten, im Wege der Einzelvollstreckung einen nennenswerten Teil ihrer Ansprüche zu realisieren.

– Die zweite Aussage impliziert, bei Durchführung eines Insolvenzverfahrens erhielte die *Gesamtheit der Gläubiger* lediglich eine Befriedigungsquote von 5%. Die zitierte Insolvenzquote bezieht sich aber nur auf die ungesicherten Insolvenzgläubiger. Wie das Beispiel auf S. 58 f. der Kurseinheit 1 exemplarisch verdeutlicht, können die tatsächlichen Befriedigungsquoten der anderen Gläubigergruppen de facto deutlich höher liegen, wie die – vergleichsweise wenigen – insolvenzstatistischen Untersuchungen auch klar belegen.

Aufgabe 2.05

(1) Die CASH Bank erhält den ihr zustehenden Forderungsbetrag nunmehr nicht in voller Höhe, sondern nur den erzielten Verkaufserlös in Höhe von 115.300 Euro. Wegen des ausstehenden Differenzbetrages (10.400 Euro) wird sie in die Gruppe „unbesicherte Insolvenzgläubiger", ganz am Ende der Verteilungsskala eingeordnet und erhält davon nur noch 5%, d.h. 520 Euro. Insgesamt realisiert sie demnach mit einem Gesamtrückzahlungsbetrag von 115.820 Euro eine Befriedigungsquote von gut 92%.

(2) Der HOT PANTS KG gelingt durch Verkauf der zurückerhaltenen Waren über dem mit der MONA-LISA GmbH vereinbarten Kaufpreis die Erzielung eines Gewinns in Höhe von 12.000 Euro. Da es sich bei Lieferungen unter Eigentumsvorbehalt um ein Aussonderungsrecht handelt, fließt dieser Gewinn nicht in die Insolvenzmasse der GmbH ein. Die HOT PANTS KG hat eine Befriedigungsquote von 100% und sogar noch einen darüber hinausgehenden Gewinn erreicht.

(3) Dem Anspruch von OCHSMANN in Höhe von 3.200 Euro steht eine gegen ihn gerichtete Forderung der MONA-LISA GmbH von 3.600 Euro gegenüber. Durch die Aufrechnung wird zum einen sein Anspruch voll befriedigt; er erreicht also eine Befriedigungsquote von 100%. Zum anderen ist er ver-

pflichtet den der MONALISA GmbH geschuldeten Betrag in Höhe von 400 Euro in die Insolvenzmasse einzubringen.

(4) Die Position der ELVIRA-Bar verändert sich nicht.

Aufgabe 2.06

	Kreditbetrag	60.000 Euro
+	Bearbeitungsgebühr 2% v. 60.000 Euro	1.200 Euro
+	Zins 36 x (0,0038 v. 60.000 Euro)	8.208 Euro
		69.408 Euro

Dementsprechend gilt für die pro Monat zu erbringende Zahlung:

$$\text{Monatszahlung} = \frac{69.408}{36} = 1.928,00 \, Euro.$$

Aufgabe 2.07

a)

01.01.1999: Auszahlung von 96.000; Restschuld   = 100.000 Euro.

31.12.1999: Zahlung der fälligen Zinsen = 8% von 100.000   =   8.000 Euro,

Zahlung der fälligen Tilgung = 1% von 100.000   =   1.000 Euro,

Restschuld   = 99.000 Euro.

31.12.2000: Zahlung der fälligen Zinsen = 8% von 99.000   =   7.920 Euro,

Zahlung der fälligen Tilgung = 1% von 100.000 + ersparte Zinsen   =   1.080 Euro,

Restschuld   = 97.920 Euro.

b)   Wir wissen nicht, zu welchem Ergebnis Ihre Schätzung geführt hat. Eine
      exakte finanzmathematische *Rechnung* führt zu folgenden Ergebnissen:

      –   Am Ende des 28. Jahres beträgt die Restschuld noch 4.661,17 Euro.

      –   Das Darlehen könnte als durch eine am Ende des 29. Jahres erfolgen-
           de Schlußzahlung von (4.661,17 · 1,08 =) 5.034,06 Euro getilgt wer-
           den.

      –   Der exakte Wert für die Effektivverzinsung beträgt dann 8,45%.

Aufgabe 2.08

Die drei Alternativen entfalten alle eine identische Finanzierungswirkung im
Zeitpunkt t = 0 (100.000 Euro Auszahlung).

Als Vergleichsmerkmale bieten sich somit zunächst die „Laufzeit" und die „jährliche Belastung" an:

Unter dem Aspekt der Laufzeit ergibt sich folgende Rangfolge der Alternativen:

1.   Alternative I   (= 28 Jahre)

2.   Alternative II   (= 29 Jahre)

3.   Alternative III   (= 34 Jahre).

Die jährliche Belastung stellt sich wie folgt dar:

1.   Alternative III   (= 9.015 bzw. 9.000 Euro)

2.   Alternative II   (= 9.375 Euro)

3.   Alternative I   (= 9.500 Euro)

Für den angestrebten Vergleich läßt sich nun folgender „trivialer" Zusammenhang
erkennen: Die Höhe der jährlichen Belastung ergibt sich in Abhängigkeit von der
Laufzeit des Darlehens. So hat die erste Alternative mit der kürzesten Laufzeit die
höchste, Alternative III mit der längsten Laufzeit die niedrigste jährliche Belastung. Daraus ergibt sich, daß anhand der vorhandenen Angaben eine eindeutige
Vorteilhaftigkeitsanalyse nicht möglich ist: Dies wäre z.B. über eine finanzmathematische Betrachtung der gesparten Beträge bei Alternative III im Vergleich
zu den ersten beiden unter Heranziehung weiterer Informationen möglich.

Aufgabe 2.09

Gemäß Tabelle VI/5 des Monatsberichts 5/1998 sind die durchschnittlichen Effektivzinssätze für Hypothekarkredite im Zeitraum von Juli 1997 bis Februar 1998 für kürzere Laufzeiten angestiegen, für längere Laufzeiten hingegen gesunken. Dabei sank der durchschnittliche Effektivzinssatz bei den angegebenen Zinsbindungsfristen im angegebenen Zeitraum wie folgt:

Zinsbindungsfrist 2 Jahre:	Juli 1997:	5,12%
	Februar 1998:	5,41% (Steigung um 5 v.H.)

Zinsbindungsfrist 5 Jahre:	Juli 1997:	5,72%
	Februar 1998:	5,71%(kaum eine Veränderung)

Zinsbindungsfrist 10 Jahre:	Juli 1997:	6,75%
	Februar 1998:	6,24% (Senkung um 8 v.H.)

Diese Daten entsprechen der These, daß bei einem allgemein relativ niedrigen Zinsniveau – wie es Anfang 1998 noch gegeben war – die Effektivzinssätze der Hypothekarkredite tendenziell um so höher sind, je länger die Zinsbindungsfrist ist.

Aufgabe 2.10

a)	Hypothekarkredit der Bank	150.000 Euro
	+ Bauspardarlehen A	30.000 Euro
	+ Eigenmittel aus Bausparvertrag A	20.000 Euro
	Summe	200.000 Euro

	Kaufpreis der Eigentumswohnung	250.000 Euro
	./. Darlehen und Eigenmittel (s.o.)	200.000 Euro
	Rest-Finanzierungsbedarf	50.000 Euro

b)   Hypothekarkredit der Bank   150.000 Euro
     + Bauspardarlehen A   20.000 Euro
     + Bauspardarlehen B   30.000 Euro
     + Eigenmittel aus Bausparvertrag A und B   50.000 Euro
     Summe   250.000 Euro

     Kaufpreis der Eigentumswohnung   320.000 Euro
     ./. Darlehen und Eigenmittel (s.o.)   250.000 Euro
     Rest-Finanzierungsbedarf   70.000 Euro

c)   Im Fall b) liegt der Rest-Finanzierungbedarf mit 70.000 Euro um 20.000
     Euro höher als im Fall a). Der im Vergleich zum Fall a) um 70.000 Euro er-
     höhte Gesamt-Finanzierungsbedarf (Kaufpreis der Wohnung) im Fall b)
     konnte also nur teilweise durch den dort zur Verfügung stehenden Bauspar-
     vertrag B abgedeckt werden. Zwar konnte auf das Bausparguthaben in Höhe
     von 30.000 Euro aus Bausparvertrag B zurückgegriffen werden, die grund-
     sätzlich disponiblen Bauspardarlehen aus den Bausparverträgen A **und** B
     konnten jedoch wegen Überschreitens der mit 80% fixierten Gesamtbela-
     stung (150.000 Euro (Hypothekarkredit) + 30.000 Euro (Bauspardarlehen
     A) + 40.000 Euro (Bauspardarlehen B) = 220.000 Euro = 88% des Belei-
     hungswertes von 250.000 Euro) nicht in voller Höhe in Anspruch genom-
     men werden. Bei der Berechnung im Fall b) wurden die Bauspardarlehen in
     gleicher Höhe um jeweils 10.000 Euro gekürzt, da sie durch untereinander
     gleichrangige Hypotheken zugunsten der beiden Bausparkassen gesichert
     sind.

Aufgabe 2.11

Zahlungsreihen ohne Berücksichtigung von Steuern

	1. Jahr	2. Jahr	3. Jahr	4. Jahr
Kreditkauf				
Tilgung	−25.000	−25.000	−25.000	−25.000
Zinsen	−10.000	−7.500	−5.000	−2.500
Verkaufserlös				+10.000
Gesamtzahlung	−35.000	−32.500	−30.000	−17.500
Leasing				
Leasingrate	−30.000	−30.000	−30.000	−30.000
Gesamtzahlung	−30.000	−30.000	−30.000	−30.000

Zahlungsreihen mit Berücksichtigung von Steuern

	1. Jahr	2. Jahr	3. Jahr	4. Jahr
Kreditkauf				
Restschuld	100.000	75.000	50.000	25.000
Zinsen	10.000	7.500	5.000	2.500
Planm. Abschreibung	20.000	20.000	20.000	20.000
Mindererlös				10.000
Ertragsteuer I				
Mind. der Bemessungsgrundlage	–30.000	–27.500	–25.000	–32.500
Steuereinsparung	+12.000	+11.000	+10.000	+13.000
Ertragsteuer II				
Mind. der Bemessungsgrundlage	–25.000	–23.750	–22.500	–31.250
Steuereinsparung	+2.500	+2.375	+2.250	+3.125
Summe der Steuereinsparung	+14.500	+13.375	+12.250	+16.125
Zahlung nach Steuern	–20.500	–19.125	–17.750	–1.375
Leasing				
Leasingrate	30.000	30.000	30.000	30.000
Ertragsteuer I				
Mind. der Bemessungsgrundlage	–30.000	–30.000	–30.000	–30.000
Steuereinsparung	+12.000	+12.000	+12.000	+12.000
Ertragsteuer II				
Mind. der Bemessungsgrundlage	–30.000	–30.000	–30.000	–30.000
Steuereinsparung	+3.000	+3.000	+3.000	+3.000
Summe der Steuereinsparung	+15.000	+15.000	+15.000	+15.000
Zahlung nach Steuern	–15.000	–15.000	–15.000	–15.000

Aufgabe 2.12

„Leasing ist eine der modernsten Finanzierungsformen. "

Zunächst einmal ist festzustellen, daß es unnötig ist zu diskutieren, ob Leasing (insbesondere das Finanzierungsleasing) ein Finanzierungsinstrument, eine Investitionsmaßnahme oder gar eine Aktivität sui generis darstellt. Leasing ist als Alternative zum unmittelbaren Kauf eines entsprechenden Objektes und seiner Finanzierung aus frei verfügbaren Mitteln oder durch die Aufnahme eines Kredits zu sehen. Hinsichtlich der Nutzbarkeit des Objektes und der daraus resultierenden Erträge unterscheiden sich Leasing- oder Kaufalternative zumindest für die Grundmietzeit nicht. Untersuchungsgegenstand sind daher die jeweils aufzubringenden Zahlungsströme, genauer gesagt die Zahlungsreihen nach Steuern.

„Anstatt teures Eigentum zu erwerben, nutzen Sie das Leasingobjekt ganz einfach für einen bestimmten Zeitraum. Sie bleiben finanziell beweglich und können ihr Geld anderweitig einsetzen. "

Erfolgt der Kauf eines Investitionsobjektes vollständig mit eigenen Mitteln, so tritt die gesamte Belastung in t = 0 ein. Ein Vorteil des Leasing wird also darin gesehen, die finanzielle Belastung über einen bestimmten Zeitraum „strecken" zu können. Diesen Vorteil kann man jedoch auch über eine Kreditfinanzierung erreichen. Denn auch in diesem Fall stehen die „eigenen Mittel" für anderweitige Zwecke zur Verfügung.

Was in diesem Zusammenhang darüber hinaus unter „finanzieller Beweglichkeit" zu verstehen ist, bleibt unklar. Ebenso der Hinweis auf das teure Eigentum. Diese Formulierung soll wohl die Vorstellung erwecken, der Erwerb eines Objektes sei per Saldo teurer, also finanziell stärker belastend, als dessen Nutzung im Rahmen eines Leasingvertrages.

Tatsächlich geht beim Leasing wie beim Kauf die Nutzung des Objektes natürlich mit laufenden Zahlungsverpflichtungen in Form von Leasingraten bzw. Zins- und Tilgungsleistungen einher, die natürlich finanziell belasten. Dabei kann – auch unter Einbeziehung steuerlicher Aspekte – keineswegs generell festgestellt werden, daß die eine oder die andere Finanzierungsvariante die günstigere ist.

„Leasing macht den Leasingnehmer unabhängig ".

Unter dem Gesichtspunkt der Anpassungsflexibilität erweist sich der Kreditkauf in aller Regel als die günstigere Variante, da der Investor in diesem Fall sehr viel leichter, schneller und mit besserer Aussicht auf wirtschaftlichen Erfolg in der Lage ist, die ihm sinnvollen Anpassungsmaßnahmen durchzuführen, die von der Durchführung technischer Änderungen über die vorübergehende Stillegung bis hin zum vorzeitigen Verkauf reichen können. Insbesondere während der unkündbaren Grundmietzeit ist der Leasingnehmer demgegenüber in seiner Anpassungsflexibilität deutlich eingeschränkt.

Als Fazit läßt sich festhalten, daß in dieser Werbeaussage in recht suggestiver Weise dem Leasing vermeintliche Vorteile zugeschrieben werden, die im Vergleich zu anderen Finanzierungsvarianten im Einzelfall zwar vorliegen können, keineswegs jedoch in der behaupteten Allgemeingültigkeit bestehen.

Aufgabe 2.13

a) Nach der hier vorgenommenen Einteilung (vgl. Abschnitt 1.1.4), die auf dem Abgrenzungskriterium „Rechtsstellung im Insolvenzverfahren" beruht, sind Einlagen stiller Gesellschafter *nicht* der Eigenfinanzierung, sondern der Fremdfinanzierung zuzurechnen, da dem stillen Gesellschafter im Insolvenzfall auf jeden Fall eine Gläubigerposition zukommt (vgl. § 236 HGB).

b) Je nach Ausgestaltung des Gesellschaftsvertrags kann die Beteiligung als stiller Gesellschafter dem für die Eigenfinanzierung typischen Merkmalen ziemlich nahe kommen. So kann diese Finanzierungsform etwa durch folgende vertragliche Vereinbarungen auch verschiedene eigenmittelähnliche Merkmale aufweisen:

– Beteiligung am Gewinn und Verlust des Unternehmens (vgl. §§ 231, 232 HGB);

– über den Nominalbetrag der Einlage hinausgehender Rückzahlungsbetrag aufgrund quotaler Beteiligung am Unternehmenswert (einschließlich stiller Rücklagen und Firmenwert) bei Kündigung bzw. Auseinandersetzung;

– über die Einsichts- und Kontrollrechte gem § 233 HGB hinausgehende aktive Mitwirkung an der Geschäftsführung.

Soweit die beiden letztgenannten Kriterien gegeben sind, spricht man auch von einer *atypischen stillen Gesellschaft*.

Aufgabe 2.14

a) „*Aktiengesellschaften finanzieren sich über die Börse*".

Hierbei handelt es sich um ein weitverbreitetes Mißverständnis. Die Emissionsfinanzierung selbst vollzieht sich entgegen landläufigen Vorstellungen gerade nicht über die Börse. Der Konktakt zwischen Emittent und Zeichner wird vielmehr auf andere Weise hergestellt. Folgende Möglichkeiten der Emissionsfinanzierung lassen sich nennen:

– Selbstemission

und

– Fremdemission.

Bei ersterer stellt der Emittent selbst die Beziehung zum Zeichner her, bei der zweiten, weitaus gebräuchlicheren, Form übernimmt eine Bank oder ein Bankenkonsortium diese Funktion.

b) „*Aktiengesellschaften mit börsennotierten Aktien haben bessere Finanzierungsmöglichkeiten als andere Unternehmen*".

Mit der Börsennotierung wird bestimmten Anforderungen der Anleger Rechnung getragen. Die Möglichkeit, einen gezeichneten Finanztitel jederzeit nach Gutdünken schnell, ohne nennenswerte Schwierigkeiten und mit niedrigen Transkationskosten verkaufen zu können, ist für viele Anleger eine wichtige Voraussetzung für ihre Bereitschaft, einen zur Zeichnung angebotenen Finanztitel überhaupt zu übernehmen. Aus diesem Grund wird für die zur Emission aufgelegten Wertpapiere (und Wertrechte) in aller Regel zugleich die Zulassung zum Börsenhandel beantragt.

Aufgabe 3.01

Die Angaben können etwa aus dem Bericht 5/98, Tabelle VI/5 entnommen werden. Danach lagen die durchschnittlichen Zinssätze während des Berichtszeitraumes für Spareinlagen von 20.000 DM bis unter 50.000 DM mit vereinbarter Kündigungsfrist von 3 Monaten und einer Vertragsdauer bis 1 Jahr einschl.

– in der Größenordnung von 0,7%-Punkten unter den Durchschnittszinsen für Spareinlagen mit einer Vertragsdauer von über 1 Jahr bis 4 Jahre einschl. und

– ca 1,4%-Punkte unter den Durchschnittszinsen für Spareinlagen mit einer Vertragsdauer von über 4 Jahren.

Diese Abstände weisen im Zeitablauf allerdings geringfügige Schwankungen auf.

Aufgabe 3.02

Aus der Tab. VI/5 im Monatsbericht 5/98 der Deutschen Bundesbank ist die Entwicklung im Zeitraum von Juni 1997 bis April 1998 zu entnehmen. In diesem Zeitraum lag die durschnittliche Verzinsung der hier betrachteten Spareinlagen nie unter der Verzinsung für die betrachteten Festgelder. Bei einem Vergleich der Konditionen für gleiche Beträge (hier wurden – mangels weiterer Daten im Monatsbericht – ja Festgelder von 100.000 DM bis 1 Mio. DM mit Spareinlagen von 20.000 DM bis 50.000 DM verglichen), dürfte aufgrund des erkennbaren Zusammenhangs zwischen Verzinsung und Anlagevolumen die Differenz der Durchschnittszinssätze für Spar- und Termineinlagen noch größer sein.

Diese Tatsache läßt sich von der Angebotsseite wie folgt begründen:

–   geringere Verwaltungskosten bei Spareinlagen,

–   bankaufsichtsrechtliche Gründe (günstigere Anrechnung der Spareinlagen als langfr. Finanzierungsmittel im Liquiditätsgrundsatz II) sowie

–   geringere Kapitalkosten durch niedrigeren Mindestreservesatz für Spareinlagen (vgl. hierzu auch Tab. V/1 im Monatsbericht). Jedoch war zum Zeitpunkt der Drucklegung ungewiß, ob und in welcher Form die Mindestreservepflicht bestehen bleibt.

Aufgabe 3.03

Die Angaben können aus der Tab. VI/5 im Monatsbericht 5/98 der Deutschen Bundesbank entnommen werden. Der dort angegebene durchschnittliche Zinssatz für Sparbriefe mit laufender Zinszahlung und vierjähriger Laufzeit kann – wenn auch nur eingeschränkt – am ehesten mit der Durchschnittsverzinsung von Spareinlagen von 20.000 DM bis unter 50.000 DM bei vereinbarter Kündigungsfrist von mehr als 3 Monaten und einer Vertragsdauer von über 4 Jahren verglichen werden. Im Zeitraum von Juni 1997 bis April 1998 lag die Verzinsung dieser Spareinlagen um durchschnittlich 0,14%-Punkte über der der vierjährigen Sparbriefe.

Betrachtet man allerdings gleichzeitig auch die Streubreite der Zinssätze, so liegt die Vermutung nahe, daß die gerade festgestellte höhere Verzinsung der Spareinlagen nur durch die längeren Vertragsdauern (über 4 Jahre) zu erklären ist. Während die Zinssätze der Sparbriefe im Bereich 3,75% bis 4,75% lagen, streuten sich die ermittelten Zinssätze für Spareinlagen im Bereich 3,00% bis 5,28%. Berücksichtigt man den (in dem betrachteten Zeitraum positiven) Zusammenhang zwischen Vertragsdauer und Verzinsung, so dürfte die höhere Verzinsung der Spareinlagen auf die Einbeziehung von Einlagen mit längerer Vertragsdauer zurückzuführen sein.

Aufgabe 3.04

Aus dem Monatsbericht 5/1998 (Tab. IV/3) ergeben sich für März 1998 folgende Zahlen:

a) Anteile am Geschäftsvolumen (Angaben in%) und Relation von Sparbriefen zu Spareinlagen:

	Termineinlagen	Spareinlagen	Sparbriefe	Relation
Kreditbanken	5,0[1]	6,4	1,2	–0,19[2]
Großbanken	7,2	8,6	1,2	0,14
Sparkassen	5,3	36,5	8,6	0,24
Kreditgenossenschaften	8,2	36,8	7,2	0,20

[1] Rechenbeispiel: $(118,1 : 2.369,7) \cdot 100 = 5,0$

[2] Rechenbeispiel: $29,1 : 152,2 = 0,19$ (oder näherungsweise: $1,2 : 6,4 = 0,19$)

b) Anteile der Institutsgruppen am Gesamtbestand der drei Einlageformen (Angaben in%):

	Termineinlagen	Spareinlagen	Sparbriefe
Kreditbanken	38,9[1]	12,6	11,7
Großbanken	22,8	6,9	4,5
Sparkassen	29,6	51,1	58,3
Kreditgenossenschaften	26,0	29,5	28,0

[1] Rechenbeispiel: $(118,1 : 303,9) \cdot 100 = 38,9$

Aufgabe 3.05

Der kalkulierte Sparanteil beträgt, wie im Text dargelegt, 50.257 Euro. Bei einem Anlagezins von 6% hätte allerdings folgender Anlagebetrag ausgereicht, um in 20 Jahren einschließlich Zins und Zinseszins auf 100.000 Euro anzuwachsen:

$$100.000 \cdot 1,06^{-20} = 31.180.$$

Mithin ist der Sparanteil um $50.257 - 31.180 = 19.077$ zu hoch veranschlagt worden.

Aufgabe 3.06

a) Neben der Versicherungssumme von 100.000 Euro wäre zusätzlich der über 20 Jahre mit 6% verzinste Überschußanteil von 19.077 Euro auszuzahlen, also

$$19.077 \cdot 1,06^{20} = 61.183 \text{ Euro.}$$

Mithin beliefe sich die gesamte Versicherungsleistung auf 161.183 Euro.

b) Gesucht ist der Zeitpunkt, zu dem der Sparanteil mit 6% aufgezinst erstmalig die Versicherungssumme von 100.000 Euro übersteigt. Folgende Tabelle zeigt, daß dies nach 12 Jahren der Fall ist

$$50.257 \cdot 1,06^{10} = 90.003$$

$$50{,}257 \cdot 1,06^{11} = 95.403$$

$$50.257 \cdot 1,06^{12} = 101.127$$

Bereits nach 12, und nicht erst nach 20 Jahren hätte der mit 6% verzinste Sparanteil der Einmalprämie die Versicherungssumme von 100.000 Euro überschritten.

c) Bei einer reinen Risikoversicherung ohne Schlußzahlung und mit gegebenen Werten für Beiträge und Versicherungssumme stellt eine Vertragsverkürzung gar keinen Vorteil dar. Er verlöre vielmehr für die letzten Jahre den ursprünglich vereinbarten Versicherungsschutz, ohne dafür irgendeine Gegenleistung zu erlangen. Wenn in diesem Fall überhaupt eine Verknüpfung von Überschußbeteiligung und Laufzeit hergestellt werden soll, dann kann das sinnvoller Weise nur so geschehen, daß die Zurechnung von Überschußanteilen zu einer Verlängerung der Laufzeit führt.

d) Zu vergleichen sind die folgenden beiden Situationen:

–   Situation I: Überschußbeteiligung und daraus resultierender Laufzeitverkürzung.

–   Situation II: Keine Überschußbeteiligung und dementsprechend Laufzeitende wie ursprünglich vereinbart.

Tritt der Todesfall vor dem in Situation I erreichbaren Laufzeitende auf, weisen beide Situationen keinen Unterschied auf. Ansonsten weist Situation I gegenüber Situation II jedoch zwei Unterschiede auf:

1. Die Versicherungssumme wird im Fall des Erlebens früher fällig.

2. Nach Auszahlung der Versicherungssummme entfällt der weitere Versicherungsschutz. Der erstgenannte Effekt ist isoliert betrachtet sicherlich als positiv zu bewerten. Das frühe Entfallen der Versicherungsschutzes in Situation I könnte jedoch – analog zur Argumentation zu c) – auf den ersten Blick als Nachteil angesehen werden. Dem ist jedoch entgegenzuhalten, daß in Situation I die gesamte Versicherungssumme schon früher in voller Höhe zur Verfügung steht und während der Zeitdauer bis zum ursprünglichen Versicherungsbedarf verzinslich angelegt werden könnte. Mithin kann während dieser Zeitspanne durch Vermögensanlage in demselben oder noch einem stärkeren Umfang Risikovorsorge getroffen werden wie bei Fortbestehen der Versicherung. Insoweit ist also auch der Verwendung von Überschußanteilen zur Laufzeitverkürzung im Vergleich zum Unterbleiben einer solchen Maßnahme eindeutig als vorteilhaft einzuschätzen. Dieses Ergebnis bedürfte allerdings unter Umständen gewisser Modifikationen, wenn

– für den Todesfall eine höhere Leistung als für den Erlebensfall vorgesehen ist, oder

– primär auf das Interesse der im Todesfall aus der Versicherung Begünstigten abgestellt wird.

Eine andere und nur im Einzelfall zu beantwortende Frage ist demgegenüber, welche Form der Überschußbeteiligung bei gegebenem Überschußanteilen als die günstigere angesehen wird.

Aufgabe 4.01

a) Die Kursnotiz lautet 312 bB, da beim umsatzmaximalen Kurs (312 Euro) noch ein kleiner Angebotsüberhang von 20 Stück besteht.

b) Der Makler müßte einen zusätzlichen Kauf – Auftrag (Nachfrage) mit Limit bis 312 über 20 Stück in den Markt geben, d.h. die limitierten Kauf – Aufträge müßten um 20 von 101 auf 121 aufgestockt werden.

neue kumulierte Nachfragefunktion

unter	310	555
	310	555
	311	466
	312	394
	313	273
über	313	198

c) In einem ersten Schritt sind zunächst erst die neuen kumulierten Angebots- und Nachfragefunktionen abzuleiten:

Kurs		Angebot	Nachfrage	möglicher Umsatz
unter	309	127	535	127
	309	197	535	197
	310	284	535	284
	311	396	446	(396)
	312	464	374	374
	313	557	273	273
über	313	557	198	198

1) Die neue Kursnotiz müßte 311 bG lauten, da ein Nachfrageüberhang in Höhe von 50 Stück besteht.

2) Ein Ausgleich des Nachfrageüberhanges könnte durch einen zusätzlichen Verkaufsauftrag über 50 Aktien erfolgen, der unlimitiert oder auf einen Kurs unter 312 limitiert sein müßte.

Aufgabe 4.02

Kurs	Angebot	Nachfrage	möglicher Umsatz
unter 310	127	609	127
310	214	609	214
311	326	592	326
312	394	580	394
313	487	537	487
über 313	487	500	487

Einheitskurs: In diesem Fall der Kurs, für den auf der stärkeren Marktseite gerade nur noch unlimitierte Aufträge vorliegen, also 313. Bei diesem Kurs können jedoch nicht einmal alle unlimitierten Kauforders ausgeführt werden. Also lautet die Notiz 313 ratG.

Aufgabe 4.03

a) Ja. Im Gegensatz zu Unterpari-Emissionen (Ausgabepreis der Aktien unter dem Nennwert) sind Überpari-Emissionen (Ausgabepreis über dem Nennwert) zulässig (vgl. § 9 AktG).

b) Von den Aktionären muß mindestens das Agio (Differenz zwischen Ausgabepreis und Nennwert der Aktien) und 25% des Nennbetrages eingezahlt werden (vgl. § 36a Abs. 1 AktG). Sie müssen also pro Aktie mindestens 25% von 5 Euro (= 1,25 Euro) und das Agio in voller Höhe von 2 Euro (= 7 – 5 Euro) einzahlen, d.h. hier insgesamt 3,25 Euro.

c) Das gesamte Eigenkapital der Gesellschaft beläuft sich auf:

200.000 · 7 Euro = 1.400.000 Euro

Das Grundkapital entspricht der Summe der Nennbeträge aller ausgegebenen Aktien, hier also:

200.000 · 5 Euro = 1.000.000 Euro

Das Agio erhöht die Kapitalrücklage (vgl. § 150 Abs. 2 Nr. 2 AktG). Es beläuft sich auf:

20.000 · 20 Euro = 400.000 Euro

Da die Aktionäre nur die Mindesteinzahlung geleistet haben, ergibt sich ein Kassenzufluß von

650.000 Euro (= 200.000 · 3,25 Euro).

Der Restbetrag ist eine Forderung der Gesellschaft an die Aktionäre und wird als "ausstehende Einlagen" ausgewiesen. Diese betragen

750.000 Euro (= 200.000 · 3,75 Euro).

Somit schlägt sich die gesamte Aktienemission bilanzmäßig wie folgt nieder (vgl. § 272 Abs. 1 HGB):

Aktiva		**TEuro**		**Passiva**
Kasse	650	Gezeichnetes Kapital	1.000	
		./. Ausstehende Einlagen	750	
		Eingefordertes Kapital		250
		Kapitalrücklage		400
	650			650

d) Im Insolvenzfall der Gesellschaft haften die Aktionäre der Gesamtheit der Gläubiger gegenüber mit ihrem Privatvermögen nur bis zum Betrag ihrer ausstehenden Einlagen. Die ausstehenden Einlagen ergeben sich als Differenz zwischen dem Ausgabepreis der Aktien (7 Euro) und dem eingezahlten Betrag (hier: 3,25 Euro), betragen hier also 3,75 Euro pro Aktie. Ein Aktionär, der 1000 Aktien übernommen hat, haftet daher im Insolvenzverfahren der Gesellschaft persönlich in Höhe von 3.750 Euro.

Aufgabe 4.04

a)   Das Grundkapital (GK) ergibt sich als Summe der Nennwerte (NW) aller
      Aktien. Damit bestimmt sich (wenn alle Aktien wie hier auf den gleichen
      Nennwert lauten) die Zahl der Aktien (A) als Quotient aus Grundkapital und
      Nennwert, also

$$A = \frac{GK}{NW} = \frac{30\,\text{Mio}}{5} = 6\,\text{Mio}$$

b)   Der Bilanzkurs der Aktie kann auf zwei verschiedene Arten berechnet wer-
      den:

      –   Zum einen als Quotient aus Eigenkapital (EK) und Zahl der Aktien.

      –   Zum anderen aus dem Verhältnis von Eigenkapital zu Grundkapital
           multipliziert mit dem Nennwert.

Auf jeden Fall muß zunächst geklärt werden, auf welchen Betrag sich das
bilanzielle Eigenkapital beläuft. Das bilanzielle Eigenkapital ist die Differenz aus dem ausgewiesenen Vermögen der AG und deren Verbindlichkeiten, hier also:

$$EK = (150 - 96)\,\text{Mio. Euro} = 54\,\text{Mio. Euro}$$

Für den Bilanzkurs (C_{Bi}) ergibt sich dann nach den beiden Berechnungswe-
gen der gleiche Wert:

$$(1) \quad C_{Bi} = \frac{EK}{A} = \frac{54\,\text{Mio.}}{5\,\text{Mio}} = 9\,\text{Euro / Aktie}$$

$$(2) \quad C_{Bi} = \frac{EK}{GK} \cdot NW = \frac{54\,\text{Mio.}}{30\,\text{Mio.}} \cdot 5 = 9\,\text{Euro / Aktie}$$

c)   Die Prozentnotierung gibt den Aktienkurs als Prozentsatz in Bezug auf den
      Nennwert an. Der Aktienkurs beläuft sich laut Annahme auf 16 Euro. Somit
      lautet die Prozentnotierung:

$$\frac{16\,\text{Euro}}{5\,\text{Euro}} \cdot 100\% = 320\%$$

d)   Der auf eine einzelne Aktie anfallende anteilige Betrag läßt sich durch den Quotient aus Grundkapital und der Anzahl ausgegebener Aktien bestimmen. Im Fall der Ausgabe von 50 Mio. Aktien beträgt der auf eine einzelne Aktie anfallende anteilige Betrag 30 Mio. : 50 Mio. = 0,60 Euro und ist somit gemäß § 8 Abs. 3 Satz 3 AktG nicht zulässig. Bei einer Gesamtaktienzahl von 10 Mio. Aktien ergibt sich hingegen ein fiktiver Nennwert von 30 Mio. : 10 Mio. = 3 Euro pro Aktie. Berücksichtigt man die ab 1.1.1999 gültigen Euro-Beträge in § 8 AktG, so ist der fiktive Nennbetrag nicht geringer als 1 Euro und somit zulässig.

Aufgabe 4.05

Nach der unterschiedlichen Gewinnbeteiligung und Stimmberechtigung sind sechs Kombinationen denkbar:

(1)   Stammaktie mit Stimmrecht: Die gewöhnliche und häufigste Form der Aktie, die dem Inhaber die normalen, im AktG vorgesehenen Mitgliedschaftsrechte (Stimm- und Dividendenrechte) gewährt.

(2)   Vorzugsaktie mit Stimmrecht: Eine aufgrund Satzung gemäß § 11 AktG mit besonderen Vorrechten (insbesondere Dividendenvorzugsrechte) gegenüber den Stammaktien ausgestattete Gattung von Aktien,die gleiches Stimmrecht wie die Stammaktie haben (einfache Vorzugsaktien).

(3)   Kumulative Vorzugsaktien: Mit gleichem Stimmrecht wie die Stammaktien ausgestattete Dividendenvorzugsaktien, bei denen ausgefallene Dividendenvorzugszahlungen solange auf die Folgejahre vorgetragen werden, bis sämtliche Rückstände aufgefüllt sind.

(4)   Stimmrechtslose Stammaktien: Nach dem AktG unzulässig (§ 12 Abs.1 AktG).

(5)   Stimmrechtslose einfache Vorzugsaktien: Nach dem AktG unzulässig (§§ 12 Abs. 1, 139 Abs. 1 AktG).

(6)   Kumulative Vorzugsaktien ohne Stimmrecht gemäß § 139 Abs. 1 AktG: Wie bei (3), jedoch ohne Stimmrecht. Allerdings lebt das Stimmrecht vorübergehend auf, wenn der Bilanzgewinn in zwei aufeinanderfolgenden Jahren nicht zur Zahlung der versprochenen Vorzugsdividende ausreicht, und zwar solange, bis der Bilanzgewinn eines späteren Geschäftsjahres so groß ist, um den Vorzugsaktionären auch die Fehlbeträge der vorangegangenen Jahre nachzuzahlen (§140 Abs. 2 AktG).

Aufgabe 4.06

(1) Amtlich fortlaufende Notierung und zum Einheitskurs: z.B.

Allianz Holding

BMW StA / BMW VA

SAP StA / VA

(2) Amtliche Notierung nur zum Einheitskurs: z.B.

Audi

Boss StA / VA

Hacker – Pschorr

(3) Notierung im geregelten Markt: z.B.

Edding VA

Hohner

Wasag Chemie

(4) Notierung im Freiverkehr: z.B.

Bouygues (Frankreich)

Kyocera (Japan)

Zoologischer Garten

Aufgabe 4.07

Man erkennt, daß in allen drei Marktsegmenten die Zahl der notierten deutschen Aktien größer ist als die Zahl der deutschen Emittenten. Dieser Umstand erklärt sich daraus, daß von etlichen Emittenten mehrere Aktienarten – z.B. Stamm- und Vorzugsaktien – zugleich gehandelt werden. Wie bereits aus der Lösung zu Aufgabe 4.06 erkennbar, trifft dies etwa auf BMW, SAP und Boss zu.

Aufgabe 4.08

a) In einem ersten Schritt werden im Zuge der Beschlußfassung über den Jahresüberschuß die anderen Gewinnrücklagen von 170 Mio. Euro um 30 Mio. Euro auf 200 Mio. Euro aufgestockt. Nach § 208 Abs.1 Satz 2 AktG ist es möglich, die anderen Gewinnrücklagen voll in Grundkapital umzuwandeln (200 Mio. Euro). Die Kapitalrücklagen dürfen (ebenso wie die gesetzliche Rücklage) nur insoweit in Grundkapital umgewandelt werden, als sie 10% des bisherigen Grundkapitals übersteigen; eine Umwandlung ist daher nur bis auf 40 Mio. Euro (10% von 400 Mio. Euro) möglich.

b) Die Durchführung einer nominellen Kapitalerhöhung im Rahmen von 200 Mio. bewirkt folgendes:

–   Veränderung der Eigenkapitalpositionen:

1. Aufstockung des GK von 400 Mio. Euro auf 600 Mio. Euro;

2. Konstanz der Kapitalrücklage (80 Mio. Euro);

3. Auflösung der anderen Gewinnrücklagen auf 0;

–   Veränderung des Bestandes an umlaufenden Aktien:

Vor der Kapitalerhöhung: 80 Mio. Aktien zu je 5 Euro Nennwert; Aufstockung um 200 Mio. Euro, d.h. 40 Mio. Aktien zu je 5 Euro Nennwert.
Neuer Bestand nach der Kapitalerhöhung: 120 Mio. Aktien.

–   Anzahl der ausgegebenen Aktien an einen Altaktionär, der vorher 120 Aktien im Portefeuille hielt:

Kapitalerhöhung im Verhältnis 2:1, d.h. der Altaktionär bezieht 60 neue Aktien ("Berichtigungsaktien") für seine 120 bereits erworbenen. Insgesamt besitzt er nach der Erhöhung 180 Aktien der Unternehmung.

c) Ausgangsposition (Mio. Euro) vor und nach Kapitalerhöhung:

Grundkapital	400 / 600
Kapitalrücklagen	80 / 80
Gewinnrücklagen:	200 / 0
Eigenkapital	680 / 680

1. Nach Dividendenausschüttung, vor Kapitalerhöhung:

$$C_{Bi} = \frac{EK}{A} = \frac{680\,\text{Mio.}}{80\,\text{Mio.}} = 8{,}50\,\text{Euro}\,/\,\text{Aktie}$$

$$C_{Bi} = \frac{EK}{GK} \cdot NW = \frac{680\,\text{Mio.}}{400\,\text{Mio.}} \cdot 5 = 8{,}50\,\text{Euro}\,/\,\text{Aktie}$$

2. Nach Dividendenausschüttung und Kapitalerhöhung:

$$C_{Bi} = \frac{EK}{A} = \frac{680\,\text{Mio.}}{120\,\text{Mio.}} = 5{,}67\,\text{Euro}\,/\,\text{Aktie}$$

$$C_{Bi} = \frac{EK}{GK} \cdot NW = \frac{680\,\text{Mio.}}{600\,\text{Mio.}} \cdot 5 = 5{,}67\,\text{Euro}\,/\,\text{Aktie}$$

Die Verringerung des Bilanzkurses resultiert aus der Aufstockung des Bestandes an Aktien ohne gleichzeitige Aufstockung der Eigenkapitalposition.

Aufgabe 4.09

Als mögliche Motive für die Errichtung eines genehmigten Kapitals sind denkbar:

1. *Motive der Hauptversammlung:*

   Delegation von Entscheidungskompetenzen an den Vorstand in der Erwartung, daß dieser seine Kompetenzen im Interesse der Aktionäre nutzt.

2. *Motive des Vorstandes:*

   Erhöhung der Flexibilität der Geschäftsführung zur Deckung eines plötzlichen Eigenkapital – Bedarfs oder Ausnützung einer momentan günstigen Kapitalmarktlage.

Aufgabe 4.10

1. Fall: $K_1 > K_2$, d.h. $b \cdot B + C_E > C_{Bö}$

Ein Anleger, dessen Ziel es ist, nach Vollzug der Kapitalerhöhung genau eine Aktie zu besitzen, würde sich dann besser stellen, wenn er diese Aktie über den Kauf der Altaktie inclusive Bezugsrecht und Veräußerung des Bezugsrechtes erwirbt (Kosten: $K_2 = C_{Bö} - B$), als über den Kauf der notwendigen Anzahl von Bezugsrechten und Erwerb einer jungen Aktie zum Ausgabepreis (Kosten: $K_1 = b \cdot B + C_E$). Dann würde sich aber folgender Marktmechanismus einstellen: Die Nachfrage nach Altaktien inclusive Bezugsrecht zum Preis $C_{Bö}$ steigt, während die Nachfrage nach den reinen Bezugsrechten gering ist. Angesichts des hohen Preises ist andererseits aber damit zu rechnen, daß das Angebot steigt (Folge: B fällt). An obiger Relation erkennt man, daß dies über das Wechselspiel von Angebot und Nachfrage zu einem Punkt führen muß, bei dem dann K_1 kleiner oder gleich K_2 gilt.

2. Fall: $K_1 < K_2$, d.h. $b \cdot B + C_E < C_{Bö}$

In Analogie zu obiger Argumentation führt diese Situation dazu, daß die Nachfrage nach Aktien inclusive Bezugsrecht zum Preis $C_{Bö}$ nur gering sein dürfte, während ein entsprechendes großes Angebot zu diesem Preis vorliegt (Folge: $C_{Bö}$ fällt). Umgekehrt wäre die Nachfrage nach billigen Bezugsrechten zum Preis B sehr groß, während nur ein geringes Angebot vorliegen wird (Folge: B steigt). Auch hier würde dann der Marktmechanismus wieder zu einem Ausgleich führen, bei dem die Relation K_1 kleiner oder gleich K_2 gilt.

Faßt man beide Fälle zusammen, so erkennt man, daß auf einem perfekten Markt letztlich die Relation $K_1 = K_2$ eintreten wird.

Aufgabe 4.11

Nach der vollzogenen Kapitalerhöhung soll sich der Börsenkurs der Aktien der X-AG gemäß Annahme auf den Wert belaufen, der sich nach der theoretischen Mischkursformel (4) ergibt, also:

$$C_{An} = \frac{b \cdot C_A + C_E}{b + 1} = \frac{4 \cdot 200 + 100}{4 + 1} = 180$$

Vermögensnachteil für den Altaktionär:

Da das Bezugsrecht gemäß Annahme ausgeschlossen ist, erleidet der Altaktionär einen Vermögensnachteil von 20 Euro pro Aktie, da sich der Börsenkurs vor der Kapitalerhöhung (C_A = 200) durch die vollzogene Kapitalerhöhung um 20 Euro auf C_{An} = 180 Euro verringert hat. Bei Gewährung des Bezugsrechtes wäre der Aktionär dagegen für diesen Vermögensnachteil entschädigt worden, wie die Berechnung des Bezugsrechtswertes mit der traditionellen Bezugsrechtsformel (3) zeigt:

$$B = \frac{C_A - C_E}{b + 1} = \frac{200 - 100}{4 + 1} = 20$$

Vermögensvorteil für die "Neuaktionäre":

Da diese gemäß Annahme keine Bezugsrechte erwerben müssen, können Sie eine junge Aktie zum Preis von 100 Euro erwerben. Der Mischkurs nach vollzogener Kapitalerhöhung stellt sich aber, wie oben gezeigt, auf 180 Euro. Mithin erzielt der Neuaktionär, der beim Erwerb einer Aktie nur den Emissionskurs von 100 Euro zahlen muß, einen Vermögensvorteil von 80 Euro pro Aktie. Bei der üblichen Bezugsrechtsgewährung hätte der Neuaktionär dagegen zusätzlich zur Zahlung des Emissionspreises einer jungen Aktie noch 4 Bezugsrechte erwerben müßen (b = 4 : 1). Ein Bezugsrecht hätte, wie oben gesehen, einen Wert von 20 Euro, die 4 Bezugsrechte mithin einen Wert von 80 Euro. In diesem Fall würde sich dann kein Vermögensvorteil für den Neuaktionär mehr ergeben, da er dann für eine junge Aktie insgesamt 180 Euro zu zahlen hätte.

Man erkennt also: Ohne die Bezugsrechtsgewährung ergibt sich ein Vermögensnachteil für den Altaktionär, dagegen ein Vermögensvorteil für den Neuaktionär. Bei Gewährung des Bezugsrechts an die Altaktionäre würden sich diese Nachteile bzw. Vorteile gerade ausgleichen: Es ergibt sich dann weder ein Vermögensnachteil für den Altaktionär noch ein Vermögensvorteil für den Neuaktionär.

Aufgabe 4.12

a)   Die Genußscheine erhalten jeweils das 6-fache der Dividende pro 5 Euro/ Aktie des Vorjahres.

Jahr:

1998	1999	2000	2001	2002	2003
6	6	7,2	–	–	4,8

b) Die Jahresfehlbeträge von 1,5 und 0,9 Mio. Euro in den Jahren 2000 und 2001 werden zu einem Drittel, also mit 0,5 + 0,3 = 0,8 Mio. Euro, dem Rückzahlungsanspruch der Genußscheininhaber angelastet. Der Rückzahlungsanspruch eines einzelnen Genußscheines mindert sich somit um 0,8 Mio. : 50.000 = 16 Euro auf 100 ./. 16 = 84 Euro.

Aufgabe 4.13

a) Berechnung des Rückzahlungsbetrages:

Jahr	Ausgangsbetrag	anzusetzender Zinsfaktor	Rückzahlungs- betrag
1	1.000,00	1,075	1.075,00
2	1.075,00	1,0775	1.158,31
3	1.158,31	1,08	1.250,97
4	1.250,97	1,0825	1.354,18
5	1.354,18	1,085	1.464,29
6	1.464,29	1,0875	1.597,85
7	1.597,85	1,09	1.741,66

b) Ermittlung der Effektivverzinsung:

Gesucht ist r^*, so daß gilt: $1.000 \cdot \left(1 + r^*\right)^7 = 1.741{,}66$

Durch Umformen und Ziehen der siebten Wurzel ergibt sich: $r^* = 0{,}0825$. Die auf die Gesamtlaufzeit bezogene Rendite beträgt also 8,25% p.a.

Aufgabe 4.14

Der allgemein gebräuchliche Ausdruck "der LIBOR" läßt den Umstand außer Acht, daß es

- je nach zugrundegelegter Währung und

- je nach der Laufzeit

verschiedene LIBOR-Sätze gibt.

Aufgabe 4.15

a)   **Wirkung der Kapitalerhöhung auf den Börsenkurs der Aktien:**

30 Altaktien mit einem Börsenkurs von jeweils 40 Euro repräsentieren ein Gesamtvermögen von 1.200 Euro. Durch die nominelle Kapitalerhöhung wird dieser Vermögensbetrag nunmehr auf 40 Aktien umverteilt, so daß der Börsenkurs auf 1.200 / 40 = 30 Euro sinkt.

Auswirkungen auf die Position des Optionsscheininhabers:

I.   Mindestwert des Optionsscheines *vor* der Kapitalerhöhung:

   –   Bezugsrecht auf 30 Aktien

   –   Basispreis 25,- Euro / Aktie

   –   Börsenkurs der Aktie vor Kapitalerhöhung: 40,- Euro / Aktie

   Der Kurs des Optionsscheins müßte sich auf mindestens $30 \cdot (40 - 25)$ = 450,– Euro / Optionsschein belaufen.

II.   Der Mindestwert des Optionsscheines *nach* der Kapitalerhöhung würde demgegenüber nur noch $30 \cdot (30 - 25) = 150$,–Euro / Optionsschein betragen.

Der Mindestwert des Optionsscheines sinkt demnach durch die Kurssenkung im aktuellen Börsenkurs von 450,– Euro auf 150,– Euro, d.h. um insgesamt 300,– Euro ab. Dies entspricht der dreifachen Wertminderung des Aktienkurses.

b)   Die Konstruktion einer Verwässerungsschutzklausel für Optionsscheininhaber könnte folgender Überlegung folgen:

   –   Die bisherige Position beinhaltet das Recht zum Bezug auf 30 Aktien im Börsenwert von 1.200 Euro zu insgesamt 750 Euro; daher betrug der Mindestwert des Optionsscheins = 1.200 Euro ./. 750 = 450 Euro.

   –   Nunmehr wird das Ertragspotential von 30 Altaktien auf 40 Aktien umverteilt. Also läge es nahe, die Zahl der pro Optionsschein beziehbaren Aktien bei unveränderter Gesamtzahlung von 750 Euro auf 40 zu erhöhen.

Der Optionsscheininhaber sollte also das Recht zum Bezug von <u>40</u> Aktien im Börsenkurs von 1.200 Euro zu unverändert <u>750</u> Euro, d.h. zu 18,75 Euro/Aktie als neuem Bezugspreis erhalten. Der entsprechende Mindestpreis des Optionsscheins bliebe dann unverändert 1.200 ./. 750 = 450 Euro.

Allgemeine Regel:

1. Erhöhung der Zahl der Bezugsaktien, so daß gilt:

$$\frac{Z^{Alt}}{Z^{Neu}} = \frac{A^{Alt}}{A^{Alt} + A^{Neu}} \tag{1}$$

mit: Z^{Alt} = bisherige Anzahl der beziehbaren Aktien (in unserem Beispiel: 3)

$\quad\quad Z^{Neu}$ = neue Anzahl der beziehbaren Aktien (?)

$\quad\quad A^{Alt}$ = bisherige Aktienzahl (60 Mio. Aktien zu je 5 Euro)

$\quad\quad A^{Neu}$ = Zahl der neu emittierten Aktien (20 Mio. zu je 5 Euro) Nennwert

Durch Auflösen nach Z^{Neu} ergibt sich:

$$Z^{Neu} = \frac{Z^{Alt}}{A^{Alt}} \cdot \left(A^{Alt} + A^{Neu}\right) \quad \left(= \frac{30}{60\,\text{Mio.}} \cdot \left(60\,\text{Mio.} + 20\,\text{Mio.}\right) = 40\right)$$

2. Herabsetzung des Bezugskurses (B) nach Formel:

$$B^{Alt} \cdot Z^{Alt} = B^{Neu} \cdot Z^{Neu}$$

Ersetzt man Z^{Neu} gem. Formel (1'), ergibt sich nach Kürzen von Z^{Alt}:

$$B^{Neu} = B^{Alt} \cdot \frac{A^{Alt}}{A^{Alt} + A^{Neu}} \quad \left(= 25 \cdot \frac{60\,\text{Mio.}}{80\,\text{Mio.}} = 250 \cdot 0,75 = 18,75\right)$$

Aufgabe 4.16

Währungsoptionsscheine in Call-Version eröffnen die Möglichkeit, sich gegen Kursrisiken aus künftigen Zahlungsverpflichtungen in fremder Währung abzusichern, wie sie etwa für einen Importeur entstehen können. Hat ein Importeur etwa zum Ende des kommenden Halbjahres 1 Mio US$ zu zahlen, so besteht für ihn das Risiko, daß der Euro-Kurs des US$ bis dahin steigt und er sich die Dollar zu einem höheren Gegenwert beschaffen muß. Eine Call-Option über 1 Mio US$ zu etwa 1,10 $/Euro (seit 1.1.1999 Mengennotierung) reduziert das Risiko. Liegt der Kurs bei Fälligkeit der Rechnung über 1,10 $/Euro, übt der Importeur die Option aus, ist also gegen über 1,10 $/Euro hinausgehende Kurssteigerungen gefeiht. Liegt der Kurs unter 1,10 $/Euro, läßt er die Option verfallen und deckt sich zum aktuellen Kurs günstiger ein. In analoger Weise kann sich ein Exporteur, der noch offene $-Forderungen hat, durch den Kauf einer Put-Option gegen das Risiko eines fallenden $-Kurses absichern.

Aufgabe 4.17

Folgende "Innovationen" wären beispielsweise denkbar:

1) – Koppelung des Zinssatzes an den FIBOR;

   – Koppelung des Rückzahlungsbetrages an den DAX.

   Zielrichtung wäre in diesem Fall die fortlaufende Anpassung der Anleihe an die aktuellen Gesamtmarktentwicklungen.

2) – Kumulierte Zinszahlungen, deren Höhe sich nach dem jeweiligen Jahresüberschuß des Emittenten bemißt, erst am Ende der Laufzeit;

   – Rückzahlung zum Nennwert nach Wahl des Emittenten frühestens nach 8, spätestens nach 12 Jahren.

   Zielrichtung wäre in diesem Fall, die Unternehmung zwischenzeitlich von allen Verpflichtungen aus der Anleihe zu entbinden, die Anleger jedoch an der Entwicklung des Unternehmens zu beteiligen.

Aufgabe 4.18

Ausgangssituation:

Fonds	Anlage in Wertpapieren	Eigenfinanzierung	Fremdfinanzierung
Solidus	10 Mio.	10 Mio	–
Rapidus	10 Mio.	5 Mio.	5 Mio.
Riskus	10 Mio.	1 Mio	9 Mio.

a)   Rendite des Fondsvermögens von 15%

(in Mio.)	Solidus	Rapidus	Risikus
Gewinn vor Zinsen	1,5	1,5	1,5
./. Zinsen	–	0,4	0,72
= Gewinn nach Zinsen	1,5	1,1	0,78
Kapitaleinsatz	10	5	1
Rendite	15%	22%	78%

b)   Rendite des Fondsvermögens von 5%

(in Mio.)	Solidus	Rapidus	Risikus
Gewinn vor Zinsen	0,5	0,5	0,5
./. Zinsen	–	0,4	0,72
= Gewinn nach Zinsen	0,5	0,1	-0,22
Kapitaleinsatz	10	5	1
Rendite	5%	2%	–22%

c)   Interpretation

Im Fall a) fällt die Rendite für die Inhaber der Zertifikate umso höher aus, je größer der Anteil der Fremdfinanzierung ist. Der Grund hierfür liegt darin, daß das Darlehen nur 8% kostet, die damit beschafften Mittel sich jedoch zu 15% verzinst haben. Der verbleibende Überschuß von 7 Pfg. je Euro Fremdkapital kommt den Zertifikatinhabern zugute, und zwar in umso größerem Umfang, je höher die Relation zwischen Fremd- und Eigenmitteln ist (0; 1 bzw. 9).

Im Fall b) tritt der entgegengesetzte Effekt ein. Das Darlehen kostet mehr, als damit erwirtschaftet wurde. Das Defizit von 3 Pfg. pro Euro Fremdkapital geht jetzt zu Lasten der Zertifikatinhaber, und zwar umso stärker, je höher die Relation zwischen Fremd- und Eigenmitteln ist.

Hochverschuldete Fonds bieten also einerseits die Chance erheblicher Renditen (Fall a), beinhalten aber zugleich auch ganz erhebliche Risiken (Fall b).

Aufgabe 4.19

Folgende Tabelle verdeutlicht rein schematisch die acht verschiedenen Kombinationsmöglichkeiten.

Ausgestaltungsform	Fixed Fonds	Managed Fonds
offener Fonds mit Rückgabemöglichkeit	1	2
offener Fonds ohne Rückgabemöglichkeit	3	4
geschlossener Fonds mit Rückgabemöglichkeit	5	6
geschlossener Fonds ohne Rückgabemöglichkeit	7	8

Die Formen 1, 3 und 5 können dabei nicht vorkommen, da wegen der Rückgabe oder Neuausgabe von Zertifikaten das Fondsvermögen variabel ist, also in gewissem Umfang zwingend gemanaged werden muß.

Aufgabe 4.20

a)   Berechnung des Inventarwertes, Ausschüttung und Ausgabepreises:

Fonds	Inventarwert 1.1.90/31.12.90	Ausschüttung pro Anteil	Ausgabe-/Rücknahmepreise 1.1.90/31.12.90
Schlaraffia	125/130	12	131,25/128,70
Borussia	75/79,50	3,75	77,25/79,50
Nirosta	80/82,40	8,4	83,2/82,4

b) Ermittlung des prozentualen Wertzuwachses, der Performance pro Anteil und der Rendite zwischen 1.1.90 und 31.12.90

Fonds:	Wertzuwachs nach Inventarwert	Performance pro Anteil	Rendite zwischen 1.1.90 und 31.12.90
Schlaraffia	4% [5/125]	13,6% [5+12/125]	7,2% [(-2,55+12)/131,25]
Borussia	6% [4,5/75]	11% [(4,5+3,75)/75]	7,77% [(+2,25+3,75)/77,25]
Nirosta	3% [2,4/80]	13,5% [(2,4+8,4)/80]	9,13% [(-0,8+8,4)/82,2]

c) Kurzkommentierung der Ergebnisse aus b):

Während Borussia die höchste Wertsteigerung mit 6% verzeichnen kann, wird dieser Fonds in Bezug auf die Performance-Rendite durch Schlaraffia (13,6%) deutlich geschlagen, da Schlaraffia einen spürbar höheren Ausschüttungsprozentsatz hat. Die höchste Anleger-Rendite innerhalb des Einjahres-Zeitraumes entfällt hingegen auf Nirosta (9,13%), obwohl das Performance-Ergebnis knapp hinter Schlaraffia zurückbleibt. Dies resultiert aus der ungünstigen Gestaltung der Auf- und Abschlagsätze bei Schlaraffia.

Aufgabe 5.01

a) Position *Long Call*

Mit dem Kauf dieser Kaufoption erwirbt der Käufer das Recht, einen best. Basistitel (Aktie) bis zu einem bestimmten Zeitpunkt (Verfallsdatum) zu einem bestimmten Preis (Basispreis) zu erwerben. Für das Recht hat der Optionskäufer den Optionspreis zu bezahlen. Es besteht die Möglichkeit, bis zum Verfallzeitpunkt den Basistitel zu erwerben (auszuüben) oder das Recht verfallen zu lassen (zu abandonnieren).

Das Verlustrisiko ist auf den Optionspreis – d.h. unter Umständen aber: auf den gesamten Anlagebetrag – begrenzt; seine Chancenposition wird durch den maximal möglichen Wertpapierkurs begrenzt. Bei dieser Position werden steigende Kurse des Optionspapiers erwartet. Dabei gilt: bleibt der Aktienkurs unter dem Basispreis, so tritt ein Verlust in Höhe des Optionspreises auf, da dann die Option nicht ausgeübt wird (Möglichkeit, die Papiere an der Börse billiger als zum Basispreis zu erwerben). Die Gewinnzone ist erreicht, wenn der Aktienkurs die Summe aus Basispreis und Optionspreis übersteigt.

b) Position des *Long Put*

Der Käufer einer Verkaufsoption hat die dem Käufer einer Kaufoption entgegengesetzten Rechte (Verkauf statt Kauf) und muß dafür den Optionspreis entrichten.

Auch hier wird das maximale Verlustrisiko durch den Optionspreis – d.h. also wiederum den gesamten Anlagebetrag – begrenzt, die Chancenposition durch die Tatsache, daß ein haftungsbeschränktes Wertpapier keinen negativen Wert annehmen kann. Bleibt dementsprechend der Kurs des Basistitels über dem Basispreis, läßt der Optionskäufer sein Recht verfallen; es besteht die Möglichkeit, die Papiere zu einem höheren Kurs direkt an der Börse zu verkaufen. Sinkt der Aktienkurs unter den Basispreis, übt der Käufer die Option aus und mindert den Verlust oder erzielt einen Gewinn.

c) Position des *Short Call*

Der Stillhalter verpflichtet sich, den Basistitel abzugeben, sofern die Gegenseite dies verlangt.

Bei dieser Position werden tendenziell stagnierende (oder sinkende) Kurse des Optionspapieres erwartet. Die Chancen des Stillhalters sind auf den vereinnahmten Optionspreis begrenzt, das von ihm zu tragende Verlustrisiko ist theoretisch unbegrenzt. Steigt der Aktienkurs über die Summe aus Basispreis plus Optionspreis, so befindet sich der Stillhalter in der Verlustzone und zwar umso tiefer, je höher der Aktienkurs steigt.

d) Position des *Short Put*

Ähnlich zu der unter c) beschriebenen Stillhalterposition liegt die Verpflichtung hier im Kauf des zugrundeliegenden Basiswertes, wenn der Käufer den Put auszuüben wünscht.

Der Stillhalter im Geld erwartet tendenziell stagnierende (oder steigende) Aktienkurse. In diesem Fall wird die Option nicht ausgeübt und der Stillhalter realisiert einen Gewinn in Höhe des Optionspreises. Bei fallenden Kursen hingegen ist mit der Ausübung der Option zu rechnen. Der Verlust des Stillhalters wird dabei umso größer, je weiter der Aktienkurs sinkt, kann allerdings maximal auf die Differenz zwischen Basis- und Optionspreis anwachsen.

Aufgabe 5.02

a) Nach den vorliegenden Angaben gilt

$$C_B = 160$$

$$P^* = 20 \cdot \left(1 + 0.1 \frac{6}{12}\right) = 21$$

Für eine Kaufoption ergibt sich somit das durch die durchgezogene Linie in folgender Graphik verdeutlichte Gewinn-Verlust-Profil:

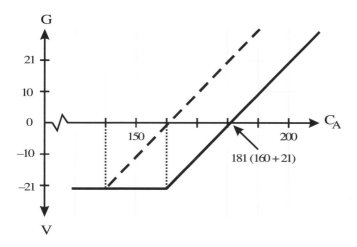

- Bleibt der Kurs des Basiswertes unter 160 wird die Option nicht ausgeübt; der Anleger erleidet – einschließlich entgehendem Zins – einen Verlust von 21 pro Option.

- Bei Kursen oberhalb von 160 wird die Option ausgeübt. Jede Steigerung des Aktienkurses um 1 Punkt führt zu einer Verlustminderung oder Gewinnsteigerung von 1. Mithin wird bei einem Kurs von 181 die Gewinnschwelle erreicht.

b) Die gebrochene Linie verdeutlicht den entsprechenden Zusammenhang für eine Option mit einem Basispreis von 140 und einem Optionspreis von ebenfalls 20. Man erkennt, daß die 140-er Option

- entweder zu dem gleichen Endvermögen führt wie die 160-er Option (linker Teil der Grafik)

- oder zu einem um 2.000 Euro höheren Endvermögen.

Bei *gleichem Optionspreis* würde die 140-er Option also von allen rational handelnden Marktteilnehmern eindeutig präferiert. Es würde sogar lohnen, in der 160-er Option Stillhalterpositionen einzunehmen und den dabei erzielten Erlös in 140-er Optionen anzulegen. Bei einem einheitlichen Preis für beide Optionen wären also

- 140-er long calls und 160-er short calls sehr gefragt,

- während 140-er short calls und 160-er long calls kaum Interessenten finden dürften.

Der Effekt eines dementsprechenden Angebots- und Nachfrageverhaltens wäre, daß ein Marktgleichgewicht wohl erst bei

- höheren Preisen für die 140-er Option und/oder

- niedrigeren Preisen für die 160-er Option

eintreten würde.

Aufgabe 5.03

Die gebrochenen Linien in folgender Grafik verdeutlichen in der üblichen Darstellungsweise die aus einem fixen Terminverkauf (– F) und dem Erwerb einer Kaufoption (+ KO) zu den angegebenen Kursen je einzelnen resultierenden Gewinne und Verluste.

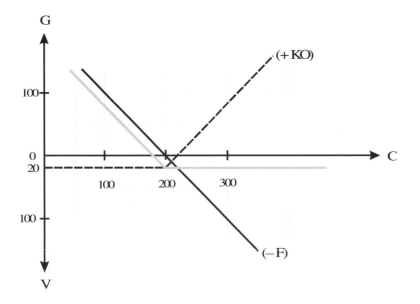

Leitet man aus diesen beiden Linienzügen durch Vertikaladdition die Resultante ab, so erhält man mit der durchgezogenen Linie exakt den für den Käufer einer Verkaufsoption (long put) typischen Linienzug.

Aufgabe 5.04

Die folgenden Grafiken verdeutlichen durch die gebrochenen Linienzüge jeweils die Gewinn- und Verlustmöglichkeiten

– des short call (–KO) zu $C_B = 200$, $P = 60$ sowie

– des long put zu (+VO) zu den drei alternativen vorgegebenen C_B-P-Kombinationen von 160/40 bzw. 240/80.

Die durchgezogenen Linien stellen die jeweiligen Resultanten dar, die der Position eines direkten Terminverkäufers zumindest insoweit entsprechen, daß außerhalb eines „kritischen Intervalls" zwischen 160 und 200 bei a) bzw. 200 und 240 bei b)

– jede weitere Steigerung des Aktienkurses zu einer entsprechenden Erhöhung des Gesamtverlustes und

– jede weitere Senkung des Aktienkurses zu einer entsprechenden Steigerung des Gesamtgewinnes führt.

Fall a)

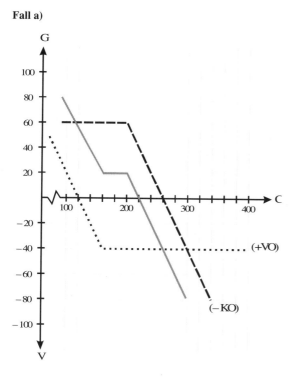

Fall b)

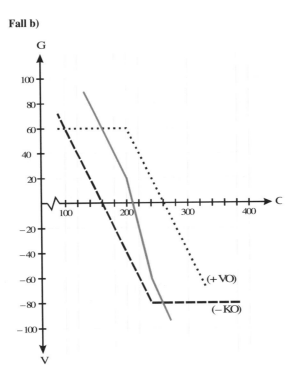

Aufgabe 5.05

Durch den gleichzeitigen Kauf einer Verkaufsoption (long put) und Verkauf einer Kaufoption (short call) zu übereinstimmenden Options- und Basispreisen kann MUTIG exakt die Position eines Terminverkäufers zum Kurs von 300 erreichen. In folgender Abbildung verdeutlichen die gebrochenen Linien die auf *eine* Aktie bezogenen Endvermögensbeträge, die – jeweils isoliert betrachtet – in drei Monaten

– aus dem vorhandenen Aktienbestand (+ A) einerseits und

– aus dem „synthetischen" Fixverkauf (– F) andererseits

zu erwarten sind.

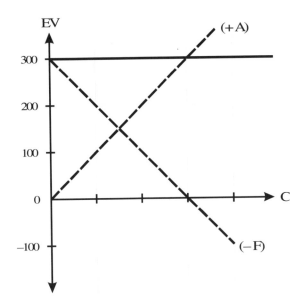

Aus der Vertikaladdition dieser beiden Geraden resultiert eine auf dem Niveau von EV = 300 parallel zur C-Achse verlaufende Gerade. Gemessen am Einstandspreis von 200 kann MUTIG sich also zum Ende des kommenden Halbjahres einen – dann steuerfreien – Kursgewinn von 100 Euro/Aktien jetzt schon sichern.

Aufgabe 5.06

Auf eine Option bezogen bedingt der zum Erwerb einer Verkaufsoption benötigte Kredit eine Rückzahlung von $20 \cdot (1 + 0{,}035) = 20{,}70$ Euro. Unterstellt man in der üblichen Weise, daß die Verkaufsoption nur ausgeübt wird, wenn der Aktienkurs im Fälligkeitszeitpunkt unter dem Basispreis von 300 liegt, so kann das aus diesem Geschäft resultierende Endvermögen – isoliert betrachtet – in folgender Abbildung durch die gebrochene Linie (+ VO) verdeutlicht werden. Wird diese Linie vertikal mit der aus der Lösung zu Aufgabe 5.05 übernommenen Linie (+ A) addiert, so resultiert daraus die durchgehend gezeichnete EV-Linie, die per Saldo der Position eines long call entspricht.

Für das – bezogen auf eine Aktie – erzielbare Endvermögen gilt dabei

$$EV = \begin{cases} 300 - 20{,}7 & / \ C \le 300 \\ C - 20{,}7 & / \ C > 300 \end{cases}$$

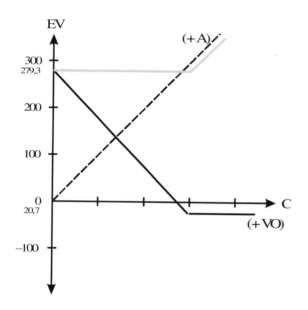

Im Vergleich zu dem „synthetischen" Terminverkauf gem. Aufgabe 5.05 beläuft sich der von der weiteren Kursentwicklung unabhängige Mindestwert des Endvermögens nun nur auf 279,30 (gegenüber 300). Dafür besteht andererseits aber noch die Chance, von möglicherweise eintretenden weiteren Steigerungen des Aktienkurses über 300 hinaus zu profitieren.

Aufgabe 5.07

a) Bezogen auf den Betrachtungszeitpunkt (t = 0) einerseits und das Ende des kommenden Halbjahres (t = 1) andererseits ist das Arbitragegeschäft mit folgendem Zahlungsstrom (pro Aktie) verbunden:

$$-200 \quad ; \quad +210$$

Bezeichnet r den Jahreszins, so gilt für den aus der festverzinslichen Anlage resultierenden Zahlungsstrom analog:

$$-200 \quad ; \quad +200 \cdot \left(1+\frac{r}{2}\right)$$

Das untersuchte Arbitragegeschäft bringt genau dann keinen Vorteil mehr, wenn die Rückzahlungsbeträge exakt übereinstimmen, was für r = 0,1 der Fall ist. Bei einem Anlagezins von 10% p.a. böte die betrachtete Situation also keinen Anreiz für Arbitragegeschäfte.

b) Bezeichnet man die Preise von Kauf- und Verkaufsoption mit K und V, und nimmt man an, daß dem Anleger im Zeitpunkt t = 0 über den zum Aktienkauf zum Kassakurs benötigten Betrag hinaus auch noch weitere Mittel in Höhe von V – K zur Verfügung stehen, so gilt für die relevanten Zahlungsströme in den Zeitpunkten t = 0 und t = 1:

Festzinsanlage

$$- \left[200 + \left(V - K \right) \right] \quad ; \quad + \left[200 + \left(V - K \right) \right] \cdot 1{,}04$$

Arbitragetransaktion

$$\left.\begin{array}{l} \text{Kauf Aktie} \;\; -200 \\ \text{Kauf Put} \quad\;\; -V \quad ; \\ \text{Verkauf Call} \;\; +K \end{array}\right\} +210$$

Im Gleichgewicht müssen wiederum beide Rückzahlungsbeträge übereinstimmen, also gilt:

$$\left(200 + V - K \right) \cdot 1{,}04 = 210$$

$$V - K \qquad\qquad = \frac{210}{1{,}04} - 200 = 1{,}92$$

Die untersuchte Arbitragemöglichkeit verliert also genau dann ihre Vorteilhaftigkeit, wenn

–   der Preis der Verkaufsoption den Preis der Kaufoption um so viel übersteigt,

–   wie der abgezinste Basispreis höher ist als der aktuelle Kassakurs.

Im vorliegenden Fall entspricht das einer Differenz von 1,92 Euro.

Über den als unmittelbare Lösung der gestellten Aufgabe erwarteten Text hinaus sei angemerkt, daß die hergeleitete Beziehung Ausdruck einer allgemein gültigen Arbitragerelation, der sog. **Put-Call-Parität**, ist, wonach die interessierenden Größen in folgender Relation stehen müssen:

(A) $V - K \geq C_B \cdot \dfrac{1}{1 + r \cdot T} - C_0.$

Dabei bezeichnet r den maßgeblichen Jahreszins, T die Optionslaufzeit und C_0 den aktuellen Kassakurs. Zinst man alle Größen auf den Zeitpunkt T auf, multipliziert man sie also mit $(1 + r \cdot T)$, so kann statt (A) auch geschrieben werden:

(B) $\qquad V^* - K^* \geq C_B - C_0^*,$

wobei der „*" wiederum die auf den Verfallzeitpunkt aufgezinsten Größen verdeutlicht.

Aufgabe 5.08

a)   In der genannten Situation wäre es gewinnbringend, folgende drei Geschäfte *gleichzeitig* abzuschließen:

(1)   Kauf der XY-Aktie per Termin zu   200 Euro/Aktie

(2)   Kauf einer Verkaufsoption zu   18 Euro/Bezugs-Aktie

(3)   Verkauf einer Kaufoption zu   20 Euro/Bezugs-Aktie

In Abhängigkeit von der Kursentwicklung (C) ergeben sich folgende Ein- und Auszahlungen (+/–) sowie Abnahme- oder Lieferverpflichtungen in Aktien (+ A/– A):

C	160	180	200	220	240
(1)	–200/+A	–200/+A	–200/+A	–200/+A	–200/+A
(2)	–18	–18	–18	–18	–18
	+200/–A	+200/–A	+200/–A	–	–
(3)	+20	+20	+20	+20	+20
				+200/–A	+200/–A
Σ	+2/–	+2/–	+2/–	+2/–	+2/–

Die Kombination von Geschäft (2) und (3) ergibt folgende zusammengesetzte Position:

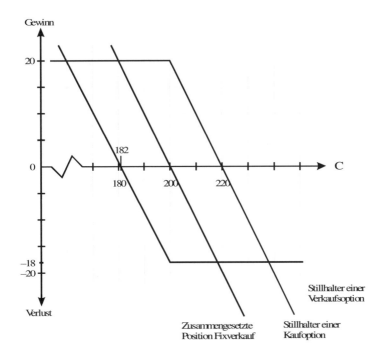

Kombiniert man die so zusammengesetzte Position mit Strategie (1), d.h. den Kauf der Aktie per Termin zu 200 Euro/Aktie, so erhält man folgende Gesamtposition:

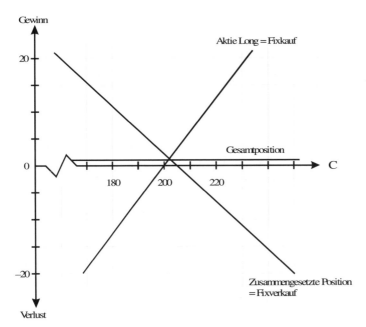

Dabei ist unterstellt worden, daß beim Kurs von 200 die Verkaufsoption ausgeübt wird, die Kaufoption allerdings nicht. Würde die Kaufoption ausgeübt, so könnte der Anleger auf die Ausübung seiner Verkaufsoption verzichten und damit denselben Gesamteffekt erreichen.

Durch die vorstehende Kombinationsmöglichkeit ist es also möglich, einen sicheren Gewinn in Höhe von jeweils 2 Geldeinheiten zu erzielen. Bei dieser Betrachtung werden sämtliche Zinseffekte und möglicherweise anfallende Transaktionskosten vernachläßigt.

b) Unter der Voraussetzung gleicher Basispreise des obigen Beispieles erscheint ein Ausgleich der Arbitragemöglichkeiten in einem effizienten Markt nur durch einen Ausgleich über die Optionspreise möglich. So müßte sich der Optionspreis des Käufers einer Verkaufsoption (Long Put) der Prämie des Stillhalters einer Kaufoption (Short Call) annähern.

Aufgabe 5.09

a) Verfalltermine zur Begründung von Optionen

20.4.98 / 18.5.98 / 22.6.98 / 21.9.98 / 21.12.98
bzw. 18.5.98 / 22.6.98 / 21.9.98 / 21.12.98 / 22.3.99

b) A-Aktie: 70 , 75, 80

B-Aktie: 190 , 200, 220

C-Aktie: 600, 650 , 700

Aufgabe 5.10

a) Der Optionspreis müßte sich unter Vernachlässigung von Zinseffekten und Transaktionskosten mindestens bei 3,50 Euro einstellen. Dies wäre der Wert des Rechtes, eine Aktie zum Preis von 70 Euro zu beziehen, wenn der Kurs der Aktie bei 73,50 Euro steht.

b) Der Optionskäufer kann mit niedrigerem Kapitaleinsatz voll an der Kurssteigerung der Aktien partizipieren, sein Risiko ist jedoch auf den Optionspreis begrenzt (bei festverzinslicher Anlage des Restbetrages). Dafür wird er in der Regel bereit sein, eine „Prämie" zu zahlen.

Aufgabe 6.01

Folgende Finanzdienstleistungen könnten beispielhaft genannt werden, die zugleich zur Verminderung bestimmter finanzwirtschaftlicher Risiken beitragen:

– Factoring

Neben einer Finanzierungs- und Dienstleistungsfunktion übernimmt das Standard-Factoring auch eine Versicherungs- oder Delkredere-Funktion. Durch den Verkauf der Forderungen wird zugleich auch das Ausfallrisiko auf den Factor übertragen. Der Anschlußkunde wird insoweit vor Vermögensverlusten geschützt und erhält eine verläßliche Liquiditäts- und Finanzierungspolitik (vgl. Kap. 2.6.2.).

– Erwerb von amtlich gehandelten Wertpapieren

Die Emission börsengängiger Eigenkapitaltitel ist in Deutschland nur Unternehmen in der Rechtsform der Aktiengesellschaft (oder Kommanditgesellschaft auf Aktien) möglich. Die Vorschriften des Aktiengesetzes sollen hierbei die Interessen und Rechte der Anteilseigner schützen.

Die Einbeziehung in den amtlichen Handel setzt sowohl bei Aktien, als auch bei Schuldverschreibungen eine Börsenzulassung voraus. Die Zulassung ist an bestimmte Größenvoraussetzungen und verschiedene weitere Verpflichtungen, insbesondere im Bereich der Publizität geknüpft. Aufgrund der genannten Regelungen reduzieren sich für den Erwerber amtlich gehandelter Wertpapiere die Informationsrisiken. Einerseits wird die Solvabilität der Emittenten besser einschätzbar. Andererseits wird aufgrund der Größenvoraussetzungen eine hinreichende Markttiefe gesichert, die i.d.R. eine unproblematische Veräußerung ermöglicht (vgl. Kapitel 2.6.2.).

– Kredit mit Restschuldversicherung

Bei dieser Vertragsform wird ein Finanzierungsprodukt mit einem Versicherungsprodukt verknüpft. Dadurch wird sowohl das Risiko des Kreditnehmers, als auch des Kreditgebers gesenkt, sofern dieser nicht mit dem Versicherungsgeber identisch ist. Bei Eintritt des Versicherungsfalles trägt der Versicherungsgeber die vermögensmäßigen Konsequenzen.

– Bankeinlage

Wählt ein Anleger die Bankeinlage (z.B. in Form einer Spareinlage, einer Festgeldeinlage oder eines Sparbriefes) anstatt ein Privatdarlehen zu vergeben, ergibt sich für ihn aufgrund der folgenden Teilaspekte eine Risikosenkung:

Intermediärhaftung:

Die Bank haftet für auftretende Verluste mit ihrem Vermögen

Risikodiversifikation:

Der Bank wird aufgrund ihrer Spezialisierung eine Risikodiversifikation bei der Weitergabe der Einlagen an originäre Geldgeber vornehmen können, die bei der Vergabe eines Privatkredits kaum möglich ist.

Risikoselektion

Die Bank ist aufgrund ihrer Spezialisierung besser in der Lage die mit einem potentiellen Engagement verbundenen Risiken zu erkennen. Dies ermöglicht durch geeignete Sicherungs- und Kontrollmaßnahmen eine Begrenzung des Risikos, die bei der Vergabe eines Privatdarlehens häufig nicht möglich sein wird (vgl. Kapitel 1.3.2.).

Aufgabe 6.02

a) Es ergaben sich folgende Werte:

$$\mu_A = 0,1 \cdot 500 + 0,9 \cdot 0 \qquad = 50$$

$$\mu_B = 0,2 \cdot 375 + 0,8 \cdot 0 \qquad = 75$$

$$\mu_C = 0,125 \cdot 400 + 0,875 \cdot 0 \quad = 50$$

$$\mu_D = 0,2 \cdot 300 + 0,8 \cdot 0 \qquad = 60$$

$$\mu_E = 0,05 \cdot 700 + 0,95 \cdot 0 \qquad = 35$$

$$\sigma_A = \sqrt{0,1 \cdot (500 - 50)^2 + 0,9 \cdot (0 - 50)^2} \qquad = 150$$

$$\sigma_B = \sqrt{0,2 \cdot (375 - 75)^2 + 0,8 \cdot (0 - 75)^2} \qquad = 150$$

$$\sigma_C = \sqrt{0,125 \cdot (400 - 50)^2 + 0,875 \cdot (0 - 50)^2} \quad = 132$$

$$\sigma_D = \sqrt{0,2 \cdot (300 - 60)^2 + 0,8 \cdot (0 - 60)^2} \qquad = 120$$

$$\sigma_E = \sqrt{0,05 \cdot (700 - 35)^2 + 0,95 \cdot (0 - 35)^2} \qquad = 153$$

b) Vergleicht man die Situation A mit B, so erkennt man, daß die Standardabweichungen gleich sind, bei A jedoch die Schadenserwartung niedriger ist. Die Situation A würde der Situtation B von einer risikoscheuen Person vorgezogen (man sagt auch: A „dominiert" B). Vergleicht man Situation A mit C, so erkennt man, daß die Schadenserwartungen gleich sind, bei C jedoch die Standardabweichung niedriger ist. Die Situation C würde der Situation A von einer risikoscheuen Person vorgezogen.

Da Situation B von A und diese wiederum von C dominiert wird, entscheidet sich eine risikoscheue Person für C. (Die Dominanz von C über B läßt sich auch in einem direkten Vergleich feststellen. So verfügt B sowohl über eine höhere Schadenserwartung als auch über eine höhere Standardabweichung als B).

c) Vergleicht man Situation C mit D, so läßt sich keine Dominanzrelation feststellen. Situation C weist zwar einen niedrigeren Erwartungswert, dafür aber eine höhere Standardabweichung als D auf. Vergleicht man Situation C mit E, so läßt sich ebenfalls keine Dominanzrelation feststellen, da C zwar eine niedrigere Standardabweichung, dafür aber eine höhere Schadenserwartung als E aufweist.

Auch ein Vergleich von Situation D mit E ergibt keine Dominanzrelation, da D zwar eine niedrigere Standardabweichung als E, dafür aber eine höhere Schadenserwartung als E aufweist.

Ohne weitere Informationen über die individuelle Einstellung einer risikoscheuen Person ist demzufolge keine Entscheidung möglich.

Aufgabe 6.03

a)

Zahl der Schäden	Schadenssumme insgesamt	pro Kopf	Zahl der Konstellationen	Wahrscheinlichkeit		
0	0	0	1	$1 \cdot 0{,}9^4$	=	65,61%
1	500	125	4	$4 \cdot 0{,}9^3 \cdot 0{,}1$	=	29,16%
2	1000	250	6	$6 \cdot 0{,}9^2 \cdot 0{,}1^2$	=	4,86%
3	1500	375	4	$4 \cdot 0{,}9 \cdot 0{,}1^3$	=	0,36%
4	2000	500	1	$1 \cdot 0{,}1^4$	=	0,01%

Sofern Sie Probleme bei der Ermittlung der Wahrscheinlichkeiten haben, lesen Sie noch einmal Kapitel 6.1.2.2.

Da sich bei der Ermittlung der Konstellationen Verständnisprobleme ergeben können, sei hier beispielhaft für eine Schadenszahl von 2 noch einmal verdeutlicht, indem aus den Buchstaben A,B,C,D nach der lexikographischen Reihenfolge jeweils zwei herausgenommen werden. Man erhält so folgende 6 Konstellationen für die Möglichkeit von genau 2 Schadensfällen:

AB, AC, AD, BC, BD, CD

b)   Da Sie hier Ihre persönlichen Eindrücke formulieren sollen, können wir Ihnen verständlicherweise keine Lösung vorgeben. Wir vermuten jedoch, daß den meisten von Ihnen die „neue" Verteilung angenehmer als die ursprüngliche sein dürfte.

c)   Die Eintrittswahrscheinlichkeiten haben wir wie folgt geändert:

Schadenswert	ursprüngliche Wahr- scheinlichkeit	neue Wahrscheinlich- keit	Änderung
0	0,9	0,6561	− 0,2434
125	0	0,2916	+ 0,2916
250	0	0,0486	+ 0,0486
375	0	0,0036	+ 0,0036
500	0,1	0,0001	− 0,0999

Damit ergibt sich eine Schadenserwartung $\mu_4 = 50$.

Für die Standardabweichung ergibt sich somit:

$$\sigma_4 = 0{,}6561 \cdot (-50)^2 + 0{,}2916 \cdot (125-50)^2 + 0{,}0486 \cdot (250-50)^2$$
$$+ 0{,}0036 \cdot (375-50)^2 + 0{,}0001 \cdot (500-50)^2$$
$$= 75$$

Überprüft man diese Ergebnisse mit Hilfe der Formeln (6.3) und (6.4), so wird dieses Resultat bestätigt.

(6.3) $\mu_4 = 0{,}1 \cdot 500 = 50$

(6.4) $\sigma_4 = 150/2 = 75$

Aufgabe 6.04

a) (1) In der Ausgangssituation (Einzelkämpfer) errechnet sich der b-Wert wie folgt:

$$b = 50 + 0,1 \cdot 150 = 65$$

(2) Als Mitglied einer Gefahrengemeinschaft von 900 Personen errechnet sich der b-Wert wie folgt:

$$b = 50 + 0,1 \cdot 5 = 50,5$$

wobei sich der Wert für die Standardabweichung von 5 gem. Formel (6.4) aus 150/30 ergibt.

Fahrradbesitzer v. Orsicht wird den Beitritt zu der Gefahrengemeinschaft als angenehmer empfinden (b = 50,5), als das alleinige Tragen des Diebstahlsrisikos (b = 65). Da bei gleicher Schadenserwartung im Falle des Beitritts die Standardabweichung sinkt, ist dies bei einem risikoscheuen Entscheider verständlich.

b) Sofern Kosten von 10 Euro pro Kopf entstehen, muß Orsicht diese Kosten der Schadenserwartung voll hinzuzählen, da sie mit Sicherheit entstehen. Für die Bewertungsfunktion ergibt sich demnach:

$$b = \mu + k + 0,1 \cdot \sigma_{900} = 50,5 + 10 + 0,1 \cdot 5 = 60,5$$

Orsicht würde sich demnach zwar schlechter stellen als bei einem Beitritt zu einer kostenlosen Gefahrengemeinschaft (b = 50,5), aber immer noch besser als als Einzelkämpfer (b = 65).

c) Die Mitgliedschaft in der Gefahrengemeinschaft ist dann nicht mehr vorteilhaft, sobald die Kosten den kritischen Wert k^* erreicht haben, bei dem die b-Werte für die Mitgliedschaft und für den Einzelkämpfer gleich sind. Also gilt

$$\mu + 0,1\,\sigma_1 = \mu + k^* + 0,1\,\sigma_{900}$$
$$50 + 0,1 \cdot 150 = 50 + k^* + 0,1 \cdot 5$$
$$k^* = 14,50$$

Aufgabe 6.05

a) Es errechnen sich folgende Werte:

Erwartungswert gem. (6.5.): $10.000 \cdot 50 = 500.000$

Standardabweichung gem. (6.6.): $150 \cdot 10.000^{0,5} = 15.000$

b) Das notwendige Prämienaufkommen errechnet sich wie folgt:

$$\text{PRAUF} = 500.000 + 3 \cdot 15.000 + 75.000 = 620.000$$

Bei einem Mindestprämienaufkommen von 620.000 Euro ergibt sich bei 10.000 Versicherten pro Kopf eine Prämie von 62,– Euro, die sich in folgende Komponenten zerlegen läßt:

Schadenserwartung	50,00
Risikozuschlag	4,50
Kostenanteil	7,50
Summe	62,00

c) Über die drei in der Lösung zu b) bereits ermittelten Komponenten hinaus verbliebe bei einer Prämie von 63,25 Euro ein unmittelbarer Gewinnanteil von 1,25 Euro.

d) Sofern nicht 10.000 sondern 40.000 Fahrräder versichert würden, ergäben sich folgende Effekte:

– Die Schadenserwartung vervierfacht sich auf: $40.000 \cdot 50 = 2.000.000$

– Die Risikoprämie verdoppelt sich auf: $150 \cdot 40.000^{0,5} = 30.000$

Damit ergibt sich pro Kopf:

Schadenserwartung:	50,00
Risikoprämie:	2,25 (halbiert)

Aufgrund der Senkung der notwendigen Risikoprämie wäre also bei konstanten Transaktionskosten pro Kopf eine Prämiensenkung möglich:

Versicherte:	10.000	40.000
Schadenserwartung	50	50
Risikoprämie	4,50	2,25
Kostenanteil	7,50	7,50
Mindestprämie	62,00	59,75

Würden hingegen auch die Transaktionskosten pro Kopf steigen, so hätte dies folgende Auswirkungen:

– Blieben sie unter 9,75 Euro kann die Prämie gesenkt und/oder der Gewinn pro Vertrag erhöht werden;

– betragen sie exakt 9,75 Euro ändern sich Prämie und Gewinn nicht;

– steigen sie über 9,75 Euro muß die Prämie erhöht oder der Gewinn pro Vertrag gesenkt werden.

Aufgabe 6.06

	a	b	c	d	e	f
Güterversicherung	x	x	x	x		x
Personenversicherung					x	
Schadensversicherung	x	x	x	x	x	x
Summenversicherung						
Aktivenversicherung	x[1]		x			x
Aufwandsversicherung				x	x	
Ertragsversicherung		x				

1) Die Schwamm- und Hausbockkäferversicherung ist der Gebäudeversicherung und damit der Aktivenversicherung zuzuordnen.

Aufgabe 6.07

a) Für das Angebot von Franchise-Tarifen sprechen aus Sicht der Versicherungsunternehmen unter anderem, daß

– hierdurch der relativ hohe Verwaltungsaufwand bei Bagatellschäden verringert wird – dies gilt jedoch nicht bei prozentualer Selbstbeteiligung –,

– Moral-Hazard-Risiken ausgeschaltet werden,

- Kunden unter Umständen Franchise-Tarife wünschen (damit sind letztlich alle unter b) genannten Gründe relevant.)

b) Für die Wahl von Franchise-Tarifen sprechen aus Sicht des Versicherungsnehmers:

- Die Prämie ist bei Übernahme eines durchaus „tragbar" angesehenen Risikos in Höhe des Franchisebetrages deutlich niedriger. Dabei bleibt zugleich die Absicherung gegen Großschäden erhalten (dies gilt nur eingeschränkt für prozentuale Beteiligungen).

- Franchise-Tarife ermöglichen eine Kombination der Versicherung mit anderen Formen der Risikodeckung (z.B. prozentuale Beihilfe zu Krankheitskosten).

- Bei Individualverhandlungen kann durch die Bereitschaft zur Selbstbeteiligung die Selbsteinschätzung signalisiert werden (geringe Schadenswahrscheinlichkeit) und damit versucht werden, Einfluß auf die Prämie auszuüben (signalling).

Literaturhinweise

Kapitel 1

Für die Vertiefung der finanzwirtschaftlichen Grundbegriffe des Kapitels 1.1 kann auf ein großes Angebot an Lehrbüchern zum Fachgebiet der Finanzwirtschaft zurückgegriffen werden. Exemplarisch seien hier DRUKARCZYK (1996), SÜCHTING (1995), VORMBAUM (1995) und WÖHE/WILSTEIN (1994) genannt, die auch zu den weiteren Kapiteln herangezogen werden können. Für eine kritische Reflexion des Finanzierungsbegriffs verweisen wir auf BITZ (1994).

Mit den in Kapitel 1.2 und 1.3 angesprochenen Erscheinungsformen und Funktionen von Finanzintermediären beschäftigt sich BITZ (1989) und (1994) sowie (1998). Eine ausführliche Beschreibung der Struktur des bundesdeutschen Bankwesens kann bei BÜSCHGEN (1998) und SCHIERENBECK/HÖLSCHER (1998) nachgelesen werden.

Kapitel 2

Ein eingehender Überblick über das Angebot von Finanzdienstleistungen findet sich bei SÜCHTING (1995).

Sowohl für die Betrachtung der kurzfristigen, als auch der mittel- und langfristigen Fremdfinanzierung in den Kapiteln 2.2 und 2.3 sei auf die entsprechenden Abschnitte der Werke von BÜSCHGEN (1998), DRUKARCZYK (1991), SCHIERENBECK/ HÖLSCHER (1998), SÜCHTING (1995), VORMBAUM (1995) und WÖHE/BILSTEIN (1994) verwiesen. Speziell zum Kapitel 2.2.2 empfiehlt sich als Nachschlagewerk das Factoring-Handbuch von HAGENMÜLLER/ SOMMER (1987).

Einen über die Analyse des Leasing in Kapitel 2.4 hinausgehenden Ansatz bietet KRAHNEN (1990). Weiterführende Artikel zum Thema Leasing finden sich im Leasing-Handbuch von HAGENMÜLLER/STOPPOK (1992).

Zur Vertiefung der Ausführungen zur Eigenfinanzierung durch Kapitalbeteiligungs- und Wagnisfinanzierungsgesellschaften (Kapitel 2.5.3) empfiehlt sich das Werk von ZEMKE (1995).

Eine umfassende Darstellung der Emissionsfinanzierung des Kapitel 2.6 findet sich u.a. in SÜCHTING (1995) und WÖHE/BILSTEIN (1994).

Kapitel 3

Zur Vertiefung und Ergänzung der Ausführungen über die verschiedenen Formen der Vermögensanlage bei Banken wird auf die Darstellungen in GRILL/ PERCZYNSKI (1996), Kapitel 4.2 bis 4.4 und OBST/HINTNER (1993), Kapitel 3.1 verwiesen. Einen ergänzenden Überblick über das Angebot von Lebensversicherungen vermitteln die Beiträge in FARNY (1988) zu den Stichworten Berufsunfähigkeitsversicherung; Gruppenversicherung, insbesondere Gruppenlebensversicherung; Lebensversicherung, fondsgebundene; Rentenversicherung, Private; Überschußfinanzierung in der Lebensversicherung sowie das Buch von HAGELSCHUER (1987).

Kapitel 4

Zur Ergänzung und Vertiefung des im **Kapitel 4** behandelten Stoffes sei zunächst auf die Lehrbücher von DRUKARCZYK (1996), PERRIDON/STEINER (1995), SÜCHTING (1995) oder WÖHE/BILSTEIN (1994) hingewiesen. Die Darstellung in diesen Büchern erfolgt allerdings überwiegend aus der Sicht des Emittenten und nicht so stark ausgeprägt wie in dem vorliegenden Kurs aus der Sicht der Anleger. Zum Bereich des Börsenhandels sei weiterhin auf SCHMIDT (1988), zum Problem des Eigenkapitals und seines bilanziellen Ausweises auf BITZ/SCHNEELOCH/WITTSTOCK (1999) verwiesen.

Wegen der Möglichkeit, verschiedene Aspekte der Vermögensanlage in Aktien und Anleihen an Hand von Übungsaufgaben zu behandeln, ist das Übungsbuch von BITZ (1999)[1] in Betracht zu ziehen, insbesondere die Aufgaben 3.01 bis 3.07 und 3.14 bis 3.19.

Zu einer weitergehenden Vertiefung zu Fragestellungen des Kapitels 4.4 (Vermögensanlage und Investmentzertifikaten) ist das Buch von PÄSLER (1990) und die Arbeit von OBERMANN (1975) zu empfehlen. Einen guten und übersichtlichen Einblick geben auch GRILL/PERCZYNSKI (1995). Bei weiterem Interesse an ausgewähltenProblemstellungen der Vermögensanlage in Investmentzertifikaten ist die Lektüre von BÜSCHGEN (1971) und SCHUSTER (1971) anzuraten.

---

1 Wenn Sie Interesse an diesem Buch haben, können Sie am Lehrstuhl für Bank- und Finanzwirtschaft, FernUniversität Hagen, Postfach 940, 58084 Hagen, einen <u>Hörerschein</u> anfordern, der eine Beschaffung zu einem gegenüber dem Ladenpreis um 20% reduzierten Preis ermöglicht.

Kapitel 5

Eine sehr übersichtliche Einführung zu **Kapitel 5** finden Sie in LINGNER (1987) und BILITZA (1988), die eine Wiederholung und Vertiefung der behandelten Gegenstände ermöglichen. Zur Ausgestaltung des Marktsegments des Terminhandels und als grundsätzliche Einführung sei auch hier erneut auf SCHMIDT (1988) verwiesen.

Grundlegende Optionspositionen und Strategien werden insbesondere von MÜLLER-MÖHL (1995) und HORAT (1989) plastisch dargestellt, wobei letzterer auch hervorragend zu einer Vertiefung des Verständnisses von Futures (Kap. 5.2.4) geeignet ist. Eine ausführliche und einprägsame Übersicht über die Möglichkeiten der DTB erhalten Sie durch die Lektüre der Arbeiten von BRAUNBERGER/KNIPP (1989), BENKNER (1990) und DTB (1989). Sehr ausführlich setzt sich auch CORDERO (1987) mit den verschiedenen Kontraktformen und Anwendungsmöglichkeiten von Futures auseinander.

Einen anschaulichen Überblick über den Themenkreis Termingeschäfte und insbesondere auch zur DTB vermittelt das Video von BITZ/LAASER/STRAUSS (1991).[1]

Kapitel 6

Für interessierte Leser von **Kapitel 6** liefern die Beiträge von KREMER (1988) und HELTEN (1988) eine über das Grundmodell der Gefahrengemeinschaft weit hinausgehende Darstellung. Eine umfassende Gliederung der Versicherung nach Zweigen ist bei MÜLLER-LUTZ (1988) zu finden. Diese Darstellung empfiehlt sich besonders als ergänzende Lektüre, da hier weite Bereiche des Kapitels 6 behandelt werden. Die verschiedenen Versicherungsformen werden von KOCH (1988) dargestellt. Für eine weitergehende Darstellung der einzelnen Versicherungssparten ist besonders das von FARNY (1988) herausgegebene HANDWÖRTERBUCH DER VERSICHERUNG zu empfehlen. Dort werden die verschiedenen Versicherungen unter dem entsprechenden Stichwort ausführlich dargestellt. Sie sollten sich dieses Buch auf jeden Fall in Ihrer Bibliothek einmal anschauen. Eine kurze und präzise Darstellung der Aval- und Akzeptkredite sowie der Kreditgarantiegemeinschaften findet sich unter dem entsprechenden Stichwort im GABLER BANK LEXIKON (1988).

---

1 Das Video kann gegen einen Verrechnungsscheck in Höhe von DM 20,– beim Zentrum für Fernstudienentwicklung (ZFE), Postfach 940, 58084 Hagen, erworben werden.

Zur **allgemeinen Orientierung** über einzelne Kursbegriffe und Fachausdrücke wird schließlich noch einmal auf die Lexika von BEYER/BESTMANN (1989) und SCHIERENBECK (1994)* hingewiesen.

Sonstige Hinweise

Zur Vertiefung verschiedener Detailfragen des Banken-, Finanz- und Versicherungsbereich kann ganz allgemein auf die Sammelwerke und Lexika BEYER/ BESTMANN (1989), BÜSCHGEN (1976), CHRISTIANS (1988), FARNY (1988) sowie SCHIERENBECK (1994)* verwiesen werden.

Darüber hinaus empfehlen wir Ihnen das Übungsbuch von BITZ (1999).* Es enthält u.a. eine Vielzahl von Übungsaufgaben aus dem Bereich „Finanzierung" mit unterschiedlichem Schwierigkeitsgrad. Es ist sowohl als begleitende Lektüre bei der Durcharbeitung des Lehrstoffes als auch zur gezielten Prüfungsvorbereitung geeignet.

Glossar

Ablauffonds 4.4.1

♦ Laufzeitfonds

Abschreibung 2.4.2

Die (planmäßige) Abschreibung dient dem Zweck, die Anschaffungs- oder Herstellungskosten von abnutzbaren Gegenständen des ♦ Anlagevermögens im Rechnungswesen eines Unternehmens auf die Perioden ihrer voraussichtlichen betrieblichen Nutzung zu verteilen.

Absonderung-(srecht) 2.1.6.2

Recht auf vorzugsweise Befriedigung eines Anspruchs durch Verwertung eines zur ♦ Insolvenzmasse gehörenden Gegenstandes (z.b. auf Grund eines Pfandrechts).

Abtretung 2.3.2.1

♦ Sicherungsabtretung.

Abzugsfranchise 6.2.4

Der Abzugsfranchise als Form der ♦ Franchise-Versicherung nimmt die ♦ Intensität der Versicherungsleistung mit steigender Schadenshöhe zu.

AfA-Tabellen 2.4.1

Unter dem steuerlichen Begriff „Absetzung für Abnutzung" (AfA) wird die Erfassung der nutzungsbedingten Wertminderung einzelner Wirtschaftsgüter des ♦ Anlagevermögens verstanden. Mittels der AfA sollen die Anschaffungs- oder Herstellungskosten der Wirtschaftsgüter möglichst periodengerecht auf die Nutzungsdauer verteilt werden, um so eine gleichmäßige Besteuerung zu gewährleisten. Die Bemessung der AfA setzt die Kenntnis der betriebsgewöhnlichen Nutzungsdauer und des Verlaufs der Nutzung voraus. Um Gewinnverlagerungen durch überhöhte oder zu geringe ♦ Abschreibungen zu vermeiden, sind die AfA-Sätze und die AfA-

Dauer in sogenannten AfA-Tabellen der Finanzverwaltung auf Grund von Erfahrungswerten normiert.

Agio (ital. = Aufschlag, Aufgeld) 2.1.3

Betrag, um den der ♦ Auszahlungsbetrag den ♦ Nennbetrag überschreitet.

Akkumulierender Fonds 4.4.1

♦ Wachstumsfonds

Akquisition (ital.) 2.3.2.1

Kundenwerbung durch bankeigene Mitarbeiter.

Aktie 1.1.4/2.6.1

Ein in einer Urkunde verbrieftes Mitgliedschaftsrecht, das eine bestimmte Beteiligung am ♦ Vermögen einer AG ausweist. Es ist zu unterscheiden zwischen den „alten" Aktien und den „jungen" Aktien. Letztere werden im Rahmen einer ♦ Kapitalerhöhung neu ausgegeben. Den Altaktionären steht dabei zur Wahrung ihrer Vermögens- und Stimmrechtsanteile ein ♦ Bezugsrecht auf den Teil der jungen Aktien zu, der ihrem Anteil an den alten Aktien entspricht.

Aktienfonds 4.4.1

besondere Form eines ♦ Investmentfonds, dessen Portfefeuille hauptsächlich Aktien enthält.

Aktien, junge 4.2.1.1/4.2.6/4.3.2.4

Neue, im Rahmen der Erhöhung des ♦ Grundkapitals einer Aktiengesellschaft ausgegebene Aktien. Besitzern alter Aktien steht in der Regel Ansprüche auf den Bezug junger Aktien zu (Bezugsrecht). Sobald die jungen Aktien den neuen in allen Funktionen gleich stehen, entfällt die Bezeichnung.

Aktienoptionen   4.3.3

Beinhalten im Rahmen des Optionsgeschäftes das Recht, eine bestimmte Anzahl Aktien zu einem festgelegten ♦ Basispreis zu kaufen/verkaufen. Im Rahmen der ♦ Optionsanleihe wird das Recht beschrieben, eine bestimmte Anzahl Aktien zu den vertraglichen Bedingungen zu erwerben; bei der ♦ Wandelanleihe wird das Recht im Umtausch gegen die Anleihe Aktien zu beziehen entsprechend der vertraglichen Wandlungsbedingungen gewährt.

Aktien, stimmrechtslose   4.2.1.2

Aktiengattung ohne Stimmberechtigung in der ♦ Hauptversammlung, oftmals mit besonderen Vorzügen gegenüber den ♦ Stammaktien. Kompensation des fehlenden Stimmrechts erfolgt durch Vorzugsaktien. Hierbei wird ein nachzuzahlender Vorzug bei der Verteilung des Jahresüberschußes festgelegt (♦ Vorzugsaktie, kumulative). Rückerhalt der Stimmberechtigung bei rückständiger Dividendenzahlung.

Aktiva, freie   2.1.6.2

Im Eigentum des ♦ Schuldners befindliche Vermögensgegenstände, welche nicht mit Ansprüchen auf ♦ Aussonderung oder ♦ Absonderung belastet sind.

Akzept   2.2.1.1

a) Begriff für die schriftlich auf dem ♦ Wechsel abgegebene Willenserklärung des ♦ Bezogenen, daß er den Wechsel akzeptiert und sich zur Zahlung verpflichtet.

b) Begriff für einen vom ♦ Bezogenen akzeptierten ♦ Wechsel.

Akzeptkredit   2.2.1.2

♦ Kreditleihe, bei der die Bank einen vom Kreditnehmer auf sie gezogenen ♦ Wechsel unter der Bedingung akzeptiert, daß der Kreditnehmer den Gegenwert vor dessen Fälligkeit bereitstellt.

Akzeptprovision   2.2.1.2

Entgelt als Gegenleistung für die Annahmeerklärung eines ♦ Wechsels (♦ Akzept), der auf die Bank gezogen wurde.

Amerikanische Option   5.1.1

♦ Option, die jederzeit während der Laufzeit der Option ausgeübt werden kann.

Andienungsrecht   2.4.1

Bezeichnung für eine Regelung in einem Leasingvertrag, wonach der Leasinggeber nach Ablauf der ♦ Grundmietzeit das Wahlrecht hat, den Leasinggegenstand nach eigenem Gutdünken zu verwerten oder ihn zu einem bereits bei Vertragsabschluß festgelegten Preis an den Leasingnehmer zu verkaufen.

Ankündigungseffekt   4.2.4.6

Autonome Kursänderung durch die Ankündigung einer ♦ Kapitalerhöhung.

Anlagebedarf   1.1.1

Er entsteht, wenn bestimmte Wirtschaftssubjekte (♦ Geldgeber) in einzelnen Perioden weniger ♦ Auszahlungen zu leisten beabsichtigen, als sie ♦ Einzahlungen erzielen, und bereit sind, die entsprechenden Überschüsse den potentiellen ♦ Geldnehmern im Wege gesonderter Finanztransaktionen zu überlassen.

Anlageleistungen   1.2.1

Leistungen eines ♦ Finanzintermediärs, die es einem ♦ Geldgeber ermöglichen, nicht für Investitions- oder Konsumzwecke benötigte ♦ Zahlungsmittelbestände gegen das Versprechen späterer Rückzahlung dem Finanzintermediär oder durch dessen Vermittlung einem Dritten zu überlassen.

Anlagevermögen 2.3.3.2

Derjenige Teil des ♦ Vermögens eines Unternehmens, der dazu bestimmt ist, dauerhaft dem Geschäftsbetrieb zu dienen. Zum Anlagevermögen zählen z.B. Patentrechte, Grundstücke und Gebäude, Maschinen und maschinelle Anlagen, Betriebs- und Geschäftsausstattung sowie Finanzanlagen.

Anleger 2.6.1

Potentielle Käufer und Verkäufer von ♦ Wertpapieren, die für sich selbst und nicht für Dritte, wie z.b. ♦ Wertpapiermakler, handeln. Man unterscheidet Privatanleger und institutionelle Anleger. Zu letzteren zählt man gewöhnlich ♦ Kapitalanlagegesellschaften, ♦ Versicherungsunternehmen, Pensionsfonds, Stiftungen, mitunter aber auch ♦ Kreditinstitute.

Anleihe 2.6.1

Bezeichnung für ein langfristiges, festverzinsliches ♦ Darlehen, welches von der öffentlichen Hand, einem Unternehmen oder einem ♦ Kreditinstitut durch die Ausgabe von ♦ Schuldverschreibungen aufgenommen wird. Anleihen lauten über einen hohen Gesamtbetrag, welcher zumeist in kleinere Beträge gestückelt ist. Die ♦ Emission einer Anleihe erfolgt auf Basis des Verkaufsprospektgesetzes und der Verkaufsprospektverordung.

Anleihe „cum right" 4.3.2.4

Bezeichnung für eine Anleihe mit verbundenem ♦ Optionsrecht.

Anleihen, ewige 4.3.3

Bezeichnung für Anleihen, deren Rückzahlungstermin im voraus noch nicht bekannt ist. Bei diesen ewigen Renten behält sich der Schuldner meist das Recht der Tilgung und der Gestaltung der Tilgung vor. In Deutschland nicht gebräuchlich.

Anleihe „ex right" 4.3.2.4

Anleihe ohne gleichzeitig verbundenes ♦ Optionsrecht.

At-the-money 5.1.1

Option, bei der der ♦ Basispreis mit dem aktuellen Preis des zugrundeliegenden Wertes übereinstimmt.

Auftrag, limitierter 4.1.2

Kursbegrenzung eines Auftrages beim Kauf/Verkauf von Wertpapieren. Im Gegensatz zu unlimitierten Käufen (♦ Billigstorder) und Verkäufen (♦ Bestensorder) darf der festgesetzte Kurs nicht über-/unterschritten werden.

Aufwand 1.1.2

Aus geschäftlichen Transaktionen resultierende Verringerung des buchmäßig ausgewiesenen ♦ Reinvermögens.

Aufwandversicherungen 6.2.2

♦ Versicherung von Passiven

Ausbildungsversicherung 3.3.2.1

Beispiel einer ♦ Lebensversicherung bei der die Leistung zu einem bestimmten Zeitpunkt fällig wird, unabhängig davon, ob der Versicherte lebt oder nicht.

Ausfallrisiko 1.3.2

Gefahr für einen ♦ Geldgeber, daß der ♦ Geldnehmer seinen Rückzahlungsverpflichtungen überhaupt nicht oder nur zu einem niedrigeren Betrag als vertraglich vereinbart nachkommt.

Ausgabepreis 4.2.1.1

Kurs oder Preis, zu welchem ♦ junge Aktien oder festverzinsliche Wertpapiere ausgegeben werden. Der Ausgabepreis bei Anteilen von Kapitalanlagegesellschaften wird nach dem

Inventarwert pro Anteil ermittelt und börsentäglich festgestellt. Ausgabepreis ist der Anteilwert am Fonds unter Hinzurechnung eines Zuschlages für Ausgabekosten je nach Vertragsbedingungen.

Ausschüttungen   **4.2.5.1/2.5.1**

◆ Auszahlungen von Teilen des Gewinns eines Unternehmens an die Gesellschafter. Bei der Aktiengesellschaft z.b. werden sog. Dividenden an die Aktionäre ausgeschüttet. Über die Höhe der Ausschüttungen beschließt in Übereinstimmung mit handelsrechtlichen Vorschriften sowie den Regelungen im ◆ Gesellschaftsvertrag die Gesellschafterversammlung.

Aussonderung   **2.1.6.2**

Möglichkeit des Eigentümers eines nicht zur ◆ Insolvenzmasse gehörenden Gegenstandes (z.b. auf Grund eines ◆ Eigentumsvorbehalts), diesen aus dem ◆ Vermögen eines im ◆ Insolvenzverfahren befindlichen Unternehmens auszusondern.

Ausstehende Einlage   **2.5.1**

◆ Einlage.

Auszahlung   **1.1.2**

Verminderung des Bargeldbestandes oder Belastung des Girokontos.

Auszahlungsbetrag   **2.1.3**

Betrag, der tatsächlich ausgezahlt wird; effektiver Mittelzufluß beim ◆ Schuldner.

Außenfinanzierung   **1.1.3**

Beschaffung von Zahlungsmitteln durch gesonderte Finanztransaktionen außerhalb des betrieblichen Leistungs- und Umsatzprozesses.

Avalkredit   **2.2.1.2**

◆ Kreditleihe, bei der die Bank als ◆ Bürge oder als ◆ Garant für die Erfüllung von Verbindlichkeiten des Kreditnehmers gegenüber Dritten einsteht.

Avalprovision   **2.2.1.2**

Entgelt für die Bereitschaft der Bank zur Übernahme einer ◆ Bürgschaft oder einer ◆ Garantie (◆ Avalkredit). Die Avalprovision ist abhängig vom Zweck und der Laufzeit des ◆ Avalkredits und den möglicherweise gestellten ◆ Kreditsicherheiten. Sie wird berechnet in Prozenten der Bürgschafts- bzw. Garantiesumme.

Bankakzept   **6.3.2**

Vom Kunden auf die Bank nach Absprache gezogener Wechsel, der von der Bank akzeptiert wird. Möglichkeit für den Kunden den Wechsel in Zahlung zu geben oder für einen Geldkredit von einer Bank diskontieren lassen.

Bankgeschäfte   **1.2.2.2**

Gemäß § 1 KWG (a.F.) zählen folgende Geschäfte zu den Bankgeschäften, wobei jedoch weitere Geschäfte durch Rechtsverordnung vom Bundesfinanzminister als Bankgeschäfte im Sinne des KWG bezeichnet werden können:

„1. Die Annahme fremder Gelder als Einlagen ohne Rücksicht darauf, ob Zinsen vergütet werden (Einlagengeschäft);

2. die Gewährung von Gelddarlehen und Akzeptkrediten (Kreditgeschäft);

3. der Ankauf von Wechseln und Schecks (Diskontgeschäft);

4. die Anschaffung und die Veräußerung von Wertpapieren für andere (Effektengeschäft);

5. die Verwahrung und die Verwaltung von Wertpapieren für andere (Depotgeschäft);

6. die in § 1 des Gesetzes über Kapitalanlagegesellschaften bezeichneten Geschäfte (Investmentgeschäft);

7. die Eingehung der Verpflichtung, Darlehensforderungen vor Fälligkeit zu erwerben;

8. die Übernahme von Bürgschaften, Garantien und sonstigen Gewährleistungen für andere (Garantiegeschäft);

9. die Durchführung des bargeldlosen Zahlungsverkehrs und des Abrechnungsverkehrs (Girogeschäft)."

Basispreis   **5.1.1**

Beim Optionsgeschäft wird außer der zu zahlenden Prämie (♦ Optionsprämie) auch der Preis des zugrundeliegenden Basistitels bei Vertragsabschluß festgesetzt.

Basiswert   **5.1.1**

Wertpapier, zu dessen Kauf oder Verkauf z.B. eine ♦ Option berechtigt.

Basiszinssatz der Zentralbank   **2.2.1.1**

Zinssatz, den die Deutsche Bundesbank den Geschäftsbanken in Rechnung stellt, wenn sie von diesen ♦ Wechsel vor deren Fälligkeit ankauft. Er ist als Leitzins anzusehen.

Bauspardarlehen   **2.3.2.3**

Langfristiger, durch zweitrangige ♦ Grundpfandrechte abgesicherter Kredit, der zweckgebunden zur Finanzierung von Bauvorhaben sowie zum Erwerb von Grund- und Wohneigentum durch ♦ Bausparkassen im Rahmen eines ♦ Bausparvertrages vergeben wird. Die Rückzahlung erfolgt in Form der ♦ Annuitätentilgung. Der ♦ Zins liegt im allgemeinen deutlich niedriger als bei ♦ Hypothekarkrediten.

Bausparguthaben   **2.3.2.3**

Summe der im Rahmen eines ♦ Bausparvertrages angesparten Beträge. Das Guthaben wird mit einem vertraglich festgelegten ♦ Zinssatz verzinst, der in der Regel unter dem Zinssatz für vergleichbare ♦ Spareinlagen liegt.

Bausparkasse   **2.3.2.3**

♦ Spezialbank, die auf der Basis langfristig abgeschlossener ♦ Bausparverträge unterverzinsliche ♦ Spareinlagen entgegennimmt und nach Erreichen einer bestimmten ♦ Bausparsumme die ♦ Bausparguthaben ausbezahlt und unterverzinsliche ♦ Bauspardarlehen vergibt, die zweckgebunden zur Finanzierung des Erwerbs oder Baus von Wohnungseigentum dienen.

Bausparsumme   **2.3.2.3**

In einem ♦ Bausparvertrag festgelegte Summe aus den Sparleistungen des Bausparers (in der Regel 40 Prozent der Bausparsumme) und dem ♦ Bauspardarlehen der ♦ Bausparkasse.

Bausparvertrag   **1.2.2.2/2.3.2.3**

Vertrag zwischen einem Bausparer und einer ♦ Bausparkasse, worin sich der Bausparer verpflichtet, vertraglich festgesetzte Sparraten zu leisten. Eine einmalige Zahlung der Sparleistung ist zulässig. Nach Erreichen der vertraglich vereinbarten Mindestsparleistung (in der Regel 40 Prozent der ♦ Bausparsumme) und nach Ablauf einer Mindestsparzeit von zumeist 18 Monaten, erwirbt der Bausparer grundsätzlich das Recht auf ♦ „Zuteilung" seines Bausparvertrages. Der endgültige Zeitpunkt der Auszahlung der ♦ Bausparsumme kann sich allerdings über den Zeitpunkt der ♦ "Zuteilungsreife" hinaus verzögern und hängt ab von der Höhe einer sog. ♦ Bewertungszahl.

Bear-Anleihe   **4.3.2.1**

Koppelung des Rückzahlungsbetrages an einen Aktienindex. Der Rückzahlungsbetrag steigt mit fallendem Aktienindex und umgekehrt.

Begebungskonsortium   2.6.3

Form der ♦ Fremdemission, bei der die ♦ Konsortialbanken lediglich die technische Vorbereitung und den Vertrieb der ♦ Emission, nicht jedoch das ♦ Plazierungsrisiko übernehmen.

Belegschaftsaktien   4.2.6.1

Aktien, die an Arbeitnehmer eines Unternehmens oft im Rahmen eines Gewinnbeteiligungssystems und häufig unter Börsenkurs ausgegeben werden.

Beleihungsgrenze   2.3.2.2/2.3.2.3/2.3.3.2

Sie beträgt bei ♦ Hypothekarkrediten 60 Prozent des ♦ Beleihungswertes. Bei ♦ Bauspardarlehen beträgt sie 80 Prozent und bei ♦ Schuldscheindarlehen von ♦ Versicherungsunternehmen 40 Prozent des Beleihungswertes.

Beleihungswert   2.3.2.2

Wert, der einem Grundstück oder einem grundstücksgleichen Recht (Wohnungs-eigentum, Erbbaurecht) von einem ♦ Kreditinstitut beigemessen wird. Die Ermittlung wird von Sachverständigen nach gesetzlichen Vorschriften oder hausinternen Richtlinien durchgeführt. Grundlagen für die Ermittlung des Beleihungswertes sind der ♦ Sachwert, der ♦ Ertragswert und der ♦ Verkehrswert. In der Regel ist der Beleihungswert der Mittelwert von Sach- und Ertragswert.

Bereitstellungsprovision   2.2.1.1

Entgelt für einen zugesagten, aber nicht in Anspruch genommenen Kredit.

Berichtigungsaktie   4.2.6.1/4.1.2

Im Rahmen einer nominellen Kapitalerhöhung (♦ Kapitalerhöhung, nominelle) ausgegebene neue Aktien.

Berufsunfähigkeitsversicherung   3.3.2.2

Im Falle der Berufsunfähigkeit wird eine Rente bis zum 60. (Frauen) bzw. zum 65. (Männer) Lebensjahr gezahlt.

Besicherung   2.3.2.1

Alle Ausgestaltungsformen eines Kreditvertrags, die Form und Inhalt von ♦ Kreditsicherheiten regeln.

Bestensorder   4.1.2

Unlimitierter Verkaufsauftrag (♦ Auftrag, limitierter) mit sofortiger Ausführung im Markt am jeweiligen Verkaufstag.

Beteiligungsfonds   4.4.1/4.4.2

Investmentfonds, der nennenswerte Teile des Fondsvermögens in Beteiligungen an anderen Unternehmen anlegt.

Beteiligungsquote   4.2.1.1/4.2.6.1/4.2.6.3

Auf der Basis der Summe der Nennwerte der Aktien eines Aktionärs zur Gesamtsumme aller ♦ Nennwerte (♦ Grundkapital) ergibt sich die Beteiligungsquote des Einzelaktionärs.

Bewertungsfunktion   6.1.2.2

Funktion, die jeder Handlungsmöglichkeit eine Bewertungskennzahl zuordnet, mit deren Hilfe Alternativen ihrer Vorziehenswürdigkeit nach geordnet werden.

Bewertungskennzahl   6.1.2.2

♦ Bewertungsfunktion

Bewertungszahl   2.3.2.3

Kennziffer, mit deren Hilfe die Reihenfolge der ♦ Zuteilung von ♦ Bausparverträgen dann festzulegen ist, wenn mehrere Bausparer gleichzeitig die Zuteilung beanspruchen und der ♦ Bausparkasse nicht entsprechende Mittel aus

Sparleistungen und Zins- und Tilgungszahlungen zufließen. Die Bewertungszahl wird je nach den Tarifen der einzelnen Bausparkassen in unterschiedlicher Weise berechnet. Als wesentliche Komponenten gehen die bereits zurückgelegte Dauer des ◆ Bausparvertrages und das Verhältnis zwischen ◆ Bausparsumme und dem in der Vergangenheit angesparten ◆ Bausparguthaben ein.

bezahlt (b)   **4.1.2**

◆ Kurszusatz, signalisiert exakten Ausgleich von Angebot und Nachfrage. Außer den unlimitierten Aufträgen konnten auch alle zum/über den ermittelten Kurs limitierten Kaufaufträge, bzw. alle unter/zum ermittelten Kurs limitierten Verkaufsaufträge im Markt ausgeführt werden (◆ Auftrag, limitierter).

bezahlt und Brief (bB)   **4.1.2**

◆ Kurszusatz: Die zum festgestellten Kurs limitierten Verkaufsaufträge konnten nicht vollständig in den Markt gegeben werden, es bestand ein kleiner Angebotsüberhang.

bezahlt und Geld (bG)   **4.1.2**

◆ Kurszusatz: Die zum festgestellten Kurs limitierten Kaufaufträge konnten nicht vollständig in den Markt gegeben werden, es bestand ein kleiner Nachfrageüberhang.

Bezogener   **2.2.1.1**

Wechselschuldner, den der Aussteller eines ◆ Wechsels angewiesen hat, zu einem bestimmten Zeitpunkt eine bestimmte Zahlung an den durch die Wechselurkunde als berechtigt Ausgewiesenen zu leisten. Wenn der Bezogene den Wechsel akzeptiert (◆ Akzept), tritt zur Zahlungsanweisung eine Zahlungsverpflichtung hinzu.

Bezugsfrist   **4.2.6.1**

Zeitspanne für die Ausübung des Bezugsrechtes. Mindestzeitraum sind 2 Wochen, in welcher

sich der Aktionär für die Beteiligung an der ◆ Kapitalerhöhung und Erwerb junger Aktien (◆ Aktien, junge) oder Verkauf der Bezugsrechte zu entscheiden hat.

Bezugsrecht   **2.6.1**

Das einem Altaktionär bei der ◆ Emission von „jungen" ◆ Aktien zustehende Recht, gemäß seinem bisherigen Anteil am Aktienvolumen einen entsprechenden Teil der jungen Aktien zu beziehen (§ 186 AktG).

Bezugsrechtsformel, traditionelle

4.2.6.2

Nach der traditionellen Ermittlung ergibt sich der rechnerische Bezugsrechtswert durch das Verhältnis der Differenz zwischen dem Börsenkurs der alten Aktien und dem Emissionskurs der jungen Aktien zu dem um 1 erhöhten ◆ Bezugsverhältnis. Bei nur anteiliger Dividendenberechtigung ist das Bezugsrecht ggf. um einen Abschlag zu vermindern.

Bezugsrechtshandel   **4.2.6.1/4.2.6.2**

Der Handel mit Bezugsrechten beginnt an deutschen Börsen i.d.R. am 1. Tag der ◆ Bezugsfrist und erstreckt sich über die gesamte Bezugsfrist (mindestens 2 Wochen) mit Ausnahme der letzten beiden Bezugstage. Hierdurch wird die Möglichkeit eröffnet Bezugsrechte hinzuzuerwerben oder sich von den zustehenden Bezugsrechten zu lösen. Nach Eröffnung des Bezugsrechtshandels notieren alte Aktien ex Bezugsrechte (◆ ex Bezugsrecht).

Bezugsrechtspreis   **4.2.6.3**

◆ Bezugsrechtsformel, traditionelle

Bezugsverhältnis   **4.2.6.1/4.2.6.2**

Anzahl alter Aktien in Relation zu den jungen, neu zu emittierenden Aktien.

Bietungsgarantie   **6.3.2**

Insbesondere im Rahmen eines Avalkredites übernimmt eine Bank die Verpflichtung zur Übernahme der Strafe, wenn der Bieter bei einer Ausschreibung den erteilten Zuschlag doch nicht annimmt.

Bilanzgewinn   **4.2.1.2**

Bilanzgewinn =

Jahresüberschuß

+ Gewinnvortrag

./. Verlustvortrag

+ Auflösung von ♦ Rücklagen

./. Bildung von Rücklagen

Normalerweise wird der Bilanzgewinn an die Aktionäre ausgeschüttet oder nach Beschluß der ♦ Hauptversammlung in freie Rücklagen überführt.

Bilanzkurs   **4.2.1.1**

Verhältnis zwischen der Summe aus dem gezeichneten Kapital und Rücklagen, d.h. des ausgewiesenen Eigenkapitals zum gezeichneten Kapital einer Aktiengesellschaft pro Aktie.

Billigstorder   **4.1.2**

Ohne Kursangabe erteilter (unlimitierter) Kaufauftrag (♦ Auftrag, limitierter) von Wertpapieren mit sofortiger Ausführung im Markt am jeweiligen Kauftag.

Blankoindossament   **4.1.1**

Übertragungsvermerk auf Wertpapieren, die den Empfänger nicht bezeichnen. Ein blanko indossiertes Wertpapier ist im Handel einem Inhaberpapier fast gleichwertig, da dieses dann auch durch Einigung und Übergabe übertragen werden kann.

Börsendienst   **1.2.3**

Unternehmen, welches die Abonnenten seiner allgemein „Börsenbrief" genannten Publikationen regelmäßig mit speziell aufbereiteten Informationen über die Entwicklung bestimmter Börsensegmente, z.b. des ♦ Wertpapieroptionsgeschäfts, versorgt sowie Hinweise und Ratschläge zur Vermögensanlage gibt.

Börsenorgane   **4.1.2**

Hierzu gehören: Vorstand der Börse, Zulassungsstelle zum Wertpapierhandel, ♦ Freiverkehrsausschuß, Kursmaklerkammer, Ehrenausschuß und Schiedsgericht.

Börsenzulassung   **2.6.2**

Zum Schutz der ♦ Anleger ist die Zulassung von ♦ Wertpapieren zum Börsenhandel an bestimmte Voraussetzungen gebunden, die für ♦ Aktien und ♦ Anleihen verschieden sind. Für die Strenge der Voraussetzungen ist das Marktsegment maßgeblich, für welches die Aktien zugelassen werden sollen. Hierbei ist zwischen dem ♦ amtlichen Handel, dem ♦ geregelten Markt und dem ♦ Freiverkehr zu unterscheiden.

Bogen   **4.2.1.1**

Der Bogen eines Wertpapiers enthält Coupons (Gewinnanteilscheine, Zinsscheine) und einen Erneuerungsschein (Talon) zum Bezug eines neuen Bogens.

Bonität   **1.2.3**

Aus der ♦ Bonitätsprüfung abgeleitete Einschätzung über die Bereitschaft und Fähigkeit eines (potentiellen) ♦ Schuldners, seine Verpflichtungen vertragsgemäß zu erfüllen.

Bonitätsprüfung   **1.3.2**

Systematische Analyse der persönlichen Merkmale eines (potentiellen) ♦ Schuldners oder Kreditnehmers sowie seiner wirtschaftlichen

Faktoren der Vergangenheit, z.B. seines Zahlungsverhaltens und Geschäftsgebarens sowie seiner Jahresabschlüsse.

Briefhypothek 2.1.2

Form der ♦ Hypothek, bei der zusätzlich zur Eintragung im ♦ Grundbuch ein Hypothekenbrief ausgestellt wird. Der Hypothekenbrief wird vom Grundbuchamt erteilt. Eine Briefhypothek entsteht nicht bereits durch Einigung über die Belastung des Grundstücks und Eintragung im Grundbuch, sondern erst mit Übergabe des Hypothekenbriefes an den ♦ Gläubiger. Die Übertragung erfolgt entweder durch schriftliche Abtretung der Forderung und Übergabe des Hypothekenbriefes oder durch mündliche Abtretung der Forderung, Übergabe des Hypothekenbriefes und Eintragung der Abtretung im Grundbuch.

Buchforderung 2.1.2

Schuldrechtlicher Anspruch eines ♦ Gläubigers gegenüber dem ♦ Schuldner, der nicht durch ein ♦ Wertpapier verbrieft ist, sondern lediglich in den Handelsbüchern verzeichnet ist.

Bürge 1.3.2

Er verpflichtet sich gegenüber dem ♦ Gläubiger, für die Erfüllung der Verbindlichkeiten des ♦ Schuldners einzustehen. Im Gegensatz zur ♦ Garantie ist das Schuldverhältnis zwischen Bürge und Gläubiger in seinem Bestand vom Umfang der Hauptschuld zwischen Gläubiger und Schuldner abhängig.

Bürgschaft 2.1.6.3

♦ Personalsicherheit; Verpflichtung eines Dritten (♦ Bürgen) für die Erfüllung der Verbindlichkeiten des ♦ Schuldners einzustehen; vgl. §§ 765-778 BGB.

Bundesschuldbuch 2.6.1

Öffentliches Register, in welches die Namen der ♦ Gläubiger sowie die Höhe ihrer Forderungen

für jede ♦ Schuldverschreibung des Bundes, der Bundesbahn und der Bundespost eingetragen werden. Das Bundesschuldbuch erspart den Druck und die Ausgabe von Wertpapierurkunden, an deren Stelle sog. ♦ Wertrechte treten.

Bull-Anleihe 4.3.2.1

Koppelung des Rückzahlungsbetrages an einen Aktienindex. Der Rückzahlungsbetrag fällt mit fallendem Aktienindex und umgekehrt.

Bull-& Bear-Anleihe 4.3.2.1

Kopplung von ♦ Bear- und ♦ Bull-Anleihe in einer gemeinsam emittierten Anleihe.

Bundesanleihen 4.3.2.1

Festverzinsliche Anleihen von Bund, Bahn oder Post mit Gesamtlaufzeiten, die üblicherweise zwischen 8 und 15 Jahren liegen.

Bundesobligationen 4.3.2.1

Festverzinsliche Anleihen des Bundes mit einer Gesamtlaufzeit von 5 Jahren. Die Ausgabe erfolgt kontinuierlich in einzelnen Serien. Die Börseneinführung erfolgt erst nach dem vollständigen Verkauf der jeweiligen Serie.

Bundesschatzbriefe 4.3.2.1/4.3.2.2

Nicht börsengehandelte Anleihen des Bundes mit im Zeitablauf steigendem Zins und laufender Zinszahlung (Typ A mit 6-jähriger Laufzeit) oder ♦ Zinskumulation (Typ B mit 7-jähriger Laufzeit). Nach einer einjährigen Sperrfrist können innerhalb von 30 Zinstagen jeweils Schatzbriefe im Nominalwert bis zu 10.000 DM zum Nominalwert (Typ A) bzw. Nominalwert zuzüglich aufgelaufener Zinsen (Typ B) zurückgegeben werden.

Bundesschatzbriefe „Typ B"

4.3.2.1/4.3.2.2

♦ Bundesschatzbrief

Bürgschaftsbanken   6.3.1/6.3.3

♦ Kreditgarantiegemeinschaften, die als Selbsthilfeorganisationen Bürgschaften oder Garantien für Leistungen ihrer Mitglieder übernehmen.

Call-Option   4.3.2.4

Kaufoption, bei der der Käufer der Option das Recht erwirbt innerhalb der Optionsfrist jederzeit vom Verkäufer der Option (♦ Stillhalter) die Lieferung eines zugrundegelegten Basistitels zum vereinbarten ♦ Basispreis zu verlangen.

Cap-Klausel (engl. = Deckel)   2.1.4

Vereinbarung in einem mit einer ♦ Zinsgleitklausel versehenen Kreditvertrag, wonach die Verzinsung nicht über eine vereinbarte Obergrenze hinaussteigen kann.

Capped-Indexoptionsscheine   4.3.2.4

Capped- ♦ Indexoptionsscheine gewähren dem Inhaber die in DM ausgedrückte Differenz, um die am Ausübungstag der aktuelle Indexstand den Basiskurs übersteigt (Kauf/Call) bzw. unterschreitet (Verkauf/Put), maximal jedoch den in den Optionsscheinbedingungen festgelegten Höchstbetrag.

Caps   4.3.2.2

Auf der Basis einer ♦ Floating-Rate-Note, d.h. einer variabel verzinslichen Anleihe, besteht die Möglichkeit, eine Maximalverzinsung festzusetzen.

Certificates of Deposit (CD)   3.2.1

Hierbei handelt es sich um kurzfristige Inhaber-Schuldverschreibungen, in denen praktisch die Ansprüche aus Termingeldern bei der emittierenden Bank verbrieft sind.

Clearing   4.1.3

Zentrale Institution zur geregelten, gegenseitigen Aufrechnung und Verrechnung von Forderungen und Verbindlichkeiten zwischen den Teilnehmern einer Einrichtung, z.B. einer Wertpapierbörse. Letzendlich sind nur die Salden auszugleichen.

Clearing-Mitglied   5.2.3.3

Institut, das für Kunden bzw. Börsenmitglieder die Abwicklung von Transaktionen vornimmt.

Convertible Bonds   4.3.2.4

♦ Wandelanleihen

Covered Warrants   4.3.2.4

♦ Optionsscheine, gedeckte

cum right   4.2.6.2/4.2.6.3

Bezeichnung für Wertpapiere mit Bezugsscheinen, Zinsscheinen, Dividendenscheinen oder sonstigen anteiligen Rechten (♦ Anleihe „cum right").

Dachfonds   4.4.1

Besondere Art von ♦ Investmentfonds, deren Vermögen hauptsächlich in Anteilen anderer Investmentfonds angelegt ist. Nach deutschem Recht nicht erlaubt.

Damnum (lat. = Schaden, Nachteil)   2.1.3

Bei Hypothekardarlehen (♦ Hypothekarkredit) übliche Bezeichnung für ♦ Disagio.

Darlehen   2.3

Langfristige, häufig auch als ♦ Kredit bezeichnete Überlassung von ♦ Zahlungsmitteln durch eine Bank, ein ♦ Versicherungsunternehmen oder durch sonstige Unternehmen oder Privatpersonen. In der Regel erfolgt die Überlassung in Form eines Buchkredits, die Ausstellung eines ♦ Schuldscheins ist seltener.

Debitor 2.2.2.1

Beim ♦ Factoring ♦ Schuldner der verkauften Forderungen.

Debitorenbuchhaltung 2.2.2.1

Kontrolle des fristgerechten Zahlungseingangs ausstehender Forderungen sowie der wirtschaftlichen Lage der ♦ Schuldner.

Deckungsrückstellungen 2.3.3.1

♦ Rückstellungen von Versicherungsunternehmen für diejenigen Leistungsverpflichtungen, die auf das Versicherungsunternehmen aus den bereits abgeschlossenen ♦ Versicherungsverträgen in Zukunft zukommen werden. Sie sind bei den meisten Versicherungsunternehmen der größte Passivposten und ergeben sich rechnerisch als versicherungsmathematisch bestimmter Gegenwartswert aller zukünftigen Leistungsverpflichtungen aus abgeschlossenen Verträgen abzüglich des Gegenwartswertes der noch ausstehenden Prämienzahlungen der Versicherungsnehmer.

Deckungsgeschäft 4.1.3

Insbesondere Wertpapierkäufe zur Erfüllung eingegangener Lieferverpflichtungen, z.B. bei ♦ Leergeschäften.

Deckungsregister 4.3.2.3

Die zur Deckung von Kommunalschuldverschreibungen verwendeten Kommunaldarlehen und sonstigen Werte sind von der Hypothekenbank einzeln in ein Register einzutragen. Innerhalb jedes Quartals hat der ♦ Treuhänder beglaubigte Abschriften der Eintragungen bei der Aufsichtsbehörde einzureichen.

Deckungsstock 2.3.3.1

Bezeichnung für denjenigen Teil des ♦ Vermögens eines ♦ Versicherungsunternehmens, welcher auf Grund von Vorschriften der Versicherungsaufsicht als ein vom übrigen Vermögen

intern getrenntes Sondervermögen von einem Treuhänder zu verwalten ist. Die Höhe des Deckungsstocks bestimmt sich im wesentlichen aus den ♦ Deckungsrückstellungen. Er soll die Ansprüche der Versicherungsnehmer im ♦ Insolvenzverfahren sicherstellen. Für die Anlage der Bestände des Deckungsstocks gibt es spezielle, strenge Vorschriften der Versicherungsaufsicht.

Deckungsstockfähigkeit 2.3.3.2

Eigenschaft solcher ♦ Wertpapiere, die zur Anlage des von ♦ Versicherungsunternehmen zu bildenden ♦ Deckungsstocks von der Versicherungsaufsicht zugelassen sind.

Deckungssumme 6.2.4

Ein enstandener Schaden wird bei der sogen. ♦ Erstrisikoversicherung vollkommen, maximal bis zu einer vertraglich fixierten Deckungssumme beglichen.

Delkredere (ital.) 2.2.2.1

Gewährleistung für den Eingang von Forderungen.

Delkrederegebühr 2.2.2.3

Entgelt, welches ein ♦ Factoringunternehmen dafür verlangt, daß es das Risiko für den Eingang der Lieferantenforderungen übernimmt.

Delkredereversicherung 2.2.2.3

Versicherung, welche sich mit der Absicherung von ♦ Lieferantenkrediten befaßt, die der Lieferant einer Ware oder Dienstleistung seinen Kunden einräumt. Im Falle der Zahlungsunfähigkeit des Kunden ersetzt der Versicherer dem Lieferanten den Ausfall der Forderungen in der versicherten Höhe.

Depotbank 4.4.2

Banken mit der Berechtigung zur Verwahrung und Verwaltung von Wertpapieren für andere.

Depotgeschäft   **4.1.3**

Die von Banken vorgenommene gewerbsmäßige Verwahrung von Wertpapieren und evtl. anderweitigen Gegenständen. Die Errichtung von Konten, Depots in offener und geschlossener Form, Aufbewahrung und Haftung, Verwaltung und Gebührenberechnung sind als wichtigste Tätigkeitsfelder anzuführen.

Depotprüfung   **4.1.3**

Nach dem Gesetz für das Kreditwesen ist bei Banken, die ♦ Effektengeschäfte / ♦ Depotgeschäfte betreiben, eine jährliche Prüfung auf Basis der Depotbücher der Bank und der Depotauszüge der Kunden vorzunehmen.

Deutscher Aktienindex (DAX)   **4.3.2.1**

Laufindex, der im Computer System (KISS) der Frankfurter Börse im Verlauf der Börsenzeit jede Minute neu berechnet und optisch angezeigt wird. Der Index enthält 30 Aktien, die zusammen fast 60% des gesamten ♦ Grundkapitals inländischer börsennotierter Gesellschaften, mehr als 75% des im Streubesitz befindlichen Grundkapitals und über 80% der Börsenumsätze in deutschen Beteiligungswerten repräsentieren. Eingehende Werte sind z.b. Allianz, BASF, BMW, Daimler-Benz, Deutsche Bank, Karstadt, Lufthansa, Siemens und VW.

Deutsche Börse Clearing AG   **4.1.3**

Zusammenschluß der Deutschen Kassenverein AG (umfaßt sieben deutsche Wertpapiersammelbanken) und der Deutschen Auslandskassenverein AG mit Sitz in Frankfurt am Main. Die Deutsche Börse Clearing AG ist Abwicklungspartner für alle Geschäfte in Xetra und Zentralverwahrer für deutsche Wertpapiere.

Devisentermingeschäfte   **4.4.2**

Devisenkauf / -verkauf, der von den Vertragspartnern nicht innerhalb von 2 Tagen nach Geschäftsschluß erfüllt werden muß (♦ Kassahandel), sondern erst zu einem späteren Zeitpunkt zu einem fixierten Kurs.

Disagio (ital. = Abgeld, Abschlag)   **2.1.3**

Betrag, um den der ♦ Auszahlungsbetrag den ♦ Nennbetrag unterschreitet.

Disagiodarlehen   **2.3.2.2**

Andere Bezeichnung für ♦ Tilgungsstreckungsdarlehen.

Diskontabschlag   **2.2.1.1**

Abschlag beim Ankauf eines ♦ Wechsels vor Fälligkeit; im Vergleich zum ♦ Diskontsatz nicht auf Jahresbasis umgerechnet.

Diskontkredit   **2.2.1.1**

Kredit, bei dem die Bank vom Kreditnehmer ♦ Wechsel vor deren Fälligkeit unter Abzug eines ♦ Diskontabschlags ankauft.

Diskontprovision   **2.2.1.1**

Entgelt für die Bearbeitung und Abwicklung beim ♦ Diskontkredit.

Diskontsatz   **2.2.1.1**

Abschlag beim Ankauf von ♦ Wechseln vor deren Fälligkeit; als Zinssatz auf Jahresbasis umgerechnet.

Dispositionskredit   **2.2.1.1**

♦ Kontokorrentkredit zur Überbrückung eines überwiegend kurzfristigen ♦ Finanzbedarfs im privaten Bereich.

Dividendenberechtigung   **4.2.1.2**

Bei der Aktiengesellschaft haben Aktien einer Gattung jeweils den gleichen Anspruch an der Verteilung der Dividende. Lediglich junge Aktien (♦ Aktien, junge) werden teilweise mit einer unterschiedlichen Divivdendenberechtigung versehen.

Dividendencoupon 4.1.3

Auch Dividendenschein genannt, dient in erster Linie zur Auszahlung der Dividende und eines evtl. Bonus, jedoch auch als Basis der Ausgabe von ♦ Berichtigungsaktien und zur Ausübung des Bezugsrechtes. Ist vom ♦ Bogen jeweils abzutrennen.

Dividendensatz 4.2.6.1

Absolute oder prozentuale Höhe der Dividende im Verhältnis zum ♦ Nennwert der Aktie.

Dividendenschein 4.2.1.1

♦ Dividendencoupon

Dividendenscheinbogen 4.2.1.1

♦ Bogen

Dividendenvorzugsaktien 4.2.1.2

Aktien, die mit einer bevorrechtigten Dividendenbehandlung ausgestattet sind.

DM-Auslandsanleihen 4.3.2.1

Anleihen ausländischer (privater und öffentlicher) Emittenten, bei denen Verzinsung und Tilgung in DM erfolgen.

DM-Commercial-Paper (DM-CP) 2.6.2

DM-Commercial-Paper sind Inhaberpapiere, die üblicherweise in einer Stückelung von mindestens 500.000 DM oder 1 Mio. DM als erstrangige, unbesicherte Verbindlichkeiten des Emittenten angeboten werden. Die Laufzeit liegt zwischen 7 Tagen und 2 Jahren, wobei die Verzinsung auf Basis der kurzfristigen DM-Geldmarktsätze erfolgt (Diskontsatz). Ein Börsenhandel ist im allgemeinen nicht vorgesehen, da CP's meist nur an einen engen Kreis professioneller Investoren abgegeben werden.

Doppelwährungsanleihen 4.3.2.2

An deutschen Börsen in DM gehandelte Anleihen ausländischer Emittenten, bei den Verzinsung und Tilgung in unterschiedlichen Währungen erfolgen.

Drittvertriebsleasing 2.4.4

Form des ♦ institutionellen Leasing, bei der das Leasingunternehmen mit einem oder mehreren ♦ Kreditinstituten in der Weise zusammenarbeitet, daß letztere ihren Kunden in Ergänzung eigener ♦ Finanzierungsleistungen die Vermittlung von Leasingverträgen mit dem kooperierenden Leasingunternehmen anbieten.

ECU 4.3.2.1

European Currency Unit. Funktion als Bezugsgröße zur Festsetzung der Wechselkurse, Indikator für Wechselkursabweichungen, Rechengröße, Zahlungsmittel und Reserveinstrument zwischen den Notenbanken der EG.

Effektengiroverkehr 2.6.1

(Eigentums-) Übertragung von ♦ Wertpapieren auf einen neuen ♦ Gläubiger, nicht durch körperliche Übergabe, sondern durch Buchung auf Wertpapierkonten bei ♦ Wertpapiersammelbanken (entspricht der bargeldlosen Verfügung über ein Girokonto).

Effektenkundengeschäft 4.1.3

Emission von Wertpapieren, Handel und Verwahrung /Verwaltung für andere, d.h. im eigenen Namen, auf fremde Rechnung (Kommissionär im Eigengeschäft).

Effektivzins 2.1.4

Zins, der in Prozent anzugeben versucht, welche durchschnittliche jährliche Belastung sämtliche Zahlungen für Zins und ♦ Tilgung sowie sonstige preisbeeinflussende Bestandteile, wie z.B.

♦ Disagio oder Bearbeitungsgebühren, verursachen, wenn man sie auf den ♦ Auszahlungsbetrag bezieht und unter Berücksichtigung von Zins und Zinseszins auf die gesamte Laufzeit umrechnet.

Eigenfinanzierung   1.1.4/2.5

Teilbereich der ♦ Außenfinanzierung, bei der der ♦ Geldgeber im ♦ Insolvenz des Unternehmens nicht die Rechtsstellung eines ♦ Gläubigers einnimmt. Maßnahmen der Eigenfinanzierung sind dadurch gekennzeichnet, daß dem Unternehmen entweder durch die bisherigen oder durch neu eintretende Gesellschafter Vermögenswerte in Form von ♦ Einlagen zugeführt werden.

Eigenkapital   1.1.4

Bilanzieller Ausweis der Differenz zwischen dem (bilanziell ausgewiesenen) ♦ Vermögen und den (bilanziell ausgewiesenen) Schulden, also das (bilanzielle) ♦ Reinvermögen. Eigenkapital erhöht sich durch ♦ Einlagen von Gesellschaftern ♦ Eigenfinanzierung und erwirtschaftete Gewinne; es vermindert sich durch ♦ Ausschüttungen an die Gesellschafter und Verluste.

Eigenkapital, haftendes   2.5.2

Bankaufsichtsrechtlicher Begriff für das Risikodeckungspotential eines ♦ Kreditinstitutes. Je nach Rechtsform setzt sich diese Größe gemäß § 10 KWG aus unterschiedlichen Faktoren zusammen. Das haftende Eigenkapital dient als Anknüpfungspunkt, um das risikotragende Kredit- und Beteiligungsgeschäft einer Bank im Sinne des Einlegerschutzes zu begrenzen.

Eigenkapitalhilfe   1.2.2.1

Existenzgründern im Bereich der gewerblichen Wirtschaft und der freien Berufe werden unter bestimmten Voraussetzungen (wie beruflichen Qualifikationen und nachhaltigen Erfolgsaussichten) Finanzmittel gewährt. Die Deutsche Ausgleichsbank AG stellt neben den im Rahmen einer Errichtung oder Übernahme eines Unternehmens oder auch einer tätigen Beteiligung notwendigen einzusetzenden Eigenmitteln (i.d.R. 15% der Investitionssumme) zusätzliche Mittel bis zu einem Höchstbetrag von 300.000 DM zur Verfügung. Um übermäßig hohe Belastungen gerade in der Gründungsphase zu vermeiden, sind die ersten 10 Jahre tilgungsfrei und die ersten 2 Jahre zinsfrei. Bis zum 6. Jahr wird der Zinssatz sukzessive an den bei Darlehensgewährung festgelegten marktmäßigen Zinssatz angepaßt.

Eigenkapitalquote   2.5.3

Verhältnis des ♦ Eigenkapitals zur Summe aus Eigen- und ♦ Fremdkapital. Die Eigenkapitalquote wird häufig bei der Analyse der Bilanzstruktur im Rahmen einer Jahresabschlußprüfung herangezogen.

Eigentümerrisiko   2.4.3.3

Gefahr für den Eigentümer eines Gegenstandes, daß dieser untergeht oder beschädigt wird.

Eigentumsvorbehalt   2.1.6.2

♦ Realsicherheit, bei der der an den ♦ Schuldner gelieferte Gegenstand bis zur vollständigen Zahlung des Kaufpreises im Eigentum des Verkäufers bleibt; vgl. § 455 BGB. Wenn der Schuldner mit der Zahlung in Verzug gerät, kann der Verkäufer vom Vertrag zurücktreten. Der Schuldner hat den gekauften Gegenstand an den Verkäufer zurückzugeben und dieser hat den bereits geleisteten Teil des Kaufpreises zurückzuzahlen. Im ♦ Insolvenzverfahren berechtigt der Eigentumsvorbehalt zur ♦ Aussonderung des betreffenden Gegenstandes.

Einheitskurs   4.1.2/4.2.2

Umsatzmaximaler Kurs eines Börsentages bei gegebener Gesamtauftragsstruktur. Der Einheitskurs wird einmal berrechnet, im Gegensatz zur variablen Notiz (♦ Notiz, variable).

Einheitswert   **2.4.3.2**

Er wird festgestellt für Betriebe der Land- und Forstwirtschaft, für Grundstücke sowie für gewerbliche und freiberufliche Betriebe. Er bildet die einheitliche Bemessungsgrundlage u.a. für die ♦ Vermögensteuer und die ♦ Gewerbekapitalsteuer. Er wird nach den Vorschriften des Bewertungsgesetzes ermittelt und in einem gesonderten Feststellungsbescheid festgestellt.

Einkommensteuer   **2.4.2**

Steuer, die vom Einkommen von Privatpersonen und Selbständigen erhoben wird.

Einlage   **2.5.1**

Vermögenswerte, die ein Gesellschafter dem Unternehmen, in der Regel in Form von ♦ Zahlungsmitteln, zur Verfügung stellt. Zu unterscheiden ist zwischen der gezeichneten und der ausstehenden Einlage. In Höhe der gezeichneten Einlage hat sich der Gesellschafter verpflichtet, dem Unternehmen sofort oder zu einem späteren Zeitpunkt Vermögenswerte zur Verfügung zu stellen. Die ausstehende Einlage ist der Differenzbetrag zwischen der gezeichneten Einlage und der tatsächlich in das Unternehmen eingebrachten Einlage. In Höhe der ausstehenden Einlage haftet der Gesellschafter im ♦ Insolvenz des Unternehmens mit seinem sonstigen ♦ Vermögen.

Einlagensicherungsfonds   **1.2.2.3**

Sicherungseinrichtung, deren Zweck es ist, Einleger bei privaten Geschäftsbanken bis zur Höhe von 30 % des ♦ haftenden Eigenkapitals des betreffenden Instituts für den Fall zu befriedigen, daß diese Bank ihren Zahlungsverpflichtungen nicht mehr nachkommen kann.

Einmalsparvertrag   **3.2.2.2**

Der Sparer verpflichtet sich, einmal einen bestimmten Betrag einzuzahlen und für einen vereinbarten Zeitraum festzulegen (z.B. 6 oder 7 Jahre).

Einzahlung   **1.1.2**

Erhöhung des Bargeldbestandes oder Gutschrift auf Girokonto.

Einzelzwangsvollstreckung   **2.3.2.2**

Ein einzelner ♦ Gläubiger setzt seinen in einem ♦ vollstreckbaren Titel festgestellten Anspruch unabhängig von etwaigen anderen Gläubigern durch Zugriff auf das ♦ Vermögen des ♦ Schuldners durch. Sind mehrere Gläubiger vorhanden, die sich aus einem bestimmten Vermögensgegenstand des Schuldners befriedigen wollen, wird derjenige Gläubiger zuerst befriedigt, der als erster den Gegenstand pfänden läßt. Der nachfolgende Gläubiger geht u.U. völlig leer aus.

Emission   **2.6.1**

a) Bezeichnung für die Gesamtheit der ♦ Wertpapiere einer Ausgabe.

b) Bezeichnung für die Erstausgabe, d.h. den Absatz und die damit zusammenhängenden Tätigkeiten, von ♦ Wertpapieren. Die Emission erfolgt entweder auf direktem Wege als ♦ Selbstemission oder durch Vermittlung von ♦ Kreditinstituten als ♦ Fremdemission.

Emission, direkte   **2.6.3**

Andere Bezeichnung für ♦ Selbstemission.

Emission, indirekte   **2.6.3**

Andere Bezeichnung für ♦ Fremdemission.

Emissionsfinanzierung   **2.1.1/2.6**

♦ Finanzierungsleistung, bei der ein ♦ Finanzintermediär nicht unmittelbar selbst als ♦ Geldgeber auftritt, sondern lediglich Geldgeber vermittelt. Ein gegebener ♦ Finanzbedarf eines Unternehmens aber auch der öffentlichen Hand wird in der Weise gedeckt, daß den ♦ Anlegern ♦ Wertpapiere, z.B. ♦ Aktien oder ♦ Anleihen, in kleiner Stückelung zum Kauf angeboten werden. Bei der Unterbringung dieser Wertpapiere, insbesondere beim Verkauf an die ♦ Anleger, übernehmen in der Regel sog. ♦ Emissionskonsortien von Banken eine vermittelnde Funktion.

Emissionsgeschäft   **1.2.3/2.6.3**

Mit der Erstausgabe und dem Absatz von ♦ Wertpapieren verbundene Dienstleistungen eines ♦ Kreditinstituts.

Emissionskonsortium   **2.1.1/2.6.3**

Zeitlich begrenzter Zusammenschluß selbständig bleibender ♦ Kreditinstitute (üblicherweise in der Rechtsform der BGB-Gesellschaft) zur Durchführung einer ♦ Emission von ♦ Wertpapieren, z.B. ♦ Aktien oder ♦ Anleihen. In Deutschland ist heute das kombinierte ♦ Übernahme- und Begebungskonsortium üblich, bei dem

die gesamte Emission von den Banken mit der Verpflichtung übernommen wird, diese bei den ♦ Anlegern zu plazieren.

Emissionskurs   **2.1.3**

In Prozent des ♦ Nennbetrages ausgedrückter ♦ Auszahlungsbetrag, z.B. bei der ♦ Emission von ♦ Schuldverschreibungen oder bei der Auszahlung von ♦ Hypothekarkrediten.

Emissionsrendite   **4.3.2.1**

Rendite festverzinslicher Wertpapiere, die erstmals im Markt an die jeweiligen Inhaber veräußert werden.

Emissionsrisiko   **2.6.3**

♦ Plazierungsrisiko

Emissionsvertrag   **2.6.3**

Vertrag, der die Beziehungen zwischen dem ♦ Emittenten und dem für ihn die Emission durch-

führenden Kreditinstitut regelt. Letzteres ist üblicherweise entweder die führende Bank im ♦ Emissionskonsortium oder die Hausbank des Emittenten. Der Vertrag bezieht sich im wesentlichen auf die Ausgestaltung der ♦ Emission, vor allem die Art der Emissionspapiere, das Emissionsvolumen, das Börsensegment, den ♦ Emissionskurs sowie den Emissionszeitpunkt.

Entnahmen   **2.5.1**

Alle Vermögensgegenstände, z.b. ♦ Zahlungsmittel oder Sachgüter sowie Nutzungen und Leistungen, die ein Gesellschafter im Laufe eines Geschäftsjahres für private und andere betriebsfremde Zwecke aus dem Unternehmen entnimmt.

Erstrisikoversicherung   **6.2.4**

Bei der Erstrisikoversicherung wird im Versicherungsfall der entstandene Schaden maximal bis zur sogen. ♦ Deckungssumme erstattet.

Ertrag   **1.1.2**

Aus geschäftlichen Transaktionen resultierende Erhöhung des buchmäßig ausgewiesenen ♦ Reinvermögens.

Ertragsversicherung   **6.2.2**

Hierunter versteht man die Versicherung gegen die Bedrohung von Erträgen (z.B. Betriebsunterbrechungsversicherung).

Ertragswert   **2.3.2.2**

Komponente zur Ermittlung des ♦ Beleihungswertes, bei der man sich an dem kapitalisierten Überschuß der (eventuell fiktiven) Mieteinnahmen über die laufenden Instandhaltungsausgaben für Grundstücke und Gebäude orientiert.

Ertragswertverfahren   **4.4.2**

Vereinfachtes Wertermittlungsverfahren bei Grundbesitz für steuerliche Zwecke durch Multiplikation der Jahresrohmiete mit einem gesetzlich vorgegeben Multiplikator und Korrekturgrößen.

Erwartungswert   6.1.2.1

Der mit den zugehörigen Wahrscheinlichkeiten gewichtete durchschnittliche Wert aller möglichen Ausprägungen einer Zufallsvariablen.

EURIBOR   4.3.2.2

European Interbank Offered Rate. Der EURIBOR stellt den Zinssatz dar, zu denen Banken in der Europäischen Währungsunion bereit sind anderen Banken kurzfristig, z.B. für 3 Monate Geld zu leihen.

Euronote(-Fazilität)   1.2.3/1.3.2

Sehr variabel gestaltbare Mischform zwischen Kredit und ♦ Anleihe, bei der eine Bankengruppe unter Führung eines erstklassigen europäischen Kreditinstituts einem potentiellen ♦ Schuldner eine feste Kreditzusage über einen bestimmten Gesamtbetrag macht. Dies ergibt ein Netz von Kreditzusagen, innerhalb dessen der Schuldner während der Gesamtlaufzeit des Kredits durch die Plazierung von nicht-börsennotierten Euronotes mit einer Laufzeit von 1 bis 6 Monaten Gebrauch machen kann. Bei Verfall werden die Notes gemäß des ♦ Finanzbedarfs des Schuldners erneuert. Dieses Verfahren wird fortgesetzt bis die Gesamtlaufzeit des ursprünglich vereinbarten Kredites – in der Regel 5 bis 10 Jahre – erreicht ist.

Europäische Option   5.1.1

Optionsart, bei der der Optionsbesitzer sein Recht erst am Verfalltag der ♦ Option geltend machen kann.

Evidenz-Zentrale   1.2.3

Unternehmen, welches Informationen über ♦ Geldnehmer sammelt und diese an interessierte ♦ Geldgeber weiterleitet. Beispiele: Der

Schufa (= Schutzgemeinschaft für allgemeine Kreditsicherung) melden alle angeschlossenen Einzelhändler und Kreditinstitute die abgeschlossenen Kreditverträge unter Angabe von Kredithöhe und Laufzeit sowie ihre Erfahrungen bei der Abwicklung. Auf Anfrage erhalten die Mitglieder von der Schufa Auskunft über die Abwicklung früherer oder an anderen Stellen bestehender Ratenverpflichtungen. Die Deutsche Bundesbank fungiert auf Grund von § 14 KWG als Evidenz-Zentrale für Millionenkredite, d.h. für von ♦ Kreditinstituten vergebene Kredite von mehr als 3 Mio. DM.

ex Berichtigungsaktien (ex BA)   4.1.2

♦ Kurszusatz am Tage des Abschlags der ♦ Berichtigungsaktien. Höhe des Abschlags nach dem rechnerischen Wert.

ex Bezugsrecht (exB)   4.1.2

♦ Kurszusatz am Tage des Abschlags des Bezugsrechtes. I.d.R. am ersten Tag des ♦ Bezugsrechtshandels. Der Erwerber der Aktie hat keinen Anspruch auf das Bezugsrecht mehr.

ex Dividende (exD)   4.1.2

♦ Kurszusatz am Tage des Dividendenabschlages. Normalerweise in den ersten Tagen nach der beschlußfassenden ♦ Hauptversammlung. Erwerber der Aktie besitzt keinen Dividendenanspruch mehr.

ex right   4.2.6.2/4.2.6.3

Wertpapier, das keine Rechte mehr an laufenden Dividendenzahlungen (♦ exD), Bezugsrechten (♦ exB), ♦ Berichtigungsaktien (♦ exBA) besitzt.

Factor   2.2.2.1

Bezeichnung für den Käufer von Forderungen vor deren Fälligkeit (♦ Factoringunternehmen).

Factoring   **2.2.2.1**

Verkauf sämtlicher im Rahmen des laufenden Umsatzprozesses gegenüber den Abnehmern (♦ Debitoren) entstandener Forderungen vor deren Fälligkeit an ein besonderes Unternehmen (♦ Factoringunternehmen oder ♦ Factor).

Factoringunternehmen   **2.2.2**

Unternehmen, welches ♦ Factoring gewerbsmäßig betreibt.

Fakturierung   **2.2.2.1**

Ausstellen einer Rechnung für gelieferte Waren oder erbrachte Dienstleistungen.

Fehlinvestitionsrisiko   **2.4.3.3**

Gefahr für einen Investor, daß sich die Nutzungsmöglichkeiten des Investitionsobjektes de facto schlechter darstellen als ursprünglich erwartet. Die Gründe dafür mögen von technischen Neuentwicklungen über das Auftreten neuer Konkurrenten, Verschiebungen der Nachfragegewohnheiten bis hin zu Änderungen rechtlicher Vorschriften reichen.

Festgelder   **3.2.1**

Festgelder sind ♦ Termingelder, die für eine definitiv vereinbarte Frist festgelegt sind.

Fill-or-kill   **5.2.3.2**

Ausführungsrestriktion bei Ordererteilung. Sie besagt, daß die entsprechende Order nur sofort und in ihrer Gesamtheit ausgeführt werden darf, ansonsten verfällt sie.

Finanzbedarf   **1.1.1**

Er entsteht, wenn bestimmte Wirtschaftssubjekte (♦ Geldnehmer) in einzelnen Perioden für private oder betriebliche Zwecke mehr ♦ Auszahlungen zu leisten beabsichtigen, als ihnen aus ihren Einkommensquellen an ♦ Einzahlungen zufließen.

Finanzierungsleasing   **2.4.1**

Form des ♦ Leasing, die im Gegensatz zum Operate-Leasing üblicherweise folgende Merkmale aufweist:

1. Der Leasinggegenstand wird für eine im Verhältnis zur betriebsgewöhnlichen Nutzungsdauer nicht unbeträchtliche und bei vertragsgemäßer Erfüllung unkündbare ♦ Grundmietzeit überlassen.

2. Während dieser Überlassungszeit amortisiert sich der Leasinggegenstand durch die Leasingraten sowie etwaige Anfangs- und Abschlußzahlungen. Die Anschaffungs- oder Herstellungskosten sowie die Finanzierungs- und Verwaltungskosten des Leasinggebers werden also durch die im Zuge eines Vertragsverhältnisses zu erwartenden Zahlungen voll abgedeckt.

3. Die ♦ Objektrisiken werden weitgehend entweder unmittelbar oder zumindest in ihren monetären Konsequenzen auf den Leasingnehmer abgewälzt.

4. Service- und Wartungsleistungen durch den Leasinggeber sind kein zwingender Bestandteil des Finanzierungsleasing.

Finanzierungsleistungen   **1.2.1.2**

Leistungen eines ♦ Finanzintermediärs, die für einen ♦ Geldnehmer zu einer unmittelbaren sofortigen oder zu einer im Falle eines Bedarfs späteren Erhöhung seines ♦ Zahlungsmittelbestandes führen oder diese ersetzen können.

Finanzierungsrisiko   **2.1.6.3**

Komponente des ♦ Insolvenzrisikos, welche sich aus der nachträglichen Zunahme des Verschuldungsgrades ergibt.

Finanzierungsschätze   **4.3.3**

Nicht börsengehandelte Anleihen des Bundes mit 1- oder 2- jähriger Laufzeit (Typ 1 bzw. Typ 2), die keinen laufenden Zins erbringen, jedoch bei einer Rückzahlung zum ♦ Nennwert deutlich unter pari ausgegeben werden. Eine vorzeitige Rückgabe an den Emittenten ist nicht möglich.

Finanzintermediär **1.2.1/1.2.3**

a) *Im engeren Sinne:* Institution, deren primäre Geschäftstätigkeit darauf gerichtet ist, in der Weise zu einem Ausgleich von ♦ Anlage- und ♦ Finanzbedarf beizutragen, daß sie sich bereithält, einerseits ♦ Zahlungsmittel von den ♦ Geldgebern gegen das Versprechen späterer Rückzahlung entgegenzunehmen (♦ Anlageleistung) und andererseits den ♦ Geldnehmern die benötigten Zahlungsmittel ebenfalls gegen das Versprechen späterer Rückzahlung zur Verfügung zu stellen (♦ Finanzierungsleistung).

b) *Im weiteren Sinne:* Institution, deren Geschäftstätigkeit darauf gerichtet ist, den unmittelbaren Abschluß von Finanzkontrakten zwischen ♦ Geldgebern und ♦ Geldnehmern effizient zu gestalten, ohne dabei als Partner eines solchen Vertrages aufzutreten. Insbesondere werden dabei ♦ Vermittlungsleistungen, ♦ Informationsleistungen und die ♦ Risikoübernahme erbracht.

Finanzmakler **1.2.3**

Sammelbezeichnung für Unternehmen, welche gewerbsmäßig mittel- und langfristige Kredite (♦ Schuldscheindarlehen, ♦ Hypothekarkredite und sog. revolvierende ♦ Diskontkredite) sowie Beteiligungen und Unternehmen insgesamt vermitteln.

Finanzplanung **2.2.1.1**

Planungstätigkeit eines Unternehmens zur Ermittlung und anschließend zur Deckung bzw. Verwendung eines kurz-, mittel- und langfristigen Bedarfs bzw. Überschusses an ♦ Zahlungsmitteln.

Finanzwechsel **2.2.1.1**

♦ Wechsel, der der Beschaffung von ♦ Zahlungsmitteln dient, ohne daß ein Waren- oder Dienstleistungsgeschäft zugrunde liegt.

Fixed Funds **4.4.1**

Anlageliste dieser Form eines ♦ Investmentfonds liegt bei Gründung sowohl art- als auch mengenmäßig fest.

Fixgeschäft **5.1.1**

Auch Festgeschäft genannt, als Form des ♦ Termingeschäftes, bei welchem zu dem vereinbarten Termin Leistung und Gegenleistung unbedingt zu erbringen sind.

Floating-Rate-Notes **4.3.2.2**

Anleihen (i.d.R. mittlerer Laufzeit), deren laufende Verzinsung an die Entwicklung anderer Referenzgrößen (z.B. ♦ LIBOR oder ♦ FIBOR) gekoppelt ist.

Floors **4.3.2.2**

Variabel verzinsliche Anleihen (♦ Floating Rate Notes) bei denen eine Zinsuntergrenze schon bei Begebung festgelegt wird.

Fonds **1.2.2.2**

Sondervermögen bei ♦ Kapitalanlagegesellschaften, welches durch das bei der Gesellschaft gegen ♦ Investmentzertifikate eingezahlte Geld und die damit angeschafften Vermögenswerte gebildet wird.

Fonds, geschlossene **4.4.1**

Normalerweise ein ♦ Open-End Fonds, der die Ausgabe von Investmentanteilen eingestellt hat.

Fonds, offene   4.4.1

Laufende Ausgabe neuer Zertifikate je nach Nachfragesituation und zusätzliche Anlage des Erlöses.

Fonds, thesaurierende   4.4.1

♦ Investmentfonds, die keine Erträge ausschütten, sondern diese sofort wieder anlegen (♦ Wachstumsfonds).

Forderungsabtretung   2.2.1.1

♦ Sicherungsabtretung.

Franchisen-Versicherung   6.2.4

Versicherungsverträge mit einer prozentualen oder absoluten Selbstbeteiligung des Versicherungsnehmers.

Freijahre   2.1.3

Tilgungsfreier Zeitraum.

Freiverkehr   2.6.2

Marktsegment für den börsenmäßigen Handel in ♦ Wertpapieren. Die ♦ Zulassung erfolgt durch sog. Freiverkehrs- oder Ortsausschüsse der jeweiligen Börse. Die Anforderungen für die Einbeziehung in den Handel sind nur teilweise geregelt; in der Regel wird lediglich ein Exposé verlangt, das Angaben zum Emittenten, zu seinen wirtschaftlichen Verhältnissen und den zuzulassenden Wertpapieren enthalten muß. Außerdem ist der Antrag auf Einbeziehung von einem Kreditinstitut zu stellen. Die Preisfeststellung (nicht-amtliche Kurse) erfolgt nach Maßgabe der jeweiligen Börsenordnung (♦ Kursermittlung).

Freiverkehr, ungeregelter   2.6.2

♦ Außerbörslicher Wertpapierhandel.

Freiverkehrsausschuß   4.2.2

Ausschuß für amtlich nicht notierte Werte an Wertpapierbörsen, welche nur geringe Zulassungs- und Publizitätsvorschriften zu erfüllen haben.

Freizügigkeit   3.2.2.1

Möglichkeit für den Inhaber eines Sparkassenbuches, Ein- und Auszahlungen bei allen Sparkassen und Girozentralen im Bundesgebiet vorzunehmen. Voraussetzung ist die Verfügungsberechtigung des Vorlegers, ein Mindestalter dieser Person von 16 Jahren und daß das Sparbuch nicht gesperrt ist.

Fremdemission   2.6.3

Der ♦ Emittent nimmt zur Durchführung seiner ♦ Emission die Leistungen einer einzelnen Bank oder in der Regel eines ♦ Emissionskonsortiums in Anspruch.

Fremdfinanzierung   1.1.4

Teilbereich der ♦ Außenfinanzierung, bei der der ♦ Geldgeber im ♦ Insolvenzverfahren des Unternehmens die Rechtsstellung eines ♦ Gläubigers einnimmt.

Fremdkapital   1.1.4

Bilanzieller Ausweis zukünftiger Zahlungs- und Leistungsverpflichtungen, für die das Unternehmen schon eine Gegenleistung erhalten hat. Fremdkapital entsteht insbesondere durch ♦ Fremdfinanzierung.

Fristentransformation   1.3.2

Prozeß, bei dem ein ♦ Finanzintermediär zwischen ♦ Geldgeber und ♦ Geldnehmer tritt und mit diesen jeweils einen Finanzkontrakt über die Überlassung von ♦ Zahlungsmitteln abschließt, wobei die Überlassungsfristen unterschiedlich festgelegt werden.

Fungibilität 4.1.1

Erfassung der Austauschbarkeit bei Waren, Devisen, Wertpapieren, wobei auf die Vertretbarkeit des Wertpapiers durch ein anderes Wertpapier derselben Art und desselben Ausstellers über denselben ♦ Nennbetrag abgestellt wird.

Fusion 4.2.6.1

Zusammenschluß von 2 oder mehreren vorher selbständigen Unternehmen.

Futures 4.4.2/5.1.1

Oberbegriff für spezifische börsengehandelte Fest-Terminkontrakte. Ausgestaltung ist insbesondere möglich als stock index future (z.b. DAX-Future) oder auch als Future auf Zinsterminkontrakte (interest rate futures) oder Devisenterminkontrakte (currency futures). Zwischenzeitliche Wertänderungen des Future-Kontraktes werden auf einem separat geführten Konto, dem Margin Account gutgeschrieben, bzw. belastet.

Garant 1.3.2

Er übernimmt in einem Vertrag die "Garantie" für einen bestimmten Erfolg oder die Gefahr bzw. den Schaden, der aus einem Rechtsverhältnis mit einem Dritten entstehen kann. Der Garantievertrag unterscheidet sich von der ♦ Bürgschaft dadurch, daß durch ihn eine selbständige, neue Verbindlichkeit begründet wird.

Garantie 2.1.6.3

♦ Personalsicherheit; Verpflichtung eines Dritten (♦ Garanten) dafür zu sorgen, daß der ♦ Gläubiger befriedigt wird.

Garantiefonds 1.2.2.3

Sicherungseinrichtung, deren Zweck es ist, ♦ Kreditgenossenschaften bei wirtschaftlichen Schwierigkeiten derart zu helfen, daß diese Institute erhalten bleiben und somit die Sicherheit der Einlagen von Kunden gewährleistet wird. Ergänzend zu dem Garantiefonds existiert ein Garantieverbund, dessen Zweck es ist, Kreditgenossenschaften Bilanzierungshilfen in Form von ♦ Bürgschaften oder ♦ Garantien zu gewähren.

Garantiekonsortium 2.6.3

Form der ♦ Fremdemission, bei der die ♦ Konsortialbanken die im Zuge eines ♦ Begebungskonsortiums nicht abgesetzten ♦ Wertpapiere zu einem im voraus festgelegten Kurs und damit auch das ♦ Plazierungsrisiko übernehmen.

Gedeckte Optionsscheine (Covered Warrants) 4.3.2.4

♦ Optionsscheine, die Rechte auf den Bezug von Aktien aus einem ♦ Deckungsbestand beinhalten, den der Emittent zuvor gebildet hat.

Gefahrengemeinschaft 6.1.2.2

Im Modell werden Schäden, die Personen als Mitglieder innerhalb einer Gefahrengemeinschaft entstehen gemeinsam getragen, weshalb es auf der Seite der Einzelperson zu einer geringeren Risikozuweisung kommt (♦ Risikoausgleich im Kollektiv).

Geldanschlußrisiko 1.3.2

Gefahr für einen ♦ Finanzintermediär, daß erwartete ♦ Zahlungsmittel aus der Rückzahlung vergebener Kredite oder der Aufnahme neuer Gelder ausbleiben.

Geldgeber 1.1.1

Wirtschaftssubjekt, welches in einzelnen Perioden seinen ♦ Anlagebedarf durch unmittelbare Geldanlage oder mit Hilfe von ♦ Finanzintermediären befriedigt. Zu den Geldgebern zählt die Gesamtheit der privaten Haushalte.

Geldleihe   2.2.1.1

Der Kreditgeber stellt dem Kreditnehmer für einen bestimmten Zeitraum ♦ Zahlungsmittel zur Verfügung.

Geldmarkt   1.3.2

Markt für kurzfristige ♦ Kredite, insbesondere zwischen ♦ Kreditinstituten. Gegenstand des Handels sind Guthaben bei der Deutschen Bundesbank sowie bundesbankfähige ♦ Wertpapiere mit kurzen Laufzeiten. Bundesbankfähig sind Wertpapiere dann, wenn sie von der Deutschen Bundesbank vorgegebene Qualitätsmerkmale erfüllen. Sie können dann von dieser angekauft oder beliehen werden, um Kreditinstituten Zahlungsmittel zuzuführen.

Geldnehmer   1.1.1

Wirtschaftssubjekt, welches in einzelnen Perioden seinen ♦ Finanzbedarf mit Hilfe von ♦ Finanzintermediären oder anderen ♦ Geldgebern befriedigt. Zu den Geldnehmern zählen die öffentliche Hand und die Gesamtheit der Unternehmen des nicht-finanziellen Sektors.

Geldwirtschaft   1.1.1

Im Gegensatz zur Naturaltauschwirtschaft, bei der ein unmittelbarer Tausch „Gut gegen Gut" erfolgt, vereinfacht die Einführung des Geldes als generelles Tauschgut die Tauschvorgänge.

Genußscheine   1.1.4/4.1.1/4.2.1.1/4.3.2

Wertpapiere, die eine mehr oder weniger stark ausgeprägte gewinnabhängige laufende Verzinsung aufweisen und bei prinzipiell annähernd beliebigen Ausgestaltungsmöglichkeiten in Deutschland in aller Regel dadurch gekennzeichnet sind, daß

– der Rückzahlungsanspruch

– um mögliche Verlustzurechnungen vermindert wird („Teilnahme am laufenden Verlust") und

– im Insolvenzverfahren des Emittenten erst nach Befriedigung aller übrigen Gläubiger geltend gemacht werden kann.

Gesellschafterdarlehen   2.1.2

♦ Darlehen, welches ein Gesellschafter seiner eigenen Gesellschaft gewährt (insbes. bei der GmbH).

Gesellschafter, stiller   1.1.4/2.5.3

Privatperson oder Unternehmen (z.B. eine ♦ Kapitalbeteiligungsgesellschaft), welche sich an einem anderen Unternehmen mit einer ♦ Einlage beteiligt, die in das ♦ Vermögen des kapitalaufnehmenden Unternehmens übergeht (§§ 230-237 HGB). Der stille Gesellschafter ist stets am Gewinn beteiligt, seine Teilnahme am Verlust kann vertraglich ausgeschlossen werden. Seine Einflußnahme auf die Geschäftspolitik ist rechtlich auf ein Kontrollrecht beschränkt, ergibt sich faktisch aber auf Grund der Höhe seiner Kapitaleinlage. Im ♦ Insolvenzverfahren nimmt der stille Gesellschafter eine Gläubigerstellung ein.

Gesellschaftsvertrag   2.5.1

Vertrag, der die Rechtsverhältnisse der Gesellschafter eines Unternehmens untereinander regelt, d.h. ihre Rechte und Pflichten festlegt.

Gewährleistungsgarantie   6.3.2

Übernahme von Ansprüchen aus Gewährleistungen im Rahmen eines Avalkredites, wenn das eigentlich verpflichtete Unternehmen nicht seinen Ansprüchen nachkommen kann.

Gewährleistungsrisiko   2.4.3.3

Gefahr für den Leasingnehmer, daß er bei Sachmängeln des Leasinggegenstandes die gesetzlichen und vertraglichen Gewährleistungsansprüche gegenüber dem Hersteller der Lieferanten nicht unmittelbar selber ausüben kann.

Gewährträgerhaftung   1.2.2.3

Pflicht einer Körperschaft, z.B. Staat, Land, Kommune, Kommunalverband, für die Verbindlichkeiten eines von ihr errichteten öffentlich-rechtlichen Kreditinstituts, z.b. einer ♦ Sparkasse, den ♦ Gläubigern gegenüber einzustehen.

Gewerbeertragsteuer   2.4.2

Steuer, die von Unternehmen erhoben wird. Bemessungsgrundlage ist der um bestimmte Kürzungen und Zurechnungen modifizierte einkommensteuerliche Gewinn, bei dessen Herleitung u.a. die Gewerbeertragsteuer selbst, nicht jedoch die ♦ Vermögensteuer abzusetzen sind. Der Steuersatz ergibt sich als Produkt aus der Steuermeßzahl und dem gemeindespezifischen ♦ Hebesatz.

Gewerbekapitalsteuer   2.4.2

Steuer, die von Unternehmen erhoben wird. Bemessungsgrundlage ist der um bestimmte Kürzungen und Zurechnungen korrigierte ♦ Einheitswert des Betriebsvermögens. Der Steuersatz ergibt sich als Produkt aus der Steuermeßzahl und dem gemeindespezifischen ♦ Hebesatz.

Gewinnrücklagen   4.2.5.2

Bilanzieller Niederschlag von erwirtschafteten, aber nicht ausgeschütteten Vermögenszuwächsen (Gewinnen) bei Kapitalgesellschaften.

Gewinnschuldverschreibungen   4.3.2.2

Anleihen, deren laufende Verzinsung an die Gewinnentwicklung des Emittenten gekoppelt ist.

Girozentrale   4.3.2.3

Regionale Zentralen der Sparkassen als öffentlich-rechtliche Anstalten. Hauptaufgaben sind die Funktion als Hausbank des betreffenden Bundeslandes (Landesbanken) und Sparkassenzentralbank.

Gläubiger   1.1.4

Person, der ein Anspruch, z.b. auf ♦ Zins und ♦ Tilgung, gegen einen anderen, den ♦ Schuldner, zusteht, den er auch im Insolvenzverfahren des Schuldners geltend machen kann.

Gläubigerrechte   2.1.1

Rechte eines ♦ Geldgebers, der dem Unternehmen im Rahmen der ♦ Fremdfinanzierung ♦ Zahlungsmittel zur Verfügung stellt. Im Gegensatz zu den ♦ Teilhaberrechten hat der ♦ Gläubiger Anspruch auf Befriedigung im ♦ Insolvenzverfahren. Zu den Gläubigerrechten, deren konkrete Ausgestaltung häufig zwischen dem Unternehmen und dem Geldgeber frei vereinbart wird, gehören zumeist der Anspruch auf ♦ Zinszahlungen als Entgelt für die Überlassung von Zahlungsmitteln sowie der Anspruch auf die vereinbarungsgemäße ♦ Tilgung des überlassenen Betrages.

Gläubigerrisiken   2.1.6.1

Gefahren für den ♦ Gläubiger, daß der ♦ Schuldner seine ♦ Zins- und ♦ Tilgungsleistungen nicht vertragsgemäß erfüllt. Sie lassen sich nach den einzelnen Phasen einer Gläubiger-Schuldner-Beziehung in ♦ Informationsrisiko, ♦ Insolvenzrisiko und ♦ Verlustrisiko unterscheiden.

Glattstellung   5.1.1

Transaktion, in der z.B. der Optionsbesitzer (Käufer) seine früher gekaufte ♦ Option verkauft oder bei welcher der Optionsschreiber (Verkäufer) die früher verkaufte Option zurückkauft (Gegentransaktion).

Good-till-canceled   5.2.3.2

Gültigkeit eines limitierten Auftrages bis zum Widerruf.

Good-till-date   5.2.3.2

Gültigkeit eines limitierten Auftrages bis zum angegebenen Datum.

Gratisaktien   4.2.6.1

♦ Berichtigungsaktien

Grundbuch   2.1.6.2

Öffentliches, vom Amtsgericht geführtes Register, in welchem alle im Zuständigkeitsbereich liegenden Grundstücke verzeichnet sind. Für jedes Grundstück ist in der Regel ein Grundbuchblatt angelegt, das über Eigentumsverhältnisse, Lasten und Beschränkungen, ♦ Grundschulden und ♦ Hypotheken Auskunft gibt.

Grundkapital   4.2.1.1/4.2.6.1

Satzungsmäßig fixierte Größe bei einer Aktiengesellschaft, die mit der Nennwertsumme aller Aktien übereinstimmen muß.

Grundmietzeit   2.4.1

Zeitspanne, während der Leasingverträge sowohl für den Leasinggeber als auch für den Leasingnehmer nicht gekündigt werden können. Sie liegt in der Praxis zumeist in der Größenordnung von 60-80 Prozent der betriebsgewöhnlichen Nutzungsdauer des Leasinggegenstandes.

Grundpfandrecht   2.1.6.2

♦ Realsicherheit, bei der der ♦ Schuldner einer Forderung seinem Gläubiger ein Pfandrecht an Grundstücken und ihren wesentlichen Bestandteilen, wie z.B. Gebäuden, einräumt. Das belastete Grundstück bleibt im Besitz des Schuldners. Er kann es weiter nutzen. An einem Grundstück können mehrere Grundpfandrechte bestehen; ♦ nachrangige Grundpfandrechte. Zu den Grundpfandrechten zählen ♦ Hypothek

und ♦ Grundschuld. Im Insolvenzverfahren berechtigen die Grundpfandrechte zur ♦ Absonderung.

Grundpfandrechte, nachrangige   1.2.2.2

An einem Grunstück können mehrere ♦ Grundpfandrechte bestehen. Der Ihnen zukommende Rang legt die Reihenfolge fest, in der die ♦ Gläubiger bei der Verwertung des Grundstücks befriedigt werden.

Grundschuld   2.1.6.2

♦ Grundpfandrecht an einem bestimmten Grundstück. Im Gegensatz zur ♦ Hypothek setzt die Grundschuld für ihre Existenz keine Forderung voraus.

Güterversicherung   6.2.1/6.2.2

Schadensfälle treffen unmittelbar versicherte Vermögensgüter, im Gegensatz zur ♦ Personenversicherung.

Haftung   1.1.4

Einstehen des ♦ Schuldners für die Ansprüche seiner ♦ Gläubiger mit seinem gesamten ♦ Vermögen. Die Haftung eines schuldnerischen Unternehmens für seine Verbindlichkeiten erstreckt sich auf sein gesamtes Geschäftsvermögen; hinzu kann – je nach Rechtsform – in mehr oder weniger großem Umfang das Privatvermögen der Eigentümer kommen.

Haftungsmasse   2.1.6.3

Gesamtheit aller Vermögensgegenstände und Rechte, welche zur Befriedigung der Ansprüche von ♦ Gläubigern zur Verfügung stehen. Hierzu zählen das ♦ Vermögen des ♦ Schuldners selbst sowie sämtliche Formen der ♦ Personalsicherheiten, also z.B. ♦ Bürgschaft, ♦ Garantie, ♦ Verlustübernahmevertrag, ♦ Patronatserklärung, ♦ Gewährträgerhaftung.

Haftungsträger, externer   1.3.2

Person oder Institution (Unternehmen oder öffentliche Hand), welche mit ihrem eigenen ♦ Vermögen für die Verbindlichkeiten einer anderen Person oder Institution einsteht. Beispiele: ♦ Nachschußpflicht von Genossenschaftsmitgliedern, ♦ Gewährträgerhaftung, ♦ Bürgschaft,   ♦   Verlustübernahmevertrag,   ♦ Patronatserklärung.

Handel, amtlicher   2.6.2

Marktsegment für den börsenmäßigen Handel in ♦ Wertpapieren. Die ♦ Zulassung erfolgt durch die Zulassungsstelle der jeweiligen Börse. Die wichtigsten Anforderungen für ♦ Aktien sind: Prospekt auf der Basis von mindestens drei Jahresabschlüssen, halbjährige Zwischenberichte, Ad-hoc-Publizität wichtiger Tatsachen, Mindestkurswert von 2,5 Mio. DM sowie Mindeststreubesitz von 25 Prozent. Der Zulassungsantrag ist vom Emittenten und einem Kreditinstitut zu stellen. Die Kurse der emittierten Wertpapiere werden mit Hilfe von Kursmaklern amtlich festgestellt (♦ Kursermittlung).

Handelswechsel   2.2.1.1

♦ Wechsel, der der Finanzierung eines Waren- oder Dienstleistungsgeschäfts dient.

Hauptversammlung   4.2.1.1/4.2.6.1

Versammlung der Aktionäre einer AG, beschließt über Fragestellungen langfristiger Tragweite, wie Bestellung der Mitglieder des Aufsichtsrates, Verwendung des Jahresüberschußes und Entlastung des Vorstandes.

Hebel (bei Optionen)   4.3.2.4

Der Hebelfaktor zeigt an, in welchem Maß eine Preisveränderung des zugrundeliegenden Wertes (Aktie) den Optionspreis beeinflußt.

Hebesatz   2.4.3.2

Steuertechnisch ein Tariffaktor, der von den Gemeinden für jeweils ein oder mehrere Kalenderjahre u.a. für die ♦ Gewerbeertragsteuer und die ♦ Gewerbekapitalsteuer festgesetzt wird. Die in den einzelnen Gemeinden unterschiedlichen Hebesätze führen bei den Unternehmen zu einem örtlichen Steuergefälle, das bei der Wahl des Standorts unter steuerlichen Gesichtspunkten zu berücksichtigen ist. Die Hebesätze für Gewerbeertrag- und -kapitalsteuer differieren in den einzelnen Gemeinden laut Steuervergleich von 1979 von 176 bis 500 Prozent.

Hedging   5.1.3

Kompensation eines vorhandenen Risikos durch die Übernahme eines zweiten Risikos. Ausgleich von Gewinnen und Verlusten aus den entgegengesetzten Geschäften.

Herstellerleasing   2.4.4

Form des ♦ Leasing, bei der der Hersteller oder Händler des Leasinggegenstandes selbst oder eine zu seinem Konzern gehörende „Leasing-Tochter" als Leasinggeber auftritt. Das Angebot von Leasingleistungen ist in diesem Zusammenhang als Instrument zur Absatzförderung anzusehen, so z.B. bei den Automobilkonzernen.

Holding-Gesellschaft   2.5.2

Unternehmen, welches Beteiligungen an anderen Unternehmen besitzt und verwaltet.

Horizontal Spread   5.2.3.1

Spread aus Optionen gleichen Typs mit identischem Basispreis, jedoch unterschiedlicher Laufzeit (auch Time-Spread genannt).

Hypothek   2.1.6.2

♦ Grundpfandrecht an einem bestimmten Grundstück, durch das eine Forderung gesichert werden soll. Im Gegensatz zur ♦ Grundschuld kann die Hypothek nicht ohne die zu sichernde Forderung bestellt werden. Die gesicherte Forderung kann nicht ohne die für sie gestellte Hypothek, die Hypothek nicht ohne die gesicherte Forderung selbständig übertragen werden.

Hypothekarkredit   **2.3.2.2**

Langfristiger, durch erstrangige ♦ Grundpfandrechte abgesicherter Kredit zur Finanzierung von Bauvorhaben sowie zum Erwerb von Grund- und Wohneigentum. Die Rückzahlung erfolgt in aller Regel in Form der ♦ Annuitätentilgung.

Hypothekenbanken   **2.3.2.2**

♦ Realkreditinstitut.

Hypothekendarlehen   **2.1.3**

♦ Hypothekarkredit.

Illiquidität   **2.5.1**

= Zahlungsunfähigkeit, d.h. das Unternehmen besitzt nicht die Fähigkeit, seine fälligen ♦ Auszahlungen betrags- und termingemäß zu erfüllen.

Immediate-or-cancel   **5.2.3.2**

Ausführungsrestriktion, wonach eine Order sofort mit größtmöglichem Umfang ausgeführt wird. Der nicht ausgeführte Teil wird annuliert.

Immobilienfonds   **4.4.2**

Besondere Form eines ♦ Investmentfonds, bei dem das Fondsvermögen in Immobilien angelegt ist.

Immobilienfonds, geschlossene   **4.4.3**

Dienen i.d.R. zur Finanzierung eines einzelnen bestimmten Investitionsprojektes, das allerdings auch verschiedene Immobilien beinhalten kann.

Nach der Aufbringung des erforderlichen Kapitals werden von der Gesellschaft keine weiteren Anteile mehr emittiert. Handel kann nur in bereits bestehenden Anteilen erfolgen.

Immobilien-Leasing   **2.4.4**

Leasinggegenstände sind Grundstücke und Gebäude, Schiffe sowie Betriebsanlagen, also z.b. Verwaltungsgebäude, Lagerhallen, Einkaufszentren, Raffinerien oder industrielle Fertigungsanlagen, sofern sie auf Grund ihrer Größe und technischen Konzeption nicht ohne das Grundstück, auf dem sie stehen, oder das Gebäude, in dem sie aufgestellt sind, wirtschaftlich sinnvoll genutzt werden können.

Index-Anleihe   **4.3.2.1/2.6.1**

♦ Anleihe, bei der die Höhe des ♦ Rückzahlungsbetrages an einen Index gebunden wird. Ein derartiger Index kann sich z.b. auf den Goldpreis, die Lebenshaltungskosten oder bestimmte Aktienkurse beziehen.

Indexierung   **4.3.2.1/4.3.3**

Kopplung bestimmter Größen an einen Index, z.b. Aktienindex, Zinsniveau (♦ Indexanleihe, ♦ Floating-Rate-Notes).

Indexoptionsscheine   **4.3.2.4**

Indexoptionsscheine gewähren dem Inhaber das Recht, von dem Emittenten der Indexoptionsscheine die Zahlung der Differenz zu verlangen, um die der jeweilige Indexstand (i.d.R. der Schlußstand) des zugrundeliegenden Index am Ausübungstag den Basiskurs über- (Kauf/Call) bzw. unterschreiten (Verkauf/Put). Die tatsächliche Lieferung der dem Index zugrundeliegenden Aktien unterbleibt (sog. Cash-Settlement, d.h. Differenzausgleich in bar). Basisobjekte sind i.d.R. Aktienindizes (wie der DAX oder der FAZ-Index). Innerhalb der Optionsbedingungen wird neben dem Basiskurs auch das Optionsverhältnis angegeben, welches den Bruchteil der auszugleichenden Differenz zwischen Basiskurs und Indexstand am Ausübungstag angibt. Ein Optionsschein kann sich z.b. auf die volle oder auch nur ein Zehntel der auszugleichenden Differenz beziehen.

Indossament   **2.1.2**

Übertragungserklärung auf der Rückseite eines ♦ Orderpapiers.

Industrieanleihe   **2.1.5**

♦ Anleihe eines Industrieunternehmens.

Industrieanleihen   **4.3.2.3**

Festverzinsliche Anleihen, die von inländischen Unternehmen des nicht finanziellen Sektors ausgegeben worden sind.

Industrieobligation   **2.3.3.2**

= Industrieanleihe (♦ Anleihe).

Informationsbedarfstransformation   **1.3.2**

Prozeß, bei dem ein ♦ Finanzintermediär im engeren oder weiteren Sinne zwischen ♦ Geldgeber und ♦ Geldnehmer tritt und mit diesen jeweils einen Finanzkontrakt über die Überlassung von ♦ Zahlungsmitteln abschließt oder zwischen ihnen vermittelt, wobei sich der Informationsbedarf der Geldgeber und -nehmer auf die Abschätzung der ♦ Bonität oder sonstige Qualitätsmerkmale des Finanzintermediärs reduziert.

Informationsleistungen   **1.2.3**

Kategorie von Leistungen eines ♦ Finanzintermediärs, bei denen potentiellen ♦ Geldgebern Informationen über die Existenz und Qualität möglicher ♦ Geldnehmer oder Anlageformen bereitgestellt werden.

Informationsrisiko   **2.1.6.1**

Gefahr für den ♦ Gläubiger, daß er sich auf Grund manipulierter Informationen des ♦ Schuldners für die Vergabe oder ♦ Prolongation eines Kredits entscheidet.

Inhaber-Aktien   **4.1.1/4.2.1.2**

Auf den Inhaber, jedoch nicht auf den Namen einer bestimmten Person lautende Aktie, wie sie in Deutschland als Regelfall anzutreffen ist. Formlose Übertragung mit Einigung und Übergabe.

Inhaber-Papier   **2.1.2/4.1.1/4.2.1.2**

Der Berechtigte wird nicht namentlich erwähnt und kann das Recht aus der Urkunde geltend machen. Übertragung durch Einigung und Übergabe. Das Recht aus dem Papier folgt dem Recht an dem Papier.

Inhaber-Scheck   **4.1.1**

Inhaber-Schecks sind an den Vorleger zahlbar. Sie kommen in der Praxis als Überbringerschecks vor. Durch den Eindruck der Überbringerklausel wird aus dem geborenen Orderpapier ein Inhaberpapier.

Inhaberschuldverschreibung   **2.1.2/4.1.1**

♦ Schuldverschreibung, in der sich der Aussteller zur Leistung an den Inhaber der Urkunde verpflichtet.

Innenfinanzierung   **1.1.3**

Differenz von ♦ Einzahlungen und ♦ Auszahlungen innerhalb des betrieblichen Leistungs- und Umsatzprozesses. Eine positive Differenz liefert einen Beitrag zur ♦ Unternehmensfinanzierung insgesamt; eine negative Differenz muß durch Maßnahmen der ♦ Außenfinanzierung ausgeglichen werden.

Insolvenz   **1.1.4**

♦ Insolvenzverfahren.

Insolvenzforderungen, unbesicherte
                                           2.1.6.2

Ansprüche, die qua Gesetz nach Befriedigung der absonderungsberechtigten Insolvenzgläubiger, ♦ Masseforderungen und der Verfahrenskosten im ♦ Insolvenzverfahren in gleichen Quoten nach der Höhe der noch nicht befriedigten Forderungen zu erfüllen sind.

Insolvenzforderungen, nachrangige
                                           2.1.6.2

Ansprüche von ♦ Insolvenzgläubigern, die nach vollständiger Erfüllung aller ♦ unbesicherten Insolvenzforderungen in einer bestimmten Reihenfolge gemäß § 39 InsO zu befriedigen sind.

Insolvenzgläubiger   **2.1.6.1**

♦ Gläubiger, der zur Zeit der Eröffnung des ♦ Insolvenzverfahrens eine begründete Forderung an das ♦ Vermögen des ♦ Schuldners hat.

Insolvenzmasse   **2.1.6.2**

Im Eigentum des ♦ Schuldners befindliches ♦ Vermögen, welches nicht mit Ansprüchen auf ♦ Aussonderung belastet ist.

Insolvenzquote   **2.1.6.2**

Verhältnis zwischen dem nach ♦ Aussonderung und ♦ Absonderung sowie nach Erfüllung der ♦ Masseforderungen verbliebenen Restvermögen und den daraus noch zu erfüllenden Ansprüchen aus ♦ unbesicherten Insolvenzforderungen.

Insolvenzrisiko   **2.1.6.1**

Gefahr für den ♦ Gläubiger, daß sich die wirtschaftliche Lage des ♦ Schuldners soweit verschlechtert, daß die pflichtgemäße Erfüllung

seiner finanziellen Verpflichtungen allgemein nicht mehr gewährleistet ist und über das ♦ Vermögen des ♦ Schuldners das ♦ Insolvenzverfahren eröffnet wird.

Insolvenzverfahren   **2.1.6.1**

Gerichtliches Verfahren, in dem das gesamte ♦ Vermögen des ♦ Schuldners verwertet und die ♦ Insolvenzgläubiger entsprechend der Rangklasse ihrer Forderungen aus dem Erlös anteilmäßig befriedigt werden. Das Insolvenzverfahren kann nur eröffnet werden, wenn ein Insolvenzgrund vorliegt, ein Insolvenzantrag gestellt wurde und das Vermögen des Schuldners ausreicht, zumindest die Kosten des Verfahrens zu decken. Ein möglicher Insolvenzgrund ist gegeben, wenn der Schuldner aus nicht nur vorübergehenden Gründen außerstande ist, seinen fälligen Zahlungsverpflichtungen nachzukommen. Einen Insolvenzantrag kann der Schuldner oder jeder Gläubiger stellen.

Insolvenzverwalter   **2.1.6.1**

In der Regel ein Rechtsanwalt, der bei der Eröffnung eines ♦ Insolvenzverfahrens vom zuständigen Amtsgericht eingesetzt wird. Seine Aufgabe ist es, die ♦ Insolvenzmasse zu verwalten, das verbliebene ♦ Vermögen des ♦ Schuldners im Interesse der ♦ Insolvenzgläubiger zu verwerten und den Verwertungserlös unter diesen zu verteilen.

Integralfranchise   **6.2.4**

Zeichnet sich durch eine 100%-ige Schadensregulierung aus, sobald eine Schadenssumme größer als der Mindestbetrag vorliegt.

Interessenversicherung, unbegrenzte
                                           6.2.4

Bei der unbegrenzten Interessenversicherung wird der entstandene Schaden in voller Höhe abgedeckt.

Intermediärhaftung   1.3.2

Form der ♦ Risikotransformation, bei der sich die ♦ Ausfallrisiken für die ♦ Geldgeber genau in dem Umfang vermindern, wie ein eingeschalteter ♦ Finanzintermediär zur ♦ Haftung in der Lage ist. Diese Intermediärhaftung wird einerseits durch das ♦ Vermögen, welches dem Finanzintermediär über die Rückzahlungsansprüche an die ♦ Geldnehmer hinaus zur Verfügung steht, und andererseits durch ♦ externe Haftungsträger bestimmt.

In-the-money   5.1.1

Option, bei der der ♦ Basispreis deutlich unter dem Tageskurs des Basiswertes (in-the-money call) oder deutlich über dem Tageskurs des Basiswertes (in-the-money put) liegt. Die Option besitzt dann einen inneren Wert (♦ Wert, innerer).

Intensität des Versicherungsschutzes   6.2.4

Die Intensität eines Versicherungsschutzes ergibt sich aus dem Verhältnis von erlangter Entschädigung zum entstandenen Schaden.

Inventarwert   4.4.2

Wert des Fondsvermögens einer ♦ Investmentgesellschaft. Berechnung des ♦ Inventarwertes pro Anteil durch Division des ♦ Sondervermögens durch die Anzahl der ausgegebenen Anteilsscheine.

Investitionskredit   2.3.2.4

Langfristiger ♦ Kredit an Unternehmen oder Selbständige, der im allgemeinen zweckgebunden zur Finanzierung von Gebäuden, Produktionsanlagen, Maschinen oder Transporteinrichtungen sowie Vorratslägern gewährt wird. Die Konditionen werden in der Regel zwischen Bank und Kreditnehmer ausgehandelt; es werden aber auch standardisierte Programmkredite angeboten.

Investitionsrisiko   2.1.6.3

Komponente des ♦ Insolvenzrisikos, welche aus einer riskanteren Geschäftspolitik des ♦ Schuldners erwächst.

Investmentfonds   4.4.1

Nach dem Grundsatz der Risikomischung erfolgt die Bildung eines Vermögensstocks in Wertpapieren oder sonstigen Werten (Immobilien). Handel der Anteilsscheine erfolgt i.d.R. im Rahmen des täglichen Börsengeschäfts.

Investmentgesellschaft   4.4.1/4.2.1.2

Auch ♦ Kapitalanlagegesellschaft, d.h. Gesellschaft die einen oder mehrere Wertpapierfonds bildet und in diesen Fonds Wertpapiere und/oder Immobilien hält. Verkauf von Anteilsscheinen an dem Fondsvermögen in kleingestückelter Form auch an Kleinanleger. Rechtliche Regelung nach dem Gesetz über Kapitalanlagegesellschaften (♦ KAGG).

Investmentzertifikate   1.2.2.2

Anteilscheine über die als Sondervermögen der ♦ Kapitalanlagegesellschaften gehaltenen Wertpapieranlagen, deren Wert sich anteilsmäßig nach dem augenblicklichen Kurs der ♦ Wertpapiere im Sondervermögen bemißt.

Jahresabschluß   4.2.1.1

Gegenüberstellung des Vermögens und der Verbindlichkeiten einer Unternehmung am Ende eines Geschäftsjahres. Umfaßt Bilanz, Gewinn- und Verlustrechnung und ggf. noch den Anhang.

Jahreszins, effektiver   2.1.4

♦ Effektivzins, der gem. § 4 Preisangabenverordnung bei der Werbung mit konkreten Kreditkonditionen sowie bei der Unterbreitung von Finanzierungsangeboten anzugeben ist. Er soll eine möglichst hohe Preistransparenz bei standardisierten Krediten gewährleisten. Er stellt unter Berücksichtigung unterjährlicher Zahlungen einen finanzmathematisch exakten Wert dar. Bei Krediten, in deren Konditionen eine Änderung des ♦ Nominalzinses oder anderer preisbeeinflussender Faktoren vorbehalten ist, sind ein „anfänglicher effektiver Jahreszins" sowie die entsprechenden Änderungstermine anzugeben.

Kapitalanlagegesellschaft
1.2.2.2/4.1.1/4.2.1.2/4.4.2

Sie beschaffen sich durch Ausgabe von Anteilscheinen oder ♦ Investmentzertifikaten die Mittel, die sie im Interesse der Anleger in ♦ Wertpapieren nach bestimmten Methoden und Grundsätzen (insbesondere nach dem Prinzip der ♦ Risikodiversifikation) anlegen.

Kapitalbeteiligungsgesellschaft   2.5.3

Von ♦ Kreditinstituten und öffentlichen Stellen gegründete Finanzierungsinstitute, die insbesondere mittelständische Unternehmen über Beteiligungen mit ♦ Eigenkapital versorgen, ohne Einfluß auf die Unternehmenspolitik nehmen zu wollen.

Kapitalerhöhung   4.2.6

Bei Aktiengesellschaften Bezeichnung für alle Maßnahmen, die zu einer Erhöhung des ♦ Grundkapitals führen und deshalb mit der Ausgabe von Aktien verbunden sind.

Kapitalerhöhung aus Gesellschaftsmitteln
4.2.6.1

Mißverständliche Bezeichnung für eine nominelle Kapitalerhöhung (♦ Kapitalerhöhung, nominelle).

Kapitalerhöhung, bedingte   4.2.6.1

Die ♦ Hauptversammlung beschließt eine Erhöhung des Grundkapitals einer AG, die nur insofern wirksam werden soll, wenn bestimmte Bedungen eintreten. Insbesondere in 3 Fällen tritt diese Form der Kapitalerhöhung auf:

(1) zur Abfindung bisheriger Alt-Gesellschafter bei einer ♦ Fusion,

(2) zur Ausgabe von ♦ Belegschaftsaktien oder

(3) der Einlösung von Wandel-. oder Optionsrechten im Rahmen einer ♦ Wandelanleihe oder ♦ Optionsanleihe.

Der Betrag darf per Gesetz nicht die Hälfte des bisherigen ♦ Grundkapitals übersteigen. Die letztendliche Inanspruchnahme dieser Form der ♦ Kapitalerhöhung hängt vom Verhalten der Berechtigten ab.

Kapitalerhöhung gegen Einlagen
4.1.2/4.2.6.1

Erhöhung des Grundkapitals gegen Einlagen kann nur durch Ausgabe neuer Aktien vollzogen werden, auf Basis eines Mehrheitsbeschlußes der ♦ Hauptversammlung. Bei dieser ordentlichen Kapitalerhöhungsform (♦ Kapitalerhöhung, Ordentliche) werden bei der AG innerhalb eines bestimmten ♦ Bezugsverhältnisses junge Aktien (♦ Aktien, junge) zu einem festgesetzten Emissionskurs oder Ausgabepreis emittiert. Zusätzliche Rechte können mittels ♦ Bezugsrechten innerhalb des ♦ Bezugsrechtshandels gekauft / verkauft werden. Die Gegenbuchung des Emissionserlöses (Aktienzahl * Emissionskurs) erfolgt in Höhe der Nennbeträge bei der Position ♦ Grundkapital, in Höhe des Agios bei der Position ♦ Kapitalrücklage.

Kapitalerhöhung, nominelle   4.1.2/4.2.6.1

Umbuchung bestimmter ♦ Rücklagenposten in ♦ Grundkapital; Ausgabe der neuen Aktien zum Kurs von null.

Kapitalerhöhung, ordentliche   4.2.6.1

♦ Kapitalerhöhung gegen Einlagen

Kapitaldienst 2.1.3

Gesamtbetrag aus ♦ Tilgung und ♦ Zinszahlung, der pro Periode vom ♦ Schuldner zu leisten ist.

Kapital, genehmigtes 4.2.6.1

Der Vorstand einer AG kann von der ♦ Hauptversammlung mit einer 3/4-Mehrheit ermächtigt werden innerhalb der 5 darauffolgenden Jahre das Grundkapital einer AG bis zu einem bestimmten Nennbetrag durch Ausgabe neuer Aktien (♦ Aktien, junge) zu erhöhen. Nennbetrag des genehmigten Kapitals darf 50% des bisherigen nicht überschreiten.

Kapital, gezeichnetes 5.1/4.2.1.1/4.2.3.2/
4.2.4.1

Bei Aktiengesellschaften bilanzielle Bezeichnung für das ♦ Grundkapital.

Kapitalgesellschaften 4.2.5.1

In Deutschland insbesondere Aktiengesellschaften und Gesellschaften mit beschränkter Haftung, bei denen im Regelfall nur das Gesellschaftsvermögen – dies jedoch unbeschränkt – für die Verbindlichkeiten der Gesellschaft haftet.

Kapital-Lebensversicherung 1.2.1/3.3.2.2

Vgl. die Auführungen im Abschnitt 3.3.2.2.

Kapitalmarktausschuß, zentraler 2.6.2

Auf freiwilliger Basis gebildetes Gremium aus Vertretern von ♦ Kreditinstituten, die im ♦ Emissionsgeschäft eine bedeutende Rolle spielen. Seine Aufgabe ist es, die ♦ Emissionen von ♦ Anleihen im Hinblick auf ihre Höhe, Ausstattung und zeitliche Durchführung derart abzustimmen, daß eine Überforderung des Marktes vermieden wird.

Kapitalrücklage 4.2.1.1/4.2.5.2/4.2.6.1

Form der ♦ Rücklagen bei einer Kapitalgesellschaft. ♦ Kapitalerhöhung gegen Einlagen

Kassageschäft 4.2.2

Geschäfte, die im Gegensatz zu Termingeschäften bereits innerhalb einer bestimmten Frist nach dem Tage des Abschlußes zu erfüllen sind. Gemäß deutschen Usancen beträgt die Frist zur Erfüllung zwei Tage.

Kassahandel 1.3.2

Im Gegensatz zum ♦ Terminhandel erfolgt die beiderseitige Erfüllung des Geschäftes sofort nach dem Vertragsabschluß, eventuell nach einer abwicklungstechnisch begründeten Zeitspanne von zwei Tagen.

Kassakurs 4.2.2

Kurse bei Wertpapierumsätzen in Kassageschäften.

Kassenverein 1.2.2.2

♦ Wertpapiersammelbank.

Kaufoption 2.4.1/5.1.1

Bezeichnung für eine Regelung in einem Leasingvertrag, wonach der Leasingnehmer nach Ablauf der ♦ Grundmietzeit das Wahlrecht hat, den Leasinggegenstand an den Leasinggeber zurückzugeben oder ihn bis zu einem in der Regel zuvor fest vereinbarten Preis zu kaufen.

Kommanditist 2.5.3

Gesellschafter einer Kommanditgesellschaft, der im Gegensatz zum Komplementär nur bis zu einem bestimmten Betrag mit seinem ♦ Vermögen für die Verbindlichkeiten der Kommanditgesellschaft einsteht.

Kommunaldarlehen   **1.2.2.2/2.3.2.4**

a) ♦ Darlehen an Bund, Bundesländer, Gemeinden, Kreise, Gemeindeverbände und vergleichbare öffentliche Kreditnehmer zur ♦ Finanzierung von Investitionen der öffentlichen Hand (Straßenbau, Schulbau usw.). Die Darlehen werden ausnahmslos ohne ♦ Kreditsicherheiten vergeben.

b) ♦ Darlehen, für das eine öffentlich-rechtliche Körperschaft lediglich als ♦ Bürge oder ♦ Garant einsteht.

Kompensationseffekt   **4.2.6.3**

Das ♦ Bezugsrecht sorgt für den Ausgleich für den Kursverlust der Altaktien im Rahmen einer ♦ Kapitalerhöhung. Hiermit sollen Vermögensverschiebungen innerhalb der Gruppe der Aktionäre, sowie zwischen Aktionären und außenstehenden Anlegern verhindert werden.

Konnossement   **6.3.2**

Das Konnossement (Bill of Lading) ist ein Wertpapier, das im Seefrachtverkehr schwimmende Ware verkörpert. Bescheinigt wird hiermit, daß die Waren vom Verfrachter in guter Verfassung oder Beschaffenheit übernommen worden sind.

Konsortialbanken   **2.6.3**

♦ Kreditinstitute, die Mitglieder in einem ♦ Emissionskonsortium sind. Eine der Konsortialbanken hat als Konsortialführerin die Leitung des Konsortiums. Empirische Untersuchungen haben ergeben, daß vor allem die privaten Geschäftsbanken und von diesen insbesondere die drei Großbanken sowie die großen Zentralinstitute des Sparkassensektors zu den Konsortialbanken zählen. Aus dem Genossenschaftssektor ist lediglich die DG-Bank manchmal vertreten.

Konsortialvertrag   **2.6.3**

Vertrag, der die Beziehungen zwischen den ♦ Konsortialbanken untereinander regelt. Vertragsinhalte sind im wesentlichen der von der einzelnen Konsortialbank zu übernehmende Anteil an der ♦ Emission, die weiteren Rechte und Pflichten der Konsortialbanken, die Geschäftsführung und die Vertretung des ♦ Emissionskonsortiums sowie dessen Beendigung.

Kontokorrentkredit   **2.2.1.1**

Bankkredit, den der Kreditnehmer innerhalb der eingeräumten Kreditlinie nach eigenem Ermessen in ständig wechselnder Höhe in Anspruch nehmen kann.

Kontrakt   **5.2.3.2**

Kleinste handelbare Einheit.

Körperschaft des öffentlichen Rechts   **1.2.2.3**

Juristische Person des öffentlichen Rechts, die im Gegensatz zur ♦ Anstalt des öffentlichen Rechts verbandsförmig organisiert, d.h. wesentlich auf der Mitgliedschaft der ihr zugehörigen Personen aufgebaut ist.

Körperschaftsteuer   **2.4.2**

Steuer, die von Unternehmen erhoben wird. Bemessungsgrundlage ist der Gewinn, bei dessen Ermittlung u.a. die ♦ Gewerbekapitalsteuer und die ♦ Gewerbeertragsteuer abzusetzen sind, nicht jedoch die ♦ Vermögensteuer. Der Steuersatz für nicht ausgeschüttete Gewinne beträgt 45%.

Kostenanteil   **3.3.2.4**

Dieser Teil der Prämie soll die Betriebskosten des Versicherungsunternehmens abdecken.

Kranken- und Krankenhaustagegeldversicherung   **6.2.3**

Für jeden Tag krankheitsbedingter Arbeitsunfähigkeit bzw. für jeden Krankenhaustag wird dem Versicherten ein fester Betrag gezahlt.

Krankenversicherung 6.2.3

Die (private) Krankenversicherung deckt als Krankheitskostenversicherung die Aufwendungen ab, die als Folge einer Krankheit zu deren Heilung entstehen.

Kredit (credere, lat. = glauben) 2.1.2

a) Vertrauen in die Fähigkeit einer Person oder eines Unternehmens, ihren schuldrechtlichen Verpflichtungen vertragsgemäß nachzukommen.

b) Bezeichnung für den Vorgang der Überlassung von ♦ Zahlungsmitteln.

c) Bezeichnung für den überlassenen Betrag an Zahlungsmitteln.

Kredit, durchgeleiteter 2.3.2.4

♦ Kredit im Rahmen eines öffentlichen ♦ Kreditprogramms, bei dem die abwickelnde Bank das volle ♦ Kreditrisiko trägt.

Kredit, durchlaufender 2.3.2.4

♦ Treuhandkredit bei einem öffentlichen ♦ Kreditprogramm, welchen die abwickelnde Bank im eigenen Namen vergibt, sich jedoch bei Zahlungsschwierigkeiten des Kreditnehmers ein Rückgriffsrecht auf die ursprünglichen Kreditgeber einräumen läßt.

Kreditgarantiegemeinschaften
6.3.1/6.3.3

♦ Bürgschaftsbanken

Kreditinstitute mit Sonderaufgaben
4.3.2.3

Banken mit Sonderaufgaben, wie (1) Banken zur Durchführung zentraler, staatlicher Kreditaktionen, (2) Banken zur Gewährung längerfristiger Kredite an bestimmte Wirtschaftsbereiche

oder (3) Banken, die von Bankenkonsortien bestimmte Sonderaufgaben zugewiesen bekommen.

Kreditleihe 6.3.2

Stärkung der Kreditwürdigkeit eines Schuldners, z.b. im Rahmen eines Avalkredites oder Aktzeptkredites.

Kreditleihe 2.2.1.2

Der Kreditgeber verpflichtet sich zur Zahlung an einen Dritten für den Fall, daß der Kreditnehmer seinen Zahlungsverpflichtungen diesem Dritten gegenüber nicht nachkommt. Die wichtigsten Formen der Kreditleihe sind der ♦ Akzeptkredit und der ♦ Avalkredit.

Kreditprogramme, öffentliche 2.3.2.4

Sie werden vom Bund, den Bundesländern oder anderen öffentlichen Stellen zur Förderung bestimmter Wirtschaftszweige oder bestimmter Investitionen durchgeführt. Die öffentliche Förderung besteht vor allem in der Bereitstellung von zinsgünstigen Krediten, Zinsbeihilfen oder ♦ Bürgschaften. Die Kreditprogramme werden regelmäßig über die Kreditinstitute mit Sonderaufgaben vergeben, vor allem über die Kreditanstalt für Wiederaufbau, die Lastenausgleichsbank oder auch die deutsche Ausgleichsbank. Die Kreditanträge sind über die jeweilige Hausbank des Kreditnehmers einzureichen. Die Kreditbeträge werden unter Einschaltung dieser Hausbank ausgezahlt.

Kreditrisiko 2.3.2.4

Gefahr für einen ♦ Geldgeber, daß der ♦ Geldnehmer seinen Rückzahlungsverpflichtungen überhaupt nicht, zu einem niedrigeren Betrag oder zu einem späteren Zeitpunkt als vertraglich vereinbart nachkommt. Komponenten des Kreditrisikos sind das ♦ Ausfallrisiko und das ♦ Verzugsrisiko.

Kreditsicherheiten   2.1.6.3

Instrumente, die als Bestandteile eines Kreditvertrages die ökonomische Funktion haben, für
den ♦ Gläubiger die Chancen zu erhöhen, auch
in einer kritischen Situation des ♦ Schuldners
seine Ansprüche möglichst vollständig realisieren zu können.

Kreditvermittler   1.2.3/2.3.2.1

♦ Finanzintermediär, welcher überwiegend
privaten Haushalten ♦ Kredite von Kreditinstituten vermittelt. Zwischen Bank und Kreditvermittler wird als feste vertragliche Vereinbarung in der Regel ein sog. „Einreichervertrag"
geschlossen.

Kreditversicherer   1.2.3

Unternehmen, dessen Zweck es ist, Verluste aus
der Kreditgewährung zu verhüten oder zu vermindern. In der Bundesrepublik Deutschland ist
außer der Versicherung von ♦ Lieferantenkrediten im Rahmen der ♦ Delkredereversicherung die Versicherung von Krediten,
insbesondere Bankkrediten, nicht üblich.

Kreditwürdigkeitsprüfung   2.2.1.1

♦ Bonitätsprüfung vor und während einer
Kreditgewährung.

Kündigung   2.1.5

Einseitige Erklärung eines Vertragspartners gegenüber dem anderen über die Beendigung der
Vertragsbeziehung. Allgemein zu unterscheiden
ist das ordentliche und das außerordentliche
Kündigungsrecht. Ersteres ist regelmäßig an
eine bestimmte Frist und oftmals an sonstige
Voraussetzungen gebunden. Das außerordentliche Kündigungsrecht ermöglicht die Beendigung der Vertragsbeziehung in der Regel ohne
Einhaltung einer Frist, vielfach aber erst nach
vorheriger erfolgloser Abmahnung. Zu den Voraussetzungen für eine außerordentliche Kündigung zählt üblicherweise ein wichtiger Grund.

Den Rahmen, innerhalb dessen sowohl das ordentliche als auch das außerordentliche Kündigungsrecht zwischen den Vertragspartnern frei
vereinbart werden können, setzt das gesetzliche
Kündigungsrecht. Für ♦ Darlehen bestimmt §§
609, 609a BGB diesen Rahmen.

Kündigungsgelder   3.2.1

Kündigungsgelder sind ♦ Termingelder, die
erst nach erfolgter Kündigung und Ablauf der
vereinbarten Kündigungsfrist fällig sind.

Kursänderungsrisiko   1.3.2

Gefahr für einen ♦ Geldgeber, daß der Börsenkurs der ♦ Anleihen oder ♦ Aktien, die er für
seine ♦ Zahlungsmittel erworben hat, sinkt und
insofern der ♦ Rückzahlungsbetrag bei Verkauf
der Wertpapiere niedriger ist als erwartet.

Kursermittlung   2.6.2

Der Kurs ist der Preis für vertretbare ♦ Wertpapiere. Es ist zwischen der Ermittlung von Ein-
zel- und Gesamtkursen zu unterscheiden.
Einzelkurse werden von einem Käufer und einem Verkäufer ausgehandelt und gelten nur für
das von diesen Parteien vereinbarte Geschäft.
Der Gesamtkurs gilt dagegen für eine Vielzahl
von Abschlüssen. Er wird von mehreren Händlern derart festgelegt, daß möglichst alle Kauf-
und Verkaufsaufträge ausgeführt werden können. Darüber hinaus ist zwischen der Ermittlung
von amtlichen und nicht-amtlichen Kursen zu
unterscheiden. Bei amtlicher Kursfeststellung
können die Kreditinstitute rechtlich als Kommissionär mit Selbsteintritt auftreten. Werden
nicht-amtliche Kurse ermittelt, so treten die
Kreditinstitute ihren Kunden gegenüber als
Eigenhändler auf und schließen in der Regel ein
Deckungsgeschäft an der Börse ab.

Kurszusätze   4.1.2

Zu einem detaillierten Einblick in den Markt
werden folgende Kurszusätze teilweise mit veröffentlicht:

b = bezahlt, d.h. Ausgleich von Angebot und Nachfrage

B =Briefkurs, d.h. es war nur Angebot vorhanden

G = Geldkurs, es war nur Nachfrage vorhanden

bG = bezahlt und Geld, d.h. kleiner Nachfrageüberhang (♦ bezahlt und Geld)

etw. bG = etwas bezahlt und Geld; die limitierten Kaufaufträge konnten nur zu einem Teil ausgeführt werden

bB = bezahlt und Brief; kleiner Angebotsüberhang (♦ bezahlt und Brief)

etw. bB = etwas bezahlt und Brief; die limitierten Verkaufaufträge konnten nur zu einem Teil ausgeführt werden

bG rep. = bezahlt und Geld repartiert oder bG rat = bezahlt und Geld rationiert; zum Kurs und höher limitierte sowie unlimitierte Kaufaufträge konnten nur durch beschränkte Zuteilung ausgeführt werden (♦ Rationierung, ♦ rat B)

bB rep. = bezahlt und Brief repartiert oder bB rat. = bezahlt und Brief rationiert = die zum Kurs und niedriger limitierten sowie ein Teil der unlimitierten Verkaufsaufträge konnten nur durch beschränkte Abnahme ausgeführt werden.

–G = gestrichen Geld; es bestanden nur Billigst-Kauforders ohne Angebot

–B = gestrichen Brief; bestanden nur Bestens-Verkaufsorders ohne Nachfrage

T = Taxkurs, d.h. geschätzter Kurs

exD = ex Dividende; Aktienhandel ohne Dividendenberechtigung am 2. Börsentag nach der ♦ Hauptversammlung

exBR = Handel alter Aktien ohne Bezugsrecht, erfolgt am 1. Tag des ♦ Bezugsrechtshandels

exBA = ohne Berichtigungsaktien, Kurs am Tage des Berichtigungsabschlages

Z = Ziehung; Notierung wird bei festverzinsli-

chen Anleihen 2 Tage vor der Ziehung ausgesetzt

exZ = ex Ziehung; Kurszusatz unmittelbar am Auslosungstag bei verlosbaren Wertpapieren als Kurs für nicht ausgeloste Stücke.

Laufzeitfonds 4.4.1

Konstruktion eines Investmentfonds mit begrenzter Laufzeit und anschließender Liquidation (♦ Ablauffonds).

Leasing, Leasinggeschäft 2.4

Atypische Form der Miete, bei der sich der Leasinggeber verpflichtet, dem Leasingnehmer gegen die Zahlung sog. Leasingraten zum einen für eine begrenzte Zeitdauer ein bestimmtes Wirtschaftsgut, den sog. Leasinggegenstand, zur Nutzung zu überlassen und zum anderen darüber hinaus in unterschiedlichem Umfang weitere Leistungen, z.B. Service- und Wartungsleistungen, zu erbringen. Das Leasinggeschäft wird entweder im Rahmen des ♦ Herstellerleasing oder des ♦ institutionellen Leasing von speziellen Unternehmen betrieben.

Leasing, institutionelles 2.4.4

Form des ♦ Leasing, bei der das Leasingunternehmen von Herstellern und Händlern unabhängige Leasinggeschäfte betreibt. Bezüglich der Gewinnung von Kunden ist neben dem ♦ Vertriebsleasing und dem ♦ Drittvertriebsleasing die Variante bedeutsam, bei der dem Kunden ein von ihm selbst ausgesuchtes oder in Auftrag gegebenes Wirtschaftsgut vermietet wird. Insbesondere im Bereich des ♦ Immobilienleasing werden derartige Leasingverträge oftmals durch umfangreiche Planungs-, Überwachungs- und Serviceleistungen ergänzt.

Leasingunternehmen   **2.4**

Unternehmen, welches ♦ Leasing gewerbsmäßig betreibt.

Lebensversicherung   **2.3.3.3/3.3**

Bei der am häufigsten vorkommenden Art erhält der sog. Bezugsberechtigte die vereinbarte ♦ Versicherungsleistung entweder mit dem Tod des Versicherungsnehmers oder mit dem Vertragsablauf. Diese Versicherungsart dient sowohl der Vorsorge für die Hinterbliebenen als auch der Alterssicherung des Versicherungsnehmers im Erlebensfall. Die Versicherungsleistung besteht aus der Zahlung eines einmaligen Betrages oder einer in der Regel monatlichen Rente.

Lebensversicherung auf verbundene Leben
3.3.2.1

Hier wird das Todesfallrisiko zweier Personen gleichzeitig versichert.

Lebensversicherung, dynamische   **3.3.2.2**

Bei dieser Versicherung erhöhen sich Leistung und Beitrag im Zeitablauf ständig um einen bestimmten Prozentsatz.

Lebensversicherung, fondsgebundene 3.3.3

Form einer ♦ Lebensversicherung auf Investmentbasis. Zusätzlich zu einer normalen Lebensversicherungen wird auch die Möglichkeit eines Wertzuwachses/Wertverlustes angeboten.

Leverage-Fonds   **4.4.1**

In Deutschland unzulässige Form eines ♦ Investmentfonds, der auch in nennenswertem Umfang Kredite zum Kauf von Anlagewerten einsetzen kann.

LIBOR   **4.3.2.2**

London Interbank Offered Rate, im Interbankenhandel in London angewendeter kurzfristiger Geldmarktsatz zur Übernahme kurzfristiger Einlagen oder Kredite bei einer erstklassigen Bonität.

Lieferantenkredit   **2.2.2.3**

Kredit, bei dem der Lieferant dem Abnehmer ein Zahlungsziel einräumt, d.h. die Kaufpreisforderung bis zu einem festgelegten Termin stundet.

Limit   **4.1.2**

Vorgeschriebene Preis- oder Mengengrenze bei Kauf- oder Verkauf (♦ Auftrag, limitierter).

Liquidität   **2.3.3.1**

a) Bezeichnung für den ♦ Zahlungsmittelbestand.

b) Bezeichnung für die Geldnähe oder Liquidierbarkeit einzelner Vermögensgegenstände.

c) Bezeichnung für die ♦ Zahlungsfähigkeit einer Person oder eines Unternehmens.

Liquiditätsreserve   **1.1.3**

Gesamtheit von mehr oder weniger leicht veräußerbaren Vermögensgegenständen (z.B. börsenmäßig gehandelten ♦ Wertpapieren), die im Bedarfsfall zur Deckung unvorhergesehener Auszahlungsanforderungen herangezogen werden können.

Lombardkredit   **2.2.1.1**

Kredit gegen die Verpfändung beweglicher Sachen und Rechte (♦ Mobiliarpfandrecht).

Lombardsatz der Deutschen Bundesbank
2.2.1.1

♦ Zinssatz, zu dem die Deutsche Bundesbank ♦ Kreditinstituten kurzfristige ♦ Lombardkredite gewährt, die durch die Verpfändung erstklassiger Wertpapiere, z.b. ♦ Handelswechsel oder ♦ Anleihen der öffentlichen Hand, gesichert sind. Der Lombardsatz liegt im allgemeinen einen Prozentpunkt über dem ♦ Diskontsatz der Deutschen Bundesbank.

Long-Position   **5.1.1**

Kauf-Position im ♦ Kassa- oder ♦ Terminmarkt.

Long-Straddle   **5.1.2**

Eingehen einer ♦ Straddle-Position, auf Basis eines Optionskäufers.

Losgrößentransformation   **1.3.2**

Prozeß, bei dem ein ♦ Finanzintermediär zwischen ♦ Geldgeber und ♦ Geldnehmer tritt und mit diesen jeweils einen Finanzkontrakt über die Überlassung von ♦ Zahlungsmitteln abschließt, wobei die Betragsgrößen unterschiedlich ausfallen.

Makler, amtliche   **4.1.2**

Kursmakler an den Wertpapierbörsen, die amtlich bestellt und vereidigt werden und eine Prüfung vor der Maklerkammer zu absolvieren haben. Aufgabe ist die börsentägliche Entgegennahme von Aufträgen und Abwicklung im Markt, ebenso wie die Mitwirkung an der amtlichen Kursfeststellung. Eigengeschäfte dürfen nur in stark begrenztem Umfang getätigt werden.

Maklercourtage   **2.3.2.1**

Entgelt für die ♦ Vermittlungsleistung eines ♦ Kreditvermittlers, welches vom Kreditnehmer zu zahlen ist, wenn ein ♦ Kredit vermittelt wurde.

Makler, freie   **4.1.2**

Vermitteln Wertpapiergeschäfte hauptsächlich zwischen den an der Börse vertretenen Banken, bei geringeren Restriktionen als die amtlichen Makler (♦ Makler, amtliche).

Managed Funds   **4.4.1**

Normaltyp eines ♦ Investmentfonds, der durch ständige Käufe und Verkäufe in seiner Zusammensetzung geändert wird.

Mantel   **4.2.1.1**

Urkunde über die erworbenen Rechte bei Aktien, aber auch bei Schuldverschreibungen.

Margin   **5.2.3**

Sicherheitsleistung zur Risikoabdeckung einer Terminposition.

Market-Maker   **5.2.3.2**

Börsenmitglied, das verbindliche Geld- und Briefkurse stellt.

Markt, geregelter   **2.6.2**

Marktsegment für den börsenmäßigen Handel in ♦ Wertpapieren. Die ♦ Zulassung erfolgt durch den Zulassungsausschuß der jeweiligen Börse. Die wichtigsten Anforderungen für die Zulassung sind: ein Unternehmensbericht (nicht so umfangreich wie ein Prospekt) auf der Basis von mindestens einem Jahresabschluß, Ad-hoc-Publizität wichtiger Tatsachen und ein Mindestnennbetrag von insgesamt 500 TDM. Die Zulassung ist vom Emittenten und einem Mitantragsteller, der kein Kreditinstitut sein muß, zu beantragen. Es werden nicht-amtliche Kurse festgestellt (♦ Kursermittlung).

Marktsegmente im Wertpapierhandel
                                     4.2.2

In Deutschland gibt es im wesentlichen 4 Marktsegmente im Kassahandel mit Wertpapieren:

1) amtlicher Handel
    Handel mit Effekten, die von der Zulassungsstelle zur amtlichen Notierung zugelassen sind. Strenge Zulassungsvorschriften und Publizitätsvorschriften sind hierbei zu beachten. Kursermittlung nach dem ♦ Einheitskurs oder in

fortlaufender Notierung (variable Notiz) durch amtliche Kursmakler.

2) geregelter Markt

Handel von Effekten mit erleichterten Zulassungsbedingungen und nach den Regeln der amtlichen Feststellung, jedoch keine amtliche Notierung. Auch weniger strenge Publizitätsvorschriften. Unter Aufsicht des Börsenvorstandes werden Kurse von freien Maklern festgestellt.

3) Freiverkehr

Handel in den Räumen der Börse zwischen Händlern und freien Maklern. Zu keinem der beiden oberen Marktsegmente zugelassene Wertpapiere, deren Preise frei vereinbart werden.

4) Telefonverkehr

Außerbörslicher Handel, vorwiegend zwischen Banken, i.d.R. per Telefonkommunikation.

Masseforderungen   **2.1.6.2**

Ansprüche an das nach ♦ Aussonderung und ♦ Absonderung verbleibende Vermögen, welche im ♦ Insolvenzverfahren vorab zu befriedigen sind. Hierzu zählen insbesondere Ansprüche aus Geschäften des ♦ Insolvenzverwalters nach Verfahrenseröffnung sowie Ausgaben für das ♦ Insolvenzverfahren selbst und betimmte Arbeitnehmeransprüche.

Matching   **5.2.3.2**

Handelsabschluß durch Zusammenführung von Kauf- und Verkaufsorders.

Mehrstimmrechtsaktien   **4.2.1.2**

Aktien mit mehr als einem Stimmrecht.

Meistausführungsprinzip   **4.1.2**

Prinzip zur Ermittlung des ♦ Einheitskurses.

Mietverlängerungsoption   **2.4.1**

Bezeichnung für eine Regelung in einem Leasingvertrag, wonach der Leasingnehmer nach Ablauf der ♦ Grundmietzeit das Wahlrecht hat, den Leasinggegenstand an den Leasinggeber zurückzugeben oder ihn zu einer zuvor festgelegten Anschlußmiete zu mieten.

Mindestnennwert   **4.2.2**

1 Euro oder ein Vielfaches davon bei Nennwertaktien.

Mindestschluß   **4.1.2**

Mindestauftragsgröße für bestimmte Börsengeschäfte.

Mobiliarpfandrecht   **2.1.6.2**

♦ Realsicherheit, bei der der ♦ Schuldner einer Forderung seinem ♦ Gläubiger bewegliche Sachen oder übertragbare Rechte, z.B. ♦ Wertpapiere, Urheberrechte oder Guthaben bei Banken, verpfändet. Das Pfandrecht wird durch Einigung und Übergabe des Pfandgutes in den Besitz des Gläubigers bestellt. Der Schuldner kann das Pfandgut somit nicht nutzen, weswegen insbesondere das Pfandrecht an beweglichen Sachen im Wirtschaftsleben kaum noch eine Rolle spielt. Sobald der Schuldner die fällig gewordene gesicherte Forderung erfüllt, hat der Gläubiger das Recht, das Pfandgut zu verwerten und sich aus dem Erlös zu befriedigen. Im ♦ Insolvenzverfahren berechtigt das Mobiliarpfandrecht zur ♦ Absonderung.

Mobilien-Leasing   **2.4.4**

Leasinggegenstände sind Fahrzeuge aller Art, Büromaschinen und EDV-Anlagen sowie Maschinen oder Betriebsvorrichtungen, sofern sie einzeln wirtschaftlich genutzt werden können.

Moral Hazard 6.1.2.2/6.1.2.3

Unter der Moral-Hazard-Problematik versteht man die Versuchung, eine eigene Verhaltensweise nach Vertragsabschluß zu Lasten des Vertragspartners anders zu gestalten als vorher in Aussicht gestellt.

Nachrangklausel 4.3.2.3/4.3.2.3/4.3.3

Vereinbarung zwischen einem Unternehmen und einem Gläubiger, wonach diese Ansprüche im Insolvenzfall erst nach vollständiger Befriedigung der übrigen Gläubiger geltend gemacht werden können.

Nachschußpflicht 1.1.4

Regelung im Statut einer Genossenschaft, z.B. einer ♦ Kreditgenossenschaft, die unbegrenzte oder auf eine bestimmte Summe begrenzte „Nachschüsse" für den Fall vorsieht, daß die ♦ Gläubiger im ♦ Insolvenzverfahren der Genossenschaft nicht befriedigt werden.

Naked Warrants 4.3.2.4/4.3.3

Isoliert ausgegebene ♦ Optionsscheine, ohne Zugrundelegung einer ♦ Optionsanleihe.

Namensaktie 2.1.2

♦ Aktie, deren Übertragung durch Einigung und Übergabe sowie zusätzlich durch schriftliche Abtretungserklärung auf der Rückseite des ♦ Wertpapiers (♦ Indossament) erfolgt. Darüber hinaus ist die Umschreibung im Aktienbuch vorgesehen (§ 68 AktG).

Namensaktien, vinkulierte 4.2.1.2

Namensaktien, die nur mit Zustimmung der Gesellschaft übertragen werden können.

Namenspapier (Rektapapier) 2.1.2

♦ Wertpapier, bei dem eine bestimmte Person als Berechtigter bezeichnet ist.

Negativklausel 2.1.6.3

♦ Kreditsicherheit; Klausel in Kreditverträgen, wonach der ♦ Schuldner im Hinblick auf seine Investitions- und Finanzierungspolitik bestimmten Bedingungen unterworfen wird, insbesondere zur Begrenzung des ♦ Finanzierungsrisikos.

Nennbetrag 2.1.3

Rein rechnerische Größe, die Bemessungsgrundlage für verschiedene Rechnungen ist, z.b. für die Berechnung der Höhe von Zinszahlungen.

Nennwert 4.1.2/4.2.1.1/4.3.2.1

Währungsangabe (in Deutschland i.d.R. in DM) in einem Wertpapier, die die Bezugsgröße und Rechenschlüssel für verschiedene andere Größen, wie z.b. den Zins und den Ausgabe- oder Rückzahlungsbetrag darstellt. Bei Aktien zugleich Mindesteinlagebetrag.

Nettoabrechnung 4.1.3

Einbeziehung von Maklerkosten, Spesen und Provisionen in die Abrechnung eines Wertpapiergeschäftes ohne gesonderten Ausweis.

Neuer Markt 4.3.2.2

Der 1997 eingeführte Neue Markt ist durch Zulassungsvoraussetzungen gekennzeichnet, die zwischen dem Geregelten Markt und dem amtlichen Handel anzusiedeln sind, in einzelnen Kriterien aber darüber hinausgehen. Zugelassen sind ausschließlich Stammaktien mit einem Mindestemissionswert von 5 Mio. Euro und einem Streubesitz über 20%. Der Emissionsprospekt, die Rechnungslegung und die Veröffentlichung von Geschäftsberichten muß internationalen Standards genügen.

Nominalzins   **2.1.4**

Der vertraglich vereinbarte Zinssatz, der vom ♦
Effektivzins zu unterscheiden ist. Es sind seine
Höhe in Prozent, seine Bezugsgröße sowie die
Termine für ♦ Zinsbelastung und Zinszahlung
festzulegen.

Notiz, variable   **4.1.2/4.2.2**

Fortlaufende Kursfestsetzung an der Börse, vor
allem bei umsatzstarken Werten, unter Beachtung des ♦ Mindestschlusses. Gegensatz zur
Ermittlung des Kurses auf Basis des ♦ Einheitskurses.

Nullkupon-Anleihen   **4.3.2.1**

♦ Zero-Bond.

Objektrisiko   **2.4.1**

Gefahr, daß ein betrieblich genutzter Gegenstand untergeht oder beschädigt wird.

Öffentliche Pfandbriefe   **4.3.2.1/4.3.2.3**

Von ♦ Realkreditinstituten und ♦ Girozentralen ausgegebene festverzinsliche Wertpapiere
mit längerer Gesamtlaufzeit, zu deren Sicherung eine gesonderte ♦ Deckungsmasse aus
Darlehensforderungen des Emittenten gegenüber Gemeinden, Kreisen und ähnlichen öffentlichen Stellen besteht. Vereinzelt tragen öffentliche Pfandbriefe noch die früher übliche Bezeichnung „Kommunalobligationen".

Open-End Fonds   **4.4.1**

Offene Fonds, d.h. mit laufender Ausgabe und
Rücknahme von Anteilen, d.h. satzungsmäßiger
Verpflichtung zur jederzeitigen Rücknahme der
Anteilsscheine.

Opening Period   **5.2.3.2**

Eröffnungsphase des Börsenhandels an der
DTB. Innerhalb dieser Phase wird ein Eröffnungskurs für alle Kontrakte nach dem Meistausführungsprinzip ermittelt.

Operate-Leasing   **2.4.1**

Form des ♦ Leasing, die im Gegensatz zum ♦
Finanzierungsleasing üblicherweise durch folgende Merkmale gekennzeichnet ist:

1. Der Leasinggegenstand wird nur für eine im
Verhältnis zu der üblichen Einsatzdauer kurze
Zeit überlassen.

2. Während dieser Überlassungszeit amortisiert
sich der Leasinggegenstand üblicherweise nicht
durch die Leasingraten. Um die Anschaffungs-
oder   Herstellungskosten   sowie   die
Finanzierungs- und Verwaltungskosten des
Leasinggebers abzudecken, muß der Leasinggegenstand mehrmals nacheinander „verleast"
werden.

3. Die   ♦   Objektrisiken   verbleiben   beim
Leasinggeber.

4. Der Leasinggeber verlangt zumeist, daß die
laufenden Service- und Wartungsleistungen von
ihm selbst oder einem von ihm beauftragten
Unternehmen durchgeführt werden.

Optionen   **4.4.2**

Recht einen bestimmten Basiswert, i.d.R. ein
Wertpapier zu einem vereinbarten Kurs oder
Preis innerhalb eines festgelegten Zeitraumes zu
kaufen oder zu verkaufen. Für das Recht hat der
Erwerber eine Prämie zu bezahlen. Die Besonderheit der Vereinbarung besteht darin, daß lediglich ein Vertragspartner das Recht hat, die
Transaktion durchzuführen, ohne dazu verpflichtet zu sein.

Optionsanleihe   **2.6.1**

♦ Schuldverschreibung, die zusätzlich zu dem
Anspruch auf ♦ Zins und ♦ Tilgung innerhalb
bestimmter Fristen das Recht verbrieft, ♦ Aktien des emittierenden Unternehmens zu einem
bei ♦ Emission festgelegten Kurs zu beziehen.

Optionsanleihen
4.1.2/4.2.6.1/4.3.2.1/4.3.2.3/4.3.2.4/4.3.3

Festverzinsliche Anleihen, die nach Entscheidung ihres Inhabers dazu berechtigen, zusätzliche neu zu emittierende Aktien des Emittenten zu festgelegten Konditionen zu beziehen.

Optionsklasse   **5.2.2**

Alle Optionen desselben Typs mit identischem ♦ Basiswert.

Optionsprämie   **5.1.1**

Der für das Optionsrecht vom Optionskäufer an den Optionsverkäufer zu zahlender Preis.

Optionsrecht   **4.3.2.1**

Recht zur Ausübung einer Option im Optionsgeschäft oder Recht auf Bezug einer Aktie im Rahmen einer ♦ Optionsanleihe (♦ Warrant). Der Handel erfolgt als eigenständiges Recht.

Optionsscheine   **4.1.2/4.3.2.4**

Selbständig börsengehandelte Wertpapiere, die dem Inhaber bestimmte Bezugsrechte gegenüber dem Emittenten gewähren. Sie können entweder durch Ablösung des reinen ♦ Optionsrechts von der ♦ Optionsanleihe entstehen oder von Anfang an isoliert ausgegeben werden (♦ Naked Warrants).

Optionsserie   **5.2.2**

Optionen desselben Typs, ♦ Basiswertes, ♦ Basispreises und Verfalls.

Optionstyp   **5.2.2**
♦ Call oder ♦ Put.

Order, limitierte   **4.1.3**
♦ Auftrag, limitierter, ♦ Limit

Orderpapier   **2.1.2**

♦ Wertpapier, bei dem der Aussteller das verbriefte Recht einer bestimmten Person oder aber einer anderen Person verspricht, welche die zuerst genannte Person durch ♦ Indossament als ♦ Gläubiger bezeichnet.

Orderschuldverschreibungen   **4.1.1**

Schuldverschreibungen, innerhalb derer sich der Schuldner verpflichtet, die urkundlich verbrieften Forderungen an den Gläubiger oder an dessen Order zu zahlen. Daher wird eine bestimmte Person als Berechtigter festgesetzt.

Out-of-the-money   **5.1.1**

♦ Option, bei der der ♦ Basispreis deutlich über dem dem aktuellen Tageskurs des ♦ Basiswertes (out-of-the-money call) oder deutlich unter dem Kurs des Basiswertes (out-of-the money put) liegt. Die Option besitzt in diesem Fall keinen ♦ „inneren Wert".

„Packing"   **2.3.2.1**

Bezeichnung für die in der Vergangenheit von Kreditinstituten geübte Praxis, die an den ♦ Kreditvermittler abzuführende Provision durch eine entsprechende Erhöhung des monatlichen Zinssatzes auf den Kreditnehmer abzuwälzen.

Patronatserklärung   **2.1.6.3**

♦ Kreditsicherheit; Erklärung eines als Obergesellschaft fungierenden Unternehmens gegenüber dem ♦ Gläubiger einer Untergesellschaft, direkt oder indirekt für die ♦ Zahlungsfähigkeit des kreditnehmenden Unternehmens zu sorgen.

Performance 4.4.2

Wertzuwachs des Vermögens oder auch Wertentwicklung einer ♦ Investmentgesellschaft, bzw. des Investmentfonds. Gemessen wird dieser Wert auch als zeitliche Steigerung des ♦ Inventarwertes.

Personalsicherheiten 2.1.6.3

Form der ♦ Kreditsicherheit, bei der die Besserstellung eines ♦ Gläubigers nicht mit einer Schlechterstellung anderer Gläubiger verbunden ist. Typische Personalsicherheiten sind die ♦ Bürgschaft und die ♦ Garantie. Sie räumen dem Gläubiger einen schuldrechtlichen Anspruch ein, auf Grund dessen er auch von einer anderen Person (♦ Bürge, ♦ Garant) als der des ♦ Schuldners die Leistung verlangen kann.

Personenversicherung 6.2.1/6.2.3

Versicherung von Schäden die unmittelbar an Personen entstehen können, im Gegensatz zur ♦ Güterversicherung.

Pfandbrief 1.2.2.2

♦ Schuldverschreibung von ♦ Realkreditinstituten, die durch Hypothekenforderungen abgesichert ist.

Pfandbriefe 4.3.2.1/4.3.2.3

Von ♦ Realkreditinstituten und ♦ Girozentralen ausgegebene festverzinsliche Wertpapiere mit längerer Gesamtlaufzeit, zu deren Sicherung eine gesonderte ♦ Deckungsmasse aus grundpfandrechtlich gesicherten Darlehensforderungen der Emittenten besteht.

Plazierungsrisiko 2.6.3

Gefahr, daß neuemittierte ♦ Wertpapiere nicht vollständig beim anlagesuchenden Publikum untergebracht werden können.

Policendarlehen 2.3.3.3

♦ Darlehen, welches ein ♦ Versicherungsunternehmen einem eigenen Kunden bis zur Höhe des ♦ Rückkaufwertes der bestehenden ♦ Lebensversicherung gewährt.

Post-Trading-Periode 5.2.3.2

Phase nach der eigentlichen Handelsaktivität an der DTB, innerhalb welcher Aufträge für den nächsten Börsentag schon eingegeben werden können.

Pre-Trading-Periode 5.2.3.2

Vorbörsliche Phase an der DTB, in welcher lediglich eine Sammlung der Orders und Quotes stattfindet.

Privatdiskonten 1.2.2.2

♦ Wechsel, die von Ausstellern erster ♦ Bonität auf bestimmte Banken gezogen und von diesen akzeptiert worden sind. Diese ♦ Akzepte dienen der Einfuhr- und Transitfinanzierung. Sie haben Laufzeiten von maximal 90 Tagen und lauten über DM-Beträge von mindestens 100 TDM bis maximal 1 Mio. DM. Die Akzeptbanken müssen ein ♦ haftendes Eigenkapital von mindestens 3 Mio. DM haben und zum Privatdiskontmarkt zugelassen sein.

Prolongation 2.2.1.1

Verlängerung der Frist für die Rückzahlung eines Kredits.

Prospekt 4.2.2

Veröffentlichung bestimmter Angaben über ein Unternehmen bei der Emission von Wertpapieren.

Prospekthaftung   4.2.2

Gesamtschuldnerische Haftung von Emittent und Konsortialbanken bei vorsätzlicher oder fahrlässiger Falschangabe bei der Emission von Aktien oder Obligationen.

Prozentnotierung   4.2.1.1

Notierung des Kurses einer Anleihe oder Aktie als Prozentsatz vom ♦ Nennwert.

Publikumsfonds   4.4.1

♦ Investmentfonds für ein breit ausgelegtes Anlegerpublikum – Gegensatz: ♦ Spezialfonds.

Publizitätspflicht   4.2.2

Verpflichtung zur Veröffentlichung des Jahresabschlußes aus Bilanz und GuV-Rechnung, gestaffelt nach verschiedenen Größenordnungen und Rechtsformen im Rahmen des HGB und des Publizitätsgesetzes (PublG).

Put-Option   4.3.2.4

Verkaufsoption, bei der im Gegensatz zu einer ♦ Call-Option der Käufer der Option das Recht erwirbt, innerhalb der Optionsfrist jederzeit vom Verkäufer der Option (♦ Stillhalter) den Kauf eines zugrundegelegten Basistitels zum vereinbarten ♦ Basispreis zu verlangen.

Quotenaktien   4.2.1.1

Aktien lauten nicht auf einen bestimmten ♦ Nennbetrag, sondern auf einen Bruchteil am Gesellschaftsvermögen. In Deutschland nicht gebräuchlich.

Quoting   5.2.3.2

Stellen von verbindlichen Geld- und Briefkursen durch ♦ Market-Maker.

Raiffeisenbanken   1.2.2.3

Ländliche ♦ Kreditgenossenschaften, deren Gründungen als Zusammenschluß finanzschwacher Landwirte von RAIFFEISEN und HAAS initiiert wurden.

Ratenkredit   2.3.2.1

♦ Darlehen, das ♦ Kreditinstitute privaten Haushalten zur Anschaffung von Konsumgütern (in der Regel langlebige Gebrauchsgüter, Reisen usw.) anbietet. Die ♦ Tilgung erfolgt üblicherweise in gleichbleibenden Monatsraten. Wegen des Verwendungszwecks werden diese Kredite auch als Konsumentenkredit, Anschaffungsdarlehen oder Privatdarlehen bezeichnet. Die Konditionen sind in der Regel standardisiert: Die Laufzeit beträgt im allgemeinen bis zu 6 Jahren; der Kreditbetrag liegt üblicherweise unter 50.000 DM.

Ratensparvertrag   3.2.2.2

Der Anleger geht die Verpflichtung ein, über einen bestimmten Zeitraum (z.B. 6 oder 7 Jahre) regelmäßig gleichbleibende Sparbeträge einzuzahlen.

Ratentilgung   2.1.3

Die ♦ Tilgung erfolgt – ggf. nach einigen ♦ Freijahren – in jährlich gleichhohen Beträgen bis zum Ende der vereinbarten Laufzeit.

Rating-Agentur   1.2.3

Unternehmen, z.B. Standard & Poor's und Moody's in den USA, die die Emittenten von ♦ Wertpapieren auf ihre ♦ Bonität untersuchen und die dabei gewonnene Einschätzung durch die Klassifizierung der Emittenten in verschiedene Bonitätsklassen veröffentlichen. Zunehmende Bedeutung durch die Emission von ♦ DM-Commercial-Papers.

Rationiert Brief (ratB)   4.1.2

♦ Kurszusätze

Rationiert Geld (ratG)   4.1.2

♦ Kurszusätze

Rationierung   4.1.2

♦ Kurszusätze

Realkredit   2.3.2.2

Andere Bezeichnung für ♦ Hypothekarkredit.

Realkreditinstitut   1.2.2.2/2.3.2.2

♦ Spezialbank, die ♦ Hypothekarkredite und
♦ Kommunaldarlehen vergibt und sich durch
die Ausgabe von ♦ Pfandbriefen und ♦
Kommunalobligationen refinanziert. Sie ist entweder als private Hypothekenbank oder als öffentlich-rechtliche ♦ Anstalt organisiert.

Realsicherheiten   2.1.6.3

Form der ♦ Kreditsicherheit, bei der die Besserstellung eines ♦ Gläubigers nur auf Grund der
Schlechterstellung anderer Gläubiger erreichbar
ist. Zu den Realsicherheiten gehören das ♦
Mobiliarpfandrecht, die ♦ Grundpfandrechte
(♦ Hypothek und ♦ Grundschuld), die ♦ Sicherungsübereignung, die ♦ Sicherungsabtretung und der ♦ Eigentumsvorbehalt. Gemeinsam ist allen diesen Formen der Realsicherheiten, daß der begünstigte ♦ Gläubiger
einen im einzelnen näher bestimmten
Vermögenswert aus der ♦ Haftungsmasse des
♦ Schuldners zugeordnet erhält, aus dessen
Verwertung er Befriedigung erlangt, wenn der
Schuldner nicht leisten kann.

Registereintragung   4.3.2.3

Eintragung in das i.d.R. von Gerichtsbehörden
geführte öffentliche Verzeichnis bestimmter
Rechtsverhältnisse und Rechtsstellungen. Dient
zur Beweisbarkeit und Veröffentlichung.

Reinvermögen   1.1.2

Es setzt sich zusammen aus dem ♦ Zahlungsmittelbestand zuzüglich aller übrigen Vermö-
genspositionen abzüglich aller Verbindlichkeiten. Der bilanzielle Ausweis des Reinvermögens
entspricht dem (bilanziellen) ♦ Eigenkapital
und ist die Differenz zwischen dem (bilanziell
ausgewiesenen) ♦ Vermögen und den (bilanziell ausgewiesenen) Verbindlichkeiten.

Renten   5.2.1

Als Renten bezeichnet man festverzinsliche
Wertpapiere. Vgl. auch das Stichwort Rentenmarkt im Glossar zu Kurs 1.01.

Rentenfonds   4.4.1

♦ Investmentfonds aus überwiegend festverzinslichen Wertpapieren.

Rentenmarkt   2.3.3.2

Markt für ♦ Wertpapiere mit ♦ Gläubigerrechten (♦ Fremdkapital). Gehandelt werden
im wesentlichen ♦ Anleihen oder Obligationen
des Bundes, der Bundesländer und der Gemeinden sowie der privaten Unternehmen, insbesondere der Industrie und der Banken, desweiteren
♦ Pfandbriefe und ♦ Kommunalobligationen.

Rentenversicherung   3.3.2.2

Hier wird die Versicherungsleistung nicht in einer Summe, sondern als Rente bis zum Lebensende fällig.

Reserven, stille   2.4.1

Differenz zwischen dem Wert, mit dem ein
Vermögensgegenstand (Schuldposition) in der
Bilanz ausgewiesen wird, und einem anderen,
höheren (niedrigeren) Wert.

Repartierung   2.6.1

= ♦ Zuteilung.

Restschuld   2.1.3

Der insgesamt zu tilgende Betrag abzüglich der bereits erfolgten ♦ Tilgungsleistung zuzüglich der belasteten, aber noch nicht bezahlten Zinsen.

Restschuldversicherung   2.3.2.1/3.3.2.2

Zur ♦ Besicherung von ♦ Ratenkrediten anzutreffende Form der ♦ Versicherung. Versichert wird das ♦ Ausfallrisiko zum Beispiel gegen Tod oder Erwerbsunfähigkeit.

Revolving-Geschäft   2.3.3.2

Geschäft, bei dem ein ♦ Kreditinstitut oder seltener ein ♦ Finanzmakler die Ansprüche aus einem ♦ Schuldscheindarlehen an ein Unternehmen zunächst nur für einen kürzeren Zeitraum als für die Darlehenslaufzeit an ein (oder auch in Teilen an mehrere) ♦ Versicherungsunternehmen abtritt. Nach Ablauf des ersten Abtretungszeitraums folgen weitere zeitlich begrenzte Abtretungen.

REX   4.3.1

Analog zum DAX steht seit Juni 1991 auch ein Indikator für den deutschen Rentenmarkt bereit. Wichtige Elemente eines festverzinslichen Wertpapieres und damit auch des Indikators sind sowohl Kursveränderungen, als auch Zinseinkommen. Um Probleme, wie die permanente Laufzeitverkürzung von Anleihen, zu berücksichtigen, wird die Berechnung des REX in einem mehrstufigen Verfahren vollzogen. Aus den Schlußkursen aller Anleihen, Obligationen und Schatzanweisungen des Bundes werden die Renditen berechnet; hieraus wird in einem zweiten Schritt die sog. Zinsstrukturkurve ermittelt, d.h. die Renditen werden in Abhängigkeit von ihrer Restlaufzeit dargestellt. Aus dieser Zinsstruktur werden in einem nächsten Schritt die Renditen für ganzzahlige Laufzeiten zwischen 1 und 10 Jahren abgelesen und in entsprechende (fiktive) Kurse umgerechnet. Als letztes erfolgt die Gewichtung der Kurse entsprechend einer historischen Marktgewichtung und die Aggregation zu einer Kennzahl.

Risikentransformation   1.3.2

Prozeß, bei dem ein ♦ Finanzintermediär zwischen ♦ Geldgeber und ♦ Geldnehmer tritt und mit diesen jeweils einen Finanzkontrakt über die Überlassung von ♦ Zahlungsmitteln abschließt, wobei sich das ♦ Ausfallrisiko hinsichtlich der ♦ Rückzahlungsbeträge für die Geldgeber verringert. Maßgeblich hierfür sind folgende Teileffekte: ♦ Intermediärhaftung, ♦ Risikodiversifikation, ♦ Risiko-selektion sowie das Auftreten ♦ bedingter Verpflichtungsstrukturen.

Risikoanteil   3.3.2.4

Dieser Teil der Prämie soll die Leistungen für vorzeitige Versicherungsfälle abdecken.

Risikoausgleich im Kollektiv   6.1.2.2

Zusammenschluß mehrerer Personen zu einer Art ♦ Gefahrengemeinschaft sorgt aufgrund des abnehmenden Gesamtrisikos als Summe der Einzelrisiken für eine Verminderung des auf den Einzelnen entfallenden Risikos.

Risikodiversifikation   1.3.2

= Risikostreuung: Anlage von ♦ Zahlungsmitteln in Engagements, bei denen die Gefahr, daß die ♦ Rückzahlungsbeträge hinter dem vorgesehenen Umfang zurückbleiben, unterschiedlichen Eintrittsursachen unterliegt.

Risiko-Lebensversicherung   3.3.2.1

Versicherung für den Todesfall. Innerhalb eines vertraglichen Zeitraumes besteht Versicherungsschutz im Todesfall. Insbesondere zur Absicherung von Kredittilgungen und Sparprogrammen gebräuchlich.

Risikoselektion   1.3.2

= Risikoauslese: Anlage von ♦ Zahlungsmitteln in Engagements, bei denen die Gefahr, daß die ♦ Rückzahlungsbeträge hinter dem vorgesehenen Umfang zurückbleiben, als besonders gering anzusehen ist.

Risikoübernahme   1.2.3

Kategorie von Leistungen eines ♦ Finanzintermediärs, bei denen dieser bestimmte, vertraglich genau bestimmte Anlagerisiken übernimmt.

Risikoversicherung   6.2.3

Reine Risikoversicherungen sind Lebensversicherungen, die dadurch gekennzeichnet sind, daß nur der Tod des Versicherten die Pflicht zur Zahlung auslöst.

Rückkaufwert   2.3.3.3

Der Betrag, der einem Versicherungsnehmer ausgezahlt wird, wenn er seine ♦ Lebensversicherung vorzeitig kündigt.

Rücklagen   2.5.1/4.2.1.2

Teil des ♦ Eigenkapitals eines Unternehmens, der auf Grund handelsrechtlicher Vorschriften oder Regelungen im ♦ Gesellschaftsvertrag oder freiwillig gebildet und auch aufgelöst werden kann. Im Gegensatz zu den sog. ♦ stillen Reserven werden die Rücklagen auf der Passivseite der Bilanz ausgewiesen.

Rückstellungen   2.5.1

Am Bilanzstichtag bestehende Verpflichtungen eines Unternehmens, deren Bestehen, Höhe oder Zeitpunkt der Fälligkeit ungewiß sind. Sie stellen noch keine „echte" Verbindlichkeit dar, sind aber auf der Passivseite der Bilanz auszuweisen.

Rückversicherer   1.2.3

Unternehmen, welches im Gegensatz zum Erstversicherer das Rückversicherungsgeschäft betreibt, um das sog. versicherungstechnische Risiko abzudecken. Darunter versteht man die Gefahr, daß der tatsächliche Schadensverlauf von den der Prämienkalkulation zugrunde gelegten statistischen Annahmen abweicht. Dies kann z.b. auf zufälligen Schwankungen oder dem Eintritt von Großschäden beruhen. Fast alle Erstversicherer sind darauf angewiesen, einen Teil der übernommenen Risiken im Wege der Rückversicherung weiterzugeben. Aber auch Rückversicherer decken Risiken über die Weiterrückversicherung bei anderen Erst- oder Rückversicherern ab. Somit wird eine Vielzahl von ♦ Versicherungsunternehmen an den Risiken beteiligt.

Rückversicherungsbörse   1.2.3

Institution, welche börsenmäßig Rückversicherungsgeschäfte zwischen Erst- und ♦ Rückversicherern vermittelt.

Rückversicherungsmakler   1.2.3

Unternehmen, welches gewerbsmäßig Rückversicherungsgeschäfte zwischen Erst- und ♦ Rückversicherern vermittelt.

Rückzahlungsbetrag   2.1.3

Betrag, den der ♦ Schuldner insgesamt zurückzuzahlen hat, also die Summe der vereinbarten ♦ Tilgungsleistungen.

Sachwert   2.3.2.2

Komponente zur Ermittlung des ♦ Beleihungswertes, bei der man sich an durchschnittlichen Bodenpreisen und Baukosten sowie dem Alter des Gebäudes orientiert.

Sale-and-Lease-Back   2.4.1

Sonderform des ♦ Leasing, bei dem ein Unternehmen eigene Anlagegegenstände an ein Leasingunternehmen verkauft und sie von diesem sofort wieder anmietet.

Schadensversicherung   6.2.1

Die Versicherungsleistung bemißt sich nach dem effektiv meßbaren Vermögensschaden.

Schalterpublizität   4.2.2

Erfüllung der Publizitätsvorschriften im geregelten Markt (♦ Marktsegmente) bereits durch Möglichkeit der kostenlosen Einsichtnahme bei Kreditinstituten.

Scheck   2.1.2

Unbedingte Anweisung des Ausstellers an die bezogene Bank, zu Lasten seines Kontos den angegebenen Betrag auszuzahlen. Auf Grund des Scheckgesetzes ist der Scheck ein „geborenes" ♦ Orderpapier. Üblicherweise ist jedoch auf den Bank-Vordrucken die sog. Überbringerklausel eingedruckt, so daß der Scheck zum ♦ Inhaberpapier wird, d.h. der angegebene Betrag ist an den Vorleger der Urkunde auszuzahlen.

Schufa   1.3.3

= Schutzgemeinschaft für allgemeine Kreditsicherung; ♦ Evidenz-Zentrale.

Schuldner   1.2.2.2

Person, gegen die einem anderen, dem ♦ Gläubiger, ein Anspruch, z.B. auf ♦ Zins und ♦ Tilgung, zusteht.

Schuldschein   2.1.2

Beweisurkunde, in der sich der ♦ Schuldner zu einer bestimmten Leistung, in der Regel zur Zahlung einer bestimmten Geldsumme, verpflichtet. Der Schuldschein ist kein ♦ Wertpapier.

Schuldscheindarlehen   1.2.3/2.3.3.2

a) Bezeichnung für ein ♦ Darlehen, über das ein ♦ Schuldschein ausgestellt worden ist.

b) Häufig auch eine (unpräzise) Bezeichnung für ein ♦ Darlehen von ♦ Versicherungsunternehmen, auch wenn kein ♦ Schuldschein ausgestellt wurde.

Schuldverschreibung   1.2.2.2/2.6.2

♦ Wertpapier, das dem Inhaber einen schuldrechtlichen Anspruch auf Zins und ♦ Tilgung gegen den Emittenten verbrieft.

Sekundärhaftung   4.3.2.3/4.3.3

Haftung eines Dritten für den eigentlich Verpflichteten (Bürgschaft, Garantie).

Sekundärmarkt   4.2.6.1

Handel in bereits zuvor emittierten Wertpapieren oder begründeten Optionen oder Futures.

Selbstemission   2.6.3

Der Emittent führt alle mit der ♦ Emission verbundenen Tätigkeiten eigenständig, d.h. ohne Einschaltung von ♦ Kreditinstituten durch. Diese Form der Emission ist in Deutschland nur bei der Ausgabe eigener ♦ Wertpapiere durch Banken, insbesondere ♦ Realkreditinstitute, anzutreffen.

Selbstfinanzierung   2.5.1

Mißverständliche Bezeichnung für eine Erhöhung des ♦ Eigenkapitals dadurch, daß ♦ Ausschüttungen von Gewinnanteilen aus der laufenden Geschäftstätigkeit ganz oder teilweise unterlassen werden.

Settlement-Preis   5.2.4

Preis, der börsentäglich von der Clearing-Stelle zur Bewertung der noch offenstehenden Positionen festgestellt wird.

Short-Position   5.1.1

Bezeichnung für die Stillhalterposition im
Optionsgeschäft.

Short-Straddle   5.1.2

Eingehen einer Straddle-Position (♦ Straddle),
in Form von Stillhaltergeschäften.

Sicherungsabtretung   2.1.6.2

♦ Realsicherheit, bei der der ♦ Schuldner einer Forderung seinem ♦ Gläubiger zur Sicherung eine Forderung gegen eine andere Person
gemäß § 398 BGB abtritt (♦ Zession). Sobald
der Schuldner die fällig gewordene gesicherte
Forderung nicht erfüllt, hat der Gläubiger in der
Regel das Recht, die Forderung beim Dritt-
schuldner einzuziehen oder sie zu verkaufen. Im
♦ Insolvenzverfahren berechtigt die Sicherungsabtretung zur ♦ Absonderung.

Sicherungsübereignung   2.1.6.2

♦ Realsicherheit, bei der der ♦ Schuldner dem
♦ Gläubiger das Eigentum an einer bewegli-
chen Sache überträgt, die jedoch im Besitz des
Schuldners verbleibt und die er auch benutzen
darf. Sobald der Schuldner die fällig geworde-
ne Leistung nicht erbringt, hat der Gläubiger das
Recht, das Sicherungsgut vom Schuldner zur
Verwertung herauszuverlangen. Im ♦
Insolvenzverfahren berechtigt die Sicherungs-
übereignung zur ♦ Absonderung.

Sichteinlagen   3.2.1

Als Sichteinlagen bezeichnet man Guthaben bei
Banken,

– die auf sog. Girokonten geführt werden,

– die jederzeit in beliebiger Höhe abgerufen
werden können,

– und über die neben der Barabhebung unbegrenzt mit Hilfe des bargeldlosen Zahlungsverkehrs verfügt werden kann.

Skonto   2.2.2.1

Teil des Rechnungsbetrags, der bei Begleichung
der Rechnung innerhalb einer bestimmten Frist
in Abzug gebracht werden kann.

Sollzins   2.2.1.1

Entgelt für den in Anspruch genommenen Kredit.

**Sondervermögen   einer   Kapitalanlage-
gesellschaft**   4.4.2

Das gegen Ausgabe von Anteilsscheinen einge-
legte Geld und hiervon beschaffte Anlagegegenstände bilden das Sondervermögen. Bildung mehrerer Sondervermögen möglich, je
nach unterschiedlicher Bezeichnung und meist
auch Anlageschwerpunkt. Begrenzungen einzelner Engagements innerhalb der Sondervermögen.

Sondervermögen des Bundes   4.3.1/4.3.2.3

Sondervermögen des Bundes sind z.B. Bundesbahn, Bundespost und Lastenausgleichsfonds.

Sparanteil   3.3.2.4

Dieser Teil der Prämie einschließlich der erwirtschafteten Zinsen dient der Versicherungsgesellschaft zur Zahlung der vereinbarten Summe
bei Ablauf einer Lebensversicherung.

Sparbriefe   3.2.2.3

Wertpapiere oder wertpapierähnliche Urkunden, die von den Kreditinstituten unmittelbar an
ihre Kunden ausgegeben werden und durch folgende Merkmale gekennzeichnet sind:

– Laufzeit zumeist zwischen 1 und 10 Jahren,

– Rückzahlung in Höhe des Einlagebetrages,

– die Verzinsung ist für die gesamte Laufzeit
festgelegt.

Spareinlagen 1.2.2.2/3.2.2.1

Spareinlagen sind gem. § 21 Abs. 4 RechKredV
Einlagen,

– die durch Ausfertigung einer Urkunde (Sparbuch) gekennzeichnet sind;

– über die grundsätzlich nicht mit Hilfe des bargeldlosen Zahlungsverkehrs verfügt werden darf;

– die eine Kündigungsfrist von mindestens 3 Monaten aufweisen.

Sparkasse(n) 1.2.2.3

♦ Universalbanken, die Anfang des 19. Jahrhunderts aus sozialreformerischen Erwägungen gegründet wurden, um auch ärmeren Bevölkerungsschichten verzinsliche Anlagemöglichkeiten zu bieten. Sie unterliegen dem sog. „öffentlichen Auftrag", worunter unter anderem die Pflege des Spargedankens und die Unterstützung des Mittelstandes in der Kommune, in deren Trägerschaft die Sparkasse sich befindet, verstanden werden könnte.

Sparkasse, freie 1.2.2.3

♦ Sparkasse, welche nicht auf öffentlich-rechtlicher Trägerschaft einer Kommune, sondern auf privatrechtlicher Grundlage, z.b. eines Vereins oder einer Stiftung, beruht. Es gibt in der Bundesrepublik Deutschland weniger als ein Dutzend Freie Sparkassen.

Sparkassenstützungsfonds 1.2.2.3

Sicherungseinrichtung, deren Zweck es ist, ♦ Sparkassen bei wirtschaftlichen Schwierigkeiten derart zu helfen, daß diese Institute erhalten bleiben und somit die Sicherheit der Einlagen von Kunden gewährleistet wird. Der Stützungsfonds als Institution von Sparkassen untereinander ist von Maßnahmen der Sparkassenträger im Rahmen der ♦ Gewährträgerhaftung zu unterscheiden.

Sperrjahr 4.3.2.1

Frist, die nach dem Aktiengesetz (AktG) bei der Auflösung der AG vergangen sein muß, nach dem 3. Aufruf der Gläubiger, bevor das Vermögen verteilt werden darf.

Spezialbank 1.2.2.2

♦ Kreditinstitut, welches sich im Gegensatz zur ♦ Universalbank auf bestimmte ♦ Bankgeschäfte spezialisiert hat und diese ausschließlich oder zumindest ganz überwiegend betreibt.

Spezialfonds 4.4.1

Anteile des Investmentfonds sind einem kleineren Kreis, i.d.R. institutioneller Großanleger vorbehalten. Nicht zu verwechseln mit den sogen. Spezialitätenfonds, deren Anlagetätigkeit sich durch Konzentration in speziellen Regionen oder Branchen auszeichnet.

Spread (1) 4.3.2.2

Vor allem am Euromarkt verwendete Bezeichnung für die Differenz zwischen An- und Verkaufspreisen oder Aufschlag auf einen bestimmten Zinssatz (♦ Floating Rate Notes), z.B. 2% über LIBOR.

Spread (2) 5.2.3.3

Gleichzeitiges Eingehen einer Kauf- (Verkaufs-) position, jedoch stets einmal als Optionskäufer (long) und einmal als Optionsverkäufer/Stillhalter (short).

Stammaktie 2.1.2

Gewöhnliche Form der ♦ Aktie, die dem Inhaber die normalen, im Aktiengesetz vorgesehenen Mitgliedschaftsrechte (Stimm- und Dividendenrechte) im Gegensatz zur ♦ Vorzugsaktie gewährt. Sie ist in der Regel ein ♦ Inhaberpapier und wird durch Einigung und Übergabe bzw. Abtretung des Herausgabeanspruchs übertragen. Seltener ist die ♦ Namensaktie.

Stammaktien   **4.2.1.2/4.2.1.2**

Aktie mit normalen, per Aktiengesetz festgelegte ausgestatteten Rechten. Gegensatz zur Vorzugsaktie.

Stammkapital   **4.2.3.2**

Auf bestimmten ♦ Nennbetrag lautende
Eigenkapitalposition einer GmbH, als Summe
aller Gesellschaftsanteile.

Standardabweichung   **6.1.2.1**

Statistisches Streuungsmaß als Wurzel aus der
Varianz.

Standardisierung   **5.1.1**

Vereinheitlichte Kontraktspezifikationen insbes.
bei ♦ Termingeschäften wie ♦ Basiswert,
Laufzeit und ♦ Basispreis.

Standing   **4.3.2.2**

Zusammenfassung aller Parameter der Beurteilung der Bonität eines Wertpapiers oder Unternehmens, insbesondere auch im Hinblick auf
die Kreditwürdigkeit.

Stillhalter   **1.3.2/5.1.1**

Verkäufer eines ♦ Wertpapieroptions-
geschäftes, der innerhalb der Optionsfrist „still-
hält", während der Käufer wählen kann, ob er
sein Recht aus der Option ausüben oder verfallen lassen will.

Stimmrechtsbeschränkungen   **4.2.1.2**

Beschränkung des Stimmrechtes unter den nach
Gesellschaftsanteilen eigentlich zustehenden
Umfang.

Stimmrechtsquote   **4.2.1.2/4.2.1.2**

Verhältnis der im Besitz eines Aktionärs befindlichen Anteile zur Gesamtheit aller stimmberechtigten Anteile an der Gesellschaft (prozentualer Anteil am ♦ Grundkapital).

Straddle   **5.1.2**

Optionsposition, die durch Zusammenfügung
von ♦ Call- und ♦ Put- Optionen in demselben
Basiswert zum selben Termin entsteht; als long
straddle oder short straddle möglich.

Strangle   **5.2.3.1**

Kombination ähnlich dem ♦ Straddle, aber mit
unterschiedlichen Basispreisen.

Stücknotierung   **4.2.1.1**

Börsennotierung für Wertpapiere in Stück pro
Aktie (Gegensatz: ♦ Prozentnotierung). Regelfall in Deutschland.

Summenversicherung   **6.2.1/6.2.4**

Festsetzung einer bestimmten Versicherungssumme im Schadensfall, z.B. Lebensversicherung.

Teilamortisationsvertrag   **2.4.2**

Bezeichnung für einen Leasingvertrag, bei dem
die gesamten Leasingzahlungen, die der
Leasingnehmer während der unkündbaren ♦
Grundmietzeit zu leisten hat, die Anschaffungs-
oder Herstellungskosten des Leasinggebers für
den Leasinggegenstand sowie alle sonstigen
Nebenkosten nicht vollständig abdecken. Der
Leasinggeber deckt seine Gesamtkosten erst
nach der Grundmietzeit, z.B. durch ♦
Andienungsrecht, Aufteilung des Mehrerlöses
oder Schlußzahlung des Leasingnehmers. Damit bei diesem Vertragstyp die steuerrechtliche
Zurechnung zum Leasinggeber erfolgen kann,
müssen nach Auffassung der Finanzverwaltung
folgende Voraussetzungen erfüllt sein: Die ♦
Grundmietzeit muß zwischen 40% und 90%
der betriebsgewöhnlichen Nutzungsdauer des
Leasinggegenstandes betragen und der Leasinggeber muß in irgendeiner Form an einem eventuellen Veräußerungserlös des Leasinggegenstandes beteiligt sein.

Teilhaberrechte 2.5.1

Rechte eines ♦ Geldgebers, der dem Unternehmen im Rahmen der ♦ Eigenfinanzierung ♦ Zahlungsmittel zur Verfügung stellt. Im Gegensatz zu den ♦ Gläubigerrechten hat der „Teilhaber" keine Ansprüche im ♦ Insolvenzverfahren. Zu den Teilhaberrechten, deren konkrete Ausgestaltung von der Rechtsform des Unternehmens sowie dem jeweiligen ♦ Gesellschaftsvertrag abhängt, gehören insbesondere das Recht auf ♦ Entnahmen oder ♦ Ausschüttungen, der Anspruch auf Anteil am Liquidationserlös sowie bestimmte Mitwirkungs- und Kontrollbefugnisse.

Teilzahlungsbank 2.3.2.1

♦ Spezialbank, die in erster Linie ♦ Ratenkredite gewährt, deren Rückzahlung in gleichen Raten und gleichen Zeitabschnitten erfolgt. Teilzahlungskreditinstitute werden je nach Status in der Gruppe der Kreditbanken, Sparkassen- oder Genossenschaftsbanken erfaßt.

Telefonverkehr 2.6.2

♦ Außerbörslicher Wertpapierhandel.

Termineinlagen 3.2.1

Unter Termineinlagen versteht man Bankguthaben,

– die auf sog. Termingeldkonten geführt werden

– für einen bestimmten Zeitraum festgelegt werden und

– dementsprechend nicht dem Zahlungsverkehr dienen.

Termingeschäfte 5.1.1

Geschäfte, bei denen Vertragsabschluß und eigentlicher Erfüllungstag nicht unbedeutend auseinanderfallen.

Terminhandel 1.3.2

Im Gegensatz zum ♦ Kassahandel ist die Frist zwischen Abschluß und Erfüllung des Geschäftes länger als der zur Abwicklung der Erfüllung notwendige Zeitraum.

Tilgung, Tilgungsleistung 2.1.3

Rückzahlung von ♦ Fremdkapital, insbesondere von ♦ Krediten, ♦ Darlehen oder ♦ Schuldverschreibungen durch den ♦ Schuldner auf Grund eines im Kreditvertrag vereinbarten ♦ Tilgungsplans.

Tilgung, gesamtfällige 2.1.3

Die ♦ Tilgung erfolgt in einem Betrag am Ende der vereinbarten Laufzeit oder nach ♦ Kündigung.

Tilgungsplan 2.3.1

Vertragliche Festlegung von Höhe und Fälligkeit der einzelnen ♦ Rückzahlungsbeträge bei einem ♦ Kredit.

Tilgungsstreckungsdarlehen 2.3.2.2

(auch Disagiodarlehen genannt) ♦ Darlehen, welches zusätzlich zu einem ♦ Hypothekarkredit in Anspruch genommen wird, wenn sich der Kreditnehmer einerseits aus steuerlichen Erwägungen für eine Auszahlung des Hypothekarkredits mit einem hohen ♦ Disagio entscheidet, er andererseits aber den vollen Darlehensbetrag benötigt.

Titel, vollstreckbarer 2.2.1.1

Urkunde, in der von der zuständigen Stelle das Bestehen eines Rechts festgestellt wird und die vom Gesetz ausdrücklich mit der Wirkung der Vollstreckbarkeit ausgestattet ist. Vollstreckungsverfahren sind die ♦ Einzelzwangsvollstreckung und das ♦ Insolvenzverfahren.

Todesfallversicherung   3.3.2.1

Die Leistung wird bei Tod, spätestens jedoch bei
Vollendung des 85. Lebensjahres fällig.

**Todes- oder Erlebensfallversicherung
3.3.2.1**

Die Versicherungsleistung wird mit dem Tod des
Versicherten, spätestens jedoch mit Vertragsablauf fällig.

Trading-Periode   5.2.3.2

Handelsperiode an der DTB, in welcher Kontrakte nach dem Prinzip des fortlaufenden Handels abgewickelt werden.

Transformationsfunktion   1.3.2

Funktion, die von ♦ Finanzintermediären erbracht wird und die sich in verschiedene
Leistungskategorien untergliedern läßt, je nachdem, ob bei dem Ausgleich von ♦ Finanzbedarf
und ♦ Anlagebedarf zwischen ♦ Geldnehmer
und ♦ Geldgeber Probleme der Informationsbeschaffung und -auswertung, der Losgrößen,
der Überlassungsfristen sowie der Risiken-
struktur gelöst oder günstig beeinflußt werden.

Treuhänder   4.3.2.4

Natürliche oder juristische Person, die die Rech-
te von Dritten wahrnimmt, z.B. Gesamtheit der
Anleihegläubiger oder Anteilsinhaber bei der ♦
Kapitalanlagegesellschaft.

Treuhandkredit   2.3.2.4

♦ Kredit im Rahmen eines ♦ öffentlichen Kreditprogramms, bei dem die abwickelnde Bank
kein ♦ Kreditrisiko übernimmt; dieses verbleibt bei dem ursprünglichen Kreditgeber.

**Übernahme- und Begebungskonsortium
2.6.3**

In Deutschland am häufigsten anzutreffende
Form der ♦ Fremdemission. Dabei überneh-

men die ♦ Konsortialbanken die gesamte ♦
Emission zu dem fest vereinbarten Übernahme-
kurs und verpflichten sich, sie den ♦ Anlegern
zur ♦ Zeichnung anzubieten oder „freihändig"
an ihre eigene Kundschaft zu verkaufen. Das ♦
Plazierungsrisiko tragen die Konsortialbanken.

Übernahmekonsortium   2.6.3

Form der ♦ Fremdemission, bei der die ♦ Konsortialbanken die gesamte ♦ Emission zunächst
selbst übernehmen und sich Art und Zeitpunkt
der Weiterleitung an die ♦ Anleger vorbehalten.
Das ♦ Plazierungsrisiko tragen die Konsortialbanken.

Überschuldungsrisiko   2.5.1

Gefahr, daß die Schulden eines Unternehmens
größer sind, als sein ♦ Vermögen. Die Über-
schuldung ist ein möglicher Insolvenzgrund (♦
Insolvenzverfahren).

Überschußbeteiligung   3.3.2.4

Beiträge sind im Verhältnis zur garantierten Versicherungssumme aus Vorsichtsgründen zu
hoch angesetzt. Um Ausgleich zwischen Beiträgen und Leistungen herzustellen, wird die Versicherungssumme durch eine Zusatzleistung aus
der Überschußbeteiligung ergänzt.

Überversicherung   6.2.4

Versicherungssumme im Schadensfall ist größer
als der anzurichtende Schaden.

Überzeichnung   2.6.1

Die Summe der gezeichneten Beträge bei der ♦
Emission von ♦ Wertpapieren liegt über dem
angebotenen Emissionsvolumen.

Überziehungsprovision   2.2.1.1

Entgelt für die Überschreitung der vereinbarten
Kreditlinie, welches zusätzlich zu den ♦ Sollzinsen, aber nur in Höhe des überzogenen Betrages erhoben wird.

Umlaufvermögen   2.3.3.2

Derjenige Teil des ♦ Vermögens eines Unternehmens, der im Gegensatz zum ♦ Anlagevermögen nur zur vorübergehenden Nutzung im Geschäftsbetrieb bestimmt ist. Zum Umlaufvermögen zählen z.b. Vorräte, Forderungen aus Lieferungen und Leistungen sowie ♦ Wertpapiere und ♦ Zahlungsmittelbestände.

Umsatzprovision   2.2.1.1

Entgelt für die mit der Führung eines Girokontos verbundenen Grundleistungen sowie die Bereitstellung der Bankeinrichtungen.

Unfallversicherung   6.2.3

Die Unfallversicherung versichert gegen die unterschiedlichsten Schäden, die die versicherten Personen als Folge eines Unfalls erleiden können.

Universalbank   1.2.2.3

♦ Kreditinstitut, welches im Gegensatz zur ♦ Spezialbank grundsätzlich sämtliche ♦ Bankgeschäfte betreibt, was einzelne Schwerpunkte in der Geschäftstätigkeit nicht ausschließt.

Unsicherheit   6.1.2.1

Unvorhersehbarkeit zukünftiger Ereignisse, ohne daß diesen eine subjektive / objektive Wahrscheinlichkeit zugewiesen werden kann (Unsicherheit i.e.S.).

Unsicherheitsgrad   6.1.2.1

♦ Standardabweichung

Unternehmensfinanzierung   1.1.3

Gesamtheit der Maßnahmen eines Unternehmens, um die für Investitionen, ♦ Ausschüttungen und ♦ Tilgung benötigten ♦ Zahlungsmittel bereitzustellen sowie um ein im Rahmen der ♦ Innenfinanzierung eventuell entstehendes Zah-lungsdefizit abzudecken.

Unterversicherung   6.2.4

Die im Schadesfall anfallende Versicherungssumme reicht nicht zur Deckung eines Schadens.

Venture Capital-Gesellschaft   2.5.4

♦ Wagnisfinanzierungsgesellschaft.

Venture Fonds   2.5.4

♦ Wagnisfinanzierungsgesellschaft.

Verkaufsoption   5.1.1

♦ Put-Option

Verkehrswert   2.3.2.2

Komponente zur Ermittlung des ♦ Beleihungswertes, bei der man sich an dem Preis orientiert, der bei der Veräußerung von Grundstück und Gebäude erzielt werden könnte. In der Gutachterpraxis wird dieser Wert allerdings häufig nicht eigenständig abgeschätzt, sondern rein formal als Durchschnitt aus ♦ Sachwert und ♦ Ertragswert berechnet.

Verlustrisiko   2.1.6.1

Gefahr, daß dem einzelnen ♦ Gläubiger im Zuge eines ♦ Insolvenzverfahrens seine Ansprüche nur zum Teil oder im Extremfall gar nicht erfüllt werden können.

Verlustübernahmevertrag   2.1.6.3

♦ Kreditsicherheit; Verpflichtung eines Unternehmens, mögliche Verluste eines anderen Unternehmens auszugleichen.

Vermittlungsleistungen   1.2.3

Kategorie von Leistungen eines ♦ Finanzintermediärs, bei denen der Abschluß von Finanzkontrakten zwischen originären und/oder intermediären ♦ Geldnehmern und ♦ Geldgebern vermittelt wird.

Vermögen   2.1.6.2

Gesamtheit aller „Aktiva", die sich im Verfügungsbereich einer Privatperson oder eines Unternehmens befindet. Hierzu zählen der Bestand an Zahlungsmitteln, alle Rechte, Forderungen und Beteiligungen sowie Sachgüter. In der Bilanz wird üblicherweise in ◆ Anlagevermögen und ◆ Umlaufvermögen differenziert. In Fragen der ◆ Haftung ist regelmäßig zwischen dem Vermögen des Unternehmens selbst und dem Privatvermögen der Inhaber oder Gesellschafter zu unterscheiden.

Vermögen, freies   2.3.3.1

Bezeichnung für denjenigen Teil des ◆ Vermögens eines ◆ Versicherungsunternehmens, welcher nicht zu dem ◆ gebundenen Vermögen zählt. Seine Höhe ergibt sich im wesentlichen aus dem ◆ Eigenkapital sowie allen nicht versicherungstechnischen Passivpositionen. Für die Anlage des freien Vermögens hat die Versicherungsaufsicht keine speziellen, sondern lediglich die allgemeinen Grundsätze der Sicherheit, Rentabilität, Liquidität sowie der Mischung und Streuung aufgestellt.

Vermögen, gebundenes   2.3.3.1

Bezeichnung für denjenigen Teil des ◆ Vermögens eines ◆ Versicherungsunternehmens, welcher sich durch die Zusammenfassung von ◆ Deckungsstock und ◆ sonstigem gebundenen Vermögen ergibt.

Vermögen, sonstiges gebundenes   2.3.3.1

Teil des ◆ Vermögens eines ◆ Versicherungsunternehmens außerhalb des ◆ Deckungsstocks. Seine Höhe wird bestimmt von Rückstellungen, Verbindlichkeiten und Rechnungsabgrenzungsposten, die unmittelbar aus Versicherungsverträgen resultieren. Bei dem sonstigen gebundenen Vermögen (wie auch bei dem

◆ freien Vermögen) handelt es sich im Gegensatz zum ◆ Deckungsstock nicht um ein abgegrenztes Sondervermögen, sondern um eine rechnerische Gegenüberstellung mit den jeweils zuzuordnenden Passivpositionen. Für die Anlage des sonstigen gebundenen Vermögens gibt es spezielle Vorschriften der Versicherungsaufsicht, die aber weniger streng als bei den Beständen des Deckungsstocks sind.

Vermögensteuer   2.4.2

Steuer, die vom ◆ Vermögen von Privatpersonen, Selbständigen und Unternehmen erhoben wird. Bemessungsgrundlage bei Unternehmen sind 75 % des ◆ Einheitswertes des Betriebsvermögens; der Steuersatz beträgt 1 % für natürliche Personen und 0,6 % für sonstige Steuersubjekte.

Verpflichtungsstruktur, bedingte   1.3.2

Art der ◆ Risikotransformation von ◆ Finanzintermediären, bei der die Verpflichtungen zur Zahlungsleistung erst entstehen, wenn bestimmte Bedingungen gegeben sind.

Verschuldungsfonds   4.4.1

◆ Leverage Fonds

Versicherung   2.3.3.1

a) Häufig verwandte Kurzbezeichnung für ◆ Versicherungsunternehmen.

b) Seltener verwandte Kurzbezeichnung für ◆ Versicherungsleistung.

Versicherung von Aktiven   6.2.2

Hierunter versteht man die Versicherung von Sachvermögen und finanziellen Gütern.

Versicherung von Passiven   6.2.2

Hierunter versteht man die Versicherung gegen die Erhöhung von Schulden (Passiven), wie sie beispielsweise durch Haftpflichtforderungen entstehen können. Häufig wird sie auch als Aufwandsversicherung bezeichnet.

Versicherungsleistungen   1.2.1/2.3.3

Leistungen eines ♦ Finanzintermediärs, insbesondere eines ♦ Versicherungsunternehmens, die dem Versicherungsnehmer gegen die Zahlung einer Prämie ein in die Zukunft gerichtetes Schutzversprechen gewähren, welches bei Eintritt des Versicherungsfalles entsprechende Zahlungen an den Versicherungsnehmer oder einen anderen Berechtigten beinhaltet.

Versicherungsmakler   1.2.3

Rechtlich selbständiger Vertriebspartner eines oder auch mehrerer ♦ Versicherungsunternehmen, der zwischen dem Unternehmen und dem Versicherungsnehmer vermittelnd tätig ist. Im Gegensatz zum ♦ Versicherungsvertreter ist der Versicherungsmakler sowohl in rechtlicher als auch in wirtschaftlicher Hinsicht vom Versicherungsunternehmen unabhängig.

Versicherungstarif, dynamischer   6.2.3

Planmäßige Anpassung der Versicherungsbeiträge und -leistungen z.b. an geänderte Einkommens- und Kostensituation.

Versicherungssumme   6.2.4

Obergrenze für die Leistung im Versicherungsfall und Grundlage für die Ermittlung der zu entrichtenden Prämien.

Versicherungsunternehmen   1.2.1/2.3.3

♦ Finanzintermediär, welcher sich einerseits gegen die Zahlung einer Prämie verpflichtet, an den Versicherungsnehmer bei Eintritt bestimm-

ter Schadensfälle entsprechende Zahlungen zu leisten. Andererseits stellt er die ihm z.b. in Form der Prämie zufließenden ♦ Einzahlungen gegen das Versprechen späterer Rückzahlung bestimmten ♦ Geldnehmern zur Verfügung.

Versicherungsvertrag   2.3.3.1

Vertrag zwischen einem ♦ Versicherungsunternehmen und einem Versicherungsnehmer, durch den das Versicherungsunternehmen sich gegen die Zahlung von Versicherungsprämien verpflichtet, bei Eintritt des Versicherungsfalles (z.b. Feuer, Invalidität, Tod) vertraglich festgelegte Zahlungen an den Versicherungsnehmer oder einen anderen Bezugsberechtigten zu leisten.

Versicherungsvertreter   1.2.3

Vermittler von Versicherungen im Auftrag eines ♦ Versicherungsunternehmens, dessen Aufgabe es ist, Kunden für das jeweilige Unternehmen zu werben, über den notwendigen Versicherungsschutz zu informieren und persönlich zu betreuen. Im Gegensatz zum ♦ Versicherungsmakler ist der Versicherungsvertreter bei seiner Tätigkeit an das Versicherungsunternehmen und dessen Vorgaben gebunden.

Versicherungswert   6.2.4

In der Sachversicherung festgelegter Wert, der für die Versicherung von Sachen in Frage kommt (gemeiner Wert, Zeitwert).

Vertical Spreads   5.2.3.1

Spread aus Optionen gleichen Typs mit unterschiedlichen Basispreisen und mit gleicher Laufzeit.

Vertriebsleasing   2.4.4

Form des ♦ institutionellen Leasing, bei der das Leasingunternehmen mit mehreren Herstellern oder Händlern in der Weise zusammenarbeitet, daß letztere weitgehend die Kundenkontakte übernehmen und ihren Kunden als Instrument der eigenen Absatzförderung die Vermittlung von Leasingverträgen mit dem kooperierenden Leasingunternehmen anbieten.

Verwaltungskredit   2.3.2.4

♦ Treuhandkredit bei einem ♦ öffentlichen Kreditprogramm, welchen die abwickelnde Bank im Namen des ursprünglichen Kreditgebers gewährt.

Verwässerungseffekt   4.2.6.2/4.2.6.3

Wertminderung von Wertpapieren als Folge weiterer Emissionen des Emittenten.

Verwässerungsschutzklauseln   4.3.2.4

Vertragliche oder gesetzliche Regelungen zur Kompensation von ♦ Verwässerungseffekten.

Verwertungsrisiko   2.4.3.4

Gefahr für den Eigentümer eines Wirtschaftsgutes, daß er wegen mangelnder Kenntnisse und Erfahrungen über den entsprechenden Markt für Gebrauchsgüter niedrigere Verwertungserlöse erzielt als möglich gewesen wären.

Verzugsrisiko   2.2.2.3

Gefahr für einen ♦ Geldgeber, daß der ♦ Geldnehmer seinen Rückzahlungsverpflichtungen später als vertraglich vereinbart nachkommt.

Volatilität   5.2.3.3

Schwankungsbereich der Kurse eines Wertes. Mathematisch betrachtet als annualisierte Standardabweichung der logarithmisierten Preisschwankungen.

Volksbanken   1.2.2.3

Gewerbliche ♦ Kreditgenossenschaften, deren Gründungen als Selbsthilfeeinrichtungen kleiner Handwerksbetriebe auf SCHULZE-DELITZSCH zurückgehen.

Vollamortisationsvertrag   2.4.2

Bezeichnung für einen Leasingvertrag, bei dem die gesamten Leasingzahlungen, die der Leasingnehmer während der unkündbaren ♦ Grundmietzeit zu leisten hat, mindestens die Anschaffungs- oder Herstellungskosten des Leasinggebers für den Leasinggegenstand sowie alle sonstigen Nebenkosten decken. Damit bei diesem Vertragstyp die steuerrechtliche Zurechnung zum Leasinggeber erfolgen kann, müssen nach Auffassung der Finanzverwaltung folgende Voraussetzungen erfüllt sein: Die ♦ Grundmietzeit muß zwischen 40% und 90% der betriebsgewöhnlichen Nutzungsdauer des Leasinggegenstandes betragen und bei einem eventuell vereinbarten Optionsrecht des Leasingnehmers (♦ Kaufoption oder ♦ Mietverlängerungsoption) muß der Optionspreis angemessen sein.

Vollwertversicherung   6.2.4

Versicherungsvertrag, wonach sich der Entschädigungsprozentsatz im Schadensfall nach dem Quotienten aus Versicherungssumme und Versicherungswert bemißt, maximal jedoch 100% beträgt.

Vorauszahlungsdarlehen   2.3.3.3

♦ Darlehen, welches ein ♦ Versicherungsunternehmen einem eigenen Kunden im Rahmen einer bestehenden ♦ Lebensversicherung in Höhe der vollen Versicherungssumme gewährt.

Vorfinanzierung 2.3.2.3

Finanzierung im Zusammenhang mit einem ♦ Bausparvertrag, wenn die vertraglich vereinbarte Mindestsparleistung von dem Bausparer noch nicht erbracht ist und der Bausparvertrag somit noch keine ♦ „Zuteilungsreife" hat.

Vorzugsaktie 1.1.4

Sie weicht z.b. beim Dividendenanspruch (in der Regel positiv) von den im Aktiengesetz vorgesehenen Mitgliedschaftsrechten (Stimm- und Dividendenrechten) einer ♦ Aktie ab.

Vorzugsaktien, kumulative 4.2.1.2

Vorzugsaktie, der meist das Stimmrecht fehlt und deren kompensatorischer Vorzug das Recht auf Nachzahlung der Divivdende ist.

Vorzugsdividende 4.2.1.2

Bevorrechtigte Gewinnausschüttung vor allem in Form einer Vorweg- oder garantierten Mindestzahlung.

Vorzugsdividende, limitierte 4.2.1.2

♦ Vorzugsdividende mit Höchstgrenze.

Wachstumsfonds 4.4.1

♦ Thesaurierungsfonds

Wagnisfinanzierungsgesellschaft 2.5.4

Neuere Entwicklung im Bereich der ♦ Kapitalbeteiligungsgesellschaften, die auch als Venture-Fonds oder Venture Capital-Gesellschaften bezeichnet werden und die zum Teil von der Kredit- und Versicherungswirtschaft, zum Teil von öffentlichen Stellen oder auch von der Industrie gegründet und getragen werden. Sie dienen speziell zur Finanzierung riskanter, aber zugleich auch recht chancenreicher Projekte in entwicklungsträchtigen Bereichen (wie z.B. der Mikroelektronik oder der Gentechnologie). Die Finanzierung durch Wagnisfinanzierungsgesellschaften soll besonders bei jungen Unternehmen erfolgen, deren Produkte sich noch am Ende der Entwicklungs- oder am Beginn der Markteinführungsphase befinden.

Währungsanleihen 4.3.2.1

An deutschen Börsen in DM gehandelte Anleihen ausländischer Emittenten, bei denen Verzinsung und Tilgung einheitlich in einer fremden Währung erfolgen.

Währungsoptionen 4.3.3

Vertraglich eingeräumtes Recht des Gläubigers, die Tilgung und/oder Verzinsung außer in der Kreditwährung auch in einer bestimmten anderen Währung zu verlangen. Hauptanwendung in internationalen Anleihen.

Währungsoptionsscheine 4.3.2.4

♦ Optionsscheine, die das Recht gewähren, von dem Emittenten entweder einen bestimmten Währungsbetrag zu einem zuvor fixierten Kurs gegen DM zu kaufen (♦ Call Option) oder einen bestimmten Währungsbetrag zu einem zuvor fixierten Kurs gegen DM zu verkaufen (♦ Put Option).

Wandelanleihen 2.6.3/4.1.2/4.2.6.1/4.3.2.4

Festverzinsliche Anleihen, die nach Entscheidung ihres Inhabers (i.d.R. bei Zuzahlung eines bestimmten Betrages) in einem vorgegebenen Verhältnis in neu zu emittierende Aktien des Emittenten umgetauscht werden können.

Wandelschuldverschreibung
2.6.1/4.2.1.1/4.2.6.1/4.3.2.4

Oberbegriff für ♦ Wandel- und ♦ Optionsanleihen. Gelegentlich wird die Bezeichnung „Wandelschuldverschreibung" auch synonym zu „Wandelanleihe" verwendet.

Wandlungsverhältnis   4.3.2.4

Verhältnis des Nominalbetrages einer ♦ Wandelanleihe zum Nominalbetrag oder der Anzahl der dafür eintauschbaren Aktien. Abhängig vom Kurs der Aktien, Kapitalmarktlage und ♦ Standing des Emittenten.

Warrants   4.3.2.4

Teil des Anleihescheins einer Optionsanleihe. Kann auch unabhängig von einer Anleihe gehandelt werden. Besitzen keinerlei Vermögens- oder Mitgliedschaftsrechte. Abstand des Kurses des Warrant bewegt sich im Abstand der Kosten der Ausübung der Rechte aus dem Warrant, da sonst die Erzielung von Arbitragegewinnen möglich wäre.

Wechsel   2.2.1.1

♦ Orderpapier mit einer abstrakten Zahlungsverpflichtung. Beim ♦ „gezogenen" Wechsel („Tratte") weist der Aussteller den ♦ Bezogenen an, die Wechselsumme zu einem bestimmten Termin an den Aussteller selbst oder einen anderen Begünstigten zu zahlen. Mit seiner Unterschrift quer auf der Vorderseite des Wechsels erkennt der Bezogene die Anweisung an (♦ „Akzept") und wird damit zum Zahlungsverpflichteten. Der Begünstigte sowie jeder weitere Besitzer können den Wechsel durch einen Übertragungsvermerk auf der Rückseite (♦ Indossament) vor Fälligkeit weiterverkaufen (♦ Diskontkredit). Zahlt der Bezogene bei Fälligkeit nicht, so bietet die formelle Wechselstrenge und die Gesamthaftung der aus dem Wechsel Verpflichteten eine größere Sicherheit für den Wechselbesitzer als bei nicht durch Wechsel unterlegten Forderungen.

Wechsel, gezogener   2.2.1.1

(= Tratte); Anweisung des Ausstellers eines ♦ Wechsels an den ♦ Bezogenen, zum Fälligkeitstermin die Wechselsumme zu zahlen. Durch ein ♦ „Akzept" des Bezogenen wird die Zahlungsanweisung akzeptiert und der Bezogene übernimmt die wechselrechtliche Zahlungsverpflichtung.

Wert, innerer   5.1.1

Der „innere Wert" einer ♦ Option ist die positive Differenz zwischen dem aktuellen Tageskurs des ♦ Basiswertes und dem tieferen ♦ Basispreis beim Call bzw. dem höheren Basispreis bei Put.

Wertpapier   1.2.2.2

Urkunde, in der ein privates Recht verbrieft ist. Hinsichtlich der Übertragbarkeit ist zwischen ♦ Inhaber-, ♦ Order- und ♦ Namenspapieren zu unterscheiden. Ferner wird zwischen vertretbaren und nicht vertretbaren Wertpapieren differenziert. Vertretbare (oder fungible) Wertpapiere sind solche, die jeweils identische Rechte verbriefen, z.B. ♦ Aktien einer Aktiengattung. Nicht vertretbare Wertpapiere sind insbesondere ♦ Wechsel und ♦ Scheck. Nicht zu den Wertpapieren gehören die reinen Legitimationspapiere (z.B. Sparbuch) und die Urkunden, die lediglich zum Beweis eines privaten Rechts dienen (♦ Schuldschein).

Wertpapierbörse   1.2.3/2.6.1

Von ihren Mitgliedern, insbesondere ♦ Kreditinstituten, organisierte Institution für den Handel in umlaufenden vertretbaren ♦ Wertpapieren. Durch eine Konzentration von Angebot und Nachfrage und durch eine ausgefeilte Organisation des Handels verbessern die Wertpapierbörsen die Markttransparenz und erleichtern den Abschluß von Geschäften. Sie werden in Abgrenzung zu dem durch den Abschluß neuer Finanzierungsbeziehungen gekennzeichneten sog. Primärmarkt für ♦ Emissionen auch als Sekundär- oder Zirkulationsmarkt bezeichnet.

Wertpapierhandel, außerbörslicher 2.6.2

Marktsegment für den Handel in ♦ Wertpapieren. Die Einbeziehung erfolgt weitgehend ohne feste Bestimmungen. Allerdings bestehen die Börsen seit einiger Zeit darauf, daß der Emittent ein börsenbegleitendes ♦ Kreditinstitut benennt, das die Verpflichtung übernimmt, sich am Handel in dem betreffenden Wertpapier zu beteiligen. Die Geschäfte werden zumeist unter Banken per Telefon abgewickelt, so daß sich Einzelkurse auf nichtamtlicher Grundlage ergeben (♦ Kursermittlung).

Wertpapiermakler 1.2.3

Berufsmäßiger Wertpapierhändler und -berater hauptsächlich in angelsächsischen Ländern, der für Rechnung seiner Kunden Käufe und Verkäufe an der Börse vornimmt.

Wertpapieroptionsgeschäft 1.3.2

Form des börsenmäßigen ♦ Terminhandels in ♦ Wertpapieren, bei denen zwischen Kaufoption und Verkaufsoption zu unterscheiden ist. Bei der Kaufoption kann der Käufer innerhalb einer bestimmten Frist (Optionsfrist) vom ♦ Stillhalter jederzeit eine bestimmte Zahl von Wertpapieren zu einem bei Vertragsabschluß vereinbarten Kurs (Basispreis) beziehen. Bei der Verkaufsoption kann der Käufer innerhalb der Optionsfrist jederzeit eine bestimmte Zahl von Wertpapieren an den Stillhalter zum Basispreis liefern. Der Käufer zahlt bei Abschluß des Optionsgeschäfts einen bestimmten Betrag (Optionspreis) an den Stillhalter. Der Käufer kann sein Bezugs- bzw. Lieferungsrecht aus der Option ausüben oder einfach verfallen lassen oder auch verkaufen.

Wertpapiersammelbank 1.2.2.2/4.1.3

♦ Spezialbank, die die Girosammelverwahrung und den ♦ Effektengiroverkehr für ihre Kunden durchführt. Bei der Girosammelverwahrung sind die Kunden nach entsprechenden Bruchteilen Miteigentümer an einem Sammelbestand einer Wertpapiergattung. Beim Effektengirover-

kehr erfolgt eine stückelose Wertpapierlieferung durch eine buchmäßige Übertragung der Miteigentumsanteile am Sammelbestand.

Wertrecht 2.6.1

Im Gegensatz zu einem ♦ Wertpapier werden die Ansprüche nicht durch eine Urkunde, sondern durch Eintragung in einem Schuldbuch, z.b. im ♦ Bundesschuldbuch verbrieft. Die (Eigentums-)Übertragung erfolgt durch Abtretung an den neuen ♦ Gläubiger und Umschreibung im Schuldbuch. Die ♦ Schuldverschreibungen des Bundes, der Bundesbahn und der Bundespost werden seit 1972 nur noch als Wertrechte ausgegeben.

Wünsch-Dir-Was-Indexoptionsscheine 4.3.2.4

♦ Indexoptionsscheine mit der Besonderheit in Form eines Wandelrechtes. Der Optionsscheininhaber besitzt das Recht, innerhalb einer bestimmten Frist seine Call-Indexoptionsscheine in Put-Indexoptionsscheine mit gleichem Basiskurs und gleicher Ausübungsfrist umzuwandeln (und umgekehrt). Nach Ablauf der Wandelfrist ist der Optionsschein wie ein normaler Call-/Put-Indexoptionsschein zu bewerten. Vor der Umwandlung besitzt der Inhaber jedoch einen „hybriden" Optionsschein, der sowohl zum Kauf (Call), als auch Verkauf (Put) berechtigen kann.

Zahlungsfähigkeit 1.1.3

Fähigkeit einer Person oder eines Unternehmens, die fälligen ♦ Auszahlungen betrags- und termingemäß leisten zu können.

Zahlungsmittel(bestand) 1.1.2

Hierzu zählen der Bestand an Bargeld zuzüglich der Guthaben auf Girokonten.

Zahlungsstrom 1.1.2

Bewegung des ♦ Zahlungsmittelbestandes durch ♦ Einzahlung oder ♦ Auszahlung.

Zeichnung   **2.6.1**

Verbindliche Erklärung eines ♦ Anlegers, eine
bestimmte Anzahl der zur öffentlichen Zeichnung aufgelegten Finanztitel zu den entsprechenden Emissionsbedingungen zu übernehmen und dafür den vorgesehenen ♦ Emissionskurs zu bezahlen.

Zeitungspublizität   **4.2.2**

Veröffentlichung des Zulassungsantrages und
des ♦ Prospektes im Bundesanzeiger und in
einem Börsenblatt als Publizitätsvorschrift im
amtlichen Handel.

Zero-Bond   **2.1.3**

♦ Wertpapier, bei dem der ♦ Schuldner während der vereinbarten Laufzeit keine Zinszahlungen leistet, das jedoch mit einem erheblichen ♦ Disagio ausgestattet ist, da der vereinbarte ♦ Rückzahlungsbetrag als Summe aus ♦
Tilgung und Zinseszins kalkuliert wird.

Zero-Bonds   **4.3.2.1**

Anleihen (♦ Nullkupon-Anleihen) ohne laufende Verzinsung, bei denen sich die Verzinsung
indirekt aus der Differenz zwischen
Rückzahlungskurs und niedrigerem Ausgabe-
oder Börsenkurs ergibt.

Zession   **2.1.2**

= Abtretung; vgl. §§ 398-413 BGB. Übertragung einer Forderung von einem Altgläubiger
durch einen Abtretungsvertrag auf einen Neu-
gläubiger.

Zessionskredit   **2.2.2.3**

Meist kurzfristiger Bankkredit, zu dessen ♦
Besicherung vor allem die Forderungen aus
Waren- und Dienstleistungsgeschäften, aber
auch Ansprüche z.B. aus Lebensversicherungs-
oder Sparverträgen abgetreten werden (♦ Sicherungsabtretung).

Zins, Zinssatz, Zinszahlung   **2.1.4**

Entgelt für die Überlassung von ♦ Zahlungsmitteln. Als Zinssatz wird er üblicherweise in
Prozent des überlassenen Betrages angegeben.

Zinsänderungsrisiko   **1.3.2**

Gefahr für einen ♦ Finanzintermediär, daß z.B.
auf Grund eines steigenden Zinsniveaus der von
ihm an seine ♦ Geldgeber zu zahlende ♦ Zinssatz schneller oder stärker ansteigt als der Zinssatz, den er auf Grund der bestehenden Verträge von seinen ♦ Geldnehmern verlangen kann.

Zinsbelastung   **2.1.4**

Zurechnung der Zinsbeträge zu der ♦ Restschuld; festzulegen ist zum einen die Zu-
rechnungsperiode und zum anderen der Zu-
rechnungszeitpunkt.

Zinsgleitklausel   **1.3.2**

Vereinbarung, wonach die Höhe der Zinszahlungen vertraglich an die Wertentwicklung
einzelner Güter bzw. Güterbündel gekoppelt ist,
z.B. an den ♦ Diskontsatz der Deutschen Bundesbank.

Zinskumulation   **4.3.2.2/4.3.2.2**

Gutschrift und Auszahlung zwischenzeitlicher
Zinserträge erst am Ende der Laufzeit.

Zinsoptionsscheine   **4.3.2.4**

♦ Optionsscheine, die das Recht zum Bezug
bestimmter festverzinslicher Anleihen oder zur
Auszahlung der Kursdifferenz zwischen dem
Börsenkurs einer bestimmten Anleihe und einem zuvor fixierten ♦ Basiskurs beinhalten.

Zulassungsantrag   **4.2.2**

Antrag auf Zulassung von Aktien zum amtlichen
Börsenhandel; hat von einer an der Börse vertretenen Bank bei der Zulassungsstelle schriftlich
eingereicht zu werden. Angaben sind über die

Art der eingeführten Papiere und den Betrag der Einführung zu machen. Der Antrag ist im Börsensaal, im Kursblatt, im Börsenpflichtblatt (z.b. Handelsblatt) und im Bundesanzeiger zu veröffentlichen.

Zusatzaktien   4.2.6.1

♦ Berichtigungsaktien, ♦ Gratisaktien

Zuteilung   2.3.2.3/2.6.1

a) Bei ♦ Bausparverträgen: Rückzahlung der angesparten ♦ Bausparguthaben und Auszahlung eines ♦ Bauspardarlehens in Höhe der Differenz zwischen ♦ Bausparsumme und Bausparguthaben. Die Zuteilung erfolgt, wenn der Bausparvertrag die ♦ „Zuteilungsreife" besitzt und auf Grund der ♦ Bewertungszahl „an der Reihe" ist.

b) Bei der ♦ Emission von ♦ Wertpapieren: Im Falle einer ♦ Überzeichnung werden die emittierten Wertpapiere an die einzelnen Zeichner nach einem bestimmten Schlüssel prozentual zugeteilt, eventuell werden Kleinzeichner bevorzugt. In Fällen extremer Überzeichnung können die Emissionsbedingungen vorsehen, die Wertpapiere an die Zeichner zu verlosen.

Zuteilungsreife   2.3.2.3

Ein ♦ Bausparvertrag ist zuteilungsreif, wenn der Bausparer die Mindestsparleistung von in der Regel 40 Prozent der ♦ Bausparsumme erbracht hat und die Mindestsparfrist von zumeist 18 Monaten verstrichen ist.

Zwangsversteigerung   2.3.2.3

Das Ziel der Zwangsversteigerung besteht darin, das Grundstück zu veräußern und die ♦ Gläubiger aus dem Erlös zu befriedigen.

Zwischenfinanzierung   2.3.2.3

Finanzierung im Zusammenhang mit einem ♦ Bausparvertrag, bei der im Gegensatz zur ♦ Vorfinanzierung die vertraglich vorgesehene Mindestsparleistung zwar erbracht ist, die ♦ Bewertungszahl aber noch nicht die notwendige Höhe erreicht hat, so daß die ♦ Zuteilung noch aussteht.

Literaturverzeichnis

BENKNER, (1990)
Benkner, A.-G.(Hrsg): Chancen an der Deutschen Terminbörse, Grundlagen und Anlagestrategien, Landsberg/Lech 1990.

BEUTER (1988)
Beuter, H.: Kreditversicherung; in: Farny (1988), S. 409-416.

BEYER / BESTMANN (1989)
Beyer, H. T./Bestmann, U. (Hrsg.): Finanzlexikon, 2. Aufl., München 1989.

BILITZKA (1988)
Bilitzka, K.-H.: Erfolgreich spekulieren mit Aktien- und Rentenoptionen, 2. Aufl., Landsberg/Lech 1988.

BITZ (1989)
Bitz, M.: Erscheinungsformen und Funktionen von Finanzintermediären, in: WiSt, 10/1989, S. 430-436.

BITZ (1994)
Bitz, M.: Finanzierung als Marktprozeß - Reflexionen zu Inhalt und Differenzierung des Finanzierungsbegriffs, in: Planwirtschaft am Ende - Marktwirtschaft in der Krise?, Festschrift für Wolfram Engels, hrsg. v. W. Gerke, Stuttgart 1994, S. 187-216.

BITZ (1999)
Bitz, M.: Übungen in Betriebswirtschaftslehre, 5. Aufl., München 1999.

BITZ / LAASER / STRAUSS (1991)
Bitz, M.; Laaser, W; Strauss, R.: Chancen und Risiken an der Deutschen Terminbörse (Video), Wiesbaden 1991.

BITZ / SCHNEELOCH / WITTSTOCK, W. (1999)
Bitz, M.; Schneeloch, D.; Wittstock, W.: Der Jahresabschluß, 3. Aufl., München 1999.

BITZ / HEMMERDE / RAUSCH (1986)
Bitz, M./Hemmerde, W./Rausch, W.: Gesetzliche Regelungen und Reformvorschläge zum Gläubigerschutz. Eine ökonomische Analyse, Berlin, Heidelberg, New York, Tokyo 1986.

BRAUNBERGER / KNIPP (1989)
Braunberger, G.; Knipp, T. (Hrsg): Die Deutsche Terminbörse, Neue Möglichkeiten für den Anleger, Frankfurt a.M. 1989.

BRINK (1994)
Brink, U.: Mitgliederversammlung des Deutschen Factoring-Verbandes, in: FLF, 3/ 1994, S. 102-103.

BUNDESAUFSICHTSAMT FÜR DAS VERSICHERUNGSWESEN (1957)
Bundesaufsichtsamt für das Versicherungswesen (Hrsg.): Geschäftsbericht 1956/57.

BUNDESAUFSICHTSAMT FÜR DAS VERSICHERUNGSWESEN (1977)
Bundesaufsichtsamt für das Versicherungswesen (Hrsg.): Geschäftsbericht 1977.

BUNDESAUFSICHTSAMT FÜR DAS VERSICHERUNGSWESEN (1986)
Bundesaufsichtsamt für das Versicherungswesen (Hrsg.): Geschäftsbericht 1986.

BUNDESAUFSICHTSAMT FÜR DAS VERSICHERUNGSWESEN (1990)
Bundesaufsichtsamt für das Versicherungswesen (Hrsg.): Geschäftsbericht 1990.

BUNDESAUFSICHTSAMT FÜR DAS VERSICHERUNGSWESEN (1993)
Bundesaufsichtsamt für das Versicherungswesen (Hrsg.): Geschäftsbericht 1993.

BUNDESAUFSICHTSAMT FÜR DAS VERSICHERUNGSWESEN (1997)
Bundesaufsichtsamt für das Versicherungswesen (Hrsg.): Geschäftsbericht 1997.

BÜSCHGEN (1971)
Büschgen, H.-E.: Rentabilität und Risiko oder Investmentanlage, Stuttgart 1971.

BÜSCHGEN (1976)
Büschgen, H.-E. (Hrsg.): Handwörterbuch der Finanzwirtschaft, Stuttgart 1976.

BÜSCHGEN (1998)
Büschgen, H.-E.: Bankbetriebslehre: Bankgeschäfte und Bankmanagement, 5. Aufl., Wiesbaden 1998.

BVK (1997)
Bundesverband Deutscher Kapitalbeteiligungsgesellschaften - German Venture Capital Association e. V. (BVK), (Hrsg.): Jahrbuch 1997, Berlin 1997.

CHRISTIANS (1988)
Christians, F. W. (Hrsg.): Finanzierungshandbuch, 2. Aufl., Wiesbaden 1988.

CORDERO, R. (1987)
Cordero, R.: Der Financial Futures Markt, 2. Aufl., Bern, Stuttgart 1987.

DEUTSCHE BÖRSE AG (1994)
Deutschen Börse AG: Jahresbericht 1993, Frankfurt am Main 1994.

DEUTSCHE BÖRSE AG (1995)
Deutschen Börse AG: Jahresbericht 1994, Frankfurt am Main 1995.

DEUTSCHE BUNDESBANK (1969)
Deutsche Bundesbank (Hrsg.): Monatsberichte der Deutschen Bundesbank, 21. Jg., Nr. 1, Januar 1969.

DEUTSCHE BUNDESBANK (1978a)
Deutsche Bundesbank (Hrsg.): Monatsberichte der Deutschen Bundesbank, 30. Jg., Nr. 12, Dezember 1978.

DEUTSCHE BUNDESBANK (1978b)
Deutsche Bundesbank (Hrsg.): Kapitalmarktstatistik Dezember 1978, Statistisches Beiheft zum Monatsbericht, 30. Jg., Nr. 12, Dezember 1978.

DEUTSCHE BUNDESBANK (1983)
Deutsche Bundesbank (Hrsg.): Revidierte Ergebnisse der gesamtwirtschaftlichen Finanzierungs- und Vermögensrechnung für die Jahre 1950 bis 1959, Frankfurt/Main 1983.

DEUTSCHE BUNDESBANK (1988a)
Deutsche Bundesbank (Hrsg.): Monatsberichte der Deutschen Bundesbank, 40. Jg., Nr. 5, Mai 1988.

DEUTSCHE BUNDESBANK (1988b)
Deutsche Bundesbank (Hrsg.): Kapitalmarktstatistik Juni 1988, Statistisches Beiheft zum Monatsbericht, 40. Jg., Nr. 6, Juni 1988.

DEUTSCHE BUNDESBANK (1988c)
Deutsche Bundesbank (Hrsg.): Ergebnisse der gesamtwirtschaftlichen Geldvermögensrechnung für die Jahre 1960 bis 1979, Frankfurt/Main 1988.

DEUTSCHE BUNDESBANK (1988d)
Deutsche Bundesbank (Hrsg.): Zahlenübersichten und methodische Erläuterungen zur gesamtwirtschaftlichen Finanzierungsrechnung der Deutschen Bundesbank, 5. Aufl., Frankfurt/Main 1988 (Sonderdruck der Deutschen Bundesbank Nr. 4).

DEUTSCHE BUNDESBANK (1988e)
Deutsche Bundesbank (Hrsg.): 40 Jahre Deutsche Mark, Monetäre Statistiken 1948-1987, Frankfurt/Main 1988.

DEUTSCHE BUNDESBANK (1988f)
Deutsche Bundesbank (Hrsg.): Monatsberichte der Deutschen Bundesbank, 40. Jg., Nr. 11, November 1988.

DEUTSCHE BUNDESBANK (1989)
Deutsche Bundesbank (Hrsg.): Monatsberichte der Deutschen Bundesbank, 41. Jg., Nr. 11, November 1989.

DEUTSCHE BUNDESBANK (1990a)
Deutsche Bundesbank (Hrsg.): Monatsberichte der Deutschen Bundesbank, 42. Jg., Nr. 5, Mai 1990, Die Vermögensbildung und ihre Finanzierung im Jahre 1989, S. 20-27, Anhang S. 44-55.

DEUTSCHE BUNDESBANK (1990b)
Deutsche Bundesbank (Hrsg.): Kapitalmarktstatistik August 1990, Statistisches Beiheft zum Monatsbericht, 42. Jg., Nr. 8, August 1990.

DEUTSCHE BUNDESBANK (1990c)
Deutsche Bundesbank (Hrsg.): Monatsberichte der Deutschen Bundesbank, 42. Jg., Nr. 5, Mai 1990.

DEUTSCHE BUNDESBANK (1991)
Deutsche Bundesbank (Hrsg.): Monatsberichte der Deutschen Bundesbank, 43. Jg., Nr. 11, November 1991.

DEUTSCHE BUNDESBANK (1992a)
Deutsche Bundesbank (Hrsg.): Monatsberichte der Deutschen Bundesbank, 44. Jg., Nr. 5, Mai 1992.

DEUTSCHE BUNDESBANK (1992b)
Deutsche Bundesbank (Hrsg.): Kapitalmarktstatistik Juni 1992, Statistisches Beiheft zum Monatsbericht, 44. Jg., Nr. 6, Juni 1992.

DEUTSCHE BUNDESBANK (1992c)
Deutsche Bundesbank (Hrsg.): Kapitalmarktstatistik April 1992, Statistisches Beiheft zum Monatsbericht, 44. Jg., Nr. 4, April 1992.

DEUTSCHE BUNDESBANK (1993)
Deutsche Bundesbank (Hrsg.): Monatsberichte der Deutschen Bundesbank, 45. Jg., Nr. 11, November 1993.

DEUTSCHE BUNDESBANK (1994a)
Deutsche Bundesbank (Hrsg.): Monatsberichte der Deutschen Bundesbank, 46. Jg., Nr. 5, Mai 1994.

DEUTSCHE BUNDESBANK (1994b)
Deutsche Bundesbank (Hrsg.): Kapitalmarktstatistik April 1994, Statistisches Beiheft zum Monatsbericht, 46. Jg., Nr. 4, April 1994.

DEUTSCHE BUNDESBANK (1994c)
Deutsche Bundesbank (Hrsg.): Monatsberichte der Deutschen Bundesbank, 46. Jg., Nr. 5, Mai 1994, Die gesamtwirtschaftlichen Finanzierungsströme in Deutschland im Jahr 1993, S. 21-45.

DEUTSCHE BUNDESBANK (1994d)
Deutsche Bundesbank (Hrsg.): Bankenstatistik Mai 1994, Statistisches Beiheft zum Monatsbericht, 46. Jg., Nr. 5, Mai 1994.

DEUTSCHE BUNDESBANK (1994e)
Deutsche Bundesbank (Hrsg.): Monatsberichte der Deutschen Bundesbank, 46. Jg., Nr. 1, Januar 1994.

DEUTSCHE BUNDESBANK (1996a)
Deutsche Bundesbank (Hrsg.): Bankenstatistik Februar 1996, Statistisches Beiheft zum Monatsbericht, 48. Jg., Nr. 1, Januar 1996.

DEUTSCHE BUNDESBANK (1996b)
Deutsche Bundesbank (Hrsg.): Monatsberichte der Deutschen Bundesbank, 48. Jg., Nr. 11, November 1996.

DEUTSCHE BUNDESBANK (1997)
Deutsche Bundesbank (Hrsg.): Monatsberichte der Deutschen Bundesbank, 49. Jg., Nr. 11, November 1997.

DEUTSCHE BUNDESBANK (1998a)
Deutsche Bundesbank (Hrsg.): Monatsberichte der Deutschen Bundesbank, 50. Jg.,
Nr. 5, Mai 1998.

DEUTSCHE BUNDESBANK (1998b)
Deutsche Bundesbank (Hrsg.): Bankenstatistik Mai 1998, Statistisches Beiheft zum
Monatsbericht, 50. Jg., Nr. 5, Mai 1998.

DEUTSCHE BUNDESBANK (1998c)
Deutsche Bundesbank (Hrsg.): Kapitalmarktstatistik Mai 1998, Statistisches Beiheft
zum Monatsbericht, 50. Jg., Nr. 5, Mai 1998.

DEUTSCHE BUNDESBANK (o. Jg.)
Deutsche Bundesbank (Hrsg.): Deutsches Geld- und Bankwesen in Zahlen
1876-1975, Frankfurt o. J.

DRUKARCZYK (1996)
Drukarczyk, J.: Finanzierung, 7. Aufl., Stuttgart, New York 1996.

DRUKARCZYK, J. (1993)
Drukarczyk, J.: Finanzierung - Einführung, 6. Aufl., Stuttgart, New York 1993.

DTB (1989)
DTB, Deutsche Terminbörse GmbH, Redaktion Christian Imo, Thomas Grith: Einführung in den Optionshandel, Wiesbaden 1989.

DUDEN (1983)
Duden, Deutsches Universalwörterbuch, 2. Aufl., Mannheim, Wien, Zürich 1989.

FARNY (1988)
Farny, D. u.a. (Hrsg.): Handwörterbuch der Versicherung, Karlsruhe 1988.

FARNY, D. (1995)
Farny, D.: Versicherungsbetriebslehre, 2. Aufl., Karlsruhe 1995.

FRANKFURTER WERTPAPIERBÖRSE (1992)
Frankfurter Wertpapierbörse: Börsenstatistik der Frankfurter Wertpapierbörse 1991,
Frankfurt 1992.

GABLER BANK LEXIKON (1988)
Gabler Bank Lexikon: Handwörterbuch für Geld-, Bank und Börsenwesen, 10. Aufl.,
Wiesbaden 1988.

GRILL / PERCZYNSKI (1997)
Grill, W.; Perczynski, H.: Wirtschaftslehre des Kreditwesens, 31. überarbeitete und erweiterte Auflage, Bad Homburg v.d.H. 1997.

HAGELSCHUER (1987)
Hagelschuer, P.: Lebensversicherung, 2. Aufl., Wiesbaden 1987.

HAGENMÜLLER / SOMMER (1987)
Hagenmüller, K. F./Sommer, H.J. (Hrsg.): Factoring-Handbuch, 2. Aufl., Frankfurt a.M. 1987.

HAGENMÜLLER / STOPPOK (1992)
Hagenmüller, K. F./Stoppok, G. (Hrsg.): Leasing-Handbuch, 6. Aufl., Frankfurt a.M. 1992.

HELTEN (1988)
Helten, E.: Versicherungsmathematik; in: Farny (1988), S. 1077-1081.

HORAT (1989)
Horat, M. B.: Financial Futures und Optionen, Für Anleger und Vermögensberater, Ebmatingen/Zürich 1989.

JAHRBUCH (1997)
Jahrbuch 1997: Die deutsche Versicherungswirtschaft, Jahrbuch des Gesamtverbandes der Deutschen Versicherungswirtschaft e.V., Karlsruhe 1997.

KOCH (1988)
Koch, P.: Versicherungsformen; in: Farny (1988), S. 1025-1027.

KÖHN (1989)
Köhn, L.: Finanzierungsleasing oder Kreditkauf, Diss. Hagen, Mörfelden-Walldorf 1989.

KRAHNEN (1990)
Krahnen, J. P.: Objektfinanzierung und Vertragsgestaltung - Eine theoretische Erklärung der Struktur langfristiger Leasingverträge, in: ZfB 1/1990, S. 21-38.

KREMER (1988)
Kremer, E.: Risikotheorie; in: Farny (1988), S. 671-678.

LINGNER (1991)
Lingner, U.: Optionen, Anlagestrategien und Märkte, 2. Aufl., Wiesbaden 1991.

MÜLLER-LUTZ (1988)
Müller-Lutz, H. L.: Allgemeine Versicherungslehre (Teil I), aus: Müller-Lutz, H. L./ Schmidt, R.: Versicherungswirtschaftliches Studienwerk, Studienheft 11, Wiesbaden 1988, S. 426-442.

MÜLLER-MÖHL (1995)
Müller-Möhl, E. (Hrsg.): Optionen, Grundlagen und Strategien für das Optionsgeschäft in der Schweiz und in Deutschland, 3. Aufl., Stuttgart 1995.

o.V. (1992)
o. V.: Entwicklung der Factoring-Branche im Jahr 1991, in FLF, 3/1992, S. 80-82.

o.V. (1994)
o. V.: Factoring in Deutschland, in: FLF, 3/1994, S. 101.

OBERMANN (1975)
Obermann, P.: Investmentfonds auf dem Prüfstand, Hamburg 1975.

OBST / HINTNER (1993)
Obst/Hintner: Geld-, Bank und Börsenwesen, hrsg. von: Stein, J. H. von/ Kloten, N., 39. Aufl., Stuttgart 1993.

PÄSLER (1980)
Päsler, R. W.: Das Investmentsparen, Wiesbaden 1980.

PERRIDON / STEINER (1997)
Perridon, L.; Steiner, M.: Finanzwirtschaft der Unternehmung, 9. Aufl., München 1997.

PRÖLSS (1997)
Prölss, E.: Versicherungsaufsichtsgesetz, Bearbeitet von R. Schmidt und P. Frey, 11. Aufl., München 1997.

SCHIERENBECK (1987)
Schierenbeck, H.: Institutionelle Bankbetriebslehre, Stuttgart 1987.

SCHIERENBECK (1994)
Schierenbeck, H. (Hrsg.): Bank- und Versicherungslexikon, 2. Aufl., München, Wien 1994.

SCHIERENBECK/HÖLSCHER (1998)
Schierenbeck, H. / Hölscher, R.: Bank Assurance, 4. Aufl., Stuttgart 1998.

SCHMIDT (1988)
Schmidt, H.: Wertpapierbörsen, München 1988.

SCHUSTER (1971)
Schuster, L. (Hrsg): Investment-Handbuch, Stuttgart 1971.

SCHWEBLER (1988)
Schwebler, R.: Lebensversicherung; in: Farny (1988), S. 417-425.

STÄDTLER (1987)
Städtler, A.: 25 Jahre Leasing in der Bundesrepublik, in: ifo-Schnelldienst, 18/1987, S. 16-21.

STÄDTLER (1989)
Städtler, A.: Deutsche Expansion der Leasinginvestitionen, in: FLF, 1/1989, S. 10-13.

STÄDTLER (1991)
Städtler, A.: Leasinggesellschaften investieren über 40 Mrd. DM; in: FLF 1/1991, S. 3-8.

STÄDTLER (1992)
Städtler, A.: Leasing, Wachstumsmotor Ostdeutschland; in: FLF, 1/1992, S. 10-15.

STÄDTLER (1994)
Städtler, A.: Leasing wird konjunkturreagibler; in: FLF, 1/1994, S. 27-31.

STÄDTLER (1996)
Städtler, A.: Leasing in Deutschland: Nach Zwischenhoch nun Stagnation?; in: FLF, 1/1996, S. 8-16.

STÄDTLER (1998)
Städtler, A.: Leasing in Deutschland: Beachtliche Marktanteilsgewinne; in: FLF, 1/1998, S. 1-9.

SÜCHTING, J. (1995)
Süchting, J.: Finanzmanagement, 6. Aufl., Wiesbaden 1995.

VORMBAUM (1995)
Vormbaum, H.: Finanzierung der Betriebe, 9. Aufl., Wiesbaden 1995.

WASSERMANN (1978)
Wassermann, H.: Factoring in Deutschland 1979, in: Teilzahlungswirtschaft, 4/1978, S. 6-9.

WASSERMANN (1987)
Wassermann, H.: Leasing 1987: 923 Gesellschaften - Leasing im Jubiläumsjahr; in: FLF, 5/1987, S. 186-201.

WASSERMANN (1988)
Wassermann, H.: Factoring in Deutschland 1987; in: FLF, 4/1988, S. 143-147.

WASSERMANN (1989)
Wassermann, H.: Factoring in Deutschland 1988; in: FLF, 4/1990, S. 143-147.

WASSERMANN (1990)
Wassermann, H.: Factoring in Deutschland 1989, in: FLF, 4/1990, S. 143-147.

WASSERMANN (1994)
Wassermann, H.: Verzeichnis der Leasing-Gesellschaften in Deutschland 1993, in: FLF, 2/1994, S. 44-56.

WASSERMANN (1994)
Wassermann, H.: Leasing 1994: 1757 Gesellschaften, in: FLF, 3/1995, S. 83-88.

WASSERMANN (1996)
Wassermann, H.: Factoring in Deutschland, in: FLF, 6/1996, S. 232-239.

WASSERMANN (1998)
Wassermann, H.: Factoring in Deutschland 1997, in: FLF, 3/1998, S. 89-147.

WÖHE, G.; BILSTEIN, J. (1994)
Wöhe, G.; Bilstein, J.: Grundzüge der Unternehmensfinanzierung, 7. Aufl., München 1994.

ZEMKE (1995)
Zemke, Ingo: Die Unternehmensverfassung von Beteiligungskapital-Gesellschaften, Wiesbaden 1995.

Stichwortverzeichnis